Wilhelm Olbers Focke

Die Pflanzen-Mischlinge

Ein Beitrag zur Biologie der Gewächse

Wilhelm Olbers Focke

Die Pflanzen-Mischlinge
Ein Beitrag zur Biologie der Gewächse

ISBN/EAN: 9783742868251

Hergestellt in Europa, USA, Kanada, Australien, Japan

Cover: Foto ©berggeist007 / pixelio.de

Manufactured and distributed by brebook publishing software (www.brebook.com)

Wilhelm Olbers Focke

Die Pflanzen-Mischlinge

DIE
PFLANZEN-MISCHLINGE

EIN BEITRAG

ZUR

BIOLOGIE DER GEWÄCHSE

VON

WILHELM OLBERS FOCKE.

BERLIN, 1881.
VERLAG VON GEBRÜDER BORNTRAEGER.
ED. EGGERS.

Inhalt.

	Seite
Einleitung	1
Erster Abschnitt: Systematisches Verzeichniss der bekannteren Pflanzenmischlinge	3
Vorbemerkung	3
Erste Classe: *Dicotyledones*	7
Ranunculaceae	7
Magnoliaceae, Berberideae	20
Nymphaeaceae	22
Sarraceniaceae, Papaveraceae	28
Cruciferae	33
Cistineae	43
Violarieae	46
Polygaleae, Caryophylleae	50
Portulaceae, Tamariscineae	71
Hypericineae	72
Ternstroemiaceae	73
Malvaceae	74
Sterculiaceae	78
Tiliaceae, Lineae	79
Geraniaceae	80
Rutaceae, Rhamneae	98
Ampelideae	99
Sapindaceae	101
Anacardiaceae	103
Leguminosae	104
Rosaceae	113
Saxifrageae	147
Crassulaceae	152
Droseraceae	155
Melastomaceae, Lythrarieae	156
Onagrarieae	157
Loaseae, Passifloreae	166
Papayaceae, Cucurbitaceae	170
Begoniaceae	173
Cacteae	182
Umbelliferae	186
Araliaceae, Corneae	187
Caprifoliaceae, Rubiaceae	188
Valerianeae, Dipsaceae	192
Compositae	193
Campanulaceae	222
Ericaceae	227
Epacrideae, Primulaceae	245
Oleaceae	254
Apocynaceae, Gentianeae	255
Polemoniaceae, Hydrophyllaceae	258
Boragineae	259
Convolvulaceae, Solanaceae	260
Scrofularineae	295
Gesneraceae	326
Bignoniaceae, Acanthaceae	333
Verbenaceae	334
Labiatae	335
Nyctagineae	342

	Seite
Amarantaceae, Chenopodiaceae	345
Polygonaceae	346
Thymelaeaceae	349
Elaeagnaceae, Nepentheae	350
Euphorbiaceae	352
Urticaceae, Ulmaceae	353
Juglandeae, Betulaceae	354
Cupuliferae	355
Salicineae	357
Zweite Classe: *Monocotyledones*	369
Orchideae	369
Marantaceae	383
Haemodoraceae, Bromeliaceae, Irideae	385
Amaryllideae	389
Philesiaceae, Liliaceae	402
Juncaceae	404
Cyperaceae	405
Gramineae	407
Araceae	415
Najadeae	419
Dritte Classe: *Gymnospermae*	419
Coniferae	419
Cycadeae	420
Vierte Classe: *Filicineae*	420
Polypodiaceae	422
Fünfte Classe: *Equisetineae*	425
Equisetaceae	426
Sechste Classe: *Muscineae*	426
Bryinae	427
Siebente Classe: *Characeae*	428
Achte Classe: *Algae*	428
Fucaceae	428
Zweiter Abschnitt: Geschichte der Bastardkunde	429
Vor 1761	429
Von 1761—1799	430
Von 1800—1825	433
Von 1826—1850	436
Von 1851 bis zur Gegenwart	439
Dritter Abschnitt: Entstehung der Mischlinge	446
Normale und hybride Befruchtung	446
Fähigkeit zur Bastarderzeugung	449
Abkömmlinge von Bastarden	457
Künstliche und natürliche Bastarde	459
Die künstliche Erzeugung von Bastarden	460
Wildwachsende Bastarde	461
Vierter Abschnitt: Eigenschaften der Mischlinge	469
Die einfachen primären Mischlinge $(A \times B)$	469
Die Nachkommenschaft der Mischlinge	482
Blendlinge und Bastarde	487
Fünfter Abschnitt: Nomenclatur der Mischlinge	491
Sechster Abschnitt: Die Pflanzenmischlinge im Haushalte der Natur und des Menschen	501
Siebenter Abschnitt: Die der Artenkreuzung ähnlichen Erscheinungen	510
Xenien	510
Pfropf-Mischlinge	518
Pseudogamie	525
Nachträge zum ersten Abschnitt	527
Register der im 1. und 7. Abschnitt angeführten Pflanzennamen	531

EINLEITUNG.

> Le phénomène de l'hybridation se recommande à l'observateur, non seulement par l'immensité des conséquences physiologiques qu'il soulève, mais encore par la singularité même de ses effets. Il a dépendu de l'homme d'en disposer comme d'un puissant levier, propre à changer, dans une large mesure, l'ordre qui règne dans la nature.
>
> Saporta et Marion in Ann. sc. nat. 6 sér XIVp. 5.

Seit 120 Jahren haben Botaniker und Gärtner zahlreiche Bastardpflanzen gezüchtet, beobachtet und beschrieben. In besondern Abhandlungen und gelegentlichen Bemerkungen haben sie Rechenschaft gegeben von dem, was sie gesehen und erkannt haben. Allein nur ein Theil der gefundenen Ergebnisse ist wirklich dauerndes Eigenthum der Wissenschaft geworden; viele Thatsachen sind unbekannt geblieben, weil man noch niemals ernstlich versucht hat, die verzettelten Einzelbeobachtungen zusammenzustellen. Es war daher ungemein schwierig, sich genauer darüber zu unterrichten, was durch die Untersuchungen der Hybridenzüchter wirklich für die Wissenschaft gewonnen ist. Mit lückenhaften Kenntnissen wurden mancherlei seltsame Vorurtheile von Jahrzehnt zu Jahrzehnt, von Handbuch zu Handbuch fortgeschleppt. Je länger ich mich mit den Fragen der Hybridisation im Pflanzenreiche beschäftigte, um so mehr empfand ich das Bedürfniss, die Erfahrungen Anderer möglichst vollständig kennen zu lernen. Was ich zunächst zu meiner eigenen Belehrung gesammelt habe, übergebe ich in dem vorliegenden Buche der Oeffentlichkeit, da ich überzeugt bin, dass gleich mir auch viele Andere den Wunsch hegen werden, sich darüber zu unterrichten, welche Ergebnisse die bisherigen Forschungen über Pflanzenmischlinge geliefert haben.

Den Ausdruck „Mischling" habe ich gewählt, um damit möglichst allgemein eine Verbindung zwischen zwei normaler Weise nicht zusammengehörigen organischen Typen zu bezeichnen, einerlei, auf welchem Wege eine solche Verbindung entstanden ist. Der Begriff

„Bastard" hat eine bestimmter begrenzte Bedeutung; man versteht darunter einen auf geschlechtlichem Wege erzeugten Mischling aus zwei specifisch verschiedenen Typen. Das Wort „Blendling" wird von einzelnen Schriftstellern, insbesondere von Carl Koch, in gleichem Sinne gebraucht; streng genommen versteht man darunter einen geschlechtlich erzeugten Mischling aus verschiedenen Unterarten, Raçen oder Varietäten innerhalb des Formenkreises einer einzigen Art. Da jedoch eine feste Grenze zwischen Raçen und Arten nicht vorhanden ist, so lässt sich auch keine scharfe Unterscheidung zwischen Bastarden und Blendlingen durchführen. Im Allgemeinen wird es aber zweckmässig sein, sich in der Anwendung dieser Bezeichnungen dem bisherigen Sprachgebrauche anzuschliessen; Blendlinge sind daher geschlechtlich erzeugte Mischlinge zwischen nahe verwandten, Bastarde solche zwischen wesentlich verschiedenen Formenkreisen, „Hybride" sind sowohl Bastarde als Blendlinge; „Blendarten" endlich sind samenbeständige Raçen, die aus Bastarden hervorgegangen sind.

Den Hauptwerth meiner Arbeit erkenne ich in der Sammlung der bekannten Thatsachen, welche ich in dem „Systematischen Verzeichnisse der Pflanzenmischlinge" gegeben habe. Auch dem Umfange nach übertrifft dieser Abschnitt die übrigen bei Weitem. Das darin enthaltene ansehnliche Material habe ich in den späteren Abschnitten überarbeitet, d. h. ich habe versucht, die bekannten Erfahrungen nach verschiedenen Gesichtspunkten übersichtlich zusammenzustellen.

Von theoretischen Untersuchungen und Hypothesen habe ich abgesehen, so weit nicht die Thatsachen selbst zu Anschauungen führten, die man vielleicht als hypothetisch bezeichnen wird, weil sie sich bisher noch nicht experimentell beweisen liessen. Einige neue wissenschaftliche Auffassungen habe ich in dem letzten Abschnitte vorgetragen.

Manchem Leser, der sich rasch über den heutigen Standpunkt der Bastardkunde unterrichten will, wird mein Buch allzu umfangreich erscheinen, während Andere, die über bestimmte Beobachtungen oder Fragen Auskunft haben möchten, meine Mittheilungen nicht vollständig genug finden werden. Hoffentlich wird aber der Mittelweg in der Ausführlichkeit, welchen ich eingeschlagen habe, den Wünschen Vieler entsprechen. Jedenfalls wird es, wie ich denke, durch die vorliegende Sammlung des Bekannten wesentlich erleichtert werden, die Ziele zu finden, auf welche künftige Untersuchungen über die Pflanzenmischlinge gerichtet sein müssen.

Erster Abschnitt.

Systematisches Verzeichniss der bekannteren Pflanzenmischlinge.

> Was du ererbt von deinen Vätern hast,
> Erwirb es, um es zu besitzen.
> Goethe.

Vorbemerkung.

Die nachfolgende Zusammenstellung der Thatsachen, welche bisher über die Pflanzenbastarde bekannt geworden sind, macht keinen Anspruch auf Vollständigkeit; das Lob der Reichhaltigkeit wird man ihr jedoch hoffentlich nicht vorenthalten. Eine Bürgschaft für die Richtigkeit aller einzelnen mitgetheilten Erfahrungen kann ich selbstverständlich nicht übernehmen; ich habe indess, so weit es möglich war, die vorgefundenen Angaben gesichtet, habe die am schlechtesten beglaubigten gar nicht angeführt, habe einige andere als fraglich aufgenommen, hatte aber bei den meisten Mittheilungen keinen Grund, die Richtigkeit der Beobachtungen anzuzweifeln, wenn ich sie andrerseits auch nicht als sichergestellt oder genügend verbürgt betrachten konnte. Gewiss wird sich noch manche derartige Angabe als ungenau oder irrig erweisen, während es umgekehrt auch wohl möglich ist, dass eine oder die andere der von mir unberücksichtigt gelassenen Notizen auf Wahrheit beruht.

Zu meinem Bedauern bin ich niemals in der Lage gewesen, Hybridisationsversuche in grösserem Maassstabe anzustellen. Indess habe ich mir doch durch selbst ausgeführte Kreuzungen und Züchtungen wenigstens einige praktische Erfahrung erworben, welche mir für die Würdigung der Angaben Anderer entschieden von Nutzen gewesen sein dürfte. Um das Auffinden der nachstehend mitgetheilten, bisher noch nicht veröffentlichten Thatsachen zu erleichtern, bemerke ich, **dass** ich über eigene Beobachtungen vorzüglich in den Gattungen

Raphanus, *Melandryum*, *Rubus*, *Anagallis*, *Digitalis* und *Nicotiana* berichten kann; einzelne nicht veröffentlichte Notizen finden sich u. A. unter *Berberis*, *Cochlearia*, *Rosa*, *Begonia*, *Primula*, *Galeopsis* und sonst eingestreut.

Bei den meisten Bastardverbindungen, insbesondere den wildwachsend gefundenen, habe ich mich mit kurzen Angaben über ihre Existenz und ihr Vorkommen begnügt. Eingehendere Mittheilungen finden sich vorzüglich bei den sorgfältiger untersuchten künstlichen Hybriden, z. B. aus den Gattungen *Aquilegia*, *Nuphar*, *Dianthus*, *Lavatera*, *Pelargonium*, *Medicago*. *Geum*, *Passiflora*, *Cucumis*, *Rhododendron*, *Datura*, *Nicotiana*, *Digitalis*, *Mirabilis*, *Crinum*, *Philodendron*, *Aegilops* × *Triticum* u. s. w. Bemerkungen über die wichtigsten Eigenschaften bestimmter Bastarde sind an zahlreichen Stellen eingestreut, dagegen habe ich es nicht für erforderlich gehalten, vollständige Beschreibungen zu geben, durch die der Umfang meines Buches gewaltig angeschwollen sein würde. Ich theile im Wesentlichen die Ansicht Wichura's über den Werth solcher Beschreibungen, wenn derselbe sagt: „Ich habe darauf verzichtet, Beschreibungen der Bastarde zu geben, weil jeder Versuch, sie auf diese Weise erkennbar zu machen, theils nutzlos, theils vergeblich sein würde. Nutzlos in Betreff der binären Bastarde, weil eine genaue Bekanntschaft mit den echten Arten von selbst auf die Erkenntniss der Mittelformen führt, und vergeblich in Betreff der complicirten Bastarde, weil die Sprache für die feinen Nuancen, um die es sich hierbei handelt, nicht ausreicht." (Wichura, Bast., p. 49.)

Unsere genaueren Kenntnisse über Pflanzenmischlinge beschränken sich bis jetzt auf zwei Klassen des Gewächsreichs, die *Dikotyledonen* und *Monokotyledonen*, welche beide zu den *Aërogamen* (Phanerogamen) gehören. Von Bastarden in den übrigen Abtheilungen des Pflanzenreichs wissen wir wenig mehr, als dass sie existiren. Das systematische Verzeichniss der Mischlinge wird zwar auch einige Beispiele von Hybriden unter den Farn, Moosen, Tangen u. s. w. aufführen, in den allgemeinen Besprechungen kann jedoch nur auf die Aërogamenmischlinge Rücksicht genommen werden. Ausdrücke, wie Blüthe, Pollen[*]), Narbe, Samen u. s. w. kann man bei einer Erörterung der Thatsachen der Hybridisation nicht vermeiden, und würde es äusserst umständlich und störend sein, wenn man jedesmal die ent-

---

[*]) Das lateinische Wort „pollen" (Mehl, Kraftmehl) ist sächlichen Geschlechts; in der übertragenen technischen Bedeutung (männlicher Befruchtungsstoff der Aërogamen) hat der deutsche Sprachgebrauch ihm männliches Geschlecht verliehen.

sprechenden Bezeichnungen für die *Hygrogamen* (Sporenpflanzen) hinzufügen wollte.

In literarischen Nachweisen bin ich ziemlich sparsam gewesen; vielleicht hätte mancher Leser mehr davon gewünscht. Wenn ich indess alle Angaben der Gärtner und Floristen speciell hätte belegen wollen, würde der Umfang des Verzeichnisses sehr beträchtlich angeschwollen sein. Ich bemerke übrigens, dass man in den angeführten Quellenschriften meistens weitere Literaturnachweise finden wird, und dass die Namen der Fundorte einerseits, der Gewährsmänner, Beschreiber oder Züchter andererseits Jedem, der mit der betreffenden Literatur näher vertraut ist, vielfach genügende Fingerzeige liefern werden. Die Pritzel'schen Werke und der Royal Catalogue of scientific papers machen weitere Nachforschungen über frühere Veröffentlichungen ungemein leicht; auf neuere Angaben, sofern sie von grösserer Wichtigkeit sind, habe ich meistens ausführlicher verwiesen.

Es ist meine Absicht, die Beobachtungen, welche in Zukunft veröffentlicht werden, nebst den noch nicht berücksichtigten oder übersehenen früheren Angaben zu sammeln, um später einmal das jetzt vorliegende Verzeichniss vervollständigen und berichtigen zu können. Vielleicht wird es mir auch möglich werden, einzelne Untersuchungen selbst weiter fortzuführen.

Wer sich, etwa als Gärtner oder Blumenzüchter, mit den Erfahrungen über hybride Pflanzen bekannt zu machen wünscht, ohne mit den Lehren der wissenschaftlichen Botanik vertraut zu sein, wird wohl daran thun, sich vorher wenigstens über die Befruchtungsvorgänge näher zu unterrichten. Man vergleiche unten den Abschnitt über die Entstehung der Mischlinge; zu empfehlen ist ferner Lubbock's „Blumen und Insecten" (deutsch von A. Passow), falls man nicht zu den Quellenwerken selbst, insbesondere Hermann Müller's „Befruchtung der Blumen durch Insecten und die gegenseitigen Anpassungen beider" zurückgreifen will.

Sachlich bemerke ich, dass das nachfolgende Verzeichniss nur die durch geschlechtliche Zeugung zwischen wohl charakterisirten Arten, Unterarten oder Raçen entstandenen Mischlinge, also die Bastarde und Blendlinge (s. S. 2), umfasst. Die sogenannten directen Wirkungen des fremden Blüthenstaubs auf die Mutterpflanze, die Pfropfmischlinge und ähnliche Erscheinungen werden im letzten Abschnitte besonders besprochen werden.

In formaler Beziehung, insbesondere in der systematischen Anordnung und der Namenwahl, habe ich mich thunlichst an Bentham et Hooker, Genera plantarum angeschlossen, so weit dies Werk im

Jahre 1879 erschienen war (bis *Labiatae*). Abgesehen von wenigen besonderen Fällen habe ich es für zweckmässig gehalten, auch in solchen Punkten nicht von dem leitenden Buche abzuweichen, in welchen ich nicht mit den Verfassern übereinstimmen kann.

Erklärung der Zeichen.

A, B, C, D. Die Buchstaben bezeichnen in den Formeln je eine Stammart oder Stammraçe.

♀ weiblich, weibliche Blüthe, weibliche Stammart.

♂ männlich, männliche Blüthe, männliche Stammart.

⊃⊂ befruchtet durch. $A \supset\subset B$ bedeutet also, dass Pollen von *B* die weiblichen Organe von *A* befruchtet hat. Die Hinzufügung näherer Bezeichnungen (A ♀ ⊃⊂ B ♂) ist unnöthig, ist aber der Deutlichkeit halber hin und wieder geschehen.

✕ gekreuzt mit. $A \times B$ bezeichnet den durch Kreuzung von *A* und *B* entstandenen Bastard, lässt aber unentschieden, ob *A* oder *B* weibliche Stammart war. Durch A ♀ ✕ B ♂ wird dies Verhältniss näher bezeichnet.

⋉ Bastardpflanze, *hybridus, a, um.* Das Zeichen wird specifischen Benennungen vorgesetzt, welche einer hybriden Pflanze bekannter oder unbekannter Herkunft beigelegt sind. Wenn schon aus dem Zusammenhange hervorgeht, dass eine solche Benennung sich auf eine bestimmte Bastardverbindung bezieht, ist das Zeichen in der Regel weggelassen.

⋇ Blendart. Bezeichnet eine samenbeständige Raçe, welche ursprünglich aus einem Bastard hervorgegangen ist.

per vor einem der Artnamen in einer Bastardverbindung bezeichnet die grössere Aehnlichkeit des Mischlings mit der betreffenden Art; *per* $A \times B$ ist der Stammart *A* ähnlicher als die Mittelform; $A \times per\ B$ der Stammart *B*.

Erste Classe: DICOTYLEDONES.

1. RANUNCULACEAE.

Die meisten Pflanzen dieser Ordnung haben zwittrige, offene, gefärbte, pollenreiche und oft honighaltige Blüthen, die sich bei manchen Arten durch Grösse und Schönheit, in einigen Gattungen auch durch auffallenden Bau auszeichnen. Sie werden daher, trotz mangelnden oder geringen Duftes, vielfach von Insecten besucht, welche eine Fremdbestäubung vermitteln. Bastarde bilden sich innerhalb einiger Gattungen oder Artengruppen sehr leicht, während sie in andern selten vorkommen.

Clematis.

Lit.: Belg. hort. 1864, 1877; C. Koch Dendrol. I; zerstr. Gartenlit.

Die meisten Arten sind klimmende Sträucher, theils durch ansehnliche Einzelblüthen, theils durch reiche Blüthenstände ausgezeichnet. Blüthen meist weiss, blau oder violet, seltener gelb. — Während der letzten beiden Jahrzehnte hat man in europäischen Gärten zahlreiche Blendlinge und Bastarde erzogen; wildwachsende Hybride sind noch nicht nachgewiesen.

Viticella.
Unterarten der Cl. florida Thunbg.

In die europäischen Gärten ist nach und nach eine Anzahl von *Clematis*-Formen eingeführt worden, welche von *Cl. florida* stammen und in Japan seit langer Zeit cultivirt worden sind. Einige dieser Formen, insbesondere die *var. Fortunei*, sind mehr oder weniger gefüllt. Die ausgezeichnetsten Unterarten sind *Cl. lanuginosa Lindl.* und *Cl. patens Morr. et Desne.*; von beiden, namentlich von *patens*, werden viele Varietäten cultivirt. Die einfach blühenden Formen von *Cl. florida* haben 6—8 Petalen. Blüthen weiss oder hellblau.

Cl. patens ⋊⋉ *lanuginosa*, in verschiedenen Formen, kräftiger als beide Eltern.

Cl. Standishii hortul. soll eine *patens* ⋊⋉ *florida typ.* sein und ist jedenfalls eine Mittelform.

Neuerdings werden diese Varietäten unter einander und mit den Hybriden der *Cl. florida* von englischen und französischen Gärtnern vielfach gekreuzt.

Cl. florida Thbg. ⋊⋉ viticella L.

Die Hybriden zwischen *Cl. florida* und *Cl. viticella* haben von der *Cl. florida* die Grösse der Blüthen beibehalten, während sie von *Cl. viticella* prachtvolle Färbungen und die grössere Winterhärte angenommen haben.

Cl. patens Denr. ♀ ⋊⋉ *viticella L.* var. *purpurea* ♂, von Guasco in Luxemburg erzogen, ist die *Cl. Guascoi hort.*, der älteste unter den Gartenbastarden dieser Gruppe. Andere Formen von *Cl. patens* ⋊⋉ *viticella* sind *Cl. Francofurtensis* (Zücht. Rinz) und *Cl. venosa hortul.* (Zücht. Krampen). Aus Samen der *Cl.* ⋊⋉ *venosa* sind zahlreiche verschiedene Varietäten hervorgegangen. *Cl. viticella venosa hort.* ist dieselbe Form, ob auch *Cl. Hendersoni venosa?*

Cl. lanuginosa Lindl. ♀ ⋊⋉ *viticella L. var. Hendersoni* ♂. Aus dieser Kreuzung ist von Jackman and Son in Woking die prachtvolle *Cl. Jackmani* erhalten worden, in welcher das dunkle, trübe Purpurviolet der Blüthen von *Cl. viticella* mit dem Blassblau der *lanuginosa*-Blüthen zu einem schönen gesättigten Violet verbunden ist. Die *var. Hendersoni* scheint ein grossblüthiger Blendling aus verschiedenen Varietäten der *Cl. viticella* zu sein, doch ist zu bemerken, dass in den Gärten auch ganz andere Hybride, sowie die *Cl. cylindrica Sims*, als *Cl. Hendersoni* gelten.

Cl. lanuginosa Lindl. ♀ ⋊⋉ *viticella L. var. atrorubens* ♂. Aus dieser Kreuzung soll die *Cl. rubro-violacea Jackman* stammen; die Blumen dieser Form sollen im Herbste kleiner und denen der *Cl.* ⋊⋉ *Guascoi* (*patens* ⋊⋉ *viticella*) ähnlicher werden. Man findet auch die Angabe, dass *Cl.* ⋊⋉ *rubro-violacea* von *Cl. patens* stamme, doch ist dies wahrscheinlich irrig.

Andere Hybride von *Cl. lanuginosa* und *Cl. viticella* sind *Cl. intermedia Billiard*, *Cl. hybrida fulgens*, *Cl. hybrida splendida* (Zücht. Simon-Louis frères). Die Hybriden aus einer und derselben Kreuzung sollen in Behaarung der Blätter, sowie in Grösse und Färbung der Blumen ziemlich mannigfaltig sein. Sie sind nicht unfruchtbar und lassen sich mit den Formen von *Cl. florida* kreuzen.

Cl. campaniflora Brot. ⨯ viticella L.
Derartige Bastardverbindungen werden von C. Koch erwähnt unter dem Namen *Cl. viornoides* und *Cl. revoluta*.

Viticella ⨯ Flammula.
Cl. integrifolia L. ♀ ⨯ *lanuginosa Lindl.* ♂. Hierher *Cl. integrifolia Durandii* mit grossen, 4—5-blättrigen, schön sammetig dunkelvioleten Kronen und gelben, am Grunde blauen Staubfäden. Ferner sollen Bastarde vorkommen zwischen *Cl. crispa L.* und *Cl. viorna L.*; dahin dürfte *C. Simsii Sweet* gehören. C. Koch erwähnt auch Kreuzungen von *Cl. viticella L.* und *Cl. cylindrica Sims*; hierher gehört wohl *Cl. hybrida hort.*

Flammula.
Cl. reticulata Walt. ⨯ *cylindrica Sims.* und *Cl. integrifolia L.* ⨯ *cylindrica Sims.* (an *reticulata Walt.?*) werden von C. Koch erwähnt, letztere unter dem Namen *Hendersoni*.
Cl. recta ♀ ⨯ *integrifolia L.* ♂. Blüthen dunkelviolet, Staubfäden gelb; ist *Cl. erecta hybr.* oder *integrifolia hybr.* (Vict. Lemoine). Die *Cl. recta* blüht weiss.

Thalictrum.

Die europäischen Arten dieser Gattung sind zum Theil so nahe unter einander verwandt, dass sie grössere Sammelarten oder Artengruppen bilden. Mischlinge zwischen diesen nächst verwandten Formen werden schwer als solche erkennbar sein.

Th. odoratum Gren. et Godr. ist intermediär zwischen *Th. foetidum L.* und *Th. minus L.*, ist sehr selten und war bisher nur von einer einzigen Stelle im Dauphiné bekannt.

Th. spurium Timeroy, nur bei Lyon beobachtet, ist wahrscheinlich ein Bastard von *Th. galioides Nestl. (angustifolium Gren.)* und *Th. flavum L.* Fruchtbarkeit anscheinend vermindert.

Th. angustifolium Jacq. ⨯ *flavum L.* glaubt G. Ritschl in der Provinz Posen beobachtet zu haben, und zwar in zwei Formen, von denen eine *Th. laserpitiifolium Willd.* sein soll.

Th. angustifolium Jacq. ⨯ *Jacquinianum Koch* wird ebenfalls von G. Ritschl aus der Provinz Posen angegeben. *Th. Jacquinianum* gehört zu den Unterarten des *Th. minus L.* Ob *Th. medium Jacq.* eine ähnliche Bastardverbindung ist?

Zu den seltenen Mittelformen von zweifelhafter Stellung gehört auch *Th. lucidum Gren. et Godr.* Bestimmte Beweise für die Hybridität dieser, wie mancher ähnlichen Formen liegen bis jetzt nicht vor.

Anemone.

Lit.: Lasch*) in Linn. IV, V, VI (1829—81); Pritzel in Linn. XV, p. 661; Körnicke in Schr. phys. oek. Königsb. 1874, S. 72; Caspary ebend. 1871, S. 122; Lotos 1865, S. 8; Oe. B. Z. 1871, S. 49; Bot. Zeit. 1875, Sp. 537.

Niedrige Stauden, meist mit ansehnlichen Blüthen; in der Untergattung *Pulsatilla* scheinen die Arten sich ungemein leicht zu kreuzen.

Pulsatilla.

A. patens L. × *vernalis* L. kommt in allen denkbaren Zwischenformen vor, gleicht oft in den Blättern der einen, in den Blüthen der andern Stammart. Variirt besonders in Blüthenfarbe und Behaarung; ist zuweilen stärker behaart, als beide Stammarten, auch kommen violete Blüthen vor, während *A. patens* lila, *A. vernalis* weiss blüht. Caspary fand bei einer Mittelform mit lichtblaucarmoisinfarbenen Blüthen 25 %, schlechte Pollenkörner, bei anderen Exemplaren aber nur 16 % und 7 %. Bald sommergrün, bald immergrün. — In Ost-Deutschland, Polen, bei St. Petersburg.

A. patens L. × *pratensis* L. ist im Freien leicht als Bastard kenntlich und kommt oft in zwei Formen vor, von denen die *f. latisecta* der *A. Halleri* All., die *angustisecta* der typischen *A. pulsatilla* L. ungemein ähnlich ist. Wurde früher oft für *A. pulsatilla* gehalten. Blüthen meist dunkelviolet. Scheint immer völlig unfruchtbar zu sein. Böhmen, Ost-Deutschland, St. Petersburg, angeblich auch in Steiermark und der Schweiz. *A. Hackelii Pohl, A. Wolfgangiana Bess., A. hybrida Mik., Puls. intermedia Lasch.*

A. pratensis L. × *vernalis* L. kommt in vielen Zwischenformen vor; Blüthen meist weisslich rosa. Pollen nach Caspary etwa 88 % schlechte Körner enthaltend. In Schlesien in den Blättern der *A. pratensis*, in den Blüthen der *A. vernalis* ähnlicher. Ost-Deutschland.

A. pratensis L. × *pulsatilla* L. Mittelformen und Uebergangsformen zwischen *A. pratensis* und *A. pulsatilla* sind mehrfach gefunden worden; der hybride Ursprung derselben ist wahrscheinlich. *Puls. affinis Lasch* soll hierher gehören. Die zuverlässigsten Beobachtungen über den Bastard rühren von Peck (Templin) und Halacsy (Eichkogel bei Mödling unweit Wien) her. *P. mixta Halacsy.* — *A. pratensis* L. fehlt in West-Europa, während *A. pulsatilla* L. durch Frankreich und West-Deutschland verbreitet ist, aber nach Osten zu allmählig verschwindet. *A. pulsatilla* ist in manchen Gegenden sehr

---

*) G. Don nennt ihn Brandt und verwechselt auch das Städtchen Driesen in der Neumark mit Dresden.

constant, in andern ungemein veränderlich und formenreich (vgl. Neilreich, Fl. von Wien, S. 455, Wirtg., Fl. pr. Rheinl., S. 17), auch wenn dort keine verwandte Art neben ihr vorkommt. Bei der auffallenden Aehnlichkeit, welche die Bastarde von *A. patens* und *A. pratensis* mit der *A. pulsatilla* zeigen, hielt Lasch die Entstehung der *A. pulsatilla* aus dieser Bastardverbindung für möglich, er glaubte, „dass, wenn nicht alle *Puls. vulgaris* bezeichneter Bastardform ihren Ursprung verdankt, doch das Entstehen derselben auf diesem Wege nicht zu läugnen ist" (Linn. V, S. 438). Gegen diese Vermuthung spricht die Sterilität des Bastards einerseits und die vollkommene Ausbildung des Blüthenstaubes bei der *A. pulsatilla* andrerseits. Merkwürdig ist die geographische Verbreitung der *A. pulsatilla*, die in Deutschland als eine westeuropäische Art auftritt, welche nach Osten zu verschwindet, während andererseits angegeben wird, dass sie durch Russland und die Balkanhalbinsel weit verbreitet ist. Die wirkliche Uebereinstimmung dieser Pflanze mit der westeuropäischen *A. pulsatilla* wird daher näher untersucht werden müssen.

Anemonanthea.

A. nemorosa L. × *trifolia L.* ist an einigen Stellen in Krain beobachtet. Die Stammarten sind sich sehr ähnlich. *A. Pittonii Glowacki.*

A. nemorosa L. × *ranunculoides L.* Stengel 1-blüthig, selten 2-blüthig (bei *ranunculoides* oft 2-blüthig), Hüllblätter gestielt, selten fast sitzend (bei *nem.* gestielt, bei *ran.* fast sitzend), Kelchblätter feinflaumig (bei *nem.* kahl, bei *ran.* weichhaarig); Blüthen schwefelgelb (bei *nem.* weiss, bei *ran.* dottergelb), ins weissliche verbleichend. Pollen unvollkommen; Pistille zuweilen verkümmert. Früchte fehlschlagend; nur in wenigen Fällen sollen einzelne entwickelte Carpelle gefunden sein. Im botanischen Garten zu Breslau zufällig zwischen den Stammarten entstanden. Findet sich hie und da in Gesellschaft der Stammarten, zuweilen (Insel Fünen) in grösserer Menge. Tirol, Baden, Sachsen, Schlesien, Mecklenburg, Dänemark, Gegend von St. Petersburg. *A. intermedia Winkler, A. sulfurea Pritzel.*

Eriocephalus.

Ob unter den cultivirten Garten-Anemonen Bastarde von *A. coronaria L.* mit *A. hortensis L.* und *A. stellata Lam.* vorkommen, ist zweifelhaft. Dagegen scheint es sicher zu sein, dass in den Mittelmeer-Gegenden an Orten, wo die Unterarten von *A. hortensis L.*, wie *A. stellata Lam.*, *A. pavonina Lam.* und *A. fulgens Gay*, wild oder verwildert neben einander vorkommen, Mischlinge nicht zu fehlen pflegen.

A. Japonica S. et Z. ♀ × *vitifolia Behnn.* ♂ ist von dem Gärtner Gordon erzogen und hat sich bei der Aussaat sehr veränderlich gezeigt. *A. hybrida hort.*, *A. elegans Dcne.* — Der Bastard ist dadurch bemerkenswerth, dass er bei Jobert in Verdun etwa im Jahre 1854 auf vegetativem Wege eine auffallende Abänderung, die *A. Honorine Jobert*, hervorgebracht hat. Nach einigen Angaben bezieht sich die *A. elegans Dcne.* auf diese Abänderung. Nach Carrière beobachtet man an der *A. Hon. Jobert* mitunter Rückschläge zu *A.* × *hybrida*.

Adonis.

H. Hoffmann hat vergebens versucht, Arten und Varietäten von *Adonis* mit einander zu kreuzen.

Ein angeblicher Mischling *A. vernalis L.* × *Wolgensis Stev.* ist bei Klausenburg in Siebenbürgen beobachtet. *A. hybrida Wolff.* Vielleicht ist die betreffende Pflanze nur als Form von *A. Wolgensis* aufzufassen. Eine *f. per-Wolgensis* ist *A. Walziana Smkr.*

Ranunculus.

Lit.: Lasch in Linn. V, p. 436; Schmalhausen in Bot. Z. 1875, Sp. 490, 543; mitteleurop. Floren.

Die Gattung enthält zahlreiche, zum Theil einander sehr ähnliche Arten. Es ist nicht unwahrscheinlich, dass fruchtbare Hybride zwischen mehreren dieser Arten häufiger sind, als man gewöhnlich annimmt. Der Blüthenstaub einiger Arten ist mischkörnig.

Hecatonia.

R. alpestris L. × *glacialis L.* ist hin und wieder in den Alpen beobachtet worden; Blumen mitunter gefüllt (Graubündten). *R. gelidus Hffmsg.*

R. aconitifolius L. × *glacialis L.* ist eine seltene Verbindung; westl. Alpen. *R. aconitoides DC.*

R. aconitifolius L. × *Pyrenaeus L.*, einer der merkwürdigsten Bastarde, aus zwei einander sehr unähnlichen Arten gebildet, scheint sehr leicht zu entstehen. *R. Pyrenaeus*: Stengel fast einfach, 10—30 cm hoch, 1 · 5-blüthig, Blätter schmal lanzettig. *R. aconitifolius*: Stengel ästig, 25—100 cm hoch, vielblüthig; Blätter handförmig 3—7-theilig mit eingeschnittenen gesägten Abschnitten. Der Bastard ist etwa 50—80 cm hoch und hat einfache Blätter, die vorn unregel-

mässig tief eingeschnitten sind. Er ist völlig steril. Schon A. von
Haller dachte an Hybridität, ebenso Bellardi, doch war die Pflanze
nicht in Gesellschaft beider Eltern gefunden. Villars sah sie
spontan im botanischen Garten zu Grenoble zwischen den Stammarten
entstehen. Die Stammarten treffen selten an denselben Standorten
zusammen, daher ist auch der Bastard nicht häufig. Alpen der
Schweiz, Piemonts, des Dauphiné. *R. lacerus Bell.* (1793).

R. angustifolius DC. ist eine Mittelform zwischen *R. amplexicaulis L.* und *R. Pyrenaeus L.*, vielleicht ein fruchtbarer Bastard. —
Pyrenäen.

Euranunculus.

R. acer L. ✕ *lanuginosus L.* ist von Beckhaus im Weser-
gebiete gefunden worden.

R. repens L. ✕ *lanuginosus L.* nach Mejer an der Paschen-
burg bei Rinteln beobachtet.

R. acer L. ✕ *bulbosus L.* Zuerst von Wesmaël in Belgien
unterschieden, später von Schmalhausen bei Narwa in Russland
gefunden. Kommt in mehreren Formen vor; die intermediären sind
am wenigsten fruchtbar. Eine gemischte Form ist *R. Goldei Meins-
hausen*, bei Shitomir gefunden, in Wurzelblättern und Blüthen dem
R. bulbosus, in Tracht, Stengelblättern, Verzweigung und Früchten
dem *R. bulbosus* gleichend.

R. bulbosus L. ✕ *polyanthemos L.* Lasch fand am häufigsten eine Mittelform mit etwas verdicktem Stengelgrunde, halb zurück-
geschlagenen Kelchblättern, intermediären Blüthen, Früchten u. s. w.
Er sah indess bei Driesen, ebenso wie Schmalhausen bei Narwa,
alle Uebergangsformen zu beiden Stammarten, die somit durch eine
vollständige Reihe von Mittelgliedern verbunden erscheinen. Der
Bastard ist ziemlich fruchtbar; Schmalhausen fand durchschnittlich
32 % schlechte Pollenkörner und 47 % unentwickelte Pistille, wobei
jedoch zu bemerken ist, dass Pollen und Fruchtbarkeit des echten *R.
bulbosus* in der Gegend von St. Petersburg ebenfalls mangelhaft sind.
In Deutschland verhält sich dies anders. Der Bastard ist übrigens
nicht nur in Russland und im nordöstlichen, sondern auch im nordwestlichen Deutschland gefunden worden, und zwar von Beckhaus, der
ihn ebenso wie Lasch und Schmalhausen, in verschiedenen Formen
beobachtet hat.

R. polyanthemos L. und *R. nemorosus DC.* sind an vielen
Orten durch Uebergangsformen verbunden, die sich jedoch nicht wie
Bastarde verhalten. *R. polyanthemos* ist eine östliche, *R. nemorosus*

eine westeuropäische Art; beide treffen in Deutschland zusammen und hier finden sich die Mittelglieder bald mit, bald ohne die typischen Arten.

R. mixtus Jord. scheint ein Bastard von *R. nemorosus DC.* zu sein.

R. Carinthiacus Hopp. ✕ *montanus Willd.* soll in den österreichischen Alpen vorkommen; die beiden Stammformen lassen sich jedoch kaum specifisch unterscheiden.

R. albicans Jord. ist eine sterile Pflanze, die sich durch Ausläufer stark vermehrt. Sie steht dem *R. Monspeliacus L.* und *R. chaerophyllos L.* nahe; vermuthlich ist sie ein Bastard.

Echinella.

R. arvensis L. var. *inermis* ♀ ✕ *typicus* ♂ lieferte H. Hoffmann einmal die Form *inermis*, zweimal *typicus; R. arv. typicus* ✕ *inermis* brachte in erster wie in späteren Generationen nur *typicus*.

R. Sardous Crntz. ✕ *sceleratus L.* ist im Jahre 1857 von Nitschke in einer Versammlung der Schles. Gesellschaft für vaterländ. Cultur (Jahresb. S. 4) vorgezeigt worden.

Helleborus.

Die Arten dieser Gattung sind heimisch in den Kaukasus-Ländern, im nördlichen Kleinasien und in Süd- und Mittel-Europa. Nach Ausschluss der zwei Arten mit ausdauernden Stengeln bleibt eine Formen-Reihe übrig, deren ausgeprägteste Typen zwar wenig Aehnlichkeit mit einander haben, zwischen denen jedoch die mannigfaltigsten Mittelglieder vorkommen. Bei den meisten dieser Mittelglieder kann von einem hybriden Ursprung nicht die Rede sein. Die Herkunft der in den Gärten cultivirten Formen ist dagegen keineswegs in allen Fällen gesichert; bei mehreren ist der Blüthenstaub ungleichkörnig.

Mischlinge verschiedener *Helleborus*-Arten sind zuerst von dem verstorbenen Sprachforscher Professor Schleicher in Jena, von Dr. med. Rodigas in St. Trond und von dem Universitätsgärtner Barleben in Berlin erzeugt worden. Die Schleicher'schen Hybriden, meistens von *H. Abchasicus A. Br., H. guttatus A. Br.* und ähnlichen orientalischen Arten stammend, sind durch die Firma F. C. Heinemann in Erfurt in den Handel gebracht. Ueber alle diese Hybriden ist wenig Näheres bekannt.

H. Colchicus Rgl. ♂ ✕ *guttatus A. Br.* ♂ ist als *H. Caucasicus* var. *punctatus* in Regel, Gartenfl. t. 623 abgebildet. Blüthen lichtpurpurn, punktirt.

II. guttatus A. Br. ♀ ⨯ *purpurascens W. K.* ♂, von A. Braun als *H. dives* bezeichnet, soll der schönste der Barleben'schen Bastarde sein.

Es scheint, dass bis jetzt nur die orientalischen Arten und *H. purpurascens*, aber nicht die Verwandten von *H. niger L.* und *H. foetidus L.* zu erfolgreichen Kreuzungen benutzt worden sind.

Aquilegia. *

Lit.: Kölreut. 3. Forts.; Gärtn. Bastardbefr.; zerstr. Gartenlit.

Die Gattung zeichnet sich durch einen auffälligen Blüthenbau — gleichsam eine Pelorie eines *Delphinium* — aus und ist dadurch von allen verwandten Gattungen scharf abgegrenzt. Die Arten sind durch die nördliche gemässigte Zone verbreitet und stehen einander sehr nahe. Je genauer die Arten untersucht worden sind, um so mehr Zwischenformen, welche die Grenzen zwischen den Haupttypen verwischen, hat man gefunden. Die Farben sind sehr veränderlich. So weit man Versuche gemacht hat, lassen sich sämmtliche Arten leicht mit einander kreuzen. Im Garten neben einander gepflanzt, liefern sie viele spontane Mischlinge, so dass man die Arten aus den Gärten selten rein erhält.

Kölreuter's und Gärtner's Hybride.

Kölreuter hat nur *A. vulgaris L.* (und zwar die Sorte *fl. plen.*) mit *A. Canadensis L.* gekreuzt. Gärtner benutzte zu seinen Versuchen ausser diesen Arten auch *A. atropurpurea Willd.*, *A. viridiflora Pall.*, *A. viscosa Gou.* und *A. glandulosa Fisch.* Die citirten Seitenzahlen beziehen sich auf Gärtner's Bastarderzeugung im Pflanzenreiche.

A. Canadensis L. ⨯ *vulgaris L.* Gärtner erhielt von *A. vulgaris* ⨯ *Canadensis* bis zu 151 Samen in einer Kapsel, von *A. Canad.* ⨯ *vulg.* dagegen höchstens 29 (a. a. O. S. 195). Die aus beiden Verbindungen erzogenen Bastardpflanzen waren einander vollkommen gleich und hielten genau die Mitte zwischen den Stammarten (S. 221, 281). Ihre Fruchtbarkeit war individuell, vielleicht auch nach den Jahrgängen, sehr verschieden (S. 366, 367, 391); im Allgemeinen erwiesen sich diese Bastarde sowohl mit eigenem Pollen als mit dem der Stammarten als ziemlich fruchtbar, Kölreuter erhielt mit hybridem Pollen 30—40, mit dem der *A. vulgaris* 60—70 Samen in der Kapsel. Die eigene Nachkommenschaft der *A. Canadensis* ⨯ *vulgaris* bleibt nach Gärtner ihrem Typus ziemlich treu, doch kommen einzelne Exemplare vor, welche sich einer oder der andern Stammart nähern; der Bastard zeigte ferner Neigung zur Füllung der Blumen. Durch

Bestäubung des primären Bastards mit Pollen von *A. Canadensis* erhielt Gärtner dreierlei neue hybride Typen; der häufigste zeigte eine bedeutende Annäherung an *A. Canadensis*, ein minder häufiger war dem ursprünglichen Bastard ähnlicher geblieben und war fruchtbarer; sehr selten und völlig unfruchtbar war eine der *A. vulgaris* genäherte Form. — Kölreuter, der sowohl *A. vulgaris* ♀ ✕ *Canadensis* ♂ als *A. Canadensis* ♀ ✕ *vulgaris* ♂ erzeugte, hatte zu seinen Versuchen eine gefüllte violet blühende Varietät von *A. vulgaris* benutzt. Die Blumen der Bastardpflanzen, welche er erhielt, waren theils gefüllt, theils einfach, meist kupferroth gefärbt, zum Theil auch blassviolet, röthlich u. s. w. Ein Exemplar hatte grünliche Blüthen und verkümmerte Staubfäden.

A. atropurpurea Willd. ✕ *Canadensis L.* Ueber diese Bastardverbindung theilt Gärtner Folgendes mit. *A. atropurpurea* ✕ *Canadensis L.* liefert mehr keimfähige Samen als *A. Canad.* ✕ *atrop.* (S. 197). Die *A. Canadensis* wird indess durch *A. atropurpurea* vollständiger befruchtet, als durch *A. vulgaris* (S. 469). Die *A. atropurpurea* blüht dunkelblau, die *A. Canadensis* roth, die Bastarde aus den Kreuzungen der beiden Arten sind einander völlig gleich (S. 223) und bringen nicht etwa violete, sondern blassblaue Blumen (S. 310, 314); im Uebrigen stehen sie genau zwischen den Eltern in der Mitte. Die *A. atropurpurea* ♀ ✕ *Canadensis* ♂ ist fruchtbarer als die umgekehrte Verbindung und pflanzt sich durch Samen unverändert wie eine reine Art fort (S. 421). Einzelne Exemplare beider Bastardverbindungen sind indess völlig steril (S. 366); auch an den übrigen sind nur die zuerst entwickelten Blüthen fruchtbar. Im Blüthenstaub finden sich kleinere und grössere Körner gemischt (S. 335). Die einzelnen Exemplare der Bastardverbindung *A.* (*atropurpurea* ♀ ✕ *Canadensis* ♂) ♀ ✕ *Canadensis* ♂ sind unter einander sehr ungleich, meistens der *A. Canadensis*, theils aber auch dem mütterlichen Bastard ähnlicher, theils steril, meistens aber fruchtbar (S. 436). Nochmals mit *A. Canadensis* gekreuzt, wurde die Nachkommenschaft der *A. Canadensis* schon sehr ähnlich, doch zeigten sich einige Exemplare bei geringer weiblicher Fruchtbarkeit total impotent (S. 450). Gärtner giebt an (S. 469), dass die *A. atropurpurea* durch wiederholte Befruchtung mit Pollen von *A. Canadensis* in 4 Generationen in *A. Canadensis* übergeführt werde; an einer andern Stelle (S. 463) sagt er, dass die Umwandlung schon in 3 Generationen erfolge, was nach den obigen genaueren Notizen nicht richtig ist. *A.* (*Canadensis* ♀ ✕ *atropurpurea* ♂) ♀ ✕ *Canadensis* ♂ liefert zahlreiche (bis 15) Varietäten (S. 452). Durch fortgesetzte Befruchtung mit *A. atropurpurea* lässt sich die *A. Canadensis* in vier Generationen in *A. atropurpurea* überführen (S. 469; nach S. 463 in 3—4 Gener.).

A. (atropurpurea ⨯ Canadensis) ⨯ viridiflora. Gärtner erzeugte Tripelbastarde durch Befruchtung des $^3/_4$ Bastards *A. atropurpurea* ♀ ⨯ *Canadensis* ♂^{2} und des $^7/_8$ Bastards *A. atropurpurea* ♀ ⨯ *Canadensis* ♂^{3} mit *A. viridiflora Pall.*

A. atropurpurea ♀ ⨯ *viridiflora* ♂ zeigt eine gemischte Blüthenfärbung, indem die Spitzen der Sepalen deutlich grün, die Sporne dunkelblau sind. Die Stammarten stehen einander sehr nahe.

A. atropurpurea ♀ ⨯ *viscosa* ♂ und *A. atropurpurea* ♀ ⨯ *glutinosa* ♂ sind nach Gärtner weniger fruchtbar als *A. atropurp.* ♀ ⨯ *Canad.* ♂, obgleich *A. viscosa* und *A. glutinosa* (?) der *A. atropurpurea W.* habituell ähnlicher sind als die *A. Canadensis L.* (S. 409). Eine *A. glutinosa* kommt indess in dem Verzeichniss der Gärtner'schen Versuche gar nicht vor und *A. atropurpurea* hat Gärtner (nach S. 685) gar nicht mit *A. viscosa* zu kreuzen versucht. Es kann daher wohl nur *A. atropurpurea* ♀ ⨯ *glandulosa* ♂ gemeint sein.

A. Canadensis ♀ ⨯ *viscosa* ♂ ist der umgekehrten Verbindung völlig gleich; beide Bestarde halten zwischen den Eltern die Mitte (S. 403), zeigen aber nur an den äusseren Kelchblättern einen bläulichen Anflug (S. 310). *A. Canadensis L.* blüht roth, *A. viscosa Gou.* dunkelblau.

A. Canadensis L. ♀ ⨯ *glandulosa Fisch.* ♂ ist der umgekehrten Verbindung völlig gleich; beide Bastarde halten die Mitte zwischen den Eltern.

A. atropurpurea ♀ ⨯ *vulgaris* ♂ ist ferner von Gärtner erzeugt (S. 685) worden.

Gartenhybride.

Die meisten Gartenhybriden von *Aquilegia* sind zufällig oder durch planlose Kreuzungen entstanden. Einige vorzüglich schön gefärbte hybride Formen sind sorgfältiger gezüchtet und gelten als samenbeständig. *A. Skinneri Hook.* ist der *A. Canadensis L.* verwandt und blüht roth, *A. Californica Hartw.* ist eine Varietät von *A. Canadensis* mit mehr gelblichrothen Blüthen. *A. chrysantha Asa Gr.* ist der blassblauen *A. leptoceras Fisch. et Mey.* verwandt, blüht aber gelb und hat noch längere Sporne.

A. vulgaris L. ⨯ *leptoceras Fisch. et Mey.* soll die *A. blanda* Illustr. hort. 146 (Verschaffelt) geliefert haben. Blumen weiss und bläulichlila, ähnlich der *A. jucunda Fisch.*, die als Varietät von *A. glandulosa Fisch.* betrachtet wird.

A. Skinneri Hook. ♀ ⨯ *vulgaris L. fl. plen.* ♂ (Züchter

Gottholdt & Co. in Arnstadt) hat theils einfache, theils gefüllte Blumen. Die schönste Form (Blüthe dunkelroth mit gelbem Centrum) ist als *A. hybrida lucida fl. pleno* oder *A. Skinneri hybrida plena* in den Handel gebracht.

A. Californica Hartw. ♀ ⨯ *chrysantha Asa Gray* ♂ mit gelben Petalen und orangerothen Spornen und Sepalen wird von Veitch et Sons als *A. Californica hybrida* verkauft. *A. coerulea James* ⨯ *chrysantha Asa Gray* mit gelben Petalen und blassblauen Sepalen und Spornen (Züchter Douglas) wird als *A. Haylodgensis* oder *A. coerulea hybrida* verkauft.

Spontane Hybride.

Wo *A. vulgaris L.* und *A. nigricans Bmg. (A. atrata Koch)* neben einander wachsen, sah ich mancherlei Uebergangsformen, muthmaasslich Mischlinge. Uebrigens ist *A. nigricans* der *A. vulgaris* sehr ähnlich und vielleicht am besten als Unterart derselben aufzufassen.

A. hybrida Sims (A. elata Ledeb.) ist eine veränderliche Pflanze aus Sibirien, vielleicht Bastard von *A. Sibirica Lam.* (mit *A. viridiflora Pall.?*), vielleicht nur Varietät derselben.

Delphinium.

Lit.: Gärtner, Bastardbefr.

Gleich den *Aquilegien* zeigen auch die perennirenden Arten von *Delphinium* eine grosse Neigung, sich gegenseitig zu befruchten, wenn sie im Garten neben einander wachsen. Schon um 1831 fand man nach G. Don in den Gärten nur noch wenige reine Arten vor. Da viele Hybride sich durch Blüthenreichthum und schöne Farben auszeichnen, so haben die Gärtner neuerdings absichtlich unzählige Kreuzungen vorgenommen und haben die schönsten der gewonnenen Sorten weiter gezüchtet.

Die *Delphinien* sind durch die nördliche gemässigte Zone, insbesondere die wärmeren Berggegenden derselben, verbreitet. Die Gattung ist ziemlich formenreich und sind sich die Arten zum Theil nur wenig ähnlich. Die erste Beobachtung über Bastardbildung in dieser Gattung machte um 1745 J. G. Gmelin, der aus Samen zweier neben einander gepflanzten sibirischen *Delphinien* drei neue Formen erhielt. Ueber die Gartenbastarde vermag ich keine zuverlässigen Nachrichten mitzutheilen; sicher ist nur, dass einige derselben, z. B. die als *pulchrum, magnificum* und *Hendersoni* bekannten Sorten, völlig steril sind. C. F. v. Gärtner kreuzte zwei bekannte einjährige Arten mit einander.

D. Ajacis L. ✕ *consolida L.* — *D. consolida* ✕ *Ajacis* bringt mehr keimfähige Samen als *D. Ajacis* ✕ *consolida* (S. 197). Die Befruchtung erfolgt indess in beiden Fällen leicht und der Samenansatz ist reichlich. Die erzielten Bastarde sind einander vollkommen gleich und halten die Mitte zwischen den Eltern (S. 221, 281, 403); sie sind in hohem Maasse fruchtbar. Ueber das Verhalten der Nachkommenschaft finde ich keine näheren Angaben.

D. nudicaule Torr. et Gr. ✕ *Cashmirianum Royle* wird im botanischen Garten zu Edinburg cultivirt.

Aconitum.

Lit.: D. H. Hoppe, N. bot. Taschenb. 1810, p. 217; L. Reichenbach, Illustr. spec. gen. Aconiti, 1823—27.

Während man in der Regel nur 6—7 europäische *Aconitum*-Arten annimmt, hat L. Reichenbach schon um 1819 eine grosse Zahl von Formen specifisch unterschieden. In 5 seiner Formen glaubte er Bastarde zu erkennen.

Hoppe beobachtete, dass im Garten aus *A. lycoctonum L.* und einer andern Art, die er *A. Pyrenaicum* nannte, eine Mittelform hervorging, die er als *A. intermedium* beschrieb und mit *A. sulfureum Willd.* verglich. Das echte *A. Pyrenaicum* soll indess eine Form von *A. lycoctonum* sein.

Die Floristen führen manchmal das *A. Stoerkeanum Rchb.* als *A. napellus* ✕ *variegatum* oder *A. napellus* ✕ *paniculatum* auf und geben mitunter an, dass es sich selten und nur zwischen den Stammarten finde. Nach Reichenbach kommt jedoch *A. Stoerkeanum* fast durch ganz Europa vor, während *A. napellus* ihm nur aus Steiermark und der Schweiz bekannt war. Es ist wohl wahrscheinlich, dass hybride *Aconita* wirklich beobachtet sind, aber es scheint kein Grund vorhanden zu sein, sie *A. Stoerkeanum* zu nennen. Die Raçen und Zwischenformen von *Aconitum* wird man nicht eher richtig beurtheilen lernen, als bis man anfängt, die lebenden Pflanzen nach der Reichenbach'schen Monographie zu studiren.

Paeonia.

P. moutan Sims (P. arborea Don) wird seit undenklichen Zeiten in China und Japan in einer grossen Zahl von Varietäten cultivirt. Man führt die europäischen Gartensorten grösstentheils auf zwei halbgefüllte Unterarten, *var. papaveracea Andr.* (Kronbl. weiss mit rothem Basalfleck) und *var. rosea DC.* (Kronbl. rosa, Kelchbl. breiter, auch das Laub etwas verschieden) zurück, welche durch ihre Kreuzung jedenfalls zahlreichen Sorten den Ursprung gegeben haben. Die beiden Stammraçen sind indess offenbar schon Culturpflanzen gewesen; einige andere unter den beschriebenen Formen, z. B. *Anneslei* und *Rawesii*, scheinen mehr Aehnlichkeit mit wilden Typen zu haben.

2. MAGNOLIACEAE.

Magnolia.

Durch Blüthen- und Blätterschmuck ausgezeichnete, theils baumartige, theils strauchige Zierpflanzen aus Ostasien und dem östlichen Nordamerika. Zwischen den verschiedenen Arten sind sowohl zufällig als absichtlich mehrere Mischlinge erzeugt worden.

M. conspicua Salisb. (M. Yulan Desf.) ♀ ✕ *obovata Thunbg. (purpurea Curt.)* ♂. Zu dieser Bastardverbindung gehört die *M. Soulangeana hort.*, die um 1826 zufällig zu Fromont bei Paris entstand. Die Samenpflanze, von welcher sie stammt, ist bekannt; auf die väterliche Stammart lässt sich nur nach den Eigenschaften schliessen; nach Soulange-Bodin ist es *M. obovata Thbg. var. discolor Vent.* Ein sehr ähnlicher Bastard hat sich in einem Privatgarten zu Vicenza gebildet; er ist von dort nach Deutschland gebracht und von A. Topf in Erfurt um 1850 unter dem Namen *M. Lenné* oder *M. Lenneana* in den Handel gegeben. Petalen inwendig weiss, aussen purpurbraun, Blüthen wohlriechend. Aehnliche Hybride sind ferner *M. Norbertiana hort., M. Alexandrina, M. speciosa hort.* Alle diese Mischlinge sind wieder mit den Stammarten gekreuzt worden.

M. glauca L. ✕ tripetala L. Ein derartiger spontaner Bastard soll angeblich *M. longifolia Pursh* sein, welche in Florida und Georgia gefunden ist. Gleicher Abkunft, aber in belgischen Gärten entstanden, ist angeblich die *M. glauca longifolia hort.* Vielleicht gehört auch *M. Thompsoniana hort.* hierher.

3. BERBERIDEAE.

Berberis.

Lit.: Loudon Arbor.; C. Koch, Dendrol.

In Asien, Europa, Nord- und Süd-Amerika einheimische Sträucher, durch schöne Belaubung und angenehm gelbe Blumen ausgezeichnet.

Mahonia.

Mehrere nahe verwandte Arten: *B. aquifolium Pursh*, *B. fascicularis Lindl.*, *B. nervosa Pursh* und *B. repens Lindl.* sind aus Nord-Amerika in die europäischen Gärten eingeführt worden. Die echten Typen sind ziemlich gut charakterisirt und ohne besondere Schwierigkeiten zu unterscheiden; in den europäischen Gärten sind sie jedoch durch vielfache Kreuzungen zu einer einzigen äusserst variabeln, aber in allen ihren Formen vollkommen fruchtbaren Mischart zusammengeflossen. Der erste derartige Mischling, eine *B. aquifolium* × *fascicularis*, wurde schon vor 1850 durch den Gärtner Rivers verbreitet. — Beispielsweise pflanzte mein Vater um 1855 eine Anzahl aus England bezogener Mahonien an; da sie in dem dürren Sande seines Gartens besser gediehen, als irgend welche andere Culturgewächse, säete er die Früchte verschiedener Sorten gesondert aus, erhielt aber aus jeder Aussaat mannigfaltige Formen, welche getrennt zu halten völlig zwecklos schien. Seitdem haben sich diese Sträucher durch Selbstaussaat ungemein vermehrt; alle Exemplare sind sehr fruchtbar, aber man findet unter ihnen nur mit Mühe zwei Stöcke, die einander vollkommen gleichen.

Mahonia × Euberberis.

Berb. vulgaris L. var. atropurpurea hort. × *aquifolium Pursh* ist bei A. N. Baumann zu Bollweiler im Elsass zufällig entstanden und ist unter dem Namen *B. Neuberti* in die Gärten eingeführt. Ist der *B. vulgaris* ähnlicher, aber immergrün und hat stachlige Blätter.

Euberberis.

B. Darwini Hook. × *empetrifolia Lam.* ist die in England gezogene *B. stenophylla hort.* Blätter schmal, wie bei *B. empetrifolia*, Blüthen gross, ähnlich denen der *B. Darwini*. Früchte purpurfarbig.

B. intermedia C. Koch ist nach C. Koch muthmaasslich ein Bastard zweier chinesischer Arten, der *B. spathulata Schrad.* und *B. Guimpelii C. Koch*.

Die drei Arten *B. vulgaris L.*, *B. Caroliniana Loud.* (*B. Canadensis aut.*) und *B. Sibirica* Pall. sind nach C. Koch in den Gärten mehrfach mit einander gekreuzt worden. Ein derartiger Mischling ist *B. emarginata Willd.*, eine *B. Caroliniana* × *Sibirica*.

4. NYMPHAEACEAE.

Nuphar.

Lit.: Caspary in Abh. Natf. Ges. z. Halle XI S. 181 ff.; Bull. congr. intern. bot. St. Petersb. 1869, p. 99 ff.

Es gibt in Europa nur zwei echte Arten von *Nuphar*. Dieselben mischen sich leicht und sind ihre Kreuzungsproducte häufig als selbständige Arten aufgefasst worden. Lästadius glaubte allein in Schweden und Lappland 9 Arten von *Nuphar* unterscheiden zu können. Noch kein wildwachsender Bastard ist so sorgfältig und gründlich studirt worden, wie *N. luteum* $\times$ *pumilum*; was wir über ihn wissen, verdanken wir im Wesentlichen den Untersuchungen Robert Caspary's.

N. luteum L. $\times$ pumilum L.

Nachdem Caspary den spontanen Bastard in den See'n Ostpreussens kennen gelernt hatte, stellte er sich denselben künstlich durch Wechselbefruchtung der Stammarten dar. Die gegenseitige Befruchtung der beiden Arten erfolgt leicht. Die beiden Verbindungen *N. luteum* ♀ $\times$ *pumilum* ♂ und *N. pumilum* ♀ $\times$ *luteum* ♂ gleichen sowohl einander als dem typischen spontanen *N.* $\times$ *intermedium* Ledeb. vollkommen. Der Blüthenstaub des künstlichen Bastards enthält nur etwa 15 % normaler Körner. Die Zahl der spontan reifenden Samen beträgt 1—40 (durchschnittlich 15—18) in jeder Kapsel, das sind etwa 4—5 % der Samenzahl von *N. luteum L* (ca. 361) und 10—15 % der Samenzahl von *N. pumilum L.* (ca. 136). Der spontane Bastard zeigt freilich, wie näher dargelegt werden wird, an manchen Orten ein abweichendes Verhalten; der ostpreussische hat 22 % guter Pollenkörner und 8—9 Samen in der Frucht.

Der spontane Bastard ist in Deutschland allerdings selten, scheint jedoch fast überall vorzukommen, wo *N. pumilum L.* wächst. Mehrere Beobachter haben aus dem Vorhandensein zahlreicher Mittelformen den Schluss gezogen, die beiden echten Arten seien nur Endglieder oder Formenreihen einer einzigen Species (Kirschleger, vgl. auch Caflisch, Exersfl., S. 14). Der Bastard findet sich ferner an vielen Orten in Russland und Schweden. An der Nordgrenze des Verbreitungsbezirkes der *Nuphar* ist er häufiger als die Stammarten. Caspary fand ihn in Norbotten und Lappland bald in Gesellschaft von beiden, bald nur von einer der Stammarten, eben so häufig jedoch ganz ohne dieselben. Der Bastard blüht ebenso früh, wie *N. pumilum*, reift aber seine Samen früher. In diesem Verhalten erkannte Caspary den Grund, wesshalb er in den nordischen Gegenden vorherrscht, in welchen die beiden echten Arten nur selten reife Samen hervorzubringen vermögen. Die Beschaffenheit des Blüthenstaubes dieser lappländischen Bastarde war viel besser, als die der ostpreussischen; 60—72 % der Pollenkörner waren normal. Die Menge der Samen in jeder Kapsel war je nach den Standorten ungemein verschieden; an einem Standorte betrug sie durchschnittlich 5,6, an einem andern 41,7 Samen, ja ein einzelnes Mal sogar 72.

Im Schluchsee im Schwarzwalde fand Caspary ausser mancherlei Mittelstufen drei Typen des Bastards vor. Eine derselben unterscheidet sich äusserlich nur durch eine karminrothe Färbung der Narbenscheibe von dem normalen Königsberger Bastard, enthält jedoch 60—75 % normaler Körner im Blüthenstaube und bringt fast halb so viel Samen wie *N. pumilum*, nämlich nach Zählung von 14 Früchten durchschnittlich 63. Nach Königsberg i. Pr. verpflanzt, behielt sie diese Eigenschaften bei. Die zweite Form des Schluchsee's steht durch grosse Blüthen dem *N. luteum* näher, bringt jedoch nur wenige Samen. Die dritte Form (*polypetalum*) ist noch schöner und grossblüthiger, hat sehr zahlreiche, tief bräunlich orange gefärbte Kronblätter und ist eben so fruchtbar wie die erste Form. Blüthe und Blatt so gross wie bei *N. luteum*. — Diese vom Typus abweichenden Bastarde sind nicht durch Rückkreuzung mit *N. luteum* entstanden, da der ³/₄ Bastard ganz andere Eigenschaften besitzt.

Im Titisee im Schwarzwalde fand Caspary ein *N. luteum* ✕ *pumilum* mit ca. 57 % guten Pollenkörnern und 38 Samen in der Kapsel.

N. luteum ✕ *pumilum* ist nach Bestäubung mit stammelterlichem Pollen etwas fruchtbarer als wenn die Blüthen sich selbst überlassen wurden. *N.* (*luteum* ✕ *pumilum*) ♀ ✕ *pumilum* ♂ und *N.* (*luteum* ✕ *pumilum*) ♀ ✕ *luteum* ♂ sind von Caspary erzogen worden; die letztgenannte Verbindung ist bei oberflächlicher Betrachtung kaum von *N. luteum* zu unterscheiden. Indess lassen sich doch noch einzelne Merkmale des *N. pumilum* an ihm nachweisen und ist die Entwickelung von Blüthenstaub und Samen noch entschieden mangelhafter als bei *N. luteum*. Indess sind diese ³/₄ Bastarde weit fruchtbarer, als die Hybriden des Schluchsee's. Caspary hat in Schweden solche ³/₄ Bastarde auch als spontan vorkommend nachgewiesen; bei ihrer Aehnlichkeit mit dem reinen *N. luteum* sind sie ohne Zweifel gewöhnlich nicht von der echten Art unterschieden worden.

Nymphaea.

Lit.: Caspary in Abh. Naturf. Ges. zu Halle XI, S. 251 ff.; Planchon Ann. sc. nat. 3 sér. XIX, p. 17; Schmalhausen in Bot. Ztg. 1875, Sp. 539.

Caspary hat zahlreiche Kreuzungsversuche zwischen verschiedenen Raçen und Arten von *Nymphaea* angestellt; wie es scheint, ist über die meisten dieser Versuche noch nichts veröffentlicht. Hybride von *N. lotus* und *N. rubra* sind ausserdem auch mehrfach für gärtnerische Zwecke erzeugt worden.

Mischlinge von *N. alba L.*

Eine Abänderung von *N. alba L. var. sphaerocarpa Casp.* mit rothen Blüthen ist in Schweden gefunden worden. Caspary hat diese rothblühende Form mit der typischen weissen gekreuzt und vollkommen fruchtbare Blendlinge erhalten, welche theils roth, theils weiss blühten (Bot. Z. 1871, Sp. 875).

N. candida Prsl. ist früher von Caspary als *var. oocarpa* der *N. alba* untergeordnet worden, scheint jedoch von allen Formen der echten *N. alba* durch mehrere constante Merkmale verschieden. Blendlinge aus der gelbnarbigen und der rothnarbigen Varietät von *N. candida* sind nach Caspary vollkommen fruchtbar.

N. alba L. ✕ *candida Presl* steht nach Caspary (Schr. phys. oek. Königsb. 1870, S. 62) in geschlechtlicher Leistungsfähigkeit (Pollen und Fruchtbarkeit) den Stammarten bedeutend nach, ist somit als wirklicher Bastard zu betrachten. Spontane Mittelformen zwischen den beiden Arten sind insbesondere in Schlesien und Russland beobachtet worden. J. Schmalhausen gibt an, dass die Pollenkörner dieser Mittelformen sowohl mit Stacheln (wie bei *N. alba*) als mit Körnern (wie bei *N. candida*) besetzt sind.

Es sind wiederholt Versuche gemacht worden, die *N. alba* mit ausländischen Arten zu kreuzen. Es sollen Keimpflanzen von Hybriden mit *N. scutifolia DC., N. lotus L. var. Ortgiesiana Planch.* und *N. N. rubra* ♀ ✕ *Ortgiesiana* ♂ erhalten sein; über letztere s. unten. Alle diese Keimpflanzen entwickelten sich jedoch nicht weiter und gingen in jugendlichem Zustande zu Grunde.

N. Capensis Thunb. ✕ coerulea Savgn.

Von *N. Capensis Thunbg.* hat Caspary durch Befruchtung mit Pollen von *N. coerulea* nach vielen vergeblichen Versuchen einen keimfähigen Samen erhalten, aus dem eine *N. Capensis* mit gänzlich verkümmerten Sexualorganen hervorging. Vgl. im letzten Abschnitt: Pseudogamie.

N. coerulea ♀ ⨯ *Capensis* ♂, von Caspary 1862 erzeugt, zeigte Anfangs einige Verschiedenheiten, indem die aus einer Frucht stammenden Pflanzen schmälere (wie *Capensis*) Anhängsel an den Staubblättern trugen, als die aus den beiden andern Früchten hervorgegangenen Exemplare, die in dieser Beziehung mehr der *N. coerulea* glichen. Im Laufe der Jahre sind jedoch auch diese letzten schmaler geworden, so dass später alle gleich waren. Der Bastard sieht der *N. coerulea* äusserst ähnlich und ist im Allgemeinen unfruchtbar, doch gelang es C. durch Befruchtung mit dem Pollen anderer Blüthen desselben Bastards Pflanzen zweiter Generation zu erhalten. Im Allgemeinen glichen diese Hybriden der zweiten Generation denen der ersten; nur ein Exemplar zeigte in der freien Spitze der Fruchtblätter eine Annäherung an *N. Capensis* (S. 251). An demselben Stock besassen die Blumenblätter eine ziemlich tief violete Färbung, wie sie bei keiner der elterlichen Arten vorkommt, wie sie auch bei keiner der zahlreichen Bastardverbindungen zwischen beiden Arten wieder beobachtet wurde. Die Färbung war etwas tiefer violet als die der Kronblätter von *N. gigantea* (S. 254). Bei den Bastarden der *N. coerulea* sind die kleinen linealen schwarzvioleten Flecken der Kelchblätter sehr vermehrt; zuweilen fliessen sie zu grossen Flecken zusammen, so bei einem Stock von *N. (coerulea* ♀ ⨯ *Capensis* ♂) 2. gen. ♀ ⨯ *coerulea* ♂.

N. coerulea ♀ ⨯ (*coerulea* ♀ ⨯ *Capensis* ♂) ♂ erhielt Caspary aus zwei Früchten in zahlreichen, einander vollkommen gleichenden Exemplaren; nur ein Exemplar hatte wesentlich verschiedene Blätter (S. 252).

N. lotus L.

N. dentata Schum. ist nur als Raçe von *N. lotus L.* aufzufassen, denn die Verbindungen dieser beiden Seerosenformen sind eben so fruchtbar wie die Eltern. Sie sind einander völlig gleich. Ein Stock von *N. (lotus* ♀ ⨯ *dentata* ♂) ♀ ⨯ *dentata* ♂ hatte auf den Kelchblättern kurze schwarzviolete Linien, die bei drei anderen Exemplaren derselben Verbindung nicht vorhanden waren, ebensowenig bei den Eltern.

N. lotus L. ⨯ rubra Roxb.

Die Blüthen von *N. lotus L.* sind gross und weiss, die von *N. rubra* viel kleiner und roth.

Von den Unterarten der *N. lotus* sind vorzüglich *N. Ortgiesiana Planch.* und *N. dentata Schum.* zu Kreuzungen mit *N. rubra Roxb.* benutzt worden. Beide Varietäten unterscheiden sich von einander durch ganz geringfügige Charaktere; auch ist es fraglich, ob die benutzten Pflanzen jedesmal genau dem Typus der Varietät, zu der sie gerechnet wurden, entsprochen haben.

Der erste Bastard von *N. rubra* und *N. lotus (Ortgiesiana?)* ist in England durch Paxton gewonnen worden; er blühte zuerst am 12. April 1851. Unter dem Namen *N.* ⨯ *Devoniensis* ist diese durch grosse, zart rosenrothe Blüthen ausgezeichnete Pflanze in Gärten verbreitet. Der Blüthenstaub enthält mehr oder minder zahlreiche normale Körner neben verkümmerten. Mit *N. Ortgiesiana (? dentata?)* liefert er den ³/₄ Bastard *Queen Elizabeth*, welcher der *N. lotus* schon sehr nahe steht und fast normalen Blüthenstaub besitzt. E. Regel befruchtete *N.* ⨯ *Devoniensis* und *N.* ⨯ *Queen Elizabeth* mit Pollen von *N. dentata Schum.* und *N. coerulea Savgn.*; er erhielt daraus einige Blendlinge mit rothen, rosafarbenen und violeten Blüthen (Gartenfl. 1859, S. 222). Die violeten Blüthen würden auf eine Einwirkung von *N. coerulea* deuten.

N. rubra Roxb. ♀ ⨯ *lotus L. var. Ortgiesiana Planch.* ♂ ist 1851 von E. Ortgies im Van Houtte'schen Garten zu Gent erzeugt und 1852 von Planchon als *N. Ortgiesiano-rubra* (Fl. serr. VIII, t. 775—776, p. 67) beschrieben und abgebildet worden. Schon die Keimpflanzen unterschieden sich von denen der *N. rubra* durch das hellere Grün der Blätter. Der Bastard entwickelte sich äusserst kräftig und verdrängte allmälig alle anderen Arten aus den Bassins, selbst die *N. Ortgiesiana*. Er blühte ungemein reichlich. Blätter von mittlerer Bildung. Blumen gross, rosenroth; Narben wie bei *N. rubra*. Pollen reichlich entwickelt und wohl gebildet. Die Blumen blieben bis 11 Uhr Morgens geöffnet (bei *Ortgiesiana* bis 9, bei *rubra* bis 10 Uhr). Völlig steril.

N. lotus L. var. Ortgiesiana Planch. ♀ ⨯ *rubra Roxb.* ♂, im folgenden Jahre von E. Ortgies erzeugt, glich bis auf leichte Färbungsunterschiede dem umgekehrten Kreuzungsproducte und wurde gleich diesem als *N. Ortgiesiano-rubra* in den Handel gebracht (Ortgies in litt.).

N. rubra ♀ ⨯ *lotus L. var. dentata Schum.* ♂ ist 1853 von Bouché in Berlin erzeugt und als *N.* ⨯ *Boucheana* verbreitet worden. Er steht der *N. lotus* viel näher als die von Paxton und Ortgies erzeugten Hybriden, denen er durch kräftiges Wachsthum und reichliche Blüthenentwickelung gleicht. Die Staubfäden sind ungefleckt, die Staubbeutel gelb, während der Ortgies'sche Bastard purpurviolete Staubbeutel und purpurfleckige Staubfäden besitzt. Die Blüthen der *N.* ⨯ *Boucheana* (Fl. serr. 1033—34) sind blassroth.

Caspary macht auf einen merkwürdigen Unterschied zwischen den Bastarden von *N. rubra* mit der typischen *N. lotus* und mit der *N. lotus var. dentata* aufmerksam. *N. lotus* ♀ ✕ *dentata* ♂ und *N. dentata* ♀ ✕ *lotus* ♂ sind nicht verschieden; ebenso sind *N. lotus* ♀ ✕ *rubra* ♂ und *N. rubra* ♀ ✕ *lotus* ♂ einander gleich. Die Kreuzungsproducte von *N. rubra* und *N. dentata* sind dagegen an den Erstlingsblättern, den Kelch- und Blumenblättern in Bezug auf das Verhältniss der Länge zur Breite jedesmal der mütterlichen Stammart ähnlicher. Am auffallendsten ist dies Verhältniss an den Erstlingsblättern der Keimpflanzen, die bei *N. rubra* viel breiter sind, als bei *N. dentata*. Beim zweiten Laubblatt

von *N. rubra* ♀ ✕ *dentata* ♂ verhielt sich die Länge zur Breite wie 1 : 3,

von *N. dentata* ♀ ✕ *rubra* ♂ wie 1 : 6,5. Beim dritten Laubblatt von *N. rubra* ♀ ✕ *dentata* ♂ wie 1 : 3,3,

von *N. dentata* ♀ ✕ *rubra* ♂ wie 1 : 5,3.

Die folgenden Blätter beider Verbindungen zeigen keine deutlichen Unterschiede.

Unter den Hybriden von *N. lotus* und *N. rubra* ist der Ortgies'sche Bastard durch seinen wohlgebildeten Blüthenstaub ausgezeichnet. Ortgies hat mit demselben die *N. alba L.* befruchtet und daraus hybride Keimpflanzen erhalten, die bei sorgfältiger Pflege mehrere Jahre lebend erhalten wurden, deren Aufzucht jedoch nicht gelang (E. Ortgies in litt.).

N. rubra β. rosea Sims Bot. Mag. 1364 ist eine fruchtbare und samenbeständige Form, vielleicht ein Bastard von *N. rubra Roxb.* und *N. pubescens Willd.* Diese letzte Pflanze unterscheidet sich indess fast nur durch die Blüthenfarbe von *N. rubra*, ist aber andererseits auch der *N. lotus var. dentata pubescens* ungemein ähnlich. Es scheint fast, als wenn durch die *N. dentata pubescens*, die *N. pubescens Willd.* und die *N. rubra rosea* eine ununterbrochene Reihe von Zwischenformen von der *N. lotus L.* zur *N. rubra Roxb.* hinüberführte.

Angaben über eine gelungene Kreuzung (Speed in Chatsworth) von *N.* ✕ *Devoniensis* mit *Victoria regia Lindl.* sind offenbar irrig.

5. SARRACENIACEAE.

Sarracenia.

Die Gattung ist merkwürdig durch die röhrigen oder schlauchförmigen, oben offenen Blattstiele, welche nur eine kleine Spreite tragen. Die Arten sind in Nordamerika einheimisch und werden in europäischen Gewächshäusern wegen ihrer wundersamen, Insecten fangenden Blätter cultivirt. Neuerdings hat man in England und Irland mehrere Bastarde erzogen, über welche jedoch wenig Näheres bekannt ist. Sie sollen nach den vorliegenden gärtnerischen Beschreibungen genau zwischen den Stammarten die Mitte halten.

S. *purpurea* L. × *flava* L., von Veitch & Sons gezüchtet. S. *Stevensi* hort. Eine muthmasslich spontane S. *flava* ♀ × *purpurea* ♂ scheint S. *Williamsii* hort. zu sein, welche in der Gärtnerei von B. S. Williams zwischen einer amerikanischen Sendung von S. *flava* gefunden wurde.

S. *flava* L. ♀ × *rubra* Walt. ♂, von D. Moore erzogen. Hierher wohl S. *crispata* hort., deren Herkunft nicht bekannt ist.

S. *flava* L. ♀ × *Drummondii* Croom ♂, von D. Moore erzogen. S. *Moorei* hort.

S. *rubra* Walt. ♀ × *purpurea* L. ♂, von Veitch & Sons gezüchtet. S. *Chelsoni* hort.

S. *psittacina* Mchx. ♀ × *variolaris* Mchx. ♂, von Veitch & Sons gezüchtet. S. *formosa* hort.

6. PAPAVERACEAE.

Papaver.

Lit.: Linné Amoen. acad. X, p. 127; Naudin in Nouv. arch. d. mus. I, p. 27; Decaisne in Bull. soc. bot. Fr. XI, p. 367; Godron in Rev. d. sc. natur. 1878 N. 2.

Die ansehnlichen, lebhaft gefärbten Blüthen der verschiedenen Arten dieser Gattung deuten darauf hin, dass die Befruchtung in der Regel durch Vermittlung von Insecten erfolgt. In der That weisen auch die Beobachtungen nach, dass gewöhnlich Fremdbestäubung stattfindet. Die Staubbeutel pflegen indess noch vor dem Aufblühen aufzuspringen, so dass schon in der Knospe Selbstbestäubung erfolgen kann, falls die Narben dann schon conceptionsfähig sind, was wenigstens bei einigen Arten zweifelhaft ist.

Mischlinge der Raçen von P. somniferum L.

Die beiden wichtigsten Unterarten, welche von einigen Autoren, insbesondere von Godron, specifisch unterschieden werden, sind *P. hortense Hussen. (P. somniferum Godr.)* und *P. officinale Gm.* Eine dritte Form, *P. setigerum DC.*, ist offenbar nur der wilde Typus von *P. hortense.* Sowohl *P. hortense* als *P. officinale* kommen in verschiedenen Unterraçen vor und ändern beide mit nicht aufspringenden Kapseln ab.

P. hortense typ. ♀ ⨯ *hortense polycephalum* ♂ gab Godron eine Mittelform, welche jedoch keine überzähligen Carpelle zeigte. Die Form *polycephalum* ist ausgezeichnet durch die Umwandlung eines Theils der Staubgefässe in Carpelle und ist ziemlich samenbeständig; sie gehört zu den Formen mit geschlossenen Kapseln. Die Kapseln der Mischlingsform öffneten sich unvollständig, die Blüthen zeigten eine etwas dunklere Färbung, die durch den Einfluss des dunkleren *P. polycephalum* erzeugt war. In zweiter Generation ging aus dem Mischling das gewöhnliche *P. hortense* mit aufspringenden Kapseln hervor, doch zeigte sich an einer einzelnen Blume eine unvollkommene Umwandlung von drei Staubfäden in Carpelle.

P. hortense Huss. ♀ ⨯ *setigerum DC.* ♂ gleicht nach Godron dem *P. setigerum*, ist aber grösser und kahler. In zweiter Generation wurden die Pflanzen noch stärker, grossblüthiger und grossfrüchtiger, näherten sich also dem *P. hortense*, bekamen jedoch gleichzeitig mehr Behaarung als Erbtheil von *P. setigerum*.

P. officinale Gm. ♀ ⨯ *hortense Huss.* ♂ und *P. hortense* ♀ ⨯ *officinale* ♂ sind von Godron erzogen worden. Die Mischlinge waren vollkommen fruchtbar, den Blüthenstaub hat Godron nicht untersucht. In erster Generation zeigten die Mischlinge eine gleichförmige Mittelbildung, in einigen Merkmalen der einen, in andern der zweiten Stammform sich nähernd. Auf den Blättern fanden sich einige Haare wie bei *P. setigerum*, während beide Stammformen ganz kahl sind. In zweiter Generation zeigten sich entschiedene Rückschläge zu beiden Stammformen. In dritter Generation zeigten sich die Stammformen noch reiner; von *P. hortense* traten Exemplare mit aufspringenden Kapseln auf, obgleich beide Stammformen zu Unterraçen mit geschlossenen Kapseln gehörten.

P. somniferum L. mit andern jährigen Arten.

P. somniferum L. hortense ♀ ⨯ *Caucasicum M. B.* ♂ ist von Godron erzogen worden, zeigt gemischte Charaktere, blüht reichlich und ist völlig unfruchtbar. Ovula missgebildet. *P. Caucasicum* ♀ ⨯ *somniferum hortense* ♂ ist ebenfalls von Godron erzeugt worden und steht durch Grösse und Färbung der Blüthen, kürzere Staubfäden, kürzere Blüthenstiele u. s. w. dem *P. somniferum hortense* näher als die umgekehrte Verbindung.

P. dubium L. ♀ ⨯ *somniferum L. hortense* ♂ ist ebenfalls von Godron erzeugt worden und glichen sich alle Exemplare in zwei Jahren vollständig. Bei gleichzeitiger Aussaat beginnt der Bastard 14 Tage früher zu blühen, als beide Stammarten. Er ist steril und hat verbildete Ovula; im Uebrigen zeigt er gemischte Charaktere. Godron hat ihn auch mittelst der var. *polycephalum* des *P. somniferum hortense* in 53 Exemplaren erhalten; die Missbildung der väterlichen Stammform zeigte sich bei keinem dieser Bastarde.

P. rhoeas L. ⨯ *somniferum L.* ist von Haussknecht in einem einzigen Exemplare bei Salfeld in Thüringen zwischen den Stammarten beobachtet worden. — Man hat früher geglaubt, dass *P. trilobum Wallr.* zu dieser Bastardform gehöre, doch hat Th. Irmisch es wahrscheinlich gemacht, dass die Wallroth'sche Pflanze nur eine auffällige Abänderung von *P. rhoeas* gewesen ist (Abh. Naturf. Ges. Halle IX, p. 115 ff.).

P. dubium L. ⨯ rhoeas L.

Die beiden Arten treten in ziemlich zahlreichen Raçen auf, welche sich einander zum Theil ziemlich nahe kommen. *P. Lecoqii Lmtt.*, welches gewöhnlich als Unterart von *P. dubium* betrachtet wird, steht durch die Kapselform fast in der Mitte zwischen den beiden Arten.

P. rhoeas L. ♀ ⨯ *dubium L.* ♂ ist von Godron in zahlreichen Exemplaren erzogen worden und zeigte gemischte Charaktere. Blüthenstiele lang und schlank wie bei *P. dubium*, mit abstehenden Haaren, wie bei *P. rhoeas*. Staubbeutel taub, Kapsel steril. Es traten bei den Hybriden mancherlei Missbildungen auf, z. B. einmal eine Umwandlung eines Staubgefässes in ein Carpell, einmal eine beträchtliche Verlängerung des Kapselstiels, öfter eine Verkürzung der Narbenstrahlen mit Abrundung oder auch mit Spaltung der Kapsel an der Spitze.

Bastarde *P. dubium ⨯ rhoeas* sind in Deutschland von verschiedenen Beobachtern (Becker, Beckhaus, Haussknecht, Heuser, O. Kuntze, Wilms, Mejer) und in verschiedenen Gegenden wild wachsend gefunden worden. Hieher *P. intermedium Beck*. Formen von *P. rhoeas* mit anliegender Behaarung des Blüthenstiels (*P. rhoeas strigosum Boenn.*) dürfen nicht mit Bastarden verwechselt werden; sie sind vollkommen fruchtbar und liefern, wenn sie zwischen dem typischen *P. rhoeas* wachsen, bei Aussaat grösstentheils diese letzte Form.

P. Caucasicum M. B. × *dubium L.*

P. Caucasicum M. Bieb. ♀ × *dubium L.* ♂ ist von Godron in zahlreichen, einander vollkommen gleichenden Exemplaren erhalten worden. Es ist eine sterile, auch durch stammelterlichen Pollen nicht zu befruchtende Mittelform.

P. Caucasicum M. B. × *argemone L.*

Godron erhielt nur ein einziges Exemplar von *P. Caucasicum M. Bieb.* ♀ × *argemone L.* ♂. Blüthen so gross wie bei *P. Caucasicum*, mit einfarbigen orangerothen Kronblättern. Kapsel mit feinen Borsten. Steril.

P. bracteatum Lindl. × *orientale L.*

Die Eltern sind sich sehr ähnlich und kaum als verschiedene Arten zu unterscheiden. Die von Decaisne beobachteten Mischlinge standen, soweit überhaupt Unterschiede erkennbar, zwischen den Eltern in der Mitte; nur die Gestalt der Kapseln und die Zahl der Narbenstrahlen (13—21) war ungemein veränderlich.

Bastarde zwischen jährigen und ausdauernden Arten.

P. bracteatum Lindl. und *P. orientale L.* sind ausdauernd, *P. Caucasicum, dubium, rhoeas, somniferum* einjährig.

P. somniferum L. ♀ × *orientale L.* ♂ wurde, wie Broussonet berichtet, im vorigen Jahrhundert im botanischen Garten zu Edinburg während einer Reihe von Jahren alljährlich künstlich erzeugt durch Castration der Blüthen des *P. somniferum* und Bestäubung mit dem fremden Pollen. Neuerdings ist die nämliche hybride Verbindung durch Godron gewonnen worden, der das historische Interesse, welches sich daran knüpft, offenbar nicht gekannt hat. Godron erhielt im Jahre 1866 etwa 40 Exemplare, die ausdauernd waren und von denen eins noch 1875 lebte und 138 Blüthen brachte. Pflanze hochwüchsig, Blüthen kaum kleiner als bei *P. orientale*, meist mit 6 Kronblättern. Pollen missgebildet. Kapseln völlig steril. Im Uebrigen die Charaktere gemischt. Godron beobachtete an mehreren Blüthen Fehlen der Narbenpapillen, an zweien je 4 Kelchblätter, an einer beginnende Auflösung der Kapsel in einzelne Carpelle.

P. Caucasicum M. Bieb. ♀ × *orientale L.* ♂, von Godron erzeugt, ist ausdauernd, mit verkümmerten Pollenkörnern und völlig steril. An einigen Blüthen zeigten die inneren Staubbeutel eine Umwandlung in unvollkommene Carpelle.

P. bracteatum Lindl. ♀ ⨯ *Caucasicum M. Bieb.* ♂ ist in zwei Exemplaren von Naudin gewonnen worden, steht in der Tracht dem *P. Caucasicum* näher und hat sich gleich den andern Mohnbastarden als völlig steril erwiesen.

P. bracteatum Lindl. ♀ ⨯ *hispidum hort. Par.* ♂ ist von Naudin erzeugt und (a. a. O.) abgebildet worden. Was *P. hispidum* ist, weiss ich nicht genau; Naudin beschreibt es als eine einjährige Art mit rothen, am Grunde weiss gefleckten Kronblättern und etwas behaarter Kapsel. Naudin säete die aus der Hybridisation gewonnenen Samen zum Theil im Herbste und erhielt daraus eine sehr schön und kräftig entwickelte Pflanze; der Rest wurde im folgenden Frühjahr gesäet und lieferte drei weitere Exemplare des Bastards, die aber schwächlich blieben. Alle gingen im folgenden Winter zu Grunde. Die hybriden Pflanzen standen dem *P. hispidum* in der Tracht näher, die Hüllblätter unter den Blüthen fehlten, die Kronblätter hatten am Grunde einen violet umsäumten weissen Fleck. Fruchtknoten von *P. hispidum*. Pollenkörner sparsam und missgebildet. Völlig steril.

P. dubium L. ♀ ⨯ *orientale L.* ♂, von Godron erzeugt, blüht sehr reichlich, ist ausdauernd und völlig steril. Auch bei diesem Bastard zeigten an einigen Blüthen die Staubbeutel eine beginnende Umwandlung in Carpelle; einmal fand sich ein Deckblatt unmittelbar unter einer Blüthe, ähnlich wie bei *P. bracteatum*.

P. rhoeas L. ♀ ⨯ *orientale L.* ♂, von Godron erzeugt, bildete im ersten Jahre, im Sommer 1877, nur grundständige Blätter aus, trieb dann 1878 Stengel, die aber keine normalen Blüthen, sondern nur monströse Anhäufungen von kleinen Blättern, zuweilen mit einer rudimentären Blume, hervorbrachten. Es geht aus Godron's Mittheilung nicht hervor, ob er nur einen oder mehrere Stöcke dieser Missbildung erhalten hat.

Corydalis.

Die seltene *C. pumila Rchbch.* wird von einigen Floristen für eine *C. intermedia P.M.E.* ⨯ *solida Sm.* gehalten. Sie ist intermediär zwischen den beiden Arten, scheint sich aber wie eine selbständige Species zu verhalten. Es wäre nicht unmöglich, dass Bastarde vorkommen, die man mit einer echten Art verwechselt hat.

? *C. cava Schwg. et Krt.* ⨯ *solida Sm.* Schlesien (v. Uechtritz).

Fumaria.

Lit.: **Hausaknecht** in Flor. (B. Z.) 1873, p. 39.

F. Schleicheri Soy. Will. × *rostellata Knaf* glaubte V. v. Janka in wenigen Exemplaren zwischen den Stammarten bei Szekelyhid, Com. Bihar, gefunden zu haben. Haussknecht erkannte an, dass die Pflanze eine Mittelform zwischen den beiden Arten sei, glaubte aber nicht an ihre hybride Entstehung, sondern hielt sie für eine neue Art, die er *F. Jankae* benannte.

Andere Angaben über vermeintlich hybride *Fumarien* sind noch weit unsicherer.

---

7. CRUCIFERAE.

Die Familie der *Cruciferen* zeigt in ihrem Blüthenbau eine ausserordentliche Uebereinstimmung; die Gattungen werden nach Merkmalen im Bau der Früchte und Samen unterschieden. Die ganze Familie würde vielleicht am richtigsten als Tribus der *Capparideen* betrachtet werden.

Trotz der grossen Aehnlichkeit im Blüthenbau zeigen die *Cruciferen*, mit Ausnahme einzelner Gattungen, wenig Neigung zu Artenkreuzung. Die Raçen einer und derselben Art vermischen sich dagegen ungemein leicht.

Matthiola.

Lit.: **Kölreut.** I. Forts. S. 45, II. Forts. S. 128, III. Forts. S. 117; **Gärtn. Bastarderz.**; Bonpl. IV, S. 16, 170; Regel Gartenfl. 1855; Trevor Clarke in Gard. Chron. 1866, Jun. 23.

Unterarten von M. incana R. Br.

Zu den Unterarten von *M. incana* sind zu rechnen: *M. annua* Swt., *M. glabra DC.*, *M. graeca* Swt. Die Levkojen der Gärten stammen von diesen Formen und von der typischen *incana* ab. Die von Kölreuter benutzte *M. (Cheiranth.) incana* (Winterlevkoje) scheint Gärtner's *M. glabra* zu sein.

M. glabra ♀ × *annua* ♂ und *M. annua* ♀ × *glabra* ♂. Die gegenseitige Befruchtung der beiden Raçen gelingt ohne alle Schwierigkeiten. Die aus beiden Kreuzungen erhaltenen Exemplare sind einander vollkommen gleich; sie blühen früher als die Winterlevkojen, später als die Sommerlevkojen. Kölreuter fand, dass die Seitentriebe im ersten Jahre vollkommen abblühten, der Haupttrieb früh im zweiten. Gärtner sagt (S. 177), dass sich die beiden Raçen gegenseitig leicht befruchten, während er später (S. 197) angibt, dass *M. glabra*, mit Pollen von *M. annua* bestäubt, mehr Samen liefert, als die umgekehrte Verbindung. Die Blendlinge sind vollkommen fruchtbar (Kölreut., Gärtn. S. 409, 415; nach Gärtn. S. 388 aber nur „ziemlich fruchtbar").

M. graeca ♀ ✕ *incana* ♂ lieferte Trevor Clarke zwei verschiedene Formen, eine kahle und eine rauhblättrige, die nicht durch Zwischenglieder verbunden waren. Die kahle Form war jedoch nicht die zierliche kleine *M. graeca*, sondern war ungemein üppig und kräftig.

Die Gartenvarietäten von *Matthiola* kreuzen sich sehr leicht (Gärtn. S. 167). Kölreuter erhielt durch Kreuzung von weissen und rothvioleten Levkojen solche mit hellvioleten völlig fruchtbaren Blumen; die nicht gekreuzten Stammsorten erwiesen sich als beständig.

Trevor Clarke machte folgende Beobachtung: *Cocardeau*, eine Varietät von *M. annua*, hat hellbraune Samen, *Queen Stock*, eine der typischen *M. incana*. nahe stehende Sorte, hat dunkelviolete Samen. *Cocardeau* ♀ ✕ *Queen Stock* ♂ brachte gegen 50 % dunkle Samen. Die aus derselben Schote entnommenen braunen und schwarzen Samen gaben ganz verschiedene Pflanzen. Aus den braunen gingen grünstengelige Pflanzen hervor, die kaum von der *Cocardeau* abwichen (*M. per-Cocardeau* ♀ ✕ *Queen Stock* ♂), die schwarzen lieferten Pflanzen mit purpurn angelaufenen Stengeln und dunkleren Blüthen. *M.* (*per-Cocardeau* ♀ ✕ *Queen Stock* ♂) ♀ ✕ *Queen Stock* ♂ ergab dasselbe Resultat, doch wuchs bei der neuen *Cocardeau*-Form die Lebhaftigkeit der Färbung an den Stengeln, so dass schliesslich bei weiterer Fortsetzung des Versuchs eine *Cocardeau* mit purpurrothen Stengeln erhalten wurde.

M. incana R.Br. mit andern Arten.

M. incana R.Br. ♀ ✕ *Maderensis Lowe* ♂, von Regel gezogen, ist eine auffallende, fruchtbare Mittelform zwischen den beiden Arten. Sie weicht indess zuweilen von beiden durch stark gebuchtete Blätter ab und erinnert dadurch an *M. sinuata R. Br.* Pollen gleichkörnig. Die Erzeugung des umgekehrten Bastards (*M. Maderensis* ♀) gelang nicht. Die Samen der zu diesen Versuchen benutzten *M. Maderensis* waren von Heer auf Madeira gesammelt worden.

M. incana R.Br. ♀ ✕ *sinuata R.Br.* ♂ ist nach Klotzsch

zufällig im Berliner botanischen Garten entstanden; jedoch nur in einem einzigen Exemplar. Dasselbe sah der *M. Maderensis hort.* (an Lowe?) ähnlich. Pollen taub.

Cheiranthus.

Von *Ch. Cheiri L.* werden in den Gärten viele Varietäten gezogen. Die Firma Léon Lille et Co. in Lyon hat um 1850 Sorten in den Handel gebracht, deren Blüthenfarbe zwischen Gelb, Violet und Braun in allen möglichen Abstufungen schwankt. Angeblich sollen diese Formen durch Hybridisation von *Ch. Cheiri* und „*Ch. graccus*" gewonnen sein. Was unter *Ch. graccus* verstanden ist, vermag ich nicht zu sagen; in Griechenland wachsen nur gelbblüthige *Cheiranthus*. Es könnte die violete *Matthiola graeca Swt.* gemeint sein, doch ist es nicht besonders wahrscheinlich, dass sich fruchtbare Bastarde aus einem *Cheiranthus* und einer *Matthiola* erhalten lassen. Kölreuter misslangen derartige Versuche.

Nasturtium.

Lit.: Wallroth Beitr. Fl. Herc. p. 83; Michalet Mém. soc. Doubs 1866, p. 3; V. Borbás in Math. naturw. Mitth. ung. Acad. 1878, p. 40 ff.; Engelmann Transact. ac. St. Louis III, p. 379.

Die Untergattung *Roripa* enthält eine Artenreihe, welche in ihrer Fruchtform einerseits dem *N. officinale R. Br.*, andrerseits der *Armoracia rusticana Fl. Wett.* nahe kommt, so dass man die einzelnen Arten unnatürlicher Weise theils zu *Nasturtium*, theils zu *Armoracia* gestellt hat. Keine andere Artengruppe unter den Cruciferen hat so viele spontane Hybride geliefert, wie die *Roripen*, vielleicht *Draba* ausgenommen. Die Hybriden finden sich vorzugsweise an Flussufern, und zwar sowohl an den mitteleuropäischen Strömen als auch am Mississippi.

N. amphibium R.Br. × *silvestre R.Br.* wächst in allen möglichen Formen zwischen den Stammarten an den Ufern der mitteleuropäischen Flüsse. Früchte grossentheils fehlschlagend. Die Staubblätter fand ich oft völlig rudimentär; Pollenkörner z. Th. von normaler Gestalt. Irgend eine Grenze zwischen den verschiedenen Formen zu ziehen, ist unmöglich (Wirtgen). Am Doubs mit allen Uebergangsformen zu beiden Stammarten (Grenier). Hierher *N. anceps DC., Whlnbg., N. tentaculatum Wallr., Ror. subglobosa Borb.* (*per-amphibium*), *N. riparium Wallr.?*

N. palustre DC. × *silvestre R. Br.* kommt ebenfalls an vielen Orten in verschiedenen Formen vor, die am Rhein nach Wirtgen unentwirrbar durch einander laufen. Fruchtbarkeit vermindert. Hieher *N. anceps Rchb.* (non *Whlnbg.*), *Wimm. et Grab.*, *N. brachystylum Wallr.*, *Ror. Menyharthiana Borb.* (davon eine Form mit 4-klappigen Schoten).

V. v. Borbás unterscheidet eine *Ror. prolifera Heuff.* von *N. palustre* und glaubt auch ein *N. proliferum* × *silvestre* erkannt zu haben.

N. Austriacum Crntz. × *silvestre R. Br.* ist sehr formenreich; an der oberen Oder, oberen Elbe und mittleren Donau mit ihren Nebenflüssen. Hieher *N. astylon Rchb.*, *N. terrestre Tausch? N. armoracioides Tausch*, *N. commutatum Opitz.*

N. Austriacum Crntz. × *amphibium R. Br.*, in Ungarn gefunden. *Ror. hungarica Borb.* (*N. per-Austriacum*), *R. Neogradiensis Borb.*, *R. Borbasii Menyh.* (*N. per-Austr.*).

N. palustre DC. × *amphibium R. Br.*, nach O. Kuntze bei Leipzig.

N. palustre DC. × *sinuatum Nutt.* ist ausdauernd (wie *N. sinuatum*), aufrecht (wie *palustre*), mit langen ruthenförmigen Blüthentrauben. Narben sehr gross. Antheren klein, Pollenkörner verkümmert; ist völlig steril. Bei St. Louis am Mississippi.

N. palustre DC. × *obtusum Nutt.* kommt in allen möglichen Uebergangsformen vor. *N. obtusum Nutt.* ist klein, niederliegend, mit kleinen weisslichen Blüthen und verlängerten, fast aufrechten, sehr kurz gestielten Schoten. *N. palustre DC.* ist grösser, aufrecht, mit grösseren gelben Blüthen und kürzeren, abstehenden, ziemlich lang gestielten Schoten. — Die Bastardformen kommen klein und niederliegend, aber auch gross und aufrecht vor, oft sind sie aufstrebend mit theils aufrechten, theils niederliegenden Zweigen, Blüthen gelb, gleich den Früchten mehr oder minder intermediär. Vollkommen fruchtbar. Am Mississippi bei St. Louis (Engelmann).

Bastarde des *N. Pyrenaicum R. Br.* werden von O. Kuntze erwähnt, doch finde ich keine näheren Angaben über dieselben. v. Borbás glaubt in Siebenbürgen ein *N. Pyrenaicum R. Br.* × *silvestre R. Br.* gefunden zu haben.

Arabis.

Lit.: Reuter Cat. pl. Gen. p. 13; Cat. suppl. p. 8.

A. muralis Bertol. × *stricta Huds.* ist von Reuter zwischen Steinschutt am Fuss des Salève in Savoyen nahe bei Genf entdeckt worden und findet sich dort hie und da vereinzelt zwischen den Stammarten. Ist genau intermediär. Früchte äusserlich wohlgebildet, enthalten aber nur verkümmerte Samen. *A. hybrida Reut.*

Cardamine.

C. amara L. ✕ *silvatica Lk.* ist von A. Kerner als *C. Keckii* beschrieben worden. Pollenkörner taub; die Pflanze ist völlig unfruchtbar. Von K. Keck bei Aistershaim in Oberösterreich entdeckt.
? *C. amara L.* ✕ *pratensis L.*, nach Hampe im Helsunger Bruch am Harz, nach O. Kuntze bei Leipzig. *C. palustris Peterm.*
C. alpina L. und *C. resedaefolia Willd.* sind an einigen Orten durch Zwischenformen verbunden, die aber nach Nägeli nicht hybriden Ursprungs sein können.

Dentaria.

D. digitata Lam. ✕ *pinnata Lam.* ist von mir in einzelnen Exemplaren in der Gegend von Vevey am Genfer See zwischen den Stammarten gefunden worden, später auch von Anderen; soll steril sein. *D. digenea Gremli.* Soll auch in Frankreich gefunden sein. Sonder fand in Tirol eine *D. intermedia*, welche zwischen denselben Stammarten die Mitte hält, deren Hybridität jedoch bezweifelt wird.
D. digitata Lam. ✕ *polyphylla W. K.* ist von E. Killias bei Calanda in Graubündten beobachtet. *D. Killiasii Bruegger.*

Brassica.

Lit.: Zerstreute im Text citirte Angaben.

Mehrere Arten von *Brassica* werden seit undenklichen Zeiten angebaut. Man ist ausser Stande, die zahlreichen samenbeständigen Raçen specifisch gegen einander abzugrenzen, obgleich nicht bezweifelt werden kann, dass die ausgeprägten Typen als verschiedene Arten betrachtet werden müssen. Die ursprüngliche Heimath der cultivirten Arten ist unbekannt.

B. oleracea L.

Schon Linné sprach die Vermuthung aus, die Kohlsorten seien zum Theil hybriden Ursprungs (Amoen. acad. X, p. 159). „Es ist allgemeine Regel, dass man nicht zwei Varietäten von *Brassica* neben einander pflanzen darf, wenn man reine Raçen erhalten will" (Gärtn. S. 145, 167, 171, 172). Eingehende Mittheilungen über Kohl-Blendlinge macht Wiegmann (Bastarderz. p. 8—12, 32, 33). Krauskohl und Butterkohl, Weisskohl und Kohlrabi, röthlicher schlichter Kohl und grüner krauser Kohl liefern durch Zusammenpflanzen samenbeständige Blendlinge. Aus dem schlichten und krausen Braunkohl erhaltene Blendlinge pflanzen sich unverändert fort, doch sind aus dem durch schlichten Braunkohl befruchteten krausen Braunkohl auch Wirsing- und Weisskohl-Pflanzen hervorgegangen. Regel (Bonpl. III p. 165) bestätigt, dass die Kohlbastarde die Eigenthümlichkeit besitzen, durch Samen ihre speciellen Eigenschaften fortzupflanzen, sofern sie, wie dies jeder sorgfältige Gemüsesamenzüchter thut, in der Weise angebaut werden, dass nur ihr eigener Pollen auf ihre Befruchtung influiren kann. Vergl. auch über samenbeständige Kohlblendlinge, Darwin Var. II, p. 130.

Br. oleracea L. mit anderen Arten.

Sageret fand, dass *Br. oleracea* durch keine fremde Art befruchtet werden kann, wohl aber die andern *Brassica*-Arten zu befruchten vermag. Er leitet die Formen folgendermaassen ab:

Br. napus L. ♀ × *oleracea L.* ♂ ist von Sageret erzeugt worden, welcher fand, dass seine künstlichen Mischlinge ganz mit der *Br. campestris oleifera DC.*, welche als *Colsa* im Grossen gebaut wird, übereinstimmen.

Br. rapa L. ♀ × *oleracea L.* ♂. Hierher die meisten Formen, welche DeCandolle unter *Br. campestris* untergebracht hat. Von der var. *oblonga* der *Br. rapa* soll die *Br. camp. pabularia*, von der var. *depressa alba* die *Br. camp. napobrassica*, von der var. *depressa flavescens* die *Rutabaga* stammen. Diese Angaben beruhen indess wesentlich auf Vermuthungen und gibt DeCandolle auch andere Abstammungen als möglich an. Vergl. De Cand. in Trans. Hort. Soc. London V, p. 1—43. — Eine streng wissenschaftliche Untersuchung des ganzen Formenkreises und seiner Hybriden würde höchst wünschenswerth sein.

Br. napus L. und Br. rapa L.

Eine bestimmte Grenze zwischen diesen Arten ist nicht zu ziehen und ist es möglich, dass samenbeständige Mischlinge zwischen ihnen vorkommen. Die typische *Br. napus oleifera* wird von den Landwirthen durch sorgsame Auslese der schwersten Samen fortgepflanzt.

Herbert (Amar. p. 370, Journ. Hort. Soc. II, p. 89) befruchtete im Jahre 1834 die blassgelb blühende *Rutabaga* (*Br. rapa* var. oder nach De Candolle *Br. campestris napobrassica rutabaga*) mit Pollen zweier goldgelb blühenden Varietäten von *Br. rapa* (*depressa alba*).

Die Sämlinge blühten meistens schön goldgelb, wie die väterliche Stammform, einige aber auch blassgelb, wie die *Rutabaga;* kein einziges Exemplar zeigte eine mittlere Färbung.

Diplotaxis.

D. muralis DC. × *tenuifolia DC.* ist in den Mittelformen zwischen den betreffenden beiden Arten zu vermuthen, welche nach Wirtgen (Fl. pr. Rheinpr., S. 168) zu Oberwesel am Rhein gefunden worden sind.

Draba.

Die Arten dieser Gattung sind theils in den arktischen Ländern, theils in den verschiedenen Hochgebirgen Amerika's, Europa's und Asien's einheimisch. Viele Arten, die in typischer Form deutlich und wesentlich verschieden sind, lassen sich ungemein schwer gegen einander abgrenzen. Es kann wohl nicht zweifelhaft sein, dass es viele fruchtbare Bastarde in dieser Gattung gibt, die sich selbständig, aber mit etwas schwankenden Charakteren fortpflanzen. So stehen nach Stur (Oe. B. Z. XI, p. 139, 189, 218 ff.) zwischen *Dr. Fladnizensis Wulf.* und *Dr. Carinthiaca Wulf.* zwei samenbeständige und vollkommen fruchtbare Typen, die *Dr. Hoppeana Rudolfi* und die *Dr. Kotschyi Stur* in der Mitte. Die Schötchen der *Dr. Kotschyi* sind bald denen der *Dr. Carinthiaca*, bald denen der *Dr. Hoppeana* ähnlicher.

Dr. Traunsteineri Hopp. ist ohne Zweifel ein Bastard; vielleicht sind von den Floristen verschiedene hybride Formen unter diesem Namen verwechselt.

Leichter kenntlich sind die Bastarde der schmalblättrigen gelbblüthigen *Dr. aizoides L.* mit den weissblüthigen Arten (*Leucodraba).* Dahin gehören:

Dr. aizoides L. × *Carinthiaca Hopp.* Graubündten.

Dr. aizoides L. × *tomentosa Whlnby.* ist *Dr. setulosa Leresche* benannt; Schweiz.

Ueber die muthmaasslichen Bastarde zwischen den arktischen Arten lässt sich bis jetzt nichts Zuverlässiges aussagen, da Untersuchungen der lebenden Pflanzen an ihren natürlichen Fundorten fehlen.

Cochlearia.

Die Arten dieser Gattung bedürfen noch einer genaueren Untersuchung. Es finden sich viele Uebergangsformen, die wenigstens zum

Theil hybriden Ursprungs zu sein scheinen. Die Typen der drei Arten
C. officinalis L., *C. Anglica* L. und *C. Danica* L. sind gut charakterisirt und samenbeständig; nichts desto weniger wird von verschiedenen Schriftstellern bald *C. Danica*, bald *C. Anglica* mit der *C. officinalis* vereinigt, weil sie unbestimmbare Uebergangsformen gesehen haben. Wo eine oder die andere Art ausschliesslich vorkommt, ist sie immer ganz constant; aus diesem Umstande ist zu schliessen, dass die Zwischenformen Bastarde sind. Auf dieses Verhalten hat in England J. T. Boswell aufmerksam gemacht. Aus einer Keimpflanze von auffallender Mittelbildung, welche ich mir aus der Gegend von Flensburg mitbrachte, ist eine Form hervorgegangen, welche in den Blättern der *C. Anglica*, in Blüthen und Früchten der *C. officinalis* gleicht, übrigens ganz normalen Pollen hat und reichlich Samen bringt.

Thlaspi.

Lit.: Gremli Beitr., p. 60; Bull. soc. Murith. 1877 et 78, p. 54.

Thl. alpinum Jacq. × *rotundifolium Gaud.* var. *corymbosum Gay.* Offenbare Mischlingsformen zwischen den beiden Arten fand ich 1866 am Riffelhorn bei Zermatt; sie blühten theils weiss, theils blassrosa oder lilafarbig und stellten eine Reihe unmerklicher Uebergänge zwischen den Stammarten dar. — Gremli äussert sich Excfl. 1878 zweifelhaft über den Bastard, doch ist derselbe 1878 von Walliser Botanikern am Riffelhorn wiedergefunden, ausserdem noch an zwei benachbarten Stellen. Ob hierher *Thl. cepeaefolium* aut. *nonnull.?*, *Th. sylvium Gaud.?*

Iberis.

Eine Gattung, in welcher die Abgrenzung der Arten gegen einander oft grosse Schwierigkeiten macht. Das häufige Vorkommen fruchtbarer spontaner Mischlinge ist wahrscheinlich. Neuerdings haben französische Gärtner einige zu Zierpflanzen geeignete Arten absichtlich gekreuzt.

? *I. amara L.* × *Gibraltarica L.* Samenbeständige Mischlingsraçen, von denen man einen ähnlichen Ursprung vermuthet, sind von Vilmorin Andrieux in Paris in den Handel gebracht.

I. Garrexiana All. × *ciliata All.* ist eine spontane hybride Verbindung, von H. H. Crewe beobachtet.

Capsella.

Lit: Bull. soc. bot. France 1861 p. 261, 1866 p. 307; Grenier Fl. ch. Jurass. p. 68; Martrin-Donos Fl. Tarn.; Bull. soc. Murith. 1877 et 78 p. 34.

C. bursa pastoris L. ✕ *rubella Reut.* Dies ist nach Grenier und vielen anderen französischen Botanikern die Abstammung der als *C. gracilis Gren.* beschriebenen Pflanzenform. Dieselbe hat sehr verlängerte Trauben, deren Blüthen lange frisch bleiben, so dass sie gleichzeitig an der Spitze und weiter abwärts offen sind. Staubbeutel taub. Die Pflanze bringt fast niemals Früchte. Martrin-Donos gibt an, er habe die *C. gracilis* an Orten gefunden, wo *C. rubella Reut.* nicht vorkommt. J. Vetter cultivirte die *C. rubella* zu Aubonne während einer Reihe von Jahren, ohne dass sie sich verändert hätte, bis 1878 zwischen den Stammarten eine Anzahl Bastarde erschienen, die nach der Beschreibung (sehr verlängerte Trauben u. s. w.) ganz mit *C. gracilis* übereinstimmten. Völlig steril.

Hutchinsia.

H. alpina R. Br. und *H. brevicaulis Hopp.* sind nach Nägeli durch Zwischenformen verbunden, welche nicht hybriden Ursprungs sein können. Die specifische Verschiedenheit der beiden Pflanzenformen ist übrigens zweifelhaft.

Raphanus.

Lit.: Quétier in Rev. hort. 1878 p. 377; H. Hoffmann in Bot. Zt. 1873, Sp. 129.

R. raphanistrum L. und *R. sativus L.* werden noch von neueren Schriftstellern (Garcke 1878, Nyman 1878) in verschiedene Gattungen gesetzt, obgleich H. Hoffmann nachgewiesen hat, dass nicht einmal eine specifische Unterscheidung möglich ist. Dass beide Pflanzenformen in einander übergehen, kann kaum bezweifelt werden, obgleich der strenge Beweis dafür nach meiner Ansicht noch nicht erbracht ist. Carrière hat aus wildem *R. raphanistrum* Sorten gezogen, die geniessbare Rettige liefern.

R. raphanistrum ✕ *sativus.* Gärtner gelang die Kreuzung nicht, während sie sowohl H. Hoffmann als mir keine Schwierigkeit bot. Hoffmann erhielt aus den durch die Kreuzung gewonnenen Samen Blendlinge, die theils den Stammformen glichen, theils Zwischenformen darstellten. Die Mischlinge waren vollkommen fruchtbar, ihre Nachkommenschaft, auch die der scheinbar reinen Formen, jedoch unbeständig. Meine Sämlinge von *R. sativus fl. violac.* ♀ × *raphanistrum fl. sulfureis* ♂ sahen einander genau gleich, kamen viel früher zur Blüthe als ebenso behandelte Sämlinge von *R. sativus*, blühten weiss, zuweilen mit etwas bläulichem, zuweilen mit gelblichem Schein, waren wenig fruchtbar und hatten etwa 50 % verbildeter Körner im Pollen. Früchte intermediär, etwas aufgeblasen, deutlich gegliedert, aber bei der Reife nicht auseinanderfallend. Pollen der Stammformen normal.

R. sativus rad. nigr. ♀ × *caudatus L.* ♂ lieferte Quétier fast reinen *R. caudatus; R. sativus rad. albo* ♀ × *caudatus* ♂ dagegen eine Mittelform. *R. caudatus* ♀ × *sativus rad. gris* ♂ gab fast reinen, *R. sativus rad. gris.*, *R. caudatus* ♀ × *sativus rad. ros.* ♂ dagegen eine ungemein kräftige Mittelform.

Raphanus × Brassica.

Lit.: Sageret in Ann. sc. nat. VIII, p. 297.

Raph. sativus L. ♀ × *Brass. oleracea L.* ♂ ist von Sageret erzogen worden, blühte sehr reichlich, setzte aber nur wenige unscheinbare Früchte an, mit je einem wohlgebildeten oder verkümmerten Samen, ausserdem jedoch zwei sehr gut entwickelte Früchte, eine von *Brassica-*, eine von *Raphanus-*Gestalt; jede enthielt einen ihrem Aussehen entsprechenden Samen. Aus diesen Samen gingen schwächliche Pflanzen hervor, die Sageret nicht weiter verfolgte. *Brass. oleracea* × *Raphanus sativus* setzte keine Früchte an.

Diese Angaben Sageret's sind vielfach bezweifelt worden, aber, wie mir scheint, ohne genügenden Grund. Herbert hat den Versuch nachmachen wollen, jedoch offenbar in fehlerhafter Weise, indem er *Brass. oleracea* als Samenpflanze wählte. Neuerdings will Quétier eine Menge erfolgreicher Kreuzungen zwischen verschiedenen *Raphanus*-Raçen, *Brassica oleracea*, *Br. rapa L.* und *Sinapis arvensis L.* angestellt haben. Es scheint fast, als ob er wirklich einen Bastard *Raphanus caudatus L.* ♀ × *Br. oleracea L.* ♂ erzielt hat, allein man kann den Angaben Quétier's leider keinen grossen Werth beilegen, da dieselben nach allen Anzeichen höchst unzuverlässig sind.

8. CISTINEAE.

Cistus.

Lit.: R. Sweet Cistineae; Gren. et Godr. Fl. de Fr.; Bull. soc. bot. Fr. 1862 p. 518 (Planchon), 1866 p. 443—454 (Loret); Timbal-Lagrave in Mém. ac. sc. Toulouse 5 sér. V.

Wissenschaftliche Kreuzungsversuche zwischen verschiedenen *Cistus*-Arten sind von E. Bornet ausgeführt worden. Leider ist über die Ergebnisse derselben bisher nichts Näheres veröffentlicht. Die wild gefundenen Bastarde sind von mehreren französischen Botanikern aufmerksam untersucht worden, aber leider waren diese Männer in dem Vorurtheil befangen, dass sich aus den Eigenschaften des Bastards erkennen lassen müsse, welche der Stammarten Samenträger und welche Pollenpflanze gewesen sei. Ganz abgesehen von mancherlei nutzlosen Diskussionen scheinen unter dem Einflusse dieses Wahnes die Beobachtungen in einigen Beziehungen gefälscht zu sein. Gartenhybride unbekannten Ursprungs sind von Sweet abgebildet worden.

Bornet fand, dass die *Cistus*-Bastarde mit eigenem Pollen stets steril sind, während sie mit Pollen anderer Exemplare der gleichen hybriden Verbindung manchmal Früchte bringen.

Timbal-Lagrave behauptete, bei den Bastarden seien im Frühling die Blätter der jungen Triebe den Blättern der väterlichen, im Sommer die älteren Blätter den Blättern der mütterlichen Stammart sehr ähnlich.

Erythrocistus.

C. albidus L. × *crispus L.* ist in mehreren Formen beschrieben worden, zu denen insbesondere auch *C. pulverulentus Pourr.* gehört. *C. albidus L.* hat grosse rosenrothe, *C. crispus L.* kleine purpurrothe Blumen. Der Bastard steht in der Mitte zwischen den Stammarten; Timbal-Lagrave beschreibt eine grossblüthige Form, die im Wuchs und in der Tracht dem *C. crispus* näher steht, und eine höhere Form mit kleinen, lebhaften rothen Blüthen von der Tracht des *C. albidus*. Zerstreut in Südfrankreich (Montpellier, Narbonne) zwischen den Stammarten.

Dem *C. albidus* × *crispus* sehr ähnlich ist der *C. Pouzolzii Delille*; s. unten.

Ledonia.

C. populifolius L. × *salviaefolius L.* Die beiden Kreuzungsprodukte *C. populifolius* ♀ × *salviaefolius* ♂ und *C. salviaefolius* ♀ ×

populifolius ♂ sind einander vollkommen gleich, eine Thatsache, welche (im Jahre 1868!) Timbal-Lagrave ausserordentlich überraschte. Es ist dieser Bastard der *C. Corbariensis Pourr.* nach *Gren. et Godr.* eine Form, welche in der Tracht dem *C. populifolius* näher steht. Timbal-Lagrave beschreibt ausserdem aber auch eine dem *C. salviaefolius* nähere Form. Bei Narbonne zwischen den Stammarten.

Ladanium ✕ C. Monspeliensis.

C. Monspeliensis L. bildet nach Spach und Grenier u. Godron eine eigene Gruppe, zeigt aber eine grosse Geneigtheit, mit anderen Arten Kreuzungen einzugehen.

C. ladaniferus L. ✕ *Monspeliensis L.* Die ersten Blüthen des *C. Monspeliensis* blühen noch gleichzeitig mit den letzten des *C. ladaniferus* und werden vermuthlich leicht von diesen befruchtet. Der Bastard hat Blüthen, die halb so gross wie die des *C. ladaniferus* und doppelt so gross wie die des *C. Monspeliensis* sind; sie stehen zu 3 (bei *ladaniferus* einzeln, bei *Monspeliensis* zu 4—8). Kronblätter bei der einen Form einfarbig weiss, bei der andern weiss mit violetem Fleck. Kelchblätter 4 (bei *ladaniferus* 3, bei *Monspeliensis* 5). Völlig unfruchtbar. Hérault.

C. laurifolius L. ✕ *Monspeliensis L.* ist *C. Ledon Lam.*, *C. glaucus Pourr.*, eine unfruchtbare Mittelform mit tauben Antheren, in Südfrankreich an zahlreichen Orten beobachtet.

Ledonia ✕ Cist. Monspeliensis.

C. salviaefolius L. ✕ *Monspeliensis L.* ist als *C. Florentinus Lam.* und *C. Porquerollensis Huet et Hanry* beschrieben worden; eine kleinblüthige Form scheint *C. Olbiensis Huet et Hanry* zu sein. Scheint unfruchtbar. In Südfrankreich zwischen den Stammarten.

C. populifolius L. ✕ *Monspeliensis L.* ist als *C. longifolius Lam.* und *C. nigricans Pourr.* beschrieben worden; er kommt nach Timbal-Lagrave in zwei Formen vor, von denen die dem *C. populifolius* nähere bei weitem die häufigste ist.

Erythrocistus ✕ Cist. Monspeliensis.

C. Pouzolzii Delille ist eine noch räthselhafte Raçe; Requien hielt ihn für einen *C. albidus* ✕ *crispus*, Timbal-Lagrave vermuthete einen *C. albidus* ✕ *Monspeliensis* darin, während Planchon ihn als eine eigene Art auffasst, die in der Mitte zwischen *C. crispus* und *C. Monspeliensis* steht. Grenier (Fl. Fr.) hebt die Aehnlichkeit mit allen drei Arten hervor Die Pflanze ist sehr fruchtbar, nach Grenier samenbeständig, und findet sich nach Planchon zuweilen in Menge ohne die muthmaasslichen Stammarten. Die Verbreitung ist übrigens eine beschränkte. Die Blüthen bleiben nur einen Augenblick geöffnet; Kronblätter weiss mit gelblichem Nagel. Nach Timbal-Lagrave sind die Frühlingsblätter von den Sommerblättern verschieden.

Helianthemum.

Lit.: R. Sweet, Cistineae.

Einige Bastarde dieser Gattung sind besonders merkwürdig dadurch, dass ein und dasselbe Exemplar gleichzeitig verschiedenfarbige Blüthen trägt. Im Anfange unseres Jahrhunderts wurden die *Helianthemen* mit Vorliebe in England cultivirt und entstanden damals zahlreiche Bastardformen.

H. croceum Pers. ♀ ⨯ *polifolium* Pers. ♂ ist im Jahre 1828 im botanischen Garten zu Chelsea erzeugt, blühte dort 1829 und wurde als *H. Andersoni* Swt. Cist. t. 89 abgebildet. Wuchs sehr üppig, blühte sehr reichlich von Mai bis November und brachte reichlich Samen. Blüthen an derselben Pflanze von verschiedener Farbe, theils lebhaft gelb, theils blass strohfarben, zuweilen auf demselben Zweige ungleich.

Bei einem andern Gartenbastard, *H. lanceolatum* Swt., waren die Blumen weiss mit gelber Zeichnung.

H. hirtum Pers. ⨯ *polifolium* Pers. ist von H. de Larembergue (Bull. soc. bot. Fr. V, p. 27) in allen möglichen Uebergangsformen beobachtet worden. Hieher *H. majoranaefolium DC., H. hirtum albiflorum* aut.

H. hirtum Pers. ⨯ *pilosum* Pers. scheint *H. hispidum* Dun. zu sein.

H. chamaecistus Mill. ⨯ *polifolium* Pers. ist wildwachsend in verschiedenen Formen beobachtet worden, welche die Grenze zwischen den beiden Arten so zu verwischen scheinen, dass man sie für Raçen einer und derselben Art gehalten hat. Einige Formen erscheinen als weissblüthiges *H. chamaecistus*, andere als blassgelb blühendes *H. polifolium*. Häufig zwischen den Stammarten im Dep. Tarn, wahrscheinlich auch sonst in Frankreich; in Belgien bei Dinant, in Deutschland bei Mainz. Hieher *H. sulphureum* W.

H. rhodanthum Dun. ⨯ *pilosum Pers.* wurde von Sweet im botanischen Garten zu Chelsea aufgefunden, blühte sehr reichlich von Mai bis November. Blüthen verschiedenfarbig, theils roth mit rosa und weiss gezeichnet, theils weiss. Kelche mit kurzem violetem Filz (bei *H. rhodanthum* weissfilzig, bei *H. pilosum* mit violeten Nerven).

Die eine Stammform, *H. rhodanthum Dun.*, soll aus Spanien stammen. ist aber wohl selbst ein Bastard.

H. versicolor Swt. Cist. t. 26 ist eine Pflanze unbekannten Ursprungs, deren Blüthen an ein und demselben Strauche so verschieden gefärbt sind, dass kaum zwei einander genau gleichen; sie sind roth, kupferig, bunt oder gelb.

Unter verschiedenen Namen (z. B. *venustum, cupreum, eriosepalon, stramineum, Milleri*) bildet Sweet eine Reihe von Gartenhybriden ab, über deren Ursprung nichts bekannt ist.

9. VIOLARIEAE.

Viola.

Lit.: v. Uechtritz in Verh. Bot. Ver. Brandenb. IX, S. 118; Oe. B. Z. XXI, S. 307; Schmalh. Bot. Z. 1875, Sp. 553.

Nominium.
Uliginosae.

V. palustris L. ╳ *uliginosa Schrad.* Von Grabowski (Fl. Oberschles. p. 64) bei Oppeln an einer Stelle in etwa 10 Exemplaren gefunden. Möglicherweise könnten diese Exemplare auch zu *V. epipsila Ledeb.* gehört haben.

V. palustris L. ╳ *epipsila Ledeb.* Zwischenformen zwischen beiden Arten sind im östlichen Deutschland und in Russland mehrfach beobachtet worden.

Hypocarpea.

Die beiden Haupttypen dieser Gruppe sind die ausläuferlose *V. hirta L.* und die ausläufertreibende *V. odorata L.* An die *V. hirta* schliessen sich *V. collina Bess.* und *V. ambigua W. K.* an. Von *V. odorata L.* unterscheiden sich *V. scotophylla Jord.* und *V. alba Bess.* vorzüglich durch die weit schmaleren Nebenblätter.

V. odorata L. ╳ *alba Bess.* und *V. odorata L.* ╳ *scotophylla Jord.*; hieher wohl *V. multicaulis Jord.*

V. alba Bess. ╳ *scotophylla Jord.* Nach Wiesbaur findet sich diese Verbindung (*V. scotophylloides Wiesb.*) bei Wien und ist trotz der grossen Aehnlichkeit der Stammarten, die sich fast nur durch die Blüthenfarbe unterscheiden, unfruchtbar.

? V. Austriaca A. Kern. ⨯ *alba Bess.* Hieher wohl *V. Kalksburgensis Wiesb.*

V. hirta L. ⨯ *odorata L.* ist in einigen Gegenden zwischen den Stammarten häufig, während in andern (z. B. Rheinprovinz) vergebens darnach gesucht wurde. In Thüringen stellenweise, z. B. bei Jena, häufig, hie und da in Schlesien, in den Wesergegenden und am Harz; ferner in der Schweiz und in Frankreich. Hieher *V. permixta Jord. (per-hirta* ⨯ *odor.), V. sepincola Jord. (V. hirta* ⨯ *per-odorata).* In Gärten nach Haussknecht alle Uebergangsformen von einer Art zur andern.

V. hirta L. ⨯ *alba Bess.* ist einer der ersten Veilchenbastarde, welche als solche erkannt wurden. Blüthen meist weiss, mit violetem Sporn, geruchlos. Unfruchtbar. Zuerst bei Nancy gefunden, dann bei Besançon und an andern Orten Frankreichs, der Schweiz und Oesterreichs. Hieher *V. adulterina Godr., V. Badensis Wiesb., V. declira Du Moul.?, V. abortiva Jord.*

V. hirta L. ⨯ *scotophylla Jord.,* der vorigen sehr ähnlich, soll in Frankreich und Oesterreich gefunden sein. *V. praecox Heuff.*

V. hirta L. ⨯ *Austriaca A. Kern.* Oesterreich.

V. odorata L. ⨯ *collina Bess.* soll im östlichen Deutschland gefunden sein; Tirol (Gremblich).

? V. Austriaca A. Kern. ⨯ *ambigua W. K.* — Nach Wiesbaur ist dies wahrscheinlich die Abstammung der wohlriechenden unfruchtbaren *V. Haynaldi Wiesb.*

? V. hirta L. ⨯ *ambigua W. K.* Croatien.

V. hirta L. ⨯ *collina Bess.* soll bei Innsbruck gefunden sein; angeblich auch in Deutschland.

Hypocarpea ⨯ Trigonocarpea.

V. scotophylla Jord. ⨯ *Riviniana Rchb.* ist von Timbal-Lagrave in einem einzigen Exemplar zwischen den Stammarten beobachtet, soll auch sonst in Frankreich gefunden sein.

Bastarde der V. mirabilis L.

V. mirabilis L. ⨯ *silvatica Fr.* ist zuerst von Bogenhard in Thüringen entdeckt, scheint nicht allzu selten vorzukommen. Savoyen, Württemberg, Thüringen (Haussk.), Schlesien, Böhmen, Russland (Schmalh.). Intermediäre unfruchtbare Form mit gemischten Charakteren. *V. spuria Celak.*

V. mirabilis L. ⨯ *Riviniana Rchb.* ist sehr ähnlich; Thüringen, Schlesien.

V. mirabilis L. ⨯ *arenaria DC.* ist am Ufer der Luga bei Jamburg unweit St. Petersburg von Schmalhausen gefunden.

Trigonocarpea.

V. arenaria DC. × *canina L.* ist von Lasch in der Neumark gefunden, von Schmalhausen bei Jamburg in Russland. Uebergangsformen von schwankender Bildung.

V. arenaria DC. × *silvatica Fr.* Mittelformen sind nach Schmalhausen nicht selten.

V. arenaria DC. × *Riviniana Rchb.* ist einer grossen *V. arenaria* ähnlich mit grossen Blüthen wie *V. Riviniana.* Schlesien, Neumark, Schweiz.

V. canina L. × *silvatica Fr.* oder Uebergangsformen zwischen den beiden Arten scheinen öfter vorzukommen.

V. montana L. × *silvatica Fr.* scheint in Oesterreich, Schlesien und Russland nicht selten zu sein; jedenfalls finden sich Zwischenformen. *V. mixta A. Kern.*

V. lancifolia Thore × *Riviniana Rchb.* soll in Frankreich beobachtet sein.

V. canina L. × *stagnina Kit.* ist von Ritschl im östlichen Deutschland, von F. Schultz (*can.* × *persiciful.*) bei Ellerstadt in der Pfalz gefunden worden. Scheint auch sonst nicht selten. St. Petersburg (Schmalh.). F. Schultz fand die Pflanze völlig steril.

V. canina L. × *pumila Chaix* ist bei Hanau gefunden.

V. canina L. × *elatior Fr.* gehört zu den selteneren Verbindungen, nach v. Uechtritz bei Breslau und Magdeburg. Hieher *V. nemoralis Kuetz.*

V. pumila Chaix × *stagnina Kit.* soll hin und wieder vorkommen (bei Breslau: *V. pumila fallacina Uechtr.*); jedenfalls sind *V. pumila* und *V. stagnina* unter einander und mit *V. elatior Fr.* durch Zwischenformen verbunden.

Melanium.

V. calcarata L. × *tricolor L.* soll nach Gremli Excurs.-Fl. in der Schweiz beobachtet sein (Frln. Masson).

V. tricolor L., V. lutea Sm., V. Altaica Pall. Eine Artengruppe, die aus vielen verschiedenen samenbeständigen Raçen besteht, deren Abgrenzung durch zuverlässige Merkmale bisher noch nicht gelungen ist. In England wurde zuerst *V. grandiflora Huds.* unterschieden, von der zwei Farbenraçen vorkommen, eine gelbe (*V. lutea Sm.*) und eine dunkelviolete (*V. amoena Sym.*). Als man nun in den mitteleuropäischen Gebirgen (Vogesen, Alpen, Sudeten) eine ähnliche Art mit grossen gelben Blumen fand, nannte man sie ebenfalls meistens *V. lutea.* Die Alpenpflanze (*V. Sudetica Willd.*), welche bald mit rein gelben, bald mit bunten Blumen vorkommt, hat in der Regel einen Sporn, der die Kelchanhängsel weit überragt, wodurch sie sich leicht von der englischen *V. lutea* unterscheidet. Der *V. Sudetica Willd.* ist *V. Altaica Pall.* sehr ähnlich, die ebenfalls sowohl mit dunkelvioleten als mit gelben Blumen vorkommt. *V. grandiflora (lutea)*, *Sudetica* und *Altaica* sind ausdauernd, die Unterarten von *V. tricolor* zum Theil streng einjährig oder im Herbste keimend und dann im Frühjahre blühend, zum Theil halten sie mehrere Jahre aus.

Bei der Unsicherheit über die Umgrenzung der Arten und Unterarten lassen sich natürlich keine Mischlinge kennzeichnen, die man mitunter zu finden geglaubt hat. Es fehlt bisher an allen Anhaltspunkten, um sie von einfachen Abänderungen zu unterscheiden.

V. Altaica Pall. wurde 1818 in die Gärten eingeführt und sollen aus ihr die Garten-Stiefmütterchen (Pensées) hervorgegangen sein. Wahrscheinlich sind sie mit Formen von, *V. grandiflora Huds.* gekreuzt. Dagegen ist es wenig glaublich, dass auch Formen von *V. tricolor* und *V. Sudetica* in erheblichem Maasse an der Entstehung der Pensées betheiligt waren, da an den Culturpflanzen keine der charakteristischen Merkmale dieser Raçen zu finden sind. Allerdings sollen die Garten-Stiefmütterchen zuweilen zu *V. tricolor* zurückschlagen, doch lässt sich dies Vorkommen, wenn es richtig beobachtet ist, durch zufällige Kreuzung mit wilden Stiefmütterchen erklären. — Die schöneren Farbenvarietäten der Garten-Stiefmütterchen mussten früher von den Gärtnern als Stecklinge durchwintert werden; nach und nach ist es gelungen, viele dieser Varietäten ziemlich samenbeständig zu erhalten. So viel ich gesehen habe, wird die *V. tricolor* in engerem Sinne durch Hummeln, das Garten-Stiefmütterchen und die alpine *V. Sudetica* durch Schmetterlinge befruchtet; das kleinblüthige Acker-Stiefmütterchen bedarf nach Herrn. Müller keiner Insectenhilfe zum Fruchtansatz, doch wird es, wie ich beobachtet habe, gar nicht selten emsig von Bienen besucht. H. Hoffmann hat aus dem kleinen Acker-Stiefmütterchen durch Cultur und Samenauslese eine grossblüthige Sorte erhalten; es folgt aus dieser Erfahrung aber noch nicht die specifische Identität der verschiedenen Typen dieser Gruppe, da es z. B. auch eine wilde Raçe gibt, die an den nämlichen Exemplaren je nach der Lichtstellung grosse oder kleine Blumen bringt. Grösse und Färbung der Kronen liefern für die systematische Unterscheidung der Arten und Raçen dieser Gruppe keine brauchbaren Merkmale.

10. POLYGALEAE.

Polygala.

In Nord- und Mitteleuropa kommt eine Gruppe von Arten vor, welche ziemlich variabel sind und durch Uebergänge mit einander verbunden erscheinen. Celakovski hat daher alle diese Formen als Unterarten einer einzigen Art aufgefasst. Dies Verfahren erscheint indess nicht natürlich, weil die Endglieder der Formenreihe gar zu sehr von einander abweichen. Die Haupttypen der ganzen Reihe sind übrigens viel häufiger und verbreiteter als die Zwischenformen. Nichtsdestoweniger scheinen die Zwischenformen keine Bastarde zu sein, sondern treten in der Regel als Lokalraçen auf. So erscheint die österreichische *P. amarella Crntz.* (nicht die der norddeutschen Autoren), welche gewöhnlich für eine Form von *P. amara L.* ausgegeben wird, als eine Mittelform zwischen *P. amara L.* und *P. major Jacq.*

? *P. amara L.* × *comosa Schk.* oder eine Uebergangsform zwischen den beiden Arten ist bei Höxter an der Weser von Beckhaus gefunden worden. Tracht von *P. comosa;* untere Blätter zwar keine eigentliche Rosette bildend, aber auch nicht kleiner als die oberen; Blüthen kleiner als bei *P. comosa*, röthlichblau; Knospenschopf kaum von den Deckblättern überragt.

? *P. amara L.* × *depressa Wender.* Hieher nach Fr. Schultz die *P. alpestris Rchb.*

11. CARYOPHYLLEAE.

Dianthus.

Lit.: J. G. Kölreuter 2. Forts. S 43 ff., 3. Forts. S. 58 ff., Nov. Act. acad. sc. Petrop. t. III p. 277; Wiegmann Bastarderz. S. 6 u. 39; Gärtner Bastardbefr.; A. Godron in Mém. acad. Stanisl. 1865 p. 343; Ascherson Sitzungsber. Ges. Naturf. Fr. 19. Juni 1877.

Die artenreiche Gattung *Dianthus* gestattet Kreuzungen zwischen den verschiedensten Typen, auch solchen, welche wenig Aehnlichkeit mit einander haben. Die Bastarde sind zum Theil fruchtbar und mehrere von ihnen haben sich samenbeständig gezeigt. Kölreuter und Gärtner haben zahlreiche Kreuzungsversuche zwischen *Dianthus*-Arten angestellt; viele andere Mischlinge sind von den Blumenzüchtern erzeugt worden. Auch in der freien Natur bilden sich hybride *Dianthi* keineswegs selten; manche Arten sind sehr schwer zu definiren und ist es wahrscheinlich, dass Mischlinge dazu beitragen, die Grenzen zwischen den Formenkreisen zu verwischen.

Die Gruppe *Kohlrauschia* steht den eigentlichen Nelken *(Dianthus)* ferner; im Uebrigen verbinden sich die meisten mitteleuropäischen und ostasiatischen Arten unter einander ohne Schwierigkeit; auch steht die Leichtigkeit der Entstehung der Bastarde sowie deren Fruchtbarkeit in keinem erkennbaren Verhältniss zu der grösseren oder geringeren morphologischen Aehnlichkeit der Stammarten. Es empfiehlt sich daher, ohne Rücksicht auf die systematische Anordnung zunächst einige Arten herauszuheben, über deren Bastarde die genauesten Beobachtungen vorliegen, und diese im Zusammenhange darzustellen. Die Bastardverbindungen zwischen den übrigen Arten lassen sich dann leicht anreihen.

Von Missbildungen hat Gärtner bei *Dianthus*-Bastarden oft 11 Staubblätter (S. 330) und manchmal 3, ja 4 Griffel (S. 342) beobachtet. Pollen meist schmutzig aschgrau, bei den echten Arten bläulich (S. 335). Bei den *Dianthus*-Bastarden sind die ersten Blüthen am fruchtbarsten, die späteren bringen nur wenigsamige oder taube Kapseln (S. 393).

Bastarde von D. armeria L.

Während die meisten *Dianthus*-Arten ausdauernd sind, gilt *D. armeria* als zweijährig; die Blüthen gehören zu den kleineren.

D. deltoides L. × *armeria L.* Die beiden Arten befruchten sich gegenseitig leicht und liefern Bastardformen von mittlerer Bildung. Kölreuter erzeugte *D. delt.* ♀ × *arm.* ♂, welche Verbindung sich etwas fruchtbar erwies. Gärtner hat dagegen nur *D. arm.* ♀ × *delt.* ♂, einen dem *D. deltoides* ähnlichen Bastard (S. 287), erhalten. Gärtner nennt ihn bald ziemlich fruchtbar, bald sehr fruchtbar; er vermehrte sich im Garten spontan durch Samen 10 Jahre lang (S. 409) oder bis in die achte Generation (S. 553) und wurde künstlich bis zur zehnten Generation fortgepflanzt. Die Fruchtbarkeit nahm indess allmählig immer mehr ab, insbesondere verkümmerten die Antheren. Im Uebrigen behielt dieser Bastard seine ursprünglichen Eigenschaften unverändert bei, so dass keinerlei Rückschläge zu einer der Stammarten oder sonstige Abweichungen auftraten. *D. armeria* × *deltoides* ist neuerdings im östlichen Deutschland an ziemlich vielen

Orten wildwachsend gefunden worden; in seinen Merkmalen ist er etwas schwankend. *D. Hellwigii Borbás.*
D. (armeria ♀ ✕ *deltoides* ♂) ♀ ✕ *deltoides* ♂ erhielt Gärtner in einer häufigeren, dem *D. deltoides* genäherten, ziemlich fruchtbaren und einer selteneren, von *D. arm.* ✕ *delt.* wenig verschiedenen, aber völlig sterilen Form.
Von *D. barbatus* erhielt Gärtner durch Befruchtung mittelst Pollen von *D. arm.* ♀ ✕ *delt.* ♂ ohne Schwierigkeit Tripelbastarde.
D. barbatus L. ♀ ✕ *armeria L.* ♂ ist von Kölreuter und Gärtner erzeugt worden, war einjährig (S. 545) und völlig unfruchtbar; bei Bestäubung mit stammelterlichem Pollen erhielten sich die Blumen lange frisch.
D. Chinensis L. fl. pl. ♀ ✕ *armeria L.* ♂ ist von Kölreuter erhalten worden, und zwar in 10 Exemplaren mit gefüllten Blumen ohne Staubblätter und völlig steril; im Uebrigen intermediär.

Bastarde von D. barbatus L.

Setzt man die durchschnittliche normale Samenzahl von *D. barbatus* gleich 100,00, so gab diese Art nach Gärtner bei

Bestäubung mit Pollen von	*D. superbus*	bis zu 81,11,
" " " "	*Japonicus*	" " 66,66,
" " " "	*armeria*	" " 53,33,
" " " "	*barbat.* ♀ ✕ *carthusian.* ♂	" " 31,11,
" " " "	*Chinensis*	" " 26,00,
" " " "	*collinus*	" " 23,33,
" " " "	*deltoides*	" " 22,22,
" " " "	*Chinens. latif.*	" " 13,54,
" " " "	*carthusianor.*	" " 11,11,
" " " "	*prolifer*	" " 3,33,
" " " "	*virgineus*	" " 1,11,
" " " "	*pulchellus*	" " 0,96,
" " " "	*arenarius*	" " 0,84,
" " " "	*diutinus*	" " 0,33

vollkommene Samen (S. 217). Die kräftigere Wirkung der einen oder der anderen Art zeigte sich in entsprechender Weise auch dann, wenn eine Blüthe von *D. barbatus* gleichzeitig mit Pollen von zwei verschiedenen Arten bestäubt wurde; durch gemischten Pollen von *D. superbus* und *Chinensis* wurde *D. barb.* ✕ *sup.*, von *D. carthusianorum* und *armeria* wurde *D. barb.* ✕ *arm.*, von *D. plumarius* und *Japonicus* wurde *D. barb.* ✕ *Jap.* erzeugt (S. 36).

D. barbatus ✕ *armeria* s. oben.

D. barbatus L. ♀ ✕ *Japonicus Thbg.* ♂ ist von Gärtner

erzeugt worden. Gärtner's *D. Japonicus* war steril und brachte weder mit eigenem noch mit fremdem Blüthenstaub Samen, *D. barbatus* brachte durchschnittlich 96, der Bastard bis zu 45 Samen in einer Kapsel. Im Ganzen ist der Bastard dem *D. barbatus* ähnlicher (S. 287, 400). *D.* (*barb.* ♀ ⨯ *Jap.* ♂) ♀ ⨯ *Jap.* ♂ trat in zwei verschiedenen Formen auf; die häufigere war wenig von *D. barb.* ⨯ *Jap.* verschieden und ziemlich fruchtbar, erinnerte nur in Grösse und Zeichnung der Blumen an *D. Japonicus*; die seltenere war dem *D. Jap.* weit ähnlicher und gleich diesem steril, aber mit fruchtbarem Pollen. Durch Befruchtung des normalen (fruchtbaren) $^3/_4$ Bastards mit *D. Japonicus* wurde ein einziges Exemplar erhalten, welches wenig von dem mütterlichen $^3/_4$ Bastard abgewichen war, während alle anderen Exemplare kaum von *D. Japonicus* verschieden und ebenso unfruchtbar waren (S. 433). Gärtner erhielt Mischlinge aus der Befruchtung des *D. barbatus* mit *D. barb.* ⨯ *Jap.* und *D.* $^1/_4$ *barb.* ⨯ $^3/_4$ *Jap.*, des *D.* $^1/_4$ *barb.* ⨯ $^3/_4$ *Jap.* mit *D. barbatus.* Nach S. 516 erzeugte Gärtner auch *D.* (*barb.* ♀ ⨯ *Jap.* ♂) ♀ ⨯ (*superb.* ♀ ⨯ *Chinens.* ♂) ♂. Die Exemplare dieser Verbindung waren untereinander sehr ungleich, einige waren dem *D. barbatus* ungemein ähnlich, andere glichen mehr dem *D. Japonicus* oder *Chinensis* oder *superbus.* Im Verzeichniss der Versuche fehlt eine Angabe über die Erzeugung dieser tetraphylischen Bastardverbindung.

Einige Verbindungen von *D. Japonicus* und *D. barb.* ⨯ *Jap.* mit anderen Bastarden des *D. barbatus* s. unten.

D. barbatus L. ⨯ *Chinensis L.* Kölreuter erhielt durch Befruchtung des *D. barbatus* mit Pollen des *D. Chinensis* zahlreiche gute Samen; ebenso umgekehrt. Sowohl Kölreuter als Gärtner fanden, dass die beiden Verbindungen *D. barb.* ♀ ⨯ *Chin.* ♂ und *D. Chin.* ♀ ⨯ *barb.* ♂ einander vollkommen gleich sind. Nach Gärtner steht der Bastard in der Mitte zwischen den Stammarten (S. 221), nach Kölreuter (2. Forts. S. 43) ist er dem *D. barbatus* ähnlicher. Mit eigenem Pollen bestäubt ist er ziemlich fruchtbar; Kölreuter fand die Nachkommenschaft des *D. Chin.* ♀ ⨯ *barb.* ♂ ziemlich gleichförmig und unverändert, während *D. barb.* ♀ ⨯ *Chin.* ♂ mehr variirte (1 zwergige, 1 weissblüthige Form) und im Allgemeinen dem *D. barbatus* ähnlicher wurde. Gärtner gibt (S. 421) an, dass sich *D. Chin.* ♀ ⨯ *barb.* ♂ mit unverändertem Typus wie eine eigene Art fortpflanzt, dass die Fruchtbarkeit in späteren Generationen abnimmt, bei fortgesetzter künstlicher Befruchtung mit eigenem Pollen aber wieder zunimmt (418, 421). Er fand einzelne Exemplare des primären Bastards völlig steril (366, 390). *D.* (*Chin.* ♀ ⨯ *barb.* ♂) ♀

× *Chin.* ♂ ist nach Kölreuter vielgestaltig, die Exemplare gleichen dem *D. Chinensis* bald mehr, bald weniger, sind ihm aber meistens sehr ähnlich; Gärtner unterschied 15 Varietäten. Mit eigenem Pollen sind diese Bastarde ziemlich fruchtbar. In zweiter Generation wurden sie dem *D. Chinensis* noch ähnlicher und nahm ihre Fruchtbarkeit zu (Kölr. 3. Forts. S. 59). Von *D. (barb.* ♀ × *Chin.* ♂*)* ♀ × *Chin.* ♂ erhielt Kölreuter nur zwei Pflanzen von verschiedener Blüthenfarbe. *D. Chin.* ♀ × *(Chin.* ♀ × *barb.* ♂*)* ♂ fand Kölreuter äusserst vielgestaltig, zum Theil mit sehr schönen Blumen, zum Theil ziemlich fruchtbar, zum Theil steril. Von *D. (barb.* ♀ × *Chin.* ♂*)* ♀ × *Chin.* ♂ bekam Gärtner (S. 432) drei Typen, von denen einer dem *D. Chin.* nahe kam, der zweite dem *D. barb.* × *Chin.* ähnlicher geblieben und entschieden fruchtbarer war, während der dritte, der sehr selten auftrat, sich dem *D. barbatus* genähert hatte und ganz steril war. *D.* [(*Chin.* ♀ × *barb.* ♂*)* ♀ × *Chin.* ♂] ♀ × *barb.* ♂ war theils dem *D. Chin.* × *barb.* ähnlich, theils dem *D. barb.* noch näher gerückt und dann steril (Kölr. 3. Forts. S. 60). — *D. (Chin.* ♀ × *barb.* ♂*)* ♀ × *barb.* ♂ fand Kölreuter ziemlich polymorph, dem *D. barb.* grösstentheils sehr ähnlich, meistens mit eigenem Pollen fruchtbar. Gärtner unterschied drei Typen, in ihren Eigenschaften ganz dem *D.* (*barb.* ♀ × *Chin.* ♂*)* ♀ × *Chin.* ♂ analog (432). Durch Bestäubung mit eigenem Pollen wurde der ³/₄ Bastard allmählig dem *D. barbatus* ähnlicher und zugleich fruchtbarer; in dritter Generation setzte jede Blume Samen an, bis zu 40 in einer Kapsel (Gärtn. S. 436). Durch weitere Bestäubung mit Pollen des *D. barbatus* wurden von Gärtner einzelne Exemplare erhalten, die nicht mehr von *D. barbatus* zu unterscheiden waren (S. 465), während die vollständige Ueberführung des *D. Chinensis* in *D. barbatus* in der Regel erst nach 5 Generationen wiederholter Bestäubung mit Pollen von *D. barbatus* stattfand (S. 469). Die Umwandlung des *D. barbatus* in *D. Chinensis* durch wiederholte Bestäubung der Nachkommenschaft mit Pollen des *D. Chinensis* erfordert nach Gärtner 5 Generationen.

Kölreuter sah *D. barb.* × *Chin.*, der sich in einem Garten spontan gebildet hatte, daneben Rückkreuzungsformen zu beiden Stammarten. Aehnliche spontan entstandene Gartenmischlinge sind später öfter beobachtet worden; hieher vielleicht *D. latifolius* Willd.

D. (*barbatus* × *Chinensis*) gekreuzt mit anderen Arten. Kölreuter benutzte zu seinen Versuchen vielfach auch „Gartennelken", die er einfach als *D. hortensis* bezeichnet. Es scheinen dies Abkömmlinge von *D. caryophyllus* gewesen zu sein, nicht etwa von *D. plumarius*. *D.* (*Chin.* ♀ × *barb.* ♂*)* ♀ × *hortens. fl. simpl. purp.* ♂ erhielt

Kölreuter in einem einzigen wenig fruchtbaren, dem *D. hortensis* ziemlich ähnlichen Exemplare mit verkümmerten Staubblättern. Durch Befruchtung mit Pollen von *D. Chinensis* lieferte es einen dem *D. Chinensis* sehr genäherten Mischling, mit Pollen von gefüllten Gartennelken eine von weiblicher Seite fruchtbare, gefüllte, den Gartennelken sehr ähnliche Form. Kölreuter's Exemplare von *D.* (*Chin.* ♀ ✕ *barb.* ♂) ♀ ✕ (*Chin.* ♀ ✕ *hort.* ♂) ♂ waren unter einander ungleich und bunt; eins hatte vermehrte Kelchschuppen. — *D.* (*Chin.* ♀ ✕ *barb.* ♂) ♀ ✕ *superbus* ♂ fand Kölreuter dem *D. Chin.* ♀ ✕ *superb.* ♂ ähnlich, doch waren die Blätter breiter, die Blumen etwas kleiner und mehr gedrängt. Dieser Tripelbastard war etwas fruchtbar.

— Gärtner gibt in dem Verzeichnisse seiner Versuche an, dass er Tripelbastarde aus der Befruchtung des *D. barb.* ♀ ✕ *Chinens* ♂ mit Pollen von *D. Japonicus*, *D. pulchellus* und *D.* (*barb.* ♀ ✕ *Jap.* ♂) ♀ ✕ *Jap.* ♂ erhalten habe.

D. barbatus L. ♀ ✕ *carthusianorum L.* ♂ ist von Gärtner meist steril befunden, doch vermochte der Blüthenstaub von zwei Exemplaren den *D. barbatus* zu befruchten (S. 359). Der so erhaltene *D. barb.* ♀ ✕ (*barb.* ♀ ✕ *carthus.* ♂) ♂ erwies sich als gleichförmig, aber seine Nachkommen als ungewöhnlich polymorph (S. 506). Gärtner erwähnt S. 432 auch einen *D.* (*barb.* ♀ ✕ *carth.* ♂) ♀ ✕ *carth.* ♂, der sich wie die entsprechenden $^3/_4$ Bastarde von *D. barb.* und *D. Chinensis* verhalten haben soll.

D. caryophyllus L. ✕ *barbatus L.* Diese Verbindung ist besonders desshalb merkwürdig, weil sie die erste absichtlich erzeugte hybride Pflanze gewesen zu sein scheint. Der Gärtner Thomas Fairchild in London erzog sich nach R. Bradley zu Anfang des 18. Jahrhunderts den Bastard *D. caryophyllus* ♀ ✕ *barbatus* ♂, der seitdem als „*Fairchild's Sweet William*", „*the mule*", „*D. hybridus hort.*" cultivirt wurde. Gärtner ist die Kreuzung der beiden Arten nach seinem Bastardverzeichnisse nicht gelungen. Kölreuter hat dagegen mit seinem *D. hortensis* sowohl *D. barb.* ♀ ✕ *hort.* ♂ als *D. hort.* ♀ ✕ *barb.* ♂ dargestellt. Beide Verbindungen stimmten überein, waren von mittlerer Bildung, etwas wohlriechend und hatten carmoisinrothe Blüthen. Pollen mit ziemlich zahlreichen, anscheinend wohlgebildeten Körnern; die Pflanzen an sich steril, aber durch *D. hortensis* zu befruchten. Gärtner spricht einmal (S. 304) von einem polymorphen *D. caryoph.* ♀ ✕ (*caryoph.* ♀ ✕ *barb.* ♂) ♂, doch ist nicht ersichtlich, wer diesen Mischling gewonnen hat. Zu *D. caryoph.* ✕ *barb.* gehören anscheinend *D. Poiretianus Ser.*, *D. Gizellae Borbás*; *Oeillet-Flon hort.*

D. alpinus L. ⨯ *barbatus* L. wurde zu Edinburg cultivirt.

D. barbatus L. ♀ ⨯ *deltoides* L. ♂ erhielt Kölreuter nur in einem einzigen Exemplare, welches eine unfruchtbare Mittelbildung darstellte. Gärtner bestätigt die schwierige Bildung und die Unfruchtbarkeit dieses Bastards, fand ihn aber dem *D. deltoides* ähnlicher (S. 401). Mit *D. armeria* ⨯ *deltoides* lässt sich dagegen *D. barbatus* leicht verbinden (S. 204).

D. barbatus L. ⨯ *superbus* L. Die beiden Stammarten haben wenig Aehnlichkeit mit einander, lassen sich aber ungemein leicht kreuzen und liefern mit einander fruchtbare Bastarde. Kölreuter hat, so viel ich sehe, nur den *D. sup.* ♀ ⨯ *barb.* ♂ erzeugt, der sehr wenige Samen von zweifelhafter Keimfähigkeit brachte. Gärtner fand, dass *D. barb.* ♀ ⨯ *superb.* ♂ mehr gute Samen (80 %, der Normalzahl) brachte, als *D. sup.* ♀ ⨯ *barb.* ♂ (Bast. S. 197, 198). Die erzeugten Bastarde waren einander vollkommen gleich (S. 223, 228), doch erwies sich *D. barb.* ♀ ⨯ *sup.* ♂ als fruchtbarer. *D. sup.* ♀ ⨯ *barb.* ♂ brachte zu Anfang der Blüthe spontan bis zu 4 Samen in einer Kapsel, bestäubt mit Pollen von *D. barbatus* aber 10 (S. 425). Die Bastarde sind nach Gärtner entschieden dem *D. superbus* ähnlicher, doch kommen von *D. barb.* ♀ ⨯ *superb.* ♂ einzelne minder fruchtbare Exemplare vor, welche sich dem *D. barbatus* nähern. Bei der Aussaat pflegen sie jedoch die normale Bastardform zu liefern (Bast. S. 424). Die Fruchtbarkeit des *D. barb.* ♀ ⨯ *sup.* ♂ nahm in zweiter Generation ab. *D. (barb.* ♀ ⨯ *superb.* ♂) ♀ ⨯ *superb.* ♂ erschien in zwei Typen, einem normalen, dem *D. barb.* ⨯ *superb.* ähnlichen, aber weniger fruchtbaren, und einem seltenen, fast sterilen, dem *D. superbus* sehr genäherten (S. 434). Zuweilen verhält sich dies jedoch auch anders (S. 432). Mit eigenem Pollen bestäubt, lieferte der normale ³/₄ Bastard eine im Allgemeinen dem *D. superbus* genäherte, an Fruchtbarkeit zunehmende Nachkommenschaft. Durch Befruchtung des ³/₄ Bastards mit Pollen von *D. superbus* wurden einige Exemplare der Nachkommenschaft schon ganz in *D. superbus* übergeführt; merkwürdiger Weise waren die meisten Blüthen steril, doch fanden sich auch in einer Kapsel bis zu 58 Samen (S. 448); in vierter Generation war die Umwandlung vollendet (S. 465, 466, 472). Von *D. (superb.* ♀ ⨯ *barb.* ♂) ♀ ⨯ *barb.* ♂ erhielt Gärtner neben theilweise fruchtbaren Exemplaren auch einzelne sterile. Um *D. superbus* ganz in *D. barbatus* zu verwandeln, sind 5—6 Generationen wiederholter Bestäubung mit Pollen von *D. barbatus* erforderlich. Von *D. barb.* ♀ ⨯ (*superb.* ♀ ⨯ *barb.* ♂) ♂ waren einzelne Exemplare ziemlich fruchtbar.

Spontan ist *D. barbatus* ⨯ *superbus* hie und da in Mitteleuropa beobachtet worden. *D. Courtoisii* Rchb., *D. Leitgebii* Reichardt.

D. Monspessulanus L. ⨯ *barbatus L.* ist wildwachsend bei Görz gefunden worden. *D. Mikii* Reichardt.

D. barbatus L. ♀ ⨯ *plumarius L.* ♂ ist von Gärtner erzeugt worden, brachte früh Blumen (S. 530) und war etwas fruchtbar (S. 409). Lieferte durch Befruchtung mit Pollen von *D. plumarius* einen ³/₄ Bastard (S. 691).

Kölreuter hat eine Anzahl Kreuzungen mit einem *D. plumarius Sibiricus Gmelini* ausgeführt, den er dem *D. caesius* für nahe verwandt hielt. Die Exemplare dieses *D. Sibir.* ♀ ⨯ *barb.* ♂ waren meistens, aber nicht alle, unter einander gleich, stimmten auch nicht vollständig mit *D. barb.* ♀ ⨯ *Sibir.* ♂ überein; sie waren wenig fruchtbar.

D. barbatus L. ♀ ⨯ *prolifer L.* ♂ ist eine Verbindung, welche sich nach Gärtner sehr schwierig bildet und deren Erzeugung ihm nur einmal gelungen ist. War einjährig, hatte auffallend grosse Blumen und war völlig unfruchtbar. — So viel mir bekannt, ist dies der einzige bis jetzt beobachtete Bastard zwischen einer *Kohlrauschia* und einem echten *Dianthus*.

Bastarde von D. Chinensis L. (u. D. pulchellus Schrad.).

Mit *D. armeria* und *D. barbatus* s. oben.

D. Chinensis vererbt auf seine Bastarde besonders schön gezeichnete Blumen, doch sind diese Zeichnungen in späteren Generationen unbeständig. Kölreuter erhielt aus *D. Chin. fl. simpl.* ♀ ⨯ *fl. plen.* ♂ Sämlinge mit gefüllten Blüthen, konnte auch Farbenvarietäten von der Pollenpflanze auf die Nachkommenschaft übertragen.

D. Chinensis L. ♀ ⨯ *carthusianorum L.* ♂ ist von Kölreuter erzeugt, war eine Mittelbildung zwischen den Stammarten und gab mit Pollen von *D. Chinensis* und *D. barbatus* einige Samen. Der daraus hervorgegangene *D. (Chin.* ♀ ⨯ *carth.* ♂) ♀ ⨯ *Chin.* ♂ war dem *D. Chinensis* sehr ähnlich; der Tripelbastard *D. (Chin.* ♀ ⨯ *carth.* ♂) ♀ ⨯ *barbatus* ♂ gab spontan einige gute Samen und war dem *D. (Chin.* ♀ ⨯ *barb.* ♂) ♀ ⨯ *barb.* ♂ sehr ähnlich.

D. Chinensis L. ♀ ⨯ *deltoides L.* ♂ ist von Kölreuter und Gärtner erzeugt worden. Kölreuter erhielt nur eine einzige sterile Pflanze von mittlerer Bildung. Gärtner erzielte durch Befruchtung von *D. Chinensis* mit Pollen von *D. deltoides* bis zu 49 Samen in einer Kapsel. Der Bastard, dem *D. Chinensis* ähnlicher, brachte meist taube Kapseln, aber in einzelnen bis zu 6 Samen (S. 406). Auf S. 389 rechnet Gärtner diesen Bastard zu den absolut unfruchtbaren.

D. caryophyllus L. ✕ *Chinensis L.* — *D. caryophyllus* lässt sich viel leichter durch Pollen von *D. Chinensis* befruchten, als *D. Chinensis* durch *D. caryophyllus*. Die beiden Verbindungen *D. caryoph.* ♀ ✕ *Chin.* ♂ und *D. Chin.* ♀ ✕ *caryoph.* ♂ sind nach Gärtner (S. 223, 292) einander vollkommen gleich, doch beobachtete er von beiden eine abweichende Form. Die normale Form ist dem *D. Chinensis* ähnlicher, hat kleinere, braunröthliche, am Rande gezähnte Kronblätter, dicke Stengel, kurze, fleischige, beinahe lanzettliche Blätter und bauchige Kelche. Die zweite Form hat grössere, heller gefärbte, gewimperte Kronblätter, dünnere Stengel, lange, schmale, weissbestäubte Blätter und cylindrische Kelche. Die Normalform ist bei *D. caryoph.* ♀ ✕ *Chinens.* ♂ sechsmal, bei *D. Chin.* ♀ ✕ *caryoph.* ♂ noch mehrmals häufiger als die seltene (Bast. S. 240). Kölreuter erhielt aus *D. hortensis fl. plen.* ♀ ✕ *Chinensis* ♂ 4 Exemplare, die alle unter einander ungleich und von denen 2 gefüllt waren. Gärtner führt auf S. 222 den *D. caryoph.* ♀ ✕ *Chinens.* ♂ als Beispiel eines Bastards von entschieden väterlichem und gleich darauf von entschieden mütterlichem Typus an. An andern Stellen betont Gärtner wieder, dass der Bastard dem *D. caryophyllus* viel ähnlicher sei, als dem *D. Chinensis* (S. 292, 462, 471). Der Bastard ist etwas fruchtbar, Kölreuter erhielt von *D. Chin.* ♀ ✕ *hort.* ♂ kleinere und niedrigere Sämlinge. Nach Gärtner wird der Bastard von *D. caryophyllus* vollständiger befruchtet, als von *D. Chinensis*. Kölreuter gibt an, dass *D. (Chin.* ♀ ✕ *hort.* ♂) ♀ ✕ *hort.* ♂ den Gartennelken schon sehr ähnlich, die Färbung jedoch bei jedem Exemplare verschieden sei; Pollen ziemlich gut. Nach abermaliger Befruchtung mit *D. caryophyllus* sind nach Gärtner viele Exemplare schon dem *D. caryophyllus* gleich, doch sind einige darunter fast steril oder haben taube Antheren; jedenfalls ist in vierter Generation die Umwandlung vollendet. Dagegen sind 5—6 Generationen wiederholter Befruchtung nothwendig, um *D. caryophyllus* in *D. Chinensis* überzuführen (Kölr. Nov. Act. XI). — *D. caryophyllus* ✕ *Chinensis* ist vor einigen Jahren spontan in Gremblich's Garten zu Hall in Tirol entstanden und hat seitdem auch den Namen *D. Gremblichii Aschers.* erhalten.

D. (Chin. ♀ ✕ *hort.* ♂) *gener.* 2. ♀ ✕ *Sibiricus Gmel.* ♂ ist von Kölreuter erzeugt, ähnlich dem *D. Chin.* ✕ *Sibir.*, spontan etwas fruchtbar.

D. (Chin. ♀ ✕ *hort.* ♂) ♀ ✕ *superbus* ♂ ist nach Kölreuter intermediär zwischen den Stammarten, war an sich steril, gab aber mit Pollen von *D. superbus* einige Samen. Pollenkörner des Bastards meist ganz verkümmert. — Der von diesem Bastard abstammende *D.* [*(Chin.* ♀ ⨯ *hort.* ♂*)* ♀ ⨯ *superb.* ♂] ♀ ⨯ *superbus* ♂ hatte blassviolethrothe Blumen und ziemlich gleichkörnigen Blüthenstaub; er war dem *D. superbus* sehr ähnlich und ziemlich fruchtbar. *D. (Chin.* ♀ ⨯ *caryoph.* ♂) ♀ ⨯ *barbatus* ♂ soll nach Gärtner (Bast. S. 405) bis zu 7 Samen in einer Kapsel enthalten. *D. Chinensis L.* ♀ ⨯ *Monspessulanus L. fl. alb.* ♂ von Godron erzeugt, war intermediär, aber doch Anfangs schwer von *D. Chinensis* zu unterscheiden. Blüthen rosa, isolirt wenig fruchtbar, aber zwischen *D. Chinensis* neben tauben auch viele ziemlich samenreiche Kapseln bringend, aus deren Samen mancherlei Rückschlagsformen zu *D. Chinensis* hervorgingen.

D. superbus L. ⨯ *Chinensis L.* Nach Kölreuter ist *D. Chinensis* durch Pollen von *D. superbus* eben so leicht zu befruchten wie durch eigenen Blüthenstaub. Kölreuter erzeugte sowohl *D. Chin.* ♀ ⨯ *sup.* ♂ als *D. sup.* ♀ ⨯ *Chin.* ♂. Die Bastarde *D. Chin. fl. plen.* ♀ ⨯ *superb.* ♂ waren zum Theil gefüllt, einige Exemplare sogar mehr als die mütterliche Stammpflanze. *D. Chin.* ♀ ⨯ *superb.* ♂ kam einen Monat früher zum Blühen als *D. Chinensis* und 1 Jahr früher als *D. superbus*. Blumen rosafarben, im Herbste dunkler, Pollen eine Anzahl wohlgebildeter Körner enthaltend, aber anscheinend unwirksam. Mit Pollen anderer Arten brachten die Pflanzen einige Samen. — Gärtner fand es im Gegensatz zu Kölreuter sehr schwierig, *D. Chinensis* mit *D. superbus* zu befruchten (Bast. S. 198), dagegen waren seine Bastarde ziemlich fruchtbar und brachten bis zu 20 Samen in einer Kapsel (S. 409). *D. superb.* ♀ ⨯ *Chin.* ♂ brachte durch Selbstbefruchtung bis zu 29, mit Pollen von *D. Chinensis* bis 67 gute Samen in einer Kapsel. In beiden Verbindungen ist der Typus des *D. superbus* vorherrschend, doch erhielt Gärtner von *D. superb.* ♀ ⨯ *Chin.* ♂ ein einziges Exemplar, welches dem *D. Chinensis* sehr ähnlich und etwas fruchtbar war; aus den Samen ging der normale Bastard hervor. An andern Stellen (S. 404) spricht Gärtner von einer derartigen Form („Ausnahmetypus") des *D. Chin.* ♀ ⨯ *sup.* ♂. Die Fruchtbarkeit der Bastarde nimmt in späteren Generationen ab (S. 421). Der Bastard zeichnet sich durch besondere Schönheit der Blumen aus. — *D.* (*superb.* ♀ ⨯ *Chin.* ♂) ♀ ⨯ *Chin.* ♂ erhielt Gärtner in zwei Formen, von denen eine etwas fruchtbare in der Tracht dem *D. superbus*, in den Blumen dem *D. Chin.* ähnlicher war, die andere sterile dagegen auch in der Tracht mehr dem *D. Chin.* glich (S. 432). Nach nochmaliger Befruchtung mit *D. Chin.* wurden einzelne Exemplare dem *D. Chinensis* sehr ähnlich und zugleich sehr fruchtbar.

D. (Chin. ♀ × *superb.* ♂) ♀ × *barbatus* ♂ wurde von Kölreuter erzeugt; seine 6 Exemplare waren unter einander in der Blüthenfarbe und der Breite der Blätter sehr verschieden, theils steril, theils etwas fruchtbar. Im Allgemeinen waren sie dem *D.* (*Chin.* ♀ × *barb.* ♂) ♀ × *superb.* ♂ sehr ähnlich.

D. arenarius L. × *Chinensis L.* Nach dem Verzeichnisse seiner Versuche hat Gärtner nur *D. Chin.* ♀ × *aren.* ♂ erzeugt, doch spricht er (S. 222) auch von einem fruchtbaren, dem *D. arenarius* mehr als dem *D. Chin.* ähnlichen *D. aren.* ♀ × *Chin.* ♂. Nach S. 284 gleicht *D. Chin.* ♀ × *aren.* ♂ in Wuchs und Blättern dem *D. arenarius*, in den Blumen dem *D. Chinensis*; er ist ziemlich fruchtbar (S. 388).

Kölreuter befruchtete seinen *D. plumarius Sibir. Gmelini* mit Pollen von *D. Chinensis*. Die 20 geernteten Samen keimten alle. Der Bastard war spontan ziemlich fruchtbar, liess sich auch mit Pollen von *D. Chinensis* und *D. barbatus* befruchten, vermochte auch seinerseits den *D. Chinensis* vollständig zu befruchten. Pollenkörner zum Theil normal.

Kölreuter hat auch den Bastard *D. Chinensis L.* ♀ × *pungens L.* ♂ erzeugt; Gärtner führt einen *D. bicolor* ♀ × *Chinensis* ♂ an, den er S. 388 in geringem Grade fruchtbar nennt, während er ihn S. 401 unter den gänzlich unfruchtbaren Bastarden mit mütterlichem Typus aufführt. Im Verzeichniss seiner Versuche zählt Gärtner noch auf: *D. blandus Rchb.* ♀ × *Chin.* ♂, *D. caesius* ♀ × *Chin.* ♂, *D.* (*Caucasicus* ♀ × *arenarius* ♂) ♀ × *Chinensis* ♂, *D. Chin.* ♀ × *pulch.* ♂, *D.* (*Chin.* ♀ × *pulch.* ♂) ♀ × *pulch.* ♂, *D. pulch.* ♀ × *Chin.* ♂, *D. pulch.* ♀ × (*superb.* ♀ × *Chin.* ♂) ♂, *D.* (*superb.* ♀ × *Chin.* ♂) ♀ × *pulch.* ♂. Woher der zur Kreuzung benutzte *D. Caucas.* ♀ × *aren.* ♂ stammt, ist eben so wenig ersichtlich, wie die Herkunft des im Texte (S. 284) erwähnten *D. Caucas.* ♀ × *Chin.* ♂ und *D. Caucas.* ♀ × *pulchellus* ♂ (S. 287). Nach Henniger hat Stein in Innsbruck einen *D. graniticus Jord.* × *Chin. L.* erhalten und *D. Felsmanni* genannt.

D. Heddewigi hort. wurde von dem Gärtner C. Heddewig in St. Petersburg aus japanesischen Samen erhalten; ob diese schöne Pflanze, offenbar eine Culturform, hybriden Ursprungs ist, ist zweifelhaft; jedenfalls steht sie dem *D. Chinensis* sehr nahe. Sie ist von den Gärtnern viefach mit anderen Arten gekreuzt, u. A. mit *D. caryophyllus*.

D. pulchellus Schrad. ist eine Gartenpflanze unbekannter Herkunft und gilt gewöhnlich als Varietät von *D. Chinensis* (*D. pulchellus Pers.* ist nach DC. Prodr. ein *D. caesius*).

D. arenarius L. ♀ ✕ *pulchellus Schrad.* ♂ zeigt nach Gärtner (Bast. S. 228) öfter Abweichungen vom Normaltypus als *D. pulch.* ♀ ✕ *aren.* ♂. Die erstgenannte Verbindung kommt nämlich in zwei Formen vor, von denen die gewöhnliche dem *D. pulch.* ♀ ✕ *aren.* ♂ gleicht und grössere Blumen mit tiefer gefransten Kronblättern hat. Die seltene Form mit rothen kleineren Blumen und breiten, weniger tief gefransten Kronblättern gab bei der Aussaat die Normalform, doch trat in späteren Generationen auch die seltene wieder auf. Beide Verbindungen sind trotz der beträchtlichen Verschiedenheit der Stammarten ziemlich fruchtbar (S. 406), doch nimmt die Fruchtbarkeit in späteren Generationen ab. *D. pulch.* ♀ ✕ *aren.* ♂ ist übrigens fruchtbarer als *D. aren.* ♀ ✕ *pulch.* ♂, bringt 30—40 Samen in einer Kapsel zur Reife (Bast. S. 407, 409) und ist samenbeständig (S. 438). *D. (aren.* ♀ ✕ *pulch.* ♂*)* ♀ ✕ *pulch.* ♂ ist gleichförmig, doch sind die einzelnen Exemplare nicht gleich fruchtbar (S. 431). Nach durch 6 Generationen wiederholter Befruchtung mit Pollen von *D. pulchellus* ist die Umwandlung in diese Art vollendet. Von *D. (pulch.* ♀ ✕ *aren.* ♂*)* ♀ ✕ *aren.* ♂ kommen einzelne sterile Exemplare vor; Rückschläge zum mütterlichen Typus treten auch bei weiterer Befruchtung mit *D. arenarius* nicht auf.

D. pulchellus Schrad. ♀ ✕ *superbus L.* ♂ ist von Gärtner erzeugt worden, ist fruchtbar, hat grössere Blumen als beide Stammarten, kommt in einer häufigeren und einer selteneren Form vor, welche letztere auch in zweiter Generation aus der ersten entstehen kann. Ist von *D. Chinensis* ✕ *superbus* wesentlich verschieden.

D. (superb. ♀ ✕ *Chin.* ♂*)* ♀ ✕ *pulchellus* ♂ ist nach Gärtner dem *D. pulchellus* ähnlich und ziemlich fruchtbar (bis 18 Samen in der Kapsel).

D. pulchellus Schrad. ♀ ✕ *caryophyllus L.* ♂ ist nach Gärtner steril, blüht prächtig.

D. Caucasicus M. B. ♀ ✕ *pulchellus Schrad.* ♂ fehlt unter Gärtner's Verzeichniss seiner Versuche; im Texte wird er einige Male (S. 275, 530) erwähnt; er soll samenbeständig sein (S. 303).

D. pulchellus Schrad. ♀ ✕ *carthusianorum L.* ♂ ist nach Gärtner unfruchtbar und intermediär zwischen den Stammarten, er hielt 10 Jahre aus (S. 395, 404, 543); nach S. 389 ist er etwas fruchtbar.

Bastarde von D. superbus L. u. D. Monspessulanus L.

D. superbus befruchtet nach Gärtner (S. 193) am leichtesten *D. barbatus*, demnächst in absteigender Reihenfolge *D. armeria, Chinensis, caryophyllus, Caucasicus, arenarius.* Ueber Bastarde mit *D. barbatus, D. Chinensis* und *D. pulchellus* s. oben.

D. superbus L. ♀ ⨯ *carthusianorum L.* ♂ ist nach Kölreuter eine äusserst üppig wuchernde Mittelbildung zwischen den Stammarten; Pollen äusserlich ziemlich gut. Nach Gärtner (S. 389) völlig unfruchtbar.

D. superbus L. ♀ ⨯ *ferrugineus L.* ♂ ist nach Kölreuter ebenfalls intermediär zwischen den Stammarten, doch ist das Gelbe der Blüthen von *D. ferrugineus* nur angedeutet.

D. Seguieri Chaix ⨯ *superbus L.* Hieher vielleicht *D. Waldsteinii Strnbg.*, der nach Andern Varietät von *D. Monspessulanus L.* sein soll. In Kärnthen beobachtet.

D. superbus L. ♀ ⨯ *deltoides L.* ♂ ist nach Gärtner's Verzeichniss von Gärtner erzeugt worden. Wildwachsend bei Köpenick in der Mark Brandenburg von Ascherson gefunden. *D. Jaczonis Aschers.*

D. alpinus L. ⨯ *superbus L.* ist im botanischen Garten zu Innsbruck, wie es scheint als *D. sup.* ♀ ⨯ *alp.* ♂, zufällig entstanden. Eine Prachtstaude, in jeder Beziehung in der Mitte stehend zwischen den Stammarten; Pollen normal entwickelt (Oe. B. Z. XV, 208). *D. Oenipontanus A. Kern.*

D. superbus L. ♀ ⨯ *pungens L.* ♂ ist von Kölreuter erzeugt.

D. superbus ♀ ⨯ *caryophyllus* ♂ ist nach dem Verzeichniss seiner Versuche von Gärtner erzeugt.

D. superbus L. ⨯ *silvestris Wulf.* ist von A. Kerner in Innsbruck künstlich erzogen worden (Oe. B. Z. XVII, p. 199).

D. arenarius L. ⨯ *superbus L.* ist von Gärtner erzeugt worden. *D. arenarius* wird von *D. pulchellus* viel vollständiger befruchtet, als von *D. superbus*, der doch dem *D. arenarius* viel ähnlicher ist. *D. superbus* seinerseits befruchtet die ihm weit ferner stehenden Arten *D. barbatus*, *D. Chinensis* und *D. caryophyllus* viel vollständiger als den *D. arenarius*. Die beiden Kreuzungsformen *D. aren.* ♀ ⨯ *sup.* ♂ und *D. sup.* ♀ ⨯ *aren.* ♂ sind einander gleich und stehen in der Mitte zwischen den Stammarten. Tracht und Blätter von *D. superb.* ♀ ⨯ *aren.* ♂ wie bei *D. arenarius*, Geruch wie bei *D. superbus* (S. 284), Blumen in der Form intermediär; bei *D. aren.* ♀ ⨯ *superb.* ♂ grösser als bei beiden Stammarten (S. 262). Gärtner nennt den Bastard ziemlich fruchtbar (S. 388), doch bringt er nur 4—6 Samen in einer Kapsel (S. 409). Durch Befruchtung des *D. aren.* ♀ ⨯ *superb.* ♂ mit Pollen von *D. superbus* wird eine gleichförmige, dem *D. superbus* genäherte Nachkommenschaft erhalten, doch sind die Exemplare nicht gleich fruchtbar (S. 431). Durch fortgesetzte

Befruchtung mit Pollen von *D. superbus* wird *D. arenarius* in 5 Generationen in *D. superbus* übergeführt (S. 469).

D. Seguieri Chaix × *Monspessulanus L.* ist von Lecoq künstlich erzeugt und in Gesellschaft der Stammarten in der Auvergne wildwachsend nachgewiesen worden (Et. geogr. bot. I 161, G. et G. Fl. Fr. I p. 241). *D. saxatilis Pers., D. Benearnensis Loret.*
D. deltoides L. × *Monspessulanus L.* scheint nach Loret in den Pyrenäen vorzukommen.
D. Aragonensis Timb. × *Monspessulanus L.* ist in Südfrankreich beobachtet.

Bastarde von D. arenarius L.

D. arenarius befruchtet von anderen Arten am leichtesten *D. plumarius*, dann in absteigender Reihenfolge *D. superbus, Caucasicus. Chinensis, armeria* und *barbatus*.
Bastarde mit *D. Chinensis, pulchellus* und *superbus* s. oben.
D. carthusianorum L. × *arenarius L.* ist wildwachsend im nordöstlichen Deutschland (Pommern, Brandenburg, Posen) gefunden worden; soll steril sein. *D. Lucae Aschers.*
D. arenarius L. ♀ × *caesius Sm.* ♂ ist von Wiegmann erzeugt worden, war dem *D. caesius* viel ähnlicher als dem *D. arenarius*, brachte Samen und erwies sich bei der Aussaat constant. Hin und wieder erschienen einzelne Blumen, die durch gefranste Petalen dem *D. arenarius* mehr ähnlich waren.
D. plumarius L. ♀ × *arenarius L.* ♂ wird nach Gärtner (204) ziemlich leicht von *D. caryophyllus* befruchtet.
D. arenarius L. ♀ × *caryophyllus L.* ♂ kommt nach Gärtner früh zur Blüthe, ist fruchtbar und hat grosse Blumen (S. 640).
Gärtner führt ferner noch an: *D. aren.* ♀ × *virgineus* ♂, *D.* (*Caucas.* ♀ × *aren.* ♂) ♀ × *Chinensis* ♂, *D. collinus* ♀ × *arenarius* ♂, *D. Schraderi Rchb.* ♀ × *arenarius L.* ♂.

Sonstige Dianthus-Bastarde.

Varietäten von *D. caryophyllus* mit eigenem Blüthenstaube variiren häufig; unter einander gekreuzt geben sie mancherlei verschiedene Sorten (Kölreuter).

Die Kreuzung von *D. plumarius* mit *D. caryophyllus* ist Gärtner (S. 204) nicht gelungen. Dagegen sollen in den Gärten Bastarde aus diesen beiden Arten ziemlich häufig sein; dahin gehören die *Cob pinks* der Engländer. Eine Gartennelke *D. plumarius* ♀ × *caryophyllus* ♂ wird erwähnt Rev. hort. 1872, p. 267.

Kölreuter befruchtete eine Varietät von *D. caryophyllus* (*hortensis fl. pallide cinnabar.*) mit seinem *D. plumarius Sibiricus Gmelini* und erhielt eine Mittelform.

Durch Befruchtung der Gartennelke mit *D. pungens* erhielt Kölreuter einen sterilen Bastard; ferner erzeugte er *D. caryoph.* ♀ × *ferrugineus L.* ♂ und *D. ferrug.* ♀ × *caryoph.* ♂; sie waren intermediär.

D. carthusianorum L. × *silvestris Wulf.* ist von A. Kerner bei Innsbruck beobachtet worden. *D. spurius Kern.* Aehnlich ist *D. Vukotinovicii Borb.*, der von *D. Croaticus*, einer Form des *D. carthusianorum* und *D. caryophylloides Rchb.*, einer Varietät von *D. silvestris* stammen soll.

D. Levieri Borb. aus Italien scheint ein Bastard zu sein, als dessen Stammarten *D. Balbisii Ser.* und *D. silvestris Wulf.* vermuthet werden.

D. glaucus L. ist eine weissblüthige samenbeständige Raçe des *D. deltoides L.* Kölreuter fand *D. glaucus* ♀ × *deltoides* ♂ vollkommen fruchtbar.

D. [*plumarius*] *Sibiricus Gmelini* ♀ × *glaucus* ♂ ist nach Kölreuter intermediär, rein weiss blühend, ohne Staubfäden und völlig steril.

D. alpinus L. × *deltoides L.* wird neuerdings in Edinburg cultivirt.

D. Caucasicus bringt nach Gärtner (Bast. S. 190) mit Pollen des ihm habituell ähnlichen *D. deltoides* zwar vollkommene Kapseln, aber keine keimfähigen Samen. Auf S. 409 bemerkt Gärtner indess, dass der Bastard *D. Cauc.* ♀ × *deltoides* ♂ nur selten einige wenige Samen ansetze. Im Hybridenverzeichnisse ist dieser Bastard nicht erwähnt.

D. Seguieri Chaix × *deltoides L.* ist von Loret bei Agrève (Ardèche) entdeckt worden, und zwar zwischen *D. Seguieri*, während sich *D. deltoides* in der Nachbarschaft fand. Nach v. Borbás auch bei Genua. *D. decrescens Borbás.*

D. carthusianorum L. × *deltoides L.* ist in Thüringen beobachtet worden. *D. Dufftii Haussknecht.*

D. membranaceus Borb. von Elisabethgrad in Russland soll ein Bastard des *D. collinus W.K.* sein.

Silene.

Lit.: Gärtner Fl. (B. Z.) 1833, p. 296; Bastarderz.

S. vulgaris Grcke. × *maritima With.* ist von Gärtner erzeugt worden. Die beiden Arten sind nahe mit einander verwandt.

S. vulgaris ✕ *maritima* liefert mehr Samen als *S. marit.* ✕ *vulg.*
S. vulgaris ♀ ✕ *maritima* ♂ ist nach Gärtner (S. 281) eine genaue Mittelbildung zwischen den Stammarten; nach S. 222 und 687 steht sie der *S. maritima* näher. Die ersten Blüthen des Bastards liefern Früchte mit keimfähigen Samen, die späteren bleiben steril (S. 393). Durch Befruchtung mit Pollen von *S. vulgaris* und *S. maritima* erhielt Gärtner aus *S. vulg.* ♀ ✕ *mar.* ♂ Dreiviertelbastarde.

Silene acaulis L. kommt in zwei Unterarten vor: 1. *muscosa* (*Lam.*), 2. *exscapa All.* Zwischen beiden in der Mitte steht *S. bryoidea Jord.*, die entweder eine intermediäre dritte Unterart oder eine *S. muscosa* ✕ *exscapa* ist.

Coronaria.

Lit.: Gartenfl. 1860, S. 355.

C. tomentosa A. Br. ✕ *flos Jovis A. Br.* ist nach Jäger von einem Gärtner Kunicke in Wernigerode erzogen und *Agrostemma hybrida* benannt worden. Ausdauernd, blüht sehr reichlich, bringt auch Samen.

Silene ✕ Coronaria.

C. flos cuculi A. Br. ♀ ✕ *Silene vulgaris Grcke.* ♂ ist bei vielen vergeblichen Versuchen von Gärtner ein einziges Mal erzeugt worden (Bast. S. 200, 210, 652). In dem Verzeichnisse der Gärtner'schen Versuche ist dieser Bastard nicht aufgeführt.

Silene infracta W. K. ist nach A. Kerner Oe. B. Z. XVIII, p. 147 eine *S. nutans* ✕ *Cor. flos cuculi*. Andere Schriftsteller haben sie bisher für eine Varietät von *S. nutans* L. gehalten; nach der Original-Abbildung muss ich dieser Ansicht beipflichten, da ich an derselben keinerlei Merkmale von *C. fl. cuculi* finden kann.

Melandryum.

Lit.: J. T. Kölreuter in Nov. Comm. acad. sc. Petrop. XX (pro 1775) p. 431; Gärtner in FL (B. Z.) 1833, p. 293, Bastarderz.; A. Godron in Mém. acad. Stanisl. 1865, p. 345.

Die Gattung *Melandryum* steht mit den anderen *Sileneen*-Gattungen in so genauem Zusammenhange, dass ihre einzelnen Arten bald der einen, bald der anderen zugerechnet wurden. Hybridisationsversuche sind mit vier Arten angestellt worden, deren Nomenclatur zunächst festzustellen ist.

1. *Mel. album Grcke.*, *Lychn. dioica L. ex pte.*, *L. vespertina Sibth.*, *Silene pratensis Godr.*, *Saponaria vespertina Fenzl*.

2. *Mel. rubrum* Grcke., *Lychn. dioica* L. *ex pte.*, *L. diurna* Sibth., *Silene diurna* Godr., *Sapon. diurna* Fenzl., *M. silvestre* Roehl.
3. *Mel. viscosum* Celak., *Cucubalus viscosus* L., *Silene viscosa* Pers.
4. *Mel. noctiflorum* Fr., *Silene noctiflora* L., *Sapon. noctiflora* Fenzl.

Die Bastarde, welche man in dieser Gattung dargestellt hat, sind durch künstliche Befruchtung der zweihäusigen Arten *M. album* und *rubrum* unter sich und mit den beiden andern genannten Arten erzeugt. Gärtner macht über die Wirkung der fremden Pollensorten auf *M. album* und *rubrum* folgende Angaben.

M. rubrum gibt bei Bestäubung mit Pollen von:

    M. album   bis zu 77,77 %
    „ *viscosum*   „ „ 22,22 „
    „ *noctiflorum* „ „ 0,11 „

M. album dagegen mit:

    M. rubrum   bis zu 81,03 %
    „ *viscosum*   „ „ 20,69 „

der für die Art normalen Samenzahl (Bast. S. 218, 219).

M. album × rubrum.

Nach den vorstehenden Angaben Gärtner's vermögen *M. album* und *M. rubrum* sich nicht gegenseitig vollständig zu befruchten, da die Bestäubung mit Pollen der anderen Art nur etwa 80 % der normalen Samenzahl liefert. Die Gärtner'schen Zahlen können aber nicht vor einer strengeren Kritik bestehen. Den Berechnungen auf S. 218 und 219 ist für *M. rubrum* eine normale Samenzahl von 180, für *M. album* von 290 zu Grunde gelegt. Auf S. 385 sagt Gärtner dagegen, *M. rubrum* bringe 150—180, *M. album* bei künstlicher Bestäubung 192, spontan 210—230 gute Samen. Darnach wäre die normale Samenzahl, namentlich für *M. album*, bei der Berechnung viel zu hoch angenommen, zumal da nur gleichmässig ausgeführte künstliche Bestäubungen überhaupt mit einander verglichen werden können. Die beiden Arten *M. album* und *rubrum* sind so nahe mit einander verwandt, dass sie oft für Raçen einer und derselben Art gehalten worden sind; neuerdings behauptet H. Hoffmann, durch „Cultur" Uebergangsformen erhalten zu haben. Nach den Beschreibungen ist es mir freilich nicht zweifelhaft, dass diese Uebergänge einfach Bastarde gewesen sind; über den Blüthenstaub sagt Hoffmann kein Wort. Bei isolirter Cultur bleibt jede der beiden Arten sicher unverändert. *M. rubrum* ist ausdauernd, hat viel breitere Blätter, eine zottige drüsenlose Behaarung, kleinere rothe, bei Tag offene Blumen, kleinere Pollenkörner, zurückgerollte Kapselzähne und kleinere, schwarzbraune Samen. *M. album* ist monokarpisch, 1—2-jährig, hat schmalere Blätter, kurze Drüsenhaare, grössere weisse, bei Tage geschlossene Blumen, grössere Pollenkörner, gerade Kapselzähne und grössere graue Samen.

Die Erzeugung der Bastarde gelingt leicht. *M. rubrum* ♀ × *album* ♂ kommt nach Gärtner (S. 241) in zwei Formen vor, von denen die häufigere in der Tracht dem *M. album* gleicht und blassrothe Blumen von verschiedener Nuance bringt, während die seltenere niedriger ist, schmale lanzettliche Blätter und weisse Blumen hat, in Früchten und Samen mehr dem *M. rubrum* gleicht. *M. album* ♀ × *rubrum* ♂ dagegen zeigt sich sehr veränderlich in Blattbreite, Blüthenfärbung und anderen Merkmalen (S. 224). Diese Verbindung ist auch von Godron und von mir erzeugt worden; Godron erwähnt Nichts von der Vielgestaltigkeit der Hybriden erster Generation, während meine eigenen Beobachtungen die Gärtner'schen bestätigen. An manchen Exemplaren ändern die Blüthen ihre Färbung, indem sie Anfangs sehr blass, beim Abblühen lebhaft roth sind. Nach Gärtner ist auch im Herbste die rothe Färbung lebhafter (S. 315). *M. album* ♀ × *rubrum* ♂ ist nach Gärtner (S. 407) fruchtbarer als *M. rubrum* ♀ × *album* ♂, welches etwa 92, im Maximum bis zu 125 gute Samen in einer Kapsel bringt (vgl. oben die Zahlen für die reinen Arten). S. 349 sagt Gärtner, *M. album* ♀ × *rubrum* ♂ und *M. rubrum* ♀ × *album* ♂ seien sich vollkommen gleich und seien dem *M. album* ähnlicher, was ich jedoch bei meinen Versuchen nicht finden konnte. Sie sind im Allgemeinen intermediär, sind manchmal ausdauernd, pflegen am Tage bei trübem Wetter ihre Blumen offen zu halten, bei hellem Sonnenschein aber zu schliessen. Pollen aus normal gebildeten grösseren und kleineren Körnern, so wie einer kleinen Zahl von verbildeten und unvollkommenen gemischt. Gärtner fand manchmal bei den Bastarden 6 Griffel.

Ich habe *M. album* ♀ × *rubrum* ♂ von den Stammarten isolirt cultivirt und sich durch Selbstaussaat vermehren lassen. Ich erhielt sehr mannigfaltige Formen, die eine fast vollständige Reihe von Uebergängen zwischen den Stammarten darstellen, doch bleibt bei näherer Untersuchung eine gewisse Kluft zwischen den Stammarten und den ihnen am nächsten stehenden Mischlingen. Oft sind weisse Blumen bei breitblättrigen, rothe bei schmalblättrigen vorhanden. Auch Gärtner beobachtete keine vollständigen Rückschläge (S. 438) oder Abweichungen vom „Typus", also wohl von den Mischlingen erster Generation (S. 444). Godron's Bastarde schlugen dagegen in zweiter Generation sofort zu den Stammarten zurück.

Gärtner kreuzte die Mischlinge vielfach mit den Stammarten. Er gibt an, dass bei den Nachkommen von *M. (rubrum* ♀ × *album* ♂*)* ♀ × *album* ♂ Fruchtbarkeit und normale Pollenbeschaffenheit beträchtlich zunehmen (S. 436); ferner dass *M. rubrum* durch wiederholte Befruchtung mit *M. album* in vier Generationen in *M. album* übergeführt werden könne, während *M. album* sich auf solche Weise schon in drei Generationen in *M. rubrum* verwandeln lasse (S. 464, 466, 467, 471). *M. rubrum* ♀ ⋊⋉ *(album* ♀ × *rubrum* ♂*)* soll besonders viele Varietäten liefern (S. 445).

M. album ♀ × *rubrum* var. *Preslii* ♂ ist von Godron erzeugt, aber nicht genauer mit der entsprechenden Verbindung des typischen *M. rubrum* verglichen worden, von welchem *M. Preslii (Sekera) Nym.* eine kahle Raçe darstellt. Bastard intermediär und fruchtbar; die Nachkommenschaft schlug nicht so vollständig zu den Stammformen zurück wie die von Godron's *M. album* × *rubrum typ.*

M. album × *rubrum* ist spontan zwischen den Stammarten an vielen Orten Deutschlands (Harz, Leipzig), namentlich in Niedersachsen und Westphalen beobachtet; an einer Stelle bei Bremen habe ich es seit 30 Jahren alljährlich auftreten sehen; Siebenbürgen. *M. dubium* Hampe, *M. intermedium Schur.*

Andere Mischlinge.

M. album Grcke. ♀ × *viscosum* Celak. ♂ ist zuerst von Kölreuter erzeugt worden, bei dem die Pflanze im Jahre 1768 zur Blüthe gelangte. Er bezeichnete sie *(Lychn. dioica alba* ♀ × *Cucub. viscosus* ♂*)* als *Lychnicucubalus*. Gärtner hat 1835 den Kreuzungsversuch mit Erfolg wiederholt. *M. album* ist zweihäusig und hat 5 Griffel, *M. viscosum* zwittrig mit 3 Griffeln; der Bastard hat rudimentäre Staubblätter und nach Gärtner 3—5, nach Kölreuter 2—5 und noch mehr Griffel. Gärtner fand, dass Kölreuter's Abbildung des Bastards dem *M. rubrum* × *viscosum* gleiche, während das von Gärtner erzeugte *M. album* × *viscosum* beträchtlich verschieden aussah (S. 163). Der Bastard ist dem *M. album* viel ähnlicher (S. 279, 297, 346), ist übrigens klebrig, hat einen nauseosen Geruch, und zwar stärker als *M. viscosum*, besitzt am Rande gekräuselte Blätter (S. 297) und hat Tagschlaf. Vollkommen unfruchtbar, doch wird die Dauer der Blüthen durch Bestäubung mit Pollen des *M. album* von 5 auf 10 Tage verlängert; auch werden dadurch rudimentäre samenlose Früchte gebildet (S. 346, 353).

M. (album × *rubrum)* ♀ × *viscosum* ♂ ist von Gärtner mehrfach erzeugt worden, und zwar sowohl von *M. album* ♀ × *rubrum* ♂ als von *M. rubrum* ♀ × *album* ♂ und *M. (album* ♀ × *rubrum* ♂*)* ♀

⤬ *rubrum* ♂. Von *M.* (*rubrum* ♀ ⤬ *album* ♂) ♀ ⤬ *viscosum* ♂ berichtet Gärtner, dass die einzelnen Exemplare bis auf die Blüthenfarbe einander gleich seien, dass die meisten weisse, einige aber auch blassrothe Blumen bringen (S. 304, 312, 446).

M. rubrum ♀ ⤬ *viscosum* ♂ ist dem *M. album* ♀ ⤬ *viscosum* ♂ ganz analog, hat viel mehr Aehnlichkeit mit *M. rubrum* als mit *M. viscosum*, hat etwas besser ausgebildete Staubblätter als *M. album* ⤬ *viscosum* (Gärtn. S. 345). 1835 erhielt Gärtner einige Exemplare, welche sich durch geringere Klebrigkeit, schwächere Kräuselung der Blätter, schwächeren nauseosen Geruch und fleischfarbige Blumen von dem normalen Typus unterschieden (S. 247). Der Bastard hat gewöhnlich auffallend kleine Blüthen (S. 296). Im Uebrigen wie *M. album* ⤬ *viscosum* und ebenso unfruchtbar; durch Bestäubung mit Pollen von *M. rubrum* wurden rudimentäre samenlose Früchte erzielt, Pollen von *M. viscosum* zeigte wenig Wirkung (S. 346).

Von *M. viscosum* ♀ ⤬ *rubrum* ♂ hat Gärtner einmal ein einziges Exemplar erzielt (S. 199); es glich genau dem *M. rubrum* ♀ ⤬ *viscosum* ♂ (S. 131, 223, 402).

M. rubrum Grke. ♀ ⤬ *noctiflorum Fr.* ♂ ist von Gärtner erzeugt worden. Sah dem *M. rubrum* sehr ähnlich, hatte wie dieses 5 Griffel, aber ziemlich entwickelte Staubblätter, an welchen hin und wieder auch eine Anthere zu finden war. Blumen blassroth, Kronblätter tief getheilt. Blätter lanzettförmig, am Rande etwas gekräuselt, nicht klebrig (nach S. 297 etwas klebrig), mit deutlicher Pubescenz; Pflanze mit ausgesprochenem Tagschlaf in Blüthen und Blättern. Wuchs sehr üppig, Blüthen ungemein zahlreich, meist unbefruchtet abfallend. Unter je 100 Blüthen erwiesen sich etwa 20—25 fruchtbar; die Kapseln enthielten aber nur je 1—14 Samen. Aus diesen Samen ging normales zweihäusiges *M. rubrum* hervor. (Gärtn. S. 263, 280, 287, 296, 347, 348). Dies Verhalten ist sehr sonderbar.

Melandryum ⤬ Coronaria.

Gärtner bespricht mehrmals einen Bastard, den er aus *M. rubrum* Grcke. und *Cor. flos cuculi A. Br.* gewonnen hat. Nach dem Verzeichniss seiner Versuche war aber die mütterliche Stammpflanze kein reines *M. rubrum*, sondern *M.* (*album* ♀ ⤬ *rubrum* ♂) ♀ ⤬ *rubrum* ♂ zweiter Generation. Praktisch ist der Antheil des *M. album* an der Verbindung wohl als unwesentlich zu betrachten, so dass man der Einfachheit halber *M. rubrum* als mütterliche Stammart betrachten darf.

M. rubrum ♀ ⤬ *Cor. flos cuculi* ♂ ist Gärtner nur einmal

gelungen (S. 210); der Bastard war nach S. 222 dem *M. rubrum*, nach S. 348 der *Cor. flos cuculi* ähnlicher. Kronblätter klein, schmal; stark ausgerandet oder schwach getheilt, blassröthlich. Staubfäden fehlen bis auf kaum erkennbare Rudimente, schwächer entwickelt als bei ♀ Blüthen des *M. rubrum*. Viele Blüthen vergrünt, manche sprossend; andere entwickelten taube Fruchtkapseln. *M. rubrum* und *M. album* bringen nach Gärtner durch Bestäubung mit Pollen von *Cor. tomentosa A. Br.* (*Agrostemma coronaria L.*) kleine Früchte, ähnlich wie sie durch Pollen von *M. viscosum* erzielt werden. Gärtner fand in den Kapseln einige anscheinend wohlgebildete Samen, die jedoch bei der Aussaat nicht keimten (l. c. p. 101, 131, 132, 191).

Lychnis.

Lit.: E. Ortgies in Gartenfl. IX, p. 60. — Vgl. auch die Gattungen *Coronaria* und *Melandryum*.

L. fulgens Fisch. ♀ ✕ *grandiflora Jacq.* ♂. *L. fulgens Fisch.* aus Sibirien hat ansehnliche brennend rothe, *L. grandiflora* aus Japan noch beträchtlich grössere weisse Blumen. Im Uebrigen sind sich die beiden Arten sehr ähnlich. Der Bastard, von Benary in Erfurt und von Ortgies in Zürich gezüchtet, hat grosse, prächtig rothe Blumen mit gespaltenen Petalen und ist fruchtbar. In zweiter Generation traten an beiden Orten zahlreiche Abänderungen und Rückschläge auf, doch sind allmälig mehrere dieser Formen samenbeständig geworden; die Hauptform blüht feuerroth. *L. Haageana Benary*, *L. Sieboldi atrorubens hort.*, *L. Sieb. coccinea hort.* etc. Gartenfl. XII, t. 391, Illustr. hort. VI, t. 195.

Sagina.

S. apetala L. ✕ *procumbens L.* kommt nach O. Kuntze spärlich bei Leipzig, nach Mejer häufig bei Hannover vor. *S. ciliata Fr.* (?).

Alsine.

Nach Nägeli sind *A. verna Bartl.* und *A. recurva Whlnbg.* durch Zwischenformen verbunden, welche nicht als Bastarde aufgefasst werden können.

Stellaria.

Nach Schmalhausen sind in der Gegend von St. Petersburg

St. glauca With., *St. graminea L. var. eciliata Fnzl.* und *St. longifolia Muehlnbg.* durch Reihen von Uebergangsformen verbunden.

St. graminea L. ✕ *uliginosa Murr.* Eine einzelne Pflanze, anscheinend zu dieser Bastardform gehörig, wurde einmal von mir bei Bremen gefunden. *St. adulterina Buchenau.*

St. palustris Ehrh. ✕ *uliginosa Murr.* glaubte L. C. Treviranus einmal bei Bremen bemerkt zu haben.

Cerastium.

Bastarde von *C. arvense L.* und *C. alpinum L.* sollen in den Alpen vorkommen; an den Seeküsten hat man Mittelformen (ob hybride?) zwischen *C. hemidecandrum L.* und *C. tetrandum Curt.* beobachtet.

Scleranthus.

Die Artgrenzen in der Gattung *Scleranthus* sind bekanntlich sehr zweifelhaft. In den Ebenen Norddeutschlands sind indess nur zwei wenig variable Arten, *Scl. perennis L.* und *Scl. annuus L.*, allgemein verbreitet, zwischen welchen hie und da Bastarde vorzukommen scheinen. Die Gattung bedarf einer näheren Untersuchung.

12. PORTULACEAE.

Portulaca.

Die vielfarbige *P. grandiflora* der Gärten soll aus der Kreuzung verschiedener Arten hervorgegangen sein, die jedoch einander so ähnlich sind, dass sie wohl besser als Raçen einer polymorphen Art betrachtet werden können. Die angeblichen Stammformen der jetzigen Garten-*Portulaca* sind *P. grandiflora Cambss.*, *P. Gilliesii Hook.*, *P. Thellusoni Lindl.*

13. TAMARISCINEAE.

Tamarix.

Ueber Bastarde in dieser Gattung liegen bisher nur unbestimmte Vermuthungen vor.

14. HYPERICINEAE.

Hypericum.

Lit.: Clos in Bull. soc. bot. Fr. 1867 p. 265 ff.; l. c. 1878 p. 278; Lasch in Linn. IV, p. 415.

Es scheint nicht, dass es bisher irgend Jemandem gelungen ist, künstliche Bastarde zwischen Arten dieser Gattung zu erziehen. Gärtner hat nach Bastarderz. S. 699 den Versuch gemacht, eine Anzahl Arten mit einander zu kreuzen, jedoch ohne Erfolg; nach S. 125 hat er gar nicht mit *Hypericum* experimentirt. — Auch die Kenntniss der wildwachsend gefundenen Hybriden ist ungenügend und lückenhaft.

H. perforatum L. × *quadrangulum L.* ist mehrfach beobachtet worden, zuerst von Lasch im Brandenburgischen. Hieher *H. quadrangulum v. hybridum Lec. et Lmtt.* und *H. mixtum Du Moulin* Oe. B. Z. 1867, S. 390. Gewöhnlich wird auch *H. commutatum Nolte* hieher gezogen. In Koch Synops. wird ein *H. perforatum var. latifolium* aufgeführt, welches sich durch zweischneidige Stengel von *H. quadrangulum* unterscheidet. Martrin-Donos bezweifelt die Hybridität der Mittelform, weil sie in Gegenden vorkommt, wo *H. quadrangulum* fehlt. A. Kerner sagt, dass sie auch im Wiener Walde an Stellen vorkommt, wo *H. quadrangulum* gar nicht gedeiht. Es ist zweifelhaft, ob die verschiedenen Beobachter wirklich die gleiche Mittelform vor Augen gehabt haben. Garcke (Fl. 1878) gibt zwar nur einen einzigen deutschen Standort an, dagegen wollen manche sorgfältige Lokalfloristen den Bastard in ihrer Gegend erkannt haben, z. B. Ritschl (Posen), Kemmler (Schwäb. Alp.), Beckhaus (Höxter); auch in Ungarn (Borbás), Auvergne.

H. perforatum L. × *tetrapterum Fr.* nach Petermann und O. Kuntze bei Leipzig. Neuerdings will Alpers diese hybride Verbindung bei Achim unweit Bremen gefunden haben. *H. medium Peterm.*

H. quadrangulum L. × *tetrapterum Fr.* ist von Lasch bei Driesen beobachtet, später von Anderen an verschiedenen Orten Deutschlands und der Schweiz. — Eine fruchtbare Mittelform zwischen *H. quadrangulum* und *H. tetrapterum* ist *H. Desetangsii Lmtt.* (*H. intermedium Bellynck*), welches in Frankreich und Belgien weit verbreitet sein soll.

H. humifusum L. × *perforatum L.* will O. Kuntze in dem

von Petermann bei Connewitz unweit Leipzig gesammelten *H. assurgens* Peterm. erkannt haben.

? *H. androsaemum L.* ⨯ *hircinum L.* Nach Clos ist *H. elatum* (*Androsaemum pyramidale* Spach), eine Gartenpflanze mit etwas schwankenden Charakteren und von unbekannter Herkunft, intermediär zwischen den genannten Arten; sie bringt übrigens Samen.

Webbia.

Nach Clos könnte *Webbia platysepala* Spach, welche der *W. Canariensis* Webb ähnlich ist und deren Ursprung man nicht kennt, möglicher Weise ein Bastard sein.

15. TERNSTROEMIACEAE.

Camellia.

C. Japonica L. Eine beliebte Zierpflanze der Chinesen und Japanesen, von Alters her in vielen Varietäten in deren Gärten cultivirt. Gegen 30 deutlich verschiedene, theils einfache, theils mehr oder minder gefüllte Sorten wurden aus Ostasien nach Europa eingeführt. Herbert war einer der Ersten, welche versuchten, durch Kreuzung verschiedener Varietäten neue Sorten zu erzielen. Es zeigte sich, dass die Stammformen ihre charakteristischen Eigenschaften auf die Mischlinge vererben. Herbert erzog viele schöne neue Sorten; ungefähr gleichzeitig fingen die englischen Handelsgärtner (Chandler) an, *Camellien* zu züchten. Später beschäftigte man sich auch in andern Ländern (z. B. Belgien, Verein. Staaten) eifrig mit dieser Prachtpflanze; insbesondere haben die Italiener, begünstigt durch ihr Klima, viele werthvolle neue Sorten durch Kreuzung der alten gewonnen. Der Blüthenstaub unserer jetzigen *Camellien* enthält meistens nur eine geringe Menge schlechter Körner.

C. sasanqua Thunb. ♀ ⨯ *Japonica L.* ♂ ist häufig zu gärtnerischen Zwecken erzogen und zu weiteren Kreuzungen mit Formen der *C. Japonica* benutzt worden. Die fruchtbarere *C. sasanqua* diente, wenigstens in der Regel, als Samenpflanze für die Erzeugung der Hybriden. Eine solche Bastardform ist *C. maliflora* Lindl. Von den zahlreichen Varietäten der *C. sasanqua* sind wohl nur wenige nach Europa gebracht.

C. reticulata Lindl. ist wegen ihrer Unfruchtbarkeit von Herbert

für eine hybride Sorte gehalten worden. Es scheint jedoch, als ob sie nur in Folge der Füllung ihrer Blüthen steril ist; die einfach blühende normale Form ist *C. spectabilis Champ.*
C. euryoides Lindl. ✕ *Japonica L. var. insignis* ♂ ist *C. hybrida Jacob-Makoy.* Einen ähnlichen Ursprung dürfte *C. Francofurtensis Rinz* haben. — In China soll man die *C. Japonica* vielfach auf Stämme von *C. euryoides* pfropfen.

16. MALVACEAE.

Althaea.

Lit.: Gärtn. Bastardbefruchtung.

A. rosea Cav., die Stockrose der Gärten, kommt in verschiedenen samenbeständigen Farbenvarietäten vor. Die *A. ficifolia Cav.**) oder die von Kölreuter dafür gehaltene Pflanze ist eine Abänderung mit tiefer getheilten Blättern. Kölreuter kreuzte die echte *rosea* mit dieser *ficifolia* und erhielt Pflanzen, deren Blattform die Mitte zwischen den Blättern der Stammformen hielt, während die Fruchtbarkeit unvermindert war. Die Blüthenfarbe der Mischlinge war nicht immer eine mittlere, so wurde aus der kermesrothen *ficifolia*, befruchtet mit der schwefelgelben *rosea*, ein blassschwefelgelber Blendling erhalten, während die weisse *rosea* mit der kermesrothen *ficifolia* befruchtet ausser fleischrothen auch purpurfarbig blühende Blendlinge lieferte. Aus der Kreuzung von gefüllten Varietäten der *rosea* mit der einfachen *ficifolia* gingen sowohl Exemplare mit einfachen als solche mit gefüllten Blüthen hervor.

A. cannabina L. ♀ ✕ *officinalis L.* ♂ ist von Gärtner erzeugt worden (obgleich nach Bastardbefr. S. 125 Gärtner gar nicht mit *Althaea* experimentirt hat). Der Bastard ist der *A. cannabina* weit ähnlicher als der *A. officinalis* (Gärtn. S. 222, 257, 395, 401) und ist bei 10-jähriger Cultur vollkommen unfruchtbar geblieben, auch nach Bestäubung mit stammelterlichem Pollen. Von 10 mit Pollen der *A. officinalis* bestäubten Blüthen der *A. cannabina* setzten nur 4 Früchte an, in welchen sich nur wenige gute Samen fanden. *A. officinalis* liess sich gar nicht durch *A. cannabina* befruchten. — Kölreuter hat aus beiden Kreuzungen viel Samen erhalten, die jedoch verloren gingen. Kölreuter selbst ist daher über ihre hybride Natur nicht.

---

*) Boissier unterscheidet die echte *ficifolia* specifisch von der Varietät mit tief gelappten Blättern.

sicher. Uebrigens benutzte er bei diesen Versuchen nicht die typische *A. officinalis*, sondern die var. *β. (A. Taurinensis DC.)*, eine Mittelform zwischen *A. officinalis* und *A. Narbonensis Pourr.*, die der *A. cannabina* näher steht.

Lavatera.

Lit.: Kölreut. in Act. acad. Petrop. 1782, p. II, p. 261--254; Gärtn. Bastardbefr.

L. triloba L. ♀ × *Olbia L.* und *L. Olbia L.* ♀ × *triloba L.* ♂ sind von Kölreuter erzeugt. Sie waren einander vollkommen gleich, sehr kräftig und üppig, aber wenig fruchtbar; sie hielten im Uebrigen die Mitte zwischen den Stammarten. Die Nachkommenschaft der durch künstliche Bestäubung mit eigenem Pollen befruchteten *L. triloba* ♀ × *Olbia* ♂ war der *L. triloba* ähnlicher geworden, während aus den spontan gebildeten Samen Pflanzen hervorgingen, die theils der einen, theils der andern Art näher standen.

L. Thuringiaca L. ♀ × *triloba L.* ♂ und die umgekehrte Verbindung sind von Kölreuter erzeugt. Sie glichen einander vollkommen, standen genau in der Mitte zwischen den Stammarten und waren ziemlich fruchtbar. Sowohl die spontane Nachkommenschaft der *L. Thuringiaca* ♀ × *triloba* ♂, als auch der aus dem primären Bastard durch Pollen von *L. triloba* erzeugte $^3/_4$ Bastard waren der *L. triloba* sehr ähnlich geworden.

L. Thuringiaca L. ♀ × *Olbia L.* ♂ fand Kölreuter intermediär zwischen den Stammarten und etwas fruchtbar.

L. Pseudolbia Poir. × *Thuringiaca L.* ist von Gärtner untersucht worden. Die *L. Pseudolbia Poir.* ist eine Gartenpflanze unbekannter Herkunft, die anscheinend weder als Varietät noch als Bastard von einer andern bekannten Art abgeleitet werden kann. *L. Pseudolbia* ♀ × *Thuringiaca* ♂ bringt mehr gute Samen als die umgekehrte Verbindung. *L. Pseudolbia* lässt sich durch Befruchtung mit Pollen von *L. Thuringiaca* in 4 Generationen in diese letzte Art umwandeln (Gärtn. S. 464). Bei *L. Thuringiaca* ♀ × *Pseudolbia* ♂ bringen die ersten Blumen Samen, die späteren nicht. Von *L. Pseudolbia* ♀ × *Thuringiaca* ♂ sind die meisten Exemplare einigermaassen fruchtbar, einige aber auch unfruchtbar; eins war an sich steril, brachte aber Früchte mit stammelterlichem Pollen. Uebrigens vermag sich der Bastard durch Samen wie eine selbständige Art unverändert fortzupflanzen (Gärtn. Bastarderz. S. 422). *L. Pseudolbia* ♀ × (*Pseudolbia* ♀ × *Thuringiaca* ♂) ♂ und *L.* (*Thuringiaca* ♀ × *Pseudolbia* ♂) ♀ × *Pseudolbia* ♂ sind nicht von einander verschieden (l. c. p. 228).

Die *L. (Pseudolbia* ♀ ✕ *Thuringiaca* ♂) ♀ ≺ *Thuringiaca* ♂ erschien in drei verschiedenen Typen: die meisten Exemplare waren der *L. Thuringiaca* sehr ähnlich geworden, einige waren fruchtbarer und dem primären Bastard ähnlicher, endlich traten auch einzelne Exemplare auf, die mehr an *L. Pseudolbia* erinnerten (l. c. p. 432). Einzelne Exemplare des $^3/_4$ Bastards erwiesen sich als völlig steril. Die Nachkommen der mit eigenem Pollen befruchteten *L.* $^1/_4$ *Pseudolbia* ♀ ✕ $^3/_4$ *Thuringiaca* ♂ nahmen sowohl an Regelmässigkeit des Pollens als an Fruchtbarkeit beträchtlich zu (l. c. p. 436).

Malva.

Lit.: Kölreut. in Act. acad. Petrop. 1782, II p. 256; Gärtn. Bastardbefr.

Malva Mauritiana L. ✕ *silvestris L.* ist von Kölreuter erzogen, der eine weissblühende Form von *M. silvestris* und eine fleischrothe *M. Mauritiana* verwendete. Die beiden Bastardverbindungen waren einander vollkommen gleich, blühten blassroth und erwiesen sich als durchaus fruchtbar. Gärtner gibt an, dass *M. Mauritiana* und *M. silvestris* sich gegenseitig zwar leicht, aber nicht gleich vollständig befruchten. Es bringt nämlich *M. Mauritiana* ✕ *silvestris* mehr gute Samen als *M. silvestris* ✕ *Mauritiana*, und zwar im Verhältniss wie 10 zu 7. Die beiden Bastardverbindungen sind einander vollkommen gleich; sie halten genau die Mitte zwischen den Stammarten (nach Gärtn. S. 221, 281; nach S. 402 stehen sie jedoch einer der Stammarten näher). Im Pollen finden sich grössere und kleinere Körner gemischt (l. c. 335); die Fruchtbarkeit scheint fast normal zu sein. In weiteren Generationen scheint der Bastard constant zu sein. wenigstens liefert er nach Gärtner weder Rückschläge zum mütterlichen (S. 438), noch zum väterlichen (S. 444) Typus. Die beiden Arten lassen sich in drei Generationen in einander umwandeln (l. c. S. 464), doch ist aus dem Verzeichnisse der Gärtner'schen Experimente nicht ersichtlich, dass G. dies selbst versucht hat.

M. (Mauritiana ♀ ✕ *silvestris* ♂) ♀ ✕ *silvestris* ♂ ist sehr gleichförmig, so dass sich die einzelnen Exemplare durchaus ähnlich sehen, doch ist ihre Fruchtbarkeit eine ungleiche (l.c. p. 431). Ausserdem erzeugte Gärtner eine *M. (silvestris* ♀ ✕ *Mauritiana* ♂) ♀ ✕ *Mauritiana* ♂.

M. pusilla With. ✕ *rotundifolia L.* ist ein an vielen Orten in Gesellschaft der Eltern gefundener spontaner Bastard, von Lasch, Wallroth, Ritschl, Bänitz, v. Uechtritz, Warnstorf und Andern untersucht. *M. pusilla* = *M. rotundifolia L. ex pte.* = *M. borealis* Wallm., *M.*

rotundifolia L. typ. = *M. neglecta Wallr.* = *M. vulgaris Fr.* Die beiden Stammarten sind einander sehr ähnlich. Ritschl gibt Abbildungen von Blüthe und Frucht des Bastards und der beiden Stammarten (Ueb. ein. wildw. Pflanzenbast. fig. 1—3). *M. adulterina Wallr.* ? *M. alcea L.* ✕ *moschata L.* früher in Mecklenburg. *M. Dethardingii Lk.*

Malvastrum.

Lit.: Kölreut. 1. c. in Malva.

M. Capense Gray et Harv. Kölreuter befruchtete die var *γ.* (*Malva scabrosa L.*) mit Pollen der var. *β.* und erhielt aus den Samen eine völlig fruchtbare Mittelbildung.

Abutilon.

Lit.: Fr. Müller in Jen. Zeitschr. VII, p. 22, p. 441; zerstr. Gartenlit.

Fritz Müller stellte in Brasilien eine Reihe von Kreuzungsversuchen mit dort einheimischen *Abutilon*-Arten an. Bei allen diesen Pflanzen ist der Blüthenstaub des nämlichen Exemplars völlig unwirksam, während man mit Pollen einer fremden Art oft eben so zahlreiche Samen erhält wie mit dem eines andern Exemplars der nämlichen Art. Die Arten, welche Müller benutzte, sind nur zum Theil botanisch bestimmt (*A. striatum Dicks.*, *A. Darwini Hook. f.*, *A. Megapotamicum A. St. Hil. et Naud.*); er fand, dass sich Bastarde zwischen ihnen sehr leicht bilden, dass die Hybriden, welche von den nämlichen Exemplaren stammen, in der Regel unter einander wenig fruchtbar sind, dass sie aber von den Stammarten und anderen Hybriden vollständig befruchtet werden können, wie sich denn auch ihr eigener Blüthenstaub bei andern Pflanzen als wirksam erweist. In Brasilien werden die *Abutilon*-Arten durch Kolibris befruchtet.

A. Darwini Hook. f. ♀ ✕ *striatum Dicks.* ♂ wurde von Fr. Müller in 5 Exemplaren erhalten, die in ihren Merkmalen und in ihrer Grösse ausserordentlich von einander abwichen. Sie waren sämmtlich fruchtbar, Pollen völlig potent.

A. striatum Dicks. ✕ *venosum Hook.* ist in beiden Kreuzungsformen häufig von Gärtnern erzogen worden. Es ist daraus eine ganze Reihe verschiedener Gartensorten hervorgegangen.

Die Gärtner cultiviren ein weiss blühendes *Abutilon*, welches sie „*Boule de neige*" nennen, dessen wissenschaftlicher Name oder Ursprung mir nicht bekannt ist. Gekreuzt mit *A. Darwini Hook. f.* hat es zahlreiche Mischlinge gegeben, z. B. *Boule d'or*, *Prince of Orange*, *rosaeflorum* etc.

A. *Megapotamicum St. Hil. et Ndn.* ✕ *striatum Dicks.* ist ein Gartenbastard; hieher A. ✕ *Milleri hort.*

Angeblich sollen einige Gartenbastarde durch Befruchtung von *Abutilon*-Arten, insbesondere von *A. Megapotamicum*, mittelst Pollen anderer *Malvaceen*, z. B. von *Hibiscus*-Arten, gewonnen sein. Diese Angaben bedürfen der Bestätigung.

Hibiscus.

H. manihot L. Kölreuter kreuzte mit *H. manihot L.* eine Pflanze (Blüthen kleiner, Blätter 5-theilig), die er für *H. vitifolius L.* hielt, welche aber die *var. palmatus Cav.* gewesen zu sein scheint. Er erhielt aus *H. m. typicus* ♀ ✕ *palmatus* ♂ und *H. m. palmatus* ♀ ✕ *typicus* ♂ Mischlinge von mittlerer Bildung, die unter einander alle vollständig gleich waren. Fruchtbarkeit vollkommen. (Kölr. 2. Forts. p. 124, Nov. Act. ac. Petrop. 1782, II, p. 265).

H. ficulneus L. ♀ ✕ *manihot L.* ♂, von Herbert erzeugt, hat Blätter von *H. ficulneus*, Grösse und Wuchs von *H. manihot*, der kräftigeren Stammart. (Herb. Amar. p. 379.)

H. moscheutos L. (= *palustris*) ♀ ✕ *speciosus Ait.* ♂ hat zahlreiche Samen geliefert, welche gut keimten. Die jungen Pflanzen waren jedoch so schwächlich, dass sie vor Entwickelung des dritten Laubblattes sämmtlich zu Grunde gingen. (Herb. in Hort. Soc. II p. 11.)

Gossypium.

Angaben über Mischlinge (*Bahmieh*) von *G. maritimum* mit *Hibiscus esculentus L.* sind vorläufig als Fabeln zu betrachten.

Dagegen sollen in Süditalien Bastarde zwischen verschiedenen Arten von *Gossypium* vorkommen (*G. herbaceum L.* ✕ *religiosum L.?*).

---

17. STERCULIACEAE.

Mahernia.

Die Arten dieser im Caplande heimischen Gattung werden neuerdings in Europa selten cultivirt, doch habe ich erwähnt gefunden, dass in Wiener Gärten noch manche vorhanden sind. Obergärtner Schmidt in Meidling hat Hybride zwischen mehreren Arten erzogen. Dieselben halten nicht nur in der Färbung, sondern auch im Geruch der Blüthen die Mitte zwischen den Stammformen.

18. TILIACEAE.
Tilia.

T. platyphyllos Scop. und *T. ulmifolia Scop.*, die beiden mitteleuropäischen Lindenarten, treten, wo sie wild an Berglehnen und in Wäldern vorkommen, in der Regel in ausgeprägter unvermischter Form auf. Unter den gepflanzten Linden in Anlagen und an Wegen finden sich jedoch vielerlei Mittelformen, die muthmaasslich hybriden Ursprungs sind. — Ferner finden sich Mittelformen und anscheinende Bastarde der beiden mitteleuropäischen Linden mit *T. nigra Borkh.* und *T. argentea Desf.*; eine *T. argentea* × *nigra* soll angeblich aus Amerika stammen. Vgl. O. Kuntze Taschenfl. Leipz. S. 207—210.

19. LINEAE.
Linum.

Lit.: Kölr. in Nov. Act. acad. sc. Petrop. I, p. 339—341.

L. usitatissimum L. Schon Linné unterschied verschiedene Raçen dieser Art; eine dieser Formen ist das Anfangs als besondere Species betrachtete breitblättrige *L. Africanum L.* Kölreuter kreuzte es mit der gewöhnlichen Form; er fand, dass *L. usitatissimum subsp. sativum* ♀ × *subsp. Africanum* ♂ intermediär zwischen den Stammraçen und vollkommen fruchtbar war. — H. Hoffmann sah blaublühendes *L. usitatissimum*, welches in der Nähe einer weissblühenden Raçe wuchs, eine theils blaue, theils weisse Nachkommenschaft liefern.

L. Narbonense L. × *usitatissimum L.* Kölreuter fand, dass *L. Narb.* ♀ × *usital. sativ.* ♂ und *L. usit. sativ.* ♀ × *Narb.* ♂ einander völlig gleich und ziemlich fruchtbar waren. Sehr ähnlich war ferner *L. usit. subsp. Africanum* ♀ × *Narbon.* ♂, aus welchem durch Selbstaussaat eine ziemlich constante Nachkommenschaft hervorging.

L. perenne L. ♀ × *Austriacum L.* ♂ von Kölreuter erzeugt, war ausdauernd, äusserst üppig und kräftig, dabei mässig fruchtbar. Die durch Selbstaussaat erhaltene Nachkommenschaft war einigermaassen variabel. — Der umgekehrte Kreuzungsversuch gelang nicht.

20. GERANIACEAE.

Unter den Gattungen dieser Familie zeigen diejenigen, welche aktinomorphe Blüthen besitzen, insbesondere *Geranium* und *Erodium*, so weit bekannt, keine Neigung, hybride Verbindungen einzugehen. *Pelargonium* jedoch, welches sich durch zygomorphe Blüthen auszeichnet, gehört zu denjenigen Gattungen, welche die meisten Bastarde geliefert haben. Die noch ausgeprägter zygomorphe, in mancher Beziehung von den eigentlichen *Geraniaceen* abweichende Gattung *Tropaeolum* hat gleichfalls einige Hybride aufzuweisen.

Pelargonium.

Lit.: R. Sweet, Geraniaceae t. 1—5; Harv. et Sond. Fl. Capens. t. I.

Die *Pelargonien* bilden eine formenreiche Gattung, deren einzelne Gruppen nach verschiedenen Richtungen hin höchst eigenthümlich entwickelt sind. Dem trockenen Klima ihrer Heimath haben sie sich in verschiedener Weise angepasst; ein Theil der Arten besitzt eine knollige Grundachse und treibt gar keine oder nur niedrige Laubstengel; andere Arten sind gewissermaassen Fettpflanzen geworden, manche schützen sich gegen den Sonnenbrand durch grosse Mengen ätherischen Oels u. s. w. Die Blüthen sind der Befruchtung durch Insecten angepasst; sie besitzen eine mit dem Blüthenstiel verwachsene enge Honigröhre. Manche sind Nachtblüthler und haben missfarbige oder dunkle, sehr würzige Blumen; die meisten blühen am Tage und sind durch Farbenpracht und schöne Zeichnung auffallend. Viele Arten sind ohne Insectenbesuch oder künstliche Bestäubung völlig unfruchtbar. Sie sind mit wenigen Ausnahmen sämmtlich am Cap der guten Hoffnung zu Hause.

Linné (1753) beschrieb (unter *Geranium*) 24 Arten, Willdenow (1800) 120, DeCandolle (1824) 369, darunter aber zahlreiche Gartenhybride. G. Don (1841) zählte 252 genauer und 43 ungenügend bekannte Arten auf, unter welchen jedoch sicher viele Bastarde sind; ausserdem führte er noch die Namen von einigen hundert Gartenhybriden an. Harvey (1859) unterschied in der Capflora nur 163 Arten, von denen indess höchstens 120 als genau bekannt gelten können. Die 4 oder 5 nichtcapensischen Arten kommen für die Feststellung der gesammten Artenzahl kaum in Betracht. Die Harvey'schen Arten sind übrigens z. Th. sehr polymorph; viele umfassen eine Anzahl wohl charakterisirter, wenn auch durch Uebergänge verbundener Unterarten.

Hybride *Pelargonien* kommen wahrscheinlich spontan vor; in den Gärten sind sie schon im vorigen Jahrhundert theils absichtlich, theils zufällig in beträchtlicher Zahl entstanden. Zeyher (1794) sprach die Vermuthung aus, dass etwa der achte Theil der in den Gärten cultivirten Sorten hybriden Ursprungs sei. In dem Zeitraume von 1810 bis 1830 wurde die Hybridisation der *Pelargonien* namentlich in England in ausgedehntestem Maasse betrieben. Durch Sweet besitzen wir darüber ziemlich zuverlässige Nachrichten, so dass wir über die Entstehungsgeschichte der Garten-*Pelargonien* viel besser unterrichtet sind, als über die der meisten andern Modeblumen. Später haben die Gärtner vorzüglich in einzelnen Gruppen die Kreuzungen eifrig fortgesetzt. Was wir von andern Seiten, als durch Sweet, über hybride *Pelargonien* wissen, ist. von geringer Bedeutung und beschränkt sich so ziemlich auf gelegentliche Mittheilungen von Gärtnern. Herbert hat nur einen einzigen *Pelargonium*-Bastard erzeugt; Gärtner behauptet zwar an einer Stelle (Bastarderz. S. 125), dass er hybride *Pelargonien* erzogen habe, doch geht aus seinen Angaben auf S. 718 und 719 hervor, dass seine Kreuzungsversuche bei dieser Gattung sämmtlich fehlschlugen; Wiegmann erwähnt zwei Kreuzungen, die ihm in seiner Jugend gelungen seien.

In der Gruppirung, Nomenclatur und Umgrenzung der Arten bin ich in der nachstehenden Uebersicht über die erzielten Hybriden der Harvey'schen Arbeit gefolgt, selbst wenn mir die dort gegebene Darstellung unbefriedigend erschien. Ich habe die Kreuzungsformen in der Regel bei den verschiedenen Untergattungen abgehandelt, habe aber die Bastarde des *P. fulgidum Willd.*, welche besonders zahlreich und merkwürdig sind, in einer besonderen Unterabtheilung zusammengestellt.

Hoarea.
(Hoarea et Dimacria Sweet.)

Die hybriden *Hoareen* sind in der Colvill'schen Gärtnerei gezüchtet.

P. pilosum Pers. ♀ × *hirsutum Ait. var. melananthum* ♂ ist *Hoarea retusa Swt.* 307 = *bicolor* ♀ × *atra* ♂. Von *P. hirsutum Ait. v. melananthum* stammen auch die *Hoareen* bei Swt. 159 u. 166; die väterliche Stammart ist vielleicht *P. rapaceum.*

P. pinnatum L. ♀ × *longifolium Jacq. v. reticulatum* ♂ ist *H. venosa Swt.* 209 und *H. labyrinthica Swt.* 276 (*Dimacria pinnata* ♀ × *Hoarea reticulata* ♂). Diese Bastarde sind fruchtbar.

P. pinnatum L. ♀ × *rapaceum Jacq. v. corydaliflorum* ♂ ist *Dim.* × *bipartita Swt.* 142 und *Dim.* × *sulfurea Swt.* 163 (*D.*

pinnata ♀ ✕ *Hoarea corydaliflora* ♂). Die Form ✕ *sulfureum* hat mit *P. pilosum* Pers. (*Hoarea bicolor* Swt.) einen üppig blühenden Tripelbastard (Swt. 304) geliefert.

P. pinnatum L. ♀ ✕ *hirsutum* Ait. v. *melananthum* ♂. Von dieser Verbindung bildet Sweet zwei Abänderungen ab; die schwarzblühende *H. melanantha* Swt. hat nämlich einen etwas dunkleren Bastard geliefert, als die braunblüthige *H. atra* Swt. *H. atrosanguinea* Swt. 151 (*Dim. pinnata* ♀ ✕ *H. melanantha* ♂) und *H. elegans* Swt. 132 (*Dim. pinnata* ♀ ✕ *H. atra* ♂). Die Bastarde sind vollkommen intermediär; von *P.* ✕ *elegans* wird erwähnt, dass es vollkommen fruchtbar ist. Mit andern *Hoarea*-Formen befruchtet, hat es weitere hybride Abkömmlinge (Swt. 311, 355, 398) geliefert.

P. pinnatum L. ♀ ✕ *setosum* (*Hoar. sct.* Swt. 38) G. Don ♂ ist *Dimacr. Smithiana* Swt. 358.

Polyactium.

Diese Gruppe — zunächst auf *P. multiradiatum* begründet — umfasst ziemlich verschiedenartige Formen, die sich habituell theils den *Hoareen*, theils den *Pelargien* nähern. Durch diese intermediäre Stellung sind wenigstens einige Arten der Gruppe befähigt, die mannigfaltigsten Kreuzungen einzugehen. Dies gilt insbesondere von *P. fulgidum* Willd., welches seiner prachtvollen Blüthenfarbe wegen von den Gärtnern in ausgedehntestem Maasse mit andern Arten hybridisirt ist. Da die hybriden Verbindungen des *P. fulgidum* sich besser verfolgen lassen, als die irgend eines andern *Pelargoniums*, so erscheint es angemessen, dieselben im Zusammenhange zu besprechen. Eben so leicht scheint sich *P. gibbosum* W. mit Arten anderer Gruppen zu verbinden, doch eignet es sich weniger für blumistische Zwecke.

P. gibbosum Willd. ✕ *lobatum* Willd. Genaue Mittelbildung mit fruchtbaren Antheren, gleich den Stammarten Nachts stark wohlriechend. *P. glauciifolium* Swt. 179.

P. multiradiatum Wendl. ♀ ✕ *gibbosum* Willd. ♂ verhält sich ebenso, duftet Nachts nach Raute. *P. rutaceum* Swt. 279.

P. multiradiatum Wendl. ♀ ✕ *triste* Ait. ♂ ist *P. pedunculatum* Swt. 346.

P. quinquevulnerum Willd. soll aus capensischen Samen erzogen sein, doch vermuthet Sweet, dass es ein Bastard von *P. bicolor* und *P. triste* sei. Er fand die Antheren in der Regel verkümmert; ein Exemplar, an welchem sie gut entwickelt schienen, brachte dennoch keinen vollkommenen Samen. Durch eine andere Art, vielleicht *P. triste*, befruchtet, hat es jedoch einen sterilen Bastard (Swt. V 62) geliefert. Nach den Abbildungen zu urtheilen, scheint mir übrigens die Abstammung der Pflanze von *P. bicolor* nicht recht glaublich zu sein. Die Echtheit des *P. bicolor* selbst ist einigermaassen zweifelhaft, da die Herkunft dieser auffälligen Art, die seit 1778 in Europa bekannt ist, bisher nicht ermittelt werden konnte. Es könnte wohl ein Bastard von *P. lobatum W.* sein (vielleicht mit *reniforme Curt.?*).

P. multiradiatum ⚥ ⚥ *ardens* (erwähnt Swt. 213) s. unten.

Cortusina.

P. reniforme Curt. ♀ ⚥ *echinatum Curt.* ♂ ist *P. saepeflorens Swt.* 58, ein fruchtbarer, lange blühender Bastard, der zwischen den Stammarten die Mitte hält. *P. echinatum* mit dem Pollen dieses Bastards befruchtet, gibt einen besonders schönen Mischling (Swt. 212). *P. reniforme Curt.* ⚥ *cortusaefolium L'Hér.* von Colvill erzogen, ist *P. particeps Swt.* 49, ein fruchtbarer Mischling, genau intermediär. Mit *P. cortusaefolium L'Hér.* befruchtet, gibt er *P. erectum Swt.* 187. Colvill haben einen Mischling von *P. fulgidum* mit ⚥ *particeps* gezüchtet.

Polyactium ⚥ Cortusina.

P. gibbosum Willd. ♀ ⚥ (*reniforme Curt.* ♀ ⚥ *echinatum Curt.* ♂) ♂ ist *P. respertinum Swt.* 239. Es ist kräftiger, als beide Eltern, duftet Nachts wie *P. gibbosum.* Pollen anscheinend wohlgebildet.

P. gibbosum Willd. ♀ ⚥ (*reniforme Curt.* ⚥ *cortusaefolium L'Hér.*) ♂ ist *P. mutabile Swt.* 213, von Colvill erzogen. Es ist eine genaue Mittelbildung; die beiden unteren Kronblätter Anfangs blasspurpurn, am zweiten Tage des Blühens in gelbgrün (Färbung von *P. gibbosum*) verbleichend.

Von *P. lobatum Willd.* stammt das *P. selectum Swt.* 180. Die väterliche Stammpflanze ist nicht bekannt, doch meint Sweet, es könne nur das *P. reniforme* ♀ ⚥ *echinatum* ♂ oder vielleicht das *P. imbricatum Swt.* 65 sein. Nach den Abbildungen zu urtheilen, sind sowohl *P. imbricatum* als auch *P. bicolor* (Swt. 97) dem *P. selectum* ähnlich, wodurch der vermuthete Ursprung jener beiden Formen von *P. lobatum* noch wahrscheinlicher wird.

P. ⚥ *ardens* ♀ ⚥ *echinatum* ♂, vgl. S. 89, und *P. sanguineum* ⚥ *echinatum* (Swt. 187 erw.)

Campylla.

P. ovale Burm. An der „Varietät", die Sweet (t. 75) *Campylia holosericea* nennt, fand Sweet stets taube Antheren und vermuthete daher, dass sie hybriden Ursprungs sei.

P. ovale ♀ × *tricolor* Curt. ♂ ist Camp. *elegans* Swt. 222 (*C. blattaria* ♀ × *Phymatanthus elatus* ♂ Swt.). Genaue Mittelbildung, anscheinend mit fruchtbaren Antheren.

P. ovale × *sanguineum* und *P. tricolor* (*ovale* × *sanguineum*), s. unter den Hybriden von *P. fulgidum*.

Ein in Berlin entstandener Bastard von *Campylia holosericea* wird Verh. bot. Ver. Brandb. 1874, S. 8, erwähnt.

Campylia × Cortusina.

P. (*reniforme* × *cortusaefolium*) ♀ × *ovale* ♂ ist *P. campyliaeflorum* Swt. 251 (*P. particeps* ♀ × *Campylia cana* ♂ Swt.). Dieser in den Treibhäusern von R. H. Jenkinson erzogene Tripelbastard ist nach Sweet durchaus intermediär, doch sind die Blätter der *Cortusina*, die Blüthen der *Campylia* ähnlicher. Blüthen blassrosa, in weiss verbleichend. Antheren taub. Kein anderer Pelargonienbastard ist, wie Sweet meint, aus so sehr verschiedenen Stammformen hervorgegangen.

Glaucophyllum.

Sweet gibt an, dass *P. glaucum* L'Hér. mit Pollen anderer Arten eine ganz ausserordentlich mannigfaltige Nachkommenschaft gibt; die Hybriden haben gar keine Aehnlichkeit mit der Stammart, und unter ihnen selbst gleichen sich kaum je zwei Exemplare. Er spricht die Vermuthung, dass sein *P. Hoareanum* Swt. 80 von *P. glaucum* stamme; nach der Abbildung sollte man dies wegen der völlig verschiedenen Blattform für unmöglich halten, während die Blüthen allerdings an *P. glaucum* erinnern. — Von *P. Newshamianum* Swt. 144 ist ausdrücklich bemerkt, dass es aus Samen von *P. lanceolatum* = *glaucum* erhalten ist. Es hat viel Aehnlichkeit mit *P. Hoareanum*. — *P. Beaufortianum* Swt. 138 soll von *acerifolium* und *lanceolatum* stammen, also *P. angulosum* × *glaucum* sein. *P.* × *Hoareanum* lässt sich wieder mit *striatum* befruchten, einem *Pelargium* verwandt mit *betulinum*, es liefert *P.* × *veniflorum* Swt. 258. Nach der Abbildung auffallend intermediär. — *P. sororium* W. ist ein *P. glaucum* × *grandiflorum* (*Sect. Eumorpha*). Herbert gibt an, dass er *P. lanceolatum* mit *citriodorum* gekreuzt habe.

P. ternatum Jacq. × *graveolens* Ait. (*Pelargium*). Aus diesen beiden Arten scheint der merkwürdige Bastard hervorgegangen zu sein, den Swt. 149 als *P. verbenaefolium* abbildet. Sweet gibt an, dass der Bastard nur 5 antherentragende Staubfäden habe, während die Stammarten gleich allen ihren näheren Verwandten deren 7 besitzen.

Peristera × Ligularia.

P. australe Willd. ♀ × *incisum* Willd. ♂ ist *P. dissectum*

Sect. 247 (erwähnt schon bei 172). Ein interessanter Bastard aus einer neuholländischen (*australe*) und einer capensischen (*incisum*) Art, die auch in der Tracht und den Merkmalen wenig Aehnlichkeit mit einander haben. Scheint kräftiger zu sein, als die Stammarten. Die zur Kreuzung benutzte Form des polymorphen *P. australe* entspricht dem *P. glomeratum Jacq.* Sweet gibt an, der Bastard habe Blüthen mit 7 fruchtbaren Staubgefässen (wie *P. incisum*), doch schreibt er auch dem *P. australe* 7 antherentragende Staubfäden zu, was entschieden irrig ist (es sind 5 vorhanden).

Dibrachya.

P. peltatum Ait. und *P. lateripes L'Hér.* sind vielfach mit einander gekreuzt worden. Zu diesen Hybriden gehört *P. pinguifolium Swt.* 52, welches gewöhnlich taube Antheren hat. *P. succulentum Swt.* V, 69 soll von einer *Dibrachya* und einer grossen rothblüthigen Art aus einer andern Gruppe stammen.

Die „epheublättrigen Pelargonien" der Gärten sind *Dibrachya*-Formen.

Pelargium.

Die sämmtlichen *Pelargium*-Arten scheinen leicht fruchtbare Bastarde mit einander zu bilden. Da viele der aus ihnen gewonnenen Hybriden die Stammarten an Schönheit übertreffen, so haben die Gärtner zu ihren Züchtungen schon früh vorzugsweise die Hybriden benutzt. Dies war bereits zu Sweet's Zeit, etwa um 1820, der Fall, so dass Sweet schon eine grosse Menge hybrider *Pelargien* vorfand, über deren Herkunft er nichts erfahren konnte. In seinem *Geraniaceen*-Werke sind zahlreiche *Pelargium*-Bastarde abgebildet und beschrieben, aber die elterlichen Formen sind, wenn sie überhaupt bekannt sind, meistens Hybride unbekannten Ursprungs. Die wichtigsten Stammarten der Garten-*Pelargien* (Zimmerpelargonien) sind: *P. cucullatum Ait.*, *P. angulosum Ait.*, *P. crispum Ait.* und *P. graveolens Ait.*; daneben auch *P. capitatum Ait.*, *P. quercifolium Ait.*, *P. radula Ait.* und *P. glutinosum Ait.* Mit den hybriden *Pelargien* wurden dann später *Pelargonien* anderer Gruppen gekreuzt, so z. B. *P. pulchellum Curt.* (*Ligularia*), *P. glaucum L'Hér.* (*Glaucophyllum*) und *P. grandiflorum Willd.* (*Eumorpha*), namentlich aber *P. fulgidum Willd.* und dessen Abkömmlinge. Mit *Hoarea* und *Ciconium* lassen sich die *Pelargien*, wie es scheint, nicht verbinden.

P. radula Ait. × *graveolens Ait.* Hieher *P. radula β. roseum Willd.* Spec. 3 p. 679.

P. quercifolium Ait. ♀ × *glutinosum Ait.* ♂ wird schon 1794 von Zeyher erwähnt.

Cortusina ✕ Pelargium.

Ein Beispiel einer solchen Kreuzung ist *P.* ✕ *Blandfordianum Swt.* 101. Seine Abstammung ist nicht genau bekannt; Sweet vermuthet, dass es einerseits von *P. graveolens Ait.*, andererseits von *P. echinatum Curt.* oder *P. cortusaefolium L'Hér.* stamme. Jedenfalls ist es aus einer *Cortusina* und einem *Pelargium* hervorgegangen. Es ist unfruchtbar und hat taube Antheren.

Eumorpha ✕ Pelargium.

P. grandiflorum Willd. ist mehrfach mit *Pelargien*-Arten gekreuzt worden. Ein Abkömmling desselben ist *P.* ✕ *crenaeflorum hort.*, welches mit *P. involucratum*, einem Bastard von *P. cucullatum*, das *P.* ✕ *macranthon Swt.* 83 geliefert zu haben scheint. *P.* ✕ *crenaeflorum* und *P.* ✕ *macranthon* sind noch vielfach mit *Pelargium*-Hybriden gekreuzt worden. Die *Fancy-Pelargonien* der Gärtner stammen aus solchen Kreuzungen.

Ligularia ✕ Pelargium.

P. dumosum Swt. 19 scheint einer derartigen Kreuzung entsprungen zu sein.

Myrrhidium ✕ Pelargium.

P. radula Ait. ♀ ✕ *myrrhifolium Ait. var. lacerum Jacq.* ♂. Zeyher erhielt aus Samen von *P. radula Ait.* zwei verschiedene Formen, von denen eine dem *P. radula*, die andere dem *P. lacerum* näher stand.

Hybride des P. fulgidum.

Das *P. fulgidum Willd.* lässt sich mit *Pelargonien* der verschiedensten Gruppen kreuzen. Es zeichnet sich durch seine brennend rothe Blüthenfarbe aus und ist daher von den Gärtnern benutzt worden, um diese ausgezeichnete Färbung auf andere Arten zu übertragen.

P. fulgidum mit Polyactium-Arten.

P. lobatum W. ♀ ✕ *fulgidum W.* ♂ ist *P. ardens Swt.* 45, genaue, um 1810 erzeugte Mittelbildung zwischen den Stammarten, hat wie *P. lobatum* 6 vollkommene und 1 verbildete Anthere. *P. lobat.* ♀ ✕ (*lobat.* ♀ ✕ *fulgid.* ♂) ♂ ist abgebildet Swt. V 23. *P.* (*lobat. Willd* ♀ ✕ *fulgid. Willd.* ♂) ♀ ✕ *multiradiatum Wendl.* ♂ ist *P. sphondyliifolium Swt.* 246. Es hält genau die Mitte zwischen den Stammformen, die es an Schönheit weit übertrifft. Es hat 6 wohlgebildete und 1 verkümmerte Anthere. Die umgekehrte Kreuzung:

P. multiradiatum Wendl. ♀ ✕ (*lobatum Willd.* ♀ ✕ *fulgidum Willd.* ♂) ♂ s. Swt. V 13.

P. multiradiatum Wendl. ✕ *fulgidum Willd.* Sweet vermuthet, dass das *P. sanguineum Wendl.* aus dieser Verbindung hervorgegangen sei. Es hält in der That die Mitte zwischen den beiden Arten, findet sich schon lange in Europa cultivirt, ist aber, so viel bekannt, noch nirgends wildwachsend gesammelt.

P. fulgidum Willd. ♀ ⋈ ⋈ *sanguineum Wendl.* ♂. Sweet bildet zwei aus dieser Verbindung hervorgegangene Hybride ab, nämlich 1. *P. chaerophyllum* (t. 257) mit prächtigen dunkelscharlachrothen Blumen und wohlgebildeten Antheren, und 2. *P. nitidum* (t. 298) mit kleineren, blasseren, fast lachsrothen Blumen und tauben Antheren. Die Blüthenfarbe ist viel heller als bei beiden Eltern. — Auch bei *P. variifolium Swt.* 280 vermuthet Sweet eine Abstammung von *P. fulgidum* und *sanguineum*; dasselbe sieht indess andererseits dem *P. insignitum Swt.* 300 ähnlich, welches von *P. fulgidum*, befruchtet mit der Sorte *Black Prince* stammt. Woher dieser *Black Prince* entsprungen ist, weiss ich nicht, doch scheint er ein *Pelargium*-Bastard zu sein.

P. gibbosum Willd. ⋈ *fulgidum Willd.* Die beiden Arten lassen sich nach Sweet leicht kreuzen, doch finde ich die Verbindung nicht beschrieben.

P. fulgidum ⋈ Hoareae spec.

Antheren bei *Hoarea* 5, bei *P. fulgidum* 7.

P. fulgidum Willd. ♀ ⋈ *longifolium Jacq.* ♂. Von einer Form des *P. longifolium*, die Sweet *Hoarea reticulata* nennt, stammt der Bastard *P. intertextum Swt.* 185, der bei R. Jenkinson erzeugt wurde. Mit knolliger Wurzel und sehr kurzem Stamm; die Blätter, obgleich alle grundständig, sind von sehr wandelbarer Gestalt, so dass an derselben Pflanze kaum zwei gleiche gefunden werden; einige sind ganz (Form von *longifolium*), die meisten unregelmässig lappig eingeschnitten, einige dreitheilig.

P. fulgidum ♀ ⋈ *hirsutum Ait. v. melananthum* ♂ ist *P. cruentum Swt.* 170. Fast stammlos, sehr lange blühend, mit 7 tauben Antheren. In Tracht und Blüthen der *Hoarea* ⋈ *sisymbriifolia* ähnlich.

P. sanguineum Wendl. ♀ ⋈ *hirsutum Ait.* ♂. Colvill hat zwei Formen von *P. hirsutum* zur Kreuzung benutzt und hat mit *Hoarea undulaeflora* das *P. acidum Swt.* 261, mit *H. varia* die *H. sisymbriifolia Swt.* 292 erzeugt. Das *P.* ⋈ *sanguineum* ist, wie oben besprochen, wahrscheinlich ein *P. multiradiatum* ⋈ *fulgidum*. Das *P.* ⋈ *acidum* gleicht in den Blüthen dem *P.* ⋈ *sanguineum* und hat auch, wie dieses 7 Antheren, die indess taub sind; in den Blättern ist es dem *P. hirsutum* ähnlicher. Umgekehrt gleicht die *Hoarea sisymbriifolia* in den Blüthen mehr dem *P. hirsutum* und hat wie dieses nur 5 Antheren; die Blätter sind dagegen durch ihre tiefe Theilung denen des *P.* ✕ *sanguineum* ähnlicher.

P. pinnatum L. ♀ ✕ *fulgidum Willd.* ♂ ist *Dimacria elegans Swt.* 202. Kurzstengelig, Blüthen scharlach, in's Orange spielend, mit 5 antherentragenden Staubfäden, von denen die 2 unteren länger sind (Züchter Jenkinson). Von denselben Arten stammt offenbar auch *P. amoenum Swt.* 121 (Züchter Smith), mit etwas hellerer Blüthenfarbe, 6—7 Antheren, von denen die zwei unteren länger sind. Die Antheren scheinen wohlgebildet zu sein.

P. pinnatum L. ♀ ✕ (*lobatum* ♀ ✕ *fulgidum* ♂) ♂ ist *P. mundulum Swt.* 288. Dem *P. fulgidum* ✕ *pinnatum* ähnlich, aber die Blüthenfärbung lebhafter. Steht zwischen den Stammarten in der Mitte.

P. hirsutum Ait. v. *melananthum* ♀ ✕ (*lobatum* ♀ ✕ *fulgidum* ♂) ♂ ist *Hoarea Colvillii Swt.* 260. Diese Pflanze ist von genau mittlerer Bildung, scheint aber beide Eltern durch kräftigen Wuchs und Schönheit der Blüthen zu übertreffen. Antheren fünf.

P. fulgidum Willd. ♀ ✕ *rapaceum Jacq.* v. *corydaliflorum* ♂ ist *P. concavum Swt.* 237 (Züchter Colvill). Fast stammlos; Blätter sehr vielgestaltig; Antheren 7, anscheinend vollkommen. Blüthen schön, gross. Sehr ähnlich ist *P. hoareaeflorum Swt.* 133 (Züchter Smith), welches wahrscheinlich von denselben Eltern abstammt; es hat 7 taube Antheren. *P. ringens Swt.* 256 stammt vielleicht von einer andern Varietät des *P. rapaceum*; es hat kleinere Blüthen und taube Antheren. Hieher auch Swt. 305.

Von *P. fulgidum* und einer andern *Hoarea* stammt *P. patens Swt.* 125; es soll intermediär zwischen den Stammarten sein und hat taube Antheren. Vgl. auch Swt. 394.

P. fulgidum Willd. ✕ *astragalifolium Pers.* Aus dieser Kreuzung scheint *P. dimacriaeflorum Swt.* 220 hervorgegangen zu sein, welches die Blüthenfarbe von *P. fulgidum* und die zwei langen untern Staubfäden von *P. astragalifolium* hat. *P. ligulatum Swt.* 301 stammt mütterlicher Seits von *P. fulgidum.*

P. fulgidum ✕ Ligulariae spec.

P. pulchellum Curt. ♀ ✕ *fulgidum Willd.* ♂ ist *P. magnistipulatum Swt.* 313. Blüthenbildung intermediär, Antheren anscheinend fruchtbar. Muthmaasslich gleichen Ursprungs ist *P. confertifolium Swt.* 297.

P. hirtum Jacq. ♀ ✕ *fulgidum Willd.* ♂ ist *P. anthriscifolium Swt.* 233, ein Bastard (Züchter Colvill) aus zwei sehr unähnlichen Arten, zwischen denen er die Mitte hält.

P. fulgidum ✕ Campyliae spec.

P. ovale Burm. ✕ *sanguineum Willd.* ist *Campylia laciniata Swt.* V 1. Antheren taub. Von den Formen des *P. ovale* wurde die *Campylia holosericea Swt.* zu dieser Kreuzung benutzt. Die beiden in diesem Bastard verbundenen Arten sind in der Tracht ungemein verschieden.

P. fulgidum ✕ Eumorphae spec.

P. fulgidum Willd. ♀ ✕ *grandiflorum Willd.* ♂ ist *P. schizophyllum Swt.* 289. Antheren taub. Die umgekehrte Kreuzung *P. grandiflorum* ♀ ✕ *fulgidum* ♂ ist *P. Barnardianum Swt.* 127, welches minder reichlich blüht, hellere Blumen und weniger tief eingeschnittene Blätter hat. In der Grösse der Blumen scheint kein Unterschied vorhanden zu sein; im Uebrigen steht jedoch jeder dieser Bastarde der mütterlichen Stammart näher.

P. fulgidum ✕ Cortusinae spec.

P. (cortusaefolium L'Hér. ✕ *reniforme Curt.)* ♀ ✕ *fulgidum Willd.* ♂. Dieser Tripelbastard wird Swt. 48 erwähnt. *P. fulgidum Willd.* ♀ ✕ *(reniforme Curt.* ♀ ✕ *echinatum Curt.* ♂) ♂ ist *P. flexuosum Swt.* 180, ein bemerkenswerther Tripelbastard mit dunkelrothen Blüthen. Sweet sagt, dass die Antheren an seinen Exemplaren stets taub gewesen seien, bildet aber später (V 68) einen neuen Bastard ab, der durch Befruchtung des *P. multiradiatum Ait.* mit Pollen des Tripelbastards ✕ *flexuosum* gewonnen sein soll. Derselbe hatte 5 fruchtbare, anscheinend wohlgebildete Antheren, wie *P. multiradiatum.*

P. ✕ *sanguineum Wendl.* ♀ ✕ *echinatum Curt.* ♂ *Swt.* 315 (Züchter Colvill), ein Bastard von mittlerer Bildung mit tauben Antheren.

P. lobatum Willd. ♀ ✕ *fulgidum Willd.* ♂) ♀ ✕ *echinatum Curt.* ♂ ist der vorigen Verbindung sehr ähnlich (erwähnt Swt. 187).

P. (lobatum Willd. ♀ ✕ *fulgidum Willd.* ♂) ♀ ✕ *cortusaefolium L'Hér.* ♂ ist *P. Jonquillianum Swt.* 241. Es ist eine Mittelbildung zwischen den Stammformen. Platte der Kronblätter am Grunde weiss, wie bei *P. cortusaefolium*, von der Mitte an roth mit zwei schwarzen Flecken. Antheren taub.

P. fulgidum ✕ Ciconii spec.

Muthmaassliche Bastarde von *P. fulgidum* mit *Ciconium*-Formen werden unter den Hybriden der *Ciconium*-Gruppe besprochen werden.

P. fulgidum ✕ Pelargii spec.

P. fulgidum ist verhältnissmässig selten mit reinen Arten von

Pelargium, um so häufiger aber mit deren Hybriden gekreuzt worden. Für die Zwecke der Züchter eignete sich indess ganz besonders das *P*. ⨯ *ignescens*, ein fruchtbarer Bastard des *P. fulgidum* mit einem *Pelargium*. Es war die Ausgangsform für unzählige Hybridisationen. *P. cucullatum Ait.* ♀ ⨯ *fulgidum Willd.* ♂ ist *P. calycinum Swt.* 81, ein fruchtbarer Bastard, der in verschiedenen Formen erhalten wurde. Durch Aussaat erhielt R. Jenkinson diese hybride Pflanze fast unverändert wieder, nur wurde die Zeichnung der Kronblätter noch etwas schöner. Mit Pollen von *P. fulgidum* befruchtet, lieferte der Bastard eine Mittelform, welche durch kleinere und dunklere Blüthen sowie durch tiefer eingeschnittene Blätter grössere Aehnlichkeit mit *P. fulgidum* bekundete. Es ist *P. aurantiacum Swt.* 198, welches zu weiteren Kreuzungen benutzt worden ist (z. B. mit ⨯ *Spinii*) Swt. 310.

P. fulgidum ♀ ⨯ *radula Ait.* ♂ ist *P. pyrethriifolium Swt.* 153 und hält zwischen den Stammarten die Mitte.

P. fulgidum Willd. ♀ ⨯ *angulosum Ait.* ♂. Aus Samen des *P. fulgidum* wurde der merkwürdige Bastard *P*. ⨯ *ignescens Swt.* um 1812 in den Treibhäusern des Sir R. C. Hoare erhalten. Die väterliche Stammart ist nicht mit Gewissheit bekannt, doch war es nach Herbert eine „citronenduftende" Art, somit wahrscheinlich eine Form von *P. angulosum Ait.* Es entstanden aus der nämlichen Kreuzung zwei verschiedene Formen, nämlich 1. das eigentliche *P*. ⨯ *ignescens Swt.* t. 2 mit grösseren, prächtig dunkelrothen Blüthen mit fruchtbaren Antheren und leicht Samen tragend; 2. das *P*. ⨯ *splendens Willd.* oder *P*. ⨯ *ignescens β. sterile Swt.* t. 55 mit kleineren, blasseren Blüthen und tauben Antheren. — *P*. ⨯ *ignescens* gab bei der Aussaat mannigfaltige Abänderungen. — Von den unzähligen Hybriden des *P*. ⨯ *ignescens* mit *Pelargium*-Formen werde ich nachher einige aufzählen.

P. ⨯ *ardescens Swt.* 231 ist wie *P*. ⨯ *ignescens* aus Samen von *P. fulgidum* erhalten, welches mit einem hybriden *Pelargium* befruchtet worden war. Mit *P*. $^1/_4$ *cucullatum* ♀ ⨯ $^3/_4$ *fulgidum* ♂ befruchtet, liefert es *P. chenopodiifolium Swt.* 328, welches wieder mütterliche Stammform von Swt. V 28 ist.

P. ⨯ *scintillans Swt.* 28, *P*. ⨯ *nanum Swt.* 102 und *P*. ⨯ *insignitum Swt.* 300 stammen von *P. fulgidum*, befruchtet mit hybriden *Pelargien*.

P. ⨯ *Daveyanum Swt.* 32 ist *P*. ⨯ *Barringtonii* ♀ ⨯ *fulgidum* ♂. Antheren unvollkommen. *P*. ⨯ *Baringtonii Willd.* ist vermuthlich ein Bastard von *P. cucullatum Ait.* und hat ebenfalls taube

Antheren. Das *P.* ⚇ *Daveyanum* gibt übrigens bei Bestäubung durch andere hybride *Pelargien* weitere Hybride, z. B. Swt. 324.

P. fulgidum ♀ ⚇ ⚇ *Husscyanum* ♂ ist Swt. 243, eine genaue Mittelbildung zwischen den Stammformen, meist mit tauben Antheren, aber sehr reich blühend. Die väterliche Stammform ist ein hybrides *Pelargium*, nach Sweet etwa *P.* ⚇ *Barringtonii* ♀ ⚇ *capitatum* ♂. *P. fulgidum* ♀ ⚇ ⚇ *melissinum* Swt. ♂? oder eine ähnliche Sorte ist *P. incurvum* Swt. 249. Antheren meist taub. Die väterliche Stammform ist nicht genau bekannt, doch zeigt die Abbildung bis auf die an *P. fulgidum* erinnernde Blüthenfarbe eine grosse Aehnlichkeit mit *P.* ⚇ *melissinum*, welches etwa ein *P. crispum* Ait. ⚇ *graveolens* Ait. ist.

P. ⚇ *volatiflorum* Swt. 284 stammt ebenfalls von *P. fulgidum*. Als väterliche Stammform vermuthet Sweet das *P. verbenaefolium*, welches aus *P. graveolens* Ait. und *P. ternatum* Jacq. entstanden sein soll. In *P.* ⚇ *volatiflorum* würden somit Arten von *Polyactium (fulgidum)*, *Glaucophyllum (ternatum)* und *Pelargium (graveolens)* mit einander verbunden sein.

P. fulgidum ♀ ⚇ ⚇ *Vandesiae* ♂ ist *P. lasiophyllum* Swt. 296, eine genaue Mittelbildung mit tauben Antheren. *P.* ⚇ *Vandesiae* soll nach Sweet wahrscheinlich ein *P.* ⚇ *Blandfordianum* ♀ ⚇ ⚇ *augustum* sein. Letzteres ist ein *Pelargium*-Bastard; das *P.* ⚇ *Blandfordianum* stammt von *P. graveolens* Ait. (*Pelargium*) und einer *Cortusina*. Auch in diesem complicirten Bastard sind somit Arten dreier Gruppen (*Polyactium*, *Pelargium* und *Cortusina*) verbunden.

P. ⚇ *Loudonianum* Swt. V 17 ist *P.* ⚇ *sanguineum* ♀ ⚇ ($^1/_4$ *cucullatum* ♀ ⚇ $^3/_4$ *fulgidum* ♂) ♂. Es sind in dieser Verbindung (Antheren taub) somit (wahrscheinlich) *P. multiradiatum* Wendl. und *P. cucullatum* Ait. durch *P. fulgidum* Willd. mit einander verbunden.

P. ⚇ *ignescens* ♀ ⚇ *cucullatum* Ait. ♂ ist *P. rubescens* Swt. 30, eine schöne grossblüthige Sorte mit fruchtbaren Antheren, von Smith in Combe Wood (Earl of Liverpool) erzogen. Hybride davon s. unten. Wenig verschieden ist *P. cucullatum* ♀ ⚇ ⚇ *ignescens* ♂, von welchem 4 Farbenvarietäten erhalten wurden, die als *P. spectabile* Swt. 136 beschrieben sind. Mit einem andern Bastard von *P. cucullatum* lieferte dies *P.* ⚇ *spectabile* die schöne Form Swt. 207. Sehr ähnlich sind die Verbindungen von manchen Bastarden des *P. cucullatum* Ait. mit *P.* ⚇ *ignescens*. So stammt *P. Daveyanum* Swt. 32 wahrscheinlich von *P.* ⚇ *Barringtonii*. *P. Tibbitsianum* Swt. 158 ist durch Befruchtung des *cucullatum*-Bastards *P.* ⚇ *involucratum* α. *maximum* mit Pollen von *P.* ⚇ *ignescens* entstanden. Von andern

Farbenvarietäten des *P.* ⚭ *involucratum* stammen die Formen Swt. 333 und 277. Die letzte (*P.* ⚭ *affine*) ist *P.* ⚭ *involucratum var. lilacinum* ♀ ⚭ ⚭ *ignescens* ♂; merkwürdiger Weise waren sämmtliche aus der Kreuzung dieser beiden Bastardformen hervorgegangenen Exemplare einander vollkommen gleich. Dieselbe Erscheinung hat Sweet bei *P.* ⚭ *Mostynae* ♀ ⚭ ⚭ *ignescens* ♂ beobachtet; auch *P.* ⚭ *Mostynae* dürfte ein Bastard von *P. cucullatum* sein. Die umgekehrte Kreuzung *P.* ⚭ *ignescens* ♀ ⚭ *Mostynae* ♂ ist *P. Colvillii* Swt. 86. Die prachtvollste Sorte ist nach Sweet *P. Wellsianum* Swt. 175, ein *P.* ⚭ *Husseyanum* ♀ ⚭ ⚭ *ignescens* ♂; die mütterliche Stammform ist muthmaasslich ein *P. capitatum* ⚭ *cucullatum*. Alle diese Formen sind sich ungemein ähnlich; ebenso *P.* ⚭ *Palkii* Swt. 224, welches sich wieder mit *P.* ⚭ *ignescens* befruchten lässt (V 92); ferner Swt. 264, 236.

In dieselbe Reihe gehört auch *P.* ⚭ *Smithii*, eine schöne fruchtbare Form, die von *P.* ⚭ *ignescens* durch Befruchtung mit einem hybriden *Pelargium* gewonnen wurde, und ihrerseits andere Hybride erzeugte, so aus *P.* ⚭ *Husseyanum* die Form Swt. 248; ferner lieferte es 275 und 388. Die Fruchtbarkeit des *P.* ⚭ *Smithii* rührt vielleicht daher, dass es von einem Bastard des *P. angulosum* stammt.

P. graveolens ⚭ ⚭ *ignescens* Swt. 336. Antheren taub.

P. capitatum Ait. ♀ ⚭ ⚭ *ignescens* ♂ ist *P. concolor* Swt. 140, mit tauben Antheren. Eine grossblüthige Varietät von *P. capitatum* lieferte auch einen Bastard mit grösseren Blüthen, als der von der typischen *P. capitatum* stammende.

Fernere Hybride von *P.* ⚭ *ignescens* sind Swt. 129, 216, V 7, V 41, V 66, V 90.

P. ⚭ *ignescens* ♀ ⚭ *quercifolium* Ait. ♂ ist *P. chrysanthemifolium* Swt. 124, bei Colvill gezogen. Antheren taub. Steht dem *P. quercifolium* näher, hat aber die Blüthenfarbe von *P.* ⚭ *ignescens*. Gleichen Ursprungs ist Swt. 272 mit etwas dunklerer Blüthenfarbe.

Ein zusammengesetzter Bastard, dessen Herkunft sich genau nachweisen lässt, ist:

P. sphaerocephalon Swt. 313, ein *P.* ⚭ *aurantiacum* ♀ ⚭ ⚭ *chrysanthemifolium* ♂, somit *P.* ([*cucullatum* ♀ ⚭ *fulgidum* ♂] ♀ ⚭ *fulgidum* ♂) ♀ ⚭ ([*fulgidum* ♀ ⚭ *angulosum* ♂] ♀ ⚭ *quercifolium* ♂) ♂, er enthält also *P. fulgidum* mit drei *Pelargien* verbunden.

Von *P.* ⚭ *rubescens* (= *P.* ⚭ *ignescens* ♀ ⚭ *cucullatum* ♂ s. oben) stammen mehrere Hybride ab, so z. B. *P.* ⚭ *Husseyanum* ♀ ⚭ ⚭ *rubescens* Swt. 248 mit meist tauben Antheren, dem *P.* ⚭ *Husseyanum* ♀ ⚭ ⚭ *ignescens* ♂ Swt. 175 sehr ähnlich, schön und reich blühend. Auch Swt. 265 und 269 sollen von *P.* ⨯ *rubescens* stammen. *P.* ⨯ *rubescens* ♀ ⨯ ⨯ *ignescens* ♂ Swt. 181 hat fruchtbare Antheren. Die nämliche Abstammung vermuthet Sweet von 240. *P.* ⨯ *verecundum* Swt. 316 ist *P.* ⨯ *rubescens* ♀ ⨯ ⨯ *macranthon* ♂, gleicht in Wuchs und Blättern dem *macranthon*, in den Blüthen mehr dem *rubescens*; Färbung intermediär. *P.* ⨯ *macranthon* stammt von *P.* ⨯ *crenaeflorum*, einem Abkömmling des *P. grandiflorum Willd.* und von *P.* ⨯ *involucratum*, einem Bastard des *P. cucullatum Ait.* In *P.* ⨯ *verecundum* ist somit ein *Polyactium* (*fulgidum*) mit einer *Eumorpha* (*grandiflorum*) und mehreren Pelargien (*angulosum*, *cucullatum* und wahrscheinlich noch andere) verbunden. Eine ähnliche Zusammensetzung hat *P. mucronatum* Swt. 275, welches Sweet von *P.* ⨯ *Smithii* und *P.* ⨯ *macranthon* ableitet. In *P.* ⨯ *Smithii* ist *P. fulgidum*, in *P. macranthon* ist *P. grandiflorum* enthalten, beide verbunden mit hybriden *Pelargien*.

P. ⨯ *ignescens* ♀ ⨯ *glutinosum Ait.* ♂ ist *P. Dobreeanum* Swt. 253, eine genaue Mittelform, von Mrs. Dobree in Guernsey um 1818 gezüchtet. Die Blüthen sind bald kleiner und haben dann taube Antheren, bald sind sie grösser mit fruchtbaren Antheren.

P. ⨯ *ignescens* ist zwar vorzugsweise zur Kreuzung mit *Pelargien* verwendet, lässt sich jedoch auch mit *Polyactium* verbinden. *P.* ⨯ *sanguineum* ♀ ⨯ ⨯ *ignescens* ♂ Swt. V 63 hat Blätter von *ignescens*, Blumen von *sanguineum*. Antheren taub.

Von *P.* ⨯ *splendens* W. (⨯ *ignescens* sterile Swt.) ist nur eine Verbindung bekannt: *P.* ⨯ *splendens* ♀ ⨯ ⨯ *Spinii* ♂ ist *P. Morcanum* Swt. 285. Antheren taub; Tracht und Blätter von *P.* ⨯ *Spinii*. Es lässt sich mit andern *Pelargien* befruchten und kann Hybride mit fruchtbaren Antheren liefern; vgl. Swt. V 26, 36.

Ciconium.

Diese Gruppe besteht aus drei echten Arten: *P. acetosum Ait.*, *P. zonale Willd.* und *P. inquinans Ait.* Die Gärtner haben indess eine ganze Reihe anderer Formen unterschieden, welche z. Th. Varietäten sein mögen, meistens jedoch offenbar hybriden Ursprungs sind. Mit den *Pelargien* lassen sich die *Ciconien* anscheinend nicht kreuzen, während Verbindungen mit *P. fulgidum* sowie mit Arten von *Dibrachya*, *Eumorpha* und *Cortusina* möglich zu sein scheinen. Es ist jedoch wenig Zuverlässiges darüber bekannt.

P. acetosum Ait. ⨯ *zonale Willd.* Hieher gehören vermuthlich *P. scandens Ehrh.* und *P. pumilum Willd.*

P. inquinans Ait. ♀ ⨯ *acetosum Ait.* ♂ wurde schon im 18. Jahrhundert von A. F. Wiegmann erzeugt.

P. zonale W. ✕ inquinans Ait. Hieher sehr zahlreiche Mittelformen; s. unten.

P. ✕ Bentinckianum DC. wird für eine echte Art ausgegeben, ist aber nie am Cap gefunden worden und scheint ein *P. fulgidum ✕ zonale* zu sein. Mit grösserer Bestimmtheit wird *P. ✕ bracteosum DC.* für ein *P. ✕ hybridum ✕ fulgidum* erklärt. *P. ✕ heterogenum L'Hér.* wird für ein *P. alchemilloides Willd. ✕ zonale Willd.* gehalten. *P. alchemilloides* ist eine *Eumorpha*.

P. inquinans Ait. ✕ zonale Willd.

P. inquinans: Stengel, Blätter und Kelche filzig-schmierig; Blätter rundlich, nierenförmig, einfarbig; Kronblätter verkehrt eiförmig.

P. zonale: Stengel, Blätter und Kelche etwas weichhaarig oder fast kahl; Blätter rundlich herzförmig, in der Mitte mit einem dem Aussenrand parallel laufenden, hufeisenförmigen, braunen Bande gezeichnet; Kronblätter schmal, spatelig.

Aus diesen beiden Arten und ihren Bastarden sind die Scharlach-*Pelargonien* der Gärten hervorgegangen.

Von den Kreuzungsproducten dieser Arten ist das älteste das *P. hybridum Ait.*, welches lange für eine unzweifelhaft echte Art gehalten wurde. Dasselbe gilt von *P. Fothergilli*, einer kräftigeren Form, die gärtnerisch viel Verwendung fand, und mit beiden Stammarten gekreuzt wurde. Später hat man *P. zonale* und *inquinans* vielfach absichtlich gekreuzt. *P. Fothergilli* ist bei den Gärtnern schon seit dem vorigen Jahrhundert als *Nosegay-Geranium* bekannt. Diese *Nosegay-* oder *Fothergilli-*Formen sind im Allgemeinen kräftig und sehr reichblüthig, bringen aber wenig Samen; die Kronblätter vertrocknen oft an der Blüthe, ohne abzufallen. Diese primären Bastarde *zonale ✕ inquinans* sind nun mit den Stammarten und unter einander so vielfach hin und her gekreuzt, dass der Formenkreis der beiden Arten in den Gärten jetzt völlig verschmolzen ist. Es hat sich als vollkommen unmöglich erwiesen, die jetzigen Scharlach-*Pelargonien* der Gärten nach ihrer botanischen Verwandtschaft mit den Stammarten zu klassificiren. Mit diesen Scharlach-*Pelargonien* sind nun aber auch *P. ✕ Bentinckianum DC.*, *P. ✕ bracteosum DC.* und *P. heterogenum L'Hér.* so vielfach gekreuzt worden, dass sie ganz in den gemischten Formenkreis aufgegangen sind. Das echte *P. inquinans* wird wegen seines zu hohen Wuchses neuerdings kaum noch cultivirt.

P. cerinum Stct. 176 ist wohl nur Varietät von *P. inquinans*, aber bemerkenswerth dadurch, dass in den Blüthen manchmal alle 10 Staubfäden Antheren tragen.

Die ersten gefüllten *Pelargonien* stammen von einem Exemplare (*zonale* ⨯ *inquinans*) in Clermont Ferrand, welches halb gefüllte Blüthen trug. Nach dem gewöhnlichen Verfahren, nämlich durch Befruchtung anderer Exemplare und Sorten mittelst Pollen aus petaloiden Staubblättern, wurden andere und vollkommenere gefüllte Sorten gewonnen und durch Stecklinge rasch vermehrt. Die gefüllte Sorte *Madame Charmeux* soll durch Sprossvariationen aus dem einfachen *Tom Pouce* hervorgegangen sein (Rev. hort. 1867 p. 292).

Neuerdings sind die Scharlach-*Pelargonien* fast eben so viel wegen ihrer Blätter als wegen ihrer Blüthen cultivirt worden. Eine weissrandige Sorte gab es schon im vorigen Jahrhundert, eine gelbrandige ist seit 1822 in Cultur. Mit dunkel gezeichneten Zonal-Pelargonien gekreuzt, gelang es nach mehreren Zwischenstufen daraus solche Exemplare zu erhalten, an welchen sich die dunkle Zone nach dem Rande zu in Roth, Gelb und Weiss abschattirt. Von jeder Kreuzung wurden natürlich immer nur einzelne Individuen fortgezüchtet, und zwar solche, welche sich durch besondere Schönheit und zugleich durch Kräftigkeit auszeichneten. Die mehrfarbig gezonten Sorten, mit den weiss geränderten gekreuzt, lieferten Keimpflanzen mit weissen oder gelben Cotyledonen, die niemals lebensfähig sind. Sorten, die weniger bunt sind, liefern ausser den unbrauchbaren weissen Sämlingen auch solche mit scheckigen Cotyledonen, aus denen dann Pflanzen mit bunten oder mit grünen Blättern hervorgehen. Die so entstandenen grünblättrigen Exemplare geben, wenn sie zurückgeschnitten werden, oft Seitensprosse mit schön gezeichneten Blättern. Die Stecklinge sind Anfangs oft noch variabel, werden aber nach Beseitigung der abändernden Sprosse allmälig constanter (Regel in Gartenfl. 1867, 1868; Rev. hortic. 1867). Ueber die Abstammung der ausgezeichnetsten buntblättrigen Sorten besitzen wir nähere Nachrichten, die freilich nicht ganz genau, aber doch in den wesentlichen Punkten übereinstimmen. Darnach lässt sich folgende, wenigstens annähernd richtige Genealogie entwerfen:

Golden Chain ♀ ⨯ *Cottage Maid* ♂   *Cottage Maid* ♀ ⨯ *Golden Chain* ♂
   Golden Cerise Unique ♀ ⨯ *Attraction* ♂
Emperor of the French ♀   ⨯ *Gold Tom Thumb* ♂
   Emperor of the French ♀ ⨯ *Gold Pheasant* ♂
          Sunset   *Mistriss Pollock*.

Zur Erläuterung diene, dass *Cottage Maid* ein *P. zonale* mit recht dunkler Zeichnung ist, *Golden Chain* eine schön gelbgeränderte,

Attraction eine der besten weissgeränderten Sorten ist. *Emperor of the French* ist eine kräftige grüne Sorte, welche aber wegen ihrer Abstammung von geränderten zur Uebertragung der Buntblättrigkeit von der Pollenpflanze auf die Nachkommenschaft besonders geeignet schien. *Sunset* und *Mistriss Pollock* endlich sind vollendete, mehrfarbig gezonte Sorten (Grieve in Hmb. Gartenz. 1869, S. 301). Gegenüber dieser Entstehungsgeschichte bemerkt nun Ed. Morren, dass er eine der *Mrs. Pollock* ähnliche Sorte durch einfache Knospenvariation aus dem gewöhnlichen Zonal-Pelargonium *Amélie Griseau* erhalten hat. Diese Angabe beweist übrigens nichts, so lange nicht die Herkunft der *Amélie Griseau* bekannt ist, die z. B. ähnlichen Ursprungs sein könnte, wie *Emperor of the French*.

Ciconium ✕ Cortusina.

C. echinatum ♀ ✕ (*zonale* ✕ *inquinans*) ♂; derartige Kreuzungen sollen die neuen Sorten *Rosy Morn* und *Spotted Gem* geliefert haben.

Ciconium ✕ Dibrachya.

Die epheublättrigen Pelargonien sind neuerdings namentlich in England und Frankreich erfolgreich mit Scharlach-Pelargonien gekreuzt. Diese Hybriden von *P. peltatum* Ait., *P. lateripes* ✕ *peltatum* und *P. lateripes L'Hér.* einerseits, *P. zonale* und *P. zonale* ✕ *inquinans* andererseits sollen steril oder doch sehr wenig fruchtbar sein, sich auch durch *Ciconium*-Pollen nicht befruchten lassen. Umgekehrt soll jedoch der hybride Pollen im Stande sein, sowohl *P. zonale* als *P. inquinans* zu befruchten. Selbst gefüllte *P. zonale* ✕ *inquinans* hat man mit *P. peltatum* gekreuzt; ein solcher Bastard ist *P. Lugdunense hortor*. Von einem roth blühenden Kreuzungsproducte aus *P. zonale* und *P. peltatum*, genannt *Britannicus*, wird angegeben, dass es bis zu 3 m hoch werde. Das violetblühende *P. zonale* Dr. *John Denny* ist nach Angabe des Züchters J. Sisley aus *P. zonale* ✕ *peltatum* erhalten worden, zeigt aber ausser der Blüthenfarbe gar keine Aehnlichkeit mit *P. peltatum*. Die Formen des *P. peltatum* ♀ ✕ *zonale* ♂ gleichen nach Sisley stets dem *P. peltatum*.

Tropaeolum.

Lit.: Gärtn. Bast.; E. Ortgies in Gartenfl. VII S. 111; zerstr. Gartenlit.

Die Arten dieser Gattung stammen aus Südamerika und Mexiko; viele haben knollige Wurzeln und sind ausdauernd, andere werden wenigstens in Europa als einjährige Pflanzen cultivirt. Unter diesen einjährigen Arten sind mehrere, welche einander so ähnlich sind, dass es zweckmässig erscheint, sie als Unterarten einer einzigen Species zu betrachten; es sind *Tr. minus L.* (Blüthen gelb, Blätter kahl), *Tr. majus L.* (Blüthen braungelb oder braunroth, Blätter kahl) und *Tr. Lobbianum Hook.* (Blüthen roth, Stengel, Blüthen- und Blattstiele, sowie die Blattunterflächen behaart). Diese drei Raçen sind vielfach unter einander gekreuzt; eine vierte *Tr. crenatiflorum Hook.* scheint nicht an den Mischungen betheiligt zu sein. *Tr. Lobbianum* ist zwar die schönste Unterart, kommt aber in Mitteleuropa erst spät im Herbste zur Blüthe.

Tr. majus × *minus*. Nach Gärtner liefert *Tr. minus*, mit Pollen von *Tr. majus* bestäubt, mehr gute Samen als *Tr. majus* mit Pollen von *Tr. minus* (Gärtner Bast. S. 197). Die Mischlinge, welche Gärtner erhielt, hatten theils gelbe Blumen, wie *Tr. minus*, theils bräunlichrothe; diese dunkler blühenden Exemplare brachten aber im Herbste unter dem Einfluss der kälteren Witterung gelbe Blumen. — In den Gärten sind aus *Tr. majus* × *minus* verschiedene samenbeständige Mischlinge hervorgegangen; als solche werden z. B. Gartenfl. IX, S. 62 genannt, *Carter's Tom Thumb*, *Cattle's dwarf crimson*, *Dunnett's dwarf spotted*.

Tr. majus × *Lobbianum* ist ein sehr reich blühender und kräftiger Mischling, als *Tr. Hockeanum*, *Tr. Zanderi* u. s. w. beschrieben. Diese Formen lassen sich nur durch Stecklinge vermehren, da sie bei der Aussaat unbeständig sind und meist zu *Tr. majus* neigende Abänderungen liefern. Durch vielfache Aussaaten und Kreuzung mit den Stammraçen hat man eine grosse Zahl von Formen erzeugt, die sich vorzüglich durch den Wuchs (niedrig oder rankend) und die Blüthenfarbe unterscheiden. Die neuerdings in den Gärten cultivirten Sorten gehören meistens dem Formenkreise *Tr. majus* × *Lobbianum* an, in welchen jedoch auch Mischlinge von *Tr. minus L.*, *Tr. Smithii DC.* und *Tr. Moritzianum Hook.* aufgenommen sind. Viele der aus den Kreuzungen hervorgegangenen Sorten sind samenbeständig geworden. Ob *Tr. Smithii DC.* in denselben Formenkreis gehört, oder ob es eine entschieden selbständige Art darstellt, vermag ich nicht zu beurtheilen. Es sollen manche Hybride aus der Befruchtung von *Tr. majus* mit Pollen von *Tr. Smithii* hervorgegangen sein.

Tr majus L. × *Moritzianum Hook.* scheint in Südfrankreich in zahlreichen Sorten erzeugt zu sein. Hieher *Tr. Zipseri hort.*

Tr. Lobbianum Hook. × *Moritzianum Hook.* und *Tr. (majus* × *Lobbianum)* × *Moritzianum* sind ebenfalls in Südfrankreich erzeugt; hieher *Tr. Massiliense*, *Tr. Chaixianum* etc.

Tr. Lobbianum Hook. × *tricolor Sweet.* Dieser Ursprung

wird für die als *Tr. Lobbianum tricolor* oder *Tr. Naudinii Desponds* beschriebene Pflanze angegeben. Blüthen scheinend roth mit 5 kleinen bläulichen Flecken. Die Stammarten sind beträchtlich von einander verschieden. (Belg. hort. 1860 p. 269).

Tr. hybridum L. und *Tr. pinnatum Andr.* waren abweichende Pflanzenformen, die aus Samen von *Tr. majus* hervorgegangen waren. Man vermehrte sie durch Stecklinge; das *Tr. hybridum* hatte verbildete Blüthen. Beide Formen dürften jetzt verschwunden sein. Man vermuthete, dass sie hybriden Ursprungs gewesen seien.

Oxalis.

Aus der grossen Gattung *Oxalis* wird eine Anzahl Arten in europäischen Gärten cultivirt. Es soll darunter auch Hybride geben, doch ist mir Genaueres nicht darüber bekannt.

21. RUTACEAE.

Correa.

Lit.: Fl. d. serr. I p. 73.

Während der ersten Hälfte unseres Jahrhunderts wurden neben den *Erica-* und *Epacris-*Arten auch die *Correa* mit Vorliebe cultivirt. Die Gartennamen für diese Pflanzen sind indess zum Theil schwer auf die richtigen botanischen Benennungen zurückzuführen. Es soll unter den in den Gärten cultivirten Sorten zahlreiche Hybride gegeben haben.

Citrus.

Unter den in Südeuropa cultivirten *Citrus-*Arten gibt es viele nahe verwandte und schwer specifisch zu unterscheidende Formen. Es liegt die Vermuthung nahe, dass ein Theil dieser Formen aus Artenkreuzung hervorgegangen ist. Ueber „*Bizarria*" s. den letzten Abschnitt unter: Pfropfmischlinge.

22. RHAMNEAE.

Rhamnus.

Rh. alpina L. ♀ × *alaternus* L. ♂ ist *Rh. hybrida* L'Hér., ein Gartenbastard, der seine Blätter bis zum März zu behalten pflegt, also halb immergrün ist. Er ist winterhart, hat zwittrige Blüthen und ist unfruchtbar. Die Stammarten sind zweihäusig; *Rh. alaternus* ist immergrün und in Nordeuropa nicht hart. *Rh. Billiardii hort.*, ebenfalls aus Samen von *Rh. alpina* entstanden, scheint die nämliche Bastardform zu sein (Loudon, C. Koch Dendr.).

? *Rh. frangula L.* ♀ ⨯ *oleifolia Hook.* ♂. Carrière in Rev. hort. 1866 p. 368 gibt an, dass er 15 immergrüne Sämlinge von *Rh. frangula* erhalten habe, die der *Rh. oleifolia* sehr ähnlich seien. *Rh. oleifolia* soll bei der Aussaat sehr variabel sein. Seinen Theorien gemäss erklärt Carrière diese Vorkommnisse durch Variation. Ob Carrière's Pflanze die echte Hooker'sche *Rh. oleifolia* oder etwa *Rh. Californica Eschsch.* ist, vermag ich nicht zu sagen.

? *Rh. fallax Boiss.* ⨯ *Sibthorpiana R. et Sch.* scheint am Parnass in Griechenland vorzukommen; *R. Guicciardii Heldr.*

Ceanothus.

Die *Ceanothus*-Arten sind in Deutschland nicht ganz winterhart und werden daher nicht häufig cultivirt. In Frankreich gedeihen sie besser und sind daher als Ziersträucher beliebter. Die härteste Art, der weiss blühende *C. Americanus L.*, ist neuerdings vielfach mit den blaublühenden californischen Arten gekreuzt worden. Die Mischlinge gehen unter vielerlei Gärtnernamen; über die Herkunft der einzelnen Formen ist mir nichts Zuverlässiges bekannt geworden. Sie sollen meistens von *C. Americanus L.* einerseits, *C. thyrsiflorus Eschsch.*, *C. azureus Desf.*, *C. papillosus Torr. et Gr.* und ähnlichen Arten andererseits stammen.

23. AMPELIDEAE.

Vitis.

Lit.: Bronner, die wild. Traub. d. Rheinth., 1857; Engelm. in Bushberg Cat. 1875.

Die *Vitis*-Arten sind Schlingsträucher, vorzüglich in der wärmeren gemässigten Zone einheimisch. Die cultivirten Arten, welche hier allein in Betracht kommen, sind polygamisch, d. h. ein Theil der Sträucher trägt nur männliche, ein Theil nur zwittrige Blumen. Ob auch normal weibliche (unvollkommen zwittrige) Stöcke vorkommen, ist nicht mit Sicherheit festgestellt. Man cultivirt nur die zwittrigen Exemplare, welche an und für sich vollkommen fruchtbar sind. Aus ihren Samen gehen sowohl zwittrige als männliche Individuen hervor.

Vitis vinifera L.

Der Weinstock der alten Welt, *Vitis vinifera L.*, wird seit undenklichen Zeiten in Persien, Armenien, Kleinasien, Syrien und Südeuropa in zahlreichen Sorten cultivirt. In den meisten Ländern, in welchen er gebaut wird, findet er sich auch wild oder verwildert. Man hat häufig mit sehr sonderbaren Gründen die verschiedensten Ansichten über die Herkunft der wilden oder verwilderten Reben zu stützen gesucht. Die Trauben der cultivirten Weinstöcke geben bei der Aussaat eine ungemein formenreiche Nachkommenschaft. Wilde oder vollständig wild gewordene *Vitis*-Arten werden dagegen, gleich andern wilden Pflanzen, in ihrer Nachkommenschaft gleichförmig sein müssen.

Die „wilden" Reben der Rheinniederung zwischen Rastatt und Mannheim sind von einem ausgezeichneten Rebenkenner, dem Oekonomierath Bronner, genau untersucht worden. Die Folgerungen, welche er aus seinen Beobachtungen zieht, sind freilich wissenschaftlich völlig unhaltbar, aber die einfachen Thatsachen sind von grossem Interesse. Er hat in dem bezeichneten Abschnitte des Rheinthales 33 schwarzbeerige und 3 grünbeerige Sorten unterschieden, ganz abgesehen von den unfruchtbaren männlichen Exemplaren. Die Früchte dieser Sorten sind z. Th. sehr klein (wie Ligusterbeeren) und sauer, z. Th. aber auch gross; einige sind von vortrefflichem Geschmack.

Alle Züchter, welche Trauben ausgesäet haben, erhielten von einem und demselben Stock vielerlei verschiedene Sorten; gewöhnlich fanden sich unter einer grösseren Anzahl von Sämlingen einige brauchbare Stöcke. Vibert, der sehr zahlreiche Aussaaten gemacht hat, fand nur den schlitzblättrigen *Gutedel* einigermaassen constant. Kreuzungsversuche zwischen verschiedenen Rebensorten hat zuerst A. Knight angestellt; er fand, dass sich wirklich sowohl väterliche als mütterliche Eigenschaften auf einen Theil der Nachkommen vererben. J. Standish erhielt 30 Sämlinge von *Muscat Alexandria* ♀ ✕ *Muscat Trouvéren* ♂, unter denen nicht zwei einander gleich waren. Aehnliche Erfahrungen haben alle andern Züchter gemacht. Vielleicht werden in Italien (Colbachini) oder überhaupt in wärmeren Gegenden mehr Exemplare mit guten Früchten erhalten, als in Deutschland, Nordfrankreich und England. — Diese Erfahrungen erklären zur Genüge die Polymorphie der rheinischen und anderer verwilderter Trauben.

Die Unbeständigkeit der Sorten von *Vitis vinifera* macht es wahrscheinlich, dass unser europäischer Weinstock keine homogene

Art darstellt, sondern dass er aus der Vermischung mehrerer verwandter Arten des westlichen Asien hervorgegangen ist.

Die Reben der mittleren Unionsstaaten.

Die europäischen Reben lassen sich in Nordamerika östlich vom Felsengebirge nicht anbauen, weil sie von der Reblaus befallen werden, welche auf den dort einheimischen Reben schmarotzt, ohne diesen allzuviel zu schaden. Man hat daher versucht, die wilden amerikanischen Weinsorten zu veredeln und aus ihnen durch Kreuzung mit dem europäischen Weinstock Mischlinge zu erziehen, welche von der einen Stammart die Widerstandsfähigkeit gegen die Reblaus, von der andern den Wohlgeschmack der Früchte ererbt haben.

V. labrusca L. × vinifera L. ist eben so fruchtbar wie die Stammarten und hat sehr zahlreiche, verhältnissmässig gute Sorten geliefert.

V. riparia Engelm. × vinifera L. verhält sich ebenso.

V. aestivalis Michx. × vinifera L. ist wohl kaum absichtlich erzeugt worden; ein allem Anschein nach zufällig aus Kreuzung der beiden Arten entstandener Bastard wird *Alvey* genannt.

V. riparia Engelm. × labrusca L. ist mehrfach zufällig entstanden (z. B. *Creveling*), vielleicht auch mitunter absichtlich erzeugt worden.

Alle diese Mischlinge von *V. labrusca, V. riparia, V. vinifera* u. s. w. sind vollkommen fruchtbar und lassen sich unter einander in allen Combinationen kreuzen, ohne irgendwie an Fruchtbarkeit zu verlieren.

Hybride von V. vulpina L.

Die *V. vulpina L.* gehört den südlichen Staaten der amerikanischen Union an. Sie weicht viel mehr von den andern weingebenden Arten ab, als diese unter sich. Da sie gegen zwei Monate später blüht, lässt sie sich auch schwierig mit diesen kreuzen. Wylie hat indess Bastarde von *V. vulpina* mit Formen der *labrusca-riparia-vinifera-*Gruppe erzeugt. Diese Bastarde waren ziemlich unfruchtbar und daher nicht zum Anbau tauglich. Durch Rückkreuzung mit *V. vulpina* wurden indess fruchtbare und brauchbare Sorten erhalten.

24. SAPINDACEAE.

Aesculus.

Lit.: Loudon Arb.; C. Koch Dendrol. etc.

Die baumartigen Rosskastanien scheinen ungemein geneigt, hybride Verbindungen mit einander einzugehen. Es kommen dabei vier Arten in Betracht, nämlich die asiatische *Ae. hippocastanum L.* (wahrscheinlich aus Nordindien stammend), die stachelfrüchtige amerikanische *Ae. glabra Willd.* und die beiden glattfrüchtigen amerikanischen Arten *Ae. flava Ait.* (*Pavia flava DC.*, *Ae. lutea Wngnh.*) und *Ae. pavia L.* (*P. rubra Lam.*).

Ae. hippocastanum L. ✕ *pavia L.* scheint öfter in europäischen Gärten zufällig entstanden zu sein und ist als *Ae. carnea Willd.* oder *Ae. rubicunda Lodd.* bekannt. Dieser Bastard hat bald 4, bald 5 Kronblätter, ist nach den meisten Angaben vollkommen fruchtbar und ziemlich samenbeständig, variirt aber in der Färbung. Ein (durch Rückkreuzung?) der *Ae. hippocastanum* genäherter Sämling von *Ae.* ✕ *carnea* ist *Ae. intermedia hort.* Formen von *Ae. hippocastanum* ✕ *pavia* sind auch unter dem Namen *Ae. macrocarpa*, *Whitley's fine scarlet* etc. cultivirt worden. So viel ich gesehen habe, tragen die meisten Bäume von *Ae.* ✕ *carnea* keineswegs reichlich.

Ae. flava Ait. ✕ *pavia L.* scheint in Nordamerika spontan vorzukommen als *Ae. discolor Pursh* oder *Ae. flava var. purpurascens Asa Gray*. Hieher auch *Ae. mutabilis hort.*, *Ae. versicolor hort.* und verschiedene andere Gartenformen. *Ae. hybrida Willd.* ist eine *Ae. per-pavia* ✕ *flava*, vielleicht eine *Ae.* (*pavia* ✕ *flava*) ✕ *pavia*. Aehnlich *Ae. neglecta Lindl.* Hybride Formen dieser Art scheinen sich in europäischen Gärten ungemein leicht zu bilden; es ist nicht unwahrscheinlich, dass auch Tripelbastarde aus *Ae. hippocastanum* ✕ *pavia* und *Ae. flava* ✕ *pavia* vorkommen (ob hieher *Ae. Lyoni hort.?*).

Acer.

Lit.: Loudon, Arbor.; C. Koch Dendrol. etc.

Obgleich zahlreiche Arten dieser schönen Gattung in Gärten und Anlagen cultivirt werden, ist über Mischlinge derselben nichts Zuverlässiges bekannt. Von den Gartenschriftstellern werden indess verschiedene Mittelformen aufgeführt, die sie vielleicht mit Recht als Bastarde auffassen. Fast alle diese Mittelformen scheinen unter dem Namen *A. hybridum* zu gehen; sie sind in den Gärten selten. Solche angebliche Hybride sind:

A. opalus Mill. ✕ *pseudoplatanus L.* soll *A. hybridum Spach* sein. Die Gärtner verwechseln damit, wie es scheint, häufig eine Form von *A. opalus*, die als *A. obtusatum Küt.* und *A. Neapolitanum Ten.* in einigen Gegenden Südeuropa's häufig ist. (*A. opalus Mill.* = *A. Italum Lauth* = *A. opulifolium Vill.*)

A. opalus Mill. × *Monspessulanum L.* soll unter den Namen *A. littorale* und *A. Liburnicum* in Gärten vorkommen.

A. Monspessulanum L. × *Tataricum L.* soll *A. hybridum Baudrillart* sein.

A. campestre L. × *Monspessulanum L.* ist angeblich hin und wieder beobachtet worden.

25. ANACARDIACEAE.

Pistacia.

Lit.: Planchon in Bull. soc. bot. Fr. 1864 p. XLVI; Saporta et Marion Ann. sc. nat. Bot. V sér. t. XIV p. 5—25.

Unter den *Pistacien* zeigen die Formen von *P. terebinthus L.* aus verschiedenen Gegenden erhebliche Unterschiede, so dass sich wahrscheinlich bestimmte Unterarten umgrenzen lassen werden. Diese Unterarten nähern sich zum Theil mehr oder minder der *P. vera L.*, die in den westlichen Mittelmeer-Ländern nur cultivirt vorkommt. *P. lentiscus L.* scheint wenigstens in Frankreich, Italien, Dalmatien u. s. w. wenig zu variiren.

P. vera L. ♀ × *terebinthus L.* ♂ ist als *P. hybrida Gasparrini* hin und wieder in Italien beobachtet worden (Parlat. Fl. Ital. V). Sie ist vollkommen fruchtbar. Es ist mehrfach beobachtet worden, dass sie aus Samen von *P. vera* hervorgegangen ist. Wenn sie kein Bastard sein sollte, so kann sie nur als kleinfrüchtige *P. vera* betrachtet werden, vielleicht als ein Rückschlag zu der wilden Stammform. In Südfrankreich kommt sie in Gärten vor. Nach Planchon gehören hieher *P. Cappadocica Tourn.*, *P. Narbonensis L.* p. pte., *P. Nemausensis Req.*

P. lentiscus L. × *terebinthus L.* ist vom Grafen Saporta und A. F. Marion in 4 Exemplaren im Thale von St. Zacharie in der Provence zwischen den Stammarten beobachtet worden. *P. lentiscus* ist immergrün, die gefiederten Blätter sind aus 5—8 Paaren kleiner Blättchen an geflügelter Spindel zusammengesetzt, die Blüthen in achselständigen, meist paarigen Trauben. *P. terebinthus* ist sommergrün; die provençalische Unterart hat unpaarig gefiederte Blätter mit 3—4 Paaren ziemlich grosser Blättchen an ungeflügelter Spindel. Blüthenstände einzeln, rispig, am alten Holze, d. h. aus den Achseln vorjähriger Blätter entspringend. Blüht früher als *P. lentiscus.*

Die vier Stöcke des Bastards waren weiblich oder blüthenlos, theils immergrün, theils im Frühjahr kahl werdend; Blätter bald der einen, bald der andern Stammart ähnlicher, Spindel meist sehr schmal geflügelt. Blüthenstände rispig, aber nicht so sehr wie bei *P. terebinthus*, paarig am Grunde eines jungen Laubtriebes entspringend. Einige Fruchtknoten schienen befruchtet zu sein, wahrscheinlich durch Pollen von *P. terebinthus*. Blüthezeit intermediär.

Rhus.

Rh. glabra L. × *typhina L.* soll nach C. Koch Dendr. I 576 in den Gärten vorkommen. Offenbar gibt es Zwischenformen zwischen den beiden Arten, doch scheinen für die hybride Natur derselben keine genügenden Beweise vorzuliegen.

26. LEGUMINOSAE.

In dieser grossen und formenreichen Pflanzenfamilie zeichnet sich die wichtige Abtheilung der *Papilionaceae* durch einen sehr gleichförmigen Blüthenbau aus. Die Gattungen unterscheiden sich vorzüglich durch die Gestalt der Früchte, in einigen Gruppen erkennt man sie mehr an der Tracht als an bestimmten Merkmalen im Bau der Reproductionsorgane.

Bastarde zwischen unzweifelhaft verschiedenen Arten gehören unter den *Leguminosen* zu den Seltenheiten. In den Gattungen *Medicago*, *Erythrina* und *Phaseolus* ist je ein Bastard künstlich erzeugt worden; ausserdem liegen noch einige gute Beobachtungen über spontane Hybride vor. In artenreichen europäischen Gattungen, wie *Trifolium*, *Astragalus*, *Vicia*, *Lathyrus*, hat man aber meines Wissens bisher nie einen Bastard bemerkt. Einige wichtige Beobachtungen über Raçenmischlinge verdienen kurz mitgetheilt zu werden.

Goodia.

Lit.: W. Herbert, Transact. Hort. Soc. Lond. IV p. 46; Amar. p. 374.

G. intermedia Herbert (*G. subpubescens Sweet*), aus Australien importirt und samenbeständig, steht nach Herbert so genau in der Mitte zwischen *G. latifolia Salisb.* und *G. pubescens Sims*, dass ein Bastard dieser beiden Arten kaum anders aussehen könnte. Nach der Flor. Austral. scheint es, als wenn die typischen Arten nur ausgeprägte Endglieder einer zusammenhängenden Formenreihe sind.

Lupinus.

Ueber angebliche Hybride in dieser Gattung vgl. z. B. Regel Gartenfl. VII S. 51, Illustr. hort. t. 163. Man cultivirt u. a. eine Sorte, deren Blüthen Anfangs rein weiss sind, dann aber fast plötzlich roth werden.

Ulex.

Zwischen *U. Europaeus L.* und *U. nanus Forst.* kommen nach Le Jolis bei Cherbourg mancherlei Zwischenformen vor, die offenbar hybriden Ursprungs sein sollen. Eine constante Mittelform ist *U. Gallii Planch.*

Cytisus.

Lit.: A. Braun, Verjüng. Vorw. p. XIII; Ch. Darwin, Var. (deutsch) I S. 500.

Ueber *C. Adami* hort. vgl. im 7. Abschnitt: Pfropf-Mischlinge.

C. alpinus Mill. $\times$ *laburnum L.* ist zufällig bei dem Gärtner Waterer unter Sämlingen (von *C. laburnum?*) gefunden worden. Fast in jeder Beziehung genau intermediär zwischen den beiden Arten; Blüthentrauben auffallend lang. Pollen mit ca. 20 % missgebildeter Körner. Sehr wenig fruchtbar; indess fand Darwin einzelne Samen keimfähig. *Laburnum Watereri hortul.*; vermuthlich gleichen Ursprungs sind *L. Parksii* hort. und *L. intermedium* hort.

'C. elongatus W.K. ♀ $\times$ *purpureus Scop.* ♂ fand sich unter Sämlingen des *C. elongatus W.Kit.* vor. Nach Caspary enthält der Blüthenstaub etwa 85 % missgebildeter Körner. Steril.

Zwischen den Arten der Gruppe *Tubocytisus*, zu der auch die Stammarten des letztgenannten Bastards gehören, will man mehrere spontane Hybride beobachtet haben. Die betreffenden Thatsachen scheinen indess noch nicht mit der wünschenswerthen Sorgfalt festgestellt zu sein.

Ononis.

O. spinosa L. und *O. repens L.* sind zwei Arten, die an manchen Orten rein auftreten, an andern durch Mittelformen (*O. procurrens Wallr.*) in einander zu fliessen scheinen. Es ist wohl möglich, dass wirkliche Hybride vorkommen, doch sind noch keine genaueren Beobachtungen darüber angestellt.

Medicago.

Lit.: J. Urban in Verh. Bot. Ver. Brandenb. XIX Sitzgsb. S. 125.

Mittelformen zwischen *M. sativa L.* und *M. falcata L.* sind lange bekannt und in sehr verschiedener Weise gedeutet worden; von den verschiedensten Seiten wurden vermeintlich entscheidende Beweise dafür beigebracht, dass die Mittelform eine Varietät, ein Bastard oder eine selbständige Art sei. Die gelb blühende *M. falcata* ist in Mitteleuropa einheimisch, die violet blühende *M. sativa* ist als Culturpflanze eingeführt und nur hie und da verwildert.

M. falcata × *sativa*. Urban suchte möglichst viele Blüthen der neben einander cultivirten Arten zu kreuzen; ausserdem wurden die Stöcke auch — und, wie der Erfolg zeigte, in noch wirksamerer Weise — durch Insecten gekreuzt. *M. falcata*, die sonst wenig Früchte bringt, war in Folge der Fremdbestäubung sehr fruchtbar geworden. Es wurden Samen von beiden Arten gesammelt und ausgesäet, ausserdem auch die Selbstaussaat gestattet. Die so gewonnenen zahlreichen Sämlinge erwiesen sich, mit Ausnahme von einigen Exemplaren der *M. sativa*, sämmtlich als Hybride. Zwischen *M. falcata* ♀ × *sativa* ♂ und *M. sativa* ♀ × *falcata* ♂ war kein Unterschied bemerkbar. In beiden Aussaaten, ebenso wie unter den spontan aufgegangenen Pflanzen, war etwa die Hälfte der Exemplare ziemlich genau intermediär, die andere Hälfte näherte sich einer oder der andern Stammart. Blüthen schmutzig gelb, grün und violet gescheckt. Die Hybriden gleichen der Mittelform, welche als *M.* ⚥ *media* oder Sandluzerne cultivirt wird; sie sind fruchtbar und, wie die Cultur der Sandluzerne zeigt, im Wesentlichen samenbeständig. Die Fruchtbarkeit ist eine mittlere, wodurch auch die Samenpreise bedingt sind; bei Haage & Schmidt kostete 1878: Samen von *M. falcata* per kg M. 5, von *M. sativa* M. 2.40, *M.* ⚥ *media* M. $^1/_2$ (5.00 + 2.40) — 0,20 d. i. M. 3.50. 1879: *M. falcata* M. 4.40, *M. sativa* M. 2.00, *M.* ⚥ *media* M. $^1/_2$ (4.40 + 2.00) d. i. M. 3.20. Der Preis war also 1879 genau ein mittlerer, 1878 stand er noch etwas unter dem Mittel.

Der Bastard ist von den Floristen als *M. varia Martyn*, *M. media Pers.* und *M. versicolor Ser.* beschrieben worden. Willdenow hielt ihn für eine Varietät von *M. sativa*, Smith für eine Varietät von *M. falcata*. Wallroth, Reichenbach, Wimmer, Godron und Andere erkannten die Bastardnatur. De Candolle behauptete, die Pflanze sei immer steril, eine Ansicht, deren Irrthümlichkeit durch Godron nachgewiesen wurde.

Robinia.

Lit.: Loudon, C. Koch und zerstreute Notizen in der Gartenliteratur.

Die amerikanischen Floristen führen drei wohl unterschiedene Arten auf: *R. pseud-acacia L.*, *R. viscosa Vent.* und *R. hispida L.*

Die beiden letzten Arten sind im Süden der Vereinigten Staaten einheimisch. Die europäischen Gärtner behaupten, dass *R. viscosa* nicht samenbeständig sei; nach Rev. hort. 1872 p. 109 soll sie theils *R. pseud-acacia*, theils Mittelformen zwischen *R. viscosa* und *R. pseudacacia* liefern. Solche Mittelformen zwischen *R. viscosa* und *R. pseudacacia* sind: *R. dubia Foucault*, *R. ambigua Poir.*, *R. intermedia Soulange-Bodin*, *R. glutinosa alba*, *R. glutinosa albiflora*, *R. hybrida Audib.*, *R. Decaisneana Carrière* u. s. w. Sie blühen theils blassroth, theils weiss; am nächsten der *R. pseud-acacia* soll *R. amoena hort.* sein. Diese Mittelformen werden gewöhnlich für Bastarde von *R. pseud-acacia* und *R. viscosa* gehalten; wenn aber *R. viscosa* selbst so unbeständig ist, würde man in derselben eine *R. pseudacacia* × *hispida* vermuthen müssen. *R. hispida L.* bringt in Europa äusserst selten Früchte. Der Pollen von *R. viscosa* ist ungleichkörnig.

Eine der Zwischenformen zwischen *R. viscosa* und *R. pseud-acacia*, die *R. echinata Mill.*, hat Borsten auf den Hülsen wie *R. hispida L.*

R. pseud-acacia L. hat bei der Aussaat mancherlei Varietäten geliefert, die auf vegetativem Wege vermehrt werden; einige dieser Sorten blühen gar nicht, andere sind wehrlos; dazu kommen noch ganzblättrige und schlitzblättrige Abänderungen u. s. w. Diese Abkömmlinge der reinen *R. pseud-acacia* zeigen aber keine Annäherung an *R. viscosa Vent.*

Clianthus.

Von *Cl. Dampieri A. Cunn.* wurde ausser der typischen rothblühenden Form auch eine weissblühende nach Europa gebracht. Durch Kreuzung dieser beiden Sorten wurden verschiedene Farbenvarietäten erhalten, theils mit bunten (roth und weissen), theils mit einfarbig hellrothen Blüthen.

Colutea.

Lit.: Loudon Arbor. II, C. Koch Dendrol.

C. arborescens L. × *orientalis Mill.* (= *cruenta Ait.*) soll in verschiedenen Formen vorkommen, darunter *C. media Willd.*

Oxytropis.

Lit.: Trans. Bot. Soc. Edinb. 1874 p. 178.

Von *O. Halleri Bnge.*, die neben *O. campestris DC.* cultivirt war, erhielt J. M'Nab einen Sämling, der einige Aehnlichkeit mit *O. campestris* zeigte.

Ornithopus.

Lit.: P. Ascherson in Verh. Bot. Ver. Brandenb. VIII p. 118.

Zwischen cultivirtem *O. sativus* Brot. finden sich in Deutschland zuweilen einzelne Exemplare von *O. ebracteatus* Brot. und *O. compressus* L. eingemischt. *O. compressus* ✕ *sativus* ist vereinzelt zwischen *O. sativus* gefunden worden. Hülsen anscheinend unvollkommen ausgebildet.

Lathyrus.

Lit.: Darwin, Kreuz- und Selbstbefr. S. 144 ff.

Die Varietäten von *L. odoratus* L. sind in England (aber nach Delpino nicht in Italien) streng samenbeständig und kreuzen sich nicht ohne directes Zuthun des Menschen. Ch. Darwin benutzte zwei Farbenvarietäten: *purpureus* (Fahne röthlich purpurn, Flügel und Kiel violet) und *Painted Lady* (Fahne blasskirschroth, Flügel und Kiel fast weiss). Von *L. odoratus purpureus* ♀ ✕ *Painted Lady* ♂ erhielt er aus derselben Hülse Pflanzen, die theils der einen, theils der andern Stammform sehr ähnlich waren. Die der *Painted Lady* gleichenden Blendlinge brachten indess im Spätsommer Blüthen, welche mit dunkelpurpurnen Flecken und Strichen gezeichnet waren. In späteren Generationen gingen aus diesen hybriden *Painted Lady's* verschiedene Pflanzen hervor, welche sich mehr oder minder der var. *purpureus* näherten. Die Mischlinge waren kräftiger und höher als die Stammraçen.

Pisum.

Lit.: Th. A. Knight in Philos. Trans. 1799, II p. 195; Trans. Hort. Soc. London V p. 379; Gärtner Bast. S. 316; Darwin Variiren I Cap. 9, 11; Kreuz- u. Selbstbefr. S. 151; G. Mendel in Verh. naturf. Ver. Brünn IV Abh. p. 3 ff.

Die ursprüngliche Heimath der Erbse und ihre wilde Stammform sind nicht bekannt. Man findet sie in einer grossen Zahl von Sorten oder Varietäten, von welchen indess zwei oder drei entschieden als die verbreitetsten und ausgezeichnetsten hervorgehoben werden können.

1. *P. sativum sphaerospermum* (*P. sativum* L.): Wuchs niedrig oder mittelhoch, Nebenblätter am Grunde weiss gezeichnet, Blüthen weiss, Samen kugelrund, rollend, gelblich.

2. *P. sativum arvense* (*P. arvense* L.): Wuchs hoch, Nebenblätter am Grunde roth gezeichnet; Fahne der Blüthen roth, Flügel purpurn, Samen gross, seitlich zusammengedrückt, fast von der Gestalt eines

niedrigen Cylinders, trocken mit vertieften Seitenflächen, nicht rolleud, graugrün.

Eine dritte Form, *P. sativum elatius* (angeblich *P. elatius M.B.*) ist der vorigen Sorte ähnlich, hat aber weniger zusammengedrückte, wickenartig gefleckte Samen.

Gärtner rechnet die Erbsen zu den Pflanzen, deren Sorten sich, wenn sie neben einander gepflanzt werden, ungemein leicht durch gegenseitige Kreuzung vermischen (Bastarderz. S. 145, 171). Diese Angabe ist jedoch offenbar unrichtig. Die Erbsenblüthen werden wenigstens in Mitteleuropa nur selten von Hummeln besucht, welche eine Kreuzbefruchtung vermitteln. Andere fliegende Insecten*) sind nicht daran beobachtet; die weissen Erbsenblüthen sind anscheinend sehr geeignet, Abendfalter anzulocken, doch habe ich solche nie daran bemerkt. Die Erfahrung zeigt auch, dass die Erbsensorten streng samenbeständig sind, so dass man durch Zusammenpflanzen verschiedener Varietäten keine Mischlinge erhält. Schon Andr. Knight hatte erkannt, dass die Erbsen sich nicht gegenseitig befruchten. Vgl. Ch. Darwin, Kreuz- u. Selbstbefr. S. 151 (deutsche A.).

Die künstlichen Mischlinge aus verschiedenen Erbsensorten zeichnen sich stets durch Höhe und kräftigen Wuchs aus; sie sind sämmtlich vollkommen fruchtbar; der Blüthenstaub ist, so viel ich gesehen habe, bei allen normal und gleichkörnig.

A. Knight kreuzte zwei Sorten Felderbsen, eine grössere und eine kleinere, auf beiderlei Weise. Die erhaltenen Mischlinge waren sehr gross und glichen einander aus beiden Versuchen auf's Genaueste. — Oefter ist beobachtet, dass Erbsenblendlinge zweierlei den Stammformen entsprechende Samen in derselben Hülse brachten, aber keine intermediäre Samen.

P. sativum sphaerospermum ♀ ⨯ *arvense* ♂. Knight befruchtete eine kleine entartete weisse Sorte mit Pollen von *arvense*. Die Mischlinge glichen in Wuchs, Blüthen- und Samenfarbe dem *P. arvense*. Dieselben gaben mit Pollen einer weissen Varietät unzählige neue Sorten, zum Theil bis 12 Fuss hoch; rothe Blumen und graue Samen waren unter diesen Hybriden vorherrschend.

P. sativum arvense ♀ ⨯ *sphaerospermum* ♂. A. Knight erhielt aus dieser Kreuzung sowohl rothblumige als weissblumige Exemplare. Gärtner verwendete zur Kreuzung eine Sorte *macrospermum*, eine Form von *arvense*, in deren Blüthen Fahne und Schiff-

---

*) Zuweilen sah ich Bienen eifrig an Erbsen beschäftigt, doch besuchten sie ausschliesslich die völlig abgeblühten Blumen.

chen blassblau, die Flügel dunkelblau waren. Bestäubt mit Pollen von weissblühendem *sphaerospermum nanum* gab sie Mischlinge, deren Fahne und Schiffchen rosenroth, die Flügel dunkelviolet waren (Bastarderzeug. S. 316).

Knight und nach ihm viele andere Züchter haben durch Kreuzung der Erbsen zahlreiche neue streng samenbeständige Sorten erhalten. Es scheint, als ob die ältesten Sorten neuerdings nach 50 bis 60 und mehr Generationen anfangen, schwächer zu werden (Darwin a. a. O.). Mendel's zahlreiche Kreuzungen ergaben Resultate, die den Knight'schen ganz ähnlich waren, doch glaubte Mendel constante Zahlenverhältnisse zwischen den Typen der Mischlinge zu finden. Im Allgemeinen behalten die durch eine hybride Bestäubung erzeugten Samen auch bei den Erbsen genau die Gestalt und Farbe bei, welche der Mutterpflanze zukommt, auch wenn aus diesen Samen selbst Pflanzen hervorgehen, welche ganz der Vaterpflanze gleichen und welche dann auch deren Samen bringen. Es werden indess von Erbsen auch Beispiele angeführt, in denen die durch Kreuzbefruchtung erzielten Erbsen selbst eine der pollengebenden Sorte entsprechende Färbung gezeigt haben sollen. Vgl. darüber im letzten Abschnitte die Xenien.

Hardenbergia.

Ueber einen angeblichen Bastard vgl. Illustr. hort. t. 179.

Erythrina.

Lit.: W. Herbert in Journ. Hort. Soc. II, p. 102; Illustr. hortic. 291.

E. herbacea L. treibt aus der Grundachse Blüthenstände und sterile Laubtriebe, während bei *E. crista galli* L. die Blüthenstände aus Achseln der Laubblätter an kräftigen Stengeln hervorbrechen.

E. herbacea ♀ ✕ *crista galli* ♂, von M'Leay oder von Bidwill erzogen, ist ein schöner Bastard, *E. Bidwilli* genannt, der achselständige Blüthenstände hat, wie *E. crista galli*, im Uebrigen aber zwischen den Stammarten die Mitte hält. — Später zog Bellanger in Tours eine *E. crista galli* ♀ ✕ *herbacea* ♂, die *E. Bellangeri* genannt wurde, jedoch mit *E.* ✕ *Bidwilli* vollkommen übereinstimmen soll. Durch Befruchtung der *E.* ✕ *Bellangeri* mit Pollen von *E. crista galli* wurden drei Sorten erhalten: *Marie Bellanger*, hybr. *ruberrima*, hybr. *floribunda*.

Phaseolus.

Lit.: Ch. Fermo:.d in Bull. soc. bot. Fr. II p. 748—752; Darwin in Garden. Chron. 1858 p. 829; Kreuz- u. Selbstbefr. S. 144; H. Hoffmann Bot. Ztg. 1874 Sp. 273 ff.; G. Mendel in Verh. naturf. Ver. Brünn IV Abh. p. 32; Fr. Körnicke in Verh. Naturh. Ver. Rheinl. 1876 Sitzgsb. 47.

Man cultivirt in Europa im Grossen zwei Arten: *Ph. multiflorus Lam.* und *Ph. vulgaris L.*, letztere in zahlreichen Varietäten. Nach der Gestalt der Samen und der Höhe des Wuchses (windend oder niedrig) werden die Hauptraçen unterschieden; manche Autoren betrachten die Form *Ph. nanus L.* mit nicht windendem Stengel und wenig zusammengedrückten Samen als besondere Art.

Ph. multiflorus Lam. Nach Ch. Darwin's Versuchen wird diese Art gewöhnlich durch Insecten befruchtet; vielleicht verdanken auch die sparsam unter Bedeckung gebildeten Früchte ihre Entstehung nur den Thrips. H. Hoffmann glaubt allerdings auch bei dieser Art an Selbstbefruchtung, doch sind seine Versuche nicht ganz überzeugend.

Ph. multiflorus flor. coccineis $\times$ *flor. albis.* Die gewöhnliche Form von *Ph. multiflorus* hat scharlachrothe Blüthen und dunkle bunte Samen, die weissblüthige rein weisse Blüthen und Samen. Beide Sorten sind bei Isolirung samenbeständig. Ch. Fermond pflanzte die beiden Sorten neben einander; er erhielt aus einigen der geernteten bunten Samen die weisse Form, aus einigen der weissen die rothblühende, dunkelsamige. Mittelformen entstanden nicht; man cultivirt indess auch eine Sorte mit bunten (weiss und rothen) Blüthen, *var. bicolor*, die übrigens kein Gartenmischling ist, sondern aus Brasilien eingeführt sein soll.

Ph. vulgaris L. var. nanus L. ♀ $\times$ *multiflorus Lam. fl. coccin.* ♂ ist von G. Mendel künstlich erzeugt worden. *Ph. nanus* ist niedrig, hat weisse Blumen und weisse kleine Samen, *Ph. multiflorus* ist hochwüchsig, windend, hat rothe Blumen und bunte (schwarz und roth) Samen. Die Bastardpflanzen, 17 Exemplare, glichen im Allgemeinen mehr der väterlichen Stammart, dem *Ph. multiflorus*, doch waren die Blüthen blasser roth. Die Fruchtbarkeit war ziemlich gering; es wurden von den 17 Pflanzen 49 Samen erhalten, von welchen im folgenden Jahre 31 zur Blüthe gelangende Exemplare erhalten wurden. Eins derselben brachte weisse Blumen und weisse Samen, bei den andern schwankte die Blüthenfarbe zwischen roth und blassviolet; die Samenfarbe war eben so variabel. Die Fruchtbarkeit war sehr ungleich, aber bei allen mangelhaft; die rothblühenden Exemplare waren durchschnittlich am wenigsten fruchtbar. Die Fruchtbarkeit zeigte sich nicht erblich, sondern die Nachkommen der fruchtbarsten Exemplare waren mitunter ganz steril. — Ein spontaner *Ph. multiflorus* ✕ *vulgaris* ist im Jahre 1875 von Fr. Körnicke beobachtet worden. Der Bastard war im Poppelsdorfer Garten entstanden, glich habituell mehr dem *Ph. multiflorus*, brachte auch einige Samen, die von denen des *Ph. multiflorus coccineus* durch hellfleischfarbene Flecken abwichen. Pollenkörner meist taub; Zahl der entwickelten Hülsen gering. — Aus den Samen gingen im folgenden Jahre Pflanzen hervor, welche — wohl in Folge von Kreuzung — zu *Ph. vulgaris* zurückgeschlagen waren.

Ph. vulgaris L. Diese Art ist auch bei Ausschluss von Insecten vollkommen fruchtbar. Pflanzt man verschiedene Varietäten, die im Allgemeinen streng samenbeständig sind, durcheinander, so erhält sich häufig jede derselben rein. In andern Jahren findet indess eine reichliche Kreuzung der verschiedenen Raçen statt. Die Gärtner wissen dies sehr wohl. Vgl. Wiegmann Bast. S. 13, Gärtner Bast. S. 145, 171, 173, Darwin Kreuz- u. Selbstbefr. S. 144 etc.

Die Mischlinge aus verschiedenen *Phaseolus*-Raçen sind in ihrer Nachkommenschaft ungemein veränderlich. Ueber einen solchen Fall hat H. Hoffmann genaue, durch Abbildungen erläuterte Mittheilungen gemacht; freilich erklärt er den Fall nicht durch Kreuzung, sondern durch spontane Variation (als solche würde er völlig beispiellos dastehen).

Wiegmann erhielt aus der windenden Form, neben *var. nanus* gepflanzt, samenbeständige *nanus*, aus *Ph. nanus* dagegen, die neben der windenden gestanden hatte, windende Exemplare, deren Nachkommenschaft jedoch zu *nanus* zurückschlug. — J. Butterbrodt (Illustr. Gartenz. XXII S. 272) befruchtete eine niedrige schwarzbunte Wachsbohne mit Pollen der windenden weissen Schwertbohne. Er erhielt Blendlinge mit braunbunten Bohnen, aus welchen im folgenden Jahre 13 verschiedene Sorten hervorgingen, 4 weisse und 9 farbige, in der Tracht sehr von einander abweichend. In dritter Generation hatten sich 67 Sorten gebildet, in vierter 59, darunter die ersten vollständigen Rückschläge zu den Stammformen. In fünfter Generation waren 55 Sorten vorhanden, darunter die weisse Schwertbohne, während die andere Stammform nicht wieder erschien. — Ganz ähnliche Thatsachen beobachtete Ch. Darwin, als er die Samen der von Coe zufällig erhaltenen Mischlinge auspflanzte (vgl. Kreuzbefr. S. 144).

27. ROSACEAE.

Amygdalus.

Lit.: **Knight** in Trans. Hort. Soc. London III p. 1 t. 1; IV p. 369; **Carrière** in Rev. hort. 1867 p. 49.

Die Früchte der Pfirsiche sind von einer saftigen, fleischigen, nicht aufspringenden Samenschale umgeben, während die Mandelfrüchte eine trockene, bei der Reife aufspringende Schale besitzen. Man hat daher geglaubt, die Gattung *Persica* von *Amygdalus* trennen zu können. In Wirklichkeit ist indess die Pfirsich der gemeinen Mandel so ähnlich, dass beide eher als Unterarten einer einzigen Species zu betrachten sind.

A. communis dulcis L. ♀ ⨯ *Persica* L. ♂ wurde von Th. A. Knight erzeugt und brachte im Jahre 1817 zum ersten Male acht Früchte. Drei derselben spalteten sich bei der Reife wie Mandeln, die fünf andern nicht; alle waren ziemlich pfirsichartig und hatten geniessbares, weiches und schmelzendes Fleisch. Kern mandelartig. Die grösste Frucht hatte einen Umfang von 8 Zoll engl. Der Blüthenstaub war sehr unvollkommen. Bei der Aussaat blieb der Blendling constant; auch der Blüthenstaub wurde in zweiter Generation nicht besser. — *A. communis dulcis* ♀ ⨯ *Persica glabra* ♂ hatte dagegen einen wohlgebildeten Blüthenstaub. Es ist nicht wahrscheinlich, dass die Nectarine (*A. Persica glabra*) sich anders zur Mandel verhält als die Pfirsich; die Verbildung des Blüthenstaubes bei der Pfirsichmandel ist daher schwerlich eine regelmässige Erscheinung.

Als *A. persicoides* Ser., *Amygdalo-Persica* oder *Persico-Amygdalus* bezeichnet man Mandelpfirsiche unbekannter Herkunft, wie sie namentlich in Frankreich mehrfach gefunden sind. Man hat eine Urform der Pfirsich oder Uebergangsformen zwischen Mandel und Pfirsich darin erblicken wollen, doch verhalten sich alle Exemplare anscheinend ähnlich wie Knight's Bastard. In der Regel sind die Früchte auf demselben Baume einander nicht gleich, theils stumpf und fleischig, theils trocken und spitz, theils aufspringend, theils nicht. Scheint samenbeständig. Es gibt auch eine Mandelpfirsich mit gefüllten Blüthen (gefüllte Mandel der Gärtner). Dieselbe soll wenig fruchtbar sein, aber in einigen Jahren pfirsichartige (nicht aufspringend, saftig), in andern mandelartige (aufspringend, trocken) Früchte bringen.

A. Persica L. Th. A. Knight kreuzte verschiedene Sorten echter Pfirsiche unter einander; er gab an, dass die kreuzbefruchteten

Sämlinge kräftiger seien, dass sich auf diesem Wege am sichersten neue Varietäten erhalten lassen, dass aber die Frucht des Mischlings mehr Aehnlichkeit mit der Frucht der mütterlichen Stammform zu zeigen pflege.

Prunus.

Lit.: C. Koch Vorl. Obstgeh.; C. Koch Dendrol.; Th. A. Knight in Trans. Hort. Soc. London V p. 295.

Prunaster, Pflaume.

In Mitteleuropa gibt es nur eine wirklich einheimische Art: *Pr. spinosa L.* Man cultivirt mehrere orientalische Arten oder Raçen, zwischen denen verschiedene hybride Mittelformen vorzukommen scheinen. Die Hauptarten sind nach C. Koch: 1. *Pr. Syriaca Borkh.* Pflaume. 2. *Pr. oeconomica Borkh.* Zwetsche. 3. *Pr. cerasifera Ehrh.* (*Pr. divaricata Ledeb.*) Mirabelle. Als vierte Art kommt noch *Pr. Italica Borkh.* (Reineclaude) hinzu, deren Herkunft man jedoch nicht kennt und die in einiger Hinsicht zwischen *Pr. Syriaca* und *Pr. oeconomica* intermediär ist. Die halb wilde *Pr. insititia L.* scheint eine verwilderte *Pr. Syriaca* zu sein; die oft damit verwechselte *Pr. fruticans Wh.* eine *Pr. spinosa* × *insititia* oder *Pr. spinosa* × *Syriaca*. Nach C. Koch sind die Pflaumen bei der Aussaat meistens constant. Neuerdings sind die verschiedenen Pflaumen mehrfach gekreuzt worden. H. Hoffmann hält nur die Zwetsche für eine besondere Art, alle andern Pflaumen und Schlehen dagegen für Formen einer einzigen Species. Wenn man die Unterschiede auch nicht als specifisch anerkennt, wird man doch die thatsächliche Verschiedenheit der Formenkreise in irgend einer Weise zum Ausdruck kommen lassen müssen.

Cerasus, Kirsche.

Von den echten Kirschen unterschied Linné zwei Arten: *Pr. avium* Süsskirsche und *Pr. cerasus* Sauerkirsche. Die letzte wird von C. Koch in zwei Arten getrennt: *Pr. recta Liegel* und *Pr. pendula Liegel*. Eine vierte Art ist nach C. Koch die Glaskirsche, *Pr. acida Ehrh.*, *Pr. vitrea C. Koch*, doch vermuthet er selbst, dass sie hybrider Abkunft sei. Andere Autoren sondern verschiedene Arten von *Pr. avium* ab, doch sind dieselben wohl besser als Unterarten zu bezeichnen, so insbesondere *Pr. nigra Mill.*, *Pr. duracina DC.* und *Pr. Juliana DC.*

Nach C. Koch sind die Kirschen, auch die muthmaasslich hybriden Glaskirschen, bei der Aussaat beständig. Es soll damit vielleicht nur gesagt werden, dass die Arten nicht in einander übergehen, denn Knight (Hort. Trans. II p. 38) bemerkt umgekehrt, dass die Kirschen mehr als andere Früchte bei der Aussaat variiren.

Pr. cerasus ♀ ✕ *avium duracina* ♂ ist nach vielen vergeblichen Versuchen von Knight erhalten worden. Die väterliche Stammform war *Elton*, eine sehr geschätzte hellfrüchtige Herzkirsche. Der Blendling kam der *Elton* ziemlich nahe und war ungemein fruchtbar. Knight meint, dass die vlämische und kentische Kirsche Hybride ähnlichen Ursprungs sind. Diese Sorten scheinen in der That Glaskirschen zu sein. Die Glaskirschen bringen nach Bouché viele taube Fruchtsteine. Im Blüthenstaub cultivirter Kirschen fand ich stets eine Anzahl verkümmerter Körner mit den normalen gemischt. Bei verwildert (oder wild?) auf den Voralpen am Genfer See wachsenden Bäumen fand ich jedoch einen völlig gleichkörnigen Blüthenstaub.

Spiraea.

Lit.: C. Koch Dendrol.; H. Zabel Syst. Verz. d. zu Münden kult. Pfl. S. 14.

Die strauchigen *Spiraeen* (Sect. *Chamaedryon* et *Spiraria* Ser.) besitzen eine auffallende Neigung, Kreuzungen mit einander einzugehen. Wenn mehrere Arten neben einander cultivirt werden, so pflegen aus vielen Sämlingen Mischlinge mit einer oder mehreren von diesen Arten hervorzugehen. Ueber die physiologischen Eigenthümlichkeiten der hybriden *Spiraeen* ist wenig bekannt. Es genügt daher eine einfache Aufzählung solcher muthmaasslichen Bastarde, deren Abstammung besser untersucht ist.

Sp. cana W.K. ✕ *hypericifolia* L. ist nach Zabel *Sp. inflexa hort.*
Sp. cana W.K. ✕ *crenata* L. ist nach Koch *Sp. inflexa hort.*;
die *Sp. crenata* ist kaum specifisch von *Sp. hypericifolia* zu trennen.
Nach Zabel gehört hieher *Sp. Savranica hort.*
Sp. oblongifolia W.K. ✕ *hypericifolia* L. Gartenpflanze.
Sp. oblongifolia W.K. ✕ *crenata* L. ist nach Koch die *Sp. Pikoviensis Bess.*
Sp. oblongifolia W.K ✕ *chamaedryfolia* L. Hieher nach Zabel
die *Sp. Pikoviensis hort.*
Sp. Cantoniensis Lour. ✕ *triloba* L. ist *Sp. Van Houttei hort.*
Sp. Douglasii Hook. ✕ *salicifolia* L. Hieher *Sp. eximia hort.*,
Sp. Billiardii hort., *Sp. Lenneana hort.*, *Sp. syringaeflora hort.* —
Die *Sp. salicifolia* L. hat einen mischkörnigen Blüthenstaub.
Sp. Douglasii Hook. ✕ *canescens* D. Don. Gartenpflanze.
Sp. Douglasii Hook. ✕ *expansa* Wall. Nach Zabel gehört hieher *Sp. Regeliana hort.*, während Regel selbst die Rinz'sche *Sp. Regeliana* für identisch mit *Sp.* ✕ *Nobleana* hält.
Sp. Douglasii Hook. ✕ *callosa* Thbg. ist aus Samen von *Sp.*

Douglasii, die neben *Sp. callosa* stand, von Noble in Bagshot erhalten und als *Sp. Nobleana* in den Handel gebracht. Wächst aber nach Hooker in Californien wild, wo *Sp. callosa* nicht vorkommt. Dieselbe Pflanze soll *Sp. Regeliana* (Züchter Rinz), *Sp. Sanssouciana hort.* sein; s. oben.

Sp. Douglasii Hook. × *albiflora Miq.* und *Sp. Douglasii Hook.* × *corymbosa Raf.* sind ebenfalls Gartenpflanzen.

Sp. canescens D. Don ♀ × *salicifolia L.* ♂ ist *Sp. Fontenaysii hort.*, von Billiard in Fontenay aus Samen von *Sp. canescens var. Sinensis hort.* erhalten; Blüthen weiss oder roth.

Sp. salicifolia L. × *bella Sims.* Hieher *Sp. Kamaonensis spicata hort.*

Sp. salicifolia L. × *callosa Thbg.* Hieher *Sp. salicifolia corymbosa hort.*

Sp. salicifolia L. × *albiflora Miq.* Gartenpflanze.

Sp. alba hort. × *corymbosa Raf.* ist *Sp. notha Zabel.*

Sp. canescens D. Don × *expansa Wall.* Gartenpflanze.

Sp. bella Sims × *expansa Wall.* Hieher nach Zabel *Sp. expansa rubra hort.*, *Sp. Hookeri hort.*, nach Koch *Sp. pulchella Kunze.*

Sp. callosa Thbg. × *corymbosa Raf.* Hieher nach Zabel *Sp. Foxii hort.*

Sp. albiflora Miq. × *corymbosa Raf.* ist *Sp. callosa superba Froebel.*

Sp. bella Sims × *callosa Thbg.* Hieher nach C. Koch *Sp. bella coccinea hort.*

Ein sehr lange blühender, völlig unfruchtbarer Bastard ist *Sp. Reewesiana robusta hort.* Ueber den Ursprung finde ich nichts bemerkt.

Filipendula (Ulmaria).

Die Angabe, dass *Spiraea palmata elegans* Illustr. hort. 1878 p. 33 ein Bastard von *Fil. purpurea Maxmw.* = *Spir. palmata Thbg.* und *Astilbe rivularis G. Don* sei, ist falsch. Die Pflanze ist von *F. purpurea* kaum als Spielart verschieden.

Rubus.

Lit.: Focke in Journ. bot. VI (1877) p. 367; Synops. Rub. Germ. p. 33, 50 etc.

Die Gattung *Rubus* ist ungemein formenreich und zerfällt in eine Anzahl verschiedener wohl charakterisirter Untergattungen. Einige Gruppen bestehen aus äusserst zahlreichen nahe verwandten Raçen, welche die Grenzen zwischen den durch wesentliche Charaktere geschiedenen Arten oft völlig verwischen. Auch viele sonst gut umgrenzte Arten sind sehr formenreich. Natürliche Hybride scheinen innerhalb vieler Artengruppen leicht zu entstehen; wahrscheinlich gehen häufig aus ihnen neue constante Raçen hervor.

Cylactis.

R. arcticus L. × *saxatilis L.* ist hie und da im nördlichen Norwegen, Schweden und Russland gefunden und als *R. castoreus Laestad.* beschrieben worden. Bald der einen, bald der andern Stammart ähnlicher; Blüthen blassroth, seltener weiss.

Cylactis × Eubatus.

R. saxatilis L. × *caesius L.* ist bisher nur in Norwegen in der Gegend von Ringerike nachgewiesen und als *R. Areschougii A. Blytt* beschrieben worden. Vollständig unfruchtbar. Die Exemplare von Lasch's angeblichem *R. caesius* × *saxatilis*, welche ich im Berliner Herbar sah, halte ich für eine zarte Form von *R. caesius*.

Idaeobatus.

R. Idaeus L. × *occidentalis L.* scheint in Nordamerika nicht selten zwischen den Stammarten (*R. Idaeus subsp. strigosus Mchx.* und *R. occidentalis typ.*) vorzukommen. *R. neglectus Peck.* — Mancherlei ähnliche Mischlinge sind durch Kreuzung verschiedener Raçen der beiden Arten durch amerikanische Gärtner erzeugt. Stacheln kräftiger als bei *R. Idaeus*, Früchte meist ziemlich gut entwickelt, schwarzroth. *R. Idaeus* ♀ × *occidentalis* ♂ ist von mir künstlich erzeugt worden, ist weit weniger fruchtbar als die Stammarten; mein Exemplar vermehrte sich weder durch Wurzelbrut noch durch einwurzelnde Schösslingsspitzen.

Idaeobatus × Anoplobatus.

R. Idaeus L. × *odoratus L.*, von E. de Vos erzeugt, ist als *R. nobilis Regel* beschrieben worden. Ein wegen der grossen Verschiedenheit der Stammeltern besonders merkwürdiger Bastard. *R. Idaeus*: Triebe zweijährig, bereift und bewehrt; Normalblätter 3—5-zählig gefiedert, Blättchen unterseits weissfilzig. Blüthenstände drüsenlos, feinstachelig, wenigblüthig, fast traubig. Blüthen klein, Kronblätter länglich, weiss. *R. odoratus*: Strauchig mit ausdauernden Trieben, unbereift und unbewehrt; Blätter ungetheilt, gross, am Grunde tief herzförmig, 5-lappig, beiderseits grün. Blüthenstände ausgebreitet, reichblüthig, fast ebensträussig mit dichtdrüsigen Blüthenstielen und Kelchen. Blüthen gross, Kronblätter rundlich, roth. Bastard: Strauchig mit ausdauernden Trieben; die jüngeren Zweige mit undeutlichem Reif, Blätter 3-zählig mit kurz gestieltem Endblättchen, Blättchen gross, länglich elliptisch, unterseits dünn graufilzig. Blüthenstände reichblüthig, fast ebensträussig, Blüthenstiele etwas drüsig, mit vereinzelten, kaum bemerkbaren Stachelchen; übrigens die ganze Pflanze wehrlos. Blüthen ziemlich klein, Kronblätter rundlich, roth. Völlig unfruchtbar; Antheren taub. — Der Bastard hat somit Wuchs und Tracht, Blüthenstand, Mangel an Stacheln, sowie Gestalt und Farbe der Blüthen von *R. odoratus*, die Drüsen des Blüthenstandes sind indess viel spärlicher, die Blüthen viel kleiner als bei dieser Art. Auf *R. Idaeus* weisen vorzugsweise die Blätter hin, ausserdem die dünne Behaarung der jungen Zweige. Ist wahrscheinlich ein Sämling von *R. Idaeus*, da *R. odoratus* selten Früchte bringt und ausserdem seine Samen in Europa schwer keimen.

Idaeobatus × Eubatus.

R. caesius L. × Idaeus L. ist in verschiedenen Formen ziemlich häufig in Mitteleuropa. Mehr oder minder intermediär, Blüthen von mittlerer Grösse, Pollenkörner meist verkümmert, Früchte fast immer fehlschlagend; Früchtchen, wenn vorhanden, vereinzelt, gross, schwarzroth. Durch Aussaat einiger dieser seltenen Bastardfrüchte erhielt ich mehrere verschiedene Typen, darunter einen grossblättrigen und grossblüthigen, sowie einige dem ursprünglichen Bastard ähnliche Formen. Deutliche Rückschläge waren nicht vorhanden. *R. Idaeus* ♀ × *caesius* ♂ ist von mir künstlich erzeugt, blüht äusserst reichlich, war aber während einer Reihe von Jahren völlig unfruchtbar; 1879 hat sich (unter vielen hundert Blüthen) ein einziges Carpell zu einem grossen rothen Steinfrüchtchen entwickelt. — Es gibt, namentlich in den Ostseeländern, Mittelformen, welche dem *R. caesius* × *Idaeus* sehr ähnlich, aber viel kräftiger und fruchtbarer sind. Hieher *R. pruinosus Arrh.*, *R. maximus Marss.* etc.

? *R. rigidus Sm.* × *plicatus Wh. et N.* scheint nach Ausweis eines getrocknet vorliegenden, von Pappe gesammelten Exemplars am Cap der guten Hoffnung vorzukommen.

Eubatus: Species Americanae.

R. Canadensis L. × *villosus Ait.* Mittelformen zwischen den beiden wohl charakterisirten Arten sind nach den amerikanischen Botanikern nicht gerade selten, aber bisher nicht mit Sicherheit als Bastarde erkannt worden. Es ist jedoch sehr wahrscheinlich, dass sie hybriden Ursprungs sind. Hieher *R. villosus var. humifusus Asa Gr.*

Eubatus: Species Europaeae.

Die europäischen Brombeeren oder schwarzfrüchtigen *Rubus*-Arten zeichnen sich durch eine ausserordentliche Mannigfaltigkeit der Formen aus. Bei der Unmöglichkeit einer sicheren Abgrenzung hat man bald alle Formen zu einer einzigen Sammel-Species zusammengezogen, bald jede leichte Abänderung unterschieden, ein Verfahren, welches die Zahl der europäischen Arten auf einige Tausend bringen muss. Schliessen wir den *R. sanctus Schreb.* und die wenig bekannten Formen des südöstlichen Europa von der Betrachtung aus, so können wir unter den übrigen Arten unterscheiden:

1. Drei echte weit verbreitete Arten mit gleichkörnigem Blüthenstaub: *R. caesius L.*, *R. tomentosus Borkh.*, *R. ulmifolius Schott* (= *R. rusticanus E. Merc.*, *R. discolor aut. mult.*).

2. Vier Sammelarten, von denen eine jede eine Anzahl zusammengehöriger, aber wohl charakterisirter Unterarten umfasst: *R. fruticosus L.* (dazu *R. suberectus Anders.*, *plicatus Wh. et N.*, *sulcatus Vest.* etc.), *R. fortis Focke (R. gratus, hedycarpus, bifrons* umfassend), *R. vestitus Wh. et N.*, *R. glandulosus Bell.* (dazu *R. Bellardii Wh. et N.*, *R. hirtus W. et K.*, *R. brachyandrus Gremli).*

3. Einige wohl charakterisirte Typen als Repräsentanten derjenigen Artengruppen, welche zu keiner der obigen Arten und Sammelarten nähere Beziehungen zeigen. Hieher gehören *R. Arrhenii Lnge.* und *R. rudis Wh. et N.*, sodann vielleicht auch *R. Sprengelii Wh. et N.*, *R. rosaceus Wh. et N.*, *R. foliosus Wh. et N.*

Es gibt noch einige andere Formenkreise, denen man eine grössere Selbständigkeit zuerkennen kann, so der Sammelart *R. thyrsoideus Wimm.*, dem *R. Arduennensis Lib.*, *R. rhamnifolius Wh. et N.*, *R. Cupanianus Guss.* etc. Alle die zahlreichen andern Raçen sind unzweifelhaft Parallelformen zu einer der Hauptarten oder sie sind Mittelglieder zwischen je zweien derselben. — Alles wohl erwogen, spricht die grösste Wahrscheinlichkeit dafür, dass die engeren Formenkreise unter den Brombeeren ursprünglich Abkömmlinge von Bastarden sind. Jetzt sind sie im Wesentlichen samenbeständig.

Bastarde des *R. caesius L. R. caesius × tomentosus* ist überall häufig, wo beide Arten gesellig wachsen, vorzüglich an Wegen, Weinbergsmauern, Ackerrändern, auf Felsgeröll. In vielerlei Formen, meist wenig fruchtbar. — *R. caesius × ulmifolius* kommt in Gegenden, in denen beide Arten gesellig wachsen, an ähnlichen Orten vor. Am Genfer See meist in zwei Formen, einer kleineren rothblüthigen und einer grösseren weissblüthigen; beide sind fast völlig steril. Bastarde des *R. caesius L.* mit *R. candicans Wh.*, *R. bifrons Vest*, *R. macrostemon Focke*, *R. Sprengelii Wh.*, *R. vestitus Wh. et N.*, *R. radula Wh.*, *R. egregius Focke*, *R. pyramidalis Kaltenb.*, *R. thyrsiflorus Wh. et N.* etc. sind an ihren natürlichen Fundorten mit ziemlicher Sicherheit erkannt worden (Focke Synops. Rub. Germ.); neuerdings ist von Dr. Arth. Schultz auch ein interessanter Bastard von *R. caesius L.* und *R. villicaulis* nachgewiesen worden, dessen Schösslinge theils kriechend (wie bei *R. caesius*), theils kräftig und hochwüchsig sind. — *R. Bellardii* ♀ × *caesius* ♂ ist von mir künstlich erzeugt worden; er ist habituell dem *R. Bellardii* ähnlicher, hat jedoch viel breitere Blättchen, von denen die seitlichen fast sitzend sind. Blüthen grösser als bei beiden Stammarten; Kronblätter von *R. Bellardii*: 10—12 mm lang, 3—4 mm breit; von *R. caesius*: 13—15 mm lang, 9 mm breit; von *R. Bellardii* ♀ × *caesius* ♂: 20 mm lang, 9—10 mm breit. Pollenkörner meist verbildet oder verkümmert, einzelne ziemlich regelmässig; Früchte fast immer fehlschlagend. — Aehnliche Mittelformen zwischen *R. caesius L.* und den *Glandulosen* finden sich häufig. Die Mittelformen unbekannten Ursprungs zwischen *R. caesius L.* und andern *Rubus*-Arten bilden die Gruppe der *Corylifolii*. Die einzelnen Formen sind, so weit sie untersucht werden konnten, samenbeständig, meistens mangelhaft fruchtbringend, an einigen Orten aber auch vollkommen fruchtbar.

Bastarde des *R. tomentosus Borkh.* Diese Bastarde finden sich nicht so massenhaft, wie die des *R. caesius*, scheinen aber an einigen Orten Ausgangspunkte zahlreicher samenbeständiger Formen geworden zu sein. *R. caesius* × *tomentosus* s. oben. *R. thyrsoideus Wimm.* und *R. bifrons Vest* bilden mit *R. tomentosus* ziemlich häufig sterile oder fast sterile Bastarde, die in verschiedenen Formen vorkommen. Mit *R. macrostemon* oder einer sehr ähnlichen Art scheint *R. tomentosus* in den mährischen Grenzkarpathen mehrere Bastardformen gebildet zu haben; eine derselben, von Holuby als *R. Schwarzeri* bezeichnet, ist steril, eine andere, *R. moestus Holuby*, dagegen vollkommen fruchtbar; in der Tracht sind sich beide Formen sehr ähnlich. *R. ulmifolius Schott* × *tomentosus Borkh.* ist von A. Kerner am Monte Baldo in Südtyrol und in Venetien aufgefunden und als *R. Baldensis* beschrieben worden; Früchte grösstentheils fehlschlagend. *R. vestitus Wh. et N.* × *tomentosus Borkh.* scheint sich sehr leicht zu bilden, ist meistens wenig fruchtbar. Aus den mir durch A. Gremli übersandten Früchten erzog ich eine sehr reichlich fruchtende Brombeerform, die dem *R. macrophyllus hypoleucus* sehr ähnlich war. In der Gegend von Bertrich in der Rheinprovinz fand Wirtgen einen *R. Bertricensis* und mehrere ähnliche Formen, die sämmtlich zwischen *R. tomentosus* und *R. vestitus* in der Mitte standen. Sie sind fruchtbar. — Auch mit *R. rudis Wh. et N.*, *R. Koehleri Wh. et N.*, *R. hirtus W.K.* u. s. w. bildet *R. tomentosus* Bastarde, welche wenigstens in der Regel völlig unfruchtbar sind.

Bastarde des *R. vestitus Wh. et N.* sind allem Anschein nach häufig. Ausser *R. caesius* und *R. tomentosus* scheinen namentlich *R. thyrsoideus Wimm.*, *R. bifrons Vest*, *R. ulmifolius Schott*, *R. pallidus Wh. et N.*, *R. foliosus Wh. et N.* sowie mehrere drüsenreiche kleinere Arten Bastarde mit *R. vestitus* zu bilden. Einen sehr charakteristischen *R. montanus Wirtg.* ✕ *vestitus Wh. et N.* sah ich bei Eupen. Bastarde des *R. bifrons Vest*. Mancherlei fruchtbare Mittelformen zwischen *R. bifrons* und den drüsenreichen Arten habe ich Synops. Rub. Germ. p. 277 ff. beschrieben. Eine interessante Kreuzung habe ich zwischen *R. bifrons Vest* und *R. gratus Focke* ausgeführt. *R. gratus* ist im Allgemeinen kräftiger, hat schärfer kantige Schösslinge, grössere Blätter und viel grössere oft fast weisse Blüthen und grosse Früchte. Blätter beiderseits grün und behaart. *R. bifrons* hat viel kräftigere, grade, zahlreiche Stacheln, die Blätter sind oberseits kahl, unterseits angedrückt-weissfilzig. Blüthen roth. Pollen mischkörnig, bei *R. gratus* fast gleichkörnig. Der Bastard *R. gratus* ♀ ✕ *bifrons* ♂ hält zwischen den Stammarten die Mitte, hat aber die Stacheln von *R. bifrons* und ist vollkommen fruchtbar. Blüthen weiss. Pollen wie bei *R. bifrons*. Dieser Bastard ist nicht sicher von *R. villicaulis Koehl.* zu unterscheiden, einer zwar etwas variabeln, aber sehr verbreiteten Art, die am häufigsten in Gegenden ist, in denen sich weder *R. gratus*, noch *R. bifrons* findet. Die letzten beiden Arten scheinen spontan nirgends zusammen vorzukommen.

Sonstige Bastarde europäischer Brombeeren. Genauer untersucht habe ich muthmaassliche Kreuzungsproducte von *R. rudis Wh. et N.* und *R. rhamnifolius Wh. et N.*, *R. foliosus Wh. et N.* und *R. Sprengelii Wh.*, *R. plicatus Wh. et N.* und *R. affinis Wh. et N.*

Geum.

Lit.: Gärtner Bastardbefr.; A. Godron in Mém. acad. Stanisl. 1865 p. 347.

Künstliche Hybride zwischen verschiedenen *Geum*-Arten hat zuerst C. F. v. Gärtner erzeugt. Einige spontane *Geum*-Bastarde sind verhältnissmässig häufig, auch ist ihr Ursprung schon früh richtig erkannt worden. In systematischer Hinsicht kann ich mich an die neueste monographische Bearbeitung der Gattung (Scheutz in Nov. act. soc. sc. Upsal. 1870) anlehnen; die Bastardverbindungen sind jedoch in dieser Schrift in höchst unklarer und verworrener Weise abgehandelt.

Bei den bekannten Kreuzungen betheiligt sind aus der Sect. *Calligeum* das *G. coccineum Sibth. et Sm.*, aus der Sect. *Caryophyllata* das *G. rivale L.*, aus der Sect. *Sieversia* das *G. montanum L.*, endlich mehrere Arten aus der Sect. *Caryophyllastrum*. Gärtner führt aus derselben ausser dem *G. urbanum L.* 4 Arten unter den Namen *Canadense*, *heterophyllum*, *macrophyllum* und *ranunculoides* auf. *G. heterophyllum* ist als *G. Virginianum L.*, *G. macrophyllum* als *G. Japonicum Thbg.* zu deuten, *G. ranunculoides* kann wohl nur *G. strictum Ait.* sein, während unter *G. Canadense* das *G. album Gm.* zu verstehen ist.

G. coccineum $\times$ Spec. sect. Caryophyllastri.

Die Bastarde von *G. coccineum Sibth. et Sm.* pflegen (nach Gärtner S. 301) rothe Blüthen zu haben, wie das *G. coccineum*, sind aber völlig unfruchtbar (S. 366). Die gelbblüthigen *Geum*-Arten verbinden sich sehr leicht mit *G. coccineum* (Gärtn. Bast. S. 309).

G. urbanum L. ♀ $\times$ *coccineum S. et. S.* ♂ hält nach Gärtner S. 404 die Mitte zwischen den Stammarten, ist dagegen nach S. 401 und 471 dem *G. coccineum* ungemein ähnlich. Blüthen gelb (S. 309). Nach Gärtner steril, nach Godron aber eben so fruchtbar wie *G. urbanum* $\times$ *rivale*.

G. cocccineum S. et S. ♀ $\times$ *Virginianum L.* ♂ Blüthen gelblich orangefarben (S. 309).

G. coccineum S. et S. ♀ $\times$ *album Gm.* ♂ (*Canadense Gaertn.*) wird von Gärtner S. 407 ausdrücklich neben dem umgekehrten Kreuzungsproduct erwähnt, während nach S. 698 Gärtner gar keinen derartigen Bastard erzielt hat. Staubgefässe verkümmert (S. 331), Blumen gelb (S. 309). *G. album Gm.* ♀ $\times$ *coccineum S. et S.* ♂ erscheint in zwei Formen, von denen die häufigere grosse orangefarbige, die seltenere kleine blassgelbe Blumen hat (S. 302). Der Bastard hält die Mitte zwischen den Stammarten (S. 404).

G. coccineum S. et S. ♀ $\times$ *strictum Ait.* ♂ hat nach S. 309 gelblich orangefarbene Blüthen; nach S. 314 kommen aber drei verschiedene Farbenschattirungen vor: gelb, orange und aurorafarbig. Ein *G. strictum* ♀ $\times$ *coccineum* ♂ von väterlichem Typus wird S. 401, aber sonst nirgends erwähnt.

G. coccineum S. et S. ♀ $\times$ *Japonicum Thbg.* ♂ blüht nach S. 309 röthlich orangefarben, tritt aber nach S. 243 und 302 in zwei Formen auf, von denen die eine orangefarbene, die andere kleine blassgelbe Blumen hat. Die kleinblüthige Form ist fast eben so häufig (S. 302). S. 401 führt Gärtner einen Bastard *G. Japonicum* ♀ $\times$ *coccineum* ♂ auf, der den väterlichen Typus tragen soll; in dem Verzeichnisse der Versuche oder anderswo ist nichts von einem solchen Bastard erwähnt.

G. coccineum × rivale.

G. coccineum S. et S. × rivale L. ist von V. v. Janka in zwei Exemplaren im Rhodope-Gebirge wildwachsend zwischen den Stammarten gefunden worden. Gärtner hat *G. coccineum* ♀ × *rivale* ♂ künstlich erzeugt; es war unfruchtbar und hatte röthlich orangefarbene Blüthen.

Caryophyllastrum.

G. album Gm. ♀ × *urbanum L.* ♂ und *G. urbanum L.* ♀ × *album Gm.* ♂ sind einander völlig gleich und halten die Mitte zwischen den Stammarten; sie sind fruchtbar (S. 403) und samenbeständig (S. 553). In Ramification, Blume und Frucht dem *G. urbanum*, in Blättern und Nebenblättern dem *G. album* ähnlicher (S. 284).

G. strictum Ait. × *urbanum L.* ist mehrfach in Russland namentlich bei St. Petersburg (Schmalhausen), sowie in Ostpreussen, in der Moldau und in Siebenbürgen beobachtet worden. *G. intermedium Bess.* non aut. alior.

Geum rivale × Spec. sect. Caryophyllastri.

G. album Gm. × *rivale L.* Gärtner führt S. 403 diese Bastardverbindung unter denjenigen auf, in denen beide Kreuzungsweisen die nämliche fruchtbare Mittelform liefern. Nach S. 698 hat er aber nicht einmal einen Versuch gemacht, *G. rivale* mit einer andern Art als *G. urbanum* zu befruchten, während er das *G. album (Canadense Gaertn.)* ♀ × *rivale* ♂ wirklich erhalten hat.

G. urbanum L. × *rivale L.* Nach dem Verzeichnisse der Gärtner'schen Versuche wurde aus der Befruchtung des *G. rivale* mit Pollen von *G. urbanum* kein Bastard erhalten (S. 698), während nach S. 403 beide Kreuzungsweisen die nämliche fruchtbare Mittelform liefern sollen. Von dem *G. urbanum* ♀ × *rivale* ♂, welches Gärtner unzweifelhaft wirklich erzeugt hat, sagt G. S. 281 abermals, dass es eine genaue Mittelbildung zwischen den Stammarten sei, während er S. 243 und 302 angibt, dass es in zwei Typen auftritt, von denen der häufigere grosse, dem *G. rivale* ähnlichere, der seltene kleine, gelbe, mehr dem *G. urbanum* gleichende Blumen hervorbringt. Der Bastard ist in der Regel ziemlich fruchtbar (S. 388, 396), aber es finden sich einzelne vollkommen sterile (S. 395) Exemplare. Er ist bei der Aussaat ebenso beständig wie eine echte Art, aber die Fruchtbarkeit nimmt in späteren Generationen allmälig ab (S. 422, 553). Durch Befruchtung mit Pollen von *G. rivale* erhielt Gärtner einen dem *G. rivale* genäherten Mischling von gleichförmigem Typus, aber ungleicher Fruchtbarkeit (S. 431), während S. 699 zwei Typen unterschieden werden, die indess möglicherweise nur durch die Fruchtbarkeit von einander abweichen. In vier Generationen lässt sich das *G. urbanum* durch fortgesetzte Befruchtung mit Pollen von *G. rivale* ganz in *G. rivale* überführen (S. 464). Nach Godron ist der Pollen normal, die Blüthezeit begann früher als bei beiden Stammarten, Wuchs höher, die meisten Blüthen fruchtbar. Das *G. rivale* ✕ *urbanum* gehört zu den häufigsten und den am frühesten unterschiedenen spontanen Hybriden. Schon Schiede führt es (Pl. hybr. p. 72) von verschiedenen Fundorten auf. In Crépin's Garten ist es spontan zwischen den Stammarten entstanden; wild findet es sich zerstreut in ganz Mitteleuropa, vielleicht auch am Altai und in Transkaukasien (Ledebour). Stellenweise kommt es in ziemlicher Menge, in der Regel aber nur sparsam zwischen den Stammarten vor. An manchen Orten kann man zwei Typen unterscheiden, ein *per-rivale* und ein *per-urbanum*. Viele Floristen haben geglaubt, dass diese beiden Typen den zwei verschiedenen Kreuzungsweisen entsprechen, doch ist diese Ansicht nach Gärtner's vorstehend mitgetheilten Versuchen irrig. An den meisten Orten lassen sich aber die verschiedenen Exemplare nicht einer oder der andern bestimmten Form zuzählen, sondern sie stellen eine Reihe von Mittelgliedern in allen möglichen Abstufungen der Aehnlichkeit dar (Körnicke, Schmalhausen, Heuser etc.). Diese Bastardformen sind häufig fruchtbar und, wie es scheint, samenbeständig, genau so wie es auch Gärtner bei seinen künstlichen Hybriden beobachtet hat. Da jedoch nach den herrschenden doctrinären Vorstellungen Bastarde niemals fruchtbar und samenbeständig sein sollten, so haben manche Systematiker die Ueberzeugung gewonnen, dass die Mittelformen zwischen *G. rivale* und *urbanum* eine selbständige echte Art bilden, so neuerdings Scheutz l. c. p. 41. Ich sah Exemplare des Bastards, deren Fruchtköpfchen eben so vollkommen ausgebildet waren, wie die von *G. urbanum*.

Immerhin mag man als Haupttypen ein *G. per-rivale* (*dolichopogon* C. A. Mey.) und ein *G. per-urbanum* (*brachypogon* C. A. Mey.) unterscheiden, wenn man sich erinnert, dass nicht alle Exemplare zu einer oder der andern bestimmten Form gehören. Gelehrte Untersuchungen darüber, wie das Exemplar des Bastards zufällig ausgesehen habe, nach welchem dieser oder jener Autor seine Beschreibungen entworfen hat, sind wissenschaftlich werthlos. Hieher *G. intermedium Ehrh., Willd.* et aut. alior., *G. rubifolium Lej.*, *G. Willdenowii Buek*, *G. rivali-urbanum* et *urbano-rivale* aut.

Mittelformen zwischen den Bastardtypen und den Stammarten sind sowohl im Walde, als in botanischen Gärten öfter beobachtet. Sie werden meistens als Producte einer Rückkreuzung durch stammelterlichen Pollen zu betrachten sein. Ueber *G. urbanum* ⨯ ⨯ *intermedium* vgl. Scheutz l. c. p. 43.

? *G. strictum Ait.* ⨯ *rivale L.* ist von C. A. Meyer in seinem *G. Willdenowii* vermuthet worden. Die Abstammung dieser Pflanze von *G. strictum* ist aber keineswegs erwiesen oder auch nur besonders wahrscheinlich gemacht.

G. molle Vis. et Panc. ⨯ *rivale L.* ist von Pantocsek in Montenegro zwischen den Stammarten gefunden worden. *G. pseudomolle Pantocsek.*

G. montanum ⨯ rivale.

Die Bastardverbindung *G. montanum L.* ⨯ *rivale L.* ist fast ebenso häufig wie *G. urbanum* ⨯ *rivale* beobachtet worden, wenigstens wenn man die geringe Verbreitung des *G. montanum L.* in Betracht zieht, welches ausschliesslich auf höheren Bergen vorkommt. Auch dieser Bastard kommt in verschiedenen Formen vor; Hibsch (Oe. B. Z. 1876 p. 41) beschreibt ein *per-montanum* von der Tracht eines üppigen *G. montanum*, dem es auch in Blättern, Behaarung, Frucht und Griffeln gleicht, während Blüthenstand und Form der Blüthen an *G. rivale* erinnern. A. Kerner beschreibt ein *G. per-rivale* unter dem Namen *G. Tirolense* Oe. B. Z. 1867 p. 105. Das *G. montanum* ⨯ *rivale* ist stellenweise häufig, fruchtbar und anscheinend samenbeständig. Wächst in Siebenbürgen, in den Karpathen, im Riesengebirge, zerstreut in der ganzen Alpenkette, in den bosnischen Gebirgen und den Pyrenäen. Hieher *G. hybridum Jacq.*, *G. inclinatum Schleich.*, *G. Thomasianum Ser.*, *G. Sudeticum Tausch*, *G. Tirolense A. Kern.* (s. oben). Die Meinung, dass *G. Thomasianum* ein *G. silvaticum Pourr.* ⨯ *rivale L.* sei, ist durch Bubani Bull. soc. bot. Fr. 1870 p. 181 als irrig nachgewiesen.

G. Pyrenaicum ⨯ rivale.

G. Pyrenaicum Willd. ist dem *G. montanum* ⨯ *rivale* und dem *G. silvaticum Pourr.* ähnlich. Nach Timbal-Lagrave kommt auf dem Gipfel des Cagire in den Pyrenäen ein *G. Pyrenaicum* ⨯ *rivale* in ziemlicher Menge vor.

Fragaria.

Lit.: Th. A. Knight in Trans. Hort. Soc. Lond. III p. 207; V p. 293, 294.

Die Gattung *Fragaria* ist durch Mittelglieder (*Duchesnea*, *Comarum*) mit *Potentilla* verbunden, bei enger Umgrenzung jedoch habituell gut charakterisirt. Alle Arten sind nahe verwandt, sie sind theils zwittrig, theils polygamisch oder monöcisch. Einige Arten lassen sich leicht, andere schwierig oder gar nicht kreuzen. Die einander ähnlichen, aber in Europa ziemlich scharf geschiedenen Arten scheinen im Himalaya durch Zwischenformen verbunden zu sein, die indess schwerlich hybriden Ursprungs sind.

Fr. vesca L. ⨯ *viridis Duchesn.* Schon Lasch glaubte Bastarde zwischen den beiden Arten erkannt zu haben. Jacques Gay fand dann, dass *Fr. Majaufea Duchesn.* und *Fr. Hagenbachiana Fr. Schltz.* diese Bastardform darstellen. Die *Fr. Hagenbachiana* wird gewöhnlich als Varietät zu *Fr. viridis* (*Fr. collina Ehrh.*) gestellt, hat aber nach Gay meist sympodial zusammengesetzte Ausläufer, wie *Fr. vesca*, und daneben einzelne einfache, wie *Fr. viridis*. Die Früchte enthalten sehr wenige keimfähige Samen; Mad. Vilmorin erhielt bei achtmaliger Aussaat nur einmal einige Sämlinge, die der *Fr. vesca* näher zu stehen schienen und an übermässiger Fruchtbarkeit bald zu Grunde gingen. Duchesne erhielt aus der *Fr. Hagenbachiana* eine der *Fr. viridis* genäherte Form. Der Bastard ist hie und da an sehr beschränkten Standorten beobachtet worden.

Fr. Chiloënsis Ehrh. ♀ ⨯ *Virginiana Ehrh.* ♂. Die *Fr. Chiloënsis* ist eine einhäusige oder zweihäusige Art aus Südamerika, die 1710 von Frézier nach Brest gebracht wurde, aber nach einigen Angaben nur in weiblichen Exemplaren. Gegenwärtig cultivirt man noch an einem Orte bei Brest die einhäusige *Fr. Chiloënsis*; an andern Orten in Europa sollen sich die männlichen Blüthen gar nicht entwickeln, so dass sie bei Isolirung unfruchtbar bleibt. Neben *Fr. Virginiana* gesetzt, brachte die an sich sterile Pflanze Früchte, die sehr gross, aber von wässerigem Geschmack waren. Aus solchen Früchten ist die *Fr.* ⨯ *grandiflora Ehrh.* oder *Fr.* ⨯ *Caroliniana hort.* hervorgegangen, ein grossfrüchtiger, vollkommen fruchtbarer, aber in seiner Nachkommenschaft sehr variabler Bastard, auch *Fraisier de Berberie*, *Ananas-Erdbeere*, *Pine-strawberry* genannt. Der Bastard und seine Nachkommenschaft wurde nun einerseits zur Befruchtung der *Fr. Chiloënsis* benutzt, andererseits wieder mit *Fr. Virginiana* gekreuzt. A. Knight erhielt durch seine methodischen Kreuzungen zuerst werthvolle Tafelfrüchte aus den Formen der *Chiloënsis-Virginiana*-Gruppe; er hatte schon 400 Sorten. Spätere Erdbeerzüchter haben die guten Sorten noch weiter verbessert.

Fr. Chiloënsis ⨯ *Virginiana* gekreuzt mit andern Arten. A. Knight (V p. 294) gibt an, der Erdbeerzüchter Williams habe Hybride von Gartenerdbeeren mit Pollen der *Fr. vesca L.* erhalten. Es scheint dies jedoch nicht richtig zu sein. Sicherer ist es, dass englische und französische Gärtner die *Fr. moschata Dchsne.* (*Fr.*

elatior Ehrh.) sowie deren amerikanische Raçe *Fr. Grayana El. Vilmorin* (*Fr. Illinoënsis Asa Gray*) mit den Gartenerdbeeren gekreuzt haben. Der deutsche Züchter Gloede hat neuerdings auch die *Fr. Californica Cham. et Schldl.* (*Fr. lucida hortul.*) mit den Gartensorten gekreuzt und u. A. eine „*Californica lucida perfecta*" erzielt, die gute Früchte liefern soll.

? *Fr. moschata Dchsne.* ♀ ⨯ *vesca L.* ♂. A. Knight erwähnt, dass Williams neben mehreren vermeintlichen einen wirklichen Bastard dieses Ursprungs erzielt haben soll.

Potentilla.

Lit.: Chr. Lehmann Revisio Potentillarum in Nov. Act. Leop. Car. XXIII Suppl. 1856; zerstr. florist. Schriften.

Man findet in botanischen Werken zuweilen die Angabe, dass in der Gattung *Potentilla* keine Neigung vorhanden sei, hybride Verbindungen zu bilden. Diese Behauptung kann sich nur auf die Thatsache stützen, dass einige Kreuzungsversuche Gärtner's erfolglos geblieben sind; im Uebrigen verräth sie eine vollständige Unkenntniss der einschläglichen Literatur. In Wirklichkeit verhält sich die Gattung *Potentilla* in Bezug auf Hybridisation nicht wesentlich anders als *Rosa* und *Rubus*, wenn auch bei ihr die Zahl der constanten Zwischenformen bei weitem kleiner ist. Die ersten künstlichen Bastarde wurden in den Jahren 1825—30 von Chr. Lehmann erzogen; beinahe gleichzeitig hatten aber auch schon englische Gärtner erfolgreiche Kreuzungen vorgenommen. „Bekanntlich ist nichts leichter, als in unseren Gärten durch künstliche Befruchtung Bastarde von den verschiedensten *Potentillen* zu erhalten" (Lehm. l. c. p. XI). Die Erkennung und richtige Würdigung der spontanen Bastarde der Gattung ist durch die bisherigen Vorurtheile über die Eigenschaften der Hybriden sehr erschwert worden.

Potentillastrum.

Bastarde der P. atrosanguinea Lodd.

Die durch ihre dunkelbraunrothe Blüthenfarbe ausgezeichnete *P. atrosanguinea* ist zu Kreuzungen für blumistische Zwecke besonders geeignet.

P. atrosanguinea Lodd. ⨯ *argyrophylla Wall.* Diese beiden Stammformen sind kaum specifisch zu trennen; der Blendling bildet sich leicht und ist besonders häufig für gärtnerische Zwecke erzogen worden. Regel erhielt ihn neben der echten *P. argyrophylla* aus Samen von *P. argyrophylla* aus dem Leiziger botanischen Garten.

Hieher gehören *P. Fintelmanni Otto*, *P. Smoothii Fl. d. serr.*, *P. atrosanguinea var. Menziesii Fl. d. serr.* und zahlreiche neuere Gartensorten. Diese Bastarde sind fruchtbar, aber die Nachkommenschaft ist gewöhnlich veränderlich. In den Samencatalogen findet man jedoch viele Sorten gesondert aufgeführt; es scheint, dass einige dieser Mischlinge mehr oder minder samenbeständig geworden sind.

P. argyrophylla Wall. var. insignis Royle ♀ ✕ *atrosanguinea Lodd.* ♂ ist von Chr. Lehmann erzogen worden. Sie erwies sich als identisch mit *P. bicolor Lindl.* Bot. Reg. 31 t. 62 (1845), deren Samen Lindley von wildwachsenden Exemplaren aus Indien erhalten hatte (Fl. d. serr. II, 6 f. 8). Diese *P.* ✕ *bicolor* scheint samenbeständig zu sein. Aehnlich ist auch *P. Macnabiana hort.* (Fl. serr. II, 9 f. 6).

P. atrosanguinea Lodd. ♀ ✕ *hirta L.* ♂ ist von Maund in England erzeugt und unter dem Namen *P. atrosanguinea-pedata* (Bot. Gard. 385) abgebildet worden. Die *P. pedata* ist eine wenig abweichende Unterart der *P. hirta L.* Der Bastard ist eine vollkommene Mittelbildung; die Blüthenfarbe ist dunkel orange, gemischt aus dem Braunroth und dem reinen Gelb der beiden Stammarten.

P. atrosanguinea Lodd. ✕ *Nepalensis Hook.* ist von dem Gärtner Russell in Battersea erzogen und als *P. Russelliana* in Bot. Reg. 1496, Maund Bot. Gard. 304. Bot. Mag. 3470 abgebildet worden. Blüthen dunkelroth, fast wie bei *P. atrosanguinea*. Dieselbe Pflanze erzog auch Lehmann aus *P. Nepalensis* ♀ ✕ *atrosanguinea* ♂.

Bastarde der P. Nepalensis Hook.

Auch diese rothblühende Art empfahl sich den Gärtnern zu Kreuzungsversuchen. *P. atrosanguinea* ✕ *Nepalensis* s. oben.

P. Nepalensis Hook. ♀ ✕ *procumbens Sibth.* ♂, von R. Tongue erzogen, kriecht wie *P. procumbens*, wurzelt aber nicht an den Gelenken. Blüht während des ganzen Sommers; Blüthen bunt, d. h. innen gelb, nach aussen zu roth.

P. Nepalensis Hook. ♀ ✕ *opaca L.* ♂ ist *P. Mackayana Sweet*. Blüthen gelb, stellenweise roth angelaufen.

P. Nepalensis Hook. ♀ ✕ *recta L.* ♂ ist *P. Hopwoodiana Sweet*. Kronblätter bunt, gelb mit rothem grundständigem Fleck und rothen Rändern. Scheint sehr fruchtbar und findet sich, obgleich schon vor 50 Jahren entstanden, noch in den neuesten Samenverzeichnissen.

P. Pensylvanica L. ♀ ✕ *Nepalensis Hook.* ♂ ist von Lehmann erzogen worden; grundständige Blätter theils gefiedert (wie bei

P. Pensylv.), theils 5-zählig gefingert (wie bei *P. Nepal.*), Kronblätter gelb mit rothen Adern und rothem Nagel.

Die Gruppe der P. verna L.

In Deutschland unterscheidet man gewöhnlich drei Arten: *P. incana Fl. Wett.*, *P. verna L.* und *P. opaca L.* Die *P. incana Fl. Wett.* ist vielleicht nur eine standörtliche Abänderung von *P. cinerea Chaix;* ähnlich ist die *P. Gaudini Gremli.* Krasan hat neuerdings im Isonzothale drei entsprechende abweichende Formen gefunden: *P. australis* (an *P. opaca*), *P. glandulosa* (an *P. verna*), *P. puberula* (an *P. cinerea* sich anschliessend). Sehr nahe kommt der *P. verna* andererseits auch die alpine *P. alpestris Hall. f.* (*P. Salisburgensis Haenke*). Neilreich hat diesen ganzen vielgestaltigen Formenkreis unter dem Namen *P. verna* vereinigt. Die offenbare Samenbeständigkeit und die sehr beträchtliche Verschiedenheit der ausgeprägten Formen dieser Gruppe lassen eine derartige Vereinigung unnatürlich erscheinen.

Es fragt sich, in wie weit etwa Hybridisation im Stande ist, diese Formenmannigfaltigkeit zu erklären. Die *P. verna*, vielleicht die verbreitetste Art der Gruppe, hat einen mischkörnigen Blüthenstaub, *P. opaca* dagegen einen gleichkörnigen. Lasch, der dies Verhalten gewiss nicht kannte, erklärte die *P. verna* für einen Bastard von *P. incana* und *P. opaca.* Es ist glaublich, dass Lasch wirklich derartige Bastarde beobachtet hat, wenn es auch voreilig gewesen sein dürfte, dieselben mit der echten *P. verna* zu identificiren. Dieselbe Bastardverbindung *P. incana* × *opaca* hat v. Uechtritz in Schlesien nachgewiesen und hat vermuthet, dass *P. Neumanniana Rchb.* zu ihr gehöre. Krasan, dessen Untersuchungen in einer ganz andern Gegend angestellt sind, sagt: „Kreuzungen von *P. cinerea* und *P. opaca* werden oft für *P. verna* gehalten" (Oe. B. Z. XV 215.). Derselbe Botaniker gibt an, dass er zwischen den von ihm unterschiedenen Arten dieser Gruppe hin und wieder Uebergangsformen gefunden hat, die er als Hybride auffasst (Oe. B. Z. XVII S. 302 ff.). A. Gremli hat im Wangenthal im Canton Schaffhausen an einer Stelle zwischen *P. verna* und *P. opaca* zwei Mittelformen gefunden, die er als *P. aurulenta* und *P. prostrata* beschrieben hat. Die Mittelformen sollen an jener Stelle in grosser Menge wachsen. Haussknecht fand eine *P. opaca* × *verna* auch in Thüringen. Endlich sind auch Mittelformen zwischen *P. incana* und *P. verna* gefunden worden (Plötzensee bei Berlin).

P. argentea L. und die Formen der Verna-Gruppe.

P. argentea × *incana* ist zuerst von Lasch erkannt worden. Auch Körnicke fand in Ostpreussen eine solche Form mit tauben

Antheren. Zwischen dieser Form und der als selbständige Art auftretenden, aber ziemlich vielgestaltigen *P. collina Wib.* lässt sich keine bestimmte Grenze ziehen. Die *P. collina* ist als Art vorzüglich durch Ostdeutschland und Polen verbreitet; die hin und wieder in anderen Gegenden vorkommenden Formen sind gewiss unmittelbare Bastarde von *P. argentea* mit Arten der *Verna*-Gruppe. Die *P. collina* tritt in verschiedenen, wie es scheint, meist samenbeständigen Typen auf; dahin gehören: *P. Guentheri Pohl, P. Wiemanniana Guenth.* (verdreht in *P. Weinmanni*), *P. subargentea Krock., P. sordida Fr., P. Silesiaca Uechtr.*, wahrscheinlich auch *P. Leucopolitana P. J. M.* und *P. Schultzii P. J. M*

Die zerstreut vorkommenden Formen, die wahrscheinlich directe Hybride sind, verdienen eine vorurtheilsfreie Untersuchung. Neilreich hält die hie und da in Ungarn auftretende *P. collina* für einen Bastard, A. Kerner erklärt die *P. collina* ebenfalls für einen constant gewordenen Bastard (Oe. B. Z. XXI N. 2).

P. argentea ✕ *verna* ist wahrscheinlich vielfach mit *P. argentea* ✕ *incana* verwechselt worden. Hieher *P. praecox F. Schultz*, eine sehr zerstreut und vereinzelt in den oberen Rheingegenden beobachtete Form.

P. argentea L. ✕ *opaca L.* ist noch nicht sicher nachgewiesen. *P. patula W.K.* könnte wohl eine daraus hervorgegangene Blendart sein.

P. argentea L. ✕ recta L.

P. recta L. tritt in zwei Parallelraçen auf, die auch als selbständige Arten unterschieden werden, nämlich die typische *P. recta* und die *P. obscura Willd.* Zwischen *P. argentea* einerseits, *P. recta* und *P. obscura* andererseits steht nun *P. inclinata Vill.* oder *P. canescens Bess.* genau in der Mitte. An einigen Stellen erscheint die Mittelform als wirklicher Bastard, in der Regel jedoch als intermediäre Art. Die Verbreitung der *P. inclinata* scheint dieselbe zu sein, wie die der *P. recta* und *P. obscura*; in Ungarn ist sie besonders häufig. Dass sie sich wie eine selbständige Art fortpflanzt, kann wohl keinem Zweifel unterliegen; sie ist minder formenreich als *P. collina*, variirt jedoch beträchtlich in der Grösse der Blumen u. s. w. Einige Autoren unterscheiden *P. canescens Bess.* specifisch von *P. inclinata Vill. P. pilosa Willd.* ist eine der *P. obscura* nahe stehende Mittelform zwischen *P. recta* und *P. argentea.* A. Kerner erklärt sie für eine *P. inclinata* ✕ *obscura* (Oe. B. Z. XIX p. 167). v. Borbás fand bei Ofen einen Bastard *P. argentea* ✕ *recta*, den er *P. Kerneri* benannte. Derselbe unterschied sich durch etwas kürzere und breitere Nebenblätter und Blättchen von *P. canescens* (Oe. B. Z. XVIII, p. 391).

P. heptaphylla Mill.

Nirgends häufig, zerstreut an vielen Orten vorkommend und in sehr verschiedenen Formen als *P. intermedia Nestl.*, *P. Nestleriana Tratt.*, *P. parviflora Gaud.*, *P. Thuringiaca Bernh.* etc. beschrieben. Wahrscheinlich werden auch mehrere Bastardformen unter dieser polymorphen „Art" begriffen. Sehr nahe steht die *P. Buquoyana Knaf* aus der Gegend von Prag, in welcher ein Bastard vermuthet wird.

Hybride der P. alpestris Hall. f.

Die *P. alpestris Hall. f.* (*P. Salisburgensis Haenk.*) steht der *P. verna L.* nahe.

P. alpestris Hall. f. $\times$ *aurea L.* ist in der Schweiz beobachtet (Bruegger).

Die *P. Pyrenaica Ram.*, welche in den östlichen und mittleren Pyrenäen ziemlich verbreitet sein soll, ist eine Mittelform zwischen *P. alpestris* und *P. aurea*, aber anscheinend eine selbständige Raçe.

P. alpestris Hall. f. $\times$ *grandiflora L.* Schweiz (Bruegger).

Angeblich soll *P. alpestris* auch mit *P. minima Hall. f.* und *P. multifida L.* Bastarde liefern.

Bastarde der P. frigida Vill.

Eine Mittelform zwischen *P. frigida Vill.* und *P. grandiflora L.* ist *P. Vallesiaca Huet*, auf dem Riffel bei Zermatt in der Schweiz gefunden. Sie scheint seit 25 Jahren nicht wieder beobachtet zu sein.

P. frigida Vill. $\times$ *multifida L.* ist *P. ambigua Gaud.* (*P. Halleriana Tratt.*, *P. geranioides Schleich.* ex pte.), von Meisner und Charpentier als Bastard erkannt.

P. intermedia L. $\times$ Norvegica L.

Zwischenformen zwischen *P. intermedia L.* (nec Nestl.) und *P. Norvegica L.* sind nach Schmalhausen in der Gegend von St. Petersburg nicht selten.

P. reptans L. $\times$ silvestris Neck.

Nach Gremli kommt ein Bastard *P. reptans* $\times$ *silvestris* hin und wieder in der Schweiz vor; er ist *P. adscendens* genannt worden. Blüthen steril, meist 5-zählig. Aehnliche hybride Formen kommen hin und wieder in Frankreich vor; nach Grenier sind sie theils der *P. reptans*, theils der *P. silvestris* ähnlicher. Diese Formen (*P. nemoralis Nestl.*) lassen sich nicht durch bestimmte Merkmale von der *P. procumbens Sibth.* unterscheiden. Diese *P. procumbens* ist fruchtbar und samenbeständig, kommt sehr zerstreut durch das nördlichere Mitteleuropa und angeblich auch in Nordamerika vor. Es scheint, dass sie sich in einigen Gegenden mehr der *P. reptans*, in andern mehr der

P. silvestris nähert. Blüthentheile meist 4-zählig. Pollen bei *P. silvestris* und *P. reptans* gleichkörnig. *P. mixta Nolte* ist eine der *P. reptans* näher stehende Form von *P. procumbens* und gilt ziemlich allgemein als eine *P. procumbens* × *reptans*. Marsson betrachtet sie als Varietät von *P. procumbens*. Aus ihren Samen erzogen J. Lange in Kopenhagen (Samen von Nolte's Originalstandort) und Chr. Lehmann in der That gewöhnliche *P. procumbens*. — Indess kommen auch Formen vor, die sich der *P. reptans* mehr als der *P. procumbens* nähern. Bei Sonderburg auf der Insel Alsen beobachtete ich eine *Potentilla*, an der fast die Hälfte aller Blüthen 4-zählig war, während ich sie im Uebrigen von gewöhnlicher *P. reptans* nur durch etwas schärfere und tiefere Blattbezahnung unterscheiden konnte. Den Blüthenstaub konnte ich nicht untersuchen. Es scheint somit verschiedene Zwischenformen zu geben.

Andererseits hat Warnstorf (Verh. bot. Ver. Brndnb. XVIII Abh. 69) eine *P. procumbens* × *silvestris* beschrieben, die sich u. A. durch 4-zählige Blüthen von *P. procumbens* unterscheiden soll, während nach anderen Schriftstellern die normale *P. procumbens* fast nur 4-zählige Blüthen hat. Wenig fruchtbar. — Marsson gibt an, dass sich die *P. procumbens* sehr einer *var. fallax* der *P. silvestris* nähere.

Offenbar haben wir hier eine Formenreihe, die in unmerklichen Abstufungen von *P. reptans* zur *P. silvestris* hinüberführt. Der Mitteltypus, die *P. procumbens* ist verhältnissmässig beständiger und selbständiger ausgeprägt, als die den beiden Hauptarten genäherten Formen. Man unterscheidet die Formen in verschiedenen Gegenden in verschiedener Weise; was im Brandenburgischen z. B. meistens schon als *P. mixta* gilt, steht der *P. silvestris* in vieler Beziehung näher als die *P. procumbens* anderer Gegenden.

Fragariastrum.

P. fragariastrum Ehrh. × *micrantha Ram.* ist ein Blendling zwischen zwei nahe verwandten Arten; er ist in der Schweiz, Tirol und Krain gefunden worden. *P. spuria A. Kern.*

P. alba L. × *fragariastrum Ehrh.*, zwischen den Stammarten bei Nordhausen, ist von Wallroth als Bastard erkannt und *P. hybrida* genannt worden. Später entdeckte Wallroth, dass die Pflanze keimfähige Samen bringe, und beschrieb er sie nun unter dem Namen *P. fraterna Wallr.* als eine selbständige nicht hybride, der *P. splendens Ram.* verwandte Art. Die Aehnlichkeit des Bastards mit der französischen *P. splendens*, deren Artrecht nicht bestritten werden kann, ist in der That auffallend. Der Bastard ist an wenigen Stellen in Thüringen und Württemberg gefunden.

Alchemilla.

Unter den europäischen *Alchemillen* sind ausser *A. aphanes* drei weit verbreitete, unter einander sehr verschiedene Arten vorhanden: *A. vulgaris L.*, *A. alpina L.* und *A. pentaphyllea L.* *A. alpina L.* kommt auch in Amerika vor. An *A. vulgaris L.* und deren Unterart *A. montana Willd.* schliessen sich nun zwei mehr lokalisirt vorkommende Arten an, nämlich *A. pubescens M.B.*, die eine Annäherung an *A. alpina*, sowie *A. fissa Schumm.*, die eine Annäherung an *A. pentaphyllea* zeigt. An *A. alpina L.* reiht sich die seltene *A. subsericea Reut.*, welche nur an wenigen Orten in Savoyen, Wallis (ich fand sie auf der Gemmi) und Tessin gefunden ist, sowie die *A. conjuncta Babgt.*, welche nur in Schottland und auf den Faröer-Inseln wächst. An *A. pentaphyllea L.* endlich schliesst sich die *A. cuneata Gaud.* an, eine ebenfalls sehr seltene Form. Es ist bemerkenswerth, dass die seltenen Formen sämmtlich einer der Hauptarten sehr nahe stehen, aber zugleich eine gewisse Annäherung an eine andere zeigen. Man ist indess bei dem jetzigen Stande unserer Kenntnisse nicht berechtigt, eine hybride Abkunft der intermediären Formen zu behaupten, wenn auch die Möglichkeit kaum bestritten werden kann.

A. alpina L. × *vulgaris L.* ist von Christ in der Schweiz gefunden worden (*A. splendens Christ*); auch von Brügger aus Graubündten angegeben (*A. hybrida*).

Agrimonia.

A. eupatoria L. × *odorata Mill.* kommt nach Prahl in Schleswig in Gesellschaft der Stammarten vor; es finden sich wenigstens an Orten, wo die Stammarten neben einander wachsen, Mittelformen.

Rosa.

Lit.: Loudon Arb.; C. Koch Dendrol; Schriften von Crépin, Christ, Grenier, Gremli, Regel.

Die Abgrenzung der Arten gegen einander ist bei den Rosen nicht minder schwierig als bei den Brombeeren. Die Gattung *Rosa* ist indess viel homogener und ist weniger in natürliche Untergattungen gegliedert. Mit Ausnahme der *R. berberifolia Pall.* sind alle Rosen verhältnissmässig nahe unter einander verwandt. Es ist leicht möglich, dass sie sich auch sämmtlich unter einander kreuzen lassen und dass die Mehrzahl der neuerdings in Europa unterschiedenen Rosenformen aus Bastarden hervorgegangen ist. Die Erfahrung, dass mir einige Befruchtungsversuche zwischen unähnlichen Arten fehlgeschlagen sind, betrachte ich nicht als maassgebend.

Wissenschaftliche Versuche, Rosen zu kreuzen, sind meines Wissens bisher noch nicht in erfolgreicher Weise angestellt worden. Gärtner gibt allerdings an (Bastarderz. S. 125), dass er Rosenbastarde erzeugt habe, führt aber (a. a. O. S. 722) in der Aufzählung seiner Versuche gar keine Bestäubungen von Rosenarten an; auch erwähnt er nirgends künstliche Rosenbastarde. Die meisten Gartenhybriden scheinen zufällig oder durch Nebeneinanderpflanzen verschiedener Arten entstanden zu sein; einige sind jedoch auch absichtlich von den Gärtnern erzeugt.

Die Bastardnatur mancher Rosenformen ist zuerst von L. Reichenbach (Fl. Germ. excurs. 1832) erkannt worden. Neuerdings hat Christ durch seine Untersuchungen den hybriden Ursprung mehrerer Rosen mit aller wünschenswerthen Sicherheit nachgewiesen. Ueber die Hybridität zahlreicher Gartenrosen kann gar kein Zweifel obwalten. Es ist daher durch nichts gerechtfertigt, wenn neuere Schriftsteller sich gegen die Annahme von Rosenbastarden ablehnend verhalten.

Es würde viel zu weit führen, wenn ich alle muthmaasslichen Rosenbastarde besprechen wollte, zumal da auch die Umgrenzung und Nomenclatur der echten Arten zu mannigfachen Zweifeln Anlass gibt. Für die Uebersicht scheint es am zweckmässigsten, die wilden europäischen Rosen und die Gartenrosen getrennt zu halten; einige Bemerkungen über asiatische Rosenbastarde und über ein Kreuzungsproduct der die Untergattung *Hulthemia* bildenden *R. berberifolia Pall.* werden sich daran anreihen.

Die wilden europäischen Rosen.

Bei Untersuchung des Blüthenstaubes europäischer Rosen fand ich, dass folgende Arten ausschliesslich wohlgebildete Pollenkörner besitzen: *R. cinnamomea L.*, *R. pimpinellifolia L.*, *R. alpina L.*, *R. Gallica L.*, *R. arvensis Huds.* und *R. sempervirens L.*

Die beständigeren und weiter verbreiteten europäischen Arten, in deren Blüthenstaub sich zahlreiche missgebildete Körner finden, gehören sämmtlich in die Sect. *Canineae* Christ's, die ich zum Unterschiede von der Subsect. *Caninae* lieber *Cynorrhodos* nennen möchte. Ueberblicken wir die zahlreichen *Cynorrhodos*-Formen, so lassen sich unter denselben 4 Haupttypen unterscheiden, als deren Repräsentanten *R. tomentosa Sm.*, *R. rubiginosa L.*, *R. canina L.* und *R. rubrifolia Vill.* betrachtet werden können. Wir haben somit unter den europäischen Rosen im Ganzen 10 typische Arten; die zahlreichen sonstigen Formen, welche man unterschieden hat, sind theils Parallelarten zu den genannten, theils sind sie Uebergangs- und Zwischenformen. Zu den constantesten und verbreitetsten gehören *R. pomifera Herrm.* und *R. sepium Thuill.*

Bastardformen sind unter den europäischen Rosen in grosser Zahl angegeben worden. Es sind indess nur wenige derselben so genau untersucht, dass ihre Abstammung als einigermaassen sicher bekannt betrachtet werden darf. Es wird genügen, hier einige der häufiger und sorgfältiger beobachteten Formen aufzuführen.

Bastarde der R. Gallica L.

R. Gallica L. × *arvensis Huds.* kommt in vielen verschiedenen Formen vor, die theils der einen, theils der andern Stammart näher stehen. Früchte bei vielen Formen unreif abfallend. Einige Formen (bei Schaffhausen) haben sehr grosse Blüthen. Hieher *R. hybrida Schleich., R. hybr. v. spectabilis Rapin, R. ambigens Gremli*; ferner nach Crépin: *R. Polliniana Spreng., R. conica Chabert, R. arvina Krock., R. arenivaga Déségl., R. geminata Schleich., R. incomparabilis Chabert, R. Fourraei Déségl., R. Boraeana Béraud, R. Dupontii Déségl., R. silvatica Tausch.* — Frankreich, Westdeutschland, Schweiz, Norditalien.

R. Gallica L. × *rubiginosa L.* glauben Rapin und Chavin in der Gegend von Genf gefunden zu haben. Die dort beobachtete Form steht der *R. rubiginosa* näher und wird von Crépin für eine Varietät dieser Art gehalten. *R. Gallico-umbellata Rapin, R. consanguinea Gren.* — Der Bastard soll auch in Schlesien beobachtet sein.

R. Gallica L. × *mollis Sm.* (*mollissima Fr.*) eine prächtige Pflanze, nach Rapin bei Pinchat.

R. Gallica L. × *tomentosa Sm.* ist bei Schaffhausen beobachtet worden, auch wohl im südwestlichen Deutschland (*R. tomentosa var. fimbriata Doell*). In Schlesien von Nitschke angegeben; vermuthlich stammt die dortige Pflanze von *R. venusta Scheutz*, einer Parallelform der *R. tomentosa Sm.* — Crépin äussert sich zweifelhaft über *R. Gallica* × *tomentosa*, speciell über *R. Genevensis Déségl.*

R. Gallica L. × *canina L.* ist ein häufiger und in vielen Formen vorkommender Bastard. L. Reichenbach kannte schon 1832 die hybride Natur der von ihm beschriebenen *R. Waitziana*. Früchte oft fehlschlagend oder ohne normale Samen. In Schlesien (bei Rosenthal), Thüringen, Oesterreich, Frankreich, der Schweiz. Ich beobachtete den Bastard zwischen den Stammarten bei Triest. Von den Unterarten der *R. canina* sind mit *R. Gallica* gekreuzt gefunden worden: *R. Gallica L.* × *glauca Vill.* (*Reuteri God.*) als *R. Waitziana*

Rchb. in Thüringen, Mähren und sonst; *R. Gallica L.* ✕ *dumetorum Thuill.* z. B. bei Genf und in Schlesien; *R. Gallica L.* ✕ *obtusifolia Desv.* und *R. Gallica L.* ✕ *Scaphusiensis Christ* als *R. collina Jacq.* und *R. Boreykiana Bess.* in Russland, Mähren, bei Schaffhausen. In diesen Formenkreis gehören auch *R. psilophylla Gren. et Godr., Reut.* (an Rau?), *R. transmota Crép.*, *R. depressa Gremli*, *R. Timeroyi Chabert*, *R. Chaberti Déségl.*, *R. protea Rip.*, *R. dryadea Rip.*, *R. mirabilis Déségl.*

Fernere Bastarde der *R. Gallica* s. unter den Gartenrosen.

Bastarde der R. arvensis Huds.

R. arvensis Huds. ✕ *Gallica L.* s. oben.

R. arvensis Huds. ✕ *sempervirens L.* ist als wildwachsende Pflanze zweifelhaft; vgl. die Gartenrosen.

? *R. arvensis Huds.* ✕ *canina L.* Nach Ansicht von L. Reichenbach und mancher andern Autoren sind *R. leucochroa Desv.*, *R. stylosa Desv.*, *R. systyla Bast.* derartige Bastarde. Christ erklärt dagegen die *R. stylosa* für eine selbständige Art.

Bastarde der R. cinnamomea L.

R. cinnamomea L. var. *fulgens Christ* ✕ *alpina L.* Zermatt. — Eine derartige Bastardform wird auch als in Gärten cultivirt angegeben.

R. cinnamomea L. ✕ *pomifera Herrm.*, von Christ als *R. Baenitzii* beschrieben, ist bei Königsberg i. Pr. gefunden. Eine völlig verschiedene Pflanze, die aber denselben Stammarten, wenn auch der var. *fulgens Christ*, ihren Ursprung zu verdanken scheint, ist die von Favrat am Simplon und bei Zermatt gefundene *R. anoplantha Christ.*

R. cinnamomea L. var. *fulgens Chr.* ✕ *coriifolia Fr.*, im Wallis von Christ gefunden. Eine *R. cinnamomea L.* ✕ *canina L.* vermuthet Schmalhausen in der bei St. Petersburg vorkommenden *R. canina β. opaca Fr.*

Bastarde der R. alpina L.

Mit *R. cinnamomea L.* s. oben.

R. alpina L. ✕ *pimpinellaefolia L.* ist im Jura und um Genf in verschiedenen Formen beobachtet, die sich theils der einen, theils der andern Stammart nähern. Hieher *R. rubella aut. mult.*, vielleicht auch *Sm.* Theils unfruchtbar, theils mit blutrothen oder schwarzrothen, meist unvollkommenen Früchten.

R. alpina L. ✕ *pomifera Herrm.*, in zwei Formen im Wallis von Favrat gefunden. *R. longicruris Christ.*

R. alpina L. ✕ *tomentosa Sm.* ist in mehreren Formen im

Jura beobachtet worden, bringt wenigsamige Früchte. Hieher *R. vestita Godet*, die sich vielleicht auch durch Samen fortpflanzt. Als *R. restita var. Straehleri Uechtr.* ist die von Straehler bei Görbersdorf in Schlesien gefundene und genau untersuchte *R. alpina L. × venusta Scheutz* beschrieben worden. Auch in den Scheinfrüchten dieser Form kommen nur wenige Carpelle zur Entwickelung.

R. alpina L. × canina L. kommt in Schlesien, im Jura, im Rhonethal, in der Schweiz und in der Umgegend von Genf in mehreren von verschiedenen Unterarten der *R. canina* stammenden Formen vor: *R. alpina L. × glauca Vill.* ist *R. Salaevensis Rap.*, *R. Perrieri Songeon*, wächst am Salève in Savoyen, auch in Schlesien; *R. alpina L. × Lutetiana Lem.*, Neufchateller Jura; *R. alpina L. × coriifolia Fr.* ist in verschiedenen Formen (Waadt, Wallis) als *R. Lereschii Rap.*, *R. Mureti Rap.*, *R. stenosepala Christ* beschrieben worden. Auch in den Scheinfrüchten dieser Hybriden pflegen nur wenige Carpelle ausgebildet zu werden.

Bastarde der R. pimpinellaefolia L.

R. pimpinellaefolia L. × alpina L. s. oben.

R. pimpinellaefolia L. × rubiginosa L. ist nach Christ von Dr. Fries in der Rheinpfalz beobachtet worden; auch bei Kreuznach. K. Koch erwähnt diese Bastardverbindung als in Gärten vorkommend.

R. pimpinellaefolia L. × sepium Thuill. ist nach Christ die bei Gap (Hautes-Alpes) gefundene *R. Gapensis Gren.*

R. pimpinellaefolia L. × mollis Sm. ist *R. dichroa Lerch*, *R. Lerchii Godet* aus dem Schweizer Jura und aus Norwegen.

R. pimpinellaefolia L. × coronata Crépin ist als *R. spinosissima × coronata* von Crépin bei Han-sur-Lesse in Belgien gefunden und Bull. soc. bot. Belg. VIII p. 324, XII p. 187 beschrieben worden. Christ zieht die *R. coronata* zu *R. Sabini Woods.*, die ihrerseits wieder zwischen *R. pimpinellaefolia* und *R. tomentosa* intermediär erscheint.

R. pimpinellaefolia L. × canina L. Hieher *R. Hibernica Sm., R. armatissima Déségl. et Rip.* — Irland, Schottland, Nordengland, Grünstadt in der Rheinpfalz, in Frankreich im Dep. Cher.

Bastarde der R. rubrifolia Vill. (ferruginea Vill.).

R. rubrifolia Vill. × pomifera Herrm. ist eine schöne, von Christ als *R. Franzonii* beschriebene Bastardform aus Tessin, Wallis und Unterwalden. Ein ähnlicher Bastard ist nach L. Reichenbach *R. glandulosa Bell.*

R. rubrifolia Vill. × *canina L.* Zwischenformen zwischen *R. glauca Vill. (Reuteri Godet)* und *R. rubrifolia Vill.* scheinen ziemlich häufig zu sein, so dass die Arten mitunter schwer gegen einander abzugrenzen sind (von **Favrat** bei Grion gefunden). *R. rubrifolia Vill.* × *coriifolia Fr.* ist nach Christ von Favrat im Cant. Waadt entdeckt worden.

Bastarde der pomifera Herrm.

Hybride Verbindungen der *R. pomifera Herrm.* mit *R. cinnamomea L., R. alpina L.* und *R. rubrifolia Vill.* sind bereits erwähnt worden.

R. pomifera Herrm. × *canina L.* erhielt Christ als *R. pomifera abortiva* von Breslau. *R. pomifera* × *glauca* ist *R. Murithii Puget* aus dem Oberwallis, *R. pomifera* × *coriifolia* ist *R. Semproniana Favr. et Schmp. f.*, in zwei Formen am Simplon gefunden. *R. pomifera Herrm.* × *mollis Sm.* scheint *R. pomifera f. sericea Christ* oder *R. mollissima var. grandifolia* aus dem Unterengadin zu sein. Auch *R. personata Gremli* scheint Bastard von *R. pomifera.*

R. pomifera Herrm. × *rubiginosa L.* früher von L. Reichenbach aus Tirol u. s. w. angegeben, bedarf weiterer Untersuchung.

Sonstige wilde Rosenbastarde.

R. rubiginosa L. × *canina L.* wird von verschiedenen Botanikern, z. B. auch von Nitschke, O. Kuntze und Bänitz, angegeben (Sachsen, Lausitz, Schlesien). Früher hat man *R. sepium Thuill.* mit diesem Bastard verwechselt.

R. rubiginosa L. × *tomentosa Sm.* angeblich in Schlesien, der Lausitz und Sachsen; bei Höxter. — *R. scabriuscula Sm.?*

R. tomentosa Sm. × *canina L.* angeblich in Schlesien und Sachsen; wird von Zabel cultivirt.

R. sepium Thuill. × *trachyphylla Rau* ist nach Christ *R. anisopoda f. trachyphylloides.* Schweiz.

Die Gartenrosen.

Die erste Stelle unter den Gartenrosen nehmen unstreitig die Edelrosen ein, unter welchem Namen ich die gemeinhin als *R. centifolia var.* bezeichneten Culturrosen zusammenfasse. Als eine zweite Abtheilung werde ich die Kletterrosen besprechen und schliesslich noch einige Bemerkungen über sonstige Culturrosen und deren Bastarde hinzufügen.

Edelrosen.

Lit.: R. Geschwind in Wien. Obst- u. Grtnz. 1878 p. 194 ff.

Im Orient und im südlichen und mittleren Europa cultivirt man seit undenklichen Zeiten einige Rosenformen, deren wahrer Ursprung schwer zu ermitteln ist. Als die Stammarten betrachtet man gewöhnlich *R. Gallica L.*, *R. centifolia L.* und *R. Damascena Mill.* Die Herkunft der *R. Damascena* ist völlig unsicher; Christ vermuthet darin eine *R. Gallica L.* × *moschata Mill.*, Crépin eine *R. Gallica* × *canina*. Die *R. centifolia L.* soll im Kaukasus wild wachsen, ist aber sowohl der *R. Damascena* als auch der *R. Gallica* nahe verwandt, nach Crépin ist sie nur eine Culturform der *R. Gallica*. Es kann nicht auffallen, wenn diese Culturrose in Gegenden, welche ihr zusagen, verwildert angetroffen wird. Schon die wilde *R. Gallica* ist ziemlich formenreich; es ist daher erklärlich, dass aus ihr und den beiden verwandten Formen, sowie deren Blendlingen im Laufe der Zeiten zahlreiche verschiedene Sorten hervorgegangen sind.

Gleich wie in Westasien und Europa die *R. Gallica* als Ausgangsform der schönsten Gartenrosen betrachtet werden kann, so ist in Ostasien die *R. Indica L.* der Typus der dortigen Culturrosen. In der kaiserl. Bibliothek zu Peking soll es 500 Werke über Rosencultur geben. Es sind aus China verschiedene Formen von *R. Indica* eingeführt und unter verschiedenen Namen beschrieben worden; man kennt indess weder die wilde Form noch die wahre Heimath der *R. Indica*. *R. Chinensis Jacq.* (*R. semperflorens Curt.*) gilt bald als der Typus der *R. Indica*, bald als eine zwar nahe verwandte aber verschiedene Art. So lange diese ostasiatischen Culturrosen nicht auf wilde Stammformen zurückgeführt werden können, ist es ziemlich gleichgiltig, welche Sorte man als die Hauptform hinstellt. Eine der schönsten Raçen bilden die Theerosen, *R. Indica odorata*, doch sollen die besten Sorten aus der Kreuzung der *odorata* mit *R. Indica ochroleuca* hervorgegangen sein.

Auf der Insel Bourbon (Maskarenen) werden seit längerer Zeit europäische und chinesische Culturrosen neben einander gezogen. An einem Gartenzaune fand der Gartendirector Bréon dort eine unbekannte Sorte, anscheinend einen Mischling. Derselbe hatte halb gefüllte Blüthen und war vollkommen fruchtbar; er wurde als *Bourbonrose* nach Frankreich gebracht. Die genaueren Berichte über seine Einführung (um 1822) lauten ausserordentlich verschieden. Als Bourbonhybriden bezeichnet man zunächst Mischlinge von *R. Gallica* mit der Bourbonrose.

Später sind auch in Europa viele Mischlinge zwischen Formen der Gruppe der *R. Gallica* und der Gruppe der *R. Indica* gezogen worden. Hieher gehören die sogenannten Bengalhybriden (*R. Gallica* × *Indica*). Die ersten Remontanten entstanden aus der Kreuzung *R. Damascena* × *Indica semperflorens*.

R. Indica L. × *moschata Ait.* Ein derartiger Bastard ist in Amerika zufällig entstanden und von einem Herrn Fraser an den französischen Gärtner Noisette verkauft worden, der ihn stark vermehrte und als *Noisette*-Rose in den Handel brachte. Diese Noisette-Rose wurde in England u. A. mit *R. Indica ochroleuca*, in Frankreich mit Abkömmlingen der *R. Gallica* befruchtet; aus der letzten Kreuzung gingen die Noisette-Hybriden hervor.

Die Stammarten der Edelrosen sind somit: 1. *R. Gallica L.* mit den verwandten oder von ihr abgeleiteten Formen *R. centifolia L.* und *R. Damascena Mill.* 2. *R. Indica L.*, von der wir nicht die wilde Stammform, sondern nur einige Hauptraçen (Mischlinge?) kennen. 3. *R. moschata Mill.*, die sowohl mit der Gruppe der *R. Gallica* als mit der der *R. Indica* gekreuzt ist. In den neueren Gartenrosen pflegen alle diese Typen gemischt zu sein, wenn auch in ihren Merkmalen nur einer oder zwei deutlicher hervortreten.

Die Gärtner unterscheiden unter den Edelrosen eine Anzahl verschiedener Classen, die in ihren Merkmalen sich theils der einen, theils der andern Stammart, theils deren verschiedenen Mischlingen anreihen. Man ist jedoch ausser Stande, die wirkliche Herkunft einer bestimmten Rose nach Tracht und Kennzeichen zu beurtheilen. Neue Sorten werden zum Theil durch absichtliche Kreuzung ausgezeichneter Typen gewonnen, doch ist nicht im mindesten darauf zu rechnen, dass die Mischlinge in ihren Eigenschaften die Mitte zwischen den Stammformen halten. In der Regel pflanzen die französischen Züchter viele gute Sorten neben einander, säen deren Samen aus und warten ab, ob sich unter den erhaltenen Sämlingen etwas gärtnerisch Brauchbares findet.

Bei Aussaat der Samen verschiedener Edelrosen hat man vielfach Pflanzen erhalten, welche in eine ganz andere gärtnerische Classe gehören. Die echte Bourbonrose soll theils eine constante Nachkommenschaft liefern, theils Formen, welche der *R. Indica* näher stehen. Die Berichte der Gärtner über Rosenaussaaten sind übrigens im Einzelnen wenig brauchbar, weil die Blüthen, welche die Samen geliefert haben, niemals vor Fremdbestäubung geschützt waren. Es geht indess aus den Angaben klar hervor, dass *R. Gallica*, *R. centifolia* und *R. Damascena* in ihren Sämlingen in einander übergehen, ebenso die verschiedenen Formen der Gruppe der *R. Indica*. Aus den gemischten Sorten, den Bengal-Hybriden, Noisette-Rosen und Noisette-Hybriden können die allerverschiedensten Edelrosen hervorgehen.

Auf die von den Gärtnern besonders geschätzten Eigenschaften, das Gefülltsein und das Remontiren (lange oder wiederholte Blüthezeit) ist in dieser Darstellung keine Rücksicht genommen. Die Neigung, lange zu blühen und gefüllte Blumen zu bringen, wird bei den Rosen wie bei den meisten andern Pflanzen durch Hybridisation gesteigert; die natürliche lange Blüthezeit der *R. Indica* ist den Mischlingen ebenfalls zu Gute gekommen. Das „Moos" der Moosrose ist eine gelegentliche, nicht erbliche Umbildung der Stieldrüsen. Sowohl von *R. Gallica* als von *R. centifolia* scheint es Moosrosen zu geben. Den Edelrosen reihen sich einige andere Formen an, welche noch nicht mit der Gruppe *R. Gallica* × *Indica* × *moschata* verschmolzen sind. *R. turbinata Ait.* (*R. Francofurtensis*) ist offenbar ein Abkömmling der *R. Gallica*.

R. alba L. ist den Bastarden von *R. Gallica L.* mit *R. dumetorum Thuill.*, einer Unterart von *R. canina L*, so ähnlich, dass man für sie auf einen analogen Ursprung schliessen muss. Als ihre Heimath hat man die verschiedensten Gegenden von Frankreich bis Persien angegeben; in den besser untersuchten Ländern Westeuropa's wächst sie aber nicht wild, so dass jetzt gewöhnlich Südrussland als ihr Vaterland gilt. Die *R. alba* ist im Wesentlichen samenbeständig, scheint wenigstens keine Rückschläge zu *R. Gallica* oder *R. canina* zu liefern, noch weniger zu anderen Arten. Dagegen gibt es Bastarde von *R. alba* mit *R. Gallica* und *R. canina*. Man hat Mischlinge von *R. alba* mit *R. Damascena Mill.* und andern *Gallica-Indica-* Rosen erzogen, die hin und wieder cultivirt werden.

R. alpina L. ♀ × *Indica L. var. odorata* ♂ ist von einem Gärtner, Namens Boursault, erzogen und als *Boursault-Rose* in den Handel gebracht. Blüthen purpurroth, sehr zahlreich; Aeste wehrlos, lang; kann als Kletterrose verwendet werden.

R. alpina L. × *Gallica L.* ist *R. arvina Schwenkf.*

R. pimpinellaefolia L. × (*Damascena* × *Indica*) *bifera*, remontirende Pimpinellrosen, sind wenig verbreitet.

Kletterrosen.

Als Kletterrosen werden in den milderen Gegenden Europa's *R. Banksiae R.Br.* und andere ostasiatische Arten verwendet. *R. multiflora Thbg.* hält nur in den wärmeren Theilen Frankreichs aus, soll aber mit winterharten Arten widerstandsfähigere Bastarde liefern.

Als Stammformen für die in Mitteleuropa ausdauernden Kletterrosen dienen die europäischen Arten *R. arvensis Huds.* und *R. sempervirens L.*, die asiatische *R. moschata Mill.*, namentlich aber die amerikanische *R. setigera Mchx.*, die der *R. moschata Mill.* nahe steht.

Die *Ayrshire-Rosen* stammen von *R. arvensis Huds.* und von

Bastarden der *R. arvensis* mit *R. sempervirens*. *R. arvensis ruga hortul.* ist höchst wahrscheinlich eine in Italien gewonnene *R. arvensis* ✕ *Indica odorata*; sie klettert, wie die *R. arvensis* und hat die ansehnlichen wohlriechenden Blumen der Theerose.

Auch die *R. sempervirens L.* mit ihren Bastarden rechnet man oft zu den *Ayrshire-Rosen*. Die der *R. ruga* entsprechende Form *R. sempervirens* ✕ *Indica odorata* ist als *Triomphe de Bollwyller* verbreitet und besitzt ebenfalls grosse wohlriechende Blumen.

Die *Prairierosen* stammen von *R. setigera Mchx.* und von Mischlingen dieser Art mit *Noisetterosen*, also *R. setigera* ✕ (*Indica* ✕ *moschata*).

Andere Gartenrosen.

Man cultivirt gefüllte Sorten von *R. cinnamomea L.* und *R. pimpinellaefolia L.* (in verschiedenen Farben) namentlich in den rauheren Gegenden Europa's, ebenso *R. rubiginosa L.* Der Früchte wegen wird *R. pomifera Herrm.* gebaut. Auch *R. lucida Ehrh.*, *R. Carolina L.* und *R. alpina L.* finden sich oft in den Gärten.

Als Zierrose baut man namentlich auch *R. lutea Mill.* (*R. eglanteria L.*), von welcher es Bastarde mit *R. pimpinellaefolia L.* geben soll. *R. blanda Ait.* ✕ *lucida Ehrh.* — Hieher *R. neglecta Bruh.*

Asiatische Rosenbastarde.

Lit.: Crépin in Bull. soc. bot. Belg. XV.

In *R. Lyellii Lindl.* glaubt Crépin eine *R. involucrata Roxb.* ✕ *moschata Mill.* zu erkennen. Sie kommt oft mit gefüllten Blüthen vor und wird in Indien cultivirt.

R. inoara Siebld. ist offenbar ein Bastard von *R. multiflora Thby.*; Crépin vermuthet, dass *R. rugosa Thbg.* die andere Stammart ist. Von *R. rugosa Thbg.* werden ferner Bastarde mit *R. acicularis Lindl.* und *R. cinnamomea L.* angegeben. Zabel glaubt in einer von ihm cultivirten Rose einen Bastard von *R. rugosa* mit der amerikanischen *R. Carolina L.* zu erkennen.

Hulthemia mit echten Rosen.

R. clinophylla Thory in Redouté Ros. I p. 43 t. 10 ist nach Lindley eine Form von *R. involucrata Lindl.*, nach C. Koch und Regel von *R. laxa Retz.* Diese *R. clinophylla* blühte im Luxemburg-Garten zu Paris sehr reichlich, brachte aber erst nach längerer Zeit eine einzelne Frucht. Der Gärtner Hardy säete die Samen derselben und erhielt daraus mehrere nicht blühende Exemplare, eine normale *R. clinophylla* und eine ganz neue Sorte: *R. Hardii Cels* in Ann. Fl. et Pom. 1835/36 p. 372. Aeste und Blätter kahl, Blättchen sehr klein, Stacheln zu 3 genähert; Blüthen einfach, die Kronblätter gelb, am Grunde mit braunem Fleck. Aus den Merkmalen der neuen Pflanze lässt sich mit Sicherheit schliessen, dass sie von *R. berberifolia Pall.* stammt, die unmittelbar neben der *R. clinophylla* stand. Die *R.* ⨯ *Hardii* ist also eine *R. clinophylla Thory* ♀ ⨯ *berberifolia Pall.* ♂.

Pirus.

Lit.: C. Koch Dendrologie, Th. Wenzig in Linn. 1874 p. 1.

Die Gattungen *Pirus*, *Malus*, *Cydonia* und *Sorbus* lassen sich nur durch geringfügige Merkmale unterscheiden und werden daher von den neueren Schriftstellern meistens zusammengezogen. Dagegen scheint es mir unnatürlich, auch *Mespilus* mit *Pirus* zu vereinigen, wie Bentham und Hooker gethan haben.

Pirophorum.

Die cultivirten Birnen, *P. communis L.*, *P. cultrensis Godr.*, sind wahrscheinlich durch Vermischung mehrerer wilder Stammformen entstanden. C. Koch nennt als solche: *P. Sinensis Desf.*, *P. cordata Desv.*, *P. achras Gaertn.*, *P. Sinai Desf.* und *P. elaeagnifolia Pall.* Die einzelnen Sorten der Culturbirnen sind nicht samenbeständig, sondern liefern eine in ihren Eigenschaften schwankende Nachkommenschaft.

P. salviaefolia DC. wird in einigen Gegenden Frankreichs gebaut, um aus den Früchten Birnwein zu gewinnen. Ist von allen Sorten der gewöhnlichen *P. communis* auffallend verschieden, erweist sich aber bei der Aussaat als vollkommen unbeständig und liefert meist Rückschläge zu *P. communis*. Ob etwa *P. amygdaliformis Vill.* ⨯ *communis L.*? Uebrigens soll *P. salviaefolia* identisch sein mit *P. nivalis Jacq.* und angeblich in Armenien wild wachsen.

P. Sinensis Desf. ♀ ⨯ *communis L.* ♂. P. Kiefer in Philadelphia cultivirte *P. Sinensis* und fand deren Sämlinge constant. Später gelangte ein Exemplar von *P. communis* (*Flemish beauty*) neben der Mutterpflanze von *P. Sinensis* zur Blüthe. Seitdem haben die Sämlinge von *P. Sinensis* einen gemischten Charakter angenommen, ihre Früchte sind viel grösser geworden und zeigen Aehnlichkeit mit der *Flemish beauty* (Proc. Ac. Nat. sc. Philad. 1875 p. 439).

P. elaeagnifolia Pall. soll mit *P. Sinai Desf.* Mischlinge bilden.

P. salicifolia L. hatte in Norwegen nur wenige keimfähige Samen gebracht; Schübeler erzog daraus eine von *P. salicifolia* sehr abweichende Form, ob eine *P. salicifolia* ⨯ *communis*? Vgl. Bot. Jahresb. f. 1875 S. 894.

Malus.

Als Stammformen unserer Aepfel führt C. Koch sechs verschiedene Arten auf, zu denen auch *P. silvestris Mill.*, *P. dasyphylla Borkh.* und *P. prunifolia Willd.* gehören. Den Blüthenstaub der cultivirten Aepfel fand ich stets mischkörnig; bei den wilden ist er gleichkörnig. Th. A. Knight fand, dass Mischlinge zwischen verschiedenen cultivirten Apfelsorten nicht selten vollständig die Mitte halten zwischen den Stammformen, oft aber auch einer oder der andern derselben sehr nahe kommen. Die Sämlinge wachsen ungemein kräftig. — Nach Regel ist die gewöhnliche *P. malus L.* ein Bastard von *P. prunifolia Willd.* mit *P. dasyphylla Borkh.* oder einer ähnlichen Art. Wenzig hält die Culturäpfel nicht für Hybride, sondern für Culturvarietäten von *P. malus.*

P. baccata L. ✕ *prunifolia Willd.* ist *P. cerasifera Tausch.* Auch in Hohenheim hat man Mischlinge von *P. baccata L.* mit Culturäpfeln, *P. malus L.*, erzeugt.

Eine *P. baccata L.* ✕ *toringo Sieb.* (*ringo β. kaido Sieb.*) scheint *Malus floribunda Siebold* zu sein, die sich bei der Aussaat als höchst unbeständig erwiesen hat. Sehr reichblüthig, im Uebrigen intermediär.

P. baccata L. ✕ *spectabilis Ait.* kommt nach Zabel in einigen Gärten als *P. kaido* vor.

P. coronaria L. ✕ *spectabilis Ait.* wird nach Wenzig in Paris als *Malus heterophylla Spach* cultivirt.

P. coronaria L. soll mit den Culturäpfeln verschiedene Bastarde geliefert haben.

Pirophorum ✕ Sorbus.

P. communis L. ✕ *aria Ehrh.* Ein merkwürdiger Bastard, als *P. Pollveria L.*, *P. Bollwilleriana DC.*, *P. auricularis Knoop* beschrieben, mit tief gezähnten, unterseits grauwolligen Blättern. Früchte oft fehlschlagend und wenigsamig. Decaisne erhielt bei der Aussaat vier verschiedene Typen, davon zwei nur in je einem Exemplar. Die Sämlinge waren theils der *P. communis* ähnlich, theils waren sie nicht sehr verschieden von der hybriden Mutterpflanze. Von 8 in Prag erzogenen Sämlingen behielt nur einer die Blattform der Mutterpflanze, brachte aber grössere und saftigere, jedoch samenarme Früchte (Wien. Obst- u. Gartenz. 1878 p. 25).

Malus ✕ Sorbus.

P. malus L. ✕ *torminalis Ehrh.* scheint in Mittelitalien an mehreren Orten vorzukommen. Tracht einer *Crataegus*, Blätter rundlich, eingeschnitten gesägt. Bringt Früchte. *P. crataegifolia Savi*, *Mesp. Florentina Bertol.*

P. malus L. ╳ *aria Ehrh.* ist im Jardin du Roi zu Paris beobachtet worden. Tracht von *P. malus*, Blätter stark gesägt, unterseits flockig-filzig,. Blüthen fast 3 cm im Durchmesser. Frucht ein kleiner Apfel. *P. malifolia Spach.*

Sorbus.

P. aucuparia Gaertn. ╳ *domestica Sm.* Ein derartiger Bastard ist nach A. Kerner muthmaasslich *Sorbus lanuginosa Kit.*, in Ungarn gefunden.

P. aucuparia Gaertn. ╳ *arbutifolia L. f.* Dies ist vermuthlich der Ursprung von *P. hybrida Moench*, *P. spuria DC.*, *Aronia sorbifolia Spach*, einer Gartenpflanze.

P. aucuparia Gaertn. ╳ *Scandica Babgt.* ist *Sorbus hybrida L.*, einer der wenigen Bastarde, der bereits von Linné richtig beurtheilt wurde. *Sorb. Fennica Kalm.*

P. aucuparia Gaertn. ╳ *aria Ehrh.* ist *P. Thuringiaca Ilse*, von Bechstein, Irmisch, Ilse und Andern in Thüringen beobachtet. Da *P. Scandica* und *P. aria* sich sehr nahe stehen, so sind auch die beiden Bastardformen kaum zu unterscheiden. Zu einer von beiden gehört auch *P. pinnatifida Ehrh.* Bei der Aussaat im Museumsgarten zu Paris erwies sich *P.* ╳ *pinnatifida* als unbeständig, ein Theil der Sämlinge hatte vollständig gefiederte Blätter wie *P. aucuparia*, andere näherten sich in der Blattform der *P. aria*. Hieher auch *S. hybrida hort.* ex pte.

P. aria Ehrh. ╳ *arbutifolia L. f.* ist *Sorbus alpina Willd.*, *Aronia densiflora Spach.* In Gärten.

P. aria Ehrh. ╳ *torminalis Ehrh.* ist in wenigen Exemplaren zerstreut zwischen den Stammarten in Thüringen gefunden worden. Offenbar intermediär, bringt nur spärlich keimfähige Samen. Früchte von der Gestalt der Früchte von *P. torminalis*. Hieher *Azarolus hybrida Borkh.*, *Crat. hybrida Bechst.* — Anscheinend völlig übereinstimmend sind *Sorbus latifolia Pers.* und *S. intermedia Schult.*, welche um Paris und in Oesterreich als selbständige Arten vorkommen sollen. Dagegen wird aus Bosnien wieder *P. aria* ╳ *torminalis* angegeben (Ascherson et Kanitz).

P. aria Ehrh. ╳ *chamaemespilus Lindl.* ist als *P. Sudetica Tausch*, *Sorb. Hostii Jacq.*, *S. oblongifolia Rchb.*, *S. ambigua Michalet* beschrieben worden. Bringt an den meisten Orten selten Früchte, in der Schweiz aber nach Gremli in reichlicher Menge; Jura, Sudeten.

S. arioides Michalet ist eine der *P. aria* näher stehende Form. —

Nach Wenzig kein Bastard, sondern Varietät von *P. chamaemespilus.* Michalet's Pflanze dürfte wirklich hybriden Ursprungs sein; für andere Standorte (Feldberg im Schwarzwald, Bex in der Schweiz) ist die Abstammung zweifelhafter. Ob hieher auch *S. Reverchoni Gndgr.* und *S. Arvernensis Gndgr.?*

Crataegus.

Wahrscheinlich ist die Gattung *Crataegus* mit *Mespilus* zu vereinigen.

Cr. oxyacantha L. ✕ *monogyna Jacq.* Die beiden in ihren typischen Formen gut charakterisirten Arten sind durch alle möglichen Uebergänge und Zwischenglieder verbunden. Indess sind die Mittelformen viel seltener in Wäldern und an sonstigen spontanen Standorten der beiden Arten, als in Anlagen und in Gärten. Manche Gründe sprechen dafür, dass Lasch's Ansicht, nach welcher die Mittelformen Bastarde sind, richtig ist. Pollen auch bei den Stammarten mischkörnig.

Cr. oxyacantha L. ✕ *nigra W.K.* scheint in Ungarn hin und wieder vorzukommen, da sich mancherlei Uebergänge zwischen den Stammarten finden. Hieher vielleicht *Cr. pentagyna W.K.*, *Cr. melanocarpa M.Bieb.* (Krimm). *Cr. pentagyna* gehört nach Wenzig zu einer von China bis Spanien verbreiteten Art.

Cr. Mexicana Moc. et Sess. ✕ *pubescens H.B.K.* hat sich bei Leroy in Angers anscheinend spontan gebildet (Koch Dendrol. I p. 134).

Cr. tanacetifolia Pers. soll nach Loudon sowohl mit *Cr. oxyacantha L.* als mit *Cr. orientalis Bosc* Bastarde geliefert haben. Nach Wenzig sind *Cr. tanacetifolia* und *Cr. orientalis* nicht specifisch verschieden.

Crataegus ✕ Mespilus.

Lit.: X. Gillot in Bull. soc. bot. Fr. XXIII p. XIV; C. Koch Dendr. I p. 131

Mesp. Germanica L. ✕ *Crat. monogyna Jacq.* ist in Hecken des Stiftes Saint Sernin-du-Bois bei Autun in Frankreich gefunden worden und hat sich dort offenbar spontan gebildet. Blätter theils oval, lappig, eingeschnitten, theils länglich und an der Spitze gezähnt, theils lanzettig und ganzrandig; Blüthen theils einzeln, theils zu mehreren; Griffel meist 2. Früchte sparsam; ihre Steinkerne meist taub. Ein Bastard aus zwei sehr verschiedenen Arten, über dessen Ursprung nach den vorliegenden Beobachtungen keinerlei Zweifel obwalten kann, abgesehen von der nebensächlichen Frage, ob *Cr. monogyna* oder *Cr. oxyacantha* die eine Stammart ist. — Aehnliche Bastarde kommen unter verschiedenen Benennungen in den Gärten vor; sie stammen offenbar sämmtlich einerseits von *Mesp. Germanica*, andererseits von *Crataegus oxyacantha* oder einer nahe verwandten Art. Ilieher *Mesp. grandiflora Sm.*, *M. Smithii Ser.*, *M. lobata Poir.*, *Crat. trilobata Lodd.* (um 1820 in der Gärtnerei zu Hammersmith entstanden), *Cr. lobata Bosc.*

28. SAXIFRAGEAE.

Saxifraga.

Lit.: A. Engler, Monogr. d. Gatt. Saxifraga 1872; Trautmann in Oe. B. Z. 1878 S. 312.

Die formenreiche Gattung *Saxifraga*, eine Zierde der Hochgebirge der nördlichen Halbkugel und der arktischen Gegenden, zerfällt in eine Anzahl von Sectionen, welche in der Tracht wie in den Merkmalen zum Theil sehr beträchtlich von einander verschieden sind. Die Arten wachsen meistens gesellig und scheinen in der Regel auf Wechselbefruchtung angewiesen zu sein. Künstliche Bastarde hat man, so viel mir bekannt, noch nicht erzogen, dagegen haben sich in Gärten, in welchen oft mehrere Arten in einer geringen Zahl von Exemplaren neben einander cultivirt werden, nicht selten Hybride gebildet. Auch in der freien Natur hat man eine Anzahl bemerkenswerther Mischlinge aufgefunden. Die Bastarde von *Saxifraga* gehören unter den spontan entstandenen zu den ausgezeichnetsten, welche wir kennen. Ueber ihre physiologischen Eigenschaften (Pollen, Fruchtbarkeit, Samenbeständigkeit) ist indess wenig bekannt.

Dactyloides.

S. ajugaefolia L. × *aquatica Lap.* kommt in den Pyrenäen in zwei Formen vor, von denen jede einer der Stammarten näher steht. Beide sind übrigens entschieden intermediär. Die Samen kommen selten zur Reife. *S. capitata Lap.*

S. aphylla Sternb. × *planifolia Lap.* von Rambert am Kistenpass in den Glarner Alpen (Schweiz) in ca. 2540 m Höhe gefunden, hält die Mitte zwischen den Stammarten. *S. aphylla Sternb.* = *S. stenopetala Gaud.*, *S. planifolia Lap.* = *S. muscoides All.* (nec Wulf.) sec. Engler. Der Bastard: *S. Mureti Rambert.*

S. moschata Wulf. × *mixta Lap.* (*Iratiana F. Schultz*) scheint an mehreren Stellen der Pyrenäen nicht eben selten zu sein. *S. muscoidi-groenlandica de Jouffr.* (Miègeville).

S. moschata Wulf. × *exarata Vill.* ist von Miègeville im

Thale Héas bei Barèges in den Pyrenäen gefunden. Kronblätter bald weiss wie bei *S. exarata*, bald gelblich wie bei *S. moschata*. Samen vollständig reifend. *S. muscoidi-exarata Miègev.*
S. moschata Wulf. × *planifolia Lap.* ist nach Bruegger in Graubündten beobachtet.

Dactyloides × Nephrophyllum.

S. decipiens Ehrh. × *granulata L.* hat die Tracht von *S. granulata*, aber tiefer eingeschnittene Grundblätter, in deren Achseln keine Bulbillen, sondern kurze Laubsprosse stehen. Ausser der Mittelform beschreibt Engler zwei den Stammarten genäherte. — Im Breslauer botanischen Garten von selbst entstanden; findet sich auch im Berliner bot. Garten. Von Haussknecht wildwachsend im Bodethale am Harz entdeckt.

Robertsonia.

? *S. umbrosa L.* × *geum L.* Mittelformen zwischen *S. geum* und *S. umbrosa* finden sich nach Engler (S. 230) in Irland und cultivirt in Gärten. Ob diese Zwischenformen Bastarde sind, liess sich bisher nicht feststellen. Hooker betrachtet *S. umbrosa* und *S. geum* als Unterarten einer Species.

Robertsonia × Miscopetalum.

S. geum L. × *rotundifolia L.* ist in verschiedenen botanischen Gärten entstanden, zuerst von Villars beobachtet. Deutliche Mittelform. *S. hybrida Vill.*, *S. cochleariaefolia Schrad.*

Aizoonia.

S. aizoon Jacq. × *cotyledon L.* ist im botanischen Garten zu Zürich entstanden und wildwachsend am Simplon aufgefunden worden. Hieher *S. Gaudini Bruegger.*

S. aizoon Jacq. × *Hostii Tausch* wurde von R. Huter am Mte. Serra in den venetianischen Alpen gesammelt. *S. Churchillii Huter.*

S. aizoon Jacq. × *crustata Vest.* Für eine derartige Bastardverbindung hält A. Kerner die *S. pectinata Schott*. In Trautmann's Garten zu Nikolausdorf in Schlesien hat sich diese hybride Verbindung spontan gebildet.

S. crustata Vest × *Hostii Tausch* ist von Engler in der Wochein in Krain gesammelt worden. Die Stammarten sind einander zwar ähnlich, doch ist nach Engler die Hybridität der intermediären Exemplare unzweifelhaft.

Aizoonia × Robertsonia.

S. aizoon Jacq. × *cuneifolia L.* ist von Zimmeter im Pusterthale zwischen Windischmatrei und Lienz entdeckt worden. Eine merkwürdige Verbindung zweier Arten, die einander ziemlich fern stehen. Der Bastard zeigt eine seltsame Mischung der Charaktere. *S. Zimmeteri A. Kern.*

S. umbrosa L. ♀ ✕ *aizoon Jacq.* ♂ ist spontan in Trautmann's Garten entstanden, war sehr variabel, theils dem vorigen Bastard, theils der *S.* ✕ *Andrewsii* ähnlich.

S. aizoon Jacq. ✕ *geum L.* ist gelegentlich in verschiedenen Gärten spontan gebildet worden. Nach Engler kommen zwei Formen vor, eine *f. per-geum* ist zuerst von L. Reichenbach in Dresden beobachtet (*S. hirsuta-aizoon Fl.* germ. exc.) und später als *S. Wildiana Kunze* beschrieben worden. Die zweite Form, eine *f. per-aizoon*, ist in den Gärten von Berlin und Breslau beobachtet und stimmt überein mit der angeblich in Irland wildwachsenden *S. Andrewsii Harvey*. Ueber den Irrthum, der dieser Angabe zu Grunde liegen dürfte, vgl. Engler a. a. O. S. 252. *S. Guthrieana hort.* ist nach A. Kerner ein in Anderson's Garten zu Edinburg entstandener Mischling von *S. aizoon* und *S. Andrewsii*, während Engler die *S. Guthrieana* zweifelnd, J. D. Hooker aber ganz positiv für identisch mit *S. Andrewsii* erklärt. Es kann wohl nicht zweifelhaft sein, dass alle diese Pflanzenformen Gartenmischlinge sind. Eine *S.* ✕ *Andrewsii* ✕ *aizoon* ist spontan in Trautmann's Garten zu Nikolausdorf entstanden.

S. cochlearia Rchb. ist nach Engler eine merkwürdige, am Col di Tenda gefundene Form von *S. lingulata Bell.*, die vielleicht den Werth einer eigenen Species beanspruchen darf. L. Reichenbach hielt diese Pflanze für eine *S. cuneifolia L.* ✕ *lingulata Bell.*; nach Engler fehlen ihr aber alle auf *S. cuneifolia* hinweisenden Charaktere.

Trachyphyllum ✕ Aizoonia.

S. aizoides L. ✕ *mutata L.* ist von Girtanner bei St. Gallen entdeckt, später an ziemlich zahlreichen Stellen der Alpen zerstreut zwischen den Stammarten gefunden worden, ist auch in Trautmann's Garten spontan entstanden. Die Stammarten sind beträchtlich von einander verschieden. A. Kerner unterscheidet drei Formen, eine Mittelform (*S. Hausmanni A. Kern.*), eine *per-aizoides* (*S. Regelii A. Kern.*) und eine *per-mutata* (*S. inclinata A. Kern.*). Engler rechnet Reuter's am Brizon in Savoyen gefundene Pflanze zu der Form *per-aizoides*, während Reuter sagt, sie sei eine genaue Mittelform, verschieden von der *per-aizoides* des Züricher Gartens. Die Form *per-mutata* ist seltener als die andere. Die verschiedenen Formen des Bastards sind in Savoyen, der Schweiz, Oberbayern und Tirol gefunden. *S. Girtanneri Bruegger.*

Kabschia × Aizoonia.

S. caesia L. × *mutata L.* ist zuerst in der Alpenpflanzen-Anlage von Otto Forster zu Augsburg beobachtet und als *S. Forsteri B. Stein* beschrieben worden. Bald darauf wurde diese Verbindung in einer genau mit der Augsburger Gartenpflanze übereinstimmenden Form in der Solsteinkette bei Innsbruck aufgefunden.

Kabschia.

S. aretoides Lap. × *media Gou.* ist in den Pyrenäen an zwei Stellen in verschiedenen Formen beobachtet worden. Die Mittelform hat breitere Blätter und gelbe Blüthen, die *per-media* hat linealische Blätter und rothe Petalen. *S. luteo-purpurea Lap.*, *S. Lapeyrousii G. Don*, *S. ambigua DC.* (= *per-media*).

S. caesia L. × *squarrosa Sieb.* wächst am Schlern in Südtirol. *S. Tiroliensis A. Kern.*

Kabschia × Trachyphyllum.

S. caesia L. × *aizoides L.* ist zerstreut zwischen den Stammarten an verschiedenen Orten der Schweiz, in Oberbayern, Tirol und den Karpathen gefunden worden. Engler unterscheidet zwei Formen, doch sind beide ziemlich intermediär und scheinen sich nur die Exemplare bald der einen, bald der andern Stammart etwas mehr zu nähern. Der Typus der *S. aizoides* ist in der Regel vorwiegend. *S. patens Gaud.*, *S. aretioides Blff. et Fngrh.* (non *Lap.*). Die *S. glabella Bertol.*, welche L. Reichenbach mit dem Bastard identificirte, ist eine selbständige Art.

S. squarrosa Sieb. × *aizoides L.* ist von Engler im Isonzothale im Küstenlande (nicht in Krain, wie Engler angibt) zwischen den Stammarten gefunden worden. Eine charakteristische Mittelform, der *S. caesia* × *aizoides* ähnlich.

Porphyrion.

S. biflora All. × *oppositifolia L.* ist in verschiedenen Formen in Steiermark, Tirol und der Schweiz gefunden worden. A. Kerner unterscheidet zwei Typen; die *S. Huteri Ausserdrff.*, *A. Kern.* ist eine *f. per-oppositifolia*, die *S. spuria A. Kern.* (*S. hybrida A. Kern. prius*) ist eine *f. per-biflora*. Grosse Aehnlichkeit mit dieser *f. per-biflora* hat die *S. macropetala A. Kern.*, welche Engler als eine selbständige, zerstreut in der Schweiz, in Tirol und Kärnthen vorkommende Art beschreibt. Er ist im Zweifel darüber, ob *S. Kochii Hornung* sich auf den Bastard oder auf die neue Kerner'sche Art bezieht. Kerner erwähnt noch eine *S. Norica*, welche ein Bastard von *S. Kochii* und *S. oppositifolia* sein soll; sie ist an der Pasterze gefunden. Mit *S.*

Kochii ist ohne Zweifel die *S. macropetala* gemeint. — Die betreffenden Pflanzen sind noch genauer auf ihr physiologisches Verhalten (Pollen, Fruchtbarkeit, Samenbeständigkeit) zu prüfen.

S. macropetala A. Kern. ✕ *oppositifolia L.* s. oben.

Philadelphus.

Aus dieser Gattung werden der südeuropäische *Ph. coronarius L.* und einige amerikanische Arten häufig in Gärten gezogen. Es gibt mehrere Zwischenformen, welche die verschiedenen Arten zu verbinden scheinen. Es ist möglich, dass diese Zwischenformen zum Theil Bastarde sind, indess sind auch in Amerika der typische *Ph. inodorus L.* und *Ph. pubescens Bosc* (*Ph. grandiflorus aut.*, non Willd. sec. C. Koch) durch Zwischenformen verbunden, so dass Asa Gray beide Typen als Unterarten einer einzigen Species auffasst. Unzweifelhafte Bastarde sind meines Wissens nicht bekannt.

Ribes.

R. rubrum L. A. Knight suchte neue Sorten zu erhalten durch Kreuzung der hellfrüchtigen Spielart mit der typischen Form. Aus *R. rubrum fruct. albic.* ♀ ✕ *fruct. rubr.* ♂ erhielt er mancherlei Spielarten, meist mit rothen, zum Theil mit blassrothen Früchten, deren Geschmack meist milde (wie bei der hellfrüchtigen Sorte) war, bei einigen an *R. nigrum* erinnerte. Ein Exemplar zeichnete sich durch grosse Früchte und Samen aus.

R. nigrum L. ✕ *sanguineum Prsh.* wird von Zabel (Syst. Verz. Forstak. Münden) als in zwei Formen, einer normalen und einer var. *dissectum*, vorkommend angegeben. In der Rev. hortic. 1867 p. 260 findet sich die Notiz, Billiard habe aus Samen von *R. sanguineum Prsh. var. albidum Paxt.* ein *R. intermedium* erhalten, welches sich sehr dem *R. nigrum* nähere und kleine schwarze Früchte bringe.

? *R. aureum Prsh.* ✕ *floridum L'Hér. R. Billiardii Carrière* Rev. hort. 1867 p. 140 soll intermediär zwischen den genannten Arten sein. Zabel zieht es als Form zu *R. fasciculatum S. et Zucc.*

R. aureum Prsh. ist nach C. Koch vielfach mit der Varietät *flavum* (*R. flavum Berl.*) gekreuzt worden, in der Hoffnung, Mischlinge mit wohlschmeckenden Früchten zu erhalten.

R. aureum Prsh. ✕ *sanguineum Prsh.* entstand in England zufällig in dem Park von W. Middleton, wo dieser merkwürdige Bastard durch den Obergärtner Beaton entdeckt wurde. In allen Theilen intermediär, in einzelnen Merkmalen der einen, in andern der andern Stammart ähnlicher. Kelchröhre roth, Saum gelb; Pollenkörner sehr sparsam, die vorhandenen taub und völlig verschrumpft, Blumen gleich nach dem Verblühen abfallend. Versuche, den Bastard durch Pollen der Stammarten zu befruchten, schlugen fehl. Der Bastard findet sich nicht selten in Gärten, obgleich er wegen der unreinen Mischfarben der Blüthen an Schönheit beiden Stammarten nachsteht *R. Beatoni hort.*, *R. Gordonianum Paxt.* Beide Namen beziehen sich auf genau dieselbe Pflanze; es ist daher irrig, wenn neuere Schriftsteller einen Unterschied herausfinden wollen.

29. CRASSULACEAE.

Rochea.

Am Cap der guten Hoffnung wachsen zwei unzweifelhaft echte Arten, die rothblühende *R. coccinea DC.* und die weisse oder doch hellfarbige *R. odoratissima DC.* Ausserdem wird eine ziemlich unbekannte *R. media DC.* erwähnt, die Harvey in der Flor. Cap. einfach streicht, und eine *R. versicolor DC.*, deren Blumen aussen roth, innen weiss sind. Beide sind intermediär zwischen den beiden genannten Arten. Die Gartenformen von *Rochea* sind unter einander gekreuzt worden; in der Fl. d. serr. t. 1524—25 wird eine Anzahl von solchen Farbenvarietäten abgebildet, die aus der Kreuzung von fünf verschiedenen Gartensorten entstanden sind. Sie werden dort einfach als „*R. versicolor DC.*" bezeichnet und ist es in der That wohl wahrscheinlich, dass auch die wildwachsend am Tafelberg gefundene *R. versicolor* eine *R. coccinea* $\times$ *odoratissima* ist.

Cotyledon.

Lit.: Baker in Refug. bot. 1873.

Die mexikanischen Arten von *Cotyledon* sind durch De Candolle unter dem Namen *Echeveria* von den typischen afrikanischen Arten der Gattung unterschieden worden. Die Grenzlinie zwischen *Echeveria* und *Cotyledon* ist aber nach Auffindung von Zwischengliedern verwischt und wissenschaftlich unhaltbar geworden. Für Teppichbeete und ähnliche gärtnerische Zwecke sind die amerikanischen *Cotyledon*-Arten neuerdings sehr gesucht, so dass jetzt mehrere hundert Sorten cultivirt werden. Es ist offenbar sehr leicht, diese „Arten" unter einander zu kreuzen; die Mischlinge sind meistens vollkommen fruchtbar.

Ob die angeblichen Bastarde wirklich alle hybriden Ursprungs sind, ob nicht manche Sämlings-Varietäten für Bastarde oder polymorphe Sämlinge einfacher Hybriden für zusammengesetzte ausgegeben sind, darüber kann nur ein Specialstudium dieser Gewächse einige Klarheit verschaffen. Ebenso sind die üblichen Benennungen für die „Arten" nicht als wissenschaftliche, sondern nur als gärtnerische zu betrachten. Baker's Bearbeitung ist wohl nur als eine vorläufige anzusehen; das Original dieser Arbeit konnte ich leider nicht vergleichen.

Abgesehen von der Thatsache, dass die mexikanischen Arten und Raçen von *Cotyledon* unter einander fruchtbare Bastarde bilden, haben die bisherigen *Cotyledon*-Kreuzungen keinen wissenschaftlichen Gewinn geliefert, vielleicht um so mehr gärtnerischen. Es wird daher genügen, einige Angaben der Züchter (Deleuil in Marseille, De Smet in Gent, Fr. v. d. Heiden in Hilden) zusammenzustellen, wobei ich die rein gärtnerischen Benennungen (*Echeveria, Pachyphytum*) beibehalte. Vielleicht die schönste Gartenform ist die *E. metallica hort.* Ueber den Artwerth der einzelnen Formen enthalte ich mich jedes Urtheils.

E. agavoides ✕ *glauca*
„ „ ✕ *globosa*
„ „ ✕ *rosea*
„ *atropurpurea* ✕ *metallica*
„ *aurea* ✕ *versicolor*

„ *blanda* ♀ ✕ *Californica* ♂
„ *Desmetiana* ✕ (*glauca* ✕ *metall.*)

„ *Desmetiana* ♀ ✕ *imbricata* ♂
„ „ ✕ *navicularis*
„ „ ✕ *nuda*
„ *gigantea* ✕ *lutea*
„ *glauca* ✕ *metallica*

„ „ ✕ *pulverulenta*
„ „ ✕ *secunda*
„ „ ✕ *villosa*
„ (*glauca*✕*metall.*)✕(*glauc.*✕*sec.*)
„ (*glauca* ✕ *metall.*) ✕ *rosacea*
„ (*glauca*✕*secund.*)✕*pulverulenta*
„ *globosa* ♀ ✕ *grandis* ♂
„ *globosa* ✕ *pulverulenta*
„ *globosa extensa* ♀ ✕ *metallica* ♂

hieher *E. laetevirens Deleuil*
„ „ *aciphylla Dell.*
„ „ *cimbuliformis Dell.*
„ „ *carinata hort.*
„ „ *cineracea Heiden* (non Deleuil)
„ „ *flammifera, Desmetiana rosea, punicea, speciosa*
„ „ *coerulea Dell.*
„ „ *aeraria Deleuil*
„ „ *dealbata hort.*

„ „ *glauco-metallica, metallica-glauca* etc.
„ „ *glauca porrecta*
„ „ *secundo-glauca*
„ „ *herbacea hort.*
„ „ *rotundifolia hort.*
„ ; *cyanea hort.*
„ „ *cineracea Dell.*(n. Heiden)
„ „ *eminens Dell.*

E. Hermesi ♀ ⨯ metallica ♂
„ imbricata ⨯ pulverulenta
„ metallica ⨯ superba
„ mucronata ♀ ⨯ Californica ♂
„ nuda ♀ ⨯ Desmetiana ♂
„ stricta ♀ ⨯ grandis ♂
„ superba ⨯ villosa
„ metallica⨯Pachyphyt. bracteosum
„ metallica♀⨯⨯pachyphytoides♂
„ Desmetiana ⨯ Pach. bracteosum
„ secunda ♀ ⨯ Pach. bracteosum ♂
„ (secunda ♀ ⨯ Pach. bracteos. ♂)
    ⨯ secunda ♂
etc.

hieher E. leucophaea, E. imbricata
    carnosa
„ „ violacea

„ „ mucronata glauca
„ „ pachyphytoides de Smet
„ „ valida Deleuil
„ „ Morreniana Dell.
„ „ Scheideckeri hort.

„ „ pulchella hort.
etc.

Sempervivum.

Lit.: Lamotte, Études sur le genre Sempervivum, 1864; H. Loret in Bull. soc. bot. Fr. XIII p. 21.

Die Gattung *Sempervivum* gehört zu denjenigen, in welchen die Umgrenzung der Arten besonders grosse Schwierigkeit verursacht. Unzweifelhaft haben zahlreiche Kreuzungen zu der Vermehrung der vorhandenen Formen wesentlich beigetragen. So lange indess die Umgrenzung der echten Arten oder ihrer constanten Unterarten nicht mit grösserer Sicherheit festgestellt ist, lässt sich über die Bastarde wenig sagen. Künstliche Hybride hat meines Wissens noch Niemand in dieser Gattung zu erzeugen versucht. — Die deutlichsten spontanen Bastarde, welche man bis jetzt beobachtet hat, stammen einerseits von Unterarten des *S. montanum L.*, andererseits von *S. arachnoideum L.*, einer durch einen weissen filzig-spinnewebigen Haarüberzug ausgezeichneten Art. Dieser Ueberzug variirt aber unter dem Einflusse standörtlicher Verhältnisse.

S. Arvernense Lec. et Lamtt. ⨯ *arachnoideum L.* ist von allen Bastarden dieser Gattung wohl am genauesten beobachtet, insbesondere durch Lamotte und Loret. Die französischen Botaniker haben zwei Formen unterschieden, die Lamotte früher als *S. villosum* und *S. Pomelii* beschrieben hat.

S. Boutignyanum Bill. ⨯ *arachnoideum L.* ist vielfach mit der vorigen Verbindung verwechselt worden; das *S. Boutignyanum* ist dem *S. Arvernense* sehr ähnlich. Hieher wohl *S. rubellum Timb. Lagr.*

Aehnlich sind ferner: *S. monticola Lmtt.* × *arachnoideum L.* = *S. Lautareticum Lmtt.*, *S. frigidum Lmtt.* × *arachnoideum L.* = *S. pseudo-arachnoideum Lmtt.* und andere mehr.

Auch in Deutschland und Oesterreich hat man Bastarde des *S. arachnoideum L.* mit Formen aus der Gruppe des *S. montanum L.* beobachtet. Zu *S. montanum* × *arachnoideum* gehören ferner: *S. barbulatum Schott*, *S. fimbriatum Lehm. et Schnsp.*, *S. piliferum Jord.* etc. Ein *S. Fontanae Bruegger* ist nach Gremli vielleicht ein *S. tectorum L.* × *arachnoideum L.*

? *S. montanum L.* × *tectorum L.* Hieher gehört vielleicht *S. Funkii A.Br.* oder doch Formen, welche man mit *S. Funkii* zu verbinden pflegt.

S. montanum L. × *Wulfeni Hopp.* tritt nach A. Kerner stellenweise massenhaft in den österreichischen Alpen auf; es ist *S. Huteri A. Kern.* genannt.

30. DROSERACEAE.

Drosera.

Lit.: Schiede, De pl. hybr. p. 69; Grenier Fl. ch. Jur. p. 91.

Von den drei europäischen Arten, welche häufig gesellig wachsen, gehen nur zwei hybride Verbindungen mit einander ein.

Dr. longifolia L. × *rotundifolia L.* ist von Zuccarini in den bayrischen Alpen entdeckt worden (*Dr. rotundifolio-anglica Zucc.*). *Dr. longifolia L.* ist = *Dr. anglica Huds.* Der Bastard ist in Blattform und Blüthengrösse intermediär zwischen den Stammeltern, von denen er sich durch die kleinen Kapseln unterscheidet, welche viel kürzer als der Kelch sind. Die Kapseln sind oft völlig taub, manchmal enthalten sie eine kleine Zahl wohlgebildeter Samen. Unter dem Namen *Dr. obovata Koch* ist der Bastard bald als selbständige Art, bald als Varietät von *Dr. longifolia* beschrieben worden; es mag sein, dass es in einigen Gegenden (Rheinpfalz) eine Varietät von *Dr. longifolia* gibt, welche sich dem Bastard nähert (Fr. Schultz, Winter). Kommt mitunter in Gesellschaft von nur einer der Stammarten vor (G. et G. 1 p. 192). Näher beobachtet und als Bastard erkannt ist die Pflanze u. A. von Lasch, A. Braun, Planchon, A. Kerner, Grenier, Celakovky und J. Schmalhausen. Sie findet sich in Russland (um Petersburg nicht selten), hie und da in Deutschland, Böhmen, Tirol und in Frankreich (Jura, Vogesen, Paris). Bei Pontarlier im Jura fand Grenier alle Zwischenformen zwischen dem Bastard und beiden Stammarten; vgl. die ausführliche Auseinandersetzung a. a. O.

31. MELASTOMACEAE.

Die Liebhaberei der Gewächshaus-Besitzer für Pflanzen aus dieser schönen und formenreichen Familie scheint in der Zunahme begriffen zu sein. Wahrscheinlich werden dann auch Hybride häufig werden. Die Gattungen der *Melastomaceen* sind schwer gegen einander abzugrenzen.

Bertolonia ⋈ Sonerila.

Die amerikanische Gattung *Bertolonia* hat pentamere, die asiatische *Sonerila* dagegen trimere Blüthen; im Uebrigen lassen sich die beiden Gattungen als sich gegenseitig vertretend ansehen. Die Blüthen sind leicht zygomorph.

B. guttata DC. ♀ × *S. margaritacea Lindl.* ♂ ist von Lesueur in Boulogne, wahrscheinlich aber auch von englischen und belgischen Gärtnern erzogen worden; ob auch die umgekehrte Kreuzung erzielt wurde, ist mir nicht bekannt. Die Exemplare der Bastardverbindung sind in ihrer Färbung und Zeichnung ungemein mannigfaltig; Lesueur hatte einen Bastard mit quirlständigen Blättern, die bei den Stammarten nicht vorkommen. Die zahlreichen neuen Garten-*Bertolonien* stammen grossentheils aus dieser Kreuzung; ob auch andere Arten zu Züchtungen benutzt sind, habe ich nicht erfahren.

32. LYTHRARIEAE.

Lythrum.

L. salicaria L. × *virgatum L.* ist in Ungarn von Simkovics beobachtet worden und ist wie *L. salicaria* trimorph. *L. scabrum Smkr.*

Cuphea.

Die Arten dieser Gattung sollen sich leicht kreuzen lassen, doch ist wenig Genaueres über die Mischlinge bekannt.

C. lanceolata Ait. ✕ *miniata Brongn.* ist ein fruchtbarer Gartenbastard, *C. purpurea hort.* — Es soll noch mehrere andere derartige Mischlinge gegeben haben und vielleicht auch noch geben.

33. ONAGRARIEAE.
Epilobium.

Lit.: Lasch in Linn. 1831 p. 490; L. Reichenb. Fl. Germ. exc p. 636; Krause in Jahresb. Schles. Ges. v. C. 1851 p. 88; E. Michalet Bull. soc. bot. Fr. II p. 726; Fr. Schultz in Arch. de fl., Jahresb. Poll. 1863 p. 142; J. Schmalhausen Bot. Z. 1875 Sp. 520 ff.; zerstr. florist. Werke u. Aufs.; C. Haussknecht unpublic. Mitth.

Bastarde in der Gattung *Epilobium* sind schon 1831 von Lasch und Reichenbach nachgewiesen, doch ist ihre Existenz bis in die neueste Zeit vielfach in Zweifel gezogen worden. Es hat sich jetzt herausgestellt, dass wenigstens in der Untergattung *Lysimachion* Bastarde ungemein häufig sind und dass es nur der nahen Verwandtschaft der Stammarten zuzuschreiben ist, wenn die Mischlinge bisher meistens übersehen wurden.. Dem Monographen der Gattung, Herrn Prof. Haussknecht, verdanke ich eine Anzahl noch nicht veröffentlichter Beobachtungen über hybride *Epilobien*.

Die Früchte der *Epilobium*-Bastarde sind in der Regel anscheinend wohlgebildet, enthalten aber eine grössere oder geringere Menge von tauben Samen. Haussknecht hebt hervor, dass die Klappen der Früchte bei den Hybriden sich nicht so vollständig zurückrollen, wie bei den echten Arten.

Die vieldeutigen Namen *E. alpinum L.* und *E. tetragonum L.* habe ich, um Verwechselungen vorzubeugen, vollständig verworfen.

Chamaenerion.

E. angustifolium L. ✕ *rosmarinifolium Haenk.* wächst nach Henniger in Flora (B. Z.) 62 p. 344 bei Mühlen in Graubündten.
E. Dodonaei ✕ *spicatum Henng.*

Lysimachion.
Bastarde von E. hirsutum L.

Das *E. hirsutum L.* ist bekanntlich durch seine grossen Blüthen ausgezeichnet und steht nur dem *E. parviflorum Schreb.* ziemlich nahe.

E. hirsutum L. ✕ *parviflorum Schreb.*, schon von L. Reichenbach erkannt, findet sich zerstreut zwischen den Stammarten. Blüthen meist wenig grösser als bei *E. parviflorum*. — Beckhaus beobachtete zwei verschiedene Formen. Zerstreut in Mitteleuropa,

namentlich in Schweden, Deutschland, Frankreich, Oesterreich. Siebenbürgen beobachtet. Hieher *E. intermedium Mér.*, *E. hybridum Schur.*
E. hirsutum L. × *Tournefortii Michal.* ist von Hausknecht in beiden Kreuzungsformen künstlich erzeugt worden; die 8 Exemplare waren unter einander ungleich, schienen jedoch jedesmal der mütterlichen Stammart ähnlicher zu sein. Wildwachsend in Sicilien gefunden als *E. Nebrodense Strobl.* In Innsbruck cultivirt; die von dort in Gärten verbreiteten Exemplare sind Rückschlagsformen zu *E. Tournefortii* (nach Hkn.).

E. hirsutum L. × *adnatum Griseb.*, bisher nur bei München und bei Greussen in Thüringen (Hkn.).

E. hirsutum L. × *roseum Schreb.* scheint selten zu sein; Antheren verschrumpft. St. Petersburg (Schmalh.).

E. hirsutum L. × *montanum* |*L.*, bisher nur in Schleswig (leg. Hansen) und bei Kolding. *E. purpureum Fr.* ex pte., *J. Lang* (sec. Hkn).

E. hirsutum L. × *palustre L.* soll nach Reichenbach fast so grosse Blüthen wie *E. hirsutum* haben, während die Blätter mehr denen des *E. palustre* gleichen. Schmalhausen fand die Blüthen intermediär und steril, die Pollenkörner verschrumpft. *E. rivulare Rchb.* St. Petersburg (Schmalh.); angeblich hie und da in Deutschland gefunden.

Bastarde von E. parviflorum Schreb.

Mit *E. hirsutum* s. oben.

E. parviflorum Schreb. × *Tournefortii Mich.* Beirut in Syrien.

E. parviflorum Schreb. × *adnatum Griseb.* ist in verschiedenen Formen beobachtet; eine bei Weissenburg im Els. beobachtete *f. per-adnatum* hatte doppelt so grosse Blüthen wie *E. adnat.* und war vollkommen fruchtbar (F. Schultz). Zerstreut in Deutschland von Schlesien und Holstein bis zum Elsass; in Ungarn, Siebenbürgen. *E. Weissenburgense F. Schultz (per-adnat.)*, *E. attenuatum Schur*, *E. mixtum Smkv.*

E. parviflorum Schreb. × *Lamyi F. Schultz*, von F. Schultz in der Rheinpfalz (Klingenmünster) und im Elsass entdeckt, ist auch bei Weimar gefunden (Hkn.). Aus den zu Deidesheim ausgesäeten Samen gingen nach Schultz Pflanzen hervor, welche theils der einen, theils der andern Stammart näher standen. *E. Palatinum F. Schultz.*

E. parviflorum Schreb. × *obscurum Schreb.*, von E. Michalet im französischen Jura entdeckt, kommt ausserdem in England, Dänemark, verschiedenen Gegenden Deutschlands und in Siebenbürgen vor. *E. Dacicum Borb.*

E. parviflorum Schreb. ✕ *roseum Schreb.* kommt in allen möglichen Zwischenformen vor. Nach Schmalhausen sind die Pollenkörner meist verkümmert, die Samen grösstentheils taub. Zerstreut durch Mitteleuropa. St. Petersburg (Schmalh.), Dänemark (J. Lange), an vielen Orten in Deutschland (Wimm., v. Uechtr., F. Schultz, Beckh., Hkn.), Böhmen (Celak.), Oesterreich, Ungarn (Smkv.), Schaffhausen. Hieher *E. persicinum Rchb.* (sec. Hkn.), *E. opacum Peterm.*, *E. Knafii Celak.*, *E. tetragoniforme Smkv.*

E. parviflorum Schreb. ✕ *montanum L.* ist von E. Michalet im Jura entdeckt; Samen oft taub; ich fand die Samen z. Th. keimfähig, aber die daraus hervorgehenden Pflanzen wenig lebenskräftig. An vielen Orten in Deutschland beobachtet, ferner in Frankreich, der Schweiz, Oesterreich, Siebenbürgen. *E. crassicaule Gremli*, *E. limosum Schur.*

E. parviflorum Schreb. ✕ *palustre L.*, von Lasch bei Driesen entdeckt, hat die verhältnissmässig grossen Blüthen von *E. parvifl.* und ist nicht selten. An vielen Orten in Deutschland (Hampe, Buchenau und Focke, Beckh., Hkn. etc.), in Schweden (sec. Hkn.), Dänemark, Frankreich (Michalet), bei Genf (Reuter), in Böhmen, Oesterreich, Siebenbürgen. *E. rivulare Whlnbg.* (sec. Hkn.), *E. sarmentosum Celak.*

Bastarde von E. adnatum Griseb. und E. Lamyi F. Schltz.
Mit *E. hirsutum* und *parviflorum* s. oben.

E. adnatum Griseb. ✕ *Lamyi F. Schltz.*, nach Hkn. in Thüringen, bei Erlangen, Heidelberg; in Ungarn. *E. semiadnatum Borb.*

E. adnatum Griseb. ✕ *obscurum Schreb.*, nach Hkn. am Ettersberge bei Weimar; in Siebenbürgen. *E. acidulum Borb.*

E. Lamyi F. Schltz. ✕ *obscurum Schreb.*, am Ettersberge bei Weimar (Hkn.). *E. semiobscurum Borb.*

E. Lamyi F. Schltz. ✕ *lanceolatum Seb. et Maur.* auf Melaphyr bei Klingenmünster in der Rheinpfalz. *E. lanceol.* ✕ *tetrag. F. Schltz.* sec. Hkn.

E. adnatum Griseb. ✕ *roseum Schreb.*, von Wimmer bei Breslau entdeckt, soll die Tracht von *E. adnat.*, Blattform und Behaarung von *E. ros.* haben. An verschiedenen Orten in Deutschland (Beckh., Hkn.).

E. Lamyi F. Schltz. ✕ *roseum Schreb.*, am Ettersberge bei Weimar (Hkn.).

E. adnatum Griseb. ✕ *montanum L.*, von A. Mayer in Böhmen entdeckt, ist in Oesterreich (Brittinger), Thüringen (Hkn.), bei Pyrmont (Hkn.), Höxter (Beckh.) gefunden worden.

E. *Lamyi F. Schltz.* ✕ *montanum L.* Thüringen (Hkn.), Höxter (Beckh.), Schaffhausen (Hkn.), Böhmen (Borb.). *E. Haussknechtianum Borb.*

E. adnatum Griseb. ✕ *palustre L.*, zerstreut in Deutschland, in Böhmen und der Schweiz (nach Hkn.).

Bastarde von E. obscurum Schreb.

Mit *E. parviflorum, adnatum* und *Lamyi* s. oben.

E. obscurum Schreb. ✕ *lanceolatum Sch. et Maur.*, nach F. Schultz im Steinalbthale bei Cusel in der Rheinpfalz. Ob hieher *E. anceps Lmtt.* aus der Auvergne?

E. obscurum Schreb. ✕ *roseum Schreb.*, zerstreut in Deutschland (von Reichenbach in *E. umbrosum Lasch* vermuthet; Wimm., Hkn.), Böhmen (Celak.). *E. brachiatum Celak.*

E. obscurum Schreb. ✕ *montanum L.*, an vielen Orten in Deutschland (F. Schultz, Wimm., Beckh., Hkn. etc.), in Böhmen (Celak.), Frankreich (Michalet). *E. aggregatum Celak.*

E. obscurum Schreb. ✕ *collinum Gm.*, im Murgthal im Schwarzwald (F. Schultz), Oberstein an der Nahe (F. Sch.), Thüringen (Hkn.).

E. obscurum Schreb. ✕ *alsinefolium Vill.*, von Lamotte am Puy de Dôme entdeckt; Dauphiné, Pyrenäen (Hkn.).

E. obscurum Schreb. ✕ *palustre L.* kommt in verschiedenen Formen vor; Samen meist fehlschlagend. Skandinavien (Hkn.), Dänemark (Hkn.), an vielen Orten in Deutschland (Wimm. u. Kr., F. Schltz., Beckh., Hkn. etc.), Böhmen, Ungarn (Borb.), franz. Jura (Michalet). *E. Schmidtianum Rostk.* ex pte. (Hkn.), *E. chordorrhizum Fr.* ex pte. (sec. Hkn.), *E. ligulatum Bak.*, *E. phyllonema Knaf, E. Matrense Borb.*

Bastarde von E. roseum Schreb.

Mit *E. hirsutum, parviflorum, adnatum, Lamyi, obscurum* s. oben.

E. roseum Schreb. ✕ *montanum L.*, zerstreut in Deutschland gefunden (Lasch, Krause, Hkn.), in der Marmaros (Borb.); angeblich auch an der Aar bei Bern (Bamberger). *E. glanduligerum Knaf.*

E. roseum Schreb. ✕ *collinum Gm.*, nach Hkn. im Erzgebirge, in Thüringen, Tirol, Steiermark u. s. w.

E. roseum Schreb. ✕ *alsinefolium Vill.* im Gschnitzthale in Tirol entdeckt; *E. Winkleri A. Kern.* Eine selten zur Blüthe gelangende, sich durch Sprossen stark vermehrende Form ist nach Hkn. das *E. gemmiferum Bor.* aus der Dauphiné.

E. roseum Schreb. ✕ *palustre L.*, von Lasch entdeckt, bald

der einen, bald der andern Stammart ähnlicher, ziemlich fruchtbar. Skandinavien (Hkn.), St. Petersburg (Schmalh.), zerstreut in Deutschland (Petermann, Hkn. etc.), Tirol (Hkn.), Zips (Hkn.).
Bastarde von E. montanum L. und E. collinum Gm.
Mit *E. hirsutum, parviflorum, adnatum, Lamyi* und *roseum* s. oben.
E. collinum Gm. ⨯ *montanum L.*, nach Hkn. häufig an Orten, wo die Stammarten gesellig wachsen, während da, wo jede Art isolirt auftritt, keinerlei Uebergangsformen vorkommen.
E. montanum L. ⨯ *lanceolatum Seb. et Maur.*, von F. Schultz entdeckt, nach Hkn. an vielen Stellen im westl. Deutschland; Ungarn (Borb.). *E. Neogradiense Borb.*
E. collinum Gm. ⨯ *lanceolatum Seb. et Maur.*, Rheinpfalz (F. Schultz); an vielen Stellen in Frankreich und im westl. Deutschland (Hkn.), *E. Larembergianum F. Schltz.*, *E. oreodoxum Gandg.* (sec. Hkn.).
E. montanum L. ⨯ *trigonum Schrnk.*, nach Hkn. im Gesenke, in Oesterreich, Ungarn, Croatien und der Schweiz.
E. collinum Gm. ⨯ *Duriaei Gay*, Pyrenäen (Hkn.).
E. montanum L. ⨯ *alsinefolium Vill.*, nach Hkn. an vielen Stellen in Tirol. *E. Facchinii Hausm.*, *E. salicifolium Hausm.*
E. collinum Gm. ⨯ *alsinefolium Vill.*, Tirol. *E. Huteri Borb.*
? *E. montanum L.* ⨯ *algidum M.B.*; hieher nach Hkn. vielleicht das sibirische *E. subalgidum Hkn.*
E. montanum L. ⨯ *palustre L.*, bei Driesen (Lasch), Schlesien (Wimm.), Deister bei Hannover (Hkn.).
E. collinum Gm. ⨯ *palustre L.*, nach Hkn. in Norwegen und im Riesengebirge.

Bastarde der alpinen Arten.

Mit *E. obscurum, roseum, montanum* s. oben.
Das *E. alpinum L.* besteht nach Hkn. aus 4 Arten: *E. alsinefolium Vill., E. anagallidifolium Lam., E. Hornemanni Rchb.* und *E. lactiflorum Hkn.* (= *E. alp. aut. Scand.* ex pte.); verwandt ist ferner *E. nutans Schm.*

E. alsinefolium Vill. ⨯ *anagallidifolium Lam.*, nach Hkn. in Schottland, den österreichischen und Schweizer Alpen, der Sierra Nevada.

E. alsinefolium Vill. ⨯ *Hornemanni Rchb.*, *E. anagallidifolium Lam.* ⨯ *Hornemanni Rchb.*, *E. Hornemanni Rchb.* ⨯ *lactiflorum Hkn.* und *E. anagallidifolium Lam.* ⨯ *lactiflorum Hkn.*, Norwegen (Hkn.).

E. alsinefolium Vill. ✕ *nutans Schm.*, Riesengebirge, Tirol (Hkn.).

E. anagallidifolium Lam. ✕ *nutans Schm.*, Riesengebirge, Vogesen (Hkn.).

E. alsinefolium Vill. ✕ *trigonum Schrnk.*, Schweiz (Gremli): nach Hkn. am Elbfall in den Sudeten, in den Karpathen und in Salzburg.

E. alsinefolium Vill. ✕ *palustre L.* nach Hkn. in den Sudeten, Karpathen, Tiroler Alpen, Pyrenäen. Oft mit dem ähnlichen *E. nutans Schm.* verwechselt. *E. scaturiginum Wimm.* non alior., *E. nitidum Saut.* (non *Host.*), *E. Krausei Uechtr.* ex pte.

E. anagallidiflorum Lam. ✕ *palustre L.*, nach Hkn. in der Sierra Nevada. *E. gemmiferum Willk. et Lnge.* ex pte.

E. Hornemanni Rchb. ✕ *palustre L.* und *E. lactiflorum Hkn.* ✕ *palustre L.* in Norwegen (Hkn.).

E. nutans Schm. ✕ *palustre L.*, Riesengebirge, Tirol (Hkn.).

E. lactiflorum Hkn. ✕ *Dahuricum Fisch.*, Norwegen (Hkn.). *E. Dahuricum* ist *E. lineare Fr.* non *Mhlnbg.*

Bastarde australischer Arten.

Haussknecht erkannte folgende australische Hybride: *E. Billardierianum Ser.* ✕ *junceum Sol.* und *E. hirtigerum A. Cunn.* ✕ *junceum Sol.* aus Neuholland, Tasmanien und Neuseeland; *E. junceum Sol.* ✕ *pubescens Less. et Rich.* aus Neuseeland.

Oenothera.

Lit.: C. F. v. Gärtner in Flor. 1833 p. 298; Bastarderzeugung; Herbert Transact. Hort. Soc. Lond. IV p. 45.

Oe. nocturna Jacq. ✕ *villosa Thbg.* ist in beiden Kreuzungsformen von Gärtner erzeugt worden. Die Stammarten sind nahe mit einander verwandt und befruchten sich gegenseitig leicht und beinahe vollständig (Bast. S. 168), aber nicht gleich vollkommen (S. 177). In den Bastardverbindungen ist der Typus der einen Stammart (*Oe. villosa?*) vorwiegend (S. 403); auf S. 281 erklärt Gärtner die *Oe. nocturno-villosa* für eine genaue Mittelbildung zwischen den Stammarten. Nach S. 168 entsteht bei der Kreuzung nur ein einziger Typus, nach S. 242 hat der normale Typus von *Oe. nocturno-villosa* grosse Blumen, der seltenere kleine. In späteren Generationen treten keine Rückschläge auf (S. 438). *Oe.* (*nocturna* ♀ ✕ *villosa* ♂) ♀ ✕ *villosa* ♂ ist in allen Exemplaren gleichförmig, aber nicht gleich fruchtbar. Durch wiederholte Befruchtung mit *Oe. villosa* lässt sich die *Oe. nocturna* in 4 Generationen in *Oe. villosa* umwandeln, während umgekehrt *Oe. villosa* erst nach fünfmal wiederholter Befruchtung durch *Oe. nocturna* ganz zu *Oe. nocturna* wird (S. 464, 466).

Oe. nocturna Jacq. ♀ × *parviflora L.* ♂ ist unfruchtbar, von Gärtner erzeugt.

Oe. glauca Mchx. ♀ × *pumila L.* ♂ ist von Gärtner einmal erzeugt worden, während ihm spätere Versuche, diesen Bastard wieder zu gewinnen, misslungen sind (S. 210). Der Bastard hielt die Mitte zwischen den Stammarten und war vollkommen unfruchtbar (S. 404). Die S. 390 erwähnte *Oe. pumilo-glauca* ist offenbar nicht verschieden; in dem Verzeichnisse aller Gärtner'schen Versuche (S. 717) ist gar keine gelungene Kreuzung von *Oe. pumila* und *Oe. glauca* verzeichnet, wohl aber eine *Oe. fruticosa* ♀ × *glauca* ♂.

Herbert erwähnt einen Bastard von *Oe. glauca Mchx.* mit einer nicht ganz sicher bekannten Art (*suffruticosa?* nach Herbert), welcher sich unverändert durch Samen fortpflanzen liess.

Oe. parviflora L. ♀ × *biennis L.* ♂ wird von Gärtner S. 717 aufgeführt.

Oe. biennis L. × *muricata L.* ist vereinzelt und zerstreut in Deutschland und Oesterreich an Flussufern beobachtet worden. *Oe. Braunii Doell.*

Oe. amoena Lehm. Ein Mischling aus den Raçen *Oe. roseoalba Bernh.* und *Oe. Lindleyi Dougl.* ist als *Oe. bifrons Lindl.* Bot. Reg. 1405 abgebildet. Erschien in verschiedenen leichten Abänderungen.

Fuchsia.

Lit.: Loudon Arbor. II p. 943; F. Porcher, Le Fuchsia, Par. 1859.

Die Arten von *Fuchsia* sind grösstentheils in Mittel- und Süd-Amerika einheimisch. einige auch in Neuseeland. Manche lassen sich mit Leichtigkeit kreuzen; die aus vielfachen Mischungen entsprungenen schönen und grossblüthigen Sorten, welche man jetzt zu cultiviren pflegt, haben freilich neben den normalen Pollenkörnern eine Anzahl missgebildeter, bringen jedoch, wenn sie künstlich oder durch Insecten befruchtet werden, vollkommene Früchte in reichlicher Menge. Ueber die Kreuzungen zwischen den *Fuchsien* besitzen wir nur unvollständige und zum Theil verworrene Nachrichten von Gärtnern. Gärtner führt Bastarderz. S. 125 *Fuchsia* unter den Gattungen auf, in denen er Hybride erzeugt hat; nach S. 698 schlugen jedoch seine Versuche fehl. *F. coccinea Ait.* wurde 1788 nach Europa gebracht; sie stammt angeblich aus Patagonien, wahrscheinlich aus Südbrasilien. 1821 wurde die neuseeländische *F. excorticata L. f.*, 1823 die mexikanische *F.*

arborescens Sims in die Gewächshäuser eingeführt; dazu kam eine Anzahl von chilenischen Formen, die sämmtlich als Varietäten oder Unterarten von *F. macrostemma Ruiz et Pav.* betrachtet werden können. Ungefähr gleichzeitig, d. h. um 1825, fingen die Gärtner an, hybride *Fuchsien* zu erziehen, namentlich *F. coccinea* ♀ ✕ *arborescens* ♂ und *F. macrostemma* ♀ ✕ *arborescens* ♂. Der erfahrene Hybridenzüchter Beaton behauptete, die als *F. conica, gracilis, tenella, virgata* u. s. w. cultivirten Sorten seien sämmtlich aus der Kreuzung *F. coccinea* ♀ ✕ *arborescens* ♂ hervorgegangen. Die lange beliebte *F. globosa Lindl.* soll nach Loudon von *F. macrostemma* und der bereits genannten *F.* ✕ *conica* stammen.

Die vorzüglichsten *Fuchsien* der Gärtner waren bis 1840 offenbar *F. coccinea*, *F. macrostemma* und mancherlei Mischlinge dieser beiden Arten mit *F. arborescens*. Die verschiedenen Sorten wurden vielfach unter einander gekreuzt; die gärtnerischen Erfolge dieser Bemühungen waren indess nicht bedeutend. Herbert fand noch 1847 die Gartenbastarde nicht besonders schön. Um 1835 kam die erste Art mit langer Kelchröhre, die *F. fulgens Moç. et Sess.*, nach Frankreich und einige Jahre später nach England. Sie wurde sofort zur Befruchtung der Abkömmlinge von *F. macrostemma* benutzt. In den folgenden Jahren folgten dann *F. corymbiflora Ruiz et Pav.*, *F. serratifolia Ruiz et Pav.*, *F. venusta H.B.K.*, *F. spectabilis Hook.* etc., mit denen vielfache Kreuzungsversuche angestellt wurden. *F. serratifolia* hat blassere Kelche als die anderen Arten; der erste gärtnerische Erfolg der Kreuzungen bestand in dem Erscheinen weisskelchiger Sorten. Die erste derartige Sorte, Youell's *Venus Victrix*, erschien 1842 und war ein Sämling von *F. gracilis* (s. oben). Ein anderer derartiger Bastard ging aus *F. serratifolia* hervor, die mit *Napoléon*, einer Form von *F. macrostemma*, befruchtet war. Weit schöner waren die Sorten mit rothem Kelch und weisser Krone, von denen die erste, *Mrs. Storey*, 1853 erschien, der 1854 *Queen Victoria*, *Prince Albert*, *Florence Nightingale* und *galanthiflora plena* nachfolgten. Die späteren „Vervollkommnungen" mit gefüllten Blumen, aufrechten Blumen u. s. w. sind von zweifelhaftem ästhetischen Werthe.

Herbert fand einmal bei einer hybriden *Fuchsia* grüne Früchte, wie bei *F. fulgens Moç. et Sess.*

F. integrifolia Cambs. (F. affinis hort., F. radicans Miers) scheint ein Bastard von *F. macrostemma* zu sein und blühte ursprünglich spärlich. Um 1848 entstand indess ein reichlich blühender, sehr fruchtbarer Sämling dieser Sorte, der als *F. corallina hort.* bekannt und vielfach hybridisirt wurde. Von ihr stammen zahlreiche schöne Sorten, nach Porcher u. A. alle gefüllten ab.

F. coccinea Ait. ♀ ⨯ *arborescens Sims* ♂ (von Beaton dreimal erzeugt) und *F. macrostemma Ruiz et Pav.* ♀ ⨯ *arborescens Sims* ♂ sind bereits als Stammformen der meisten hybriden *Fuchsien* genannt worden. *F. arborescens* lässt sich nach Beaton nicht durch Pollen der chilenischen Arten befruchten.

F. macrostemma Ruiz et Pav. ♀ ⨯ *corymbiflora Ruiz et Pav.* ♂ soll die Sorte *Attraccion* geliefert haben.

F. spectabilis Hook. ♀ ⨯ *serratifolia Ruiz et Pav.* ♂ ist 1852 von Dominy erzogen und als *F. Dominyana* verbreitet. Blüht sehr schön und reichlich, während *F. spectabilis* in Europa wenig Blüthen bringt. *F.* ⨯ *Dominyana* ♀ ⨯ *serratifolia* ♂ ist von Lemoine erzeugt und in einer Reihe verschiedener Formen *(Jean Sisley, Darwin, Godron, Lecoq)* aufgetreten.

F. Boliviana Roezl ♀ ⨯ *ignea hort.* ♂ ist von Lemoine in Nancy erzogen.

F. serratifolia Ruiz et Pav. ⨯ *fulgens Moç. et Sess.* Hieher *F. carminata rosea hort.*

F. excortica L. f. und *F. procumbens A. Cunn.* sind zwei in typischer Gestalt sehr verschiedene, aber schon in ihrer Heimath Neuseeland durch Mittelformen verbundene Arten.

F. excorticata L. f. ♀ ⨯ ⨯ *conica Lindl.* ♂ ist nach Beaton nicht von *F. discolor Lindl.* zu unterscheiden, die angeblich von den Falkland-Inseln stammt. Denselben Bastard erhält man, wenn man statt *F. conica* die *F. globosa Lindl.* verwendet.

F. ⨯ *virgata hort.* ♀ ⨯ *procumbens A. Cunn.* ♂. *Tom Thumb*, eine Sorte von *F. virgata*, war an sich unfruchtbar, liess sich aber durch Pollen von *F. procumbens* befruchten. Aus den so erzielten Samen erzog J. Anderson-Henry (Gard. Chron. VI n. ser. p. 592) Bastarde, welche zwischen den Stammarten die Mitte halten. *F. virgata* soll eine *F. coccinea* ♀ ⨯ *arborescens* ♂ sein und hat mit der *F. procumbens A. Cunn.* so wenig Aehnlichkeit, dass man beim ersten Anblick kaum auf den Gedanken kommt, beide Pflanzen zu derselben Gattung zu zählen.

Circaea.

In den europäischen Floren werden gewöhnlich drei Arten aufgeführt: *C. Lutetiana L.*, *C. intermedia Ehrh.* und *C. alpina L.* Ueber die *C. intermedia* gehen die Ansichten der Schriftsteller sehr auseinander. Manche erklären sie mit voller Sicherheit für eine echte Art (so Fr. Schultz, Celakovsky, Gremli), Andere halten sie für einen unfruchtbaren Bastard (Wirtgen, Marsson), Andere (G. F. W. Meyer, Ascherson und Magnus, Martens und Kemmler) äussern sich zweifelhaft. So viel ich gesehen habe, sind die Formen der *C. intermedia* von verschiedenen Standorten zum Theil beträchtlich verschieden. Kleine Formen gelten in manchen Gegenden als *C. alpina*; sie behalten ihre Früchte gewöhnlich länger als die grossen, bei denen dieselben gleich nach der Blüthe abfallen. Wallroth unterschied einen Bastard, die *C. intermedia*, von einer fruchtbaren Mittelart, der *C. alpestris Wallr.* Die Sache verdient näher untersucht zu werden; sicher ist, dass die unfruchtbare und an ihren einzelnen Standorten in verschiedener Gestalt auftretende *C. intermedia* unmöglich als echte Art gelten kann. Fruchtbare Mittelformen *(C. alpestris?)* wird man von den sterilen unterscheiden müssen, doch ist zunächst die Keimfähigkeit der Früchte von solchen Formen zu prüfen.

34. LOASEAE.

Loasa.

Ch. Darwin erwähnt (Variiren II d. Ausg. S. 130), dass Dr. Herbert ihm einen Bastard aus zwei *Loasa*-Arten gezeigt habe, der von seiner Erzeugung an durch mehrere Generationen constant geblieben war. Es ist möglich, dass diese Angabe richtig ist; auffallend ist mir nur, dass ich weder in Herbert's Schriften noch sonst irgendwo etwas über diesen *Loasa*-Bastard gefunden habe. Vielleicht ist statt *Loasa* zu lesen: *Lobelia;* eine solche Conjectur kann nicht für allzu kühn gelten, da in demselben Buche Darwin's (I S. 483) statt *Cistus* zu lesen ist: *Hibiscus.*

35. PASSIFLOREAE.

Die „Passionsblumen" sind durch den höchst eigenthümlichen Bau ihrer Blüthen allgemein bekannt. Die *Passifloreen* sind vorzugsweise in Westindien und Südamerika zu Hause; mehrere Arten werden um ihrer Früchte willen in tropischen Gegenden gebaut. In Mitteleuropa werden sie wegen ihrer schönen und zugleich seltsamen Blumen in Gewächshäusern, zum Theil auch in Zimmern cultivirt; in den Gegenden mit milden Wintern (England, westliches und südliches Frankreich) hält *P. coerulea L.* im Freien aus.

Die Befruchtung der *Passifloreen* geschieht im Allgemeinen durch Vermittlung von Insecten. *P. gracilis Lk.* ist indess nach Ch. Darwin ohne Insectenhilfe vollkommen fruchtbar. Mehrere Arten mit essbaren Früchten, wie *P. edulis Sims*, *P. laurifolia L.* und *P. quadrangularis L.*, lassen sich zuweilen ohne Schwierigkeit künstlich befruchten, zuweilen aber nur durch fremde Stöcke. Andere Arten dagegen, wie *P. coerulea L.*, *P. racemosa Brot.* und *P. alata Ait.* geben mit eigenem Blüthenstaub entweder gar keine oder nur samenlose Früchte. Man muss sie mit Pollen solcher Stöcke befruchten, die nicht auf vegetativem Wege von demselben Sämling stammen. Durch Pollen anderer Arten erhält man oft mit Leichtigkeit Früchte von ihnen, doch ist das Verhalten jedes einzelnen Stockes in dieser Beziehung oft sehr capriciös, wenigstens in unseren Gewächshäusern. Vgl. Ch. Darwin, Variiren II (deutsch) S. 184, 185, 253, sowie die Berichte von J. Scott, Proceed. Linn. Soc. VIII p. 197; Transact. bot. soc. Edinb. IX p. 399.

Hybride *Passifloren* sind von den Gärtnern namentlich in England in ziemlicher Zahl erzogen worden. Bastarde zwischen Arten verschiedener Gattungen sind meines Wissens noch nicht bekannt, doch ist zu vermuthen, dass sie existiren können, weil in mehreren Fällen die Befruchtung dieser Pflanzen durch eine zu einer anderen Gattung gehörige Art ohne besondere Schwierigkeit erfolgt ist.

Passiflora.

Lit.: Herbert a. d. im Text cit. Stellen; Gärtner Bastardbefr.; Darwin, Scott a. d. oben cit. Stellen; zerstr. Gartenlit.

P. racemosa Brot. ♀ ⨯ *coerulea L.* ♂. *P. racemosa* lässt sich nicht durch eigenen Pollen befruchten und war daher in den Gewächshäusern früher immer steril. Als sie im Jahre 1819 durch Th. Milne in Fulham mit Pollen von *P. coerulea* bestäubt wurde, brachte sie wohlgebildete Früchte, welche jedoch nur wenige gute Samen enthielten. Es gingen daraus 7 Exemplare hervor, welche unter einander ziemlich bedeutend abwichen. Sabine unterscheidet daher drei Varietäten des Bastards, eine mit dreilappigen, zwei mit fünflappigen Blättern. Blüthen violet, in der Färbung der einzelnen Organe z. Th. von beiden Stammarten abweichend, die Kronenstrahlen der dritten und vierten Reihe auffallend lang. Gärtner erzeugte dieselbe Bastardverbindung, von der er zwei Exemplare erhielt, die wesentlich verschieden waren. Die *f. per-racemosa* hatte kleinere röthliche Blumen, an der Spitze violete Strahlen, wohlgebildete Antheren mit viel normalem Pollen, dreilappige

Blätter, blühte schwieriger und zeigte sich empfindlich. Die *f. per-coerulea* hatte grössere, mehr weissliche, am Rande violete Blumen, an der Spitze blaue Strahlen, verkümmerte pollenarme Antheren, fünflappige Blätter, blühte leichter und war weniger zart. Gärtner's Angaben (Bastarderz. S. 242, 288, 296, 302, 303, 332, 337, 356) leiden dadurch an Unklarheit, dass er bald die eine, bald die andere Form als Normaltypus (S. 332, 337) bezeichnet. Der Bastard ist in England winterhart wie *P. coerulea*. Gärtner sagt, dass der Bastard absolut unfruchtbar sei (Bastarderz. S. 390); diese Behauptung ist jedoch falsch, da sowohl Milne als Herbert (Amaryll. p. 354) einzelne Früchte erhielten, aus denen Pflanzen hervorgingen, welche der *P. coerulea* weit ähnlicher waren, als der primäre Bastard. Sie erwiesen sich als viel zarter und weniger schön als *P. coerulea*. Es ist möglich, aber nicht wahrscheinlich, dass jene Früchte an dem Bastard durch Pollen von *P. coerulea* erzeugt waren (Herbert Journ. Hort. Soc. II p. 99). Brongniart sagt, dass die *P. racemosa* ♀ ✕ *coerulea* ♂ sich durch elterlichen Blüthenstaub befruchten lässt (Bull. soc. bot. Fr. VIII 264).

Die Befruchtung der *P. coerulea* mit Pollen von *P. racemosa* ist Gärtner nicht gelungen, wohl aber J. Scott. Ueber die daraus erzogenen Bastarde ist mir nichts Näheres bekannt.

P. racemosa Brot. ♀ ✕ *Raddiana DC.* ♂, von W. Neubert gezüchtet, zeichnete sich durch Blüthenreichthum aus. *P. Philippine hort.*, *P. floribunda hort.*

P. alata Ait. ✕ *coerulea L.* ist mehrmals von Gärtnern erzeugt worden. *P. alata* ♀ ✕ *coerulea* ♂ ist *P. alata-coerulea*, Lindl. Bot. Reg. t. 848 und *P. Munroi hort. Lawson.* Blüthen intermediär, blassviolet, Laub fast wie bei *P. coerulea. P. coerulea* ♀ ✕ *alata* ♂ von W. Neubert erzogen, ist *P. hybrida Neuberti.* Hieher auch *Impératrice Eugénie* Illustr. hort. 175.

Neubert konnte mit Pollen seines Bastards eine der *P. Raddiana* verwandte hybride *P. Loudoni* befruchten und daraus einen zusammengesetzten Bastard erziehen.

P. alata Ait. ✕ *racemosa Brot.* scheint ziemlich oft von Gärtnern erzeugt zu sein, zuerst um 1820 als *P. alata* ♀ ✕ *racemosa* ♂ von Cattley in Barnet. Dieselbe Verbindung ist *P. Lawsoniana hort. Lawson*, deren Tracht mehr an *P. alata* erinnern soll, während die Blumen der *P. racemosa* ähnlicher sind. *P. racemosa* ♀ ✕ *alata* ♂, von Schlachter in Loos bei Lille erzogen, ist *P. amabilis Lemaire*, mit scharlachrothen Kronblättern und weissen Staubfäden. Auch *P. sanguinea Colla* soll eine *P. alata* ✕ *racemosa* sein.

P. alata Ait. ♀ ✕ *macrocarpa Wallis* ♂ ist *P. Innesii hort.*

P. alata Ait. ♀ ⨯ *quadrangularis L.* ♂ ist aus Samen von *P. alata* bei Gontier de Montrouge entstanden und übertrifft die *P. alata* an Schönheit bedeutend. Sie ist als *P. Decaisneana* Fl. d. serr. t. 848 abgebildet.

P. alata Ait. ♀ ⨯ *Raddiana DC.* ♂ bringt wohlgebildete Früchte, die aber nach W. Neubert selten gute Samen enthalten. Uebrigens ist aus dieser Befruchtung ein als *Bijou* bezeichneter Bastard erzogen worden.

P. coerulea L. ⨯ *onychina Lindl.* ist von Bidwill erzogen; sie brachte bei Herbert samenlose, aber äusserlich wohlgebildete Früchte, obgleich keine andere *Passiflora* in der Nähe stand.

Als Bastarde von *P. coerulea* führen G. Don und andere Gartenschriftsteller eine *var. angustifolia* und eine *P. Colvillei Sweet* auf. Beide sollen viel zarter sein als *P. coerulea* und sollen keine Früchte bringen.

Von *P. racemosa Brot.* stammt die hybride *P.* „*Madonna*".

Tacsonia.

T. mollissima H.B.K. ⨯ *van Volxemi Funk* steht der *T. van Volxemi* an Schönheit der Blüthen nach und ist der *T. mollissima* ähnlich. Der Bastard hat den Namen *T. Exoniensis* erhalten.

T. insignis Mast. ♀ ⨯ *van Volxemi Funk* ♂ ist von Anderson in etwa 40 Exemplaren erzogen worden. Eines derselben hatte antherenlose Staubgefässe, die eine beginnende Umwandlung in Kronblätter zeigten.

T. pinnatistipula Juss. ♀ ⨯ *mollissima H.B.K.* ♂ brachte in Edinburg bei J. Scott's Versuchen wohlgebildete Früchte. Es ist nicht bekannt, dass Bastardpflanzen daraus erzogen sind.

Passiflora ⨯ Tacsonia.

J. Scott erhielt Früchte und Samen von *P. racemosa Brot.*, deren Blumen mit Pollen von *T. mollissima H.B.K.* belegt waren. *P. racemosa* sich selbst überlassen, brachte höchstens samenlose Früchte.

Passiflora ⨯ Disemma.

J. Scott erhielt von *D. coccinea DC.* und *D. adiantifolia DC.* durch Bestäubung mit Pollen von *P. alata Ait.* wohlgebildete Früchte, welche anscheinend keimfähige Samen enthielten. Auch durch Pollen von *P. coerulea* sind Früchte von *D. coccinea DC.* erzielt worden.

36. PAPAYACEAE.

Man kennt aus dieser Familie etwas über 20 Arten, die von A. De Candolle in drei Gattungen vertheilt werden. Gärtner führt in seinem Werke über Bastardbefruchtung zwei Verbindungen als von Anderen beobachtet auf: 1. *Carica macrophylla* ♀ × *papaya* ♂ (S. 123); 2. *Carica papaya* × *Cucumis melo* L. (S. 133). Ueber die letzte Angabe braucht man kein Wort zu verlieren, aber auch die erste scheint unzuverlässig. Was ist *Car. macrophylla?* Nach Gard. Chron. new ser. X p. 504 haben *Carica Candamarcensis* und *C. cauliflora* durch Bestäubung mit Pollen von *C. papaya* Früchte gebracht, doch war es noch zweifelhaft, ob dieselben keimfähige Samen enthielten. *C. cauliflora* ist *Vasconcella cauliflora* A. DC., *C. papaya* ist *Papaya vulgaris* A. DC.

37. CUCURBITACEAE.

Trichosanthes.

Lit.: Ch. Naudin in Ann. sc. nat. 5 sér. V p. 41.

Tr. cucumerina L. ♀ × *anguina* L. ♂ ist nach Naudin ein vollkommen fruchtbarer, genau intermediärer Bastard zwischen den beiden nahe verwandten Stammarten oder Raçen.

Momordica.

M. balsamina L. var. *leucantha* Ndn. soll nach Cazzuola ein Bastard sein.

Coccinia.

Lit.: Naudin in Ann. sc. nat. 4 sér. Bot. XVIII p. 168.

C. Indica Wight et Arn. ♀ × *Schimperi* Naud. ♂ wurde von Naudin nur in ♂ Exemplaren erhalten. Der Bastard steht in der Mitte zwischen den Stammarten, der Blüthenstaub enthielt nur wenige missgebildete Körner zwischen den normalen und vermochte ♀ Blüthen der *C. Indica* vollkommen zu befruchten. Die *C. Indica* ♀ × (*Indica* ♀ × *Schimperi* ♂) ♂ entwickelte sich ungemein kräftig, liess sich aber nicht mehr von normaler *C. Indica* unterscheiden.

Lagenaria.

Lit.: Act. congr. bot. Paris 1867 p. 81; Bull. soc. bot. Fr. XIII p. 301.

L. sphaerica E. Mey. ♀ ✕ *vulgaris Ser. var. leucantha longissima* wurde von Germain de Saint Pierre erzeugt; die hybride Befruchtung gelang leicht und lieferte viele gute Samen. Die Bastardpflanzen waren einander völlig gleich, brachten zuerst nur ♂, später aber auch ♀ Blüthen (*L. sphaerica* ist zweihäusig, *L. vulgaris* einhäusig) und glichen im Laube der *L. sphaerica*, während die Blüthenstände, Blüthen und Früchte intermediär waren. Durch Befruchtung mit Pollen der Stammarten und der *L. Angolensis Naud.* gab der Bastard Früchte, in denen einige gute Samen vorhanden waren. Germain de Saint Pierre enthielt:

1. Rückkreuzungen mit *L. sphaerica*, theils intermediär und fruchtbar, theils der *L. sphaerica* sehr genähert, aber ohne ♀ Blüthen.
2. Eine fruchtbare, ganz in *L. vulgaris* zurückgeschlagene Pflanze.
3. *L. (sphaerica E. Mey.* ♀ ✕ *vulgaris Ser.)* ♀ ✕ *Angolensis Naud.* ♂, theils intermediär mit Früchten ohne keimfähige Samen, theils der *L. Angolensis* sehr genähert, aber ohne ♀ Blüthen.

Aus Samen der *L. (sphaerica* ✕ *vulgaris)* ♀ ✕ *sphaerica* ♂ erhielt Germain Pflanzen, die der *L. sphaerica* sehr ähnlich waren, aber nur wenige ♀ Blüthen brachten. Früchte fast wie bei *L. sphaerica*.

Luffa.

Lit.: Naudin in Ann. sc. nat. 4 sér. Bot. XVIII p. 160; Nouv. arch. mus. I p. 106.

L. cylindrica Roem. ♀ ✕ *acutangula Roxb.* ♂, von Naudin erzeugt, zeichnete sich durch viel kräftigeren Wuchs vor den Pflanzen von *L. cylindrica* aus. Die ♂ Blüthenknospen fielen anfangs sämmtlich ab, doch kamen gegen Ende des Sommers einige zur Entwickelung. Antheren arm an Pollen, dessen Körner meist missgestaltet und taub waren, etwa $10^0/_0$ anscheinend gut, aber kleiner als bei den Stammarten. Mit diesem Pollen wurden einige kleine samenarme Früchte erzielt. Dagegen brachten die Bastarde mit Pollen von *L. cylindrica* wohlgebildete Früchte, die eben so gross und samenreich waren, wie die der reinen *L. cylindrica*. Die mit Bastardpollen erzielten Früchte und Samen hielten, abgesehen von der Grösse, in ihren Charakteren die Mitte zwischen den Stammarten. In zweiter Generation zeigte sich der Bastard im Allgemeinen wenig verändert, doch entwickelten sich die ♂ Blüthen fast vollkommen, der Blüthenstaub enthielt weit mehr gute Körner und es wurden viele Früchte angesetzt, die jedoch denen der *L. cylindrica* ähnlicher geworden waren. In dritter und vierter Generation traten in den ♂ Blüthenständen viele ♀ Blüthen auf, die Blüthen enthielten fast 50% normaler Körner, die Früchte waren den Früchten der *L. cylindrica* noch ähnlicher geworden.

L. cylindrica Roem. ♀ ✕ *amara Roxb.* ♂ ist von Naudin erzeugt. Die Exemplare waren einander meistens gleich und intermediär, doch brachten einige nur ♂ Blüthen und eins war der *L. cylindrica* sehr ähnlich und nur durch den Blüthenstaub als Bastard zu erkennen. Pollen der meisten Exemplare völlig impotent. Es wurde eine einzige Frucht erhalten, die viel kleiner war als die Früchte der Stammeltern.

Cucumis.

Lit.: Ch. Naudin in Ann. sc. nat. 4 sér. Bot. XVIII p. 176; 5 sér. V p. 41; Nouv. arch. mus. I p. 118 t. 8.

C. melo L. Die verschiedenen Racen dieser Art bastardiren leicht (Kölreuter, Herbert, Sageret, Lecoq, Gärtner). Herbert erhielt einen zufälligen Mischling von *C. osmocarpus* ♀ ✕ *melo* ♂: Sageret erzeugte zahlreiche, vollkommen fruchtbare Blendlinge zwischen den verschiedenen Racen (Ann. sc. nat. VIII p. 303). Godron giebt an, dass Blendlinge zwischen *Melon chaté* und *Melon cantaloup* stets der mütterlichen Race ähnlicher sind, sei es *chaté*, sei es *cantaloup* (Hybrid. p. 15).

C. dipsaceus Ehrenb. ♀ ✕ *myriocarpus Naud.* ♂ ist nach Naudin sehr kräftig, übrigens genau intermediär, bringt sehr zahlreiche Früchte, die aber nur wenige vollkommene Samen enthalten.

C. anguria L. ♀ ✕ *myriocarpus Naud.* ♂ verhält sich nach Naudin ähnlich, ist intermediär, aber auffallend kräftig, bringt viele Früchte, von denen aber nur ein Theil vollkommene Samen enthält.

C. Figarei Delile ♀ ✕ ? *myriocarpus Naud.* ♂ an ? *prophetarum L.* ♂ ein zufällig im Garten entstandener Bastard, von *C. Figarei* auffallend verschieden und viel kräftiger, trug zahlreiche Früchte, in denen sich jedoch nur wenige keimfähige Samen fanden. Zwei daraus erhaltene Keimpflanzen gingen zufällig zu Grunde.

C. trigonus Roxb. ♀ ✕ *melo L.* ♂ ist von Naudin unter Benutzung verschiedener Racen von *C. melo* erzielt worden; *C. trigonus* entwickelte mit Melonenpollen sehr vollkommene Früchte. Der Bastard hatte sehr grosse Blätter, blühte reichlicher und brachte zahlreichere Früchte als jede der Stammarten; im Uebrigen war er von mittlerer Bildung. Pollen mit etwa 50% normaler Körner. Die Gestalt der Früchte war sehr verschieden je nach der zur Befruchtung benutzten

Melonenrace. Aus einem grossfrüchtigen Exemplare des Bastards wurden in zweiter Generation melonenähnliche Pflanzen erhalten, mit vollkommenerem Blüthenstaub, aber geringerer Fruchtbarkeit als der primäre Bastard besass; Gestalt der Früchte ungemein verschiedenartig. — Aus kleinfrüchtigen Exemplaren des primären Bastards wurden sehr fruchtbare Sämlinge mit fast normalem Pollen erhalten; die meisten Exemplare waren der Melone ähnlicher geworden; eins jedoch glich dem ursprünglichen Bastard, ja es näherte sich in den Früchten mehr dem *C. trigonus*. Die dritte Generation verhielt sich ähnlich; einige Exemplare waren fast ganz in *C. melo* zurückgeschlagen, sie brachten Früchte, die z. Th. 12—15 mal grösser als bei dem primären Bastard und kaum noch bitter waren.

Cucurbita.

Lit.: J. G. Kölreuter 3. Forts. S. 118; Naudin in Nouv. arch. mus. I p. 126.

Schon Gärtner bemerkt, dass die Kreuzung der Varietäten von *Cuc. pepo L.* untereinander weit schwieriger sei als die Artenkreuzung in der Gattung *Nicotiana*. Kölreuter befruchtete eine *C. „Indica minor"* (mit apfelgrossen, wenigsamigen, weissgelben Früchten) durch Pollen einer *C. „pepo maxima"* (mit sehr grossen, samenreichen, gelben Früchten); er erhielt zwei völlig fruchtbare Blendlingspflanzen mit intermediären Früchten.

Naudin hat unter den Formen von *Cucurbita* 6 als genügend charakterisirte Arten unterschieden. Alle seine Kreuzungsversuche zwischen diesen Arten blieben erfolglos; er bekam zwar öfter äusserlich wohlgebildete Früchte, doch enthielten dieselben entweder gar keine oder nur taube Samen. Ein einziger Same keimte, doch war die junge Pflanze so schwächlich, dass sie nach wenigen Tagen zu Grunde ging.

38. BEGONIACEAE.

Eine kleine, scharf umgrenzte Familie, welche durch keine Zwischenglieder näher mit andern Pflanzengruppen verbunden ist. J. F. Klotzsch unterschied 1854 in dieser Familie, welche bisher nur aus der einen Gattung *Begonia* bestand, 41 Gattungen. Der neueste Monograph der Familie, A. De Candolle (1864), erkennt den meisten dieser Klotzsch'schen Gattungen nur den Werth von Untergattungen zu; er trennt indess von *Begonia* zwei kleinere Gattungen ab, welche zusammen 26 Arten enthalten. Unsere Kenntniss der *Begoniaceen*-Arten ist neuerdings ausserordentlich gewachsen; Linné (1753) führte eine, Dryander (1789) 21 und ausserdem 6 zweifelhafte, Willdenow (1805) 25, K. Sprengel (1825) 38, J. F. Klotzsch (1854) 210. A. De Candolle (1864) 380 Arten auf. Seitdem sind noch manche neue entdeckt und nach Europa gebracht worden.

Die *Begoniaceen* finden sich vorzugsweise in feuchten Waldschluchten tropischer Gebirge, z. Th. in beträchtlichen Höhen mit kühlem Klima. Ausserhalb der Tropen kommen sie fast nur in Südafrika und Ostasien vor. Die Verbreitungsbezirke der meisten Arten sind sehr eng begrenzt.

Die Blüthen sind stets eingeschlechtig; ihre künstliche Befruchtung und Hybridisation pflegt leicht zu gelingen. Für Denjenigen, welcher über geeignete Gewächshäuser zur Anzucht der jungen Pflanzen aus Samen verfügt, dürfte es kaum eine andere Familie geben, welche sich so vorzüglich zu lehrreichen Versuchen über die Hybridisation der Pflanzen eignet.

Begonia.

Lit.: J. F. Klotzsch Begon.-Gatt. u. Arten. Abh. Ak. Wiss. Berlin 1854; E. Regel in Gartenfl. VII, 1858 p. 26—29, Bonpl. V p. 304; De Candolle Prodr. XV p. 266 ff.; Bouché in Gartenfl. 1865 p. 140—143. Mündl. Mitth. des Herrn Paul Hirt, Gärtners in Uelzen.

Bis zum Jahre 1850 wurden die Begonienbastarde so wenig beachtet, dass man sogar ihre Existenz bezweifelte. Nach Klotzsch müssen sie indess schon damals in beträchtlicher Zahl vorhanden gewesen sein. Ueber diese Hybriden ist nichts Zuverlässiges bekannt geworden. Auch die unzähligen Kreuzungen, welche während der letzten Jahrzehnte von den Gärtnern vorgenommen sind, haben für die Wissenschaft verhältnissmässig geringe Ergebnisse geliefert. Auf wirkliche Zuverlässigkeit können nur einige von E. Regel angestellte Versuche Anspruch machen. Die Geschichte der Gartenhybriden aus dieser Gattung ist daher ungemein dunkel geblieben; A. De Candolle konnte in seiner Monographie (1864) nur 9 Bastarde von bekannter Abstammung namhaft machen, und eine nähere Untersuchung zeigt, dass von diesen Angaben nur 4 oder 5 als einigermaassen sicher und vollständig anzusehen sind.

Ueber die hybriden *Begonien* im Allgemeinen spricht sich Klotzsch (S. 4) folgendermaassen aus:

„Die durch Pollenkreuzung entstandenen Begonienbastarde zeichnen sich von ihren Stammeltern durch einen kräftigeren Wuchs aus. Sie blühen in der Regel reichlicher als jene und ihre weiblichen Blüthen sind von längerer Dauer. Dagegen fallen die männlichen Blüthen dieser Bastarde häufig ab, ohne sich vollständig zu entfalten, die Zahl ihrer Blumenblätter ist unbeständig, die Staubgefässe sind häufig verkümmert und haben eine Neigung zum Uebergange in Blumenblätter; namentlich zeigt der Pollen, der ohne Ausnahme der Eigenschaft entbehrt, Pollenschläuche zu treiben, mithin zur Befruchtung der eigenen Narben untauglich ist, merkwürdige Abweichungen von der normalen Beschaffenheit des Pollens legitimer Arten. Während letzterer nämlich gleichförmig und in ovaler Form auftritt, zeigt der Bastardpollen ganz kleine unentwickelte längliche Körner ohne jeden Inhalt neben verhältnissmässig grossen linsenförmigen, die, mit mineralischen Säuren und Jodlösung behandelt, zwar einen Inhalt verrathen, der aber beinahe durchsichtig und im Allgemeinen weniger cohobirt als in dem Pollen wirklicher Arten erscheint. Diese Abweichungen der Staubgefässe und des Pollens von Bastardbegonien sind um so auffälliger, je entfernter die zur Kreuzung benutzten Arten im System stehen."

Spätere Untersuchungen haben die Angaben von Klotzsch über Gestalt und Impotenz den Pollenkörner bei hybriden *Begonien* keineswegs bestätigt. Die Bastarde zwischen einigermaassen nahe verwandten Arten zeigen sich in sexueller Beziehung meistens nicht auffallend geschwächt.

Bouché bemerkt, dass in den Gärten (1865) eine ungemein grosse Zahl hybrider *Begonien* vorhanden sei. „Es ist nicht nöthig, wie bei andern Gattungen, zur Erzielung von Bastarden verwandte Arten zu wählen, denn auch im Habitus sehr abweichende Arten gehen auf eine gegenseitige Befruchtung ein und liefern oft die interessantesten Blendlinge." Die Bastarde, namentlich solche zwischen Arten, die verschiedenen Untergattungen angehören, besitzen nach Bouché „nicht selten so ausgeprägte Charaktere, dass, wenn man ihren Ursprung nicht kennte, man sie als besondere Arten aufzustellen verleitet werden könnte". Mit eigenem Pollen befruchtet lieferten die Begonienbastarde bei Bouché's Versuchen eine etwas variable Nachkommenschaft, doch blieben diese Hybriden zweiter Generation im Allgemeinen der elterlichen hybriden Pflanze sehr ähnlich.

Wissenschaftlich brauchbare Nachrichten über bestimmte Kreuzungsversuche bei *Begonien* liegen, wie erwähnt, nur in geringer Zahl vor. Einige Beispiele lassen sich indess zusammenstellen.

Huszia.

Kräuter mit knolliger Grundachse, meist stengellos oder kurzstengelig. Mehrere Arten sind neuerdings in mannigfaltigster Weise mit einander gekreuzt.

B. Veitchii Hook. f. ♀ ⨯ *rosaeflora* Hook f. ♂. Hieher *B. Corail rose.*

B. rosaeflora Hook f. ⨯ *Pearcei* Hook f. Hieher *B. carminata* hort. Bull. Die *B. Pearcei* ist durch ihre gelbe Blüthenfarbe ausgezeichnet.

B. Pearcei Hook. f. ⨯ *Veitchii* Hook. f. Hieher die *B. hybrida cinnabarina*, welche auch eine Form mit gefüllten Blüthen (Züchter Lemoine in Nancy), f. *monstruosa* genannt, geliefert hat.

B. Froebeli A. DC. ⨯ *Veitchii* Hook. f. Hieher *B. Defiance* (Züchter Benary in Erfurt). Die *B. Froebeli* zeichnet sich durch lange Blüthenstiele und grosse, prächtig rothe Blüthen aus. Ihre Bastarde sind steril, oft kleinblüthig; die ♂ Blüthen fallen oft vor dem Aufblühen ab.

B. Froebeli A. DC. ⨯ *rosaeflora* Hook. f. Hieher *B. floribunda rosea* (Züchter Benary).

B. Froebeli A. DC. ♀⨯ *Pearcei* Hook. f. ♂ und *B. Pearcei* ♀ ⨯ *Froebeli* ♂ sind nach Hirt einander vollkommen gleich, wenn auch unter beiderlei Kreuzungsproducten abweichende Exemplare vorkommen. Blüthenstiele lang, Blüthen weiss bis orangeroth, im Aufblühen dunkler werdend (erster Züchter Lamare in Bayeux). Hieher *B. orange perfection* (Züchter Benary).

Huszia ⨯ Barya.

Zu der Untergattung *Barya* gehört die *B. Boliviensis A. DC.*, welche von den Gärtnern zu zahllosen Kreuzungen mit den *Huszien* verwendet worden ist.

B. Boliviensis A. DC. ⨯ *Veitchii* Hook. f. zeichnet sich durch grossen Blüthenreichthum aus. Hieher *B. intermedia* (Veitch), *B. Emeraude* (Van Houtte), *B. hybr. majestatica* hort., *B. Veitchii gracilis* hort. *B.* ⨯ *intermedia* mit *B. Veitchii* befruchtet lieferte u. A. eine var. *erecta.*

B. Boliviensis A. DC. ♀⨯ *rosaeflora* Hook. f. ♂. Dies ist wahrscheinlich die wirkliche Abstammung der prachtvollen *B.* ⨯ *Sedeni* (hort. Veitch). — Auch *B.* ⨯ *Chelsoni* (hort. Veitch) soll gleichen Ursprungs sein. — Die Angaben über die Herkunft dieser Pflanzen waren früher sehr unsicher und schwankend. So sollte *B.* ⨯ *Sedeni* eine *B. Boliviensis* ⨯ ⨯ *Chelsoni* sein, *B.* ⨯ *Chelsoni* aber von *B. Boliviensis* und einer *Huszia* stammen. Die genaue

Geschichte dieser hybriden Formen dürfte noch nicht bekannt sein. Eine *B. Boliviensis* ⤬ *rosaeflora* ist später auch von andern Gärtnern (z. B. A. Czulik) erhalten worden.
Die *B.* ⤬ *Sedeni* zeichnet sich durch vorzüglich grosse und schöne Blüthen aus. Sie ist mit *B. Boliviensis*, *B. Veitchii*, *B. Froebeli* und *B. Pearcei* in der mannigfaltigsten Weise gekreuzt worden. Die weit von einander verschiedenen Arten sind jetzt in den Gärten durch so zahllose Zwischenformen verbunden, dass es kaum möglich scheint, sie abzugrenzen. Der Ursprung der einzelnen Mischlinge lässt sich selten bestimmt erkennen, wenn auch der Typus einer oder der andern Stammart bei ihnen oft deutlich vorwiegt. Die Fruchtbarkeit der meisten Mischlinge ist nicht merklich geschwächt; nur die der *B. Froebeli* sind steril. Sämlinge der hybriden Formen, welche durch eigenen Pollen der Mutterpflanze erzeugt sind, bringen zwar manchmal schöne Blüthen, pflegen aber äusserst zart zu sein und gehen daher leicht zu Grunde. Die Farben variiren in allen Schattirungen zwischen Weiss (obgleich keine der Stammarten weiss blüht), Gelb und Scharlachroth. Vor den reinen Arten zeichnen sich die Mischlinge vorzüglich durch ihren ausserordentlichen Blüthenreichthum und die lange Dauer ihrer Blüthezeit, viele auch durch Grösse der Blumen aus. Man hat neuerdings versucht, auch die *B. Clarkei* Hook. *f.*, *B. octopetala* *L'Hér.* und *B. Davisii* Hook. *f.* durch Kreuzungen in diesen Formenkreis einzuführen.

B. ⤬ *Sedeni* ⤬ *rosaeflora* Hook. *f.*, eine schöne Form (Züchter A. Czulik).

B. ⤬ *Sedeni* ⤬ *Pearcei* Hook. *f.*, eine der am häufigsten erzeugten Formen, ist ziemlich mannigfaltig. Nach Hirt in Uelzen ist eine Form des Bastards mit schönen orangenfarbenen Blüthen samenbeständig.

B. Veitchii Hook. *f.* ♀ ⤬ ⤬ *Sedeni* ♂. Hieher die *B. alata coccinea* (Züchter Lemoine) mit sehr langen Petalen.

B. ⤬ *Chelsoni* ⤬ (*Pearcei* ♀ ⤬ *Veitchii* ♂). Hieher *B.* ⤬ *Excelsior Veitch*, ein Bastard aus 4 Arten.

B. Pearcei Hook *f.* ♀ ⤬ *Boliviensis* A. DC. ♂. Hieher *B. Haageana* hort. und *B.* „*Exposition de Louvain*" (Züchter Crousse), ein prachtvoller, ungemein reichblüthiger Bastard. Die Mischlinge aus der rothen *B. Boliviensis* und der gelben *B. Pearcei* blühen weiss oder blassroth, nicht orangefarben.

B. Froebeli A. DC. ♀ ⤬ *Boliviensis* A. DC. ♂ und *B. Boliv.* ♀ ⤬ *Froeb.* ♂ sind nach Hirt nicht von einander zu unterscheiden; sie sind unfruchtbar.

Huszia × Begoniastrum.

B. cinnabarina Hook. ♀ × *nitida Ait.* ♂. Dies scheint der wahre Ursprung der *B.* ⋈ *Prestoniensis Moore* (Züchter Frost), einer beliebten Topfpflanze, zu sein.

B. incarnata Lk. et Otto ♀ × *cinnabarina Hook.* ♂ hat eine knollige Grundachse (wie *B. cinnabarina*) und lappig eingeschnittene und gezähnte Blätter. *B. Deuringeri hort.* — Auch mit den Hybriden der *B. Boliviensis* ist die *B. incarnata* mit Erfolg gekreuzt worden.

Barya × Knesebeckia.

B. ⋈ *Sedeni* ♀ × *Evansiana Andr.* ♂ ist von Hirt erzeugt; die jungen Pflanzen sehen der *B. Evansiana* ungemein ähnlich.

B. (Boliviensis ♀ × *Veitchii* ♂*)* ♀ × *gracilis Knth. subsp. Martiana Lk. et Otto* ♂ soll sehr schön, das Product der umgekehrten Kreuzung dagegen blumistisch werthlos sein. Malet erhielt aus *B. gracilis Knth. var. diversifolia hort.* ♀ ⋈ *(Boliv.* × *Veitch.)* ♂ sehr verschiedenartige Pflanzen, von denen die ♂ Blüthen der rosafarbenen normal, die der rothen ganz ohne Staubblätter waren.

Tittelbachia × Steineria (?)

B. opuliflora Putzeys, eine weissblühende Pflanze, über deren systematische Stellung sich A. De Candolle keine Gewissheit verschaffen konnte, wurde von Linden mit der mennigroth blühenden *B. fuchsioides Hook. var. miniata Klotzsch* gekreuzt. Blüthen des Bastards karminroth.

Tittelbachia × Begoniastrum.

B. fuchsioides Hook. × *nitida Ait.* ist *B. Ingrami Henfr.*, eine beliebte Topfpflanze.

Tittelbachia × Trendelenburgia.

B. fruticosa A. DC. ♀ × *fuchsioides Hook. var. miniata Klotzsch* ♂, ein Gartenbastard.

Begoniastrum.

B. incarnata Lk. et Otto × *semperflorens Lk. et Otto.* Hieher *B. Saundersi hort.*

Begoniastrum × Gaerdtia.

B. incarnata Lk. et Otto × *maculata Raddi* ist *B. aucubaefolia hort.*

Begoniastrum × Pritzelia.

B. nitida Ait. ♀ × *coccinea Hook.* ♂, ein Gartenbastard.

Gaerdtia × Pritzelia.

B. coccinea Hook. ♀ × *undulata Schott* ♂. Dies soll die Herkunft der *B. coccinea var. Comte Alfred de Limering* (Züchter Glijm) sein.

Gireoudia.

B. caroliniaefolia Rgl. ♀ × *manicata Brongn.* ♂ hat gelappte Blätter und rosafarbene Blüthen; Inflorescenz wie bei *B. manicata.* — *B. Verschaffeltii Regl.*

B. hydrocotylifolia Hook. f. × *manicata Brongn.* kommt mitunter in Gärten vor.

B. heracleifolia Cham. et Schldl. × *peponifolia Vis.* ist *B. ricinifolia A. Dietr.*

Gireoudia × Huszia.

B. (heracleifolia × peponifolia) ♀ × *Pearcei Hook. f.* ♂ ist eine eigenthümliche Form mit hohen lockern Inflorescenzen und blassgelben Blüthen. Petalen oft 3, zuweilen 2 (wie bei *Gireoudia*) oder 4 (wie bei *Huszia*). Von Hirt erzogen.

Gireoudia × Barya.

Diese Bastarde haben 2—4 Petalen, meistens 3.

B. heracleifolia Cham. et Schldl. ♀× *Boliviensis A. DC.* ♂ ist *B. valida hort.* (Züchter Deleuil in Marseille).

B. manicata Brongn. ♀ × ⚥ *Sedeni* ♂, *B.* ⚥ *ricinifolia* ♀ × ⚥ *Sedeni* ♂ und ähnliche Bastarde aus 3, 4, vielleicht auch noch mehr Arten sind von P. Hirt erzeugt worden.

Gireoudia × Knesebeckia.

B. manicata Brongn. × *incarnata Lk. et Otto* ist *B. Moehringi Regl.*

Gireoudia × Mitscherlichia.

B. conchaefolia Dietr. × *Hasskarli Zoll. et Mor.* — Dies ist der wahrscheinliche Ursprung der *Gireoudia Ottoniana Rgl.* Gartenfl. 1859 p. 15.

Platycentrum.

Wie *Huszia* und *Barya* wegen ihrer Blüthen, so wird *Platycentrum* wegen der Blätter mit Vorliebe cultivirt und sind die Arten auf's Mannigfaltigste unter einander gekreuzt worden. Wichtig ist diese Untergattung ferner dadurch, dass die einzigen wissenschaftlichen Kreuzungsversuche zwischen *Begoniaceen* mit *Platycentrum*-Arten angestellt worden sind.

B. rubrovenia Hook. ♀ × *xanthina Hook.* ♂ (nach Gartenfl. VII p. 26) oder *B. xanthina* ♀ × *rubrovenia* ♂ (nach Bonpl. V

p. 304) erschien bei Regel's Versuchen in zwei Formen, von denen die häufigere weiss gefleckte Blätter hatte und mit *B. xanthina marmorea v. Houtte* übereinstimmte, während die seltenere mit ungefleckten Blättern der *B. xanthina Gandavensis v. Houtte* entsprach. Beide Formen zeigten sich bei Selbstbefruchtung vollkommen fruchtbar und lieferten in ihrer Nachkommenschaft ein Gemisch von Formen, in dem kaum ein Exemplar dem andern vollkommen glich. Die Blätter waren bald so gross und breit wie bei *B. xanthina*, bald schmal wie bei *B. rubrovenia*; sie waren meistens weiss gefleckt. Die meisten Formen standen der *B. rubrovenia* näher. Den Pollen von *B.* ⋈ *xanthina marmorea* fand Regel vollkommen normal gebildet. Nach Fl. d. serr. IX t. 952 soll die *marmorea* eine *B. xanthima* ♀ ⋉ *rubrovenia* ♂, die *Gandavensis* eine *B. rubrovenia* ♀ ⋉ *xanthina* ♂ sein, eine Angabe, die nach obigen Versuchen Regel's ungenau sein dürfte. *B. (rubrovenia* ⋉ *xanthina)* ♀ ⋉ *xanthina* ♂ ist nach Regel in der Mehrzahl der Exemplare kaum von *B. xanthina* zu unterscheiden.

B. Griffithii Hook. ♀ ⋉ *rubrovenia* ♂. Die *B. Griffithii* wurde in Verschaffelt's Gärtnerei gleichzeitig mit Pollen von *B. rubrovenia* und von *B. (rubrovenia* ⋉ *xanthina) var. marmorea* belegt. Es entstanden drei Formen, die als *Prince Troubetzkoy, Miranda* und *Mad. Wagner* bezeichnet wurden. Es ist nach diesem Erfolge nicht unwahrscheinlich, dass beide Pollensorten an der Befruchtung Theil genommen haben. *Prince Troubetzkoy* soll das Product der reinen *B. rubrovenia* mit *B. Griffithii* sein; A. De Candolle gibt an, dass diese Gartenform eine *B. Griffithii* ⋉ *picta* sei, während doch die *B. picta hortul.* (Henderson) identisch mit *B. Griffithii* ist (die *B. picta Sm.*, eine *Knesebeckia*, kann hier nicht in Frage kommen). Die *Miranda* und *Mad. Wagner* Verschaffelt's sollen durch ihre Aehnlichkeit mit *B.* ⋉ *xanthina marmorea* die Abstammung *B. Griffithii* ♀ ⋉ *(rubrovenia* ⋉ *xanthina)* ♂ verrathen.

B. rex Putzeys ♀ × ⋈ *Miranda* ♂ hat die Sorte *Charles Wagner* (Verschaffelt Illustr. hort. 219) geliefert. Es sind darin jedenfalls 3 *(rex, Griffithii, rubrovenia)*, wahrscheinlich noch eine vierte *(xanthina)* Art von *Platycentrum* verbunden.

B. Griffithii Hook. × ⋈ *splendida hortul.* soll eine besonders ausgezeichnete Blattpflanze sein, die an verschiedenen Orten erzogen und u. A. *B. Leopoldi* (Verschaffelt) und *B. Knerkii* (Augustin) genannt ist. Die Herkunft der angeblich hybriden *B. splendida* ist mir nicht bekannt, doch bemerke ich, dass auch *Casparya robusta A. DC.* als *B. splendida* verbreitet ist.

B. rex Putzeys ♀ ⨯ *xanthina Hook. var. Lazuli Hook.* ♂ soll eine besonders prächtige Blattzeichnung besitzen und wird in den Gärten als *B. argentea pulcherrima* geführt. Die beiden Arten *B. rex* und *B. xanthina* sind durch viele offenbar hybride Mittelformen verbunden, die zwar meistens in den Gärten erzeugt sind, zum Theil (z. B. *B. Victoria Linden*) aber auch aus Assam eingeführt sein sollen. Sie könnten spontane Hybride sein. Hieher *B. poecila C. Koch*, *B. amabilis Linden*, *B. rex elegans*, *B. hybrida nitida* etc. etc.

Platycentrum ⨯ Begoniastrum.

B. incarnata Lk. et Otto ⨯ *rex Putzeys* ist gleichförmig, blüht roth (Zücht. Scheidecker).

Platycentrum ⨯ Knesebeckia.

B. Evansiana Andr. ♀ ⨯ *rex Putzeys* ♂ (Züchter Svahn) ist von H. Bruant in Poitiers als *B. discolor* ⨯ *rex* in acht Sorten *(Mad. Svahn, Souvenir de Dr. Weddell, Ed. André, Lucienne Bruant, A. Carrière, W. E. Gumbleton, Comtesse Gabrielle de Clermont-Tonnerre, Marguerite Bruant)* in den Handel gebracht. Diese Hybriden sollen beinahe so kräftig und hart sein wie *B. Evansiana*, während sie von *B. rex* bunt marmorirte Blätter ererbt haben. Sie sollen sich leicht durch Bulbillen vermehren lassen. Es liegt die Vermuthung nahe, dass der Züchter nicht die typische *B. rex*, sondern einen Bastard derselben als Pollenpflanze benutzt hat.

Platycentrum ⨯ Gireoudia.

B. imperialis Lemaire ⨯ *rex Putzeys* hat die *B. Otto Forster* (Züchter Weyringer in Wien) geliefert.

Platycentrum ⨯ Reichenheimia.

B. rubrovenia Hook. ♀ ⨯ *Thwaitesii Hook.* ♂ ist *B. eximia* (Verschaffelt) Lemaire Illustr. hort. 233.

Augustia.

B. Dregei Ott. & Dietr. ⨯ *Sutherlandi Hook. f.* ist die *B. Weltoniensis hortul.* eine beliebte Topfpflanze. Die Blüthen sind blassroth, während *B. Dregei* weiss, *B. Sutherlandi* orange bis kupferroth blüht. Die Blüthenfarbe der *B.* ⨯ *Weltoniensis* ♀ ⨯ *Sutherlandi* ♂ ist wenig verschieden von der der reinen *B.* ⨯ *Weltoniensis*. Die *B.* ⨯ *Weltoniensis* lässt sich mit den Hybriden von *B. Boliviensis* kreuzen.

Begonia ⨯ Casparya.

Es scheint, dass es Hybride zwischen den Arten beider Gattungen gibt, doch ist Genaueres nicht darüber bekannt. A. De Candolle erwähnt beiläufig, dass es Hybride zwischen *B. rubricaulis Hook.* und *Caspar. robusta (Blume) A. DC.* zu geben scheine.

39. CACTEAE.

Die *Cacteen* gehören zu den auffallendsten und bekanntesten Pflanzentypen. Sie sind in den trockeneren und wärmeren Gegenden Amerika's einheimisch und werden in Europa wegen ihrer grotesken Gestalten und schönen Blüthen vielfach in Zimmern und Gewächshäusern cultivirt. Im Freien lassen sich in Mitteleuropa nur einzelne Arten von *Opuntia* durchwintern.

Die Feststellung der Artgrenzen bei den *Cacteen* ist eine der schwierigsten Aufgaben für den systematischen Botaniker. Es ist wahrscheinlich, dass nicht selten spontane Hybride vorkommen; unter den cultivirten Pflanzen finden sich offenbar zahlreiche Bastarde, welche für echte Arten ausgegeben werden.

Wie für alle Pflanzen trockner Klimate, so war auch für die *Cacteen* während der ersten Hälfte unseres Jahrhunderts mehr gärtnerische Liebhaberei vorhanden als gegenwärtig. Man hat damals die Zahl der Formen durch Züchtung von Bastarden ausserordentlich vervielfältigt. Aber auch neuerdings hat man noch manche Hybride erzeugt. Es gibt Arten, die mit eigenem Pollen unfruchtbar sind (z. B. *Cer. grandiflorus Mill.*), die daher nur durch Blüthenstaub anderer Exemplare oder anderer Arten befruchtet werden können. Manche Arten, die wenig Aehnlichkeit mit einander haben, befruchten sich gegenseitig ohne alle Schwierigkeit und liefern fruchtbare Bastarde. Die ungeschwächte Fruchtbarkeit mancher hybriden *Cacteen* ist eine sehr bemerkenswerthe Eigenthümlichkeit.

Die bekannteren Bastardverbindungen sind zwischen Arten der Gattungen *Cereus* (incl. *Echinopsis*), *Phyllocactus* und *Epiphyllum* erzeugt worden. Vom physiologischen Standpunkt aus erscheint die Trennung dieser drei Gattungen nicht gerechtfertigt, da die Kreuzung einer *Cereus*-Art mit einem andern *Cereus* keineswegs immer leichter ist als die mit einem *Phyllocactus* oder *Epiphyllum*.

Cereus.

Lit.: Walpers Repert. bot. syst. II; G. Don, Diplochl. Pl.; Herbert Amaryll. Journ. Hort. Soc. II p. 97; Gärtn. Bastardbefr.

C. Eyriesii Otto ♀ × *oxygonus Lk. et Otto* ♂ ist von Linke in Berlin als *Echinopsis Eyriesii var. Wilkensii* verbreitet worden.

C. grandiflorus Mill. ⋈ *obtusus Haw.* W. Neubert hat angegeben, dass sich die beiden Arten gegenseitig befruchten, hat aber die betreffenden Bastardformen nicht erzogen.

C. grandiflorus Mill. ♀ ⨯ *flagelliformis Mill.* ♂ ist *C. grandiflorus fl. rubr. hort.*

C. coccineus Salm D. ♀ ⨯ *grandiflorus Mill.* ♂ ist von Pastor Schwarze erzogen worden, hat sich ungemein üppig und kräftig entwickelt, aber nach 18 Jahren noch nicht geblüht (Hmb. Grtz. 1866 p. 138).

C. speciosissimus DC. ♀ ⨯ *grandiflorus Mill.* ♂ ist von H. Kenny, Gärtner des Earl Maynard, um 1837 in England erzogen worden und als *C. grandifloro-speciosissimus Maynardi* in Fl. d. serr. III t. 233—34 abgebildet. Er gleicht in der Tracht und Blumengrösse dem *C. grandiflorus*; die Färbung der Blumen ist etwas verschieden, bei einigen Exemplaren herrlich roth, wie bei *C. speciosissimus*. Die nämliche Bastardverbindung ist später auch von W. Neubert erzogen worden, der indess nur drei schwächliche Pflanzen erhielt, deren erste Blüthenknospen abfielen, so dass bis 1858 noch keine Blüthe erschienen war.

C. speciosissimus DC. ♀ ⨯ *flagelliformis Mill.* ♂, ein Bastard aus zwei einander höchst unähnlichen Arten, bringt nach Herbert (Amar. p. 345) kurze, kantige Früchte. Hieher *C. nothus hortul.*

Cereus ⨯ Phyllocactus.

Die beiden Gattungen sind sich in der Tracht sehr unähnlich, doch lassen sich die Arten von *Phyllocactus* ohne Schwierigkeit mit *Cereus speciosissimus DC.*, wahrscheinlich auch mit anderen Arten, kreuzen.

C. speciosissimus DC. ♀ ⨯ *Ph. phyllanthoides Lk.* ♂. Wenige Bastardverbindungen sind so häufig erzogen worden, wie diese. Die ersten bekannten Formen waren *Cactus Jenkinsonii hort.* (*Epiphyllum Jenkinsonii G. Don*), ein *C. speciosissimus* ♀ ⨯ *Ph. phyllanthoides* ♂, und *Cact. Vandesii hortul.* (*Epiph. Vandesii G. Don*), ein *Ph. phyllanthoides* ♀ ⨯ *C. speciosissimus* ♂. In Deutschland wurde diese Bastardverbindung zuerst von Chr. Lehmann (Flora 1831, I p. 80), einige Jahre später auch von W. Neubert erzogen. Die Aeste sind am Grunde rundlich oder dreikantig, nach oben zu flach, bei anderen Formen theils dreikantig, theils flach. Die Blüthen sind zahlreich und prachtvoll. Die Früchte halten nach Herbert in Grösse und Geschmack genau die Mitte zwischen denen der Stammarten (bei *C. spec.* sind sie gross, grün und wohlschmeckend, bei *Ph. phyll.* klein, roth und fade). Beaton bekam anscheinend wohlgebildete Früchte von *C.* ⨯ *Jenkinsonii* ♀ ⨯ *Eyriesii Otto* ♂, doch enthielten dieselben keine Samen.

Die verschiedenen Sorten von *C. speciosissimus* ✕ *Ph. phyllanthoides* sind in den Gärten unter folgenden Benennungen bekannt: *Bodii, Bollwillerianus, Bowtrecanus, coccineus, Cartisii, Eugenia, Guillardieri, hybridus, ignescens, Jenkinsonii, Kiardii, lateritius, longipes, Lothii, Mexicanus, May fly, Roidii, Sarniensis, superbus, Suwaroffii, unduliflorus, Vandesii, vitellinus.* Angeblich gehört auch *C. Maelenii Pfeiff.* dahin, der aus Mexico stammen soll, falls es nicht etwa zwei verschiedene *C. Maelenii* gibt. Warscewicz erzog über 100 Exemplare des Bastards und erhielt viele verschiedene Formen, welche meistens bekannten Sorten, wie *Jenkinsonii, Vandesii, hybridus, ignescens, lateritius* u. s. w. glichen. Es war darunter aber auch eine unbekannte Form, welche er *C.* ✕ *Selloi* nannte und welche ihm besonders auffiel durch ihre überraschende Aehnlichkeit mit *Phylloc. Akermanni Lk.*, so dass er die Vermuthung aussprach, diese aus Mexico eingeführte Pflanze möge ein spontaner Bastard sein. Gärtner behauptet an einer Stelle (Bastdbefr. S. 242) ganz bestimmt, dass er den *C. Akermanni* durch Kreuzung von *C. phyllanthus* und *C. speciosissimus* erhalten habe. Es geht aber aus dieser Stelle (Bezugnahme auf Warscewicz) sowie aus einer Notiz auf S. 179 deutlich hervor, dass unter Gärtner's „*C. phyllanthus*" nicht etwa der südamerikanische *Phylloc. phyllanthus Lk.* zu verstehen ist, sondern der mexicanische *Ph. phyllanthoides Lk.* Leider sind Gärtner's Angaben äusserst confus. In dem Verzeichnisse seiner Versuche führt er (S. 686) keine einzige gelungene Kreuzung zwischen *Cacteen* an, während er auf S. 125 allerdings *Cereus* unter den Gattungen aufzählt, die ihm Hybride geliefert haben. An der wichtigsten Stelle (S. 242) sagt er, dass von andern Botanikern verschiedene Typen des *C. phyllantho-speciosissimus* erwähnt werden, „der uns nur einen einzigen Typus gab, nämlich den *C. Akermanni.*" Auf S. 284 bemerkt er ferner: „*Cereus specioso-phyllanthus (Akermanni)* ist in dem Habitus und Blättern (sic!) dem *phyllanthus*, in den Blumen dem *speciosus* ähnlicher." Am bestimmtesten ist eine Angabe auf S. 550, doch weiss man nicht, ob sich dieselbe auf den künstlich erzeugten Bastard oder auf Sämlinge des ursprünglich importirten *Ph. Akermanni Lk.* bezieht. Es heisst dort: „Von einer anderen Art scheint eine Erscheinung zu sein, welche wir an dem *Cereus speciosissimo-phyllanthus (Akermanni)* beobachtet haben, welcher aus dem Samen mit cylindrisch-fünfkantiger Keimknospe sich entwickelt, welcher Typus sich nicht nur in dem Haupt-, sondern auch in den Wurzeltrieben bis in's dritte Jahr erhielt; dann aber theilweise dem *Phyllanthus* ähnliche Blättertriebe machte, an welchen sich dann später, und zwar nur an diesen, die ersten Blumen entwickelt haben." Die genetische Benennung für *C. Akermanni* lautet bei Gärtner an jeder der drei Stellen verschieden. So wünschenswerth nun auch eine etwas lichtvollere Darstellung des von Gärtner beobachteten Sachverhalts sein würde, so geht doch aus dem ganzen Zusammenhange in Verbindung mit Warscewicz's Notiz deutlich hervor, dass die Annahme, der aus Mexico importirte *Phylloc. Akermanni* sei ein Bastard der beiden in demselben Lande einheimischen Arten *Ph. phyllanthoides Lk.* und *Cereus speciosissimus DC.*, sehr viel Wahrscheinlichkeit für sich hat. Bestätigt wird die Thatsache durch eine Angabe Lecoq's, der einfach erwähnt, dass er bei seinen zahlreichen Kreuzungen zwischen den betreffenden Arten den Bastard *Ph. Akermanni* erhalten habe.

Ph. ⚥ *Akermanni Lk.* × *C. speciosissimus DC.* ist von Herbert erzeugt worden und bringt wohlschmeckende Früchte, während die des *Ph.* ⚥ *Akermanni* schlecht sind.

C. flagelliformis Mill. ist durch Neubert erfolgreich mit Pollen des *Ph. phyllanthoides Lk.* befruchtet worden, doch ist mir nicht bekannt, ob er Hybride aus dieser Verbindung erzogen hat.

Ph. crenatus Walp. ♀ × *C. speciosissimus DC.* ♂ ist abgebildet Paxt. Flow. Gard. 1851 t. 62.

Phyllocactus.

Ph. ⚥ *Akermanni Lk.* × *phyllanthoides Lk.* ist von Herbert erzeugt worden. Früchte wohlschmeckend.

Ph. crenatus Wlprs. ♀ × ⚥ *Akermanni Lk.* ♂ hat 3—6-kantige junge Zweige, wie *Ph. Akermanni*, mit borstlichen, später abfallenden Stacheln. Die älteren Aeste sind flach zusammengedrückt wie bei *Ph. crenatus*. Blumen sehr gross, lichtrosa bis purpurrosa. Hieher die Sorten *Ph. crenatus var. Vogeli* und *splendens*. (Gartenfl. X t. 321.)

Ph. crenatus Salm D. ♀ × *phyllanthoides Lk.* ♂ ist dem vorigen ähnlich, hat aber kleinere Blumen.

Cereus ⚥ Epiphyllum.

C. grandiflorus Mill. × *E. truncatum Haw.* wird u. A. von Gärtner erwähnt.

Phyllocactus × Epiphyllum.

Ein Bastard von *E. truncatum Haw.* mit einem *Phyllocactus* wird schon von Herbert (Amar. S. 345) erwähnt.

40. UMBELLIFERAE.

Der Blüthenbau ist in der Familie der Doldenpflanzen ausserordentlich gleichförmig; auch in der Tracht sind sich die meisten europäischen und orientalischen Gattungen ungemein ähnlich. Mehr noch als bei den *Cruciferen* und *Papilionaceen*, die sich ebenfalls durch gleichförmigen Blüthenbau auszeichnen, gehören bei den *Umbelliferen* Bastarde zu den grössten Seltenheiten.

Helosciadium.

Lit.: F. Schultz in Arch. de fl. p. 185.

Angaben über vermeintliche Bastarde zwischen *H. nodiflorum* Koch und *H. repens* Koch haben sich nicht bestätigt.

Meum.

Lit.: Christ in Fl. (B. Z.) 1869 p. 127.

M. athamanticum Jacq. × *mutellina Gaertn.* ist von Christ am Feldberge im Schwarzwald beobachtet worden. Der Bastard war kräftiger als beide Stammarten.

Polylophium.

Lit.: A. de Bary in Bot. Z. 1871 S. 23.

Im botanischen Garten zu Halle wurde 1870 eine Doldenpflanze bemerkt, welche im Allgemeinen mit *P. involucratum Boiss.* übereinstimmte, jedoch durch die Gestalt der Blüthen, insbesondere aber der Früchte auffallend abwich. Fruchtbarkeit vollkommen. A. de Bary dachte an einen hybriden Ursprung, konnte aber eine muthmaassliche väterliche Stammart nicht ermitteln. Nach meiner Ansicht ein Fall von Variation.

Anthriscus.

A. abortivus Jord. ist nicht vollkommen fruchtbar, indem in jedem Döldchen nur 2—4 Früchte aus den randständigen Blüthen zur Ausbildung gelangen; die mittleren Blüthen sind steril. Nach einigen Angaben ist *A. abortivus* eine Form von *A. nitidus Grcke.*, nach andern ein *A. nitidus Grcke.* × *silvestris Hoffm.*

41. ARALIACEAE.

Aralia.

Eine Mittelform zwischen *A. Japonica Thbg.* und *A. spinosa L.* ist als *A. hybrida hort.* bezeichnet worden. Ueber die Herkunft ist mir Nichts bekannt (Rev. hort. 1866 p. 339). Einige neuseeländische *Aralien*, insbesondere *A. crassifolia Bnks. et Sol.*, sind ungemein formenreich und variabel. Ob ihr Formenkreis aus mehreren durch Bastarde verschmolzenen Arten besteht, oder ob die Variabilität andere Ursachen hat, ist nicht bekannt. Auch aus der neuseeländischen *A. Schaefflera Spr.* erhielt Bouché sehr verschiedenartige Sämlinge, obgleich die Mutterpflanze von keiner fremden Art bestäubt sein konnte.

42. CORNEAE.

Aucuba.

Lange Zeit cultivirte man in Europa nur weibliche Exemplare einer Varietät von *A. Japonica Thbg.* mit gelb gefleckten Blättern. In neuerer Zeit hat man nun auch die normalen grünblättrigen Formen in beiden Geschlechtern und zugleich eine nahe verwandte Art oder Race aus dem Himalaya eingeführt.

A. Japonica Thbg. ✕ *Himalaica Hook. f.* Die Blendlinge sind vollkommen fruchtbar und stellen eine Reihe von Mittelformen dar, durch welche die Stammtypen völlig verschmolzen erscheinen. *A. Himalaica* unterscheidet sich vorzüglich durch in der Jugend behaarte Blätter und durch eine abweichende Färbung der Früchte und Kronblätter von *A. Japonica*. — Unter den europäischen Sämlingen von *Aucuba* kommen auch Exemplare mit Zwitterblüthen vor, während die Stammarten zweihäusig sind.

Garrya.

Lit.: Rev. hort. 1869 p. 17.

G. Fadyenii Hook. ♀ ✕ *elliptica Lindl.* ♂ ist von Thuret in Antibes erzogen worden. Die beiden Stammarten gehören zu verschiedenen Sectionen der Gattung. Scheint fruchtbar. *G. Thureti Carrière.*

43. CAPRIFOLIACEAE.

Ueber Bastarde in dieser Familie besitzen wir keine näheren Nachrichten, wohl aber Andeutungen, aus denen hervorgeht, dass es möglich ist, verwandte Arten derselben mit einander zu kreuzen. Vgl. *Viburnum multratum* in Koch Dendrol. II p. 54. *Sambucus Fontenaysii* in Rev. hort. 1868 p. 99.

Lonicera.

Bastarde von *Lonicera* scheint Herbert erzeugt zu haben (vgl. Amaryll. p. 363), doch macht er darüber nur unbestimmte Angaben. *L. Douglasii DC.* (*Caprifolium Douglasii Lindl.*) ist nach Hooker und Andern eine Varietät von *L. media Murr.*, nach C. Koch aber eine *L. media Murr.* ✕ *hirsuta Eat.* Soll aus Canada stammen.

Diervillea.

D. Japonica DC. kommt in einer Anzahl verschiedener Unterarten vor, welche unter einander Mischlinge gegeben haben, vgl. Fl. d. serr. 1445—47. Die Hauptraçen von *D. Japonica* sind: *D. floribunda S. et Z.*, *D. rosea Lindl.*, *D. grandiflora S. et Z.*

44. RUBIACEAE.

Cinchona.

Lit.: Journ. Linn. soc. XI p. 475; O. Kuntze Monogr. d. Gatt. Cinchona 1878.

Die Chinabäume sind in den Anden des tropischen Südamerika heimisch. Sie treten dort in zahlreichen nahe verwandten Formen auf, deren schwierige Umgrenzung an ähnliche Verhältnisse in den Gattungen *Rosa*, *Rubus* und *Hieracium* in Europa erinnert. Neuerdings hat man in verschiedenen Gegenden, insbesondere auf Java, auf Ceylon, in den Neilgherries und in Sikkim, ausgedehnte Pflanzungen von Chinabäumen angelegt, in denen es möglich ist, diese Gewächse genauer zu studiren. Es hat sich herausgestellt, dass sich leicht Bastarde zwischen den verschiedenen Arten bilden. O. Kuntze ist nach dem Besuche der Chinapflanzungen zu der Vorstellung gelangt, dass es überhaupt nur 4 echte Arten von *Cinchona* gebe, aus deren

Kreuzungen alle andern Formen hervorgegangen seien. Diese Ansicht bedarf der Bestätigung, doch ist es durch Kuntze's Mittheilungen zur Gewissheit geworden, dass Bastardbildung unter den *Cinchonen* eine wichtige Rolle spielt.

Die meisten Bastarde von *Cinchona* sind fruchtbar; über ihren Blüthenstaub ist nichts bekannt. Ebenso wenig ist man über die Samenbeständigkeit der Bastarde unterrichtet; nach der Analogie ist zu vermuthen, dass die Nachkommenschaft der primären Bastarde ungleichartig ist, dass sich aber aus derselben beständige Typen (Blendarten) entwickeln können. Merkwürdig ist Kuntze's allerdings lebhaft bestrittene Behauptung, dass der Chiningehalt der Rinden bei den hybriden Formen höher sei, als bei den reinen Arten; die Thatsache würde, wenn richtig, von grösster Wichtigkeit sein.

Die Blüthen der *Cinchona*-Arten sind dimorph, so dass ausser den hybriden Verbindungen auch illegitime vorkommen können Die *C. Ledgeriana* hält Kuntze für eine zugleich hybride und illegitim erzeugte Form.

Nach Kuntze hat man bei den Aussaaten von asiatischen *Cinchona*-Samen sehr häufig Pflanzen erhalten, welche von der samengebenden Art völlig verschieden waren.

C. succirubra Pav. ♀ × *officinalis* L. ♂ zeigte sich nach J. Broughton in Indien bei Aussaat der Samen von *C. succirubra*.

C. calisaya Wedd. × *caloptera* Miq. ist nach Kuntze auf Java künstlich erzeugt worden und hat sich als vollkommen fruchtbar gezeigt.

C. officinalis L. ♀ × *Pahudiana* Howard ♂ ist in Java bei Aussaat von Samen der *C. officinalis* spontan entstanden.

C. calisaya Wedd. × *Pahudiana* Howard ist auf Java als *C. Hasskarliana* Miq. spontan aufgetreten und auch absichtlich erzeugt worden.

In Sikkim sind bei Aussaat von *C. calisaya* Wedd. zahlreiche abweichende Exemplare entstanden. Unter anderen fand sich dort die fast ganz unfruchtbare *C. Ledgeriana*, deren Rinde sich durch einen ausserordentlich hohen Chiningehalt auszeichnet. Dieselbe Pflanze fand Ledger einmal in Bolivien. Ferner findet sich unter den Sämlingen von *C. calisaya* nach Kuntze eine *Mungpoensis Kuntze*, welche von der *C. offficinalis* L. kaum zu unterscheiden ist. Sie stammt väterlicher Seits von *C. micrantha Ruiz et Pav.*

C. caloptera Miq. ist nach Kuntze eine der *C. Pahudiana* näher stehende Bastardform von *C. succirubra* Pav. und *C. Pahudiana* Howard. In Mungpo soll eine Mittelform *C. succirubra* × *Pahudiana* selten sein, um so häufiger aber Rückschläge von dieser Mittelform zu echter *C. succirubra*. Kuntze hat es für nothwendig erachtet, den von ihm in dem Formengewirre der *Cinchonen* unterschiedenen echten Arten neue Namen beizulegen und hat seine Ansichten über die Entstehungsgeschichte aller einzelnen Zwischenformen näher entwickelt; vgl. darüber seine bezüglichen Arbeiten.

Bouvardia.

Durch Kreuzung der verschiedenen Arten dieser Gattung sind Formen entstanden, welche die Stammarten an Schönheit weit übertreffen.

B. longiflora H.B.K. ♀ × *leiantha Benth.* ♂, von Parsons in Brighton erzogen, erschien von vornherein in mehreren Farbenvarietäten. *B. longiflora* hat grosse weisse, *B. leiantha* kleinere leuchtend orangerothe Blumen. Von der Firma Henderson & Sons wurden zunächst 4 Sorten des Bastards: *Hogarth, Laura, Oriana* und *Rosalinda* in den Handel gebracht; aus *Hogarth* gingen dann die weiteren Sorten *Davisonii, elegans* und *Vrelandi* durch Aussaat hervor.

Rondeletia.

R. odorata Jacq. var. *breviflora* Hook. f. × *erythroneura* Karsten ist im botanischen Garten zu Kew erzogen worden.

Ixora.

Die Arten dieser Gattung sind im tropischen Asien heimisch, mehrere bilden eine Zierde unserer Gewächshäuser. Sie lassen sich offenbar leicht unter einander kreuzen und geben Bastarde, die wenigstens in der Regel fruchtbar sind. Die genaue Abstammung der hybriden Gartensorten ist in den meisten Fällen schwerlich bekannt. Erwähnt gefunden habe ich u. A. *I. formosa* und *I. amabilis* E. G. Henderson & Sons, die von *I. Javanica* DC. stammen sollen, *I. hybrida* Williams, *I. Dixiana* Standish & Co. etc.

Von J. Cole & Sons ist eine *I. alba* L. × *coccinea* L. als *I. Colei* in den Handel gebracht; dieselben haben ferner bei achtjährigen Kreuzungsversuchen zwischen *I. aurantiaca* (? vielleicht eine Form von *I. stricta* Roxb.), *I. salicifolia* DC. und *I. rosea* Wall. zahlreiche Hybride erhalten, welche gärtnerisch werthlos waren, bis endlich die *I.* × *splendens* Flor. et Pomol. 1878 t. 474 daraus hervorging.

Galium.

Lit.: Gren. et Godr. Fl. d. France; zerstr. florist. u. syst. Lit.

Bastarde von G. verum L.

Das gelbblüthige *G. verum* bildet mit den weissblühenden *Galien* blassgelbe Mischlinge, welche durch ihre Blüthenfarbe auffallen und so als Bastarde erkannt werden.

G. mollugo L. × *verum L.* ist zuerst von Wallroth, Schiede und Lasch erkannt und beschrieben worden. Das *G. mollugo L.* besteht indess aus zwei Unterarten oder, wenn man will, zwei nahe verwandten selbständigen Arten: *G. elatum Thuill.* und *G. erectum Hds.*, als dessen Varietät wieder *G. rigidum Vill.* zu betrachten ist; eine Mittelform ist *G. dumetosum Baill. et Timb.* Die Bastarde kommen in allen möglichen Zwischenformen vor. Schmalhausen gibt an, dass er bei St. Petersburg bei den Mittelformen des Bastards 30 bis 40 % verschrumpfte Körner gefunden habe, bei den Stammraçen nur 1—2 %. Formen des Bastards, welche den Eltern nahe standen, hatten auch besseren Blüthenstaub. Bei Bremen fand ich den Blüthenstaub von *G. verum* ziemlich regelmässig, während sowohl *G. elatum* als *G. elatum* × *verum* zahlreiche missgebildete Pollenkörner hatten. Die Bastardpflanzen sind ziemlich fruchtbar. *G. ochroleucum Wulf.* gehört hieher; zu *G. elatum* × *verum* sind zu rechnen: *G. decolorans Gren. et Godr. (per-verum)*, *G. ambiguum Gren. et Godr. (per-elatum)*, *G. Paulinianum F. Schltz.*; zu *G. erectum* × *verum*: *G. eminens Gren. et Godr. (per-verum)*, *G. approximatum Gren. et Godr. (pererectum)*. Kommt in ganz Mitteleuropa vor. *G. dumetosum Baill. et Timb.* × *verum L.* soll in zwei Formen vorkommen, darunter *G. rubioides Lap.*

G. cinereum All. × *verum L.* wurde von Serres in geringer Zahl zwischen den Stammarten bei Greoulx in der Provence gefunden, blühte 1854 blassgelb, 1855 weiss.

G. silvaticum L. × *verum L.* ist von A. Kerner in Niederösterreich beobachtet worden. *G. digeneum A. Kern.*

Bastarde zwischen weissblühenden Arten.

G. laevigatum L. × *lucidum All.* ist von Huter in Norditalien aufgefunden. *G. Huteri A. Kern.*

G. mollugo L. × *Schultesii Vest.* Ungarn. *G. Hungaricum A. Kern.*

G. palustre L. × *uliginosum L.* will O. Kuntze bei Leipzig zwischen den Stammarten beobachtet haben.

G. mollugo L. ✕ *silvaticum L.* ist von Beckhaus in der Gegend von Höxter in zwei Formen beobachtet worden, die beide sehr selten sind.

Bastarde der rothblühenden Arten.

G. rubrum L. ✕ *erectum Huds.* ist von Brügger in Graubündten beobachtet. Vielleicht gehören einige südfranzösische Formen zu den Bastarden von *G. purpureum L.*

Galium ✕ Asperula.

Lit.: Bull. soc. bot. Fr. XII p. 218.

Asperula cynanchica L. ✕ *Galium arenarium Lois.* will Contejean in ziemlicher Menge bei Biarritz (Basses-Pyrén.) beobachtet haben. Das *Galium* (gelb blühend) ist dort gemein, die *Asperula* (blassroth blühend) seltener. Der Bastard hat die Tracht des *Galium* und ist liegend, die Krone ist mehr wie bei *Asperula*, blassroth.

? *Asp. glauca Bess.* ✕ *Gal. mollugo L.* glaubt Wirtgen in der Rheinprovinz erkannt zu haben.

---

45. VALERIANEAE.

Valeriana.

? *V. montana L.* ✕ *tripteris L.* ist angeblich von Brügger in Graubündten beobachtet worden.

V. elongata L. ✕ *saxatilis L.* ist durch v. Hausmann im Pusterthale in Tirol entdeckt worden (Oe. B. Z. XV p. 206).

---

46. DIPSACEAE.

Dipsacus.

D. laciniatus L. ✕ *silvester Huds.* soll in zwei verschiedenen Formen in Ungarn gefunden sein. *D. fallax Simkovics.*

47. COMPOSITAE.

Adenostyles.

A. albifrons Rchb. ✕ *leucophylla Rchb.* kommt nach Lagger im Orsière-Thale im Wallis vor. *A. hybrida DC.?* non alior.!
A. alpina Blff. et Fngh. ✕ *leucophylla Rchb.* wächst nach Lagger im Eginenthale in der Schweiz. *A. Eginensis Lagg.*

Aster.

Die in Europa an Flussufern verwilderten nordamerikanischen Astern sind ungemein variabel und stimmen, wie es scheint, zum Theil nicht mehr mit den wilden Typen überein. Es ist daher sehr wahrscheinlich, dass diese Arten unter einander und mit *A. salicifolius Scholl.* Kreuzungen eingegangen sind.
A. Parisiensis hort. gilt als *A. Novae Angliae Ait.* ✕ *multiflorus Ait.*
A. heterophyllus Schloss. et Vuc. soll ein *A. parviflorus Nees* ✕ *Novi Belgii L.* sein. Croatien.

Erigeron.

Die europäischen Arten von *Erigeron* bilden von *E. acer L.* bis *E. uniflorus L.* eine Formenreihe, in der Mittelglieder und Bastarde schwer zu unterscheiden sind. In *E. intermedius Schleich.* wurde früher ein *E. acer* ✕ *alpinus* vermuthet, während die Pflanze jetzt als grosse Abart von *E. alpinus L.* gilt. Gremli gibt für die Schweiz *E. alpinus L.* ✕ *glabratus Hpp. et Hrnsch.* und *E. alpinus L.* ✕ *uniflorus L.* an, auch *E. acer L.* ✕ *Villarsii Bell.* ist dort beobachtet. Merkwürdig sind die Bastarde, welche *E. Canadensis L.* mit europäischen Arten bildet.

E. acer L. ✕ *Canadensis L.* ist an einigen Stellen im östlichen Deutschland gefunden worden. *E. Huelsenii Vatke.*

E. angulosus Gaud. ✕ *Canadensis L.* kommt nach Hülsen bei Staykowo in der Provinz Posen vor. (*E. angulosus = E. Drochachensis O. F. Muell.* ist eine kahlere Unterart von *E. acer.*)

? *E. alpinus L.* ♀ ✕ *Roylei DC.* ♂. M'Nab erhielt aus Samen von *E. alpinus*, welcher neben *E. Roylei* cultivirt war, eine Pflanze, welche dem *E. Roylei* ähnlich geworden war.

Filago.

F. Gallica L. × *spatulata Presl* ist von F. Schultz in zwei Exemplaren zwischen den Stammarten bei Bitsch gefunden worden.

F. arvensis L. × *canescens Jord.* ist von Holuby im Trencsiner Comitat in Ungarn beobachtet worden. Ist fruchtbar. *F. mixta Holuby.*

F. arvensis L. × *apiculata Sm.* scheint in Frankreich vorzukommen; *F. subspicata Bor.* ist muthmaasslich dieser Bastard.

F. arvensis L. × *minima Fr.* wird von O. Kuntze angegeben.

F. neglecta (Soy. Will.) DC. wird von manchen Botanikern für eine selbständige Art gehalten, ist aber sehr selten und findet sich, wie es scheint, überhaupt nur in einem kleinen Theile des östlichen Frankreich und in Belgien. Sie ist nach der Ansicht Vieler ein Bastard von *F. Gallica L.* und *Gnaphalium uliginosum L.* Vgl. Billot in Flor. (B. Z.) 1847 p. 165.

Gnaphalium.

In einer vorläufig als *Gn. Norvegicum Gunn.* var. *angustifolia* beschriebenen, in den spanischen Pyrenäen gesammelten Pflanze vermuthet J. Lange ein *Gn. Norvegicum Gunn.* × *supinum L.*

Antennaria.

A. alpina Gaertn. ♀ × *dioica Gaertn.* ♂ glaubt A. Kerner in einer von Rözel bei Upernavik in Grönland gesammelten Form zu erkennen, welche durch die Grundblätter der *A. alpina*, durch die Anthodialschuppen der *A. dioica* näher steht. *A. Hansii A. Kern.*

Helichrysum.

Lit.: Gartenfl. 1871 p. 218, 248.

H. bracteatum Willd. wurde seit dem Ende des vorigen Jahrhunderts in Europa cultivirt und lieferte 1827 eine weissblühende Varietät. 1838 kam *H. macranthum Benth.*, 1841 *H. niveum Grah.* nach Europa, zwei Formen, welche als Unterarten von *H. bracteatum* zu betrachten sind. Aus der Kreuzung dieser drei Raçen entstanden die zahlreichen Sorten der Gärten.

Inula.

I. Germanica L. × *salicina L.*, hie und da zwischen den Stammarten. Deutschland, Ungarn. *I. media autor.*

I. Germanica L. ✕ *ensifolia L.*, in verschiedenen Formen zwischen den Stammarten. Unterösterreich, Galizien, Ungarn, Siebenbürgen. *I. hybrida Bmgt.*
I. Germanica L. ✕ *squarrosa L.* kommt in zwei Formen vor, ist von *I. Germanica* ✕ *salicina* nicht sicher zu unterscheiden. Siebenbürgen. *I. Transsilvanica Schur, I. media M.B.?*
I. squarrosa L. ✕ *ensifolia L.* oder *I. salicina L.* ✕ *ensifolia L.* ist aus Ungarn und Siebenbürgen als *I. Vrabelyiana A. Kern.* beschrieben; hieher auch *I. Barthiana Schur, I. litoralis Borb.* (*squarr.-ens.*) von Zengg.
I. squarrosa L. ✕ *hirta L.* Eine *f. per-squarrosa* (Stengel 1-köpfig) fand v. Borbás bei Fiume. *I. Adriatica Borb.*
I. cordata Boiss. ✕ *hirta L.*, im Banat in zwei Formen (Borb.).
I. salicina L. ✕ *hirta L.* ist wohl der häufigste *Inula*-Bastard, zuerst von Ritschl in Posen richtig erkannt. Süd- und Ostdeutschland, Schweiz, Oesterreich. *I. rigida Doell, I. spuria A. Kern.*
I. salicina L. ✕ *Vaillantii Vill.* kommt sparsam zwischen den Stammarten am Rhoneufer bei Genf vor, ferner in Catalonien, bei Cuneo in Piemont und in Dalmatien. *I. semiamplexicaulis Reut.*
I. ensifolia L. ✕ *hirta L.* Südtirol, Ungarn, Polen. *I. Hausmanni Huter.*
I. conyza DC. ✕ *oculus Christi L.* wurde in einem einzigen Exemplar von J. Kerner, später an einer anderen Stelle von Oborny in Niederösterreich gefunden. *I. intermixta J. Kern.* soll eine *f. per-oculus Christi* gewesen sein, während in der ehemaligen *I. suaveolens Jacq.* des Wiener botanischen Gartens eine *f. per-conyza* vermuthet wurde.

Xanthium.

Lit.: Lasch in Bot. Zeit. 1856 Sp. 409.

W. Lasch unterschied im östlichen Deutschland drei nahe verwandte Arten von *Xanthium*, welche unter einander 6 Bastarde bilden sollten. Neuerdings kennt man nur 2 solche Arten, *X. strumarium L.* und *X. Italicum Moretti* (*X. riparium Lasch*).

X. Italicum Mortt. ✕ *strumarium L.* ist hin und wieder im östlichen Deutschland beobachtet worden. Hieher wohl *X. arenarium Lasch*, welches durch Rückkreuzungen mit den Stammarten verbunden erscheint.

Zinnia.

Von *Z. elegans Jacq.* wurde 1800 die violete Varietät aus Mexico nach Europa gebracht und blieb in den Gärten lange unverändert.

1829 wurde dann eine scharlachrothe Sorte eingeführt, die Anfangs keine reifen Samen brachte, dann aber bei der Aussaat in verschiedenen Farben abänderte. Durch Kreuzung dieser Sorten sind die zahlreichen Farbenvarietäten entstanden.

Z. Haageana Regl. Gartenfl. X p. 355 (1861) = *Z. Ghiesbreghtii Verlot* Rev. hort. 1862 = *Z. Mexicana hort.* ist eine niedrige liegende Art, die mit *Z. elegans* gekreuzt wurde.

Z. Haageana ♀ ✕ *elegans coccinea* ♂ wurde zuerst von L. Lille in Lyon erzogen, der ein einziges Exemplar erhielt, welches ausserordentlich reichblüthig war, aber nur 20 Samen brachte; es glich in Wuchs und Blättern der *Z. Haageana*, in der Blüthenfarbe der *Z. elegans*. Aus den Samen wurden 17 Pflanzen erhalten, die zwar alle noch zwischen den Stammarten die Mitte hielten, aber unter einander sehr ungleich waren.

Haage & Schmidt in Erfurt haben die *Z. Haageana* ✕ *elegans* in grossem Maassstabe cultivirt und nach 10-jährigem Anbau aus ihren Sämlingen eine beträchtliche Anzahl beständiger gefüllter Sorten erhalten, die 1878 in den Handel gegeben wurden.

Dahlia.

Lit.: Salisbury in Transact. Hort. Soc. Lond. I p. 84.

Im Jahre 1789 erhielt Cavanilles in Madrid die *Dahlia* aus Mexico zugesandt, und zwar in mehreren Varietäten, von denen er drei mit specifischen Namen bezeichnete. Die Pflanze erregte vorzüglich wegen ihrer Knollen, die man für nahrhaft hielt, dann aber auch wegen ihrer Blüthen, besondere Aufmerksamkeit. Zu Anfang unseres Jahrhunderts kamen die Cavanilles'schen Formen nach Frankreich, 1803 sandte A. v. Humboldt frischen Samen aus Mexico. Von Paris aus wurden die *Dahlien* weiter verbreitet und gelang es nun, durch Kreuzung der Stammformen neue Sorten zu gewinnen. 1817 erschienen die ersten theilweise gefüllten Exemplare.

Die ursprünglichen Typen sind:

1. *D. pinnata Cavan.* (*D. sambucifolia Salisb., Georgina purpurea Willd., D. Rose Thouin*), die hochwüchsigste und stärkste Sorte, war von vornherein fruchtbar, Randblüthen kahl, ursprünglich blassroth; später traten auch dunklere, violete und purpurne Farben auf.

2. *D. sphondyliifolia Salisb.* (*D. rosea Cavan., D. Pourpre Thouin*) zeichnet sich durch oberseits sammetig behaarte, violete oder purpurne Strahlblüthen aus; Blätter oft zu 3wirtelig.

3. *D. coccinea Cavan.* (*D. Ponceau Thouin*), die niedrigste und

empfindlichste Sorte, Stengel fein mehlig bestäubt. Strahlblüthen kahl, orangeroth oder gelb. War in Europa lange völlig steril.

Auch in den Blättern sind die drei Formen verschieden; bei der *D. pinnata* sind die oberen Blätter einfach gefiedert mit geflügelter Blattspindel, bei der *D. sphondyliifolia* sind die Blätter unterseits nicht glatt, sondern schärflich. Die von der Blüthenfarbe entlehnten Namen habe ich als irreführend zurückgestellt.

Aus den vielfachen Kreuzungen dieser drei Grundtypen ist die *Georgina variabilis* Willd., *D. variabilis Desf.* unserer Gärten mit ihren unzähligen Abänderungen hervorgegangen.

Bidens.

B. radiatus Thuill. ist eine sehr zerstreut und sparsam vorkommende Pflanzenform, welche in den Blättern dem *B. tripartitus L.*, in den Blüthenköpfen dem *B. cernuus L.* nahe steht. Schmalhausen gibt an, dass in der Flora von St. Petersburg der ausgeprägte *B. radiatus* selten sei, während Uebergangsformen zwischen *B. radiatus* und *B. tripartitus* häufiger vorkommen.

Chrysanthemum.

Lit.: Sabine in Transact. Hort. Soc. London IV p. 326, V p. 161.

Gleich wie *Paeonia moutan, Camellia Japonica, Rosa Indica* u. s. w. gehört *Chrysanth. Indicum L.* zu den Gewächsen, welche von Alters her in Ostasien als Zierpflanzen cultivirt sind. Die Europäer haben auch von dieser Art in den Gärten der Japanesen und Chinesen zahlreiche Varietäten vorgefunden, welche sich nicht mit Sicherheit auf wilde Stammformen zurückführen lassen. Breynius kannte 1688 sechs in Europa cultivirte Farbenvarietäten, Kämpfer fand 1712 in Japan acht Sorten vor. In den europäischen Gärten verschwand die Pflanze; 1789 wurde eine violete Varietät nach Frankreich eingeführt, aus welcher bald eine weisse Spielart hervorging. Von 1798 bis 1808 kamen acht weitere Varietäten aus Ostasien nach Europa, später folgten noch mehr. Zahlreiche Sorten entstanden nun aus europäischen Kreuzungen. Sabine glaubte, dass sich zwei Grundtypen unterscheiden lassen, ein kräftigeres grossblüthiges *Chr. Chinense* und eine zartere kleinere kleinblüthige Raçe mit ursprünglich gelben Blumen, welche als das typische *Chr. Indicum* aufzufassen ist.

? *Chr. segetum L.* × *Myconis L.* Vielleicht ist *Chr. hybridum Guss.* ein solcher Bastard.

Tagetes.

Die sogenannten hybriden Formen der Gärtner sind wohl nur Blendlinge zwischen Farbenvarietäten von *T. patula L.*

Achillea.

Lit.: A. Kerner in Oe. B. Z. XXIII p. 78 ff.; P. Ascherson, Achillea-Bastarde: Festschr. Gesellsch. Naturf. Fr. p. 285 ff.

Die ersten Bastarde in der Gattung *Achillea* wurden schon von Charpentier und L. Reichenbach erkannt. Später sind sie namentlich von Nägeli, A. Kerner und P. Ascherson studirt worden. Ueber ihre Fruchtbarkeit ist nichts bekannt.

Ptarmica.
Bastarde der A. macrophylla L.

A. macrophylla L. × *Clavenae L.* wurde von Dr. Dumas in 4 Exemplaren bei Comelico in der Provinz Belluno nahe der Tiroler Grenze aufgefunden. Steht der *A. macrophylla* näher. *A. Dumasiana* Vatke.

A. macrophylla L. × *atrata L.* scheint in mehreren Formen vorzukommen, ist an mehreren Stellen der südlichen Schweiz gefunden worden. Ueber die verworrene Synonymik der „einfachen" Benennungen für diese Pflanze vgl. Ascherson a. a. O. *A. Thomasiana Hall. f., A. montana Schleich.*

A. macrophylla L. × *moschata Jacq.* ist der vorigen Verbindung sehr ähnlich und ist an verschiedenen Stellen der Cantone Wallis und Graubündten gefunden worden; *A. Thomasiana aut. ex pte., A. Helvetica Schleich., A. obscura T. F. L. Nees, A. asplenifolia Leresche, A. Lereschei Schltz. Bip.*

A. macrophylla L. × *nana L.* Oberwallis. *A. Valesiaca Suter* (schon von Charpentier richtig gedeutet).

Bastarde der A. nana L.

Mit *A. macrophylla L.* s. oben.

A. nana L. × *atrata L.* Oberwallis (Lagger, Kralik), am Weisshorn bei Parpan in Graubündten (Theobald), Piz Padella (Muret). *A. Laggeri Schltz. Bip.*

A. nana L. × *moschata Jacq.* ist der vorigen Verbindung ungemein ähnlich, kommt aber ziemlich häufig zwischen den Stammarten in der Alpenkette von Savoyen bis Tirol vor. *A. moschata β. hybrida Gaud., A. intermedia Schleich., Ptarm. hybrida Nym.* Nägeli und Kerner halten es nicht für unmöglich, dass die Pflanze eine nicht hybride Zwischenform ist.

Bastarde der A. moschata Jacq.
Mit *A. macrophylla L.* und *A. nana L.* s. oben.

A. moschata Jacq. × *atrata L.* Eine Zwischenform, welche zwei verwandte Arten verbindet, daher möglicher Weise auch nicht hybriden Ursprungs, ist in der Schweiz, Tirol und Kärnthen beobachtet. *A. moschata β. impunctata Hopp.* sec. A. Kern., *A. atrata var. intermedia Gaud.?*

A. moschata L. × *Clavenae L.* soll in der Gegend des Grossglockner vorkommen. *A. moschata* ist auf dem Urgebirge, *A. Clavenae* auf den Kalkalpen heimisch. *A. Jaborneygi Halacsy.*

A. moschata L. × *herba rota All.* kommt vielleicht im Cognethale in Piemont vor. Dort wächst statt der typischen *A. herba rota* die *A. Morisiana Rchb. f.*, welche sich der *A. moschata* nähert, so dass sie von G. Reichenbach und A. Kerner als Bastard gedeutet werden konnte. *A. Haussknechtiana Aschers.* nähert sich nun der *A. moschata* noch mehr, ist aber auch in Gesellschaft der *A. Morisiana* und *A. moschata* gefunden worden.

A. moschata L. × *ptarmica L.* soll in der Gegend von Zermatt im Wallis gefunden sein. *A. hybrida guide bot.*

Bastarde der A. Clavenae L.
Mit *A. macrophylla L.* und *A. moschata Jacq.* s. oben.
A. Clavenae L. × *Clusiana Tausch.* Oetscher in Oesterreich. *A. Reichardtiana Beck.*

Ptarmica × Millefolium.
A. macrophylla L. × *millefolium L.* glaubt L. Favrat in einer im Eginenthal in der Schweiz gesammelten Schafgarbe zu erkennen.

Millefolium.
A. millefolium L. × *tomentosa L.*, zwischen Stalden und der Huteck im Wallis.

Anthemis.

Die meisten Arten haben weisse Strahlblüthen und haben in der Tracht so viel Aehnlichkeit mit einander, dass es schwierig sein muss, etwaige Bastarde zwischen ihnen aufzufinden. Dagegen sind Hybride der gelben *A. tinctoria L.* leicht kenntlich.

A. arvensis L. × *tinctoria L.* mit blassgelben Strahlblüthen, ist hie und da beobachtet worden. Höxter (hier häufig — Beckhaus), Harz, Thüringen (Wallroth, Ruhmer), Pommern (Zabel). *A. adulterina Wallr., A. spuria Hmpe.*

A. cotula L. × *tinctoria L.*, der vorigen ähnlich, ist bei

Höxter (Beckhaus), in Thüringen und Brandenburg gefunden. *A. sulfurea Wallr., A. Bollei Aschers.*

Petasites.

Die eigenthümliche Vertheilung der Geschlechter auf verschiedene Stöcke scheint in dieser Gattung die Erzeugung von Bastarden zu begünstigen, die aber dennoch sehr selten sind.
P. albus Gaertn. × *officinalis Mnch.* ist in Böhmen an der Elbe, im Riesengebirge und an einzelnen anderen Stellen beobachtet; steht in der Mitte zwischen den Stammarten. *P. Kablikianus Tausch.*
P. albus Gaertn. × *niveus Bmgrt.* Schweiz.
P. niveus Bmgt. × *officinalis Mnch.* Schweiz.

Senecio.

Eine der artenreichsten Pflanzengattungen, deren Subgenera in der Tracht erheblich von einander abweichen, ohne dass eine scharfe Abgrenzung möglich wäre.
S. vulgaris L. × *silvaticus L.* soll hin und wieder beobachtet sein; vielleicht gehören die sogenannten strahlblüthigen Formen von *S. vulgaris* hieher; Glatz (v. Uechtritz), Höxter (Beckhaus).
S. silvaticus L. × *viscosus L.*, zuerst von Lasch bei Driesen erkannt, später auch an anderen Orten des östlichen Deutschland und in Oesterreich nachgewiesen. *S. viscidulus Scheele, S. intermedius Wiesb.*
S. vulgaris L. × *vernalis W.K.*, zuerst von Ritschl erkannt, findet sich im östlichen Deutschland hin und wieder zwischen den Stammarten. Nach Vatke sind die Antheren ärmer an Pollen als bei den Stammarten, die Pollenkörner selbst aber normal gebildet. Die *f. per-vernalis* ist *S. pseudo-vernalis Zabel*, die *f. per-vulgaris* (Tracht von *S. vulgaris*, aber mit Strahlblüthen) *S. Weylii Vatke* benannt.
S. vulgaris L. × *squalidus L.* ist bei Cork (Irland) von Carroll zwischen den Stammarten gefunden.
S. erraticus Bertol. × *Jacobaea L.* ist durch v. Uechtritz zweimal in vereinzelten Exemplaren bei Breslau gefunden worden.
S. cordifolius Clairv. × *Jacobaea L.* scheint in der östlichen Schweiz und in Tirol nicht selten zwischen den Stammarten vorzukommen; *S. lyratifolius Rchb.* (saltem ex pte.), *S. Reissachii Gremblich.*
S. cordifolius Clairv. × *crucifolius L.* ist in Tirol beobachtet, nach Gremblich der wahre *S. lyratifolius Rchb.*

S. leucophyllus DC. ✕ *adonidifolius Lois.* ist von Huet de Pavillon auf dem Canigou in den Pyrenäen zwischen den Stammarten beobachtet, aber nur in einem einzigen Stock. Höher als *S. leucophyllus* und mit tief getheilten, minder weisswolligen Blättern.

S. incanus L. ✕ *uniflorus All.* ist am Simplon und bei Zermatt im Canton Wallis sowie an einigen anderen Orten gesammelt worden. *S. oligocephalus Naegeli, S. Laggeri Schultz Bip.*

S. cruentus DC. ✕ *populifolius DC.* (non *L.*) hat die Ausgangsformen für die sogenannten *Cinerarien* der Gärten (*Pericallis*) geliefert. Nach A. Otto waren die ersten Mischlingssorten: *bicolor, coelestis, formosa, Hendersoni, pulchella* und *Waterhousiana*. Die Heimath der Stammarten sind die Canaren. Später hat man mehrere Arten von den Canaren und Madeira wieder mit diesen Mischlingen gekreuzt, namentlich *S. tussilaginis Less., S. Heritieri DC., S. Maderensis DC.* (= *S. auritus Lowe), S. Webbii Schltz. Bip.* Alle diese Arten sind jetzt in den Gärten zu einer formenreichen Mischart zusammengeflossen. Ein *S. Webbii Schltz.* ✕ *cruentus DC.* ist nach Bouché (Wittm. Monatsschr. 22 p. 298) im Berliner botanischen Garten spontan aus den neben einander cultivirten Stammarten hervorgegangen.

Gazania.

Es sollen in den Gärten Bastardformen (*G. splendens hort.*) aus dieser Gattung vorkommen.

Lappa.

In dem grössten Theile Europa's kommen vier nahe verwandte, aber in der Regel ohne alle Schwierigkeit zu unterscheidende Arten vor: 1. *L. officinalis All.* (*L. major Gaertn.*), 2. *L. nemorosa* (*Lej.*) Krnck. (*L. macrosperma Wallr., L. intermedia J. Lnge.*). 3. *L. minor DC.* und 4. *L. tomentosa Lam.* Aus England wird eine fünfte Art angegeben: *L. pubens Bab.* Im nordwestlichen Deutschland findet sich *L. minor* in zwei Formen, von denen die eine vielleicht mit *L. pubens* übereinstimmt. Wahrscheinlich werden sich bei Vergleichung lebender Pflanzen aus verschiedenen Ländern noch mehr Raçenunterschiede herausstellen. Während in den westlicheren Ländern Europa's Uebergangsformen zwischen diesen Arten sehr selten zu sein scheinen, werden dieselben nach Osten zu immer häufiger. J. Schmalhausen sah bei St. Petersburg vollkommen fruchtbare Mittelformen zwischen

L. officinalis und *minor* *), *L. officinalis* und *tomentosa*, *L. minor* und *tomentosa*.

L. officinalis ⨯ *minor*. Schlesien, Provinz Brandenburg.

L. officinalis ⨯ *tomentosa*. Provinz Sachsen, Brandenburg, Schlesien, Ostpreussen; nach Haussknecht bei Krakau, nach Lange in Dänemark.

L. minor ⨯ *tomentosa*. Schlesien, Ostpreussen. Haussknecht fand sie bei Krakau und gibt an, dass sie mit der in der südwestlichen Schweiz wachsenden *L. pubens* übereinstimme. Die nordwestdeutsche Pflanze, welche der *L. pubens* ähnlich ist, lässt sich zwar auch als eine Mittelform von *L. minor* und *L. tomentosa* betrachten, steht aber der *L. minor* viel näher und verhält sich durchaus wie eine selbständige Unterart. Sie ist nach meinen Versuchen vollkommen samenbeständig.

Es ist wahrscheinlich, dass die Zwischenformen trotz ihrer Fruchtbarkeit grösstentheils wirkliche Bastarde sind.

Saussurea.

Es gibt Zwischenformen, welche die *S. discolor DC.* mit *S. alpina DC.* verbinden, welche aber nach Nägeli nicht hybriden Ursprungs sein können.

Carduus.

C. acanthoides L. ist von Linné und vielen französischen Schriftstellern für einen *C. crispus* ⨯ *nutans* gehalten.

C. acanthoides L. ⨯ *crispus L.* scheint selten zu sein; ist in Dänemark, Norddeutschland, Thüringen und Baiern gefunden.

C. acanthoides L. ⨯ *nutans L.* findet sich zerstreut zwischen den Stammarten in Deutschland, Oesterreich und Ungarn, kommt in etwas verschiedenen Formen vor. *C. orthocephalus Wallr.*

C. crispus L. ⨯ *nutans L.*, der häufigste der *Carduus*-Bastarde, durch ganz Mitteleuropa, einschliesslich England, zerstreut und in mehreren Formen zwischen den Stammarten beobachtet. Meist unfruchtbar, doch fand ich zuweilen einzelne entwickelte Samen; Pollenkörner grösstentheils verkümmert. *C. Stangii Buek*, *C. polyacanthus Schleich., C. acanthoides Godr. et aut. Gall., C. polyanthemos aut.*

---

*) Schmalhausen und Andere identificirten diese Mittelform mit *L. nemorosa (intermedia Lng.).* Als Schmalhausen indess später die echte Art in meinem Garten sah, erkannte er sofort seinen Irrthum und überzeugte sich, dass *L. nemorosa* ein durchaus selbständiger Typus ist.

C. acanthoides L. ⨯ *candicans* W.K. wurde von v. Borbás im ungarischen Littorale zwischen den Stammarten gefunden. *C. littoralis* Borbás. *C. candicans* ist eine Unterart von *C. collinus* W.K.
C. nutans L. ⨯ *candicans* W.K. wurde durch v. Borbás zwischen den Stammarten bei Zengg gefunden. *C. fallax* Borbás. Borbás beschreibt noch einen dritten Bastard von *C. candicans*, der vielleicht andererseits von *C. pycnocephalus* Jacq. stammt und den er *C. cylindricus* nennt.
C. nutans L. ⨯ *personata* Jacq. kommt nach Michalet in zwei Formen vor. Frankreich, Schweiz.
C. crispus L. ⨯ *personata* Jacq., von Michalet ebenfalls in zwei Formen beobachtet, ist in Frankreich, der Schweiz und in Schlesien gefunden worden.
C. nutans L. ⨯ *defloratus* L. ist zerstreut in Süddeutschland, der Schweiz und Oesterreich beobachtet worden. *C. Brunneri* A.Br.
C. acanthoides L. ⨯ *defloratus* L. findet sich nach Caflisch hin und wieder am Ufer des Lech in Bayern.
C. crispus L. ⨯ *defloratus* L. ist in der Gegend von Augsburg von Dr. Holler beobachtet worden.
C. defloratus L. ⨯ *personata* Jacq. kommt zerstreut im Jura und in den Alpen vor, nach Michalet in zwei Formen. Angeblich auch in Thüringen.
C. alpestris W.K. ist nach Vukotinovic durch die Zwischenform *C. ensiformis* Vukot. mit *C. arctioides* Willd. verbunden; es ist nicht wahrscheinlich, dass es sich hier um hybride Mischlinge handelt.

Cirsium.

Lit: Nägeli in Koch Synops. III; Sitzungsb. Akad. München 1866 S. 216 ff.; Treuinfels in Zeitschr. Ferdin. 3. Folge XIX S. 181; Floren u. florist. Aufsätze.

Die Gattung *Cirsium* liefert neben *Salix* und *Verbascum* die zahlreichsten Beispiele von unzweifelhaften Bastardbildungen, die ohne Zuthun des Menschen entstanden sind. Die Gattung ist in Europa durch eine ansehnliche Zahl von wohl charakterisirten Arten vertreten, welche hinreichend von einander verschieden sind, um die hybriden Zwischenformen in der Regel leicht als solche erkennen zu lassen. Die ersten vortrefflichen Arbeiten über die *Cirsien* der deutschen und schweizerischen Flora lieferte C. Nägeli. Sie sind die Grundlage für alle späteren Untersuchungen über hybride *Cirsien*, ja für die Darstellung der wildwachsenden Bastarde überhaupt geworden. Nägeli unterschied vielfach zwei Formen einer hybriden Verbindung (z. B. *C. bulboso-palustre* und *palustri-bulbosum*), eine Sonderung, die von seinen Nachfolgern in doctrinärer Weise verschärft und zur Einschwärzung von allerlei wunderlichen Vorurtheilen in die Wissenschaft missbraucht wurde. Später hat Nägeli selbst anerkannt, dass eine solche Unterscheidung nicht durchführbar ist. Künstliche *Cirsium*-Bastarde hat man meines Wissens noch nicht erzeugt. Dagegen sind zuweilen spontane Hybride in botanischen Gärten entstanden. Ueber die zahlreichen wildwachsend gefundenen Bastarde findet man in den bekannten floristischen Werken nähere Mittheilungen. Die zahlreichsten hybriden Verbindungen sind von *C. palustre Scop.*, *C. acaule All.* und *C. oleraceum Scop.* bekannt. Es wird genügen, hier eine kurze Uebersicht über die bekannteren Verbindungen zu geben.

Binäre Bastarde.
Bastarde von C. eriophorum Scop.

C. lanceolatum Scop. ✕ *eriophorum Scop.* ist zerstreut in Süddeutschland, Ungarn, der Schweiz und Frankreich gefunden worden. Hieher *C. grandiflorum Kitt.*, *C. Jaegeri Schultz Bip.*, *C. Gerhardi Schultz Bip.*, *C. intermedium Doell*, *C. streptacanthum Gndgr.*, *C. nolitangere Borb.*, letzteres soll von *C. lanceol. var. silvaticum Tausch* (*nemorale Rchb.*) stammen. *C. leucophanum Schur* ist Bastard oder Mittelform.

C. ferox DC. ✕ *eriophorum Scop.* scheint *C. odontolepis Boiss.* zu sein, in Südfrankreich gefunden.

Bastarde von C. ciliatum M.B.

? *C. canum M.B.* ✕ *ciliatum M.B.* scheint zweifelhaft; hieher vielleicht das siebenbürgische *C. pungens Schur*.

Bastarde von C. lanceolatum Scop.

Mit *C. eriophorum* s. oben.

C. palustre Scop. ✕ *lanceolatum Scop.* von Nägeli in einem einzigen Exemplar bei Zürich entdeckt, später hie und da an verschiedenen Orten Mitteleuropa's gefunden, ist eine der seltenen Bastardformen. *C. subspinuligerum Peterm.*

C. acaule All. ✕ *lanceolatum Scop.* wurde von Nägeli in einem einzigen Exemplar zwischen vielen Tausenden der Stammarten bei Schaffhausen gefunden; ist später ebenso vereinzelt an anderen Orten Mitteleuropa's beobachtet worden.

C. oleraceum Scop. ✕ *lanceolatum Scop.*, von Vahl in Dänemark, von Wimmer in Schlesien erkannt, später auch an anderen Orten (Pfalz, Augsburg, Schweiz, Sachsen, Westphalen) gefunden. Blätter in Schlesien nach Wimmer kahl, in der Schweiz nach Gremli feindornig (wie bei *C. lanc.*). *C. Bipontinum Schultz Bip.*, *C. Lachenalii Koch* ex pte. sec. F. Schultz.

? *C. ciliatum M.B.* ⨯ *lanceolatum Scop.* soll in Ungarn vorkommen.

? *C. arvense Scop.* ⨯ *lanceolatum Scop.* ist zweifelhaft; Wimmer glaubte diese Verbindung in Schlesien, Wesmaël in Belgien, v. Borbás in Ungarn gefunden zu haben. *C. Csepeliense Borb.* Vielleicht nur ein kleinblüthiges *C. lanceolatum*.

Bastarde von C. flavispina Boiss.

C. flavispina Boiss. ⨯ *gregarium Willk.* ist nach A. Winkler in Südspanien nicht selten und lassen sich die Exemplare trotz mannigfaltigen Formenwechsels in zwei Reihen gruppiren, von denen jede einer der Stammarten näher steht. Zu den Formen *per-flavispina* gehört nach Winkler wahrscheinlich *C. Nevadense Willk.*

Bastarde von C. palustre Scop.

Mit *C. lanceolatum* s. oben.

C. acaule All. ⨯ *palustre Scop.*, von Hampe am Harz entdeckt, ist zerstreut an wenigen Orten in Deutschland, Frankreich (Jura) und der Schweiz (Nyon) gefunden worden. *C. Kirschlegeri Schultz Bip.*

C. heterophyllum All. ⨯ *palustre Scop.* findet sich zerstreut in England, Ostdeutschland, Steiermark, Böhmen und Russland. Bei St. Petersburg nach Schmalhausen eine genaue Mittelform. *C. Carolorum Jenner, C. Wankelii Reichardt.*

C. rivulare Lk. ⨯ *palustre Scop.*, zuerst von Schiede, Zuccarini und Drège gemeinsam bei München gefunden und als Bastard erkannt, tritt in sehr mannigfaltigen, fruchtbaren, in ihren Merkmalen zwischen den Stammarten schwankenden Formen auf. Die dem *C. rivulare* näher stehenden Formen sind besonders häufig. Grenier unterschied 4 Hauptreihen von Formen. In Süddeutschland (nicht selten), Schlesien, Frankreich (besonders in den Pyrenäen), der Schweiz, Tirol, Oesterreich, Ungarn (Karpathen). Hieher *C. subalpinum Gaud., C. Gremblichii Treuinf. (per-palustre), C. Oenanum Treuinf. (per-palustre)*.

C. Anglicum Lam. ⨯ *palustre Scop.* ist zerstreut in England und Frankreich beobachtet worden. Hieher *C. Forsteri Sm., C. spurium Delastre, C. uliginosum Delastre* sec. G. et G., *C. Mougeoti Fr. Schultz*.

C. bulbosum DC. ⨯ *palustre Scop.*, von Zuccarini und Schiede bei München entdeckt, ist später an verschiedenen Orten Deutschlands, Frankreichs und der Schweiz gefunden worden, aber ziemlich selten. Uebergänge zu *C. bulbosum* sind häufiger als die Mittelform; Nägeli sah keine Uebergänge zu *C. palustre*. Hieher

C. *pratense* DC., C. *semidecurrens* Richter, C. *laciniatum* Doell, C. *Kochianum* Loehr.
C. ✷ *pauciflorum* Spr. ⨯ *palustre* Scop. Kärnthen. C. *Reichardtii* Juratzka.
C. *Pannonicum* Gaud. ⨯ *palustre* Scop. wurde von Neilreich bei Moosbrunn in Unterösterreich in 5 Exemplaren aufgefunden, später von Reichardt auch am Wechsel (*per-Pannonicum*), von Borbás in Istrien. C. *hemipterum* Borb.
C. *canum* M.B. ⨯ *palustre* Scop. wurde 1841 von Wichura bei Breslau entdeckt, findet sich mehrfach in Schlesien, den österreichischen und ungarischen Ländern. C. *Silesiacum* Schultz Bip., C. *Haynaldi* Borb.
C. *spinosissimum* Scop. ⨯ *palustre* Scop. ist in der Schweiz gefunden. C. *foliosum* Rhiner.
C. *Monspessulanum* All. ⨯ *palustre* Scop., zuerst von Philippe und Jouffroy beschrieben, ist bald der einen, bald der andern Stammart ähnlicher, aber durchschnittlich höher als beide. In den Pyrenäen auf französischem wie auf spanischem Gebiet.
C. *oleraceum* Scop. ⨯ *palustre* Scop., schon 1809 von Koch bei Kaiserslautern zwischen den Stammarten gefunden und als Bastard erkannt, dürfte von allen hybriden *Cirsien* die häufigste und verbreitetste Verbindung sein. Uebergangsformen zu C. *oleraceum* sind ziemlich oft, solche zu C. *palustre* sehr selten beobachtet. Nach Schmalhausen bei St. Petersburg sehr wenig fruchtbar, an anderen Orten mehr Samen bringend. Fournier erhielt aus den Samen eine sterile, dem C. *palustre* genäherte Form; Cosson fand den Bastard samenbeständig. Hieher C. *hybridum* Koch, Cnic. *lacteus* Schleich., C. *parviflorum* DC. Prodr. (non alior), C. *micranthum* Treuinf. (*per-palustre*).
C. *erisithales* Scop. ⨯ *palustre* Scop. ist nach Nägeli im botanischen Garten zu Zürich spontan zwischen den Eltern entstanden und zwar aus Samen des C. *erisithales*. Wildwachsend in Frankreich, der Schweiz, in Tirol, Oesterreich, auf dem Karst, Croatien u. s. w. gefunden. C. *Huteri* Hausm. (*per-erisithales*), C. *Ausserdorferi* Hausm. (*per-palustre*).
C. *arvense* Scop. ⨯ *palustre* Scop., eine der seltensten Verbindungen, ist in Thüringen, Hannover, Böhmen, Tirol gefunden. C. *Celakovskianum* Knaf.

Bastarde von C. *acaule* All.
Mit C. *lanceolatum* und C. *palustre* s. oben.
C. *heterophyllum* All. ⨯ *acaule* All. ist in den südlicheren Alpengegenden (Frankreich, Schweiz, Tirol) beobachtet, aber nicht

häufig; es kommen Uebergänge zu *C. acaule* vor. *C. alpestre Naeg.*, *C. glaucescens Treuinf. (per-acaule).*

C. rivulare Lk. × *acaule All.*, von Nägeli zuerst beschrieben, bildet eine vollständige Reihe von fruchtbaren Uebergangsformen zwischen beiden Stammarten, bringt reichlich Samen. Frankreich, Schweiz. *C. Heerianum Naeg.*

C. Anglicum Lam. × *acaule All.* ist an einigen Orten Englands und Frankreichs (Pyrenäen) beobachtet worden. *C. Woodwardi Wats.*

C. bulbosum DC. × *acaule All.*, von Koch und Ziz zwischen den Stammarten bei Mainz entdeckt, findet sich zerstreut durch ganz Mitteleuropa. Nach Nägeli bringt die echte Mittelform reichlich Samen und tritt an einigen Standorten wie eine eigene Art auf. F. Schultz fand, dass sie sich im Garten selbst aussäete und samenbeständig war. An anderen Orten verhält sich die Pflanze wie ein Bastard und ist durch Mittelglieder mit den Stammarten verbunden. Hieher *C. medium All.*, *C. Zizianum Koch, Card. pumilus Vill.*

C. Pannonicum Gaud. × *acaule All.* wurde von Nägeli in dem bei Gottschee in Krain gesammelten *C. Freyerianum Koch* erkannt, von A. C. Mayer bei Leitmeritz zwischen den Stammarten beobachtet. *C. canum M.B.* × *acaule All.* ist 1845 von Siegert in Schlesien entdeckt worden. *C. Wimmeri Schultz Bip.*

C. spinosissimum Scop. × *acaule All.* Dauphiné, Schweiz, Tirol. *C. decipiens Franch.*, *C. fissibracteum Peterm.*, *C. Guthnickianum Loehr (per-spinosissimum* sec. Treuinf.*).*

C. oleraceum Scop. × *acaule All.*, zuerst von Schiede als Bastard beschrieben, ist eine der häufigeren Bastardverbindungen, die in zahlreichen verschiedenen fruchtbaren Formen vorkommt und Uebergänge zu beiden Stammarten bildet. An einzelnen Orten tritt der Bastard in solchen Mengen auf, dass er als selbständige Art erscheint (südl. Harzrand nach Wallroth). Zerstreut in Mitteleuropa; in Dänemark an vielen Stellen. *C. inerme Hall.* sec. Schiede, *Cnicus Lachenalii Gm.*, *Cirs. rigens Wallr.*, *C. decoloratum Koch*, *C. Atrebatense Lafont Mcq.*

C. erisithales Scop. × *acaule All.* ist von Michalet im Jura entdeckt worden, kommt hie und da in der Alpenkette vor. *C. Tirolense Treuinfels.*

C. arvense Scop. × *acaule All.* scheint bisher nur in England beobachtet zu sein.

Bastarde von C. heterophyllum All.

Mit *C. palustre* und *C. acaule* s. oben.

C. rivulare Lk. × *heterophyllum All.* findet sich zerstreut in den Alpen Piemonts, der Schweiz, Tirols, Steiermarks. *C. ambiguum All.*

C. spinosissimum Scop. × *heterophyllum All.* kommt auf Wiesen und in Waldungen der Alpen vor. Dauphiné, Piemont, Schweiz, Tirol. Es treten Uebergangsformen zu beiden Stammarten auf. Hieher nach Nägeli *C. purpureum All.*, *C. Cervini Koch* (*Cnic. C. Thom.*). *C. Hallerianum Gaud.*, *C. controversum DC.*, *C. erucagineum DC.* ex ptc., *C. Autareticum Mutel* (*Card. Autar. Vill.*), *C. heterophylloides Treuinf.* (*per-heteroph.*), *C. spinosissimoides Ausserdorfer* (*per-spinosissimum*).

C. oleraceum Scop. × *heterophyllum All.*, von Wimmer und Krause entdeckt, findet sich auf Gebirgswiesen in Schlesien, im Erzgebirge, in Böhmen, Tirol und der Schweiz; ferner in Russland und an einer Stelle auf der Insel Seeland (Mortensen). Kommt nach Nägeli nur in wenig variabeln Mittelformen vor, ist nach Schmalhausen bei St. Petersburg in der Regel völlig unfruchtbar. *C. affine Tausch* sec. Nägeli, *C. Mielichhoferi Saut.*

C. erisithales Scop. × *heterophyllum All.* findet sich in der Schweiz und in Tirol. *C. Tappeineri Rchb. f.*, *C. Hausmanni Rchb. f.*, (*per-erisithales*). *C. pauciflorum Spreng.* dürfte eine aus diesem Bastard hervorgegangene Blendart sein.

C. ⚥ *pauciflorum Spreng.* × *heterophyllum All.* Steiermark. *C. Juratzkae Reichardt.*

Bastarde von C. rivulare Lk.

Mit *C. palustre, acaule, heterophyllum* s. oben.

C. bulbosum DC. × *rivulare Lk.* ist selten; Nägeli fand bei München nur zwei Exemplare zwischen Tausenden der stammelterlichen Pflanzen; sparsam in Süddeutschland und der Schweiz. *C. Brunneri A.Br.*

C. canum M.B. × *rivulare Lk.* ist von Siegert entdeckt, der die Pflanze während mehrerer Jahre im Garten zog und sie Anfangs dem *C. canum*, später dem *C. rivulare* ähnlicher fand. In Schlesien, Böhmen, Oesterreich. *C. Siegertii Schultz Bip.*

C. ⚥ *pauciflorum Spr.* × *rivulare Lk.*; vielleicht ist das siebenbürgische *C. Lerchenfeldianum Schur* diese Verbindung.

C. spinosissimum Scop. × *rivulare Lk.*; hieher vermuthlich das früher von A. Kerner für ein *C. erisithales* × *rivulare* gehaltene *C. obscurum A. Kern.* (*per-rivulare*).

C. oleraceum Scop. × *rivulare Lk.*, von Zuccarini bei München entdeckt, von Schiede zuerst beschrieben, schwankt in seinen Merkmalen ausserordentlich und kommt in allen Uebergangsstufen von der einen zur andern Stammart vor. Sämmtliche Formen pflegen

fruchtbar zu sein. Zerstreut durch Mitteleuropa; im nordöstlichen Deutschland noch bei Lyck, nach Südosten zu noch in den Karpathen und in Siebenbürgen beobachtet. Hieher *C. erucagineum DC.* ex pte., *C. semipectinatum Rchb.*; ferner nach einigen Autoren *C. praemorsum Michl.*
C. erisithales Scop. ✕ *rivulare Lk.* Oberösterreich; vielleicht in Siebenbürgen (Schur). Dem Bastard sehr ähnlich ist das *C. montanum Spreng.*, welches in Piemont, Tirol, Croatien vorkommt und eine aus dem Bastard hervorgegangene Blendart sein könnte. In Croatien fehlt übrigens das *C. rivulare.*

Bastarde von C. Anglicum Lam.

Mit *C. palustre, acaule* s. oben.

Bastarde von C. bulbosum DC.

Mit *C. palustre, acaule, rivulare* s. oben.

C. canum M.B. ✕ *bulbosum DC.* ist spontan im Garten des Hospitals zu Deidesheim in der Rheinpfalz zwischen den dort cultivirten Stammarten entstanden (F. Schultz); Böhmen. *C. Aschersonii Celak.*

C. oleraceum Scop. ✕ *bulbosum DC.*, zuerst von Schiede als Bastard beschrieben, kommt nicht selten vereinzelt zwischen den Stammarten vor, ist fruchtbar und bildet fruchtbare Uebergangsformen zu beiden Eltern. In Cusin's Garten zu Lyon spontan entstanden, hat sich der Bastard dort eine Reihe von Jahren unverändert (aus Samen?) erhalten. Mitteleuropa. *C. Lachenalii Koch* ex pte., *C. inerme Rchb.* sec. *Naeg., C. bulbosum β. pallens Wallr., C. pallens DC., C. Braunii F. Schultz.*

Bastarde von C. Pannonicum Gaud.

Mit *C. palustre, acaule* s. oben.

C. canum M.B. ✕ *Pannonicum Gaud.*, angeblich in Unterösterreich beobachtet, kommt in Siebenbürgen wohl unzweifelhaft vor. *C. pseudo-canum Schur.*

C. oleraceum Scop. ✕ *Pannonicum Gaud.*, ist in Siebenbürgen beobachtet. *C. pseudo-oleraceum Schur.*

C. erisithales Scop. ✕ *Pannonicum Gaud.*, von Heer im Canton Tessin entdeckt, ferner in Südtirol und Istrien. *C. Linkianum Loehr, C. crisithaloides Huter (per-crisithales).*

Bastarde von C. canum M.B.

Mit *C. ciliatum, palustre, acaule, rivulare, bulbosum* s. oben; mit *C. oleraceum Scop.* s. unten.

C. brachycephalum Juratzka ✕ *canum M.B.* ist bei Altofen in Ungarn gefunden worden. *C. Borbasii Freyn.*

Bastarde von C. spinosissimum Scop.
Mit *C. palustre, acaule, heterophyllum, rivulare* s. oben.

C. oleraceum Scop. ✕ *spinosissimum Scop.* Alpenwiesen der Schweiz; Brizon (Reuter). *C. Thomasii Naeg.*

C. erisithales Scop. ✕ *spinosissimum Scop.* Tirol. Koch erhielt aus Samen des Bastards eine dem *C. erisithales* genäherte Form. *C. flavescens Koch, C. Ganderi Huter (per-spinosissimum)*.

Bastarde von C. Monspessulanum All.
Mit *C. palustre* s. oben.

C. glabrum DC. ✕ *Monspessulanum All.* erhielt Gay im Luxemburg-Garten zu Paris aus Samen des *C. glabrum*, welche in den Pyrenäen gesammelt waren.

Bastarde von C. oleraceum Scop.
Mit *C. lanceolatum, palustre, acaule, heterophyllum, rivulare, bulbosum, Pannonicum, spinosissimum* s. oben.

C. canum M.B. ✕ *oleraceum Scop.*, eine der merkwürdigsten Hybriden, an manchen Orten in grosser Menge und nicht immer in unmittelbarer Nähe der Stammarten, an vielen anderen Stellen dagegen in geringer Zahl zwischen den Stammarten und durch die mannigfaltigsten Uebergänge mit diesen verbunden gefunden. Ist fruchtbar und ein Theil der Formen offenbar samenbeständig. Schlesien, Böhmen, Mähren, Oesterreich, Ungarn, Siebenbürgen. *C.* ⚥ *Tataricum Wimm. et Grab.* Schon Linné gab an, dass *Card. Tataricus* von *Cnic. oleraceus* und *Card. serratuloides* stamme; unter letzterem Namen sind *Cirs. canum* oder *Pannonicum* zu verstehen.

C. erisithales Scop. ✕ *oleraceum Scop.* Zerstreut im Jura (Michalet, Grenier), den österreichischen Alpenländern (Tirol bis Unterösterreich), Siebenbürgen. Nach Schiede gehört hieher vermuthlich *C. praemorsum Michl., C. elatum Saut., C. Candolleanum Naeg., C. Oenipontanum Treuinf. (per-oleraceum)*.

C. arvense Scop. ✕ *oleraceum Scop.* wurde von Nägeli bei Zürich entdeckt, und zwar in abgetriebenen Wäldern, in denen die Stammarten zu Tausenden wuchsen. Er beobachtete 4 normale Bastardpflanzen und eine Uebergangsform zu *C. arvense*. Ist später hie und da in Deutschland und Oesterreich vereinzelt gefunden worden. *C. sessile Peterm., C. Reichenbachianum Loehr.*

Bastarde von C. erisithales Scop.
Mit *C. palustre, acaule, heterophyllum, rivulare, Pannonicum, spinosissimum, oleraceum* s. oben.

? *C. Carniolicum Scop.* ✕ *erisithales Scop.* Dies ist nach

Treuinfels der Ursprung des nur getrocknet untersuchten *C. Benacense Treuinf.*, welches in der Gegend des Gardasee's gesammelt wurde.
C. ✳ *pauciflorum Spr.* ✕ *erisithales Scop.* Krain. *C. Scopolianum Schultz Bip.*

Bastarde von C. Nipponicum Maxmw.

C. Japonicum DC. ✕ *Nipponicum Mxmw.* Nippon (Maximow. Mél. biol. 9 p. 312).

C. dipsacolepis Mxmw. ✕ *Nipponicum Mxmw.* Nippon.

C. effusum Mxmw. ✕ *Nipponicum Mxmw.* Nippon.

Bastarde von C. Japonicum DC.

Mit *C. Nipponicum* s. oben.

? *C. suffultum Mxmw.* ✕ *Japonicum DC.* Jokohama (Maximow.)

Tripelbastarde.

C. (acaule All. ✕ *rivulare Lk.)* ✕ *oleraceum Scop.* wurde von Nägeli im Vallée de Joux (Waadt) in einem einzigen Exemplar in Gesellschaft von *C. acaule, C. oleraceum* und *C. acaule* ✕ *rivulare* gefunden.

C. (rivulare Lk. ✕ *oleraceum L.)* ✕ *heterophyllum All.* soll in den Alpen gefunden sein.

C. (acaule All. ✕ *bulbosum DC.)* ✕ *oleraceum Scop.* wurde von Nägeli zweimal in je einem Exemplare angetroffen; einmal in Gesellschaft von *C. acaule, C. bulbosum, C. acaule* ✕ *bulb., C. oleraceum* und *C. bulb.* ✕ *oler.*, das andere Mal mit *C. acaule* ✕ *bulb., C. bulbosum* und *C. oleraceum.* O. Kuntze fand bei Leipzig ein *C. (acaule* ✕ *oleraceum)* ✕ *bulbosum.*

C. erisithales ♀ ✕ *(oleraceum* ✕ *palustre)* ♂ entstand nach Nägeli im botanischen Garten zu Zürich zwischen den dort cultivirten Stammformen.

C. erisithales ✕ *heterophyllum* ✕ *spinosissimum* wird von L. M. Treuinfels in 3 Formen beschrieben, von denen zwei muthmaasslich *C. (heterophyllum* ✕ *spinosissimum)* ✕ *(per-erisithales* ✕ *spinosissimum)* sind, eine *C. (per-erisithales* ✕ *spinosissimum)* ✕ *heterophyllum.* Hieher *C. Pustaricum Ausserdrfr., C. Kerneri Ausserdrfr., C. fissum Ausserdrfr.*, sämmtlich im Pusterthale in Tirol gefunden.

C. erisithales ✕ *oleraceum* ✕ *spinosissimum* ist von Ausserdorfer im Pusterthale erkannt worden. *C. triphylinum Treuinf.*

Carduus ✕ Cirsium.

In Croatien soll von Vukotinovic ein Bastard *Carduus alpestris W.K.* ✕ *Cirsium erisithales Scop.* gefunden sein. *Card. cirsiformis Vuk.*

Centaurea.

Die Neigung, hybride Verbindungen einzugehen, ist auch bei den Arten dieser Gattung ungewöhnlich gross. Mit Sicherheit erkannt hat man bisher nur solche Bastarde, deren Stammarten weit von einander verschieden sind.

C. jacea L., C. nigra L., C. Phrygia L. Die Abgrenzung der Formenkreise in dieser Artengruppe ist ungemein schwierig. In jeder einzelnen Gegend scheinen die meisten Typen durchaus beständig zu sein, aber in den Nachbarländern trifft man dann vielfach auf abweichende Formen. Wimmer kam auf den Gedanken, dass es nur zwei echte Arten gebe, *C. jacea* und *C. Phrygia* (*C. pseudo-phrygia* C. A. Mey.); die sämmtlichen Zwischenglieder, also *C. decipiens* Thuill., *C. pratensis* Thuill., *C. nigrescens* Willd., *C. nigra* L., *C. Austriaca* Willd. u. s. w. seien Hybride aus diesen zwei Arten. Da die Zwischenglieder offenbar meistens samenbeständige Raçen sind, so müssen sie jedenfalls als selbständige Typen anerkannt werden, selbst wenn sie ursprünglich aus jener Kreuzung hervorgegangen sein sollten. J. Schmalhausen fand bei St. Petersburg nicht weniger als sieben scharf abgegrenzte Zwischenglieder und ausserdem einige schwankende Uebergangsformen, welche zusammen eine Formenreihe bildeten, die von *C. jacea* zu *C. Phrygia* hinüberführt. Alle diese Formen waren vollkommen fruchtbar.

Die ganze Formenreihe ist auf Beschaffenheit des Blüthenstaubes, Fruchtbarkeit, Variabilität u. s. w. näher zu prüfen, da wahrscheinlich sowohl Bastarde und Blendarten als auch wahre Zwischenformen vorhanden sind. Auch die neueren Angaben über Bastarde dieser Gruppe (*C. stenolepis* A. Kern., *C. spuria* A. Kern.) bedürfen einer erneuten Prüfung. Möglich ist es, dass sich wie bei einigen *Cirsien*, die nämliche Form an dem einen Orte wie ein Bastard, an dem andern wie eine selbständige Art verhält.

Bastarde der C. maculosa Lam.

Aus Samen der *C. polycephala* Jord., die von Jordan neben *C. maculosa* Lam. cultivirt worden war, erhielten Jordan und Grenier nicht die ursprüngliche *C. polycephala*, sondern eine ganze Reihe verschiedener Formen, die sich aber alle der *C. maculosa* genähert hatten. Grenier hielt diese Mittelformen für *C. polycephala* ♀ ✕ *maculosa* ♂; es fragt sich jedoch, ob nicht *C. polycephala* selbst ein Bastard von *C. maculosa* ist.

C. serotina Bor. ✕ *maculosa* Lam. ist von Humnicki in

der Gegend von Orleans beobachtet worden. *C. serotina* ist eine Form der *C. jacea L.*
Mit *C. solstitialis L.* s. unten.

Bastarde der Gruppe Cyanus.

C. Lugdunensis Jord. wurde von Grenier neben *C. montana L.* cultivirt und lieferte dann bei der Aussaat vielerlei Uebergangsformen, die zwischen den beiden Arten die Mitte hielten. Grenier fasste dieselben als *C. Lugdunensis* ♀ ✕ *montana* ♂ auf, doch fragt es sich, ob die *C. Lugdunensis* wirklich samenbeständig und nicht etwa selbst ein Bastard ist.

C. cyanus L. ✕ *scabiosa L.* wird von Ascherson und Kanitz als in der Herzegowina wachsend aufgeführt.

Cyanus ✕ Acrocentron.

Bastarde von *C. orientalis L.* mit *C. spinulosa Roch.* (Unterart von *C. scabiosa L.*) und *C. stereophylla Bess.* (verwandt mit *C. scabiosa*) hat Janka in seinem Garten spontan entstehen sehen. Als *C. Csatoi* beschreibt v. Borbás eine *C. per-atropurpurea W.K.* ✕ *spinulosa Roch.*

C. collina L. ✕ *scabiosa L.* ist nach Serres ungemein veränderlich in Gestalt und Behaarung der Hülle, Bestachelung der Deckschuppen und Blüthenfarbe. Blüthen bald mehr roth (bei *C. scab.* purpurn), bald schmutzig gelb (bei *C. coll.* gelb); oft sind die Hüllen der einen mit der Blüthenfarbe der anderen Stammart gepaart. Ist bei Gréoulx (Basses-Alpes) nach Serres eben so häufig wie *C. collina* und viel häufiger als *C. scabiosa.*

C. rupestris L. ✕ *scabiosa L.* ist 1822 von Eubel und Schiede bei Sessana unweit Triest gefunden worden, kommt auf dem Karst und in Dalmatien vereinzelt, aber keineswegs selten zwischen den Stammarten vor. Ebenso veränderlich, wie der vorige Bastard; Blüthen schmutzig gelb-roth, oft mehr roth, oft mehr gelb (wie bei *C. rupestr.*). Borbás leitet die verschiedenen Formen des Bastards von verschiedenen Raçen der Stammarten ab, eine Annahme, die übrigens höchst unwahrscheinlich ist. Ausser der typischen *C. scabiosa* geht ohne Zweifel auch eine Unterart derselben, die *C. Badensis Tratt.*, hybride Verbindungen mit *C. rupestris* ein, die aber ebenso polymorph sein werden, wie die der *C. rupestris* ✕ *scabiosa typ.* — Bastard anscheinend theilweise fruchtbar. *C. collino-scabiosa Schiede, C. sordida Willd., Koch, C. Grafiana DC.* — Einige stellen auch *C. pubescens Willd.* hieher, welche nach anderen Autoren eine afrikanische Art (= *C. incana Desf.*) ist.

Sehr ähnlich der *C. rupestris* ✕ *scabiosa* einerseits, der *C. sca-*

biosa subsp. Badensis Tratt. anderseits ist die *C. dichroantha A. Kern.*, welche bald gelbe, bald hellpurpurne Blüthen bringt und in den Apuanischen und Venetianischen Alpen vorkommt. Sie verhält sich wie eine selbständige Art.

Bastarde der C. calcitrapa L.

C. myacantha Thuill. ist von **Timbal-Lagrave** für eine *C. serotina Bor.* × *calcitrapa L.* gehalten worden, scheint aber nur eine unbeständige Varietät von *C. calcitrapa* zu sein.

C. paniculata L. × *calcitrapa L.* ist in Italien (Moretti) und Südfrankreich (**Loret et Barrandon**) beobachtet worden. *C. adulterina Moretti.*

C. nigra L. subsp. pratensis Thuill. ♀ × *calcitrapa L.* ♂ ist von A. **Clavaud** in einem einzigen Exemplar zwischen *C. pratensis* bei Bordeaux entdeckt. Nach langem Suchen wurde 1 Same gefunden.

C. jacea L. × *calcitrapa L.* ist vereinzelt in der Gegend von Poitiers gefunden worden, anscheinend steril. *C. trichacantha DC.* Auch *C. praetermissa De Martr.* scheint ein Bastard von *C. calcitrapa* zu sein.

C. aspera L. × *calcitrapa L.* ist ein Bastard, der sich ziemlich häufig zu bilden scheint und von welchem zwei Formen unterschieden werden: *C. hybrida Vill.* (*per-aspera*) und *C. Pouzini DC.* oder *C. calcitrapa Gou.* (*per-calcitrapa*). Völlig unfruchtbar. In Italien, Frankreich und Spanien beobachtet.

Bastarde der C. solstitialis L.

C. Debeauxii Gren. et Godr. × *solstitialis L.* findet sich vereinzelt am Ufer der Garonne bei Agen in verschiedenen Formen. Ist völlig unfruchtbar. *C. Debeauxii* ist eine Raçe von *C. nigra L.* Der Bastard: *C. mutabilis St. Amand.*

C. coerulescens Willd. × *solstitialis L.* ist schon von **Bellardi** bei Turin gefunden und von **Allione** als *C. hybrida* beschrieben worden.

C. Rhenana Bor. × *solstitialis L.* mit herablaufenden Blättern und gelben, ins Röthliche spielenden Blumen ist in Ungarn bei Ofen gefunden. Die *C. Rhenana* ist eine Unterart von *C. maculosa Lam.* Der Bastard: *C. hemiptera Borb.*

Sonstige hybride Centaureen.

C. alba L. × *jacea L.* ist von Borbás bei Fiume entdeckt worden. *C. diversifolia Borb.*

C. aspera L. × *paniculata L.* findet sich nach **Serres** bei Greoulx (Basses-Alpes) vereinzelt zwischen den Stammarten, hat die Tracht und die Blätter von *C. aspera*, ist in den Blüthen der *C. paniculata* ähnlicher.

C. aspera L. × *seridis* L. var. *maritima* J. Lnge. Für diese Bastardverbindung hält J. Lange die *C. Jacobi Dufour*, die sich in Spanien (Valencia) hin und wieder zwischen den Stammarten findet. *C. eriophora* L. × *sulfurea Willd.* ist von M. Winkler bei Granada gefunden worden.

Crepis.

Zwischen den alpinen Arten von *Crepis* scheinen Bastarde nicht allzu selten zu sein, doch hat man ihnen erst neuerdings mehr Aufmerksamkeit zugewendet.

Cr. alpestris Tausch × *blattarioides Vill.* Graubündten. (Brügger.)

Cr. alpestris Tausch × *grandiflora Tausch.* Schweiz. *Cr. longifolia Heer.*

Cr. blattarioides Vill. × *grandiflora Tausch.* Graubündten (Brügger).

Cr. hyoseridifolia Tausch × *Jacquini Tausch.* Schweiz, Tirol. *Cr. hybrida A. Kern.*

? *Cr. taraxacifolia Thuill.* × *biennis L.* Höxter (Beckhaus).

Hieracium.

Lit.: G. Mendel in Verh. Naturf.-Ver. Brünn VIII. Abh. S. 26; Loret in Bull. soc. bot. Fr. VI p. 432; Fr. Schultz Arch. de flore p. 5, p. 61, p. 254; Rehmann in Oe. B. Z. XXIII p. 81 ff.; Floren und florist. Aufsätze.

Die Gattung *Hieracium* ist in Europa durch eine viel grössere Zahl von Haupttypen vertreten, als etwa *Rosa* oder *Rubus*, während die Polymorphie innerhalb einiger jener Typen kaum geringer ist als bei den genannten Gattungen. Die Grenzen von Art, Raçe, Varietät, und Bastard sind bei den *Hieracien* im Herbar gar nicht, in der freien Natur nur durch vielseitige und ausdauernde Untersuchungen annähernd festzusetzen. Dass Bastarde in dieser Gattung sehr häufig sind, steht fest; im Einzelnen sind jedoch viele der bisherigen Angaben nicht als hinreichend gesichert zu betrachten. Die Bastarde sind nach Mendel's Erfahrungen polymorph, aber die einzelnen Formen pflegen samenbeständig zu sein.

Pilosella.

Bastarde von H. pilosella L.

H. auricula L. × *pilosella L.* ist von Fr. Schultz und G. Mendel künstlich erzeugt worden. Schultz führte die gegenseitige Hybridisation der beiden Arten durch Uebertragung des Blüthenstaubes mittelst eines Pinsels aus. Er fand das *H. pilos.* ♀ × *auric.* ♂ identisch mit *H. auriculaeforme Fr.*, das *H. auric.* ♀ × *pilos.* ♂ mit dem bei Bitsch spontan gefundenen *H. Schultesii*, welches in den Blättern dem *H. auricula*, in den Blüthen dem *H. pilosella* ähnlicher ist. Beide Bastardformen zeichneten sich durch üppigen Wuchs aus, brachten aber fast nur taube Samen. Mendel erhielt nur ein einziges Exemplar von seinem künstlichen *H. auric.* ♀ × *pilos.* ♂, welches etwas fruchtbar war und eine constante Nachkommenschaft lieferte. Wildwachsend sind derartige Bastarde zerstreut an vielen Orten Mitteleuropa's, bis St. Petersburg, gefunden worden. Schmalhausen gibt an, dass die Antherenfächer entweder ganz unentwickelt sind, oder doch nur sehr wenig Pollen enthalten Rehmann unterscheidet eine *f. per-pilosella* und *f. per-auricula*. Auch von *H. pilosellaeforme Hopp.* sollen Bastarde mit *H. auricula* beobachtet sein.

H. auriculoides Lang × *pilosella L.*; bei Ofen in Ungarn. *H. Budense Borb.*

H. sphacrocephalum Froel. × *pilosella L.* Alpen.

H. glaciale Lachen. × *pilosella L.* Alpen. *H. angustifolium Hopp. H. glaciale Lachen.* × *pilosellaeforme Hopp.*, nach Christener am Albula in der Schweiz.

H. piloselloides Vill. × *pilosella L.*; bei Zermatt in Wallis (Nägeli); neuerdings auch in Croatien und der Herzegowina gefunden. *H. Rackii Vukot.*

H. floribundum Wimm. et Grab. × *pilosella L.*; an verschiedenen Orten in Schlesien beobachtet.

H. praealtum Vill. × *pilosella L.* ist ein ziemlich häufig zwischen den Stammarten vorkommender Bastard. Fr. Schultz erzeugte das *H. praeall.* ♀ × *pilos.* ♂ künstlich; dasselbe war Anfangs steril, vermehrte sich jedoch durch zahlreiche Ausläufer (Arch. de fl. p. 255), während später viele keimfähige Samen angesetzt, die Ausläufer jedoch spärlich wurden (Ber. 34. Vers. Naturf. 1858 S. 118). Unterarten von *H. praealtum* sind *H. fallax Willd., H. Bauhinii Bess.* und *H. Zizianum Tausch*; von allen dreien sind Bastarde mit *H. pilosella* beobachtet. Die wildwachsenden Formen von *H. praealtum* × *pilosella* sind meistens steril; sie sind durch ganz Mitteleuropa von Frankreich bis Bosnien, Serbien und Galizien gefunden worden. Rehmann unterscheidet 3 Formen von *H. praealt.* × *pilos.* und 3 von *H. Bauh. pilos.* Hieher gehören: *H. pedunculare Wallr., H. bifurcum aut. plurim., H. brachiatum aut. mult., H. Weissenburgense F. Schultz, H. Bitense F. Schultz* (dazu der künstliche Bastard), *H. fallacinum F. Schultz*

(*H. fallax* ⨯ *pilos.*), *II. pilosellinum* F. Schultz (*H. fallax* ⨯ *perpilos.*), *II. acutifolium* Griseb.

Wie es scheint, kommen fruchtbare und, nach ihrer Verbreitung zu urtheilen, samenbeständige Formen dieser Bastardverbindung vor; hieher wohl *H.* ⚹ *brachiatum Bertol.* und anderer Schriftsteller. Dasselbe findet sich zerstreut an vielen Orten, insbesondere in den südlichen Gegenden Mitteleuropa's; es scheint an den einzelnen Fundorten in etwas verschiedener Gestalt vorzukommen.

H. pratense Tausch ⨯ *pilosella L.*, zuerst von Lasch bei Driesen erkannt (*H. echioides* ⨯ *pilosella Lasch*), ist zerstreut in Ost- und Mitteldeutschland, in Oesterreich, Galizien und Russland gefunden worden. J. Lange beobachtete diese Bastardverbindung im Garten der landwirthschaftlichen Akademie zu Kopenhagen, wo sie spontan entstanden war. *H. sphaerocephaloides J. Lge.*, angeblich auch das echte *II. bifurcum M.B.* Sehr ähnlich ist *H. pratense* ⨯ *pilosellaeforme*, zuerst bei München gefunden. *H. Monacense F. Schultz.*

II. echioides W.K. ⨯ *pilosella L.*; hieher nach v. Borbás das *II. Wolfgangianum Bess.* aus Ungarn und Russland; es soll von *H. macranthum Ten.*, einer Unterart des *H. pilosella*, stammen.

H. cymosum L. ⨯ *pilosella L.* ist in verschiedenen Formen beobachtet. Im östlichen Deutschland (entdeckt durch Krause in Schlesien), Oesterreich, Galizien (Rehmann).

H. aurantiacum L. ⨯ *pilosella L.*, von Sauter bei Gastein erkannt, ist zerstreut in den Alpen, Karpathen und im Riesengebirge, sowie bei Wrietzen beobachtet worden. J. Lange fand es im Garten der landwirthschaftlichen Akademie zu Kopenhagen, wo es spontan entstanden war. *H. fulgidum Saut.*, *H. Moritzianum Hegetschw.*, *H. versicolor Fr.*

Bastarde von H. stoloniflorum W.K.

Sie unterscheiden sich von den entsprechenden Hybriden des *H. pilosella* durch die grösseren, mehr bauchigen und heller gelben Köpfchen, finden sich auch stets in Gesellschaft des *H. stoloniflorum*. R. v. Uechtritz beobachtete derartige Bastarde mit *H. floribundum Wimm. et Grab.*, *II. pratense Tausch*, *H. cymosum L.* und *II. praealtum Vill.* an verschiedenen Orten in Schlesien.

Bastarde von H. auricula L.

Mit *H. pilosella L.* und *H. pilosellaeforme Hopp.* s. oben.

H. praealtum Vill. ⨯ *auricula L.* ist zuerst von Lasch beschrieben worden. Blüthenstaub der Mittelformen zwischen den beiden Arten nach Schmalhausen sehr ungleichkörnig. Zerstreut in Deutschland, Galizien, Siebenbürgen und Russland gefunden.

H. pratense Tausch $\times$ *auricula L.* ist wildwachsend hie und da in verschiedenen Gegenden Deutschlands (Bayern u. s. w.), Oesterreichs und Russlands gefunden worden. Blüthenstaub nach Schmalhausen sehr ungleichkörnig. G. Mendel erzeugte das *H. auric.* ♀ $\times$ *prat.* ♂ künstlich; er erhielt 3 Exemplare, die unter einander beträchtlich verschieden und ziemlich fruchtbar waren; die Nachkommenschaft jedes dieser Exemplare glich der Mutterpflanze.

H. Sabinum Seb. et M. $\times$ *auricula L.* Christiania in Norwegen.

H. cymosum L. $\times$ *auricula L.* Mitteldeutschland (Rabenhorst). *H. cymosum L.* $\times$ *auriculoides Lang*, Ungarn. *H. megatrichum Borb.*

H. aurantiacum L. $\times$ *auricula L.* ist mehrfach in Skandinavien und in den Alpen gefunden worden. Mendel erhielt das *H. auricula* ♀ $\times$ *aurantiacum* ♂ in zwei erheblich verschiedenen Exemplaren, von denen eins (*per-aurant.*) steril war, das andere (*per-auricula*) einen einzigen Samen brachte. Hieher *H. fuscum Vill.* sec. *F. Schultz*, *H. fulgidum Sendtn.* (non *Saut.*), *H. Suecicum Fr.*, *H. Tirolense J. Kern.*

Bastarde von H. aurantiacum L.

Mit *H. pilosella L.* und *H. auricula L.* s. oben.

H. praealtum Vill. ♀ $\times$ *aurantiacum L.* ♂ ist von G. Mendel in zwei verschiedenen ziemlich fruchtbaren Exemplaren erhalten worden. Die Nachkommenschaft jedes dieser Exemplare glich der Mutterpflanze; jedoch hatte ein Exemplar zweiter Generation völlig normale Fruchtbarkeit erlangt.

H. Sabinum Seb. et M. $\times$ *aurantiacum L.* ist zerstreut in den österreichischen Ländern gefunden worden. Eine ähnliche Verbindung, vielleicht ein *H. piloselloides Vill.* $\times$ *aurantiacum L.*, ist das *H. nothum Huter.*

H. pratense Tausch $\times$ *aurantiacum L.* Siebenbürgen.

H. echioides Lumn. ♀ $\times$ *aurantiacum L.* ♂ erhielt G. Mendel in einem einzigen Exemplar, welches vollkommen fruchtbar und samenbeständig war, auch bei Bestäubung mit stammelterlichem Pollen keine Rückschläge lieferte.

Bastarde von H. praealtum Vill.

Mit *H. pilosella*, *H. stoloniflorum*, *H. auricula* und *H. aurantiacum* s. oben.

H. pratense Tausch $\times$ *praealtum Vill.*; hie und da in Mitteleuropa.

H. praealtum Vill. ♀ $\times$ *flagellare Rchb.* ♂ erhielt G. Mendel in einem einzigen Exemplar, dessen Fruchtbarkeit nahezu normal und dessen Nachkommenschaft constant war.

H. cymosum L. ✕ *praealtum Vill.* soll hie und da in Mitteleuropa vorkommen.

Pilosella ✕ Archieracium.

Angaben über Mischlinge aus Arten, welche den beiden verschiedenen Untergattungen angehören, sind mit Vorsicht aufzunehmen. *H. Schmidtii Koch* ist nach Schultz Bip. ein *H. murorum* ✕ *pilosella*, nach Fr. Schultz ein *H. murorum* ✕ *Peleterianum*; der letztgenannte Autor gibt an, er habe es immer nur nur in Gesellschaft von *H. Peleterianum Mér.*, *H. vulgatum* und *H. murorum* gefunden. — In Croatien will man ein *H. pratense* ✕ *Sabaudum* beobachtet haben. Mehr Vertrauen verdienen folgende Angaben:

H. praealtum Vill. ✕ *laevigatum Willd.*; nach Ascherson im Riesengebirge. *H. Garckeanum Aschers.*

H. aurantiacum L. ✕ *alpinum L.*; nach A. Kerner in der Biharia. *H. Bihariense A. Kern.*

Archieracium.

Die Bastarde in dieser Untergattung sind viel schwerer als solche zu erkennen und daher auch viel streitiger als die hybriden *Pilosellen*. Muthmaasslich sind viele *Archieracium*-Bastarde fruchtbar und gehen in Blendarten über.

H. alpinum L. bildet nach Neilreich und v. Uechtritz Bastarde mit *H. murorum L.* und *H. vulgatum Fr.*, die in den österreichischen Alpen, den Sudeten und Karpathen vorkommen sollen. *H. nigrescens Willd.* ist nach Einigen eine derartige Verbindung; es ist offenbar intermediär und könnte wohl eine aus *H. alpinum* ✕ *murorum* hervorgegangene Blendart sein. Nach Neilreich ist *H. angustifolium Herbich* (non *Hopp.*) ein *H. per-alp.* ✕ *murorum*. Nitschke fand im Glatzer Gebirge in Schlesien Bastarde von *H.* (✳?) *nigrescens Willd.* mit *H. alpinum L.*, *H. murorum L.* und *H. prenanthoides Vill.*

H. prenanthoides Vill. scheint ganz besonders geneigt, hybride Verbindungen einzugehen. *H. Sudeticum Sternbg.* scheint ein *H. alp.* ✕ *prenanth.* zu sein. *H. villosum L.* ✕ *prenanthoides Vill.* findet sich in Tirol (Bamberger sec. Schultz Bip.), Oberösterreich, im mährischen Gesenke (v. Uechtritz); hieher *H. trichodes Bamberger*, vielleicht auch das schweizerische *H. valdepilosum aut.* (an *Vill.?*). Einige alpine Formen, wie *H. cydoniaefolium Vill.* und *H. strictum Fr.*, vielleicht auch *H. lycopifolium Froel.*, scheinen aus Bastarden und Blendarten von *H. prenanthoides* mit *H. murorum L.* und dessen Verwandten zu bestehen. Christener will einmal in Engadin ein einzelnes Exemplar eines *H.* ⚥ *valdepilosum Vill.* ⨯ ⚥ *cydoniaefolium Vill.* gefunden haben. *H. amplexicaule L.* ⨯ *prenanthoides Vill.* ist im Dauphiné gefunden und als *H. viscosum Arv.-Touv.* beschrieben. Das seltene, in den südwestlichen Alpenzügen zerstreut vorkommende *H. picroides Vill.* ist nach Fr. Schultz ein *H. intybaceum Wulf.* ⨯ *prenanthoides Vill.* Ein Bastard des *H. prenanthoides* mit *H. boreale Fr.* kommt nach Fr. Schultz in den Vogesen, mit *H. umbellatum L.* auf dem Hohneck (Vogesen) und in Norwegen (als *H. auratum Fr.*) vor. *H. villosum L.* bildet Bastarde mit *H. prenanthoides* (s. oben), *H. bupleuroides Gmel.*, *H. murorum L.* (Sendtner, Neilreich, v. Uechtritz) und andern Arten; mit *H. glanduliferum Hopp.* soll es das *H. fuliginosum Hut. et Gand.* geliefert haben.

H. glaucum All. scheint Bastarde mit *H. murorum L.* und verwandten Arten zu bilden. Hieher vermuthlich *H. laevigatum Froel.* (Süddeutschland, Oesterreich), *H. glaucopsis G. et G.* (Frankreich), *H. Austriacum Brittinger* (Oesterreich).

H. amplexicaule L. ⨯ *Jacquinii Vill.* Dauphiné. *H. rhombifolium Arv.-Touv.*, *H. urticaceum Arv.-Touv.*

H. amplexicaule L. ⨯ *andryaloides Vill.* Dauphiné. *H. Reboudianum Arv.-Touv.*

H. andryaloides Vill. ⨯ *Jacquinii Vill.* soll *H. Kochianum Jord.* sein.

H. cerinthoides L. ⨯ *saxatile Vill.* scheint in den Pyrenäen nach Loret und Andern in einer ganzen Reihe von Formen vorzukommen; hieher wohl *H. sericeum Lap.*, *H. mixtum* etc.

Auf den Dünen von Arcachon (Gironde) findet sich nach O. de Lavarnelle eine Mittelform zwischen *H. eriophorum St. Amand* und *H. umbellatum L.*; es ist dies wahrscheinlich ein Bastard.

H. vulgatum Fr. ⨯ *boreale Fr.* Niederösterreich (Juratzka), Steiermark.

Aus den Vogesen gibt Fr. Schultz ferner an: *H. vulgatum Fr.* ⨯ *rigidum Hartm.*, *H. umbellatum L.* ⨯ *rigidum Hartm.*, *H. boreale Fr.* ⨯ *rigidum Hartm.*, *H. umbellatum L.* ⨯ *boreale Fr.*

Leontodon.

L. Pyrenaicus Gou. ⨯ *taraxaci Lois.* ist in Savoyen (Jouffroy) und der Schweiz zwischen den Stammarten beobachtet worden.

L. crispus Vill. ⨯ *incanus Schrnk.*, kommt nach A. Kerner in Südtirol vor.

Taraxacum.

Die Artgrenzen in dieser Gattung sind ungemein schwierig; Mischlinge scheinen häufig zu sein; Raçen und Arten lassen sich in keiner Weise aus einander halten. Eine Mittelform zwischen *T. officinale Wigg.* und *T. palustre DC.* fand ich bei Aussaat veränderlich.

Hypochoeris.

H. glabra L. ✕ *radicata L.* will O. Kuntze an mehreren Orten bei Leipzig angetroffen haben; er zieht hieher *H. Balbisii Lois.* und *H. intermedia Richter.* Nach Haussknecht auch in Thüringen.

Sonchus.

S. asper All. ✕ *oleraceus L.* ist bisher nur bei Weimar von Haussknecht beobachtet worden.

Lactuca.

Lit.: Ch. Naudin in Ann. sc. natur. VI sér. Bot. II p. 73.

Schon Linné sprach die Vermuthung aus, dass die cultivirten Lattichsorten zum Theil hybriden Ursprungs seien.

L. sativa L. ✕ *virosa L.* entstand in Naudin's Garten zufällig unter den dort cultivirten Stammarten, zwischen denen sie genau die Mitte hielt. Der Bastard war in hohem Maasse fruchtbar; ob er vor Befruchtung durch stammelterlichen Blüthenstaub geschützt wurde, ist nicht erwähnt. Aus den Samen des Bastards gingen zahlreiche Pflanzen auf, welche unter sich sehr verschieden waren und eine regellose Mischung der Eigenschaften der Stammarten zeigten.

L. saligna L. ✕ *scariola L.*; nach Haussknecht bei Dietendorf in Thüringen.

Mulgedium.

M. alpinum Cass. ✕ *Plumieri DC.* Eine unfruchtbare Mittelform zwischen den beiden *Mulgedien* sah Lecoq (Et. geogr. bot. I. p. 162) im botanischen Garten zu Lyon.

Tragopogon.

Lit.: Linn. Amoen. acad. X p. 126.

Tr. pratensis L. ♀ ✕ *porrifolius L.* ♂ ist von Linné künstlich erzeugt worden; es ist der erste absichtlich zu wissenschaftlichen

Zwecken hervorgebrachte Bastard. Linné suchte den eigenen Blüthenstaub des *Tr. pratensis* durch Abschaben zu entfernen und brachte dann Pollen von *Tr. porrifolius* auf die Narben. Aus den so gewonnenen Samen erhielt er Pflanzen, welche im Sommer 1759 mit rothen, am Grunde gelben Blumen zur Blüthe kamen. Die Samen dieser Bastardpflanzen scheinen Rückschläge zu *Tr. pratensis* geliefert zu haben; Kölreuter sah solche Sämlinge zu einer Zeit, als er noch sehr geringe Erfahrungen über Bastarde besass, und wollte sie nicht als „wirkliche" Hybride anerkennen. — Der spontane Bastard *Tr. pratensis* × *porrifolius* ist nach J. Lange vereinzelt zwischen den Stammarten auf den dänischen Inseln Laaland und Fünen beobachtet worden; äussere Blüthen braunviolet, innere gelb.

48. CAMPANULACEAE.

Centropogon × Siphocampylus.

Centropogon fastuosum Scheidw. ♀ × *Siphocampylus betulaefolius Cham.* ♂ ist von Desponds in Marseille 1856 erzeugt und als *Centrop. hybridus Lucyanus* Rev. hort. 1868 p. 291 abgebildet worden. Blüthen sehr zahlreich, schön roth. Lässt sich durch Stecklinge vermehren.

Lobelia.

Lit.: Kölreuter in Act. acad. Petrop. pro 1877, II p. 185; C. F. v. Gärtner Flor. (B. Z.) 1838 p. 299, Bastardbefr.; Herbert Amar. p. 346, 352; Lindl. Bot. Reg. 1445.

Aus der artenreichen Gattung *Lobelia* sind drei nahe verwandte Arten sowohl unter einander als mit einer vierten Art, der *L. syphilitica*, gekreuzt worden. Versuche mit anderen Arten, welche u. A. Kölreuter anstellte, sind bisher fehlgeschlagen. Einzelne Exemplare verschiedener *Lobelien* haben sich, wie Gärtner zuerst beobachtete, mit eigenem Blüthenstaub stets unfruchtbar gezeigt, ein Umstand, der bei Beurtheilung der Fruchtbarkeit der Bastarde nicht unbeachtet bleiben darf.

L. cardinalis L. und verwandte Arten.

L. fulgens Willd. und *L. splendens Willd.* sind der *L. cardinalis L.* sehr ähnlich. Diese drei Arten haben grosse scharlachrothe Blüthen und lassen sich leicht unter einander kreuzen (Gärtn. S. 169); ihre Bastarde sind sehr fruchtbar (S. 409, 415).

L. fulgens ♀ × *cardinalis* ♂ ist ziemlich fruchtbar (S. 388).

L. cardinalis ♀ ✕ *fulgens* ♂ lieferte Gärtner höchstens 871 Samen in einer Kapsel, die reinen Arten 1100—1200 (S. 385). In diesen Mischlingen überwiegt der Typus der *L. cardinalis* (p. 288). *L. (fulgens* ♀ ✕ *cardinalis* ♂) ♀ ✕ *fulgens* ♂ ist gleich *L. (cardinalis* ♀ ✕ *fulgens* ♂) ♀ ✕ *fulgens* ♂ (S. 228). Nach dem Verzeichnisse seiner Versuche hat Gärtner auch eine *L. fulgens* ♀ ✕ (*cardinalis* ♀ ✕ *fulgens* ♂) ♂ erzeugt.

L. fulgens Willd. ♀ ✕ *splendens* Willd. ♂ war ungemein fruchtbar (S. 409), brachte gelben Pollen in reichlicher Menge, war aber bei Selbstbestäubung unfruchtbar (S. 358). In der *L. (cardinalis* ♀ ✕ *fulgens* ♂) ♀ ✕ *splendens* ♂ hat Gärtner die drei verwandten Arten mit einander verbunden.

Hybride der L. syphilitica L.

L. syphilitica L. zeichnet sich durch ansehnliche blaue Blumen und runzlige Blätter aus. In ihren Bastarden mit *L. cardinalis* ist nach Gärtner (S. 402) der Typus der *L. syphilitica* entschieden vorwiegend. Die Bastarde der *L. syphilitica* mit *L. splendens, cardinalis* und *fulgens* sind unter einander stärker verschieden als die drei echten Arten selbst (Gärtn. S. 163, 273, 282).

L. cardinalis L. ✕ *syphilitica* L. Die *L. cardinalis* ✕ *syphilitica* gibt mehr gute Samen als die *L. syphilitica* ✕ *cardinalis* (S. 189). Die beiden Kreuzungsproducte *L. cardinalis* ♀ ✕ *syphilitica* ♂ und *L. syphilitica* ♀ ✕ *cardinalis* ♂ sind einander völlig gleich (Kölr. S. 189, Gärtn. S. 221, 223); nur einmal erhielt Gärtner unter zahlreichen Sämlingen von normalem Typus ein einziges Exemplar, welches der *L. cardinalis* bis auf die breiteren und weniger wolligen (? sic Gärtn. S. 240 — *L. cardinalis* ist aber kahl) Blätter ausserordentlich ähnlich war; nach S. 240 war dies Exemplar eine *L. syph.* ♀ ✕ *card.* ♂, nach S. 302 eine *L. card.* ♀ ✕ *syph.* ♂. Nach S. 221 hält der Bastard die Mitte zwischen den Stammarten, während an vielen anderen Stellen das Vorwiegen des Typus der *L. syphilitica* betont wird. Die Blumen sind mehr blau als violet, welche Farbe sich aber im Herbste bei kühler Witterung in rothviolet verwandelt (S. 314). Kölreuter fand die Bastarde spontan unfruchtbar, doch brachten sie mit eigenem Pollen künstlich bestäubt einige gute Samen. Gärtner macht über ihre Fruchtbarkeit sehr widersprechende Angaben; S. 368 sagt er, seine *L. syph.* ♀ ✕ *card.* ♂ sei seit ihrer ersten Zeugung in 12 Jahren absolut steril geblieben, S. 358 gibt er an, seine sämmtlichen Exemplare dieses Bastards seien sowohl mit eigenem als mit stammelterlichem Pollen und dem der *L. fulgens* absolut steril geblieben, doch habe er mit Pollen eines Exemplars die verwandten

Arten befruchten können. Nach S. 360 soll dies Exemplar indess mit stammelterlichem Pollen etwas fruchtbar gewesen sein. Nach S. 222 sind *L. card.* ♀ ⨯ *syph.* ♂ und *L. syph.* ♀ ⨯ *card.* ♂ beide fruchtbar, nach S. 389 ist *L. card.* ♀ ⨯ *syph.* ♂ in geringem Grade fruchtbar; vielleicht stützt sich Gärtner in diesen letzten Behauptungen nur auf Kölreuter. Nach seinem Hybridenverzeichnisse hat er nur einen Abkömmling des Bastards erzogen, nämlich eine *L. cardinalis* ♀ ⨯ (*syph.* ♀ ⨯ *card.* ♂) ♂, die in verschiedenen Typen auftrat und von der er weitere hybride Abkömmlinge durch Befruchtung mit Pollen von *L. fulgens* ♀ ⨯ *syphilitica* ♂ und *L. syphilitica* erhielt. Kölreuter gelang es dagegen, die *L. syph.* ♀ ⨯ *card.* ♂ mit Pollen beider Stammeltern erfolgreich zu befruchten. *L.* (*syph.* ♀ ⨯ *card.* ♂) ♀ ⨯ *syph.* ♂ erwies sich als sehr variabel; einige Exemplare waren steril, andere ziemlich fruchtbar. *L.* (*syph.* ♀ ⨯ *card.* ♂) ♀ ⨯ *card.* ♂ war fast noch ungleichmässiger in Tracht und Fruchtbarkeit, einige Exemplare waren äusserst üppig. Kölreuter hatte auch Sämlinge von *L. syph.* ♀ ⨯ (*syph.* ♀ ⨯ *card.* ♂) ♂, die indess zufällig zu Grunde gingen. Wildwachsend wurde *L. cardinalis* ⨯ *syphilitica* in zwei Exemplaren durch Schneck in Illinois gesammelt.

L. fulgens Willd. ♀ ⨯ *syphilitica L.* ♂ ist der umgekehrten Verbindung völlig gleich (Gärtn. 223), die Gärtner indess nach S. 702 gar nicht erhalten hat. Im Texte spricht er mehrmals von *L. syph.* ♀ ⨯ *fulgens* ♂, aber stets nur in Bezugnahme auf Herbert's Pflanze, bei der die mütterliche Stammart unsicher ist. Die Blüthenfarbe des Bastards ändert sich (nach S. 314) im Herbste wie bei *L. card.* ⨯ *syph.* Gärtner erhielt die *L. fulgens* ♀ ⨯ *syphilitica* ♂ in zwei Typen (S. 239): die Mehrzahl der Exemplare hatte röthlich violete Blüthen und glatte Stengel und Blätter (*per-fulgens*); zwei Exemplare hatten eine zart wollige Behaarung, breitere runzlige Blätter und bläuliche Blüthen (*per-syphilitica*). Die Bemerkung ist auffallend, weil *L. fulgens* flaumige Blätter und Stengel hat. Noch auffallender ist aber Gärtner's Angabe auf S. 404, nach welcher der Typus *per-fulgens* der seltenere Ausnahmetypus ist; die *per-syphilitica* war völlig steril, die *per-fulgens* in geringem Maasse fruchtbar. Nach S. 426 zeigte der Bastard, mit Pollen von *L. syphilitica* bestäubt, ein Wachsthum der Kelche, aber keine wirkliche Fruchtbildung, nach S. 239 und 358 war er in allen Exemplaren völlig unfruchtbar, doch gelang es, mittelst des Pollen dieses Bastards, und zwar der Form *per-syph.*, sowohl *L. cardinalis* als *L. fulgens* zu befruchten. In dem Verzeichnisse der Gärtner'schen Versuche sind gar keine derartige Befruchtungen angeführt, doch soll aus *L. cardinalis* ♀ ⨯ (*syphilitica* ♀ ⨯ *cardi-*

nalis ♂) ♂ durch Befruchtung mit *L. fulg.* ♀ ⨯ *syph.* ♂ ein Bastard erhalten sein, der aber sonst von Gärtner nirgends erwähnt wird. Gärtner hat ferner eine *L. (fulgens* ♀ ⨯ *cardinalis* ♂) ♀ ⨯ *syphilitica* ♂ erzeugt, welche der *L. syphilitica* so ähnlich war, dass die Beimischung der andern Typen sich gar nicht darin bemerkbar machte (S. 511). In dem Bastardverzeichnisse ist ferner von einer „*L. fulgenticardinalifulgentisyphilitica*" die Rede, doch ist nicht ersichtlich, wie diese Verbindung zu Stande gekommen ist. Während nun bei Gärtner die *L. fulgens* ♀ ⨯ *syphilitica* ♂ unfruchtbar war, entstand nach Mackay in einem Garten in Irland zwischen *L. fulgens* und *L. syphilitica* eine Mittelform, welche Samen in reichlicher Menge trug. In ihrer Nachkommenschaft war die Blüthenfarbe etwas veränderlich, im Uebrigen war sie vollkommen samenbeständig und zeigte keine Rückschläge zu den Stammarten. Selbst wenn sie zwischen diesen wuchs, bildeten sich nach Herbert, der die Pflanze längere Zeit cultivirte, selten Rückkreuzungsproducte. Dieser fruchtbare und samenbeständige Mischling ist als *L. speciosa* hort. und *L. Lowii* Lindl. abgebildet und beschrieben worden.

Gärtnerisch sind Mischlinge von *L. syphilitica, L. fulgens* und *L. cardinalis* öfter verwendet worden, so von Duvivier (*syph.* ⨯ *card.*), vgl. Rev. hort. 1867 p. 335 und von J. Hirsch, der nach Illustr. Gartenz. XVIII t. 4 auch rein weissblühende Sorten erhielt.

L. splendens ⨯ *syphilitica* ist nach dem Verzeichnisse der Gärtner'schen Versuche nicht von Gärtner erzeugt worden, doch wird sie im Texte des Buches mehrmals (S. 163, 273, 282, 314, 402) erwähnt und soll nach S. 314 glanzvolle, karmoisinrothe Blüthen gehabt haben; nach S. 402 war sie unfruchtbar.

Campanula.

Es sind nur wenige Mischlinge aus der Gattung *Campanula* bekannt. C. F. v. Gärtner führt Bastardbefr. S. 125 *Campanula* unter denjenigen Gattungen auf, in welchen er selbst Bastarde erzeugt hat, während ihm nach dem Verzeichnisse seiner Versuche (S. 686) keine einzige Kreuzung zwischen Arten dieser Gattung gelungen ist.

Angebliche Bastarde von *C. glomerata* L. und *C. trachelium* L., welche hie und da vorgekommen sein sollen, dürften zu den grossblüthigen Unterarten der formenreichen *C. glomerata* L. gehören.

C. nobilis Lindl. ♀ ⨯ *punctata Lam.* ♂ ist bei Van Houtte in Gent erzogen und als *C. nobilis alba* Planch. Fl. d. serr. t. 563

abgebildet worden. Blüthen gross, hängend, grünlich weiss mit violeten Punkten.

C. Bononiensis L. ⋉ *rapunculoides L.* ist von O. Kuntze in einem einzigen Exemplar bei Röglitz unweit Leipzig gefunden.

C. rhomboidalis L. ⋉ *Scheuchzeri Vill.* soll von Bruegger in der Schweiz wildwachsend gefunden sein.

C. fragilis Cyr. ⋉ *caespitosa Scop.* (?). In Gard. Chron. 1876, I p. 73 wird eine *C.* ⋉ *Smithii* erwähnt, welche in England zufällig in einem Garten zwischen *C. fragilis* und *C. „pumila alba"* entstanden ist. In der „*pumila alba*" vermuthe ich eine weissblühende Abänderung von *C. caespitosa Scop.* (oder von *C. collina M.B.?*).

C. pulla L. ⋉ *turbinata Schott* (Züchter J. Anderson-Henry) wird in Edinburg cultivirt. *C. Regeliana hort.*

Campanula ⋉ Phyteuma.

Von *Camp. divergens Willd.* beobachtete Treviranus eine Abänderung mit tief gespaltenen Kronen. Er vermuthete Anfangs, dass diese Form durch hybride Einwirkung von *Ph. betonicaefolium Vill.* hervorgebracht sei, überzeugte sich aber bald von der Irrthümlichkeit dieser Meinung. Ein Blick in die erste Mittheilung genügt, um zu erkennen, dass nur Unbekanntschaft mit den Erscheinungen wirklicher Hybridisation überhaupt auf den Gedanken an eine Bastardbildung in diesem Falle führen konnte. Vgl. G. R. und L. C. Treviranus Verm. Schr. 4. Th. p. 127; L. C. Trev. Ueber d. Bastardbefr. p. 24; Physiol. d. Gew. II S. 416. — Da in Bot. Z. 1878 Sp. 367 noch einmal versucht worden ist, die erste Deutung zu rechtfertigen, mag hier auf die Orginalstellen verwiesen werden, nach denen der Sachverhalt vollkommen klar ist.

Camp. barbata L. ⋉ *Phyt. hemisphaericum L.* ist von G. H. Reichenbach beschrieben (Bot. Z. 1877 Sp. 47). v. Hausmann fand auf der Seiseralpe in Tirol eine etwa 3 Zoll hohe *Campanulacee*, welche nur als aus Kreuzung der genannten Arten entsprossen gedeutet werden konnte. Grundständige Blätter 5—6, rosettig, lineal, mit wenig steifen Haaren besetzt, Blüthen in armblüthiger, basipetaler Traube, Kelchzipfel dreieckig, ohne Anhängsel, Kronzipfel schmal linealisch.

Phyteuma.

Ph. hemisphaericum L. und *Ph. humile Schleich.* sind nach Nägeli durch Zwischenformen verbunden, welche nicht als Bastarde gedeutet werden können.

Ph. spicatum L. kommt in zwei Unterarten vor:
1. *typicum* mit doppeltgesägten grundständigen Blättern, verlängerten Blüthenständen und gelblich weissen Blüthen; 2. *nigrum Schm.* mit einfach kerbig-gesägten grundständigen Blättern, kürzeren, eiförmigen Blüthenständen und schwarzblauen·Blüthen. Die Merkmale gestatten indess keine strenge Trennung, da kleine Exemplare des typischen *Ph. spicatum* in Blättern und Blüthenstand oft mit *Ph. nigrum* übereinstimmen, während von *Ph. nigrum* einzelne Exemplare mit gelbweissen Blüthen erscheinen, z. B. mitten zwischen Tausenden von schwarzblauen Exemplaren in der Umgegend von Bremen, wo das typische *Ph. spicatum* in weitem Umkreise nirgends vorkommt. Ein Exemplar mit hellblauen Blüthen habe ich hier nie gesehen. Immerhin sind normale Exemplare beider Unterarten auch abgesehen von der Blüthenfarbe wohl zu unterscheiden.

Ph. spicatum typicum × nigrum kommt an solchen Stellen vor, wo beide Unterarten gemischt wachsen. Blüthenstände hellblau oder an der Spitze dunkelblau und nach unten zu in Weiss verbleichend, zuweilen dunkelblau und weiss gescheckt. Zuerst von Wallroth, später auch von Andern am Harz beobachtet; besonders häufig fand ich den Blendling bei Andreasberg. Hie und da auch in andern Gegenden gefunden; ich sah ihn z. B. bei Minden. H. Hoffmann berichtet von einem *Ph. spicatum* mit hechtblauen Blüthen, welches im Laufe von 7 Jahren aus der nämlichen Wurzel Stengel mit weissen, hechtblauen und schwarzen Blüthen trieb. — Der Blendling: *Ph. adulterinum Wallr.*

49. ERICACEAE.

Vaccinium.

Lit.: Floren und florist. Aufs., Brandenb., Schles. u. Pommern betr.

V. myrtillus L. × vitis Idaea L. ist hin und wieder zwischen den Stammarten gefunden worden. Es ist immergrün oder behält doch die Blätter bis spät in den Winter hinein, hat die Blattstellung von *V. vitis Idaea* und hat rundliche Aeste. Blüthen einzeln oder in endständiger Traube. Beeren braunroth, weisslich bereift, fast schwarz. Scheint wenigstens stellenweise fruchtbar zu sein. Pommern (Wollin), Brandenburg, Schlesien. *V. intermedium Ruthe.* Nach Zimmermann kommen Uebergangsformen zu beiden Stammarten vor.

In einigen Gartenformen von *Vaccinium* hat man Bastarde zwischen amerikanischen Arten vermuthet.

Arbutus.

Lit.: London Arbor.; Heldreich in Flora (B. Z.) 1844 p. 13.

A. unedo L. × *andrachne L.* ist in England (Gärtnerei zu Nurham?) zu Anfang dieses Jahrhunderts künstlich erzeugt und als *A. hybrida Ker.* Bot. Reg. t. 619 und *A. andrachnoides Lk.* beschrieben worden. Hochwüchsiger baumartiger Strauch, der ungemein reichlich blüht, aber nur hin und wieder eine einzelne Frucht bringt. — Eine andere Form wurde zu Bristol durch Kreuzung der roth blühenden *A. unedo L. β. rubra Ait.* mit *A. andrachne L.* gewonnen, es ist *A. Milleri Mayes*, eine Form mit blassrosafarbenen Blumen. — Wildwachsend ist *A. unedo* × *andrachne* am Pentelikon in Griechenland gefunden worden; *A. intermedia Heldr.*

Bryanthus.

Br. erectus Lindl. in Paxt. Flow. Gard. II p. 97 t. 19, Fl. d. serr. t. 659 ist für einen Bastard von *Phyllodoce taxifolia Salisb.* und *Rhodothamnus chamaecistus Rchb.* ausgegeben worden. Als Züchter wird ein Gärtner Cunningham zu Comely bank bei Edinburg genannt. Die Angabe über die hybride Abstammung der Pflanze darf wohl als irrig betrachtet werden, doch ist mir nicht bekannt, ob ihre wirkliche Herkunft aufgeklärt ist.

Erica.

Lit.: DC. Prodr. VII p. 613—693; zerstr. Bemerkungen bei Herbert u. in d. Gartenlit.

Eine vielgestaltige artenreiche Gattung, welche von manchen Schriftstellern in eine Anzahl kleinerer Gattungen zerlegt worden ist. Die Mehrzahl der Arten ist in Südafrika heimisch; die übrigen sind zerstreut über ein grösseres Gebiet, welches von Abyssinien bis Norwegen reicht und dessen Centrum die Mittelmeerländer bilden. — Die Befruchtung erfolgt durch Vermittelung von Insecten; bei den genauer untersuchten Arten scheint Selbstbestäubung unmöglich zu sein. Die europäischen Arten sind, so viel bekannt, wenig geneigt, Hybride mit einander zu bilden. Dagegen ist es sehr wahrscheinlich, dass in Südafrika zahlreiche spontane Bastardverbindungen aus dieser Gattung vorkommen. — Während der ersten Hälfte unseres Jahrhunderts wurden die capensischen *Erica*-Arten mit grosser Vorliebe in Europa und insbesondere in England cultivirt. Seit dem Ende des vorigen Jahrhunderts hat man angefangen, die Arten künstlich zu kreuzen, was bei der Unmöglichkeit der Selbstbefruchtung sehr leicht und ohne Castration geschehen kann, wenn man die Insecten fern hält. Zu Anfang dieses Jahrhunderts brachte zunächst der Gärtner Rollisson in Tooting zahlreiche künstlich erzeugte Bastarde in den Handel, ohne deren Ursprung zu verrathen. In den folgenden Jahrzehnten hat man in England unzählige Kreuzungen zwischen Arten und Bastarden vorgenommen; ausserdem sind auch manche Hybridisationen zwischen neben einander cultivirten Arten zufällig entstanden.

Für die Wissenschaft sind diese gärtnerischen Versuche ziemlich unfruchtbar geblieben. Wir wissen nur, dass selbst manche Arten, die einander wenig ähnlich sehen, sich leicht kreuzen lassen, und dass viele hybride *Eriken* fruchtbar sind. Herbert gibt an, dass alle Sämlinge aus derselben Befruchtung einander gleichen, auch wenn die elterlichen Pflanzen oder eine derselben Hybride waren (Transact. Hort. Soc. Lond. IV p. 27, 28). Ueber die Herkunft der einzelnen hybriden Gartensorten ist ungemein wenig Zuverlässiges bekannt. Da es nutzlos sein würde, hier alle Vermuthungen über die Abstammung von Formen anzuführen, die vielleicht gar nicht einmal mehr in den Gewächshäusern vorhanden sind, so beschränke ich mich auf wenige besser verbürgte Mittheilungen.

Auch unsere Kenntnisse über die wilden Heiden vom Cap lassen noch viel zu wünschen übrig. De Candolle theilte die Gattung ein in 4 Untergattungen: *Ectasis* mit 10, *Syringodea* mit 18, *Stellanthe* mit 8 und *Euerica* mit 23 Sectionen. Ich werde mich in meinen Bemerkungen über die einzelnen Hybriden an diese Eintheilung anschliessen.

Ectasis.

Desmia.

E. obtusata Klotzsch ist nach De Candolle intermediär zwischen *E. aequalis DC.* und *E. petiolata Thbg.*

Eriodesmia.

E. villosa Pluk. und *E. bruniades L.* sind durch Zwischenformen verbunden.

Geissostegia × Gigandra.

Bei Swellendam in der Capcolonie kommen zwischen *E. imbricata L.* (Sect. *Geissostegia*) und *E. Sebana Dryand.* (Sect. *Gigandra*) mehrere Zwischenformen vor, die als *E. penicilliflora Salisb.*, *E. intermedia Klotzsch* und *E. socciflora Salisb.* beschrieben worden sind. De Candolle kam auf die Vermuthung, dass diese Pflanzen einer hybriden Formenreihe angehören.

Ericaceae.
Syringodea.
Evanthe.

E. serratifolia Andr., von unbekannter Herkunft, scheint ein Gartenmischling von *E. nana Salisb.* und *E. versicolor Andr.* zu sein.

E. linnaeoides Andr. ist ein Abkömmling von *E. perspicua Wendl.* Der Name wird nach De Candolle von den Gärtnern für die Mischlinge von *E. perspicua* mit *E. colorans Andr.* und ähnlichen Arten angewandt.

Evanthe ⨯ Chona.

E. mutabilis Andr. ist wahrscheinlich eine *E. cruenta Sol.* ⨯ *Niveni Andr.*, jedenfalls ein Gartenbastard.

Evanthe — Pleurocallis.

E. rosea Andr. ist nach De Candolle ein Bastard von *E. vestita Thbg.* mit einer *Evanthe*.

E. Archeriana Lodd., *E. Archeria Andr.* und ähnliche Formen sind nach De Candolle Hybride von *E. coccinea Berg* oder einer ähnlichen Art einerseits, einer *Evanthe* andererseits.

Pleurocallis.

E. hybrida Thbg. ist wahrscheinlich eine *E. exsurgens Andr.* ⨯ *vestita Thbg.*

E. formosa Andr., vielleicht *E. coccinea Berg* ⨯ *exsurgens Andr.?* Derselbe Ursprung (*E. exsurgens* ♀ ⨯ *coccinea* ♂) wird für *E. coccinea var. Liebigii Regl.* vermuthet.

E. sanguinea Lodd., vielleicht *E. coccinea Berg* ⨯ *grandiflora L. f.?*

Stellanthe.
Euryloma.

E. Forbesiana Klotzsch ist vielleicht *E. aristata Andr.* ⨯ *ampullacea Curt.*

E. Irbyana Andr. ♀ ⨯ *retorta L.* ♂; hieher *E. Jacksonii* (Züchter Turnbull).

E. Shannoniana Andr. ⨯ *Irbyana Andr.*, nach De Candolle häufiger Gartenbastard. Die *E. Shannoniana Andr.* selbst stammt aber wahrscheinlich von *E. ampullacea Curt.* und *E. obbata Andr.* Von *E. obbata Andr.* und *E. Fairieana hort.* soll auch die *E. ornata hort.* stammen.

Euryloma ⨯ Platyloma.

E. jasminiflora Andr. wird allgemein für eine capensische Art ausgegeben; Herbert versichert jedoch, sie sei zu Anfang dieses Jahrhunderts von Rollisson aus *E. ampullacea Curt.* und *E. Aitoniana Masson* erzeugt worden. Die *E. jasminiflora* ist wieder vielfach mit *E. Shannoniana Andr.* und *E. Irbyana Andr.* gekreuzt worden.

E. Aitoniana Mass. ♀ ⨯ *retorta L.* ♂; hieher *E. Douglasii* (Züchter T**u**rnbull).

E. Aitoniana Masson ⨯ *Irbyana Andr.* kommt nach De Candolle in verschiedenen Formen vor. Die *E. Aitoniana* soll übrigens selbst wieder ein Rollisson'scher Bastard sein.
Ein Bastard von *E. Aitoniana* ist auch *E. Turnbullii hort.*, die von Turnbull u. A. mit *E.* ⨯ *Marnockiana* (*Irbyana* ⨯ *aristata* ⨯ *Massoni*) gekreuzt wurde und *E. Countess of Home* lieferte.

Callista.

Die Arten sind sowohl unter sich als mit *Euryloma-* und *Platyloma-*Arten vielfach gekreuzt worden. *E. Bartlingiana Klotzsch*, am Rivierzonderende in der Capcolonie gefunden, steht in der Mitte zwischen *E. daphniflora Salisb.* und *E. Walkeriana Andr.* Von der Gartenform *E. cruciformis Andr.* wird ein hybrider Ursprung aus *E. fastigiata L.* und *E. Blandfordiana Andr.* vermuthet. In diese Gruppe gehören auch *E.* ⨯ *calostoma Lodd.*, *E.* ⨯ *stellifera Andr.* u. s. w.

Syringodea ⨯ Stellanthe.
Evanthe ⨯ Ceramus.

E. tubiflora Willd. ⨯ *ventricosa Thbg.*, nach De Candolle vielleicht der erste Gartenbastard der Gattung, ist als *E. spuria Andr.*, *E. culcitiaeflora Salisb.* und *E. tubulosa Wendl.* beschrieben worden.

E. curviflora Thbg. ⨯ *ventricosa Thbg.* hat ebenfalls viele Bastardformen geliefert.

Die ursprünglichen Hybriden sind wieder vielfach unter einander gekreuzt und durch Mittelformen mit *E. ventricosa* einerseits, den *Evanthen* andrerseits verbunden.

Evanthe ⨯ Euryloma.

E. Neillii Paxton soll aus *E.* ⨯ *linnaeoides* (*colorans* ⨯ *perspicua*) und *E. aristata Andr. var. major* erzeugt sein.

Pleurocallis ⨯ Ceramus.

E. vestita Thbg. ist vielfach mit *E. ventricosa Thbg.* gekreuzt worden; hieher wohl *E. pseudovestita Benth.* Auch neuerdings hat man noch solche Bastarde erzogen.

Pleurocallis ⨯ Euryloma.

E. ⨯ *jasminiflora Andr.* ♀ ⨯ *vestita Thbg.* ♂ ist einer der ersten von W. Herbert erzeugten Bastarde, doch gingen die jungen Pflanzen beim Umzug nach Spofforth zu Grunde.

E. acuminata Andr. soll von *E. coccinea Berg* und einem *Euryloma* stammen.

Bactridium ⨯ Euryloma.

E. ampullacea Curt. ⨯ *Massoni L. f.* und *E. Shannoniana*

Andr. ✕ *Massoni L. f.* sind u. A. von Herbert erzeugt worden. Aus *E. aristata Andr.* und *E. Massoni L. f.* sind wahrscheinlich *E. Hartnelli Rollisson* und *E. crinita G. Don* hervorgegangen, die wieder zu weiteren Kreuzungen benutzt worden sind. *E. Irbyana Andr.* ✕ ✕ *Hartnelli Roll.* ♂ ist *E.* ✕ *Marnockiana* (Züchter Turnbull) genannt, die u. A. wieder mit *E. ferruginea Andr.* (*Callista*) gekreuzt wurde.

Dasyanthes ✕ Ceramus.

E. cerinthoides L. ✕ *ventricosa Thbg.* ist in mancherlei Formen erzogen worden (vgl. DC. Prodr. VII p. 640). *E. Meuroni DC.* (l. c. p. 636) soll am Cap gefunden sein, ist aber nicht sicher von *E.* ✕ *metulaeflora Curt.*, einer *E. cerinthoides* ✕ *ventricosa*, zu unterscheiden.

Euerica.

E. ciliaris L. ✕ *tetralix L.* ist ein spontaner, bei Truro in Cornwall gefundener und als *E. Watsoni DC.* beschriebener Bastard.

E. Mackayi Hook. ist an einzelnen Standorten in Irland und in Asturien (Spanien) beobachtet worden. Diese Pflanze ist offenbar ein Bastard von *E. tetralix L.*; die andere Stammart ist wahrscheinlich *E. cinerea L.* (oder *E. mediterranea L.* oder *E. ciliaris L.*?).

E. reflexa Lk., in der Capcolonie in Gesellschaft von *E. nitida Andr.* gefunden, ist intermediär zwischen *E. nitida Andr.* und *E. physodes L.*

E. cupressina Bedf., eine Gartenform, ist nach De Candolle intermediär zwischen *E. florida Thbg.* (*Anaclasis*) und *E. rubens Andr.* (*Orophanes*). *E. florida* ist Stammart vieler Gartenhybriden.

Ectasis ✕ Euerica.

E. accommodata Klotzsch ist intermediär zwischen *E. imbricata L.* (*Geissostegia sec. DC.*) und *E. lasciva Salisb.* (*Elytrostegia Euericae sec. DC.*), zwei Arten, die einander zu nahe stehen, als dass ihre Versetzung in verschiedene Untergattungen natürlich erscheint.

Syringodea ✕ Euerica.

Nach einigen Autoren (vgl. Gärtn. Bast. S. 141) sollen keine Kreuzungen zwischen den Arten mit cylindrischen (*Syringodea*, *Stellanthe*) und denen mit glockigen (*Euerica*) Kronen vorkommen. Diese Behauptung ist indess offenbar eine irrige.

E. triumphans Lodd. ist eine Gartenhybride, als deren Stammarten De Candolle *E. Monsoniana L. f.* (*Eurylepis*) und *E. andromedaeflora Andr.* (*Eurystegia*) vermuthet.

E. Willmorei Flor. Cab. t. 75 stammt von einer *Pachysa* (*Euerica*), vermuthlich *E. vernix Andr.*, und einer *Syringodea; E. suaveolens Andr.* von *E. odorata Andr.* (Pachysa) und einer *Syringodea.* *E. concinna Soland.* ✕ *pyramidalis Soland.* ist von Roxburgh und Niven zwischen den Stammarten bei Stellenbosch in der Capcolonie gefunden und durch De Candolle als *E. Roxburghii* beschrieben worden. *E. concinna* ist eine *Octopera (Syringodea)*, *E. pyramidalis* eine *Heliophanes (Euerica)*.

Stellanthe ✕ Euerica.

Lamprotis ✕ Orophanes.

E. leucantha Klotzsch, ein Gartenbastard, stammt nach De Candolle vielleicht von *E. lutea L.* und *E. margaritacea Sol.* Dieselbe Pflanze ist *E. luteo-alba hortul.* und *Lampr. Bedfordiana G. Don.*

Callista ✕ Orophanes.

Eine angeblich vom Cap stammende derartige Mittelform erwähnt De Candolle l. c. p. 677 unter *E. tenella Andr. β.*

Rhododendron.

Lit.: W. Herbert Amaryll., Journ. Hort. Soc. II; Loudon Arbor.; C. Koch Dendrol.; Maximowicz in Mém. acad. St. Petersb. XVI N. 9; zerstreute Stellen in Botan. Reg. 1414 u. s. w., sowie der Gartenliteratur.

Von der formenreichen Gattung *Rhododendron* kannte man um die Mitte des vorigen Jahrhunderts erst etwa 10 Arten, welche Linné unter die drei Gattungen *Azalea, Rhodora* und *Rhododendron* vertheilte. Je mehr die Zahl der bekannten Arten anwuchs, um so unhaltbarer wurden die Grenzen, durch welche jene drei Genera von einander getrennt zu sein schienen. Nur zwei Linné'sche Arten, *Azalea procumbens* und *Rhododendron chamaecistus*, stehen den zu fortlaufenden Formenreihen verbundenen übrigen Arten ferner, so dass sie sich als Typen besonderer Gattungen betrachten lassen. Wenn man die andern Linné'schen *Azaleen* zu *Rhododendron* zieht, wird man der *A. procumbens* ihren alten Namen lassen können. Die reichhaltige Gattung *Rhododendron* in jetzigem Sinne erfordert zum Zweck einer natürlichen Anordnung der Arten selbstverständlich eine weitere Eintheilung und Gliederung; vgl. insbesondere die von J. D. Hooker (in Benth. et Hook. Gen. plant.) vorgeschlagene. Für die Zwecke der vorliegenden Schrift eignet sich jedoch mehr die Anlehnung an die Arbeiten von Planchon, Maximowicz und Asa Gray, weil in denselben vorzugsweise die Arten der gemässigten Zone berücksichtigt werden. Eine Zurückführung auf die Hooker'sche Gruppirung bietet keine Schwierigkeiten. Die Gartenschriftsteller halten noch vielfach an der Unterscheidung zwischen echten immergrünen *Rhododendren* und laubwechselnden *Azaleen* fest, ein Verfahren, welches allerdings bei ausschliesslicher Betrachtung der in Mitteleuropa im Freien cultivirten Arten sehr bequem ist. Uebrigens sind es früher gerade Garten-Botaniker, wie R. Sweet, W. Herbert und G. Don gewesen, welche der zuerst von D. Don vorgeschlagenen Vereinigung der meisten *Azaleen* mit den *Rhododendren* Anerkennung verschafft haben.

Die *Rhododendren* sind theils niedrige, theils hohe und selbst baumartige Sträucher; sie sind vorzugsweise Bewohner der Hochgebirge Asiens, aber auch Neuguinea's, Nordamerika's und Europa's. Einige Arten sind in niedrigeren Bergländern, namentlich der tropischen und subtropischen Region heimisch; in den Ebenen finden sie sich kaum; eine einzige Art ist arktisch. Sie lieben im Allgemeinen ein feuchtes gemässigtes Klima, gehen durch anhaltende Hitze und Dürre zu Grunde zeigen jedoch grosse Unterschiede in ihrer Widerstandsfähigkeit gegen Kälte. Sie gedeihen meistens am besten auf einem Boden, der reich an halb zersetzten Pflanzenstoffen ist; einige tropische Arten (von den Sunda-Inseln und Neuguinea) wachsen auf Bäumen.

An Blüthenpracht werden die *Rhododendren* von keiner andern Gattung von Ziersträuchern übertroffen. In England, Nordfrankreich, den Niederlanden und der Nordwestecke Deutschlands, wo Boden und Klima ihnen zusagen, werden sie in grosser Ausdehnung in Gärten verwendet; weiter nach Osten und Süden stösst ihre Cultur auf Schwierigkeiten, indem theils Winterkälte oder Sommerdürre ihrem Wachsthum schadet, theils die Beschaffung der ihrem Gedeihen so förderlichen Moorerde-Mischung umständlich und kostspielig ist. Man kann sich daher nach den Exemplaren, welche man im östlichen und mittleren Deutschland sieht, nur eine unvollkommene Vorstellung machen von der Ueppigkeit und Pracht, welche diese Pflanzen im nordwestlichen Europa entfalten. In den milderen Strichen Englands und des westlichen Frankreich gedeihen viele (Himalaya-) Arten, welche im übrigen Europa nicht mehr im Freien fortkommen. Da Artenkreuzung in dieser Gattung in weitem Umfange möglich ist, so waren die Bemühungen der Züchter einerseits darauf gerichtet, Mischlinge von ausgezeichneter Blüthenfülle und Blüthenfärbung zu erzielen, andererseits aber auch in ihren Hybriden die leuchtenden Farben empfindlicher südlicher Formen mit der Widerstandsfähigkeit der aus kälteren Himmelsstrichen stammenden Arten zu verbinden.

Von immergrünen (eigentlichen) *Rhododendren* cultivirte man früher nur drei nahe unter einander verwandte Arten: *Rh. maximum L.*, *Rh. Catawbiense Mchx.* und *Rh. Ponticum L.*, sowie deren Mischlinge. Es gelang um 1828 Bastarde derselben mit dem nordindischen *Rh. arbo-*

reum Wall. zu erzielen, welche in England winterhart waren. Einen überraschend reichen Zuwachs an neuen Arten (gegen 60) gewannen die englischen Gärten während der Jahre 1850—60 durch die im vorhergehenden Jahrzehnt von J. D. Hooker in Sikkim und von Th. J. Booth in Bootan entdeckten Himalaya-*Rhododendren*. Freilich vermag nur ein Theil dieser Arten in den mildesten Gegenden Englands und im nordwestlichen Frankreich im Freien auszudauern. Für Kreuzungsversuche hatten indess die Züchter nunmehr ein überreiches Material erhalten, welches sie auch mit Erfolg benutzt haben.

Die sommergrünen Arten, die *Azaleen* der Gärten (Gruppe *Theïs*), sind vielleicht noch mehr unter einander gekreuzt worden, als die immergrünen, so dass man jetzt die reinen Arttypen in den europäischen Gärten kaum noch besitzt. Die gelegentlich entstandenen farbenprächtigsten Mischlinge hat man vorzugsweise vermehrt und zu weiteren Hybridisationsversuchen benutzt.

Ein spontaner *Rhododendron*-Bastard ist in Europa verhältnissmässig häufig beobachtet worden, ein anderer in Japan; vermuthlich werden sich auch in Amerika und im Himalaya, sowie auf den Sunda-Inseln und Neuguinea Hybride finden. In unseren Gärten werden die *Rhododendren* äusserst eifrig von grösseren Insecten, namentlich Hummeln und Abendfaltern, besucht.

Die für die Kreuzungen wichtigeren Untergattungen sind *Osmothamnus, Eurhododendron, Theis, Tsusia* und *Rhodorastrum*.

Osmothamnus (sec. Mxmw.).

Rh. ferrugineum L. × *hirsutum L.* ist ein spontaner Blendling zweier nahe verwandter Arten, welche die europäischen Hochgebirge bewohnen. Die beiden Arten wachsen gewöhnlich standörtlich getrennt, indem *Rh. ferrugineum L.* auf krystallinischen, *Rh. hirsutum* auf kalkigen Gesteinen gedeiht. Wo sie neben einander vorkommen, pflegt der Bastard nicht zu fehlen. Der Bastard ist manchmal durch unmerkliche Uebergänge mit beiden Stammarten verbunden. An einigen Stellen, z. B. am Burgstall im Stubaithale, hat er nach A. Kerner (Oe. B. Z. XXI No. 2) beide Stammarten verdrängt. *Rh. intermedium Tausch.*

Eurhododendron.

Rh. Ponticum L., Rh. maximum L., Rh. Catawbiense Mchx.

Die drei Arten sind einander sehr ähnlich, zeichnen sich durch grosse, immergrüne Blätter sowie durch ansehnliche schöne Blüthen aus und ertragen eine ziemlich strenge Winterkälte. Sie werden seit langer Zeit in europäischen Gärten cultivirt und gedeihen noch im nordwestlichen Deutschland ohne besonderen Schutz. Die drei Arten sind von den Gärtnern vielfach mit einander gekreuzt worden und haben fruchtbare Bastarde geliefert, die meistens kräftiger, schöner und reichblüthiger sind, als die reinen Arten. Die Gärtner haben bei der nahen Verwandtschaft der Stammarten auf eine Unterscheidung der Bastarde nach ihrer Herkunft wenig Werth gelegt. Die Blüthen von *Rh. Ponticum L.* sind violet mit purpurbraunen Punkten, die von *Rh. Catawbiense Mchx.* violetroth, die von *Rh. maximum L.* fleischroth oder weiss, gelb punktirt; Herbert erwähnt eine roth blühende Abart (*var. purpureum altissimum Pursh*), die dem *Rh. Ponticum* ähnlicher sein soll, als dem *Rh. maximum.*

Rh. Catawbiense Mchx. ♀ × *Ponticum L.* ♂ hat viel reichere Blüthenstände als die Stammarten. Hieber gehört die Mutterpflanze des berühmten *Rh.* ⋈ *Altaclerense.* Vgl. ferner u. A. Fl. d. serr. II, 9 fig. 1 et 2; fig. 783—84.

Rh. maximum L. ♀ × *Ponticum L.* ♂. Hieher Fl. d. serr. 1040. Herbert (Amar. p. 360) gibt an, dass der schöne weissblühende Bastard, den er aus dieser Kreuzung erhalten habe, völlig samenbeständig sei.

Rh. Catawbiense Mchx. ♀ × *maximum L.* ♂. Hieher u. A. Fl. d. serr. 836—37.

Die winterharten Arten mit Rh. arboreum Wall.

Als im Jahre 1825 das prachtvolle *Rh. arboreum* in England zur Blüthe kam, lag der Gedanke nahe, dasselbe mit den winterharten Arten zu kreuzen, um dadurch neue Sorten zu erzielen, welche sich gegen die englischen Winter widerstandsfähig erweisen könnten. Lord Carnarvon zu Highclere veranlasste seinen ausgezeichneten und in Hybridisationen erfahrenen Obergärtner J. R. Gowen zur Anstellung derartiger Versuche. Gowen befruchtete 1826 die Blüthen dreier harten *Rhododendren* mit Pollen von *Rh. arboreum*; er erhielt aus den durch diese Befruchtung erzielten Kapseln gegen 1800 Sämlinge, von welchen Lord Carnarvon einen Theil behielt, während die meisten an zahlreiche englische und schottische Gärtner und Gartenbesitzer vertheilt wurden. Die erste genau beschriebene und abgebildete Form, welche aus diesen Gowen'schen Kreuzungen hervorging, ist das *Rh.* ⋈ *Altaclerense.* Ungefähr gleichzeitig wurden von englischen Handelsgärtnern mehrere ähnliche Hybride erzeugt.

Rh. Ponticum ♀ × *arboreum* ♂ ist zuerst von Smith in Combe Wood erzeugt und als *Rh. Smithii Sweet* (non Fl. d. serr., nec Nutt.) beschrieben, hat prächtig rothe, purpurn gefleckte Blumen. Manche Exemplare blieben 20 Jahre und länger blüthenlos. In England winterhart. Hieher auch *Rh. Cunninghamii hortul.*

Rh. Catawbiense ♀ ✕ *arboreum* ♂ ist zuerst von Russell in Battersea erzeugt und als *Rh. Russellianum Sweet* beschrieben. Herbert erzog die nämliche Verbindung unter dem Namen *Rh. Haylocki*. Diese Form ist nach Herbert von den andern *Rhododendren* durch ihre Blätter auffallend verschieden und daher leicht kenntlich. Es ist der schönste *Rhododendron*-Bastard, den Herbert sah, ist spontan fruchtbar und liefert eine anscheinend ganz unveränderte Nachkommenschaft (Herb. Amar. p. 362). Die Hybriden des *Rh. arboreum* mit *Rh. Catawbiense* sollen die widerstandsfähigsten aller *Arboreum*-Hybriden sein. Hieher wohl *Rh.* „*John Waterer*" hort. und „*Neige et cerise*" Fl. d. serr. 1391—92. Das *Rh.* „*John Waterer*" befruchtet mit Pollen von *Rh. Aucklandii Hook. f.* liefert Hybride von etwas wechselnder Blüthenfarbe und äusserlich wohlgebildetem Blüthenstaub.

Rh. (*Catawbiense* ♀ ✕ *Ponticum* ♂) ♀ ✕ *arboreum* ♂ ist das bereits erwähnte *Rh. Altaclerense J. R. Gowen* (Bot. Reg. 1414), welches 1831 zuerst zur Blüthe kam. Es ist in England winterhart, leidet jedoch von Spätfrösten im Frühling. Der Tripelbastard liess sich nicht allein mit *Rh. arboreum*, sondern auch mit einer amerikanischen *Theis* befruchten.

Rh. maximum ♀ ✕ *arboreum* ♂ ist unter Andern von Herbert erzeugt (Amar. S. 361). *Rh. maximum L. var. purpureum altissimum Pursh* ♀ ✕ *arboreum Wall.* ♂ ist von Gowen in sehr zahlreichen Exemplaren gewonnen. Die Hybriden des *Rh. arboreum* sind in ausgedehntem Maasse mit *Rh. Catawbiense, maximum* und *Ponticum* gekreuzt worden, um dadurch Sorten von grösserer Winterhärte zu erzielen.

Rh. ✕ *alstroemeriaefolium hort.* ♀ ✕ *arboreum* ♂ ist neuerdings in zahlreichen verschiedenen Sorten in Cannstatt gezüchtet worden. Diese Hybriden werden als *Wilhelma-Rhododendren* verkauft. Die mütterliche Stammform *Rh.* ✕ *alstroemeriaefolium* ist eine, wie ich glaube, französische Gartenhybride, über deren Abstammung ich nichts erfahren konnte.

Rh. arboreum ♀ ✕ *maximum* ♂, *Rh. arb.* ♀ ✕ *Ponticum* ♂ und *Rh. arb.* ♀ ✕ *Catawbiense* ♂ sind von englischen Gärtnern (z. B. Smith in Norbiton) in grosser Menge erzeugt worden, waren aber viel empfindlicher gegen Kälte als die umgekehrten Kreuzungsproducte, denen sie an Blüthenpracht bei Weitem nachstanden. Man hat es daher aufgegeben, das *Rh. arboreum* bei Kreuzungsversuchen als weibliche Stammart zu benutzen.

Die winterharten Arten mit andern indischen Arten.

Ausser *Rh. arboreum* ist namentlich das schöne, grossblüthige und ziemlich harte *Rh. campanulatum D. Don* mit den gewöhnlichen winterharten Arten gekreuzt worden. Das *Rh. campanulatum* verliert im Frühjahr die alten Blätter.

Rh. Ponticum ♀ ⨯ *campanulatum* ♂ ist sehr kräftig und hat ungemein grosse mehrjährige (wie *Ponticum*) Blätter.

Rh. campanulatum ♀ ⨯ *Catawbiense* ♂ hat das *Rh. campanulatum Johann Stern* (Züchter Rinz) geliefert. Blüht früh, weiss mit lila Anflug. Ist im westlichen Deutschland winterhart.

Rh. Ponticum L. ♀ ⨯ *cinnamomeum Hook. f.* ♂. Blätter anfangs goldgelb, später düster grün. Hält in Frankreich im Freien aus.

Hybride von Rh. Caucasicum Pall.

Rh. Caucasicum Pall. ist ein niedriger Strauch mit inwendig weissen, im Schlunde grüngetüpfelten, aussen röthlichen Blumen.

Rh. Caucasicum Pall. ⨯ *chrysanthum Pall.* ist in den als *Rh. Cauc. stramineum* (Bot. Mag. 3422) und *flavidum* (Gartenfl. 560) beschriebenen Formen vermuthet worden. Sie stammen indess nach Regel aus dem Caucasus, wo *Rh. chrysanthum* nicht wächst, und sind daher als natürliche Varietäten zu betrachten.

Rh. Caucasicum Pall. ♀ ⨯ *arboreum Wall.* ♂. Blüthen rosenroth (*venustum*) oder scharlachroth (*Nobleanum*), kommt in zahlreichen Sorten vor, ist viel niedriger als die andern Hybriden des *Rh. arboreum*. Hieher *Rh. pulcherimum* Bot. Reg. 1820, *Rh. Nobleanum, Rh. venustum D. Don* (W. Smith in Kingston) non *Salisb.* Das *Rh.* ⨯ *venustum* mit *Rh. Caucasicum* befruchtet, also *Rh.* (*Caucasicum* ♀ ⨯ *arboreum* ♂) ♀ ⨯ *Caucasicum* ♂ hat weisse Blumen mit blassrothem Band und keine Tüpfel: *Rh. Rosalba* Fl. d. serr. 1038. Ist als Kalthauspflanze aufgeführt.

Es sind ausserdem noch zahlreiche andere Hybride des *Rh. Caucasicum* (auch mit *Rh. cinnamomeum Hook. f.*) von den Gärtnern erzeugt und z. Th. auch beschrieben und abgebildet worden. *Rh. Caucasicum* ♀ ⨯ *campanulatum* ♂ ist u. A. zu Kreuzungen mit *Rh. Caucasicum* ⨯ *arboreum* und dessen Abkömmlingen benutzt worden.

Hybride der indischen Rhododendren unter einander.

Die indischen *Rhododendren* sind in Europa im Allgemeinen Kalthauspflanzen; nur einige Arten vom Himalaya halten im westlichen England und in Frankreich im Freien aus. Am empfindlichsten sind die Arten von den Gebirgen der Sundainseln, wie *Rh. jasminiflorum Hook f.* und *Rh. Javanicum Benn.* Da die Zahl der echten Arten von indischen *Rhododendren* schon sehr gross und da ihre gärtnerische Verwendbarkeit ziemlich beschränkt ist, haben nur wenige Hybride zwischen ihnen grösseres Aufsehen erregt. Es genügt daher, einige Beispiele anzuführen.

Rh. cinnamomeum Hook. f ⨯ arboreum Wall., ein Mischling aus zwei nahe verwandten Arten. Hieher vielleicht Illustr. hort. t. 84?

Rh. campanulatum D. Don ♀ ⨯ *arboreum Wall.* ♂ wurde zuerst (in 12 Exemplaren) zu Preston Hall erzogen und hält im südwestlichen England im Freien aus.

Rh. campanulatum D. Don ⨯ *cinnamomeum Hook f.* — Fl. d. serr. 935.

Rh. glaucum Hook. f. ♀ ⨯ *ciliatum Hook. f.* ♂ ist genau intermediär zwischen den Stammarten. *Rh.* ⨯ *Wilsoni* Bot. Mag. 5116.

Rh. formosum Wall. ♀ ⨯ *Edgeworthii Hook f.* ♂, mit schönen weissen Blumen, ist *Rh. Sesterianum Veitch.* — *Princess Alice* (Veitch & Sons) ist ähnlich.

Rh. formosum Wall. ♀⨯ *Dalhousiae Hook. f.* ♂ hat blassroth *(Rh. formosum)* angehauchte Blüthen, die so gross sind, wie bei *Rh. Dalhousiae.* Bot. Mag. 5322. *Countess of Haddington hortul.* scheint dasselbe zu sein. Einen Tripelbastard von *Rh. Dalhousiae*, *Rh. ciliatum* und *Rh. Nuttallii Booth* besass J. Anderson Henry.

Rh. Edgeworthii Hook. f. ⨯ *ciliatum Hook. f.*; hieher wahrscheinlich *Rh.* ⨯ *fragrantissimum* (Rollisson & Sons).

Rh. Fortunei Lindl. ⨯ *Thomsoni Hook. f.* (Züchter Luscombe). *Rh. argenteum Hook. f.* ⨯ *arboreum Wall.* soll in Kew cultivirt werden.

Rh. Javanicum Benn. ♀⨯ *jasminiflorum Hook. f.* ♂ (nach andern Angaben umgekehrt) blüht rosenroth, während die eine Stammart weisse, die andere orangefarbene Blüthen hat. Uebrigens durchaus intermediär; hieher *Rh. Princess Royal, Rh. Princess Helena.* Von den beiden Arten, die in diesen Bastarden verbunden sind, hat man in England ziemlich zahlreiche Hybride gezogen. So stammt *Princess Alexandra* von *Rh. Princess Royal* befruchtet mit *Rh. jasminiflorum, Princess of Wales* ist ein Abkömmling von *Rh. Javanicum. Duchess of Edinburgh* (Veitch & Sons) ist *Rh.* ⨯ *Princess Royal* ♀⨯ *Lowii Hook. f.* ♂ u. s. w. Dazu kommen noch Bastarde zwischen verwandten Arten, z. B. *Rh. Javanicum Benn.* ⨯ *Lowii Hook f.*, *Rh. Brookeanum Low* ⨯ *Lowii Hook f.* u. s. w., die wieder mit den Hybriden von *Rh. jasminiflorum* gekreuzt worden sind.

Theis Salisb. (*Azalea* Maxmw.).

Maximowicz theilt die Untergattung in drei Reihen, von denen indess nur zwei solche Arten enthalten, welche bisher zu Hybridisationen benutzt wurden. Der Uebersichtlichkeit halber werde ich diese Reihen als *Eutheis* und *Rhodora* gesondert halten.

Eutheis (Pontisch-amerikanische Azaleen).

Es sind vier Hauptarten mit mehreren Unterarten, aus welchen die „pontischen" Azaleen der Gärten hervorgegangen sind. Zu Anfang des Jahrhunderts fing man in England (Gärtnerei zu Hammersmith) an, das *Rh. flavum G. Don* mit *Rh. viscosum Torr.*, *Rh. nudiflorum Torr.* und *Rh. calendulaceum Torr.* zu kreuzen. Später haben Waterer zu Knaphill und R. Gowen in Highclere viele neue hybride Sorten erzeugt. Die grössten Erfolge in dieser Richtung erzielte jedoch der Bäckermeister Mortier in Gent, welcher sein Verfahren zwar sehr geheim hielt, aber offenbar die schönsten Hybriden der genannten vier Arten zu seinen Züchtungen benutzt hat. Es ist unzweifelhaft, dass jene vier Arten sich ohne merkliche Einbusse an Fruchtbarkeit in jeder Weise mit einander kreuzen lassen.

Einige der bekannteren Hybriden, aus welchen später die schönsten Formen hervorgegangen sind, mögen hier speciell namhaft gemacht werden. Die Blüthenfarbe ist bei *Rh. flavum* gelb, bei den drei amerikanischen Arten einigermaassen variabel, aber im Allgemeinen bei *Rh. viscosum* weiss, bei *Rh. nudiflorum* rosa und bei *Rh. calendulaceum* gelb.

Rh. viscosum ♀ ⨯ *flavum* ♂ ist u. A. von Gowen und Herbert erzeugt und als *Rh. ornatum Swet.* beschrieben worden. Blumen gelb, feuerroth, rosa, bunt, zuweilen ganz weiss; die mütterliche Stammform war eine Varietät mit röthlichen Blumen.

Rh. nudiflorum coccineum ♀ ⨯ *flavum* ♂ hat *Rhod. nudifl. scintillans* (Bot. Mag. 3667, Fl. Cab. II. pag. 94) geliefert (Züchter Gowen). Ferner gehören hieher wahrscheinlich *Az. Pontica coronaria*, und *Rhod. flavum ardens* der Gärten.

Rh. viscosum ♀ ⨯ *calendulaceum* ♂ in mehreren Farbenvarietäten, u. A. von Herbert erzeugt.

Rh. calendulaceum ♀ ⨯ *nudiflorum* ♂ ist von R. Gowen zu Highclere erzogen *(Az. calendulacea lepida)*, hält genau die Mitte zwischen den Stammarten. Vgl. Bot. Reg. 1366, 1402. Die Form *Stapletoniana* steht der *A. calendulacea* näher. *Rh. Mortierii Sweet*, einer der ersten Genter Bastarde, stammt von *Rh. nudiflorum coccineum* und *Rh. calendulaceum*; es kam in zwei Farbenvarietäten, hellkupferig und orangefarben mit fleischrothem Centrum vor. Muthmaasslich gehören ferner zu *Rh. calendulaceum* ⨯ *nudiflorum*: *Az. speciosa Willd., A. fulgida* Bot. Mag. 3439.

Die neueren Gartenvarietäten sind, wie gesagt, vielfach gekreuzt;

auch hat man neuerdings *Rh. occidentale Asa Gr.* und schon seit 1825 *Rh. Sinense Sweet* mit den pontisch-amerikanischen Arten vermischt.

Eutheis ✕ Rhodora.

Rh. viscosum Torr. ✕ *Sinense Sweet* ist *Azalea Altaclerensis* Bot. Reg. 28 t. 27, von Gowen gewonnen, soll sehr schön sein. Aehnlich *Az. Daviesi hort.*

Rh. rhodora D. Don ♀ ✕ *flavum G. Don* ♂ ist von Herbert in zahlreichen Exemplaren erzeugt, die sich jedoch als sehr zart und schwächlich erwiesen. Von mehr als hundert Sämlingen konnte nur ein einziger aufgezogen werden. Derselbe wurde später sehr kräftig und ist als *Azalea Seymouri* Bot. Reg. 1975 abgebildet. Blüthen blassgelb, mit 7—9 Staubfäden (die ♀ Stammart hat 10, die ♂ 5). *Rh. rhodora D. Don* ♀ ✕ *calendulaceum Torr. var. hort. triumphans* ♂ von Herbert erzeugt, zeigte sich in der Jugend ungemein schwächlich. Ob die Aufzucht einzelner Exemplare gelang, habe ich nicht sicher ermitteln können, doch sagt Herbert (Journ. Hort. Soc. II. p. 98), dass die Blumen des Bastards von *Rh. rhodora* mit der gelben Azalee häufig getrennte Farben zeigen, statt eines gleichmässigen gemischten Colorits. Die Bemerkung könnte sich auch auf den Bastard mit *Rh. flavum* beziehen.

Eurhododendron ✕ Theis.

Die grossen harten *Eurhododendren (Ponticum, maximum, Catawbiense)* einerseits und die *Eutheis*-Arten andererseits verhalten sich zu einander fast wie zwei formenreiche Arten. Es scheint nicht schwieriger zu sein, Hybride aus derselben Gruppe zur Kreuzung zu benutzen, als reine Arten. Die Sämlinge der *Eurhododendron* ✕ *Theis* pflegen ungemein schwächlich zu sein, so dass es selten gelingt, sie aufzuziehen. Später werden sie jedoch sehr kräftig. Sie sind an und für sich in der Regel unfruchtbar, lassen sich jedoch oft durch Pollen der Stammarten und durch deren Verwandte befruchten. Herbert sagt, dass diese Bastarde gegen Feuchtigkeit empfindlich sind und oft gescheckte Blätter haben.

Rhododendron (Theis) viscosum ✕ *Ponticum*. Hieher gehört wahrscheinlich *Rh. azaleoides Desf.* Herbert (Amar. S. 356) sagt, es sei durch zufällige Befruchtung einer *Theis* mit *Rhodod. Ponticum* in Thompson's Garten zu Mile End entstanden. Nach andern Angaben soll es jedoch aus Samen von *Rh. Ponticum* entstanden sein. Herbert (Amar. S. 360) erwähnt, dass dieser Bastard steril sei, gibt aber (Trans. Hort. Soc. London IV. pag. 24) an, er sei mit Erfolg durch Pollen von *Rh. Catawbiense* befruchtet, doch sei der Same zufällig nicht reif geworden. C. Koch bemerkt, *Rh. azaleoides* bringe keimfähigen Samen. Von einer „wohlriechenden weissen Freiland-*Azalee*", also vermuthlich einer Form von *Rh. viscosum Torr.*, stammt *Az. hybr. enneandra* Bot. Reg. 2308. Es ist dies also *Rh. viscosum* ♀ × *Ponticum* ♂ mit weisslichen, grüngetüpfelten, etwas wohlriechenden Blumen, 8—10, meistens 9, Staubfäden und immergrünen Blättern. Auch Gowen erzog nach Herbert derartige Bastarde.

Rh. viscosum Torr. var. glaucum ♀ × *maximum L.* ♂ ist *Rh. hybr. bigener* Bot. Reg. III. t. 195, *Rh. fragrans hort.*, *Rh. maximum hybridum* Bot. Mag. 3454, *Rh. hybridum* Lodd. Immergrün, mit bleichrosafarbenen Blumen.

Rh. (maximum ♀ × *Ponticum* ♂*)* ♀ × *calendulaceum var. chrysolectr.* ♂ und *Rh. maximum* ♀ × *calendulaceum var. chrysolectrum* ♂ sind nach Herbert (Amar. S. 360) von R. Gowen erzeugt worden, aber durch Vernachlässigung zu Grunde gegangen.

Rh. (Theis) nudiflorum ♀ × *Catawbiense* ♂ ist immergrün, mit violeten, am Schlunde weisslichen Blüthen und 10 Staubfäden. *Rh. Cartonianum* Bot. Reg. 1449. Sehr eigenthümliche Pflanze.

Rh. nudiflorum ♀ × *(Ponticum* ♀ × *Catawbiense* ♂*)* ♂ ist *Rh. Gowenianum D. Don*. Blätter bald bleibend, bald hinfällig, die jüngeren unterseits flaumig. Blumen schön purpurn.

Rh. Ponticum ♀ × *flavum* ♂ ist von Herbert erzeugt worden, der vier Sämlinge erhielt, von denen zwei gelbe, wohlriechende Blumen, sehr ähnlich denen des *Rh. flavum*, brachten, eins blassgelbe und eins kastanienbraune. Blätter immergrün. Vgl. Bot. Reg. 31 t. 51, 60. Im Journ. Hort. Soc. II pag. 98 sagt Herbert, dass die Blüthen oft statt eines gleichförmigen Colorits getrennte Farben zeigen.

Fernere Bastarde ähnlichen Ursprungs scheinen zu sein: *Fl. d. serr.* 1063, 1306—7 (Züchter Rollisson), 1325. Auch Bretschneider in Altenburg zog nach E. Ortgies derartige Hybride.

Rh. [(*Catawbiense* ♀ × *Ponticum* ♂) ♀ × *arboreum* ♂] ♀ × *nudiflorum var. coccineum* ♂ wird von Herbert (Amar. S. 361) als zu Highclere erzogen erwähnt. Nähere Mittheilungen fehlen; auch fragt sich, ob die Aufzucht dieses merkwürdigen Bastardes gelungen ist.

Rh. nudiflorum Torr. var. coccineum D. Don ♀ × *arboreum* Wall. ♂ ist *Rh. nudiflorum eximium*, einer der ersten Bastarde von *Rh. arboreum*, im Allgemeinen dem *Rh. nudiflorum* ähnlicher, aber mit 10 Staubfäden und immergrünen Blättern. Auch von *Rh. ciliatum Hook. f.* und *Eutheis*-Arten (z. B. *Rh. viscosum* oder Abkömmlingen desselben) hat man Bastarde gewonnen.

Rh. Caucasicum Pall. ♀ ⨯ *flavum var. albiflorum* ♂ hat ein weissblühendes *Rh. Caucasicum hybridum* geliefert, habituell einer *Theis* sehr ähnlich.

Rh. (Ponticum ⨯ *maximum)* ♀ ⨯ *Sinense* ♂ ist von Smith in Norbiton erzogen und zwar in mehreren Farbenvarietäten. Immergrün, mit grossen Blüthen. Eine der Varietäten, *Rh. Smithii aureum* Fl. d. serr. I p. 45, hat goldgelbe Blüthen, eine andere, *Rh. carneum elegantissimum* Fl. d. serr. II, 3 Fig. 4, blassrosafarbene mit gelblichem Schein. Eine dritte Varietät ist *Rh. Smithii Norbitonense.* Die Vermuthung der Fl. d. serr., dass *Rh. arboreum* mütterliche Stammart sei, ist von Herbert berichtigt. *Rh.* ⨯ *formosum* hort. Versch. Illustr. Hortic. 364 wird als ein *Rh. aureum* ♀ ⨯ *arboreum* ♂ bezeichnet; unter dem *Rh. aureum* kann kaum etwas Anderes verstanden sein, als das *Rh.* ⨯ *Smithii aureum* Fl. d. serr., so dass *Rh.* ⨯ *formosum* hort. Verschff. sein würde: *Rh.* [(*Ponticum* ⨯ *maximum)* ♀ ⨯ *Sinense* ♂] *var. aureum* ♀ ⨯ *arboreum* ♂. Blüthen gross und roth wie bei *Rh. arboreum.*

Rh. Sinense, befruchtet mit *Eurhododendren,* gibt zwar viele keimfähige Samen; doch sind die Keimpflanzen äusserst schwächlich.

Rh. rhodora ♀ ⨯ *Ponticum* ♂ ist von Herbert erzeugt (Amar. S. 359), doch waren die Sämlinge sehr zart und schwächlich. Da diese merkwürdige Verbindung, so viel ich sehe, nirgends näher beschrieben wird, so ist wohl anzunehmen, dass es nicht gelungen ist, einen der Sämlinge aufzuziehen.

Tsusia *Planch.* (Indische Azaleen der Gärtner.)

Seit alten Zeiten werden die „indischen Azaleen" als Zierpflanzen in den Gärten China's und Japans gebaut; sie sind von dort, ähnlich wie *Paeonia moutan, Camellia Japonica, Rosa Indica, Chrysanthemum Indicum,* in mancherlei Varietäten nach Europa gebracht worden. Die Züchtungen der europäischen Gärtner sind somit nicht von einer homogenen Species, sondern von zahlreichen Raçen und Varietäten ausgegangen, die einer viele Jahrhunderte fortgesetzten Cultur (Auslese und Erhaltung abweichender Formen) unterworfen gewesen sind. Es waren darunter höchst wahrscheinlich viele alte, sowohl in der freien Natur als Gärten zufällig entstandene Hybride.

Planchon gibt an, dass die indischen Azaleen auf drei Unterarten des *Rh. Indicum* zurückgeführt werden können, die er als *Breynii, Kaempferi* und *Simsii* unterscheidet. Maximowicz, der die Pflanzen in Japan selbst studirte, nimmt zwei Hauptarten an: *Rh. ledifolium D. Don* mit vier Unterarten und *Rh. Indicum Sweet* mit fünf Unterarten. Dazu kommt noch das *Rh. puniceum Planch.,* welches nach

Maximowicz vielleicht ein Bastard *Rh. sublanceolatum Miq.* ✕ *ledifolium D. Don* ist.

Rh. Indicum ✕ *ledifolium* ist von Maximowicz in einem einzigen Exemplare wildwachsend bei Yokohama beobachtet worden. Es stammte anscheinend von dem *Rh. Indicum α. Kaempferi*, welches prächtig scharlachrothe Blüthen und 5 Staubfäden hat, und dem weissblüthigen dekandrischen *Rh. ledifolium*; es hatte grosse, rosenrothe Blüthen und 6 Staubfäden. — *Rh. ledifolium* ♀ ✕ *Indicum* ♂ ist *Rh. pulchrum Sweet* und *Rh. Indicum Smithii Sweet*. Blüthen dekandrisch, purpurrosa. Wahrscheinlich gehört hieher auch der von Smith erzeugte lilafarbene Mischling (*Azalea phoenicea* ✕ *ledifolia*), von welchem Herbert sagt, dass er ungemein fruchtbar war und kräftige Sämlinge lieferte. — Maximowicz gibt an, dass Sweet's Abbildung des *Rh.* ✕ *pulchrum* sehr ähnlich sei dem in Japan mehrfach cultivirten *Rh. ledifolium β purpureum*, von welchem ein einziges Exemplar durch Wright auf der Insel Takuno-sima wildwachsend gefunden wurde.

Eurhododendron ✕ Tsusia.

Ueber Kreuzungen von indischen Azaleen mit andern Rhododendren ist wenig Zuverlässiges bekannt; *Rhod. azaleoides crispiflorum* Illustr. hort. t. 181 soll von einem Garten-*Rhododendron*, befruchtet mit einer *Tsusia*, stammen. Ein ähnlicher Ursprung wird von *Rh. Impératrice* (Oudin aîné) und *Azalea Eulalie* (Van Geert) angegeben.

Eurhododendron ✕ Rhodorastrum.

Der Typus der Gruppe *Rhodorastrum* ist das *Rh. Dauricum L.*, welches in zwei Unterarten, einer immergrünen (*typicum*) und einer sommergrünen (*mucronulatum Turcz.*) vorkommt.

Rh. Ponticum L. ♀ ✕ *Dauricum L. typ.* ♂ ist das früh blühende sterile *Rh. Aprilis Herbert*.

Rh. Dauricum L. ♀ ✕ *arboreum Wall.* ♂ ist *Rh. Rovellii hort.*, von Rovelli in Palanza erzeugt, hält in Frankreich im Freien aus. Blüthen viel zahlreicher und grösser als bei *Rh. Dauricum*. Abb.: Rev. hort. 1868. — Dieselbe Verbindung hatte nach Herbert (Amar. S. 360) schon Smith in Norbiton erzeugt, doch gingen seine Sämlinge sämmtlich zu Grunde, weil sie zu jung der Winterkälte ausgesetzt wurden.

Rh. Dauricum L. (♀?) ✕ *ciliatum Hook. f.* ist *Rh. praecox hort.* (Züchter Davies zu Wavertree um 1860), welches in den Blättern dem *Rh. Dauricum*, in den Blüthen dem *Rh. ciliatum* ähnlich sein soll. *Rh. ciliatum* blüht in Sikkim lila, in England weiss. Der Bastard *Rh. Dauricum* ✕ *ciliatum* mit Pollen von *Rh. Dauricum* befruchtet, hat Rh. ✕ *Early gem* (Züchter Veitch & Sons) geliefert.

Rh. virgatum Hook f. ✕ *ciliatum Hook f.;* hicher das *Rh.* ✕ *multiflorum hort.* (Züchter Davies), welches mit *Rh. Edgeworthii Hook. f.* das schöne *Rh. Countess of Derby* und eine Anzahl anderer Sorten geliefert hat. Von *Rh. virgatum Hook. f.* stammt ferner auch das *Rh.* ✕ *floribundum hort.* (Züchter Davies). Angaben über Kreuzungsproducte des *Rh. Dauricum* mit *Tsusien* scheinen nicht zuverlässig zu sein.

50. EPACRIDEAE.
Epacris.

Die Arten dieser Gattung stammen vom australischen Continent und von Tasmanien. Gleich den *Eriken* sind sie namentlich während der ersten Hälfte unseres Jahrhunderts mit besonderer Vorliebe cultivirt worden. Viele Gartenpflanzen dieser Gattung lassen sich anscheinend jetzt nicht mehr auf die bekannten wilden Arten zurückführen. Es kann wohl nicht bezweifelt werden, dass die zahlreichen Sorten und Varietäten, welche man gegenwärtig cultivirt, ihren Ursprung meistens Kreuzungen verdanken. Näheres ist kaum darüber bekannt.

E. impressa Labill. ✕ *grandiflora Sm.* (Züchter Storey). Aehnlich *E.* ✕ *autumnalis hort.*

51. PRIMULACEAE.
Primula.

Lit.: Ch. Darwin in Journ. Linn. Soc. X Bot. p. 437; Versch. Blüthenformen Cap. 2; A. Godron in Mém. ac. Stanisl. 4 sér. t. VI p. 55—76; A. Kerner in Oe. B. Z. XXV; J. Scott in Journ. Linn. Soc. Bot. VIII p. 78.

Viele Primelarten kommen in zwei sexuellen Formen vor, einer langgriffligen und einer kurzgriffligen, welche sich legitimer Weise gegenseitig befruchten. Gleichnamige Formen befruchten sich nur unvollständig; die Nachkommenschaft zeigt sich minder lebenskräftig als die legitim erzeugte. Ch. Darwin hat diese Verhältnisse zuerst genau untersucht. Künstliche Primelbastarde sind bisher nur in geringer Zahl absichtlich erzogen worden.*) J. Scott hat eine Anzahl erfolgreicher hybrider Befruch-

---

*) Gärtner spricht Bastarderz. S. 561 von den vielen *Primula*-Bastarden, die er erzeugt habe, doch ist nur ein einziger nachweisbar.

tungen ausgeführt, aber es ist nicht bekannt geworden, ob es ihm gelungen ist, aus den gewonnenen Samen Bastardpflanzen aufzuziehen. Die wildwachsenden Primelbastarde sind zuerst von H. Schott, später auch von Andern, insbesondere von A. Kerner, untersucht worden.

Primulastrum.

Linné hielt die Arten dieser Gruppe für Raçen einer einzigen Art: *Pr. veris*. In Mitteleuropa finden sich drei wohlcharakterisirte Typen:
1. *Pr. acaulis Jacq.* (*Pr. grandiflora Lam.*, *Pr. vulgaris Huds.*, „*Primrose*"): Schaftlos, Blüthen gross, blassgelb, früh blühend.
2. *Pr. elatior Jacq.* („*Bardfield oxlip*"): Blüthen auf vielblüthigem Schaft, ziemlich gross, schwefelgelb; blüht etwas später.
3. *Pr. officinalis Jacq.* (*Pr. veris L.* ex ptc., aut. Angl., „*Cowslip*"): Blüthen auf vielblüthigem Schaft beträchtlich kleiner, lebhaft gelb, mit 5 orangefarbenen Schlundflecken; blüht später. Eine südliche Raçe mit discoloren Blättern und etwas grösseren Blüthen ist *Pr. Columnae Ten.* (*Pr. suaveolens Bertol.*). Sie ist nicht nur durch Uebergangsformen mit der gewöhnlichen nordischen Raçe verbunden, sondern soll sich durch Versetzung in andern Boden unmittelbar in dieselbe überführen lassen (Oe. B. Z. XV S. 214). Nach Miégeville sind die langgriffligen Formen von *Pr. officinalis* und *Pr. Tommasinii* (= *Columnae*) unfruchtbar (Bull. soc. bot. France XV p. XLIV); es wäre sehr merkwürdig, wenn diese Angabe für das südwestliche Frankreich wirklich richtig wäre, da an anderen Orten beide Blüthenformen vollkommen fruchtbar sind. In einigen Gegenden Frankreichs kommen rothblühende Varietäten von *Pr. acaulis* und *Pr. officinalis* wildwachsend vor.

Pr. acaulis Jacq. × *elatior Jacq.* scheint an Orten, wo die Stammarten gesellig wachsen, nicht selten zu sein. Hat einen ziemlich langen Schaft mit langen Blüthenstielen. Es ist oft schwer zu bestimmen, ob man es mit einer *var. caulescens* der *Pr. acaulis* oder mit einem Bastard zu thun hat. Loret konnte bei Pau 4 Uebergangsformen zwischen den beiden Arten unterscheiden. Den Blüthenstaub des Bastards fand ich manchmal fast normal, in andern Fällen jedoch mit einer beträchtlichen Beimischung verkümmerter Körner. Der Schaft bei dieser Bastardform verhält sich ganz ähnlich wie bei *Pr. acaulis* × *officinalis*, doch pflegen die grundständigen Einzelblüthen zu fehlen. — Dieser Bastard wächst in Dänemark (Möen), Frankreich, (von Abbeville bis Pau beobachtet), der Schweiz, Tirol, Oesterreich und Bosnien. *Pr. digenea A. Kern.* Gärtner gibt an (Bast. S. 561,

721), dass er *Pr. acaulis* ♀ ⨯ *elatior calycantha* ♂ erzeugt habe; der Bastard zeigte den „weiten" (?) Kelch und die grössere Krone der *Pr. acaulis*, die Blüthenfarbe der *Pr. calycantha*. Abkömmlinge von *Pr. acaulis* ⨯ *elatior* scheinen auch nicht selten cultivirt zu werden. *Pr. acaulis Jacq.* ⨯ *officinalis Jacq.* bildet sich anscheinend sehr leicht an Orten, wo die Stammarten gesellig wachsen. Godron hat die *Pr. offic.* ♀ ⨯ *acaulis* ♂ künstlich erzogen, behauptet aber, dass wildwachsend nur *Pr. acaulis* ♀ ⨯ *officinalis* ♂ vorkomme, welche vollkommen steril sei. Die *Pr. offic.* ♀ ⨯ *acaul.* ♂ soll sich durch etwas nickende Blüthen und concave Kronenzipfel von der wilden Form unterscheiden. Lecoq scheint den Bastard ebenfalls künstlich erzeugt zu haben, doch habe ich keine näheren Angaben darüber gefunden. Der Bastard hat manchmal Anfangs nur grundständige Blüthenstiele wie *Pr. acaulis*, später treibt er einen kürzeren oder längeren mehrblüthigen Schaft. Deutliche Uebergangsformen zu den Stammarten scheinen wildwachsend nicht beobachtet zu sein; ich habe am Genfer See vielfach vergebens darnach gesucht. Der Blüthenstaub enthält zahlreiche verkümmerte Körner neben den äusserlich wohl entwickelten. Fruchtbarkeit sehr verschieden. An vielen Orten ist der wilde Bastard steril. Lecoq gibt an, dass er die Nachkommenschaft ausserordentlich variabel gefunden habe. Godron pflanzte seine künstliche *Pr. offic.* ♀ ⨯ *acaul.* ♂ neben die Stammarten und liess sie sich selbst aussäen, während er die Stammarten nicht zur Fruchtbildung kommen liess. Nach 5 Jahren hatte Godron von dem Bastard eine Nachkommenschaft von 100 blühreifen Exemplaren erhalten, nämlich 6 *Pr. offic.*, 3 *Pr. acaul.* und 91 Mischformen, darunter 78 *per-officinalis*, 3 *per-acaulis* und 10 Mittelformen, der wilden *Pr. acaul.* ⨯ *offic.* gleichend. — Lebel und Rochebrune fanden den Bastard an einzelnen Orten ohne die Stammarten und hielten ihn für samenbeständig, resp. für eine seltene selbständige Art. In Schleswig ist der Bastard fruchtbar, ebenso nach J. Lange (Fl. Dan. Hvt. 46) in Dänemark, wo er reichlich Samen trägt und eine constante Nachkommenschaft erzeugt.

Von den Versuchen, welche in Betreff der Samenbeständigkeit des Bastards angestellt wurden, entspricht, wie man sieht, kein einziger den Bedingungen, welche an ein wissenschaftliches Experiment gestellt werden müssen.

Wildwachsend ist der Bastard in Deutschland, wie es scheint, nur in Schleswig gefunden worden, da die Stammarten in anderen Gegenden nicht gesellig wachsen. Dagegen ist er in Dänemark, England, Frankreich und der südlichen Schweiz nicht eben selten, ist auch in

Norditalien, Tirol, bei Görz in Oesterreich und in Bosnien beobachtet worden. *Pr. variabilis Goup.*, *Pr. brevistyla DC.* (kurzgrifflige Form), *Pr. intermedia Facch.*, *Pr. flagellicaulis A. Kern.* (eine seltene per-acaul. ✕ offic.), *Pr. Ternoviana A. Kern.* (*acaul.* ✕ *Columnae*), *Pr. elatior aut. Angl. mult.* (non *Jacq.*), „*Oxlip*" der Engländer. Nicht ganz identisch mit der *Pr. officinalis* ist die gewöhnliche rothe Gartenprimel „*Polyanthus*" der Engländer, welche ich als *Pr. hortensis* bezeichnen will (s. unten). Ch. Darwin erhielt *Pr. acaulis brachyst.* ♀ ✕ *hortensis macrost.* ♂ in 6 Exemplaren. Dieselben unterschieden sich nach Darwin nur durch den trübrothen Farbenton von gewöhnlicher wilder *Pr. acaulis* ✕ *officinalis*. — Germain-de-Saint Pierre sah bunte Mischlinge auf andere Weise entstehen; sie bildeten sich auf einer Wiese, auf welcher *Pr. officinalis* wuchs und welche an G.'s Garten grenzte, in welchem bunte Varietäten von *Pr. acaulis* cultivirt wurden (der Bastard war somit *Pr. offic.* ♀ ✕ *acaul.* ♂, welcher nach Godron gar nicht spontan entstehen soll). In Gärten finden sich bunte oder rothe Sorten von *Pr. acaul.* ✕ *offic.* häufig und sind durch alle Uebergangsglieder mit der gewöhnlichen Gartenprimel, *Pr. hortensis*, verbunden. Naudin fand die Nachkommenschaft einer zufällig im Garten entstandenen *Pr. acaul.* ✕ *offic.* sehr variabel, Godron sah aus Samen des (wilden?) Bastards, der neben *Pr. acaulis* im Garten cultivirt wurde, *Pr. acaulis* hervorgehen. A. Perrier gibt an, dass Duhamel aus Samen von *Pr. „variabilis"* die *Pr. officinalis typ.* und *Pr. acaul. fl. purpur.* erhalten habe. Dagegen berichten Sauzé et Maillard, dass sich *Pr.* ✕ *variabilis* in einem Garten, in welchem keine anderen Primeln gezogen wurden, seit acht Jahren durch Selbstaussaat unverändert fortgepflanzt hat.

Die Gartenprimel *Pr. hortensis* (*Polyanthus hort.*, *Pr. Anglica hort.?*) ist nach Ch. Darwin eine Varietät von *Pr. officinalis*. Sie ändert zwar in der Blüthenfarbe und anderen untergeordneten Merkmalen ab, schlägt aber bei Reinzucht durch Aussaat nicht vollständig zu *Pr. officinalis* zurück. Die typische Form von *Pr. hortensis*, wie sie früher fast ausschliesslich cultivirt wurde, zeichnet sich durch folgende Merkmale aus: Blätter wie bei *Pr. acaul.* ✕ *offic.*; Schaft niedrig, Blüthen mässig lang gestielt, in der Regel nicht nickend, so gross wie bei *Pr. elatior*; Kelch fast so weit wie bei *Pr. offic.*, nach dem Verblühen offen, mit nicht zusammenneigenden Zähnen (Unterschied von *Pr. offic.!*); Krone roth oder gelbroth in verschiedenen Schattirungen, mit verwaschenen oder ganz fehlenden Schlundflecken; Blüthenstaub bald ganz gleichkörnig, bald mit einer grösseren oder geringeren Beimischung von verkümmerten Körnern; Behaarung intermediär. Der niedrige

Schaft weist auf eine Abstammung von *Pr. acaulis* hin, während der weite Kelch nur von *Pr. officinalis* erworben sein kann. Von *Pr. acaulis* ✕ *officinalis* weicht die Pflanze durch die Seltenheit oder das Fehlen einzelner grundständiger Blüthen, den höheren Schaft und die grössere Fruchtbarkeit ab. Es ist aber doch wohl wahrscheinlich, dass *Pr. hortensis* ein der *Pr. officinalis* genäherter Abkömmling von *Pr. acaulis* ✕ *officinalis* ist. In neuerer Zeit sind die Formen von *Pr. hortensis* mit allen möglichen verwandten Primelarten und Varietäten gekreuzt. Man findet in den Gärten Uebergänge zu der normalen *Pr. acaulis* ✕ *officinalis*, zu *Pr. elatior* und *Pr. officinalis*. W. Herbert (Transact. Hort. Soc. London IV p. 19) erhielt aus Samen einer rothen Gartenprimel: eine *Pr. officinalis*, eine *Pr. acaulis*, „*Oxlips*" von verschiedenen Farben, eine dunkle *Pr. hortensis (*„*Polyanthus*"*)*, eine *Pr. hortensis* mit Blüthen von *Pr. acaulis* und endlich eine gefüllte (Hosciu-hose) *Pr. officinalis*, aus deren Samen eine ebenso gefüllte *Pr. acaulis* hervorging. Eine solche Variabilität ist nur dadurch zu erklären, dass die Mutterpflanze ein Mischling war, welcher durch verschiedene andere Arten und Mischlinge befruchtet wurde. *Pr. hortensis* und *Pr. officinalis* befruchten sich nach Ch. Darwin gegenseitig vollständig; die Nachkommenschaft ist vollkommen fruchtbar. Ueber *Pr. acaulis* ✕ *hortensis* s. S. 248.

Pr. elatior ✕ *hortensis* habe ich bisher nur in einem einzigen kurzgriffligen Exemplar erhalten. Die ersten Blüthen verwaschen gelblich, die späteren blass trübroth; Pollen reich an verbildeten Körnern (mehr als bei illegitimer *Pr. officinalis*). Ziemlich fruchtbar, vermuthlich durch Bestäubung mit Pollen der langgriffligen *Pr. elatior* Jacq.

Pr. elatior Jacq. ✕ *officinalis* Jacq. ist als unzweifelhafte Bastardform selten. A. Gubler (Bull. soc. bot. Fr. VII p. 782, X p. 168) beobachtete einen muthmaasslichen derartigen Bastard bei Paris; da diese Pflanze röthliche Blüthen hatte, dürfte sie eher als verwilderte *Pr. hortensis* zu deuten sein. Godron (Mém. acad. Stanisl. 1877) meint, dass es solche Bastarde nicht gebe; Grenier (Fl. ch. Jur.) sah sie nie. Dagegen beobachtete Petermann die *Pr. elat.* ✕ *offic.* bei Leipzig, Muret fand sie bei Chillon am Genfer See mit grossen blassgelben Blumen und Blättern von der Gestalt der *offic.*-Blätter. Kerner gibt diese hybride Verbindung als einmal in Unterösterreich und an zwei Stellen in Tirol beobachtet an. Eine Mittelform zwischen *Pr. officinalis* und *Pr. elatior* ist nach J. Lange die *Pr. unicolor Nolte*, welche sich auf den Inseln Seeland und Laaland entweder in Gesellschaft der *Pr. officinalis* allein oder auch der *Pr.*

officinalis und *Pr. elatior* findet. Lange ist eher geneigt, sie für eine Varietät von *Pr. officinalis* als für einen Bastard zu halten.

Auricula.

Eine Untergruppe von *Auricula* ist *Erythrodrosum Schott*. Die vielfach verwechselten alpinen Arten dieser Untergruppe sind durch A. Kerner in folgender Weise auseinandergesetzt worden: 1. *Pr. villosa Jacq.*, *Schott* (non *Koch*); 2. *Pr. Oenensis Thomas*, *Schott*, *Pr. Daonensis Leybold*; 3. *Pr. hirsuta All.*, *Pr. viscosa Vill.* (non *All.*), *Pr. villosa Koch* (non *Jacq.*); 4. *Pr. viscosa All.*, *Pr. graveolens Hegetschw.*, *Pr. latifolia Koch* (non *Lap.*). Ein Bastard von Arten dieser Untergruppe unter sich ist: *Pr. hirsuta All.* ✕ *viscosa All.*, am Bernina in der Schweiz von Christ entdeckt. *Pr. Berninae Christ.*

Hybride der Pr. auricula L.

Pr. auricula L. ✕ *Carniolica Jacq.* Krain. *Pr. venusta Host.*

Pr. auricula L. ✕ *Oenensis Thomas* ist in verschiedenen Formen in Judicarien in Südtirol gefunden worden. Blumen zuweilen schwefelgelb oder fast weiss (bei den Stammarten gelb und roth), Kelche zuweilen ganz kahl (weder mehlstaubig, noch drüsig). Hieher *Pr. discolor Leybold* (f. *per-auricula*), *Pr. Portae Huter* (f. *per-Oenensis*).

Pr. auricula L. ✕ *villosa Jacq.*, dem vorigen Bastard sehr ähnlich, bisher nur in Steiermark beobachtet. *Pr. Goebelii A. Kern.*

Pr. auricula L. ✕ *hirsuta All.* ist eine besonders merkwürdige Bastardverbindung, weil sie, wie A. Kerner nachgewiesen hat, die Stammform der Gartenaurikeln ist. Clusius sah sie cultivirt um 1580 im Garten seines Freundes Dr. Aichholtz in Wien und erfuhr, dass sie in der Gegend von Innsbruck wild wachsen solle. A. Kerner fand sie dort an mehreren Stellen wieder auf und unterschied zwei Formen, eine *per-auricula* und eine *per-hirsuta*. Schweiz (Beatenberg 1852 nach Bamberger, Waadt), Tirol. Die f. *per-auricula* nach A. Kerner: *Pr. pubescens Jacq.*, *Pr. Helvetica Schleich.*, *Pr. alpina Schleich.*, *Pr. Rhaetica Gaud.* Blumen gelbroth, selten schwefelgelb oder weiss. Die f. *per-hirsuta*: *Pr. arctotis A. Kern.* Saum der Krone roth, Schlund weiss.

Die Gartenaurikeln stammen vorzugsweise von der f. *per-auricula*. Man soll früher besonders eine gelbe und eine dunkle Race cultivirt haben, aus deren Kreuzung die schöneren, insbesondere die Lütticher (Luiker) Sorten hervorgegangen sein sollen. Aus Samen von *Pr. nivalis hort.* erhielt Herbert eine bestäubte Aurikel und eine *Pr. Helvetica*. Durch Aussaat von Samen der *Pr. viscosa* (also wohl *Pr.*

hirsuta All.) erhielt er ebenfalls die *Pr. Helvetica* (s. oben). — Die Gartenaurikel ist zwar variabel, aber doch kaum mehr als manche echte Arten; sie kann im Ganzen als samenbeständig bezeichnet werden, da sie ihrem Typus treu bleibt und nicht zu den Stammarten zurückschlägt. Pollenkörner meistens ziemlich gleich, klein, mit Beimischung von einigen grösseren. — *Pr. intermedia hort.* gilt als ein Mischling aus der Gartenaurikel und einer rothen Art, etwa *Pr. hirsuta All.*

Pr. auricula L. ✕ *viscosa All.* ist früher in der Schweiz (Tessin?) gesammelt. *Pr. alpina Schleich., Pr. Rhaetica Koch* (non *Gaud.*).

Pr. Balbisii Lehm. ✕ *Tiroliensis Schott* wächst nach A. Kerner in den Alpen von Belluno. *Pr. obovata Huter.*

Bastarde der Pr. integrifolia L. und nächstverwandten Arten.

Pr. hirsuta All. ✕ *integrifolia L.* scheint bisher nur in der Schweiz gefunden zu sein.

Pr. viscosa All. ✕ *integrifolia L.* scheint in Graubündten überall vorzukommen, wo die Stammarten gesellig wachsen; in Tirol bisher nur von Grisebach gefunden. *Pr. Muretiana Moritzi (f. perviscosa), Pr. Dinyana Lagger (per-integrifolia).*

Bastarde von *Pr. Clusiana Tausch* und *Pr. spectabilis Tratt.* mit *Pr. minima L.* s. unten.

Pr. Tiroliensis Schott ✕ *Wulfeniana Schott* ist von Venzo und Huter in den Alpen Friauls gefunden worden. A. Kerner hebt hervor, dass der Bastard im Garten zu Innsbruck viel besser gedeiht, als die Stammarten. *Pr. Venzoi Huter.* Eine Form *per-Tiroliensis* ist in Trautmann's Garten zu Nikolausdorf in Schlesien spontan entstanden.

Bastarde der Pr. minima L.

Pr. villosa Jacq. ✕ *minima L.* von Stur auf dem Eisenhut in Steiermark entdeckt, ist *Pr. Sturii Schott.*

Pr. Oenensis Thom. ✕ *minima L.* ist in wenigen Exemplaren zwischen den Stammarten in Südtirol von Porta gefunden. *Pr. pumila A. Kern.*

Pr. Clusiana Tausch ✕ *minima L.* Steiermark, Unterösterreich. *Pr. intermedia Portenschl.*

Pr. spectabilis Tratt. ✕ *minima L.* ist in Südtirol an wenigen Standorten, aber dort in beträchtlicher Zahl gefunden worden. *Pr. Facchinii Schott. Pr. Floerkeana Facch.* (non *Schrad.*).

Pr. glutinosa Wulf. ✕ *minima L.* ist in Tirol, Steiermark und Kärnthen an zahlreichen Orten, stellenweise in grosser Menge angetroffen. A. Kerner unterscheidet wieder zwei Formen, eine *f. per-glutinosa* (= *Floerkeana Schrad.*) und eine *f. per-minima* (= *Pr. Salisburgensis Floerke*); beide scheinen samenbeständig zu sein. Selten finden sich Uebergangsformen, welche den Stammarten sehr nahe stehen und wahrscheinlich aus Rückkreuzungen hervorgegangen sind. *Pr. (glut.* ✕ *minim.)* ✕ *glutinosa* bezeichnet A. Kerner als *Pr. Huteri*, *Pr. (glut.* ✕ *minima)* ✕ *minim.* als *Pr. biflora Huter.*

Androsace.

Lit.: A. Kerner in Oe. B. Z. XXV.

A. Helvetica Gaud. ✕ *glacialis Hopp.* ist 1828 von Heer im Canton Glarus in einer Höhe von 7—8000 Fuss entdeckt worden. *A. Heerii Heyetschw.*

A. Helvetica Gaud. ✕ *pubescens DC.* wächst nach Gremli im Canton Waadt in den Alpen oberhalb Bex. *A. hybrida A. Kern.*

A. glacialis Hopp. ✕ *obtusifolia All.* ist mehrfach in der Schweiz und in Tirol gefunden worden. *A. aretioides Gaud.* sec. *A. Kern.*, *A. Ebneri J. Kern.* Sehr ähnlich ist *A. Charpentieri Heer*, welche indess kein Bastard, sondern eine selbständige Mittelart von sehr lokalisirtem Vorkommen sein soll. Aehnlich verhält sich nach A. Kerner die *A. Wulfeniana Sieb.*

A. carnea L. ✕ *obtusifolia All.* ist in Piemont gefunden worden. *A. Pedemontana Rchb.*

Soldanella.

Lit.: A. Kerner in Oe. B. Z. XXV.

S. alpina L. ✕ *minima Hopp.* ist in Tirol beobachtet worden. *S. Ganderi Huter.*

S. alpina L. ✕ *pusilla Baumg.* ist an verschiedenen Orten in Tirol gefunden worden. *S. hybrida A. Kern.*

Cyclamen.

Ueber die von Gärtnern neuerdings ziemlich häufig ausgeführten Kreuzungen zwischen verschiedenen Arten, Raçen und Sorten aus dieser Gattung ist kaum etwas Zuverlässiges bekannt.

C. Coum Mill. ✕ *Persicum Mill.* ist zuerst um 1855 von Atkins erzogen worden. Blumen weiss mit rothem Schlund. *C. Atkinsii Moore.*

Es soll Bastarde von *C. Europaeum L.* mit *C. Coum Mill.* und *C. Persicum Mill.* geben, die angeblich besonders in Amerika gezüchtet sind. Unter den neueren Gartensorten sieht man manche, bei denen die Charaktere aller drei Arten gemischt zu sein scheinen.

Anagallis.

Lit.: Herbert Amar. p. 379; Journ. Hort. Soc. II p. 98; Gärtner Bastarderz.; Darwin Kreuzbefr. S. 207; H. Hoffmann Speciesfr. p. 17; Bot. Ztg. 1879.

Mehrere Arten von *Anagallis* kommen in je zwei samenbeständigen Parallelformen vor, von denen die eine mennigrothe, die andere blaue Blumen bringt. Mischfarben sind viel seltener und wahrscheinlich Kreuzungsproducte.

A. Monelli L. Die typische Form blüht schön blau, die *A. collina Schousb.* mennigroth. Herbert erzeugte einen violet (Amar.) oder blassroth (Hort. Soc.) blühenden Bastard von der „rothen und blauen *Anagallis*"; es ist indess nicht sicher, ob er damit *A. Monelli* meint. Ch. Darwin erhielt aus der Kreuzung *fl. rubr.* ♀ × *coerul.* ♂ vorwiegend rothblühende Exemplare, nur eins mit einem etwas bläulichen Farbenton und eins von mittlerer Färbung. Unter cultivirter *A. Monelli* findet man viele Exemplare mit purpurnen und mit lilafarbigen Blüthen; diese Varietäten scheinen in der Regel samenbeständig zu sein. Nach Gärtner Bastarderz. S. 309 sah Desfontaines an einem Exemplar von „*A. fruticosa*" halb rothe und halb blaue Blumen.

A. arvensis L. Die blaue Form ist samenbeständig und oft für eine besondere Art gehalten worden: *A. coerulea Schreb.* Gärtner gelang es nicht, die rothe und blaue Form zu kreuzen. Wo indess beide Formen zusammen wachsen, findet man nicht selten eine dritte Farbenvarietät, welche lila oder fleischfarbige Blüthen (*fl. carneis*) hat. Aus Samen der *A. coerulea*, welche ich aus dem Leipziger Botan. Garten erhalten habe, bekam ich neben *A. coerulea* einige Procent lila blühender Exemplare. H. Hofmann, der auch bei seinen Culturen die *f. fl. carneis* nur dann entstehen sah, wenn die blaue und rothe Form gesellig wuchsen, fand die fleischfarbige Form in einigen Fällen samenbeständig, beobachtete aber auch Rückschlag zur rothen und wahrscheinlich (Samen nicht selbst geerntet) auch zur blauen. Zuweilen fand Hoffmann die *f. fl. carneis* steril; dieselbe sterile Form ist auch wildwachsend beobachtet worden.

A. arvensis phoenicea ♀ × *coerulea* ♂ erhielt ich durch künstliche Befruchtung. Meine Form von *A. coerulea* hatte viel breitere Kronzipfel als die *A. phoenicea*; Drüsenwimpern bei beiden Raçen vorhanden. Die bei hellem Sonnenschein flach ausgebreiteten Kronen hatten bei der *cocrulea* Zipfel, welche sich mit den Rändern deckten oder berührten, während bei der *phocnicea* tiefe Einbuchtungen zwischen den Zipfeln vorhanden waren. — Die erste Blüthe des Bastards war grösstentheils roth, aber ein halber Zipfel, also $^1/_{10}$ der ganzen Krone, dunkelblau wie bei *A. cocrulea*. Sämmtliche späteren Blüthen dieses und der anderen Exemplare roth, aber die Kronen aussen blasser als bei der *phocnicea*. Zipfel fast so breit wie bei der *cocrulea*. Etwa die Hälfte aller Pollenkörner missgestaltet. Fruchtbarkeit nicht deutlich vermindert.

52. OLEACEAE.

Forsythia.

F. viridissima Lindl. soll in Amerika nur dann Samen bringen, (Wilder in Amer. Gard. Month. 1868), wenn sie mit Pollen von *F. suspensa Vahl* bestäubt wird. Ob Mischlinge aus solchen Samen erzogen sind, ist mir nicht bekannt.

Syringa.

Lit.: A. Braun in Bot. Zeit. 1873 Nr. 41, 42.

Von den in unsern Gärten gezogenen *Syringen* bringen nur *S. vulgaris L.* und *S. Josikaea Jacq.* Früchte. Ueber die Herkunft der beiden andern Hauptformen, *S. Persica L.* und *S. Chinensis Willd.* bestehen Zweifel. *S. Persica* ist von den andern *Syringen* so verschieden, dass sie kein Bastard derselben sein kann; sie bringt indess kaum jemals Früchte und ihre Antheren sind taub oder enthalten nur verkümmerte Pollenkörner. Wildwachsend ist sie noch nirgends angetroffen. Die Vermuthung, dass sie ein Bastard von *Syringa* und *Ligustrum* sein könnte, ist bei dem jetzigen Stande unserer Kenntnisse wohl zu kühn. Die *S. Chinensis* erhielt Willdenow unter gleichem Namen aus Holland, ohne über ihre Herkunft etwas Näheres zu erfahren. Ihre mittlere Bildung brachte ihn auf die Vermuthung, dass sie eine *S. Persica* × *vulgaris* sei. Decaisne gibt an, dass er ein von Bunge aus Nordchina mitgebrachtes Originalexemplar von *S. Chinensis* gesehen habe; dasselbe sei nicht verschieden von der gleichnamigen Gartenpflanze, die auch als *S. Rothomagensis* bezeichnet wird. Andrerseits ist die Entstehungsgeschichte dieser Gartenpflanze so genau bekannt, dass man annehmen muss, in der Bezeichnung des betreffenden Bunge'schen Exemplars sei irgend ein Irrthum vorgekommen.

Der Gärtner Varin zu Rouen erhielt Samen von *S. Persica var. laciniata*, die durch Pollen von *S. vulgaris* erzeugt waren. Von 1777—1804 machte er mit solchen Samen viele Aussaaten, aus welchen die *S. Rothomagensis* (Renault) *Turp. et Poit.* hervorging. Sie hält in der Blattform die Mitte zwischen *S. Persica* und *S. vulgaris*, während sie in den Blüthen der *S. Persica* näher steht. Die Gärtner unterscheiden mehrere Sorten von *S. Rothomagensis*, die vielleicht ursprünglich aus verschiedenen Aussaaten Varin's stammen. Besonders merkwürdig ist die von Al. Braun als *S. correlata* bezeichnete Form, welche im Uebrigen der gewöhnlichen *S. Rothomagensis* sehr ähnlich ist, aber in den Blüthen der *S. vulgaris* gleicht. A. Braun sah an einem Stocke von *S. correlata* einzelne Blüthen der *S. Rothomagensis*; ähnliche Beobachtungen scheinen schon früher gemacht zu sein. Die Antheren von *S. Rothomagensis* sind taub; äusserlich gut entwickelte Früchte sah ich nicht selten, fand aber nie einen Samen darin.

53. APOCYNACEAE.

Dipladenia.

D. Martiana A. DC. $\times$ *splendens A. DC.* ist *D. amabilis hort.*, welche, befruchtet mit Pollen von *D. splendens*, die *D. amoena hort.* geliefert hat. Gewöhnlich wird angegeben, dass die *D.* $\times$ *amabilis* von *D. crassinoda* stamme, doch ist unter diesem Namen wohl die *D. Martiana* zu verstehen, nicht die echte *D. crassinoda A. DC.*

54. GENTIANEAE.

Gentiana.

Lit.: Villars in Roem. Collect. bot. 1809; Guillem. et Dum. Mém. soc. d'hist. nat. Paris I p. 79 tab. 5; Planchon Bull. soc. bot. Fr. XI p. XLVIII; Timb.-Lagr. l. c. p. 164; Reut. Cat. pl. Genev.

Im Allgemeinen sind Bastarde in der Gattung *Gentiana* selten, doch macht eine Gruppe hochwüchsiger subalpiner Arten von dieser Regel eine bemerkenswerthe Ausnahme.

Gentianthus.
(Coelanthe et Asterias Griseb.)

G. lutea L. hat eine tief getheilte, radförmige Krone und freie

Antheren, ist daher als Typus einer besonderen Gruppe, *Asterias*, betrachtet worden. Sie gehört indess in allen übrigen Beziehungen zu der Gruppe *Coelanthe*, deren Kronen glockig und deren Antheren verbunden sind. Die Bastarde in dieser Gruppe sind so auffallend, dass sie zu den ersten spontanen Hybriden gehören, welche man überhaupt kennen lernte.

G. lutea L. × *Burseri Lap.* Die beiden Stammarten unterscheiden sich kaum anders als durch die radförmige Krone der einen, die glockige der anderen Art. Bei Esquierry in den Pyrenäen kommen nach Planchon und Timbal-Lagrave alle möglichen Uebergänge vor, von denen diejenigen, welche genau die Mitte halten, unfruchtbar sein sollen.

G. lutea L. × *purpurea L.* ist von Guillemin und Dumas entdeckt und genauer untersucht worden. Kommt in allen Uebergangsformen vor. Blüthen bald gestielt (wie *lut.*), bald sitzend (wie *purp.*); Kronen (vgl. die color. Abbild. bei G. et D.) meist bis zur Mitte getheilt, bald mehr radförmig, bald mehr glockig, einfarbig oder punktirt, aussen mehr oder minder roth; zuweilen die Kronen radförmig (wie *lut.*) und roth (wie *purp.*). Alle diese Formen fanden Guillemin und Dumas 1819 auf dem Môle in Savoyen; *G. purpurea* war dort häufig, während von *G. lutea* nur einzelne zerstreute Stöcke vorhanden waren. Jedes Exemplar von reiner *G. lutea* war von mehreren Bastardpflanzen umgeben; die Bastarde standen höchstens 2 m entfernt von einer *G. lutea*. In Savoyen an mehreren Stellen (Guill. et Dum., Reuter); in der Schweiz in den Cantonen Waadt (bei Bex) und Wallis (Rhonegletscher). Hieher *G. Thomasii Hall f., G. hybrida DC., G. campanulata Reyn.*

G. lutea L. × *punctata L.* scheint in verschiedenen Formen vorzukommen. Die ersten Bastarde der *G. lutea* sind schon 1804 von Villars beobachtet worden, welcher angab, er habe Hybride dieser Art mit *G. purpurea* und *G. Pannonica* gefunden. Die Bestimmung der Arten kann nicht richtig sein, da weder *G. purpurea* noch *G. Pannonica* in der Gegend von Grenoble oder überhaupt im Dauphiné vorkommen. Nach Villars ist seine *G. Pannonica* in einem Höhengürtel über 4800 Fuss heimisch, während *G. lutea* in niedrigeren Lagen wächst und etwa bis zu dieser Höhe ansteigt. Wo die Verbreitungsbezirke beider Arten zusammenstossen, bilden sich die Bastarde. Es scheint, dass sowohl die *G. purpurea* als die *G. Pannonica* Villars' für *G. punctata L.* gehalten werden müssen.

Die Beschreibungen der Bastarde von *G. lutea* und *G. punctata* stimmen wenig überein; die Mischlinge haben in der Regel die Tracht der *G. lutea*, der Kelch ist glockig, zweilappig, die Krone bis zur Mitte 5-spaltig, die Staubbeutel frei. — Alpen um Seynes in der Provence (DC); Dauphiné (Villars); Mt. Méri in Savoyen (Reuter); ziemlich spärlich im Oberengadin zwischen den Stammarten (Charpentier, Nägeli). *G. rubra Clairv.*, *G. Thomasii Gillabog*, *G. biloba DC.*, *G. Charpentieri Thom.*

G. lutea L. ✕ *Pannonica Scop.* Oberbayern. *G. Kummeriana Sendtn.*

G. Burseri Lap. ✕ *punctata L.* erkannte Grisebach in einer getrocknet aus dem Dép. Basses-Alpes eingesandten Pflanze.

G. purpurea L. ✕ *punctata L.* Kelch glockig, ungleich gelappt, Krone glockig, 6-spaltig, hellpurpurn. Mt. Réposoir in Savoyen (Guillemin et Dumas); oberhalb Bex in der Schweiz (Thomas). Hieher *G. Pannonica Guill. et Dumas* (et alior. aut. Gall.), *G. Gaudiniana Thomas*, *G. spuria Lebert.*

Amarella.

G. campestris L. unterscheidet sich von den verwandten Arten durch tetramere Blüthen. Es finden sich aber mancherlei Uebergangsformen, die bald für Bastarde, bald für nicht hybride Zwischenglieder, bald für selbständige Arten gehalten worden sind.

G. campestris L. ✕ *Germanica Willd.* ist von Guillemin auf dem Salève in Savoyen beobachtet, wird aber von Reuter nicht erwähnt. Wichura sammelte bei Charlottenbrunn in Schlesien alle möglichen Uebergangsstufen von einer zur andern Art. Auch in Thüringen. Zu den Mittelformen gehört *G. chloraefolia Nees ab Es.*

G. campestris L. ✕ *obtusifolia Willd.* Die beiden Arten sind an manchen Orten durch Mittelformen verbunden. Nägeli fand am Piz Padella bei Samaden im Engadin in einer Höhe von 7500' fast ausschliesslich Zwischenformen (vgl. *Nuph. luteum* ✕ *pumilum*). Es kommen dort Pflanzen vor, welche sowohl tetramere als pentamere Blumen tragen.

? *G. amarella L.* ✕ *Germanica Willd.* Die beiden Arten sind durch Mittelformen verbunden. Hieher *G. pyramidalis Willd.* nach v. Uechtritz.

55. POLEMONIACEAE.

Phlox.

Man cultivirt in Europa eine Anzahl amerikanischer Arten, die in den Gärten vielfach gekreuzt worden sind. Die Gärtner bezeichnen diese Mischlinge vielfach mit dem Namen *Phl. decussata*. Die Stammarten sind nach Asa Gray: 1. *Phl. panniculata L. et var. acuminata Pursh*; 2. *Phl. maculata L.*; 3. *Phl. Carolina L. et var. ovata (L.) Benth. et var. nitida Pursh*; 4. *Phl. glaberrima L*. Diese Arten selbst sind ziemlich formenreich. Die wichtigsten Kreuzungsformen sind:

Phl. maculata ♀ × *panniculata* ♂; hieher die gewöhnliche *Phl. decussata hort.*

Phl. maculata × *Carolina*; vgl. Fl. d. serr. t. 642.

Phl. panniculata × *Carolina*.

Diese Mischlinge sind vielfach unter sich und mit den echten Arten, auch mit *Phl. glaberrima* gekreuzt worden.

In den letzten Jahrzehnten ist die niedrige *Phl. Drummondii Hook.* eine sehr beliebte Gartenpflanze geworden. Mit einer Form der *Decussata*-Gruppe gekreuzt, soll sie die *Phl. depressa hort.* geliefert haben, zu der die Sorte *Criterion* Fl. d. serr. t. 800 gehört.

Gilia.

Aus der Untergattung *Leptosiphon* hat man neuerdings einige Mischlinge gewonnen, von welchen die Gärtner samenbeständige Sorten anbieten. Ueber die genaue Herkunft dieser Mischlinge ist mir nichts bekannt, doch scheinen sie vorzüglich von *G. androsacea Steud.* zu stammen. Auch in Californien, der Heimath dieser Pflanze, sollen Mittelformen (*var. longituba*) zwischen *G. androsacea Steud.* und *G. micrantha Steud.* vorkommen.

---

56. HYDROPHYLLACEAE.

Nemophila.

Ueber angebliche Gartenhybride aus dieser Gattung habe ich bisher nur unsichere Nachrichten gefunden.

57. BORAGINEAE.

Symphytum.

S. cordatum W.K. ⨯ *tuberosum L.* ist zufällig im botanischen Garten zu Berlin entstanden.

Heliotropium.

Ueber angebliche Gartenbastarde aus dieser Gattung ist mir nichts Näheres bekannt.

Pulmonaria.

Lit.: A. Kerner, Monogr. pulmonar. 1878.

P. angustifolia L. ⨯ *officinalis L.* wurde von A. Kerner bei Brixen in Tirol gefunden. *P. hybrida A. Kern.*

P. angustifolia L. ⨯ *obscura Du Mort.* von Krause in Schlesien zuerst erkannt, ist später auch an anderen Orten im östlichen Deutschland gefunden worden. *P. obscura Du Mort.* ist vielleicht am besten als Unterart von *P. officinalis* zu betrachten. *P. notha A. Kern.*

P. mollissima A. Kern. ⨯ *officinalis L.* ist von A. Kerner in Ungarn gefunden worden. *P. digenea A. Kern.*

P. obscura Du Mort. ⨯ *officinalis L.*; angeblich in Ungarn (Borbás).

P. affinis Jord. ⨯ *longifolia L.* ist von Bastard und Boreau bei Beaupreau in Frankreich gefunden worden. *P. ovalis Bast.*

P. montana Lej. ⨯ *tuberosa Schrank.* wird unter den Namen *P. oblongata Schrad.* im Göttinger botanischen Garten cultivirt und ist von da auch nach Innsbruck verpflanzt worden. Herkunft unbekannt.

Myosotis.

M. lingulata Lehm. ⨯ *palustris With.* ist von Dr. Keck bei Aistersheim in Oberösterreich gefunden; schien steril zu sein, was bei der nahen Verwandtschaft der Stammarten auffällig sein würde.

? *M. intermedia Lk.* ⨯ *versicolor Pers.* glaubte Lebel in einer im nordwestlichen Frankreich gefundenen Pflanze zu erkennen, welche er daher *M. adulterina* nannte. Godron erklärte sie indess für eine selbständige Art (*M. Lebelii Gren. et Godr.*); jedenfalls ist sie fruchtbar.

M. intermedia Lk. ⨯ *silvatica Schm.*; angeblich im Brohlthale (Rheinprov.).

M. Azorica Wats. ⨯ *alpestris Schmidt* (Züchter Döller). Diese Bastardverbindung soll die Zierpflanze sein, welche um 1865 von Haage & Schmidt in Erfurt als *M. hybr. semperflorens Kaiserin Elisabeth* empfohlen wurde. Sehr reichlich und prachtvoll blau blühend. Anscheidend nicht samenbeständig, daher sehr bald wieder aus den Catalogen verschwunden. Eine ähnliche ganz sterile Form ist jedoch neuerdings wieder von Curio in Weissensee ausgestellt worden.

58. CONVOLVULACEAE.

Convolvulus.

Herbert erhielt einen hybriden Sämling von *C. sepium L. β. incarnatus* und *C. candicans W.* Die Pflanze war indess schwächlich und ging bald zu Grunde (Trans. Hort. Soc. London IV p. 26). Bei der beträchtlichen Verschiedenheit der Stammarten kann die Schwächlichkeit des Bastards nicht auffallen; *C. sepium* gehört zu der Untergattung *Calystegia*, während *C. candicans* wegen der Narbenform zu *Ipomoea* gestellt wird. — Kreuzungen zwischen näher verwandten Arten dürften daher Aussicht auf Erfolg haben.

59. SOLANACEAE.

Von den zu wissenschaftlichen Zwecken unternommenen Kreuzungsversuchen sind besonders zahlreiche und werthvolle mit *Solanaceen* angestellt worden. Insbesondere die Gattungen *Datura* und *Nicotiana* haben sich als vorzüglich geeignet zu Untersuchungen über Hybridisation erwiesen.

Solanum.

Lit.: Klotzsch Monatsber. Berl. Acad. 1851 S. 674; 1854 S. 559.

Die Gattung *Solanum* ist eine der artenreichsten, welche es gibt. Zu Hybridisationsversuchen sind ihre Arten bisher wenig benutzt worden.

S. utile Klotzsch ♀ ⨯ *tuberosum L.* ♂. Das *S. utile Klzsch.*

treibt zahlreiche unterirdische, knollentragende Ausläufer, zeichnet sich durch elliptische, an der Basis verschmälerte Endblättchen, sitzende Seitenblättchen und wohlriechende Früchte aus. Die Knollen sind klein und wurden in Berlin erst im Frühjahr reif. *S. utile* ⨯ *tuberosum* bringt vollkommene Früchte. Klotzsch erzog daraus 1851 die hybride Kartoffel. Die Bastardpflanzen entwickelten sich sehr kräftig, die Stengel waren 4—6 Fuss lang und stark belaubt, blühten von Mitte Juni bis Ende October. Die Blüthen waren reichlich so gross wie die von *S. tuberosum*, aber durchaus unfruchtbar; die Pollenkörner leer. Im Uebrigen zeigten sich an den Bastarden die Eigenschaften der Elternpflanzen gemischt. — Knollenertrag ziemlich beträchtlich, indess die Knollen meist klein, sich an der Luft etwas röthend (bei *S. utile* weiss bleibend, bei *S. tuberosum* grün werdend). Unter dem Namen „Bastard-Zuckerkartoffel" kam der Bastard durch F. A. Haage jun. in den Handel. Klotzsch setzte voraus, dass diese hybride Sorte der *Peronospora* besser widerstehen werde; sie hat sich indess nicht bewährt. *S. pseudo-capsicum L.* ⨯ *capsicastrum Lk.* Blendlinge aus den beiden nahe verwandten Arten sind neuerdings mehrfach von englischen und französischen Gärtnern erzogen worden. Fruchtbarkeit vollkommen. Hieher wohl *S. Hendersoni*, *pseudo-capsicum rigidum*, *pseudo-capsicum* Weatherilli und *hybridum Empress* der Gärtner.

Hyoscyamus.

Lit.: Koelreuter Forts. vorl. Nachr. S. 46; 3 Forts. S. 124; Gärtner Bastardbefr.

Hyoscyamus niger L. kommt in zwei Formen vor, einer häufigeren, deren Blumen durch ein dunkelvioletes Adernetz ausgezeichnet sind, und einer selteneren einfarbig gelbweissen ohne Adernetz. Diese letzte ist *H. pallidus Kit.* Der *H. agrestis Kit.* besteht nur aus schwächeren, im Frühjahr gekeimten Exemplaren des *H. niger*, im Gegensatz zu den im Herbst gekeimten kräftigeren Pflanzen. Kölreuter bestäubte den *Hyoscyamus albo similis fund. fl. atropurpur.* mit Pollen von *H. albus fund. fl. viridi* und umgekehrt. Er erhielt anfangs äusserlich wohlgebildete aber nicht keimfähige Samen, später vollkommene Samen, aus denen völlig fruchtbare Mischlinge von mittlerer Blumenfärbung hervorgingen. Auch Gärtner's Hybride aus dieser Gattung sind nur als Raçenblendlinge zu betrachten. Er hat nach dem Hybridenverzeichnisse (Bast. 699) erzeugt: *H. pallidus* ♀ ⨯ *agrestis* ♂ (zweimal), *H. pictus* ♀ ⨯ *pallidus* ♂ (einmal); auf S. 281 führt er *H. agrestis* ♀ ⨯ *pallidus* ♂ unter den Bastarden an, welche eine vollkommene Mittelbildung zeigen und zu keiner der Stammformen hinneigen.

Lycium.

Lit.: J. G. Koelreuter in Act. acad. sc. Petrop. pro 1778, I p. 219—224.

Die europäisch-afrikanischen *Lycium*-Arten, von den meisten bekannteren *Solaneen* durch strauchigen Wuchs abweichend, sind einander in der Tracht sehr ähnlich.

Lycium barbarum ♀ ⨯ *afrum* ♂, von Kölreuter 1766 erzeugt, 1767 gesäet, wurde gleich im ersten Jahre neun Fuss hoch und gelangte im Herbste zur Blüthe. *L. barbarum* wurde im ersten Jahre höchstens $2^1/_2$ Fuss hoch. Der Bastard zeigte sich fruchtbar und ebenso winterhart wie *L. barbarum*; er stellte eine Mittelbildung zwischen den Stammarten dar. Gärtner, der diesen Bastard nicht selbst erzeugt hat, rechnet ihn auf S. 222 seines Buches zu den Hybriden mit mütterlichem Typus (also dem *L. barbarum* ähnlicher), auf S. 286 zu denen mit decidirt väterlichem Typus (also dem *L. afrum* ähnlicher). Die jungen Pflanzen zweiter Generation waren dem *L. afrum* viel ähnlicher und gleichzeitig viel empfindlicher gegen Kälte geworden, so dass sie im Winter zu Grunde gingen. Ebenso verhielten sich die aus dem Bastard durch Befruchtung mit Pollen von *L. afrum* erhaltenen Exemplare, also:

L. (barbarum ♀ ⨯ *afrum* ♂) ♀ ⨯ *afrum* ♂.

L. afrum ♀ ⨯ *Europaeum* ♂ und *L. Europaeum* ♀ ⨯ *afrum* ♂ waren einander vollkommen gleich und erschienen als genaue Mittelbildungen zwischen den Stammarten (Kölreuter).

L. barbarum ♀ ⨯ *Europaeum* ♂. Kölreuter erhielt aus dieser Kreuzung einen einzigen Strauch, der zwischen den Stammarten genau die Mitte hielt.

Atropa.

Lit.: H. Hoffmann in 16. Ber. Oberh. Ges. Nat. u. Heilk. S. 14.

Die gewöhnliche *Atropa belladonna* L. hat braune Blüthen und schwarze Früchte. E. Schüz in Calw (Württemberg) fand eine Abänderung mit gelben Blüthen und gelben Früchten (β. *lutea Doell*); ein vereinzeltes gelbblüthiges Exemplar habe ich einmal in Krain gesehen.

Die *A. bellad. lutea* hat sich bei Aussaat anfangs beständig erwiesen, lieferte jedoch später Rückschläge zur Stammform. H. Hoffmann kreuzte sie mit der typischen Form; er erzog sowohl *A. belladonna typica* ♀ ⨯ *lutea* ♂ als *A. belladonna lutea* ♀ ⨯ *typica* ♂. In beiden Fällen entstand nur *A. belladonna typica*. Auch in zweiter Generation erschien die *f. lutea* nicht wieder.

Datura.

Lit.: Koelreuter in 2. Forts. S. 125, 3. Forts. S. 115, Act. acad. Petrop. pro 1781, I p. 303; Gärtner Bastardbefr.; Ch. Naudin in Nouv. arch. mus. I p. 41, Ann. sc. nat. 5 sér. III p. 154; A. Godron in Mém. acad. Stanisl. 1864 p. 207, 1865 p. 330, 1872 p. 129.

Die Gattung *Datura* hat sich in mancher Beziehung als sehr geeignet zu Kreuzungsversuchen erwiesen, obgleich nur nahe verwandte Arten sich gegenseitig zu befruchten vermögen. In Nord- und Mitteleuropa befruchten die Blüthen der *Datura* sich selbst; die Antheren öffnen sich schon in der Knospe. Zufällige Fremdbestäubung ist daher bei Versuchen mit diesen Pflanzen nicht zu befürchten. Die *Datura*-Arten blühen theils weiss, theils bläulichviolet; mit weissen Blüthen sind stets grüne, mit bläulichen braunviolete Stengel verbunden.

Bastarde von *Datura* kennt man aus zwei verschiedenen Artengruppen, als deren typische Formen *D. strammonium L.* und *D. metel L.* gelten können. Aus der *Metel*-Gruppe sind nur zwei Arten mit einander gekreuzt, während in der *Strammonium*-Gruppe die *D. strammonium* mit vier Raçen und einer Anzahl nahe verwandter Arten ein reichhaltiges Material zu Kreuzungsversuchen bietet.

Strammonium.

Die Unterscheidung von Species und Raçe oder von Art und Unterart wird in der *Strammonium*-Gruppe mit der zunehmenden Formenkenntniss anscheinend immer schwieriger werden. Die Kreuzungsversuche von Kölreuter, Gärtner, Naudin und Godron waren zum Theil zu dem Zweck unternommen, um aus den Eigenschaften der Mischlinge zu erkennen, ob die Stammformen verschiedene Arten oder Varietäten seien. Die vier Forscher sind dabei zu sehr verschiedenen Ergebnissen gelangt, je nach den vorgefassten Meinungen, welche sie sich über die Eigenschaften der Artbastarde und der Varietätenblendlinge gebildet hatten. Alle Mischlinge dieser Gruppe zeichnen sich durch riesigen Wuchs aus und bringen die ersten Blüthenknospen nicht zur Entwickelung. Ueber die Beschaffenheit des Blüthenstaubes liegen kaum Angaben vor; die Nachrichten über den Grad der Fruchtbarkeit, d. h. die Samenzahl in den einzelnen Kapseln, lauten sehr verschieden. Aus den vorliegenden Angaben würde man schliessen können, dass Artenmischlinge zum Theil fruchtbarer sind als Raçenmischlinge. Es bedarf indess weiterer Untersuchungen, bevor man so unwahrscheinliche Folgerungen ziehen darf.

Darüber, dass *D. tatula* in Godron's Sinne und *D. Bertolonii Parl.* nicht als specifisch verschieden von der typischen *D. strammonium* betrachtet werden dürfen, kann nach Godron's und meinen eigener (unmittelbare Umwandlung von *D. tatula*) Erfahrungen kein Zweifel bestehen. Die übrigen Formen mit Einschluss der *D. tatula* einiger andern Autoren werden vorläufig am besten als verschiedene Arten aufgefasst. Godron's Untersuchungen über die späteren Generationen der *Datura*-Mischlinge gehören zu den bedeutendsten und lehrreichsten Leistungen auf dem Gebiete der Bastardforschung.

Kreuzung der Raçen von D. strammonium unter einander. *D. Bertolonii Parlat.* ist eine glattfrüchtige Raçe von *D. strammonium*; *D. tatula L.* unterscheidet sich nur durch blaue Blüthen und braune Stengel. Aus *D. tatula* ist zufällig im botanischen Garten zu Nancy eine glattfrüchtige Abänderung hervorgegangen, die sich als samenbeständig erwiesen hat; ich nenne sie *D. Godroni*. Es gibt somit 4 Formen: 1. *D. strammonium vera* mit weissen Blumen und stachligen Kapseln; 2. *D. str. Bertolonii* mit weissen Blumen und glatten Kapseln; 3. *D. str. tatula* mit blauen Blumen und stachligen Kapseln; 4. *D. str. Godroni* mit blauen Blumen und glatten Kapseln. Godron's Versuche lieferten folgende Ergebnisse:

D. stramm. vera ♀ × *tatula* ♂ glich bis auf den höheren Wuchs ganz der *D. tatula*, doch hatte ein Exemplar theilweise glatte Kapseln. In zweiter Generation entstanden: 6 Exemplare *vera*, 2 *Bertolonii*, 10 *tatula*, 6 *Godroni*. In dritter gingen aus der *vera*: 10 *vera* und 5 *Bertolonii* hervor, aus der *tatula*: 2 *vera*, 6 *tatula* und 2 *Godroni*; die *Bertolonii* und *Godroni* der zweiten Generation blieben constant. In vierter Generation lieferte die *vera* (von *vera* der zweiten) nochmals 6 *Bertolonii* neben 12 *vera*; beide Formen blieben in den folgenden 4 Generationen constant; alle anderen Formen der dritten Generation lieferten schon in vierter keine abweichenden Exemplare. Die Aussaaten wurden bis zur achten Generation fortgesetzt.

D. stramm. Bertolonii ♀ × *tatula* ♂ unterschied sich von *D. tatula* nur durch höheren Wuchs und Unfruchtbarkeit der ersten Blüthen. In zweiter Generation entstanden neben 16 Exemplaren *tatula* auch 11 *Godroni* und 2 *vera*. In dritter Generation lieferten die *tatula*: 6 *tatula*, 2 *Bertolonii*, 1 *Godroni*, von denen die beiden letzten Formen in der vierten Generation constant blieben. Die *Godroni* der zweiten Generation zeigte sich schon in der dritten und allen späteren constant; die *vera* der zweiten lieferte neben 10 Exemplaren *vera* noch 8 *Bertolonii*, die sich beide von da an constant zeigten. In vierter Generation ging nur noch aus der *tatula* der dritten neben 7 Exemplaren *tatula* eine *vera* hervor. In der fünften bis achten Generation blieben sämmtliche Formen unverändert.

D. stramm. tatula ♀ ✕ *Godroni* ♂ war in erster Generation nicht von *tatula* verschieden. In zweiter Generation entstanden jedoch 16 Exemplare *Godroni*, 5 *tatula* und 3 *Bertolonii*. In dritter gingen aus der *Godroni* nur 6 *Bertolonii* und 2 *vera* hervor, aus der *tatula*: 5 *tatula*, 8 *Godroni* und 5 *vera*; die *Bertolonii* der zweiten Generation blieb in dritter unverändert, lieferte aber in vierter neben 5 Exemplaren *Bertolonii* 7 *Godroni*. In vierter Generation ging die *vera* (von *Godroni* stammend) in *Bertolonii* über, die von da an constant blieb; die *Bertolonii* und die drei verschiedenen Formen aus der *D. tatula* der zweiten Generation blieben in vierter bis achter Generation constant.

D. stramm. vera ♀ ✕ *Bertolonii* ♂ war in erster Generation nicht von *D. Bertolonii* verschieden, die in zweiter Generation 10 Exemplare *vera*, 3 *Bertolonii* und 4 *Godroni* lieferte.

Die Kreuzung von je zwei Raçen der *D. strammonium* liefert eine gleichförmige Nachkommenschaft von hohem Wuchs; die untersten Blüthen setzen keine Früchte an. In zweiter Generation erscheinen mehrere verschiedene Raçen, in dritter nimmt die Grösse wieder ab, die Formen sind noch unbeständig; in vierter und fünfter wird der normale Wuchs wieder erreicht und die schliesslich aus der Kreuzung hervorgegangenen Formen zeigen sich constant. Aus der Kreuzung von je zwei Raçen der *D. strammonium* gehen in späteren Generationen auch die anderen beiden hervor.

Da die *D. tatula* an manchen Orten, z. B. bei Bremen, in einigen Generationen von selbst in *D. vera* übergeht, so ist nicht zu erwarten, dass die Ergebnisse derartiger Kreuzungsversuche überall gleich sein werden. Eine andere Ursache von Verschiedenheit liegt darin, dass die *D. tatula* der verschiedenen Schriftsteller nicht immer dieselbe Pflanze ist (s. S. 266).

Kölreuter, Gärtner und Naudin machen über die Blendlinge von *D. strammonium vera* und *D. tatula* folgende Angaben. Durch Befruchtung der *vera* mit Pollen von *tatula* erhält man nach Gärtner mehr keimfähige Samen als aus der umgekehrten Verbindung. Uebrigens sind die Blendlinge aus beiden Kreuzungen einander gleich und stehen nach Kölreuter, Gärtner und Naudin zwischen den Stammformen in der Mitte; nach Kölreuter sind die Blüthen von weisslicher, etwas ins Violete spielender Farbe mit 5 violeten Strichen in der Kronröhre; die Stengel sind purpurbraun angelaufen, aber nicht so stark wie bei *D. tatula*. Gärtner (Bast. S. 527, 529) und Naudin heben ganz besonders die gewaltige Höhe (nach Naudin 2 m, während die Stammformen nur 1 m hoch werden) und die grossen Blätter der Mischlinge hervor; Naudin fand, dass alle Knospen in den 7 oder 8 unteren Gabelungen vor dem Blühen abfielen; die oberen Knospen lieferten normale Blüthen und Früchte. Kölreuter hielt die Blendlinge für vollkommen fruchtbar, während Gärtner fand, dass die Kapseln derselben höchstens je 220—280 Samen enthielten, die Kapseln der Stammformen dagegen 600—800. Die Nachkommenschaft der Blendlinge schlägt in die Stammformen zurück; Naudin erhielt die *tatula* in überwiegender Zahl.

Aus diesem Verhalten folgerten Gärtner und Naudin die specifische Verschiedenheit der beiden Typen *D. strammonium* und *D. tatula*, während Kölreuter und Godron daraus den Schluss zogen, dass sie Raçen einer und derselben Art seien.

Die *D. strammonium* unterscheidet sich, abgesehen von der Färbung, nach Grisebach durch die grössere, nach Asa Gray*) durch die geringere Länge der unteren Kapselstacheln von der *D. tatula* bei der die Kapsel ziemlich gleichmässig bestachelt sein soll.

Godron beschreibt eine *D. praecox*, die bald mit *D. tatula*, bald mit *D. quercifolia H.B.K.* verwechselt sein soll. Er erhielt sie aus dem Berliner botanischen Garten; ihre Heimath ist unbekannt und scheint es nicht unmöglich, dass sie ein abgeleitetes Kreuzungsproduct aus zwei anderen Arten sein könnte.

D. laevis L. f. ⨯ strammonium L.

D. laevis L. f. weicht vorzüglich durch röhrige Stengel, niedrigeren Wuchs und kleinere rundliche Kapseln von der glattfrüchtigen Form der *D. strammonium*, also der *D. Bertolonii*, ab. Die ersten Blüthen von *D. laevis* sind unfruchtbar.

D. laevis ♀ ⨯ *stramm. vera* ♂ und *D. stramm. vera* ♀ ⨯ *laevis* ♂ sind nach Kölreuter und Gärtner einander vollkommen gleich, die Höhe beträgt nach Naudin (bei *D. laev.* ♀ ⨯ *stramm.* ♂) das Doppelte der gewöhnlichen Höhe von *D. laevis;* die unteren Blüthenknospen fallen ab. Kölreuter zählte 400—500 Samen in einer Kapsel, so dass die Fruchtbarkeit kaum merklich geschwächt erscheint. In der Regel haben die Früchte kleinere und kürzere Stacheln als *D. strammonium*, doch fand Naudin auch Exemplare mit halb glatten, halb stachligen Kapseln.

Naudin fand, dass die Bastarde in zweiter und dritter Generation zum Theil in die Stammformen zurückschlugen, zum Theil durch riesige Grösse und kleinere kürzer bestachelte oder stellenweise glatte Kapseln dem ursprünglichen Bastard glichen.

---

*) Grisebach (Fl. West. Isl.) sagt: „superior prickles much shorter than the inferior ones", Asa Gray (Syn. F. N. Am. p. 240): „the lower ones mostly shorter".

D. laevis ♀ ⨯ *stramm. tatula* ♂ ist nach Gärtner (Bast. S. 281) von mittlerer Bildung, aber ungemein üppig (S. 527). Godron erhielt 10 Exemplare, die unter einander gleich waren und gleichzeitig mit *D. tatula* zur Blüthe kamen. Stengel hohl, Blüthen violet. In zweiter Generation waren Wuchs und Fruchtbarkeit bei allen Exemplaren normal; es entstanden 5 Exemplare *D. laevis*, 4 *D. Godroni* spät blühend, 11 intermediäre, d. h. *D. tatula* mit röhrigem Stengel. Die beiden ersten Formen blieben in der dritten und den späteren Generationen constant; aus der röhrigen *tatula* gingen in dritter Generation neben 30 Exemplaren der gleichen Form 2 *Godroni* hervor. Diese Formen blieben constant, nur blühte die röhrige *tatula* in einigen Jahren früher, in anderen später.

D. stramm. tatula ♀ ⨯ *laevis* ♂ ist zuerst von Gärtner erzeugt; Godron erhielt 10 Exemplare, die unter einander gleich waren, aber etwas von den aus der umgekehrten Kreuzung erhaltenen abwichen. Blüthen weiss, inwendig mit violeten Linien. In zweiter Generation entstanden 5 Exemplare stachelfrüchtige *D. laevis*, die auch als eine etwas hohlstengelige *D. stramm. vera* betrachtet werden könnte. 7 Exemplare spätblüthige hohlstengelige *Godroni*, 4 spätblüthige hohlstengelige *tatula*, 3 *stramm. vera*, 1 *Bertolonii*. Die stachelfrüchtige *D. laevis* lieferte in dritter Generation 3 Exemplare derselben Form, die von nun an in späteren Generationen constant blieb, neben 7 Exemplaren typischer *D. laevis*, aus der in vierter Generation 19 Exemplare der gleichen Form neben 6 Exemplaren einer *D. laevis* mit langen Blüthenstielen hervorgingen; beide zeigten sich später constant. Ferner lieferte die hohlstengelige spätblühende *D. Godroni* in dritter Generation 30 Exemplare normaler *Godroni* und 3 Exemplare typischer *laevis*, die von da an constant blieben. Die spätblüthige hohlstengelige *D. tatula* der zweiten Generation blieb in dritter (35 Exemplare) unverändert, verlor aber in vierter die Höhlung im Stengel (63 Exemplare); die *D. stramm. vera* und *Bertolonii* der zweiten Generation blieben constant.

Aus den Kreuzungen von *D. laevis* mit *D. stramm. tatula* entstanden somit in späteren Generationen die vier verschiedenen constanten Raçen von *D. strammonium* und die typische *D. laevis* neben zwei samenbeständigen neuen Mittelformen (einer hohlstengeligen *tatula*, einer stachelfrüchtigen *laevis*) und einer ganz neuen Raçe, nämlich der *D. laevis* mit verlängerten Blüthenstielen.

D. quercifolia H.B.K. ⨯ strammonium L.

Nach Gärtner sind *D. quercif.* ♀ ⨯ *stramm. vera* ♂ und *D. stramm. vera* ♀ ⨯ *quercif.* ♂ einander gleich (Bast. S. 221); in

Grösse und Fruchtbarkeit verhalten sie sich wie die anderen hybriden *Daturen*. Blätter nach Gärtner und Naudin wie bei *D. quercifolia*. Die Blüthenfarbe bleibt in späteren Generationen constant (S. 304). Die *D. quercifolia* ♀ ✕ *stramm. tatula* ♂ ist nach Gärtner (S. 273) von *D. quercif.* ♀ ✕ *stramm. vera* ♂ verschieden.

D. ferox L. ✕ *strammonium* L.

D. ferox L. hat Kapseln, an deren Grunde die Stacheln kurz sind, während dieselben nach der Spitze zu immer länger werden; hypokotyle Achse dunkelbraun, Blumen weiss.

D. ferox ♀ ✕ *stramm. vera* ♂. von Kölreuter und Gärtner erzeugt, ist ein Bastard von mittleren Eigenschaften, dessen Kapseln nach Gärtner (Bast. S. 385) nur 30—40 gute Samen enthalten (die Stammarten 700—800).

D. ferox ♀ ✕ *stramm. tatula* ♂ und *D. stramm. tatula* ♀ ✕ *ferox* ♂ sind einander nach Kölreuter vollkommen gleich. Blüthen weisslichviolet mit 5 dunkleren Streifen, Pollenkörner grösstentheils missgebildet, aber auch einige normal, Kapseln theils abfallend, theils mit je 30—40 Samen.

D. ferox ♀ ✕ *stramm. Bertolonii* ♂ wurde von Godron in 6 Exemplaren erhalten, die einander genau glichen. Stengel und Blattstiele braunviolet, Krone und Staubbeutel violet. Diese Färbungen finden sich bei keiner der Stammformen. Kapseln kleiner als bei *D. ferox* mit kleineren und weniger dicken Stacheln. Sehr gross, die unteren Blüthen abfallend. In zweiter und dritter Generation blieb die Höhe unverändert, nahm dann aber ab.

In zweiter Generation blieben von 17 Exemplaren 9 ziemlich unverändert und zeigte sich deren Nachkommenschaft auch in den folgenden Generationen bis auf die abnehmende Grösse im Wesentlichen constant; ausserdem traten in zweiter Generation alle 4 Raçen von *D. strammonium* auf. In dritter Generation lieferte die *vera* der zweiten auch *tatula* und *Bertolonii*, die *Godroni* auch *vera;* aus der *tatula* der zweiten gingen 6 Exemplare *ferox*, eine Mittelform von *tatula* und *ferox*, sowie eine *ferox* mit höckeriger Kapsel hervor. In den folgenden Generationen traten nur noch geringe Schwankungen der Typen hervor, indess lieferte in fünfter eine *stramm. vera* viele Exemplare *tatula*.

D. stramm. Bertolonii ♀ ✕ *ferox* ♂ weicht nach Godron durch eine etwas hellere Färbung von den Producten der umgekehrten Kreuzung ab. In zweiter Generation entstanden 5 Exemplare constante *tatula*, 1 constante *Bertolonii*, 6 Mittelformen, die zu zwei verschiedenen Typen gehörten, und 1 *ferox* mit grüner hypokotyler Achse. In dritter

Generation zeigten sich wenig Veränderungen, doch näherte sich die eine Mittelform mehr der *tatula;* sie ging dann zufällig zu Grunde. In vierter Generation gingen aus der andern Mittelform drei verschiedene der *D. ferox* näher stehende Mittelformen hervor, darunter eine glattfrüchtige violetblühende. In späteren Generationen wurden diese Formen constant.

Aus den Kreuzungen von *D. ferox* mit *D. stramm. Bertolonii* wurden somit in späteren Generationen die 4 Raçen von *D. strammonium,* die *D. ferox,* glattfrüchtige *D. ferox,* violetblühende glattfrüchtige *D. ferox, D. ferox* mit grüner hypokotyler Achse, sowie mehrere constante Zwischenformen erhalten.

Bastarde der D. laevis L. f.

Mit *D. strammonium* s. oben.

D. quercifolia H.B.K. ♀ × *laevis L. f.* ist nach Gärtner (Bast. S. 273) von *D. quercif.* ♀ × *stramm.* ♂ verschieden; Blattform wie bei *D. quercifolia* (S. 260).

D. laevis L. f. ♀ × *praecox Godr.* ♂ wurde von Godron in 6 unter einander gleichartigen Exemplaren erzeugt. Stengel hohl, braun angelaufen, Blätter wie bei *praecox,* Kronen ziemlich gross, blassviolet angehaucht, Kapseln stachlig. Hochwüchsig, blühte spät, brachte nicht viele reife Kapseln.

In zweiter Generation entstanden 32 Exemplare von *praecox,* 10 von *praecox* ohne dunklen Fleck am Blattgrunde, 7 von *laevis* und 2 Formen mit gemischten Charakteren. In dritter Generation waren Wuchs und Fruchtbarkeit bei allen Exemplaren normal, in ihren Charakteren zeigten sie jedoch ausser der typischen *D. laevis* vielerlei Schwankungen; in fünfter wurden sie constant bis auf Aenderungen in der Blüthezeit. Ausser den Stammarten entstanden schliesslich glattfrüchtige Formen von *D. praecox* und stachelfrüchtige von *D. laevis,* theils mit hohlem, theils mit solidem Stengel.

D. ferox L. ♀ × *laevis L. f.* ♂ und *D. laevis L. f.* ♀ × *ferox L.* ♂ sind von Kölreuter, Gärtner und Naudin erzeugt worden. Alle drei Beobachter waren überrascht, braunstengelige violetblüthige Bastarde aus den beiden grünstengeligen weissblüthigen Stammarten zu erhalten. (Dieselbe Erscheinung ist später von Godron bei den Bastarden von *D. strammon. Bertolonii* mit *D. ferox* beobachtet worden.) — Alle Beobachter bestätigen die Gleichförmigkeit sämmtlicher Exemplare aus beiden Kreuzungen; der Wuchs ist riesig; die Kapseln sind mit zahlreichen, ziemlich kräftigen Stacheln besetzt. Die Blüthenfarbe nennt Kölreuter weisslichviolett, Gärtner blassviolet oder röthlich. Ueber die Fruchtbarkeit macht nur Kölreuter genauere

Mittheilungen; er fand im Pollen ziemlich zahlreiche wohlgebildete Körner und in den Kapseln je 120—130 Samen.

Naudin glaubte die Blaublüthigkeit des Bastards genügend erklärt zu haben, als er die braunviolete Färbung der hypokotylen Achse bei *D. ferox* beobachtet hatte. Mit *D. stramm. vera* gibt *D. ferox* jedoch weissblühende Bastarde.

Die zweite Generation des Bastards ist von Naudin beobachtet worden. Im Gegensatz zu der genauen Uebereinstimmung aller Exemplare der ersten Generation zeigte die Nachkommenschaft des Bastards eine ausserordentliche Vielgestaltigkeit. Schon der Wuchs ist ungemein schwankend, die grössten Exemplare waren viermal höher als die kleinsten; Blätter und Färbung, sowie Grösse und Bestachelung der Früchte zeigten die auffallendsten Verschiedenheiten. Von 45 Exemplaren war eins fast vollständig in *D. laevis* zurückgeschlagen; die übrigen Pflanzen erinnerten indess mehr an die weisse *D. strammonium* und die blaue *D. quercifolia* als an die beiden weissen Stammeltern.

D. ferox L. ✕ quercifolia H.B.K.

D. ferox ♀ ✕ *quercifolia* ♂ ist nach Gärtner in Tracht und Wuchs der *D. ferox*, in Blättern, Blüthen und Früchten der *D. quercifolia* ähnlicher (Bast. S. 284). *D. quercifolia* ♀ ✕ *ferox* ♂ ist nach Gärtner (Bast. S. 527 u. 529) sehr fruchtbar und von riesigem Wuchs, doch hat Gärtner nach S. 687 diese Verbindung gar nicht erzeugt.

Arten der Strammonium-Gruppe mit andern Datura-Arten.

Alle Versuche, die *D. strammonium* oder eine der verwandten Arten mit *D. metel, D. fastuosa, D. ceratocaula* u. s. w. zu kreuzen, sind fehlgeschlagen. Allerdings behauptet Naudin (Nouv. arch. du mus. I p. 45), er habe eine *Datura strammonium* ♀ ✕ *ceratocaula* ♂ erhalten, doch unterschieden sich die vermeintlichen Bastarde einzig und allein durch ihre Grösse (2 m) und das Abfallen der unteren Blüthen von gewöhnlicher *D. strammonium*, die auch in zweiter Generation wieder daraus hervorging. Von Erzeugung eines Bastardes mit der sehr beträchtlich abweichenden *D. ceratocaula* kann daher nicht die Rede sein.

Metel.

Datura metel L. hat sehr grosse weisse, aussen blassgelblich angehauchte Blüthen mit 10 cm langer Röhre. Kapsel hühnereigross, fast rund, dornig.

D. meteloides Dunal ist im Wuchs und in den Blättern etwas kleiner als *D. metel*; die Blüthen sind hell blauviolet mit 16—17 cm langer Röhre. Die Kapsel ist taubeneigross und hat kürzere Dornen als die von *D. metel.*

Die beiden Arten verhalten sich ähnlich zu einander, wie *D. strammonium* zu *D. tatula;* Naudin meint, die Verwandtschaft sei eine ebenso nahe, gibt jedoch nicht an, auf welche Thatsachen er diese Meinung stützt. *D. tatula* und *D. strammonium* lassen sich nur durch die Färbung unterscheiden, während zwischen *D. metel* und *D. meteloides* gleichzeitig erhebliche plastische Verschiedenheiten vorhanden sind. Analoge Unterschiede zeigen *Petunia violacea Lindl.* und *P. nyctaginiflora Juss.*

Durch Bestäubung von *D. metel* mit Pollen von *D. meteloides* erhielt Naudin sehr kleine, aber verhältnissmässig samenreiche Früchte. Aus den Samen erzielte er wegen Schneckenfrass nur drei Pflanzen: *D. metel* ♀ ✕ *meteloides* ♂ (*D. meteloido-Metel* Naud. Nouv. arch. du mus. I p. 54). Der Bastard war reichlich so kräftig wie *D. metel*, von der er nur durch die aussen und am Saum der Innenfläche blassvioleten Kronen verschieden war. Pollen und Fruchtbarkeit normal. Die drei Exemplare einander völlig gleich.

Die Nachkommenschaft des Bastards ging aus den 1860 ausgesäeten Samen theils im nämlichen Jahre, theils erst im folgenden auf. Unter 84 Exemplaren waren 23 wieder ganz zu *D. metel* zurückgekehrt, von den übrigen war ein Theil nur durch blassblaue Blüthen von *D. metel* unterschieden, während ein anderer Theil mehr Mittelbildungen zwischen beiden Arten angehörte. 6 Exemplare hatten eine dunklere Blüthenfarbe als *D. meteloides*, glichen aber durch die kürzere Kronenröhre mehr der *D. metel.* In dritter Generation erhielt Naudin nur 2 Exemplare, nämlich ein dunkelblüthiges und ein weisses, beide mit kurzer Kronenröhre, wie *D. metel.*

Nicotiana.

Lit.: Kölreut. Vorl. Nachr. u. 1., 2., 3. Forts.; Sageret Ann. sc. nat. VIII p. 296; Gärtn. Bastarderz.; Naudin in Nouv. arch. mus. I p. 58 ff.; Godron Ann. sc. nat. 4. sér. XIX p. 156.

Die Gattung *Nicotiana* ist für die Kenntniss der Pflanzenbastarde besonders wichtig geworden. Sie bildete den Ausgangspunkt für die bahnbrechenden Untersuchungen Kölreuter's und hat später die Aufmerksamkeit der Hybridenforscher dadurch gefesselt, dass ihre Arten mit ungewöhnlicher Leichtigkeit Verbindungen unter einander eingehen. Pflanzenformen, die einander so unähnlich sind, dass man unter anderen Umständen kaum an die Möglichkeit ihrer Kreuzung denken würde, liefern in der Gattung *Nicotiana* oft ohne alle Schwierigkeiten Bastarde.

Andere Vorzüge, durch welche sich diese Gattung zu Hybridisationsversuchen empfiehlt, sind die verhältnissmässig leichte Cultur und die Einjährigkeit der meisten Arten, welche gestattet, die Ergebnisse der Versuche schon nach Jahresfrist zu übersehen, sowie endlich die manchmal ziemlich beträchtliche Fruchtbarkeit der Bastarde. Nur in einer oder der anderen Beziehung, nicht in der Verbindung aller dieser Vortheile, wird *Nicotiana* durch andere Gattungen übertroffen. In Norddeutschland muss man allerdings die meisten Arten in Fensterbeeten anziehen und im Mai ins Freie setzen, wenn man darauf rechnen will, vor Eintritt der herbstlichen Fröste reife Samen zu erhalten. In Südeuropa ist die Cultur viel einfacher.

Es empfiehlt sich, die Arten der Gattung zu besserer Uebersicht in drei Gruppen zu vertheilen.

1. *Chlorotabacum (Rustica* Dunal). Krone röhrig oder krugförmig, mit schmalem Saum; Zipfel desselben kurz, abgerundet stumpf; Blüthen grünlich.

2. *Eutabacum (Tabacum* Dunal). Krone röhrig, oben erweitert; Zipfel dreieckig, spitz; Blüthen roth oder röthlich weiss.

3. *Petuniopsis (Petunioides* und *Polydiclia* Dunal). Krone trichterig, mit ziemlich breitem Saum; Zipfel desselben spitz oder stumpf. Blüthen meist weiss, aussen oft violet gestreift.

Diese Gruppen gestatten zwar nicht in allen Fällen eine wirklich natürliche Anordnung, erleichtern jedoch die Uebersicht. Die *Nicotianen* werden vorzüglich durch Abendfalter befruchtet; die *Petuniopsis*-Blüthen sind gross und weiss, in der Dämmerung sichtbar, die *Chlorotabacum*-Blüthen grün und unscheinbar.

Ausser Kölreuter haben namentlich Gärtner und Naudin merkwürdige Bastarde in dieser Gattung erzeugt. Einige dieser Kreuzungsversuche habe ich wiederholt. Gärtner fand bei den hybriden *Nicotianen* öfter 6 Staubblätter.

Chlorotabacum.

Aus dieser Gruppe sind für Hybridisationsversuche bisher vier typische Arten benutzt worden.

Nicot. rustica L. Einjährig; Stengel einfach; Blätter eiförmig, gestielt, stumpflich; Kelchzipfel stumpf; Blüthen fast becherförmig, mit kurzer, weiter Röhre; Kapsel stumpf. — Besteht aus einer Reihe von Unterarten, die zum Theil ziemlich gut charakterisirt sind.

N. paniculata L. Einjährig; Stengel von unten verzweigt; Blätter breit herzeiförmig, langgestielt. Kelchzipfel spitz; Kronröhre lang und eng, nach oben etwas erweitert; Saum sehr schmal. Kapsel spitz.

N. Langsdorffii Weinm. Einjährig; Stengel höher als bei den vorigen Arten, mit spreizenden Aesten. Blätter länglich, lanzettig, spitz, sitzend, am Stengel herablaufend. Kronröhre ziemlich lang, nach oben zu erweitert; Saum schmal, ohne deutliche Lappen. Staubbeutel blau.

N. glauca Grah. Ausdauernd, baumartig, 4—6 m hoch werdend, kahl, blaugrün. Blätter breit oval, mit deutlichem Blattstiel. Blüthen röhrig.

N. rustica.

N. rustica L. wird seit langer Zeit in zahlreichen samenbeständigen Varietäten cultivirt. In Grösse, Färbung, Entwickelungsdauer u. s. w. zeigen diese Abarten mancherlei Unterschiede. Unter einander gekreuzt geben sie nach Gärtner vollkommen fruchtbare Mischlinge von mittleren Eigenschaften. Nach Gärtner (Bast. S. 273) geben ferner die Raçen *N. rustica typica*, *Asiatica*, *humilis* und *pumila* mit Blüthenstaub von *N. paniculata* identische Bastardformen. Dagegen habe ich bei Benutzung verschiedener Raçen von *N. rustica* beträchtlich verschiedene Bastarde mit *N. paniculata* erhalten, bin jedoch nicht im Stande, anzugeben, in wie weit diese Unterschiede constant sind und vielleicht von anderen Umständen als von der Verschiedenheit der Stammraçen abhängen.

Die ausgezeichnetste Unterart von *N. rustica* ist *N. Texana Naud.*: 120 — 140 cm hoch; Blätter oval oder länglich oval, behaart, graulich; Blüthen röhrig, halb so gross, wie bei *N. rustica*, düster grünlich gelb, mit violetem Anfluge; Kapseln reichlich erbsengross.

Die mit der *N. Texana* gekreuzte Raçe von *N. rustica* war 60—70 cm hoch, hatte breit ovale, stumpfe, dunkelgrüne Blätter und kurzröhrige Blüthen mit gelblichgrünem Saum; Kapseln haselnussgross.

N. rustica ♀ × *Texana* ♂ und *N. Texana* ♀ × *rustica* ♂ (Naudin in Nouv. arch. du mus. I p. 72, 73). Die beiden Bastardformen einander in allen Exemplaren völlig gleich, sehr kräftig, 2 m hoch. Blätter von der Gestalt der *rustica*-Blätter und reichlich so gross, aber mit der graulichen Behaarung der *N. Texana*. Blüthen von mittlerer Grösse, vollkommen fruchtbar. — Die Mischlinge säeten sich selbst aus, doch konnten nur wenige Exemplare stehen bleiben. Die zweite Generation wich kaum von der ersten ab, glich ihr vielmehr in Höhe und Blattform vollständig.

N. rustica L. × paniculata L.

Die beiden Arten *N. rustica L.* und *N. paniculata L.* befruchten sich gegenseitig verhältnissmässig leicht, indess bringt *N. rust.* ✕ *pan.* in der Regel mehr Samen als *N. pan.* ✕ *rust.* Die Erzeugung des Bastards *N. rustica* ♀ × *paniculata* ♂ gelingt daher öfter und sicherer, als die der umgekehrten Verbindung. Gärtner stellte Versuche über die Zeitdauer an, während welcher nachträglich auf die mit Pollen von *N. paniculata* bestäubte Narbe der *N. rustica* aufgetragener Blüthenstaub der eigenen Art sich noch wirksam zeigt. Neun Blüthen von *N. rustica* wurden gleichzeitig mit Pollen von *N. panic.* befruchtet. Es wurde dann nachträglich Blüthenstaub der eigenen Art aufgetragen, und zwar bei drei Blüthen nach einer, bei dreien nach anderthalb und bei den letzten drei nach zwei Stunden. Im ersten Falle bildeten sich ziemlich vollkommene Kapseln, deren Samen nur die reine Art lieferten; im zweiten Falle (nach $1^1/_2$ Stunden) wurden die Früchte nur unvollkommen ausgebildet, die Samen lieferten meistens *N. rustica*, aber es entstanden auch aus jeder Kapsel 2 bis 5 Exemplare des Bastards; im dritten Falle (nach 2 Stunden) bildeten sich nur kümmerliche Früchte, deren keimfähige Samen gering an Zahl waren, aber ausschliesslich Bastardpflanzen lieferten (Gärtn. Bast. S. 46, 47). Der Blüthenstaub von *N. paniculata* vermag nur einen kleinen Theil der in den Kapseln von *N. rustica* enthaltenen Samenanlagen zu befruchten. Die Samen, welche durch hybride Befruchtung erzeugt sind, weichen indess in Gestalt und Grösse durchaus nicht von den normalen der Mutterpflanze ab, obgleich die Samen der beiden Arten *N. rustica* und *N. paniculata* beträchtlich von einander verschieden sind.

Die Samen der *N. rustica* ✕ *paniculata* wurden zuerst im Jahre 1760 durch Kölreuter erzeugt und lieferten im folgenden Jahre die blühenden Bastardpflanzen. Die umgekehrte Verbindung, *N. panic.* ♀ ✕ *rust.* ♂ hatte Kölreuter 1762 in Blüthe. Später sind diese Bastarde wiederholt von Kölreuter, ferner u. A. von Hedwig, Wiegmann, Gärtner, Naudin, Godron und mir gewonnen worden. Das ausführlichste Studium haben ihnen Kölreuter und Gärtner zugewandt.

N. rustica ♀ ✕ *paniculata* ♂ und *N. panic.* ♀ ✕ *rust.* ♂ sind einander vollkommen gleich; der einzige Unterschied, den Gärtner zu finden vermochte, bestand in einer etwas grösseren Fruchtbarkeit der *N. rust.* ♀ ✕ *panic.* ♂ (S. 228, 407). Obgleich von allen Beobachtern die Uebereinstimmung der einzelnen Exemplare des Bastards unter einander besonders betont wird, fand Gärtner doch einzelne Pflanzen, deren etwas kürzere und grössere Blüthen mehr denen der *N. rustica* glichen (S. 246); er unterschied daher verschiedene Typen des Bastards. Meine eigenen Hybriden waren in Blattform und Grösse beträchtlich unter einander verschieden, wichen auch z. Th. in der Blüthenfarbe auffallend ab, indem manche Exemplare eine braunviolet angelaufene Kronröhre besassen, ähnlich wie *N. Texana*, von der sie jedoch nicht abstammten. Meine Exemplare waren etwas verschieden behandelt, waren auch von verschiedenen Raçen der *N. rustica* gewonnen.

Gärtner fand, dass der von einjährigen Stammarten erzeugte Bastard zuweilen ausdauernd ist (S. 394).

Kölreuter war der Meinung, dass die Bastardpflanzen genau zwischen den Eltern in der Mitte stehen. Gärtner fand, dass sie der *N. panic.* ähnlicher seien, insbesondere durch die mehr gerundeten Blätter, die grössere Klebrigkeit und die verlängerte Kronröhre. Umgekehrt habe ich den Eindruck erhalten, dass sie der *N. rustica* ähnlicher sind und vor der Blüthe kaum mit Sicherheit von dieser Art, aber leicht von *N. paniculata*, unterschieden werden können. Die reiche Verästelung der ausgewachsenen Pflanzen und die zahlreichen langgestielten Drüsen erinnern allerdings mehr an *N. paniculata*. Nach meinen Messungen betrug die Länge der Kronröhre bei *N. rust.* 14, beim Bastard 19, bei *N. panic.* 26 mm, der Querdurchmesser an der engsten und der weitesten Stelle bei *N. rust.* 7 und 9, beim Bastard 6 und 8, bei *N. panic.* 5 und 6 mm, der Durchmesser des Saumes bei *N. rust.* 18, beim Bastard 15, bei *N. panic.* 9 mm. Saum grün (nicht gelbgrün) wie bei *N. panic.* Pollenkörner grösstentheils verkümmert oder missgebildet, einzelne jedoch anscheinend normal. Der Drüsenreichthum und der nauseose Geruch waren an meinen Exemplaren stärker als bei den Stammarten, auch fängt der Bastard wegen seiner grösseren Klebrigkeit mehr kleine Insecten als diese.

Kölreuter's erste Bastardpflanzen zeichneten sich durch grosse Ueppigkeit aus, doch kommt ein ungewöhnlich kräftiger Wuchs nicht immer vor; ich habe bald riesige, bald kleine Exemplare erhalten und glaube Grund zu der Vermuthung zu haben, dass die Bodenbeschaffenheit einen ganz ausserordentlichen Einfluss auf die mehr oder minder kräftige Entwickelung der Bastardpflanzen ausübt. Meine Bastarde gelangten 14 Tage vor gleichzeitig ausgesäeter *N. rustica* und vier Wochen vor *N. paniculata* zur Blüthe. Die Pflanzen pflegen ungemein reichlich zu blühen; bei weitem die meisten Blüthen fallen indess, ohne zu vertrocknen, scheinbar frisch sammt Kelch und Blüthenstiel ab; auch wenn man versucht, Exemplare für das Herbarium zu trocknen, gliedern sich die frischen Blüthen fast sämmtlich ab, so dass man schliesslich oft nur nackte Aeste behält. An den ersten Blüthen bleibt jede natürliche oder künstliche Bestäubung vergeblich, später setzen indess einige, zuweilen ziemlich viele, Blüthen Früchte*) an, doch gibt es Exemplare, welche keinerlei Befruchtung annehmen. Die Blüthen werden durch Abendfalter besucht, und zwar viel eifriger als die der

---

*) Gärtner nennt den Bastard einmal (Bast. S. 369) absolut steril, was jedoch mit seinen übrigen Angaben im Widerspruch steht.

Stammarten; Hummeln können den Honig von der Kronenmündung aus nicht erreichen, doch habe ich gesehen, dass sie an einer meiner Pflanzungen lernten, den Honig durch Einbruch zu gewinnen und dass sie dann später auch an benachbarten Plätzen, an denen ich die Bastarde cultivirte, die Blüthen durch Anbeissen ausnutzten. Vermittelst der Abendfalter können die Bastardblüthen leicht durch Pollen der Stammarten befruchtet werden.

Nach Gärtner wird die *N. rust.* $\times$ *panic.* am leichtesten und vollständigsten durch *N. panic.* befruchtet, doch bilden sich im günstigsten Falle in jeder Kapsel durch den Blüthenstaub dieser Art nur 20—40 Samen aus, während die der Stammarten je 500—600 enthalten. Kölreuter brachte gleichzeitig Pollen beider Stammarten auf die Narben des Bastards und erkannte aus der erzielten Nachkommenschaft, dass ausschliesslich *N. paniculata* wirksam gewesen war. Nächst der *N. panic.* zeigen sich nach Gärtner auch *N. rustica* und *N. Langsdorffii*, nach Kölreuter sogar *N. perennis*, eine Unterart von *N. tabacum*, befähigt, die Bastardblüthen leichter und vollständiger zu befruchten, als der eigene Blüthenstaub des Bastards. Dagegen habe ich aus denselben durch gleichzeitige Bestäubung mit Pollen des Bastards und der *N. Langsdorffii* Samen gewonnen, die, mit einer einzigen Ausnahme, den ursprünglichen Bastard reproducirten. Die Kapseln der *N. rust.* $\times$ *panic.* sind unter allen Umständen klein und enthalten nur eine geringe Zahl von Samen. Der Blüthenstaub des Bastards ist übrigens befähigt, bei *N. rustica* einige Samen zu erzeugen.

Ueber die Nachkommenschaft der *N. rustica* $\times$ *paniculata* lauten die Angaben ziemlich verschieden. Gärtner (S. 438) gibt an, dass die Bastarde zweiter Generation sich häufig mehr der *N. rust.* nähern; Kölreuter sagt geradezu (1. Forts. S. 21), dass sie sich wie *N.* $^1/_4$ *pan.* $\times$ $^3/_4$ *rust.* verhalten. Er beobachtete zu Berlin und Leipzig einige spontan entstandene Exemplare, welche vollkommen fruchtbar zu sein und der *N. rustica* näher zu stehen schienen, als die künstlich erzeugten primären Bastarde (Vorl. Nachr. S. 45). Wiegmann hat umgekehrt in späteren Generationen eine Annäherung an *N. paniculata* beobachtet. Naudin (Mus. p. 83) erhielt 12 Exemplare zweiter Generation, welche unter einander sehr verschieden waren und deren Grösse zwischen 30 und 120 cm schwankte. Einige hatten schmale lanzettige Blätter, wie sie keine der Stammarten besitzt. Sie waren fruchtbarer als die erste Generation. Die dritte Generation verhielt sich ähnlich; die der *N. rustica* ähnlichsten Exemplare waren zugleich die fruchtbarsten. — Allen diesen Angaben gegenüber ist der Zweifel erlaubt, ob die Bastardpflanzen, welche die Samen lieferten, genügend vor Rückkreuzungen geschützt waren. Da die Früchte der *N. rust.* ⨯ *panic.* leichter durch Einwirkung des stammelterlichen Blüthenstaubs entstehen als durch den eigenen, so ist einige Sorgfalt zur Erzielung einer reinen Nachkommenschaft erforderlich. Am zuverlässigsten dürfte Gärtner's Angabe Bast. S. 423 sein, nach welcher die Mehrzahl der Sämlinge von *N. rust.* ⨯ *panic.* dem ursprünglichen Bastard gleicht, während einzelne Exemplare sich einer oder der andern Stammart nähern. Ich selbst habe nur einen einzigen Versuch gemacht; ich isolirte zwei ungewöhnlich schmalblättrige, kleine, einander genau gleichende Exemplare, die aus derselben Kapsel stammten, und befruchtete ihre Blüthen gegenseitig. Die ziemlich zahlreiche Nachkommenschaft war bis auf einige Grössenunterschiede völlig gleichartig und unverändert.

N. (rustica ⨯ *paniculata)* ♀ ⨯ *paniculata* ♂. Es zeigt sich kein Unterschied, ob man *N. rust.* ♀ ⨯ *panic.* ♂ oder *N. panic.* ♀ ⨯ *rust.* ♂ mit Pollen von *N. paniculata* befruchtet hat. Die so erzeugten Pflanzen sind unter einander sehr ungleich; ein Theil pflegt dem ersten Bastard näher zu stehen und meistens ziemlich fruchtbar zu sein, während ein anderer Theil der *N. panic.* näher kommt und einzelne Exemplare zu *N. rust.* zurückschlagen. Die den Stammarten genäherten Formen sind in der Regel völlig steril. Kölreuter erhielt auch schmalblättrige, von beiden Eltern abweichende Exemplare. Er fand diese Bastarde z. Th. völlig unfruchtbar. Mit eigenem Blüthenstaube befruchtet, lieferten sie Formen, die sich der *N. panic.* mehr und mehr näherten (Gärtn. S. 473) und zugleich an Regelmässigkeit des Pollens und Fruchtbarkeit zunahmen (S. 436). Die *N. rust.* ⨯ $^3/_4$ *pan.* lässt sich auch durch *N. Langsdorffii* und Formen von *N. tabacum* befruchten.

Die *N. ($^1/_4$ rustica* ⨯ $^3/_4$ *paniculata)* ⨯ *rustica* lieferte Pflanzen, welche in der Blattform der *N. rustica* schon sehr nahe standen, in Gestalt, Länge, Dicke und Färbung der Blumen aber der *N. rustica* ⨯ *paniculata* glichen und dabei völlig steril waren (Gärtn. S. 454). An einer anderen Stelle sagt Gärtner jedoch, diese $^5/_8$ *rustica* sei der *N. panic.* ähnlicher gewesen, als die einfache *N. rustica* ⨯ *paniculata*; Kölreuter fand, dass ein solcher Bastard sich durch etwas längere Blumen von *N. rustica* ⨯ *paniculata* unterschied.

Durch weitere Befruchtung der *N. rustica* ⨯ $^3/_4$ *paniculata* mit Pollen von *N. panic.* entsteht die *N. rust.* ⨯ $^7/_8$ *panic.*, die der *N. paniculata* meist schon sehr ähnlich ist, aber noch viele taube Samen bringt (Gärtn. S. 448). Die vierte Generation durch Rückkreuzung mit *N. paniculata*, also die *N. rust.* ⨯ $^{15}/_{16}$ *panic.*, ist nicht mehr von *N. paniculata* zu unterscheiden, aber in einzelnen Individuen total steril. In 4—5 Generationen lässt sich die *N. rust.* durch wiederholte Bestäubung mit Pollen von *N. panic.* in diese letzte Art umwandeln. Uebrigens wird schon die *N. rust.* $\times$ $^7/_8$ *panic.* mit eigenem Pollen in ihrer Nachkommenschaft allmälig fruchtbarer und der *N. paniculata* ähnlicher. Kölreuter erhielt von ihr mit eigenem Pollen ziemlich viele gute Samen, mit dem der *N. paniculata* war sie fast vollständig fruchtbar, mit dem der *N. rustica* brachte sie einzelne Samen. *N. rust.* und *N. rust.* ♀ $\times$ *panic.* ♂ konnten durch Pollen der *N. rustica* $\times$ $^7/_8$ *paniculata* befruchtet werden, indess minder vollständig als durch den der reinen *N. paniculata* (Kölreuter 2. Forts.).

N. rustica ♀ $\times$ (*rustica* ♀ $\times$ *paniculata* ♂) ♂, von der Kölreuter 2 Exemplare erhielt, stimmte mit einigen der aus der umgekehrten Kreuzung erhaltenen Pflanzen überein. Gärtner (S. 445) gibt an, dass durch Befruchtung von *N. rustica* mit dem Bastardpollen viele verschiedene Varietäten hervorgebracht werden, doch ist aus seiner Hybridentabelle nicht ersichtlich, dass er je eine solche Verbindung erzogen hat.

N. (*rustica* $\times$ *paniculata*) ♀ $\times$ *rustica* ♂ steht der *N. rustica* schon sehr nahe; die Exemplare sind theils unfruchtbar, theils fruchtbar. Im Allgemeinen ist die *N. paniculata* $\times$ $^3/_4$ *rustica* fruchtbarer als die *N. rustica* $\times$ $^3/_4$ *paniculata*. Es scheint ziemlich einerlei zu sein, ob man bei der Rückkreuzung typische *N. rustica* oder eine Varietät, etwa die *humilis*, verwendet, wie Gärtner einige Male gethan hat.

Durch weitere Bestäubung der *N. paniculata* $\times$ $^3/_4$ *rustica* mit Pollen von *N. rustica* erhält man Pflanzen, welche nicht mehr von *N. rustica* zu unterscheiden, aber noch nicht vollständig fruchtbar sind. Die vierte Generation der durch jedesmalige Bestäubung mit Pollen von *N. rustica* erzielten Bastarde pflegt vollständig zu *N. rustica* zurückgekehrt zu sein.

Es ist bemerkenswerth, dass der primäre Bastard, der nach Gärtner der *N. paniculata* ähnlicher ist, in 2—3 Generationen zu *N. rustica*, aber erst in 3—4 zu *N. paniculata* zurückgeführt werden kann (Gärtn. S. 464, 466, 469, wo die Zahl der Generationen, weil von der reinen Art gerechnet, um 1 höher ist).

Kölreuter und Gärtner haben mancherlei Kreuzungen zwischen den verschiedenen Hybridisationsstufen der *N. rustica* und *N. paniculata* ausgeführt; im Allgemeinen waren die erzeugten einzelnen Bastardpflanzen gleicher Abkunft einander sehr ungleich an Gestalt wie an Fruchtbarkeit. Unvollkommen ausgebildete Blüthen an diesen Bastarden sind oft entschieden grün gefärbt (Gärtn. S. 311).

N. rustica L. und N. Langsdorffii Weinm.

Gärtner (Bast. S. 147, 199) gibt an, dass *N. rustica* durch Pollen von *N. Langsdorffii* unvollkommen befruchtet werde; auf S. 190 bemerkt er, dass sie unter diesen Umständen wohlgebildete Früchte ansetzt, die aber wenig Samen enthalten. Auf S. 203 sagt er, dass *N. rustica* sich nicht durch *N. Langsdorffii* befruchten lasse.

N. (rustica ⨯ paniculata) ♀ ⨯ Langsdorffii ♂.

Gärtner hat aus verschiedenen Verbindungen der *N. rustica* und *N. paniculata* Tripelbastarde mit *N. Langsdorffii* erhalten, so aus zwei verschiedenen Formen der *N. paniculata* ♀ ⨯ *rustica* ♂, aus *N. rustica* ♀ ⨯ *paniculata* ♂ erster und zweiter Generation, sowie aus *N. rustica* ⨯ $^3/_4$ *paniculata*. Diese Bastarde stehen der *N. Langsdorffii* näher, haben aber auch viel vom Typus der *N. rustica* beibehalten. (Gärtn. Bast. S. 203.) Ich selbst habe bisher nur ein Exemplar erhalten, welches am meisten an *N. Langsdorffii* erinnerte, neben welcher die *N. rustica* leicht, die *N. paniculata* gar nicht mehr zu erkennen war. Die Kronen fielen von der Frucht ab, aber die Kapseln entwickelten sich nicht weiter.

N. paniculata L. ♀ ⨯ Langsdorffii Weinm. ♂.

Die *N. paniculata* wird leicht durch Pollen von *N. Langsdorffii* befruchtet und liefert dann ziemlich viele gute Samen (Gärtn. Bast. S. 292). Gärtner (Bast. S. 49) bestäubte frische Narben von *N. paniculata* mit Pollen von *N. Langsdorffii*; wenn dann Pollen der eigenen Art 40 Minuten später aufgetragen wurde, wurde die Wirkung des *Langsdorffii*-Pollen völlig aufgehoben, aber nach 45 Minuten geschah dies nicht mehr, sondern die betreffenden Kapseln lieferten nur Bastardpflanzen. Die Lufttemperatur bei diesen Versuchen betrug 24° Réaum. Bringt man gleichzeitig Pollen von *N. rustica* und *N. Langsdorffii* auf eine Narbe von *N. paniculata*, so entsteht ausschliesslich *N. paniculata* ♀ ⨯ *Langsdorffii* ♂.

N. paniculata ♀ ⨯ Langsdorffii ♂ ist habituell der *N. Langsdorffii* sehr ähnlich; sie hat länglich ovale, kurz gestielte, nicht herablaufende Blätter. Blätter mehr weichhaarig, wie bei *N. Langsdorffii*, Aeste mehr klebrig, wie bei *N. paniculata* (l. c. p. 296). Durch die gestielten Blätter unterscheidet sie sich am meisten von *N. Langsdorffii*. Gärtner meint, dass der Bastard eben so viel Aehnlichkeit mit *N. Langsdorffii* habe, wie *N. rustica* ⨯ $^7/_8$ *paniculata* mit *N. paniculata* (Bast. S. 469). Die Ausbildung des schmutziggrauen Blüthenstaubes ist bei verschiedenen Exemplaren des Bastards sehr verschieden (Gärtn. Bast. S. 339), die Ovula schrumpfen nach dem Aufblühen rasch ein (l. c. S. 343). Der Bastard ist völlig steril; er zeigt sich manchmal ausdauernd (l. c. 394). Mit stammelterlichem Pollen bestäubt erhalten sich die Blüthen 6—7 Tage frisch, während sie sonst nach 2—3 Tagen abfallen (S. 425). Die Befruchtung der *N. Langsdorffii* durch Blüthenstaub der *N. paniculata* ist bisher noch nicht gelungen.

N. glauca Grah. ♀ ⨯ Langsdorffii Weinm. ♂.
Der Bastard ist schwierig zu erzeugen und völlig unfruchtbar (Gärtn. Bast. S. 144, 343, 222); die Blumen fallen einige Tage nach dem Oeffnen unverwelkt ab. Im Ganzen steht der Bastard der *N. glauca* näher.

Eutabacum.

Von den Formen dieser Gruppe sind viele so nahe unter einander verwandt, dass die Systematiker durchaus uneinig darüber sind, ob sie als verschiedene Arten oder als Unterarten einer einzigen Species aufzufassen sind.

Unterarten von N. tabacum L.

Trotz ihrer hervorragenden praktischen Wichtigkeit hat die Sammelart *N. tabacum* meines Wissens noch keine umfassende systematische Bearbeitung erfahren. Kölreuter stellte Versuche mit fünf Raçen an. nämlich der *vulgaris*, *perennis*, *Transsylvanica*, *albiflora* und einer unbenannten mit spitzen Kapseln. Die drei letzten gehören zu *N. latissima Mill.* Gärtner (Bast. S. 409) nennt *macrophylla*, *Marylandia*, *magnifolia*, *petiolata*, *Chinensis* und *plantaginea* als Raçen von *N. tabacum*, spricht aber ausserdem noch von *acuminata*, *latissima*, *angustifolia*, *lanceolata* und *grandiflora*. Die *N. angustifolia* scheint = *Marylandica*, *N. grandiflora* = *macrophylla*, *N. lanceolata* = Kölreuter's *albiflora* zu sein. *N. perennis* Kölreuter's wird *N. Chinensis* Fisch. sein. Sageret, Naudin und Godron gebrauchen die Namen: *macrophylla*, *angustifolia* und *auriculata*. *N. auriculata* ist = *macrophylla*.

Die ersten Versuche mit gegenseitiger Kreuzung dieser verschiedenen Unterarten stellte Kölreuter an; die Befruchtung gelang jedesmal vollständig und die erzielten Mittelformen waren vollkommen fruchtbar. Gärtner (Bast. S. 35) gibt an, dass er *N. macrophylla* gleichzeitig mit Pollen von *N. glutinosa* und *N. Marylandica* belegt habe; er erhielt nur *N. macrophylla* ♀ ⨯ *Marylandica* ♂, eine in seinem Bastardverzeichnisse übrigens nicht erwähnte Form.

Die genauesten Angaben über eine Kreuzung zwischen zwei beträchtlich verschiedenen Unterarten verdanken wir Naudin.

N. angustifolia Naud. Höhe $1^1/_2$ m, Aeste spreizend; Blätter lanzettig, gestielt; Blattstiele weder geflügelt noch am Grunde geöhrt.

Blüthen kleiner und dunkler gefärbt als die von *N. latissima*, Saum sternförmig ausgebreitet, ziemlich lebhaft karminroth; Zipfel spitz.

N. latissima Mill., *N. macrophylla Spreng.*, *N. auriculata Bert.* Höhe 2 m; Stengel kräftig, oberwärts ästig; Blätter sehr breit oval; Blattstiele kurz, breit geflügelt, am Grunde geöhrt; Saum der Krone fünfeckig, blasslila.

N. angustifolia ♀ ⨯ *latissima* ♂ und *N. latissima* ♀ ⨯ *angustifolia* ♂ (Naudin in Nouv. arch. du mus. I p. 67). Die beiden Unterarten befruchten sich gegenseitig vollständig; die entstehenden Mischlinge sind sich einander im Wesentlichen gleich, doch ist der Blattstiel an einigen Exemplaren schmal geflügelt, an andern ungeflügelt. Pollen normal, Fruchtbarkeit vollkommen.

In zweiter Generation sind die Ungleichheiten unter den einzelnen Exemplaren viel beträchtlicher und haben manche nahezu einen oder den andern stammelterlichen Typus wieder angenommen.

Godron empfing von Naudin zwei Formen des Mischlings, eine schmalblättrige und eine breitblättrige. Vor Kreuzung geschützt, zeigte sich jede dieser Formen samenbeständig (Ann. scienc. nat. 4. sér. XIX p. 156).

Nicot. glutinosa L. ⨯ tabacum L.

Gärtner versichert, dass *N. magnifolia*, *macrophylla*, *Marylandica* und *petiolata* mit Pollen von *N. glutinosa* identische Bastardformen geben, und folgert daraus die specifische Zusammengehörigkeit jener vier Raçen (Bast. p. 273). Andere Angaben Gärtner's scheinen wenig für die angebliche Identität dar betreffenden Bastarde zu sprechen. S. 402 sagt er, die Bastarde von *N. glutinosa* mit *N. grandiflora* und *N. Chinensis* seien kaum von einander zu unterscheiden. Am gründlichsten sind die Verbindungen der *N. tabacum* mit *N. glutinosa* durch Kölreuter untersucht worden, dem die Erzeugung folgender Verbindungen gelang:

N. tabacum vulg. ♀ ⨯ *glutinosa* ♂.
N. Transsylvanica ♀ ⨯ *glutinosa* ♂.
N. perennis ♀ ⨯ *glutinosa* ♂ und *N. glutinosa* ♀ ⨯ *perennis* ♂.
N. tabacum albifl. ♀ ⨯ *glutinosa* ♂ und *N. glutinosa* ♀ ⨯ *tabacum albifl.* ♂.
N. Transsylvanica caps. acut. ♀ ⨯ *glutinosa* ♂.

Die Bastardpflanzen übertrafen die Eltern durch Höhe, Ueppigkeit und Blüthenfülle; *N. tabacum vulg.* ♀ ⨯ *glutinosa* ♂ z. B. wurde 8 bis 9 Fuss hoch, der Umfang der Pflanzen betrug 24 Fuss, die Dicke des Stammes reichlich 2 Zoll, die Länge der Blätter über 2 Fuss. In ihren Eigenschaften hielten die Bastarde durchaus die Mitte zwischen den

Stammeltern; sie waren sich alle sehr ähnlich, aber jede zeigte doch deutlich die besonderen Eigenthümlichkeiten der Unterart von *N. tabacum*, von welcher sie abstammte. Die Befruchtung der *N. glutinosa* mit Pollen der Raçen von *N. tabacum* gelang nur in zwei Fällen; in beiden waren die erzielten Bastardpflanzen denen der umgekehrten Kreuzung genau gleich. Im Allgemeinen waren diese Bastarde vollkommen unfruchtbar; nur die *N. perennis* ♀ × *glutinosa* ♂ schien einige gute Samen zu bringen; die Kapseln von *N. glutinosa* ♀ × *perennis* ♂ wurden nicht reif. Die aus der weissblühenden Raçe erhaltenen Bastarde hatten sehr blasse Blüthen.

Naudin erhielt Bastarde von *N. latissima* und *N. latissima* × *Marylandica* durch Bestäubung mit Pollen von *N. glutinosa* (Nouv. arch. mus. I p. 65, 70).

N. latissima ♀ × *glutinosa* ♂ (*N. glutinoso-macrophylla* Naud.) war 1½ m hoch, die Blätter reichlich so gross wie bei *N. latissima*, aber herzförmig, mit kurzem, ungeflügeltem Blattstiel. Blüthenstand wie bei *N. glutinosa*, Blüthen intermediär. Antheren äusserlich wohlgebildet, aber ohne normalen Blüthenstaub. Liess sich auch nicht durch stammelterlichen Pollen befruchten.

N. (latissima ♀ × *Marylandica* ♂) ♀ × *glutinosa* ♂ war der vorigen Verbindung sehr ähnlich; bei vier Exemplaren waren die Blätter herzförmig und gestielt, die vier andern hatten geflügelte, am Grunde geöhrte Blattstiele. Blüthen gross, lebhaft purpurn.

Gärtner führt in dem Verzeichnisse der von ihm erzeugten Bastarde auf: *N. Chinensis* ♀ × *glutinosa* ♂, *N. grandiflora* ♀ × *glutinosa* ♂.

Im Texte sagt Gärtner von *N. macrophylla* ♀ × *glutinosa* ♂, sie sei zwerghaft (S. 394), die Ausbildung der Staubbeutel u. s. w. sei bei den einzelnen Individuen sehr verschieden, sie sei eine vollkommen sterile Mittelform zwischen beiden Eltern (S. 404); von *N. glutinosa* ♀ × *macrophylla* ♂, sie sei zwergig (S. 259). steril (S. 389), und behalte, mit stammelterlichem Pollen bestäubt, ihre Blüthen 6–7 Tage, statt sie nach 2—3 Tagen abzuwerfen (S. 425); von *N. grandiflora* ♀ × *glutinosa* ♂, sie gleiche in Wuchs und Blättern der *N. glutinosa*, in den Blüthen der *N. grandiflora*, sie stehe der *N. grandiflora* näher (S. 257, 402), sei steril (S. 389, 402); von *N. glutinosa* ♀ × *grandiflora* ♂, sie gleiche der umgekehrten Kreuzung (S. 402); von *N. glutinosa* ♀ × *Chinensis* ♂ und *N. Chinensis* ♀ × *glutinosa* ♂, sie seien einander gleich, beide steril und der *N. Chinensis* ähnlicher (S. 402); *N. Chinensis* × *glutinosa* brachte normale Früchte mit 833—1446 Samen, *N. glutinosa* × *Chi-*

nensis brachte äusserlich vollkommene Früchte, die aber nur wenige Samen enthielten (S. 191, 198); von *N. glutinosa* ♀ × *lanceolata* ♂ und *N. lanceolata* ♀ × *glutinosa* ♂, sie seien steril; von *N. glutinosa* ♀ × *tabacum* ♂ und *N. tabacum* ♀ × *glutinosa* ♂, sie seien steril und der *N. tabacum* ähnlicher (S. 402, 471). Was von diesen Angaben zu halten ist, ist nicht recht klar; wenn Gärtner die betreffenden Bastarde wirklich erhalten hätte, würden dieselben doch schwerlich in dem Verzeichnisse fehlen. Auch von Kölreuter können die Angaben nicht entlehnt sein.

Eutabacum × Chlorotabacum.
N. rustica L. × tabacum L.

In Gärtner's Hybridenverzeichniss sind folgende gelungene Verbindungen von *N. rustica* und Formen von *N. tabacum* aufgeführt: *N. rustica* ♀ × *angustifolia* ♂, *N. rustica* ♀ × (*rustica* ♀ × *angustifolia* ♂) ♂, *N. rustica* ♀ × *tabacum* ♂. Im Text spricht Gärtner dagegen von *N. rustica* ♀ × *Marylandica* ♂, *N. rustica* ♀ × *lanceolata* ♂, *N. rustica* ♀ × *tabacum* ♂. Offenbar ist die *N. lanceolata* des Textes identisch mit der *N. angustifolia* des Verzeichnisses.

Von *N. rustica* ♀ × *Marylandica* ♂ sagt Gärtner Folgendes: Sie ist eine genaue Mittelbildung zwischen den Stammeltern (S. 281, 403); sie ist fruchtbar (S. 403); die Blumen sind grünröthlich, denen der *N. rustica* ähnlicher, durch Habitus und Blätter erinnert der Bastard mehr an *N. Marylandica* (S. 284); er zeigt eine entschiedene Hinneigung zum väterlichen Typus (S. 286). Auf S. 403 wird *N. rustica* × *Marylandica* unter denjenigen Formen aufgezählt, welche bei gegenseitiger Kreuzung einen Mitteltypus darstellen. Auf S. 286 steht sie unter denjenigen Formen, bei denen die umgekehrte Kreuzung nicht gelingt. Diese letzte Angabe stimmt mit dem Hybridenverzeichniss; die erste ist daher irrthümlich. Von *N. rustica* ♀ × *lanceolata* ♂ sagt Gärtner: Der Bastard ist fruchtbar und dem Typus der *N. lanceolata* näher stehend (S. 401); aus derselben Zeugung gingen theils unfruchtbare, theils in geringem Maasse fruchtbare Exemplare hervor; eine Pflanze liess sich weder durch *N. rustica* noch durch *N. lanceolata* befruchten, aber ihr Pollen erzeugte bei *N. rustica* kleine Kapseln mit einigen keimfähigen Samen (S. 359). *N. rustica* ♀ × *lanceolata* ♂ blüht anfangs grünlich, doch tritt im Herbste die rothe Färbung deutlich hervor (315), sie ist nur um Mitte der Blüthezeit fruchtbar (S. 367); sie ist absolut steril (S. 369).

Auf S. 364 spricht Gärtner von einer *N.* (*rustica* ♀ × *lanceolata* ♂) ♀ × *rustica* ♂, die mit Pollen von *N. paniculata* mehr Samen angesetzt habe, als mit ihren eigenen.

Von *N. rustica* ♀ ⨯ *tabacum* ♂ sagt Gärtner, dass diese Verbindung in geringem Grade fruchtbar sei (S. 389); sie habe sich anfangs unfruchtbar gezeigt, aber im Herbste doch einige vollkommene Kapseln mit guten Samen gebracht (S. 394). Uebrigens werde *N. rustica* kaum. von *N. tabacum* befruchtet (S. 202).

Diese Angaben enthalten mancherlei offenbare Widersprüche; ob die *N. Marylandica* des Textes die *N. tabacum* des Verzeichnisses ist, bleibt zweifelhaft, da *N. tabacum* und *N. Marylandica* im Verzeichnisse bald als identisch (unter *N. acuminata*), bald als verschieden (unter *N. Langsdorffii*) aufgeführt sind. *N. angustifolia* und *N. Marylandica* werden auf S. 203 als verschieden aufgeführt.

N. (rustica ⨯ paniculata) ♀ ⨯ tabacum ♂.

Die Verbindung dreier weit von einander verschiedener Tabakarten gelang Kölreuter schon im Jahre 1761. Er befruchtete die *N. rustica* ♀ ⨯ *paniculata* ♂ mit Blüthenstaub von *N. tabacum perennis* und erhielt dadurch Kapseln, in denen einzelne anscheinend gute Samen vorhanden waren. Diese Samen unterschieden sich von den durch Bestäubung mittelst der Stammeltern erzeugten Samen durch hellbraune Farbe und geringere Grösse. Sie lieferten 4 Pflanzen, von denen zwei sich weiter entwickelten.

Nicot. (*rustica* ♀ ⨯ *paniculata* ♂) ♀ ⨯ *perennis* ♂. Ein Exemplar zeigte eine Mittelbildung zwischen den Stammformen. Am Blattgrunde zeigte sich ein Absatz, von welchem aus die Blattsubstanz am Stiel herablief, Blätter viel länger und spitzer als bei *N. rustica* ♀ ⨯ *paniculata* ♂. Stengel sich nach oben verjüngend, wie bei den *Tabacum*-Raçen. In den Blüthentheilen durchaus von mittlerer Bildung. Kronzipfel ziemlich spitz, blassgelblichgrün, mit einem Anfluge von Roth. Die Blüthen blieben lange frisch und fielen dann ab. Im Herbst bildeten sich zahlreiche neue Triebe, die Blumen waren im Herbste viel röther. Blüthenstaub nur aus trocknen, verbildeten Körnern bestehend. — Das zweite Exemplar war in allen Theilen der *N. perennis* sehr ähnlich und brachte schon im Sommer rosafarbene Blüthen. — Beide Exemplare liessen sich überwintern und blühten auch im folgenden Jahre reichlich (Kölreuter 2. Forts. S. 53).

Gärtner sagt, die *Nicotiana Chinensis* bringe mit *N. rustica* ♀ ⨯ *paniculata* ♂ dieselbe Bastardform hervor wie mit *N. paniculata* ♀ ⨯ *rustica* ♂ (S. 228). Ferner: die *N.* (*paniculata* ♀ ⨯ *rustica* ♂) ♀ ⨯ *lanceolata* ♂ habe fast ganz die Blüthenfarbe von *N. lanceolata* (S. 304), auch sei sie oft ausdauernd (S. 394).

Kölreuter (2. Forts. S. 48) erhielt durch Befruchtung von *N.*

(*rustica* ♀ ✕ *paniculata* ♂) ♀ ✕ *paniculata* ♂ mit Blüthenstaub von *N. tabacum vulgaris* eine schwächliche Pflanze, welche früh zu Grunde geht. Gärtner führt in seinem Hybridenverzeichnisse einen Bastard *N.* [(*rustica* ♀ ✕ *paniculata* ♂) ♀ ✕ *paniculata* ♂] ♀ ✕ *angustifolia* ♂ an, über den im Texte keine näheren Mittheilungen vorkommen.

Hieher gehört endlich noch eine seltsame Pflanze, welche Kölreuter durch Bestäubung des ersten Exemplars der *N.* (*rustica* ♀ ✕ *paniculata* ♂) ♀ ✕ *perennis* ♂ mit Pollen von *N. rustica* erhielt (2. Forts. S. 88). Die Pflanze war kaum fusshoch, sehr rauhhaarig, hatte kleine, schmale, lanzettige Blätter und grünliche Blüthen mit röthlichem Anflug. Eine Kapsel gelangte zu ziemlicher Entwickelung.

N. (rustica ✕ paniculata) ♀ ✕ glutinosa ♂.

Die Verbindung der *N. rustica* mit *N. glutinosa* ist noch nicht gelungen, dagegen erzielte Kölreuter ein Exemplar des genannten Tripelbastards. Die Blätter waren aus herzförmigem Grunde lanzettig, wenig behaart und wenig klebrig. Die Blüthen zwischen den Stammformen intermediär, der Saum blassgelblichroth, im Herbste etwas röther. Griffel kürzer als bei den Eltern. Unfruchtbar.

Durch Bestäubung der *N.* (*rustica* ♀ ✕ *paniculata* ♂) ♀ ✕ *paniculata* ♂ mit Pollen von *N. glutinosa* erhielt Kölreuter 5 Bastardpflanzen, die sich von *N. paniculata* ♀ ✕ *glutinosa* ♂ nur durch etwas weniger herzförmige Blätter, etwas kleinere Blüthen und geringe Abweichungen in Behaarung und Geruch unterschieden. Unfruchtbar.

N. paniculata L. ✕ tabacum L.

Kölreuter erzog eine einzige Pflanze von *N. paniculata* ♀ ✕ *Transsylvanica* ♂, vier andere gingen früh zu Grunde. Blätter fast eiförmig, mit einem breitgeflügelten Blattstiel sitzend und etwas stengelumfassend. Blüthen leimgelblich, später mehr röthlich, Zipfel ziemlich spitz. Pollenkörner klein und missgestaltet. Die Befruchtung der Formen von *N. tabacum* durch *N. paniculata* gelang noch nicht.

N. paniculata L. ✕ glutinosa L.

Kölreuter erzog ein einziges Exemplar von *N. paniculata* ♀ ✕ *glutinosa* ♂ (2. Forts. S. 41). Die unteren Blätter eiförmig, die oberen herzförmig, fast von so starkem Geruch wie bei *N. glutinosa*. Saum der Kronen bei den ersten Blumen hellgrünlichgelb, kaum mit Spuren von Roth, bei den späteren ziemlich hochroth. In Blüthenstand und Blüthen intermediär. Pollenkörner leer und verbildet. Völlig unfruchtbar.

N. glutinosa lässt sich durch *N. paniculata* nicht befruchten.

N. glauca Grah. ⨯ tabacum L.

N. tabacum L. ♀ ⨯ *glauca* *Grah.* ♂ lässt sich nach Brongniart (Bull. soc. bot. Fr. VIII p. 264) leicht erzeugen, ist aber völlig steril. Naudin hat derartige Bastarde mehrfach erhalten und Nouv. arch. mus. I p. 61, 64 die *N. tabacum angustifolia* ♀ ⨯ *glauca* ♂ und *N. tabacum macrophylla* ♀ ⨯ *glauca* ♂ beschrieben. Die Pflanzen waren kräftig, grossblumig, mit etwas röthlichen Blumen; sie liessen sich durch *N. tabacum* befruchten. — Später hat Naudin in Collioure auch *N. glauca* ♀ ⨯ *tabacum* ♂ erzogen. *N. (tabacum angustifolia* ♀ ⨯ *glauca* ♂) ♀ ⨯ *tabacum macrophylla* ♂ erhielt Naudin in zwei Exemplaren, von denen eins dem primären Bastard, eins der *N. tab. macrophylla* sehr ähnlich war.

Petuniopsis.

Ueber die Arten dieser Gruppe herrscht noch einige Unklarheit. Für Hybridisationsversuche sind bis jetzt aus dieser Gruppe *Nicotiana suaveolens Lehm.*, *N. vincaeflora Lag.*, *N. acuminata Grah.*, *N. Californica*, *N. Persica*, *N. alata*, *N. commutata* und *N. quadrivalvis Pursh* verwendet worden. Die Bedeutung mehrerer dieser Namen ist indess nicht vollständig klar.

N. suaveolens Lehm. ist die einzige neuholländische Art der Gattung. Sie ist in ihrer Heimath ungemein formenreich und vielgestaltig; die Verfasser der Flor. Austral. wissen keine durchgreifenden Unterscheidungsmerkmale zwischen ihr und der amerikanischen *N. acuminata Grah.* anzugeben, während die in Europa cultivirten Formen beider Arten beträchtlich von einander abweichen. *N. vincaeflora Lag.* ist eine Gartenpflanze unbekannter Herkunft, die früher in deutschen Gärten ziemlich verbreitet gewesen zu sein scheint. Dunal kannte sie indess nicht näher und gab nur an, dass sie der *N. suaveolens* sehr ähnlich zu sein scheine. Die *N. Californica Naud.* scheint die *N. attenuata Torr.* zu sein; jedenfalls steht die Pflanze der *N. acuminata* sehr nahe. Die *N. Persica* Naudin's (nicht Dunal's) ist die *N. alata Lk.* Ich werde die Pflanze daher unter diesem Namen aufführen. Die *N. alata* ist eine wohlbekannte Art; auch die *N. commutata Fisch.* ist in ihrer Gestalt nicht zweifelhaft, obgleich die Herkunft unsicher ist. *N. quadrivalvis Pursh* endlich ist eine wohlbekannte nordamerikanische Art.

N. suaveolens Lehm. ♀ ⨯ *quadrivalvis Pursh* ♂. Ueber diese Verbindung finden sich in Gärtner's Buche nur wenige Angaben. Der Bastard ist unfruchtbar (S. 390, 404), steht in der Mitte zwischen beiden Stammarten (S. 404) und hat auffallender Weise röthliche

Blüthen, namentlich auf der äusseren Seite (S. 312). Nach dem Hybridenverzeichnisse hat Gärtner auch die Verbindung *N. quadrivalvis Pursh* ♀ ⨯ *suaveolens Lehm.* ♂ erzeugt.

N. vincaeflora Lag. ♀ ⨯ *quadrivalvis Pursh* ♂. Nach dem Hybridenverzeichniss ist Gärtner die Befruchtung der *N. quadrivalvis* mit Pollen von *N. vincaeflora* nicht gelungen. Auf S. 287 führt er indess die *N. quadriv.* ♀ ⨯ *vincaefl.* ♂ unter denjenigen Verbindungen auf, welche in ihrer Bildung eine entschiedene Annäherung an die mütterliche Stammart, also *N. quadriv.* zeigen, und bei denen die Herstellung der umgekehrten Verbindung nicht möglich war. Auf S. 256 wird angegeben, dass sich in der *N. quadriv.* ♀ ⨯ *vincaefl.* ♂ der Typus der *N. quodrivalvis* durchaus nicht verkennen lasse. Von *N. vincaeflora Lag.* ♀ ⨯ *quadrivalvis Pursh* ♂ sagt Gärtner, dass sie eine entschiedene Hinneigung zum väterlichen Typus zeige (S. 222, 267, 286, 471) und dass die Herstellung der umgekehrten Verbindung *N. quadriv.* ♀ ⨯ *vincaefl.* ♂ nicht gelungen sei (S. 222, 286). Die *N. vincaefl.* wird übrigens nicht so leicht von *N. quadrivalvis* befruchtet, wie von der ihr weit weniger ähnlichen *N. Langsdorffii* (S. 176). Die Blüthen des Bastards sind röthlich, namentlich auf der äusseren Seite (S. 312), während bei *N. vincaefl.* die Blumen ganz weiss, bei *N. quadriv.* nur aussen bläulich gestreift sind. Die Blüthen des Bastards fallen einige Tage nach dem Aufblühen unverwelkt ab, die Ovula schrumpfen sehr rasch ein (S. 343), die Pollenkörner sind klein und missgestaltet, nur einzelne denen der *N. vincaeflora* ähnlich (S. 337). Der Bastard ist absolut steril (S. 366, 369).

N. alata Lk. ⨯ *commutata Fisch.* Von den mit Pollen der *N. commutata* befruchteten Blüthen der *N. alata* brachten nur wenige Früchte. Die Bastardpflanzen glichen einander vollständig und waren, namentlich in den Blüthen, der *N. alata* sehr ähnlich, aber doppelt so hoch (130—140 cm) wie beide Stammarten. Pollen hellblau. Fruchtbarkeit vollkommen. *N. commutato-Persica Naud.* Nouv. arch. mus. I p. 78.

N. commutata ♀ ⨯ *alata* ♂ war der *N. al.* ♀ ⨯ *comm.* ♂ zwar ähnlich, aber nicht gleich. Blüthen etwas kleiner als bei *N. alata*, Pollen bläulichgrau. Fruchtbarkeit vollkommen. *N. Persico-commutata Naud.*

Chlorotabacum ⨯ Petuniopsis.

N. rustica L. ♀ ⨯ *suaveolens Lehm.* ♂. *N. rustica* ⨯ *suaveolens* gibt unvollkommene Früchte, aber ziemlich viele gute Samen (Gärtn. Bast. S. 190). Die Bastardpflanzen sind von zwergartigem, verkümmertem Wuchs (S. 259).

N. rustica L. ♀ × *Californica* Naud. ♂ (*N. californico-rustica* Naudin Nouv. arch. I p. 58 tab. 4.) *N. rustica* wird nur sehr unvollständig durch Pollen von *N. Californica* befruchtet. Die einzige von Naudin erhaltene Frucht war nur erbsengross und lieferte neben einigen Exemplaren von *N. rustica* eine einzige Bastardpflanze. Diese wurde 170 cm hoch, während die Exemplare von *N. rustica* derselben Aussaat kaum eine Höhe von 70—80 cm erreichten; die väterliche Stammart pflegt nicht höher zu werden als *N. rustica*. Der Bastard war im Allgemeinen von mittlerer Bildung, hatte einen stark verästelten Stengel und grosse, dunkelgrüne, breitlanzettige Blätter. Staubbeutel äusserlich wohlgebildet, enthielten nur etwas feinen, missgestalteten Staub. Die Pflanze blühte drei Monate lang ungemein reich, über 1000 Blüthen fielen unbefruchtet ab. Befruchtungsversuche durch Pollen der Stammarten schlugen fehl.

N. rustica L. ♀ × *quadrivalvis Pursh* ♂. Die Verbindung gelingt selten (S. 144); der Bastard ist in Verzweigung, Blättern und Blüthenstellung der *N. quadrivalvis*, in den Blüthen selbst der *N. rustica* ähnlicher (S. 284); er steht im Ganzen habituell der *N. quadrivalvis* näher (S. 222, 257). Pollen äusserst fein, weisslich, im Wasser unverändert (S. 336). Der Bastard bildet gegen Ende der Blüthezeit Früchte aus (S. 367).

N. paniculata L. ♀ × *quadrivalvis Pursh* ♂. *N. quadrivalvis* ⋈ *paniculata* bringt anscheinend normale Kapseln, die aber fast nur taube Samen enthalten (S. 190); eine Bastardpflanze bekam Gärtner nicht. Dagegen gelang die Erzeugung eines Bastards aus *N. paniculata* durch Bestäubung mit Pollen von *N. quadrivalvis*. Eine so behandelte *N. paniculata* wurde in den Garten neben *N. Langsdorffii* gesetzt; es gingen nun aus einer und derselben Kapsel dieses Exemplars dreierlei Pflanzen auf, nämlich *N. paniculata*, *N. paniculata* × *quadrivalvis*, und *N. paniculata* × *Langsdorffii* (S. 51). Der Bastard hat mehr Aehnlichkeit mit *N. quadrivalvis* als mit *N. paniculata* (S. 402). Die Blumen des Bastards fallen einige Tage nach dem Aufblühen unverwelkt ab, da die Pflanze absolut steril ist (S. 366, 369). Auf S. 336 berichtet Gärtner, die *N. quadrivalvis* ♀ × *paniculata* ♂ sei steril, ihr Pollen sei äusserst fein, gelblich und bleibe im Wasser unverändert; wahrscheinlich gilt dies für die umgekehrte Kreuzung.

N. paniculata ♀ × *vincaeflora* ♂ und *N. vincaefl.* ♀ × *paniculata* ♂ (?). Nach dem Hybridenverzeichniss hat Gärtner beide Verbindungen erzeugt; auch erwähnt er im Texte, dass die *N. vincaefl.* ♀ × *panic.* ♂ der *N. vincaefl.* sehr ähnlich und absolut unfruchtbar sei (S. 366, 401). Dagegen behauptet er an zwei andern Stellen (S. 286,

356), dass ihm die Erzeugung der *N. vincaefl.* ♀ ⨯ *panic.* ♂ gar nicht gelungen sei; die *N. paniculata* vermöge keine andere fremde Art als *N. rustica* zu befruchten (356).

Die Verbindung zwischen *N. paniculata* und *N. vincaeflora* erfolgt schwierig und gelingt selten (S. 144). Der Bastard *N. panic.* ♀ ⨯ *vincaefl.* ♂ ist der *N. vincaeflora* so ähnlich, dass die *N. paniculata* kaum noch darin zu erkennen ist (S. 256, 267, 286, 289, 462, 471). Die Stengel haben kaum noch etwas von der Klebrigkeit der *N. paniculata* (S. 297); die Blüthen sind gelblich weiss, bei kühler Witterung mehr grünlich (S. 315); sie fallen unverwelkt ab (S. 343). Der Blüthenstaub enthält nur kleine eckige Körner (S. 337). Die Pflanze ist völlig unfruchtbar (S. 343).

N. suaveolens, mit Pollen von *N. paniculata* bestäubt, bringt anscheinend wohlgebildete Früchte, die aber vor der Samenreife abfallen (Gärtn. S. 190).

N. suaveolens Lehm. ♀ ⨯ *Langsdorffii* Weinm. ♂. Die *N. suaveolens* zeigt wenig Aehnlichkeit mit *N. Langsdorffii*, wird aber doch ziemlich leicht von ihr befruchtet (Gärtn. Bast. S. 175, 177, 193). Die Bastardpflanzen, welche Gärtner erzeugte, sind der *N. suaveolens* ungemein ähnlich (Bast. S. 222, 256, 258, 259, 287, 362, 401, 471), haben Blätter wie *N. suav.* (S. 260), unterscheiden sich jedoch durch eine leichte Abänderung in Farbe und Grösse der Blüthen, durch eine theilweise Lösung der Staubfäden von der Kronenröhre, durch violete oder bläuliche Färbung der Staubbeutel und durch vollständige Unfruchtbarkeit von dieser Art (S. 259, 362, 471). Die umgekehrte Kreuzung gelang nicht.

N. vincaeflora ♀ ⨯ *Langsdorffii* ♂. Die *N. vincaeflora* wird noch etwas leichter von *N. Langsdorffii* befruchtet als die *N. suaveolens* (Gärtn. Bast. S. 193); der Bastard verhält sich übrigens sehr ähnlich, wie *N. suaveolens* ⨯ *Langsdorffii*. Er gleicht fast ganz der *N. vincaeflora* (S. 222, 256, 258, 259, 292, 401, 471), unterscheidet sich jedoch von ihr durch eine etwas geringere Grösse und veränderte Färbung der Blüthen, durch eine theilweise Lösung der Staubfäden von der Kronenröhre, durch violete oder bläuliche Färbung der Staubbeutel, durch viel kleinere Pollenkörner und durch vollständige Unfruchtbarkeit (S. 259, 337, 471). Die Blüthenfarbe zeigt eine stark grünliche Beimischung (S. 315); die Pollenkörner sind zugespitzt länglich, nur $1/4$ so gross, wie die der *N. vincaeflora*. — Uebrigens wird die *N. vincaeflora* viel leichter durch *N. Langsdorffii* befruchtet, als durch die ihr viel ähnlichere *N. quadrivalvis* (S. 176). — Die Befruchtung 'er *N. Langsdorffii* durch Pollen von *N. vincaeflora* gelang nicht.

N. alata Lk. ⚥ *Langsdorffii Weinm.* Gärtner fand keine fremde Art, welche im Stande war, die *N. Langsdorffii* zu befruchten. Die wechselseitige Kreuzung von *N. alata* und *N. Langsdorffii* hat jedoch keine Schwierigkeiten; Naudin erhielt insbesondere von *N. Langsdorffii* durch Bestäubung mit Pollen der *N. alata* gute samenreiche Kapseln, während bei *N. alata* die Befruchtung mit *Langsdorffii*-Pollen an vier Blüthen nur einmal anschlug, in diesem Falle aber auch eine grosse samenreiche Kapsel lieferte. Ich fand bei beiden Kreuzungen keine Schwierigkeit. Von *N. Langsdorffii* ♀ ⚥ *alata* ♂ (*N. persico-Langsdorffii Naud.* l. c. p. 74) erzog Naudin 118, von *N. alata* ♀ ⚥ *Langsdorffii* ♂ (*N. Langsdorffio-persica Naud.*) 53 Exemplare; alle diese 171 Bastarde waren einander vollkommen gleich. Sie wurden 130—160 cm hoch (*N. Langsd.* ca. 100, *N. alata* 60 cm) und glichen durch die spreizenden Aeste mehr der *N. Langsd.* Blüthen mittelgross, grünlich weiss, mit deutlich abgerundeten Zipfeln. Blüthenstaub bläulich grau. Fruchtbarkeit vollkommen. Mir sind dieselben Kreuzungen mit gleichem Erfolge gelungen; Pollen reich an wohlgebildeten Körnern, Kapseln mit ca. 500 Samen.

Von *N. commutata* wichen Naudin's Bastardpflanzen durch den hohen Wuchs, die grösseren, deutlich grünlichen Blüthen und dunkler grünen Blätter ab.

Spätere Generationen. Durch Selbstaussaat kehrten Naudin's Bastardpflanzen nach und nach zu den Stammarten zurück, wenn auch nicht ganz vollständig. Godron empfing von Alex. Braun in Berlin Samen der *N. alato-Langsdorffii* (also wohl *N. Langsdorffii* ♀ ⚥ *alata* ♂) und erzog daraus ziemlich mannigfaltige Formen, u. a. Varietäten mit gelben oder gelblichweissen oder rein weissen Blüthen. Die Blätter waren veränderlich, die Flügelsäume am Stengel bald vorhanden, bald durch Linien angedeutet, bald ganz fehlend. Zwei Varietäten, die durch Flor vor Kreuzung gesichert waren, haben indess Früchte gebracht, aus deren Samen genau die mütterliche Form hervorging.

N. commutata Fisch. ⚥ *Langsdorffii Weinm.* *N. commutata* wird gut befruchtet durch Pollen von *N. Langsdorffii*, während von vier Blüthen der *N. Langsdorffii* nur eine mit Erfolg durch Pollen von *N. commutata* befruchtet wurde. Naudin's 42 Exemplare von *N. commutata* ♀ ⚥ *Langsdorffii* ♂ (Naud. l. c. p. 79) waren einander vollkommen gleich und der *N. Langsdorffii* sehr ähnlich, hatten aber grössere, blasser grüne Blüthen. Zipfel deutlich aber kurz. Pollen blau. Fruchtbarkeit vollkommen. Bei *N. Langsdorffii* ♀ ⚥ *commutata* ♂ waren die Kronen grösser, deutlicher lappig und heller grün als die von *N. Langsdorffii*. Pollen blau. Fruchtbarkeit

vollkommen. Ob die Exemplare aus beiden Kreuzungen vollständig
mit einander übereinstimmten, oder ob ein Unterschied zwischen beiden
Verbindungen vorhanden war, ähnlich wie er bei den beiden Kreuzungen von *N. alata* und *commutata* beobachtet wurde, ist nicht erwähnt;
auch über die Beschaffenheit der Pollenkörner der *N. commutata* und
ihrer Bastarde macht Naudin keine näheren Angaben.

Eutabacum ⨯ Petuniopsis.

N. (tabacum) latissima ♀ ⨯ *alata* ♂ (*N. Persico-macrophylla*
Naud. l. c. p. 81). Naudin erhielt aus *N. latissima Mill.* ⨯ *alata Lk.*
mittelgrosse Kapseln, deren Samen verkümmert zu sein schienen. Es
gingen indess 4 Pflanzen daraus hervor. Diese Bastarde waren kräftig,
aber nur 50—100 cm hoch. Blätter wie bei *N. alata*, aber grösser;
Stengel stark geflügelt. Wachsthum langsam, so dass diese Hybriden
in dem nassen Sommer von 1860 nicht zur Blüthe gelangten.

N. suaveolens ♀ ⨯ *latissima* ♂ (*N. suaveolens* ⨯ *macrophylla Gaertn.*) ist von Sageret erzeugt (als *N. tabaco-undulata*) und
zeichnete sich durch eine ausserordentliche Vermehrungsfähigkeit aus,
so dass jedes kleine Stengelstück auf feuchter Erde Wurzeln trieb.
Die ungewöhnliche vegetative Lebensfähigkeit dieser Pflanze bekundete
sich auch durch eine grosse Widerstandsfähigkeit gegen Kälte, denn
sie erfror erst bei — 12⁰ C. Gärtner gibt ebenfalls an, dass der
Bastard oft mehrjährig sei (S. 394); ob aus eigener Erfahrung, ist
zweifelhaft. Die Blüthen des Bastards sind nach ihm blassroth (S.
313), bei unvollkommener Ausbildung grünlich (S. 311); auch bei
normaler Entwickelung ist kaum ein Anflug von Roth an den grünlichen Blüthen bemerkbar, im Herbste wird diese rothe Färbung allerdings deutlicher (S. 315). Der Bastard ist durchaus steril (S. 366, 390).

N. suaveolens ♀ ⨯ *glutinosa* ♂ ist von Gärtner erzeugt
worden, der *N. suaveolens* mit Pollen von *N. glutinosa* und nachträglich mit Pollen der eigenen Art bestäubte. Bei einem Zeitunterschiede
von 40 Minuten entstand nur *N. suaveolens*; auch nach 60 Minuten
Unterschied ging aus einer Kapsel nur reine *N. suaveolens*, aus einer
andern theils diese (etwa ein Drittel der Exemplare), theils Bastardpflanzen (zwei Drittel) hervor. Die Temperatur betrug bei diesen Versuchen 20⁰ R. (S. 49). Die *N. suaveolens* wird übrigens leicht und
beinahe vollständig von *N. glutinosa* befruchtet, so dass sie bis zu
256 gute Samen in einer Kapsel brachte (S. 198, 405). Trotz ihrer
beträchtlichen habituellen Verschiedenheiten sind die beiden Pflanzen
demgemäss sexuell nahe verwandt (S. 178). Der Bastard hält zwischen
den Stammeltern die Mitte und ist völlig unfruchtbar (S. 404); nach

S. 267 ist er jedoch der *N. glutinosa* ähnlicher. Die Blumen sind auffallend gross (S. 296), weichen auch in der Gestalt von den Blumen der Stammeltern ab (S. 318). Besonders auffallend ist die prächtige dunkelviolete Farbe der Blumen (S. 301, 313, 318), während *N. suaveolens* weiss, *N. glutinosa* roth blüht. Gärtner sagt (S. 198), die Verbindung *N. glutinosa* ♀ ✕ *suaveolens* ♂ gelinge schwer; sie stelle einen unfruchtbaren Bastard von mittlerem Typus dar (S. 404). In dem Hybridenverzeichnisse ist nur ein misslungener Versuch, diese Verbindung zu erzeugen, angeführt.

N. quadrivalvis ✕ *tabacum*. Nach dem Hybridenverzeichnisse ist es Gärtner nicht gelungen, Bastarde durch Bestäubung der *Tabacum*-Raçen mit Pollen von *N. quadrivalvis* zu erhalten. Dagegen erhielt er Hybride durch Bestäubung der *N. quadrivalvis* mit Pollen der *N. angustifolia*, *Chinensis* und *macrophylla* (= *latissima Mill.*). Von *N. quadrivalvis* ♀ ✕ *lanceolata* ♂ erwähnt er im Text, dass die Blüthen wie die der *N. quadrivalvis* ♀ ✕ *macrophylla* ♂ gefärbt sind (S. 313). Von *N. quadrivalvis* ♀ ✕ *tabacum* ♂ wird gesagt, dass der Bastard der *N. tabacum* näher stehe (S. 472). *N.* (*tabacum*) *Chinensis* ✕ *quadrivalvis* setzt keine Frucht an; *N. quadrivalvis* ✕ (*tabacum*) *Chinensis* bringt wohlgebildete Kapseln, die indess nur wenige gute Samen enthalten, weit weniger als *N. quadrivalvis* ✕ *glutinosa* (S. 191). Auf S. 259 und 401 spricht Gärtner von einer *N. macrophylla* ♀ ✕ *quadrivalvis* ♂, doch ist offenbar die umgekehrte Verbindung gemeint. Die *N. quadrivalvis* ♀ ✕ *macrophylla* ♂ kommt in zwei verschiedenen Formen vor, die in Gestalt und Grösse der Blätter, sowie in der Blüthenfarbe vom Typus abweichen (S. 247); die gewöhnliche Form steht durch die Blüthe und die langen, schmäleren Blätter der *N. quadrivalvis* näher, während die seltenere in der Gestalt der Blumen und Blätter der *N. macrophylla* ähnlicher ist (S. 241). Der zwergartige Wuchs des Bastards ist sehr überraschend (S. 295, 259). Die Blüthen zeigen nur einen leicht röthlichen Anflug, der indess im Herbste bei kühlem Wetter bedeutend erhöht wird (S. 313, 315). Mit stammelterlichem Pollen bestäubt bleiben diese Blumen 6—7 Tage frisch (S. 425). Die Staubgefässe sind äusserlich normal gebildet; die Pflanzen sind jedoch vollkommen unfruchtbar (S. 332).

N. glutinosa ✕ *quadrivalvis*. Auf S. 222 gibt Gärtner an, dass ihm nur der Bastard *N. glutinosa* ♀ ✕ *quadrivalvis* ♂, nicht die umgekehrte Verbindung gelungen sei. Auf S. 190 sagt er, dass *N. glutinosa* mit *N. tabacum Chinensis* bestäubt, ebenso gute Früchte bringt, wie mit *N. quadrivalvis*, aber erheblich weniger gute Samen. Auf

S. 198 sagt er dagegen, dass *N. quadrivalvis*, mit Pollen von *N. glutinosa* bestäubt, mehr gute Samen liefere, als die umgekehrte Verbindung, auf S. 191, dass sie mehr gute Samen bringe, als nach Bestäubung durch *N. tabacum*, auf S. 176, dass die *N. quadrivalvis* leichter von *N. glutinosa* als von *N. rustica* befruchtet werde. Auf S. 286 und 287 wird behauptet, dass nur der Bastard *N. quadrivalvis* ♀ ⨯ *glutinosa* ♂, nicht die umgekehrte Verbindung erzeugt worden sei; auf S. 286 wird die *N. quadrivalvis* ♀ ⨯ *glutinosa* ♂ zu den decidirt väterlichen Typen, auf S. 287 zu den decidirt mütterlichen gerechnet. Im Hybridenverzeichnisse sind die beiden Verbindungen als gelungen aufgeführt. Diese Widersprüche sind nur durch Vermuthungen zu lösen. Die beiden Arten *N. quadrivalvis* und *N. glutinosa* sind trotz ihrer grossen habituellen Verschiedenheit sexuell nahe verwandt (S. 178). Die Staubgefässe von *N. glutinosa* ♀ ⨯ *quadrivalvis* ♂ sind äusserlich normal gebildet, aber steril (S. 332). Beide Verbindungen von *N. glutinosa* und *N. quadrivalvis* sind vollkommen unfruchtbar (S. 389). Wahrscheinlich ist der Bastard der *N. glutinosa* ähnlicher und liegt an der Stelle, wo das Gegentheil behauptet wird, ein Schreibfehler vor.

Petunia.

Zwei nahe verwandte Arten und eine Anzahl daraus abgeleiteter hybrider Raçen werden häufig als Zierpflanzen cultivirt.

P. violacea Lindl. Kronenröhre kurz, vom Grunde an erweitert; Blüthen lebhaft purpurviolet, Pollen blauviolet.

P. nyctaginiflora Juss. Kronenröhre verlängert, am Grunde eng, oberwärts erweitert. Blüthen weiss, mit blassgelbem Schlunde. Pollen weisslichgelb. Narbe viel grösser als bei *P. violacea*.

Kreuzungen zwischen den beiden Arten sind u. A. von Herbert, Gärtner und Naudin vorgenommen worden, ausserdem aber vielfach von Blumenzüchtern. Die beiden Arten befruchten sich gegenseitig ziemlich vollständig, jedoch nach Gärtner (Bast. S. 177) nicht gleich leicht; Gärtner sagt indess nicht, welche Verbindung leichter erfolgt.

P. nyctaginiflora ♀ ⨯ violacea ♂.

P. nyctaginifloro-phoenicea Gaertn., P. violaceo-nyctaginiflora Naud. Nouv. arch. mus. I p. 88. Die Bastardpflanzen stimmen unter einander in Gestalt und Grösse aller Theile vollkommen überein. In der Färbung zeigen sie indess einige Verschiedenheiten; vorherrschend ist die blassviolete oder lila Farbe (Gärtn. Bast. S. 225, 312), doch kommen einerseits dunklere, bis zu purpurkarmin gehende Farben vor, andererseits auch Exemplare mit weisslichen, nur violet angehauchten Blüthen (Gärtn. Bast. S. 719, Naudin). Im Uebrigen zeigen die Bastardpflanzen eine mittlere Bildung. Pollen bald gelblich, bald grau, bald graublau (Naudin). Fruchtbarkeit nach Herbert grösser als bei den Stammarten (Amar. p. 379), nach Naudin vollkommen, nach Gärtner jedoch deutlich geschwächt, so dass einzelne seiner Exemplare sogar vollständig steril waren (Bast. S. 391); in der Regel sind die ersten Kapseln samenreich, die späteren taub (Bast. S. 393).

Die zweite Generation des Bastards besteht aus einer bunten Menge verschiedenartiger Varietäten, die zum Theil unvollkommene Rückschläge zu den Stammarten darstellen.

Durch Befruchtung mit Pollen von *P. violacea* liefert der Bastard Pflanzen, die kaum noch von reiner *P. violacea* zu unterscheiden sind (Gärtn. Bast. S. 462).

Durch Befruchtung mit Pollen von *P. nyctaginiflora* erhielt Gärtner (Bast. S. 452) 15 verschiedene Varietäten.

Gärtner hat 12 verschiedene Verbindungen zwischen den beiden Arten und ihren Bastarden dargestellt; alle diese abgeleiteten Bastarde sind in ihrer Nachkommenschaft ungemein veränderlich.

P. violacea ♀ ⨯ nyctaginiflora ♂.

Das Kreuzungsproduct ist der umgekehrten Verbindung im Allgemeinen gleich, hat aber meistens weisse Blumen (Gärtn. Bast. S. 225) oder weisse Blumen mit kaum bemerkbar violetem Anfluge (Bast. S. 302). Auf S. 225 sagt Gärtner, dass Grösse und Gestalt der Kronen bei beiden Verbindungen gleich seien, auf S. 261, dass die *P. violacea* ♀ ⨯ *nyctaginiflora* ♂ ausgezeichnet grosse Blumen habe. — Die Bastarde: *P. ⨯ Atkinsiana* G. Don.

Bei Kreuzung der beiden *Petunien* zeigt sich somit, dass die männliche Stammart den stärkeren Einfluss auf die Färbung der Blüthen ausübt. Bei *Digitalis* verhält sich die Sache umgekehrt.

Die Gärtner haben aus den hybriden *Petunien* zahlreiche bunte Raçen erzogen, darunter auch gestreifte und netzaderig gezeichnete; die gefüllten stammen von einer gefüllten *P. nyctaginiflora*.

60. SCROFULARINEAE.

Verbascum.

Lit.: J. G. Kölr. 2. Forts. S. 12; 3. Forts. S. 11; Act. ac. Petrop. pro 1781 P. 1 p. 249; Wiegmann Bastarderz. S. 4, S. 36; Gärtner Bastardbefr.; Franchet in Mém. soc. Maine et Loire XXII; mitteleuropäische Floren (Gren. et Godr., Koch, Garcke, Neilreich etc.); zerstr. Aufs. von Fr. Schultz, Wirtgen, Paris, Franchet, Schmalhausen, v. Borbás u. s. w.

Von allen europäischen Pflanzengattungen lassen sich nur *Cirsium* und *Salix* mit *Verbascum* vergleichen in Bezug auf die Leichtigkeit, mit welcher selbst unähnliche Arten hybride Verbindungen eingehen. Die Erkennung der spontanen Bastarde in der letztgenannten Gattung ist um so weniger schwierig, als die hybriden *Verbascum*-Formen fast sämmtlich unfruchtbar sind, daher auch weit weniger zur Verwischung der Artgrenzen beitragen können, als dies bei fruchtbaren Bastarden der Fall ist. Kölreuter und Gärtner, die zahlreiche *Verbascum*-Bastarde künstlich erzeugt haben, fanden, dass die Bastarde zwischen je zwei Arten einander vollständig oder bis auf ganz geringfügige Unterschiede glichen, mochte nun die eine oder die andere Art Pollen- oder Samenpflanze gewesen sein. Fr. Schultz, der gleich andern Floristen die Untersuchungen dieser Männer vollständig ignorirte, behauptete, dass die *Verbascum*-Bastarde in den Blättern der mütterlichen, in den Blüthen der väterlichen Stammart gleichen. Dies mit höchster Zuversichtlichkeit verkündete Dogma beherrschte während mehrerer Jahrzehnte die Anschauungen der Systematiker und Floristen fast allgemein; erst Franchet hat dieses Vorurtheil abgestreift.

Die Arten von *Verbascum* ordnet man am besten in 3 Gruppen: 1. *Blattaria* (Haupttypen *V. phoeniceum* und *V. blattaria)*, 2. *Lychnitis* (Haupttypen *V. nigrum*, *V. lychnitis* und *V. sinuatum)*, 3. *Thapsus*. Manche Arten kommen in zwei Parallelformen vor, die sich nur durch die Blüthenfarbe (gelb oder weiss) unterscheiden, aber ziemlich samenbeständig sind. Bei *V. lychnitis* ist die weisse Race eben so häufig wie die gelbe, während sie bei den anderen Arten weit seltener ist. Nach Gärtner (S. 92) kreuzen sich die gleichfarbigen Raçen zweier Arten leichter als die ungleichfarbigen.

Die *Verbascum*-Bastarde haben nach Gärtner (S. 330) zuweilen 6 Staubblätter; die Antheren springen oft gar nicht auf und sind völlig taub, oder sie enthalten nur schmutziggelben (nicht orangegelben) Pollen (S. 333, 335); die Staubfadenwolle ist oft vermehrt.

Bastarde von *V. phoeniceum* L.

V. phoeniceum ist ausdauernd und hat purpurviolete Blumen, während die übrigen Arten zweijährig sind und gelbe oder weisse, zuweilen im Schlunde purpurne Blüthen hervorbringen. Die Bastarde mit den gelbblühenden Arten haben in der Regel eine schöne reiche Blüthenfarbe, deren Nuance schwer zu beschreiben ist, etwa orangebraun oder kupferig-purpurn. Ueber einen Bastard mit einer *Celsia* s. am Schluss von *Verbascum*.

V. blattaria L. × *phoeniceum* L. Kölreuter erhielt einmal von einem seiner Correspondenten Samen von *V. phoeniceum* zugeschickt, aus welchen kein einziges Exemplar der reinen Art aufging, sondern nur ein Bastard mit *V. blattaria fl. lut.* Er bemerkt dazu, dass *V. phoeniceum* im Garten oft unfruchtbar ist (3. Forts. S. 42). Nach Gärtner (S. 357) ist bei einzelnen Exemplaren der eigene Blüthenstaub unwirksam. Kölreuter fand, dass die Bastarde *V. blatt.* ♀ × *phoen.* ♂ und *V. phoen.* ♀ × *blatt.* ♂ genau die Mitte hielten zwischen den Stammarten, doch kamen sie schon im ersten Jahre zur Blüthe und wurden viel höher. Die Blüthenfarbe war karmoisinroth oder, wenn die Pflanzen von *V. blatt. fl. alb.* stammten, blasser, d. h. hellviolet mit russigem Anflug. Von *V. blatt. fl. lut.* ♀ × *phoen.* ♂ wurde ein einziges Exemplar erhalten, welches durch strohgelbe Blumen von der Normalform des Bastards abwich. Nach Gärtner sind die Antheren gelblich, schwärzlich umsäumt; Pollenkörner kleiner als bei den Stammarten, übrigens anscheinend wohlgebildet, jedoch völlig impotent (S. 336). Die Bastarde waren gänzlich unfruchtbar. Spontan kommen sie selten vor; einmal ist ein Exemplar in Schlesien gefunden; etwas häufiger sind sie in Oesterreich und Böhmen beobachtet. *V. pseudo-phoeniceum Reichardt*.

V. Austriacum Schrad. × *phoeniceum* L. ist nach dem Verzeichnisse seiner Versuche von Gärtner auf beiderlei Weise erhalten worden. Von *V. phoen.* ♀ × *Austr.* ♂ berichtet er, dass die meisten Stöcke grosse purpurfarbige, einige jedoch kleinere blassgelbe Blüthen brachten. Die einzelnen Exemplare dieser zwei Typen waren unter einander völlig gleich (S. 238. 313). Der Bastard brachte einmal keimfähige Samen, während alle andern Bastarde des *V. phoeniceum* sich völlig unfruchtbar gezeigt haben (S. 366). Wildwachsend in Ungarn und Siebenbürgen gefunden. *V. rubiginosum W.K.* et aut. ex pte.

V. glabratum Friv. × *phoeniceum* L., südliches Ungarn. *V. Haynaldianum* Borb., *V. psilobotryum* Ledeb.?

V. nigrum L. *phoeniceum* L. Nach Kölreuter sind die Keimblätter des *V. phoen.* ♀ × *nigr.* ♂ spitzer als die der anderen

Bastarde des *V. phoeniceum*. Die Blüthenfarbe war bei verschiedenen Exemplaren nicht gleich, bald mehr röthlich, bald mehr gelb; im Uebrigen hielten die Bastarde in ihren Eigenschaften die Mitte zwischen den Stammarten, gelangten aber schon im ersten Jahre zur Blüthe. Pollen wie bei *V. blatt.* ✕ *phoen.* (Gärtn. S. 336). Völlig steril. Wildwachsend ist diese hybride Verbindung in Deutschland nur an wenigen Orten vereinzelt (z. B. 1 Exemplar bei Berlin), in Oesterreich und Ungarn aber öfter gefunden worden. Es ist dort aber nicht immer von *V. Austriacum* ✕ *phoen.* unterschieden worden. Kölreuter citirt hieher: *Blattaria flore ferrugineo* Ehret Pl. sel. dec. II t. XVI. Ferner gehört dahin: *V. rubiginosum* aut. ex pte. (non W.K.), *V. commutatum* A. Kern., *V. ustulatum* Celak.

V. (*nigrum* ♀ ✕ *Austriacum* ♂) ♀ ✕ *phoeniceum* ♂ ist von Godron erzeugt worden; es war völlig steril.

V. lychnitis L. ♀ ✕ *phoeniceum* L. ♂. Nach Gärtner verbindet sich *V. phoeniceum* leichter mit *V. lychnitis* als mit dem ihm ähnlicheren *V. blattaria* (S. 176). Kölreuter fand, dass *V. phoen.* ♀ ✕ *lychn. fl. alb.* ♂ genau die Mitte hielt zwischen den Stammarten, schon im ersten Jahre zur Blüthe gelangte, äusserst üppig und blüthenreich war und dabei völlig unfruchtbar. An einem Exemplar zählte er 3154 Blüthen. Blätter sitzend, Blüthen weisslichviolet. *V. lychn. fl. alb.* ♀ ✕ *phoen.* ♂ verhielt sich ebenso, *V. lychn. fl. lut.* ♀ ✕ *phoen.* ♂ unterschied sich durch die Blüthenfarbe, die mehr gelblich purpurn war. Gärtner hat *V. phoeniceum* mit beiden Farbenraçen des *V. lychnitis* auf beiderlei Weise gekreuzt; er fand, ebenso wie Wiegmann, dass die Bastarde dem *V. phoen.* ähnlicher seien, doch waren die Blätter ungestielt. Von *V. lychn. fl. alb.* ♀ ✕ *phoen.* ♂ erhielt er ausser dem normalen Bastard mit purpurnen Blumen noch eine seltene Form mit kleinen blassvioleten Blumen (S. 243, 302). Wiegmann fand die beiden Kreuzungsformen nicht ganz gleich; bei *V. lychn.* ♀ ✕ *phoen.* ♂ standen die Blüthen büschelig zu 2—3, bei *V. phoen.* ♀ ✕ *lychn.* ♂ aber meistens einzeln, nur am Grunde des Blüthenstandes zu zweien. Pollen wie bei *V. blatt.* ✕ *phoen.* Völlig unfruchtbar. Wildwachsend in Ungarn und Siebenbürgen, stellenweise häufig, doch vielleicht mit *V. nigr.* ✕ *phoen.* verwechselt. *V. Schmidtii* A. Kern., *V. Claudipolitanum* Smkv. (per-*lychnitis*).

V. speciosum Schrad. ✕ *phoeniceum* L. ist nach Neilreich in der Gegend des Neusiedler See's in Ungarn beobachtet.

V. Boerhavii L. ♀ ✕ *phoeniceum* L. ♂ ist von Kölreuter erzeugt, hielt die Mitte zwischen den Stammarten, glich in der Blüthenfarbe dem *V. blatt.* ✕ *phoen.* und war völlig steril.

V. phlomoides L. ⨯ *phoeniceum* L. von Kölreuter auf beiderlei Weise erzeugt, stand in der Tracht dem *V. phlomoides* näher. Im freien Lande kamen die Exemplare schon im ersten Jahre (4¹/₂ Monate nach der Aussaat) zur Blüthe, in Töpfen erst im zweiten. Sehr üppig und kräftig, 5—6 Fuss hoch; an einem *V. phoen.* ♀ ⨯ *phlom.* ♂ zählte Kölreuter 1924 Blüthen (ausser den nicht erschlossenen Knospen). Blätter sitzend. Blüthenfarbe röthlich gelbbraun, im Sonnenlicht goldglänzend, übrigens im Ton bei den einzelnen Exemplaren etwas verschieden. Völlig unfruchtbar.

V. australe Schrad. ⨯ *phoeniceum* L. Das *V. australe Schrad.* (*V. macranthum Lk.*) weicht nur wenig von *V. phlomoides* L. ab und ist wohl als Unterart desselben zu betrachten. Wiegmann erzeugte *V. phoen.* ♀ ⨯ *australe* ♂, welches im zweiten Jahre zur Blüthe gelangte, 5—6 Fuss hoch wurde und grosse rothbraune Blüthen brachte. Unfruchtbar.

V. thapsus L. ⨯ *phoeniceum* L. Kölreuter erzeugte *V. thaps.* ♀ ⨯ *phoen.* ♂ und *V. phoen.* ♀ ⨯ *thaps.* ♂, die einander ganz gleich waren. Den Bastarden von *V. phlomoides* ziemlich ähnlich und völlig unfruchtbar; Blüthen braunpurpurn. Wildwachsend in Böhmen. *V. versiflorum Schrad.*

V. thapsiforme Schrad. ⨯ *phoeniceum* L. ist zuweilen wildwachsend beobachtet, z. B. bei Magdeburg.

Gärtner führt in dem Verzeichnisse seiner Versuche folgende von ihm erzeugte Verbindungen auf: *V. cuspidatum* ♀ ⨯ *phoen.* ♂. *V. (thapsus* L. *fl. alb.* ♀ ⨯ *australe Schrad.* ♂) ♀ ⨯ *phoen.* ♂, *V. thapsiforme Schrad.* ♀ ⨯ *phoen.* ♂, *V. phoen.* ♀ ⨯ (*thapsiforme* ♀ ⨯ *nigrum* ♂) ♂. *V. cuspidatum Schrad.* ist als Abänderung des *V. thapsiforme* aufzufassen.

Bastarde von V. blattaria L.

V. blattaria L. kommt in zwei in der Regel samenbeständigen Farbenvarietäten vor; es blüht entweder weiss oder gelb mit violetem Schlunde. In South Wilts in England soll die Pflanze ausschliesslich mit blasspurpurnen Blumen auftreten. Nach Gärtner befruchtet *V. blattaria* am leichtesten das *V. Austriacum*, dann in absteigender Reihenfolge *V. lychnitis, phoeniceum, nigrum* und *thapsiforme* (Bast. S. 193).

V. blattaria ⨯ *phoeniceum* s. oben.

V. Austriacum Schrad. ♀ ⨯ *blattaria* L. *fl. lut.* ♂ ist von Gärtner erzeugt worden, es glich in der Tracht mehr dem *V. Austr.*. in Blättern und Blüthen mehr dem *V. blatt.* — Soll nach S. 242 gewöhnlich grosse purpurfarbige, ausnahmsweise kleine blassgelbe

Blumen bringen, doch ist die Angabe über die Purpurfarbe gewiss irrthümlich. *V. Chaixii Vill.* × *blattaria L.* ist auch wildwachsend beobachtet.

V. nigrum L. × *blattaria L.* Kölreuter fand die Blätter von *V. blatt. fl. lut.* ♀ × *nigr.* ♂ etwas stumpfer als die von *V. nigr.* ♀ × *blatt. fl. lut.* ♂. Hochwüchsig und kräftig, in der Tracht dem *V. nigrum* ähnlicher, übrigens ziemlich die Mitte haltend zwischen den Stammarten. Unfruchtbar. Wildwachsend bei Breslau, in Böhmen, Siebenbürgen. *V. intermedium Ruprecht.*

V. lychnitis L. × *blattaria L.* Kölreuter fand *V. blatt. fl. lut.* ♀ × *lychn. fl. alb.* ♂ und *V. lychn. fl. alb.* ♀ × *blatt. fl. lut.* ♂ genau übereinstimmend. Blüthen blassgelb. *V. blatt. fl. lut.* ♀ × *lychn. fl. lut.* ♂ hatte lebhafter gelb gefärbte Blüthen, war sonst nicht verschieden. Nach Gärtner (S. 285) in Wuchs und Blüthenstand dem *V. lychnitis*, in den Blumen dem *V. blattaria* ähnlicher, Blätter intermediär. Unfruchtbar. Wildwachsend in Frankreich, Deutschland, der Schweiz. *V. pseudo-blattaria Schleich.*, *V. Muehlenbeckii Godr.*

V. pulverulentum Vill. × *blattaria L.* ist in Frankreich und Ungarn beobachtet worden. *V. macilentum Franch.*

V. sinuatum L. × *blattaria L.* findet sich bei Montpellier (Gr. et Godr.) und Pola (Freyn). *V. geminatum Freyn.*

V. speciosum Schrad. × *blattaria L.* Ungarn (v. Borb.).

V. phlomoides L. × *blattaria L.* Kölreuter fand *V. phlom.* ♀ × *blatt. fl. lut.* ♂ und *V. blatt. fl. lut.* ♀ × *phlom.* ♂ genau übereinstimmend. *V. phlom.* ♀ × *blatt. fl. alb.* ♂ hatte blassgelbe, aussen braunrothe Kronen, wie sie bei keiner der Stammarten vorkommen. Unfruchtbar. *V. blatt. fl. alb.* ♀ × *phlom.* ♂ ist von Wiegmann erzeugt; Krone einfarbig gelb, Wolle der Staubblätter unten purpurn, oben gelblich. Wildwachsend nach Touchy bei Montpellier (Gren. et Godr.), in Schlesien, Provinz Sachsen, Böhmen. *V. flagriforme Pfund*, *V. Grisebachianum Borb.*

V. thapsiforme Schrad. × *blattaria L.* ist von Gärtner erzeugt und hin und wieder in Frankreich, Deutschland, der Schweiz, Oesterreich und Ungarn wildwachsend beobachtet worden. *V. Bastardi Roem. et Schlt.*, *V. ramosissimum DC.*, *V. pilosum Doell.*

V. thapsus L. × *blattaria L.* ist von Kölreuter (*blatt. lut.* ♀ × *thaps. alb.* ♂) und Gärtner (*V. blatt. alb.* ♀ × *thaps* ♂ und beide *blatt. lut.* × *thaps.*) künstlich erzeugt worden. Nach Gärtner sind Wuchs und Blattform intermediär, die Blätter oberseits glatt, unterseits wollig, die Staubfadenwolle purpurfarbig (S. 285). Wildwachsend in Frankreich und Ungarn. *V. pterocaulon Franchet.*

Bastarde von V. virgatum With. und V. repandum Willd.

V. *virgatum With.* (*V. blattarioides Lam.*) ist dem *V. blattaria* ähnlich.

V. *Austriacum R. et Sch.* ♀ ✕ *virgatum With.* ♂ ist nach Gärtner (S. 389, 401) ein etwas fruchtbarer Bastard vom Typus des V. *Austriacum.*

V. *virgatum With.* ♀ ✕ *nigrum L.* ♂ war bei Gärtner einjährig und unfruchtbar.

In dem Verzeichnisse seiner Versuche gibt Gärtner ferner an, dass er folgende Bastarde erhalten habe: V. (*thapsus L. fl. alb.* ♀ ✕ *australe Schrad.* ♂) ♀ ✕ *virg.* ♂, V. *virg.* ♀ ✕ (*thaps. fl. alb.* ♀ ✕ *austr.* ♂) ♂, V. *phlomoides L.* ♀ ✕ *virgatum With.* ♂.

Wildwachsend ist V. *thapsiforme* ✕ *virgatum* in Frankreich gefunden worden. V. *Martini Franchet.*

Nach Franchet ist ferner V. *Lemaitrei Bor.* muthmaasslich ein V. *thapsus* ✕ *virgatum*; ein solcher Bastard soll auch in England gefunden sein.

V. *sinuatum L.* ✕ *repandum Willd.* v. Borbás erwähnt Oe. Bot. Z. 1878 S. 364 eine derartige Verbindung.

? V. *phlomoides L.* ✕ *repandum W.* Banat.

Bastarde von V. Chaixi Vill. u. V. Austriacum R. et Sch.

V. *Austriacum R. et Sch.* ist eine durch nicht buchtige Grundblätter abweichende Form oder Unterart des V. *Chaixi Vill.* Gärtner führt in dem Verzeichnisse seiner Versuche zahlreiche Hybride des V. *Austriacum* als von ihm erzeugt auf, hat aber nur spärliche Mittheilungen über dieselben gemacht. Im Allgemeinen sind die Bastarde des V. *Chaixi* und *Austriacum* den entsprechenden Kreuzungsproducten des V. *nigrum* ähnlich, haben auch meistens gestielte untere Blätter.

Bastarde mit V. *phoeniceum, blattaria, virgatum* s. oben.

V. *nigrum L.* ✕ *Austriacum R. et S.* ist nach Gärtner (S. 281) eine genaue Mittelbildung zwischen den Stammarten, schon im ersten Jahre blühend (S. 530). Blüthen bei mangelhafter Ausbildung grünlich (S. 311). Die Bastarde dauerten bis zu 10 Jahre aus (S. 543) und waren völlig unfruchtbar (S. 520, 538, 543). Nach S. 553 waren sie dagegen nicht nur fruchtbar, sondern auch samenbeständig. Godron konnte diese Bastardverbindung mit Pollen von V. *phoeniceum* befruchten. Wildwachsend in Oesterreich.

V. *lychnitis L.* ✕ *Austriacum R. et Sch.* ist von Gärtner aus beiden Farbenvarietäten des V. *lychn.* dargestellt worden; die

Bastarde, welche von dem weissblühenden *V. lychn.* abstammten, blühten blassgelb. Wildwachsend in Böhmen, Südtirol. *V. Hausmanni Celak.*, *V. bracteatum Prsl.*, *V. pseudo-lychnitis Schur.*

V. lychnitis L. ⨯ *Chaixi Vill.* ist in Frankreich in zwei verschiedenen Formen beobachtet worden.

V. pulverulentum Vill. ⨯ *Chaixi Vill.* wildwachsend in Frankreich in zwei verschiedenen Formen; ferner im croatischen Littorale. *V. Fluminense A. Kern.*

V. speciosum Schrad. ⨯ *Austriacum R. et Sch.* ist in Siebenbürgen gefunden. *V. Neilreichii Schur.*

V. sinuatum L. ⨯ *Chaixi Vill.* (*Austriacum?*) ist von J. Freyn unter *V. Chaixi* bei Pola in Istrien gefunden und als *V. tomentosulum* beschrieben worden.

V. Austriacum ♀ ⨯ *phlomoides* ♂ ist von Gärtner erzeugt worden; Ungarn, nach Neilreich in Oesterreich gefunden; v. Borbás vermuthet, dass eine von ihm als *V. crenatum* beschriebene Form aus Croatien hieher gehört. *V. Danubiale Smkv.*

V. australe Schrad. ⨯ *Chaixi Vill.* (*Austriacum?*) ist von v. Borbás als *V. Liburnicum* beschrieben worden; er fand es bei Zengg. Gärtner führt unter seinen Bastarden *V. Austriacum* ♀ ⨯ *australe* ♂ auf. (*V. australe = V. macranthum Lk.*)

V. montanum Schrad. ⨯ *Chaixi Vill.* und *V. thapsiforme Schrad.* ⨯ *Chaixi Vill.* sind spontan in Frankreich beobachtet. Gärtner führt unter seinen Bastarden sowohl *V. Austr.* ♀ ⨯ *thapsif.* ♂ als *V. thapsif.* ♀ ⨯ *Austr.* ♂ auf; ferner einen Tripelbastard *V. Austriacum* ♀ ⨯ (*thapsiforme* ♀ ⨯ *nigrum* ♂) ♂.

V. thapsus L. ⨯ *Chaixi Vill.* kommt in Frankreich und im östlichen Istrien vor. *V. Freynianum Borb.* Gärtner führt unter künstlichen Bastarden sowohl *V. Austr.* ♀ ⨯ *thaps.* ♂ als *V. thaps.* ♀ ⨯ *Austr.* ♂ auf. *V. thapsus* ⨯ *Austriacum* ist in Unterösterreich (nach Juratzka) wildwachsend gefunden worden.

Bastarde von V. nigrum L.

Gärtner beobachtete ein Exemplar von *V. nigrum*, welches an sich steril war, aber durch Pollen von *V. lychn. alb.* und namentlich von *V. Austriacum* ziemlich vollständig befruchtet wurde. Sein Pollen befruchtete *V. thapsus*.

Mit *V. phoeniceum, blattaria, virgatum, Austriacum* s. oben.

V. lychnitis L. ⨯ *nigrum L.* Kölreuter fand, dass *V. nigr.* ♀ ⨯ *lychn. fl. alb.* ♂ und *V. lychn. fl. alb.* ♀ ⨯ *nigr.* ♂ genau übereinstimmten, während *V. nigr.* ♀ ✕ *lychn. fl. lut.* ♂ durch lebhafter gelbe Blüthenfarbe abwich. Seine Exemplare waren völlig unfruchtbar, während Gärtner fand, dass *V. nigr.* ♀ ✕ *lychn.* ♂ zwar Anfangs nur taube kleine Kapseln, im Spätherbst aber zuweilen auch einige Samen brachte (Bast. S. 394; S. 390 zählt er freilich beide Verbindungen von *V. lychn.* und *V. nigr.* zu den absolut unfruchtbaren Bastarden). Die Bastarde halten die Mitte zwischen den Stammarten. Wildwachsend findet sich diese Bastardverbindung zwar nur hie und da, aber nicht gerade selten; Lasch (Linn. IV) sah einmal gegen 50 Exemplare, die unter einander sehr verschieden waren und eine ganze Reihe von Uebergangsformen zwischen den Stammarten darstellten. In England, Frankreich, Belgien, der Schweiz, Deutschland, Oesterreich und Ungarn. *V. Schiedeanum Koch.*

V. pulverulentum Vill. ✕ *nigrum L.* wurde zuerst in der Nähe von Norwich in England in Menge gefunden und schon 1800 von Smith in der Fl. Britt. beschrieben. Später auch in Frankreich, Deutschland (Rheingegend), der Schweiz und Ungarn gefunden. *V. Schottianum Schrad., V. mixtum Ram., V. Wirtgeni Franch.*

V. pyramidatum ♀ ✕ *nigrum* ♂ führt Gärtner unter den von ihm erzeugten Bastarden auf.

V. speciosum Schrad. ✕ *nigrum L.* Ungarn (Orsova, Borb.).

V. pannosum Vis. et Panc. ✕ *nigrum L.* ist nach Ascherson und Kanitz in Serbien und der Herzegowina gefunden worden.

V. phlomoides L. ✕ *nigrum L.* ♂ ist von C. C. Kölreuter erzogen (*V. phlom.* ♀ ✕ *nigr.* ♂); es war dem *V. thapsus* ✕ *nigrum* ziemlich ähnlich und völlig unfruchtbar. Wildwachsend scheint es zuerst von Brockmüller bei Grabow in Mecklenburg erkannt zu sein, später ist es von G. F. W. Meyer am Harz und in Hessen, von Beckhaus an der oberen Weser gefunden; auch in Schlesien, Bayern, Ungarn.

V. thapsiforme Schrad. ✕ *nigrum L.* ist von Gärtner erzeugt worden (*V. thapsif.* ♀ ✕ *nigr.* ♂), war völlig unfruchtbar, hatte aber potenten Pollen, so dass dadurch *V. Austriacum Schrad.* und *V. phoeniceum L.* befruchtet werden konnten. Wildwachsend wurde der Bastard zuerst von G. F. W. Meyer in Niederhessen zwischen den Stammarten aufgefunden; das Exemplar war 4 Fuss hoch. Die Antheren der längeren Staubfäden sind meistens herablaufend, zuweilen aber auch frei (Brockmüller). Ist zerstreut in ganz Mitteleuropa bis nach England und Schweden gefunden worden. *V. adulterinum Koch, V. Kochianum Wirtg.*

V. montanum Schrad. ✕ *nigrum L.* kommt nach A. Gremli auf dem Urnerboden in der Schweiz vor.

V. thapsus L. ✕ *nigrum L. V. nigrum* verbindet sich nach Gärtner leichter mit dem *V. thapsus* als mit dem *V. lychnitis*, welches ihm doch viel ähnlicher ist (Bast. S. 176). Kölreuter und Gärtner erzeugten beide sowohl *V. thaps.* ♀ ✕ *nigr.* ♂ als *V. nigr.* ♀ ✕ *thaps.* ♂. Die Exemplare glichen einander in der Regel vollständig, doch beobachtete Kölreuter an einigen Stöcken derbere steifere Blätter. Gärtner erhielt unter einer grossen Anzahl von gleichförmigen Exemplaren des *V. thaps.* ♀ ✕ *nigr.* ♂ ein einziges, welches stärker verzweigt war, einen weniger wolligen Ueberzug und tiefere Einschnitte und Lappen an der Basis und am Stiel der Blätter hatte (also *per-nigrum*). Der gewöhnliche Bastard hat den Wuchs und die Blattstiele von *V. nigrum*, die Farbe der Staubfadenwolle von *V. thapsus* (Bast. S. 241, 285). Pollen blassgelb, im Wasser nicht aufquellend. Völlig steril; durch stammelterlichen Pollen entstehen kleine taube Kapseln. Die spontane Entstehung des Bastards wurde zuerst in England beobachtet, wo er nach Withering in dem Garten von Ed. Robson aus Samen von *V. thapsus* hervorging. Obere Blätter herablaufend, Staubfadenwolle violet; verhielt sich somit anders als Gärtner's Hybride. Schrader beschrieb später den wildwachsend gefundenen Bastard als *V. collinum*, erkannte aber seine hybride Natur. Ist zerstreut in ganz Mitteleuropa bis England, Schweden und St. Petersburg gefunden worden. *V. collinum Schrad.*, *V. seminigrum Franch.*, *V. auratum Franch.*, *V. Thomaeanum Wirtg.* Nach Wallroth wächst *V. collinum* auf kiesigen Flussbetten des südwestlichen Harzes an vielen (wenigstens 10) Orten und in weiter Verbreitung; es kommt auch am östlichen Harz vor. Es bringt nach Wallroth allenthalben vollkommen keimfähige Samen (1. Beitr. Fl. Herc. p. 74, 180) und ist daher von ihm als selbständige Art aufgefasst. — An anderen Orten steril wie die künstlichen Bastarde.

Bastarde von V. lychnitis L.

V. lychnitis fl. alb. ♀ ✕ *fl. lut.* ♂ wurde von Kölreuter erzeugt, hatte blassgelbe Blüthen und war völlig fruchtbar. Nach Gärtner blüht *V. lychnitis* bei Calw in Württemberg in der Regel weiss, auf kalkigem oder thonigem Boden jedoch meist gelb, im Garten ausgesäet wurden die Exemplare gewöhnlich weiss, aber durch Aussaat wurde aus diesen weissen auch wohl wieder ein gelbes erhalten. Bei gegenseitiger künstlicher Befruchtung entstanden bei Gärtner keine blassgelben Mittelformen, sondern theils gelbe, theils weisse Exemplare, welche letzteren im Garten zahlreicher waren.

V. lychnitis fl. alb. gab nach Gärtner (Bast. S. 216)
nach Bestäubung mit eigenem Pollen durchschnittl. 1,0000
„ „ „ Pollen von *V. lychnitis fl. lut.* „ 0,9081
„ „ „ „ „ „ *phoeniceum* „ 0.8061
„ „ „ „ „ „ *nigrum* „ 0,6336
„ „ „ „ „ „ *blattaria fl. alb.* „ 0,6224
„ „ „ „ „ „ *blattaria fl. lut.* „ 0,4387
„ „ „ „ „ „ *thapsiforme* „ 0,4081
„ „ „ „ „ „ *Austriacum* „ 0,3877
„ „ „ „ „ „ *australe* „ 0,2653
„ „ „ „ „ „ *thapsus* „ 0,2142
„ „ „ „ „ „ *pyramidatum* „ 0,0306
vollkommene Samen.

Bastarde von *V. lychnitis* mit *V. phoeniceum, blattaria, Austriacum, nigrum* s. oben.

V. pulverulentum Vill. ⨯ *lychnitis L.* Frankreich, Schweiz, Westdeutschland. *V. Regelianum Wirtg., V. nisus Franch., V. euryale Franch.?*

V. lychnitis fl. alb. ♀ ⨯ *pyramidatum* ♂ und *V. pyramidatum* ♀ ⨯ *lychnitis fl. alb.* ♂ sind nach dem Verzeichnisse seiner Versuche von Gärtner erzeugt worden. *V. lychn.* ♀ ⨯ *pyr.* ♂ brachte Anfangs keine, zuletzt aber mit Pollen von *V. lychnitis* einige Samen (bis zu 3 in einer Kapsel), aus denen gesunde Pflanzen hervorgegangen sind (S. 394, 425).

V. speciosum Schrad. ⨯ *lychnitis L.* Mähren (Oborny).

V. Boerhavii L. ⨯ *lychnitis L. fl. alb.* ist von J. G. Kölreuter erzeugt, war von intermediärer Bildung und völlig unfruchtbar.

V. phlomoides L. ♀ ⨯ *lychnitis L. fl. alb.* ♂ wurde zuerst von C. C. Kölreuter erzeugt und brachte einzelne Samen, wahrscheinlich durch Bestäubung mittelst stammelterlichen Pollens. J. G. Kölreuter erzeugte später *V. lychn. fl. alb.* ♀ ⨯ *phlom.* ♂, welches er mit dem von seinem Bruder erhaltenen Bastard übereinstimmend fand. Auch Fr. Schultz hat diesen Bastard erzeugt; die Blüthen glichen denen des *V. phlom.*, waren aber etwas blasser und kleiner, die Stengel und Blätter wie bei *V. lychn.* Gärtner hat nach seinem Verzeichnisse auch Bastarde von *V. lychn. fl. lut.* erzielt. Wildwachsend ist *V. phlom.* ⨯ *lychn.* zuerst von Lasch bei Driesen beobachtet, später an verschiedenen Orten in Deutschland, Oesterreich und Ungarn. *V. denudatum Pfund.*

V. thapsiforme Schrad. ⨯ *lychnitis L.* ist von Gärtner in verschiedenen Formen erzeugt worden, war von intermediärer Bildung und unfruchtbar (Bast. S. 404). Ist wildwachsend zerstreut, aber nicht gerade selten in Frankreich, Deutschland, der Schweiz, Oesterreich und Ungarn gefunden worden. *V. ramigerum Lk.*, *V. thapsoides Willd.*, *V. heterophlomos Franch.*. *V. Brauneanum Wirtg.*

V. thapsus L. ✕ *lychnitis L* wurde zuerst von Kölreuter künstlich erzeugt, und zwar sowohl *V. thaps.* ♀ ✕ *lychn. fl. alb.* ♂ als auch *V. lychn. fl. alb.* ♀ ✕ *thaps.* ♂. Die Bastardpflanzen waren einander gleich, sie waren völlig unfruchtbar, von mittlerer Bildung. Blüthen blassgelb, an einem Stock weiss, gelbgerändert. Gärtner, der dieselbe Verbindung erzeugt hat, nennt die Blüthenfarbe schmutzigweiss (in G.'s Garten wog das Weiss vor); auch er fand die Bastarde *V. thaps.* ♀ ✕ *lychn.* ♂ und *V. lychn.* ♀ ✕ *thaps* ♂ einander gleich. Spontan wurde die hybride Verbindung schon von Linné im botanischen Garten zu Upsala beobachtet, wo ein Exemplar zufällig entstanden war. Ch. Darwin verpflanzte eine vermeintliche Varietät von *V. thapsus* in seinen Garten; die Pflanze wurde 8 Fuss hoch und erwies sich als ein *V. lychn. fl. alb.* ✕ *thaps.* Sie war an sich unfruchtbar, brachte aber durch Bestäubung mit stammelterlichem Pollen einige Kapseln mit 2—5 Samen, während die Kapseln von *V. thapsus* über 700 Samen enthalten. An der Stelle, von welcher die Pflanze genommen war, fand Darwin 33 Exemplare des Bastards vor, die völlig unfruchtbar und unter einander sehr ungleich waren. Im Allgemeinen waren sie sehr gross, in der Verzweigung und in den Blättern dem *V. lychn.* ähnlicher, aber die Blätter manchmal oberseits wollig-filzig, bei einigen Exemplaren herablaufend. Blumen gelb, leicht abfallend (wie bei *V. thaps.*). Wildwachsend ist der Bastard zerstreut durch ganz Mitteleuropa angetroffen worden. *V. spurium Koch.*

Bastarde von V. pulverulentum Vill.

Mit *V. blattaria, Chaixi, nigrum, lychnitis* s. oben.

V. sinuatum L. ✕ *pulverulentum Vill.* ist zuerst bei Coimbra, später auch im südlichen Frankreich gefunden worden. *V. hybridum Brot.*

V. thapsiforme Schrad. ✕ *pulverulentum Vill.* findet sich zerstreut in Frankreich, der Schweiz und Westdeutschland in verschiedenen Formen. De Lacroix sah im Departement Vienne ein Exemplar von 233 cm Höhe. Kronen gelb, oft mit violeten Streifen und weissen oder violeten Staubfadenhaaren. Da die Stammarten gelb blühen, schien die violete Färbung nicht erklärlich, bis Franchet nachwies, dass *V. pulverulentum* am Grunde eines jeden Kronenzipfels 1—3 kleine violete Striche und zuweilen auch violete Haare hat.

Bei dem Bastard ist diese violete Zeichnung oft viel auffallender; man hat daher geglaubt, dass *V. nigrum* bei Erzeugung der als *V. nothum* beschriebenen Bastardform mitgewirkt habe. *V. nothum Koch*, *V. Mosellanum Wirtg.*, *V. Nouelianum Franch.*
V. thapsus L. × pulverulentum Vill., spontan in Frankreich. *V. Godroni Bor.*, *V. Lamottei Franch.*

Bastarde von V. Boerhavii L.

Mit *V. phoeniceum* und *V. lychnitis fl. alb.* s. oben.
V. phlomoides L. ♀ × *Boerhavii L.* ♂ ist von Kölreuter erzeugt worden; es war eine sterile Mittelbildung.
V. thapsus L. × Boerhavii L. ist von de Larambergue im Departement Tarn in Gesellschaft von *V. pulverulentum*, *V. thapsus × pulverulentum*, *V. thapsus* und *V. Boerhavii* beobachtet worden. Tracht und Blüthenstand wie bei *V. Boerh.*, herablaufende Blätter und wolliger Filz wie bei *V. thapsus;* Blüthen gross, gelb mit purpurnem Schlundfleck und violeter Staubfadenwolle.

Bastarde von V. speciosum Schrad.

Mit *V. phoeniceum, blattaria, lychnitis* s. oben.
V. phlomoides L. × speciosum Schrad. ist spontan im botanischen Garten zu Wien (Reichardt) und ausserdem zerstreut an mehreren Stellen in Unterösterreich und Mähren gefunden. *V. Neilreichii Reichardt.*

Bastarde von V. sinuatum L.

Kölreuter versuchte vergebens, Bastarde von *V. sinuatum* zu erzielen. Spontane Hybride mit *V. blattaria, repandum* und *pulverulentum* s. oben.
V. phlomoides L. × sinuatum L. ist von Godron in Gesellschaft der Stammarten bei Montpellier beobachtet worden.
V. thapsus L. × sinuatum L. ist nach Godron von Touchy bei Montpellier nachgewiesen.

Bastarde von V. pyramidatum.

Gärtner erzeugte eine Anzahl von Bastarden des *V. pyramidatum;* ob er darunter die echte Bieberstein'sche Art verstand, ist mir nicht bekannt. Ueber die Kreuzungsproducte mit *V. nigrum* und *V. lychnitis* s. oben; ausserdem führt Gärtner in seinem Verzeichnisse auf: *V. pyram.* ♀ × *thapsif.* ♂, *V. pyram.* ♀ × *thaps.* ♂ und *V. thaps.* ♀ × *pyram.* ♂. Der Bastard mit *V. thapsiforme* soll in geringem Grade fruchtbar gewesen sein (Bast. S. 389) und auffallend grosse Blumen gehabt haben (S. 296).

Bastarde der Gruppe Thapsus.

Mit allen anderen Arten s. oben.

V. phlomoides L. ⨯ *thapsus L.* ist von Kölreuter erzeugt worden. *V. phlom.* ♀ ⨯ *thaps.* ♂ und *V. thaps.* ♀ ⨯ *phlom.* ♂ waren einander fast gleich, sehr üppig und unfruchtbar; Pollenkörner taub.

Gärtner führt in seinem Verzeichnisse als von ihm erzeugte Bastarde auf: *V. phlomoides* ♀ ⨯ *thapsiforme* ♂ und *V. phlomoides* ♀ ⨯ *australe* ♂, welche letztere Form ziemlich fruchtbar gewesen sein soll (S. 388).

V. thapsus L. fl. alb. ♀ ⨯ *australe Schrad.* ♂ wurde von Wiegmann erzeugt; es war sehr gross, zeigte gemischte Charaktere und gelbe wohlriechende Blumen. Dieser Bastard war fruchtbar; die Nachkommenschaft scheint etwas ungleich gewesen, aber im Wesentlichen intermediär geblieben zu sein. Gärtner erhielt Samen dieses Bastards von Wiegmann und führte damit verschiedene Kreuzungen aus. *V. macrantho-elongatum* Wiegm., *V. elongato-macranthum* Gaertn.

V. cuspidatum Schrad. ♀ ⨯ *thapsus L. fl. alb.* ♂ ist ebenfalls von Wiegmann erzeugt worden. Das *V. cuspidatum* weicht von dem *V. thapsiforme* nur durch die Blattform etwas ab und wird gewöhnlich als Varietät desselben betrachtet. Der Bastard zeigte gemischte Eigenschaften und war fruchtbar, die Nachkommenschaft wurde dem *V. thapsus* ähnlicher.

V. thapsus L. ⨯ *thapsiforme Schrad.* ist auf beiderlei Weise von Gärtner erzeugt worden, war ziemlich fruchtbar. Wildwachsend in Frankreich unterschieden. *V. Humnicki Franch.*

Celsia ⨯ Verbascum.

C. bugulifolia (Lam.) Jaub. et Sp. ⨯ *V. phoeniceum L.*, von Maly cultivirt, soll 1879 in Wien geblüht haben (Wien. Ill. Gartenzeit. 1880 S. 28).

Calceolaria.

Lit.: W. Herbert Amar. p. 363, 364; Trans. Hort. Soc. II p. 87; Regel in Gartenfl. V. p. 277; zerstr. gärtner. Literatur.

Die *Calceolarien* sind in einer ansehnlichen Zahl von Arten in Südamerika heimisch; sie bewohnen die Anden sowohl in den Tropen als ausserhalb derselben und kommen im kalten Süden auch in geringer Seehöhe vor. Im Jahre 1773 wurde die erste Art, *C. pinnata*, 1777 *C. Fothergilli* nach Europa gebracht; erst 1823 folgten *C. corymbosa*,

C. integrifolia u. s. w.; von dieser Zeit begannen die Kreuzungsversuche der Gärtner und einiger Pflanzenliebhaber, so dass 1827 die ersten Hybriden durch Alex. Verschaffelt in den Handel gebracht wurden. Bei der Leichtigkeit, mit welcher sich selbst die unähnlichsten Arten kreuzen lassen und bei der Fruchtbarkeit der erzielten Hybriden würde sich die Gattung *Calceolaria*, ähnlich wie *Begonia*, ganz besonders für wissenschaftliche Untersuchungen über Pflanzenmischlinge eignen, falls zu diesem Zwecke ein Treibhaus zur Anzucht der Sämlinge verfügbar wäre. Die *Calceolarien* sind proterogynische Dichogamen; die Befruchtung der Blüthen kann nur durch Insecten oder die Hand des Menschen erfolgen.

Nach Herbert tragen die hybriden *Calceolarien* nicht so viel Samen wie einige der echten Arten, jedoch sind sie alle fruchtbar und kreuzungsfähig. Die neuerdings aus vielfältigen Mischungen erzeugten Gartenformen mit besonders schönen Blumen sollen jedoch nur sehr spärlich Samen bringen. — Herbert benutzte zu einigen Kreuzungsbefruchtungen gemischten Pollen von 12 verschiedenen Arten; die dadurch erzielten Bastarde zeigten durch ihre Eigenschaften, dass bei ihrer Erzeugung nur der Pollen einer einzigen Art wirksam gewesen war. — Die Blüthenfarben der Stammarten mischen sich gewöhnlich bei den Bastarden, doch bilden sich auch bunte Blumen, in denen die verschiedenen Farben getrennt neben einander vorkommen. Gelbblühende Arten geben, mit violeten befruchtet, Hybride mit unreinen braunen Farben.

Mischlinge aus krautigen Arten unter einander.

C. arachnoidea Grah. × *corymbosa Ruiz et Pav.* blüht nach Herbert gelb mit dunkelrothen, oft fast schwarzrothen Flecken. Die *C. arachnoidea* hat purpurne, *C. corymbosa* gelbe Blumen. Hieher *C. Youngi hort.*

C. purpurea Grah. × *corymbosa Ruiz et Pav.* Hieher *C. Gellaniana hort.*

C. plantaginea Sm. × *crenatiflora Ruiz et Pav.* ist nach Herbert zweijährig und hält in England im Freien aus. *C. plantaginea* ist in England winterhart und ausdauernd, *C. crenatiflora* nach Herbert einjährig (nach Andern aber auch ausdauernd).

C. plantaginea Sm. × *arachnoidea Grah.* ist in England winterhart, Blüthenfarbe gleichmässig gemischt, nicht getigert. Die beiden Stammarten sind sehr verschieden.

C. plantaginea Sm. × *corymbosa Ruiz et Pav.* ist zuerst als *C. Hopeana hort.* beschrieben.

Die schönen krautigen grossblüthigen Gartenmischlinge stammen vorzüglich von *C. crenatiflora Cav.* (Blüthen gelb), *C. corymbosa Ruiz et Pav.* (Blüthen gelb), *C. arachnoidea Grah.* (Blüthen purpurn, Blätter weisswollig) und *C. purpurea Grah.* (Blüthen purpurn) ab. Ihre Bastarde unter einander zeigen nach Regel eine ungeschwächte Fruchtbarkeit.

Zu den ersten *Calceolaria*-Bastarden gehören: *C. Wheeleri Swt.* (Brit. Fl. Gard. 2. ser. 130), *C. Atkinsiana Swt.* (168), *C. Martineaux* (162), *C. Standishi Paxt.* etc.

Mischlinge aus strauchigen Arten unter einander.

C. integrifolia Murr. hat sehr zahlreiche gelbe Blumen und wird 2—3 m hoch. *C. adscendens Lindl.* ist niedriger und hat orangefarbige Blumen.

C. integrifolia Murr. ⨯ *thyrsiflora Grah.* ist vielfach von Gärtnern erzeugt, vielleicht auch in Chile wild. Hieher wahrscheinlich *C. salicifolia hort.*

C. integrifolia Murr. ⨯ *adscendens Lindl.* ist vielfach zu Kreuzungen mit krautigen Arten verwendet worden; Blüthen roth. Auch dieser Bastard scheint in Chile wild vorzukommen.

Mischlinge aus krautigen und strauchigen Arten.

C. Fothergilli Sol. ♀ ⨯ *thyrsiflora Grah.* ♂ ist sehr hübsch und reichblühend; Blumen gelb, purpurn punktirt. *C. pardanthera Th. Williams.*

C. plantaginea Sm. ♀ ⨯ *racemosa Cav.* ♂ ist nach Herbert fast ganz krautig. Uebrigens steht die *C. racemosa* selbst den krautigen Arten sehr nahe und wird von Bentham sogar zu denselben gerechnet; sie ist ziemlich intermediär zwischen *C. integrifolia Murr.* und *C. corymbosa Ruiz et Pav.*

C. plantaginea Sm. ♀ ⨯ *adscendens Lindl.* ♂ ist nach Herbert äusserst reichblüthig und treibt einen Stamm von wenigen Zoll Höhe.

C. integrifolia Murr. ♀ ⨯ *plantaginea Sm.* ♂ ist nach Herbert ein niedriger, gedrungener, fast krautiger Strauch, in England winterhart. Alle Exemplare waren einander gleich und Anfangs steril; aus einer später angesetzten Kapsel wurden Samen gewonnen, aus denen Pflanzen hervorgingen, die genau dem ursprünglichen Bastard glichen. Befruchtet mit Pollen krautiger hybrider *Calceolarien* gab dieser Bastard schöne, rein krautige Mischlinge.

C. integrifolia Murr. ♀ ⨯ *crenatiflora Cav.* ♂ ist nach Regel vollkommen fruchtbar, ist viel niedriger und grossblumiger als

C. integrifolia. Bei Selbstbefruchtung liefert der Bastard eine in den wesentlichen Eigenschaften constante, aber in der Blüthenfarbe veränderliche Nachkommenschaft. Lässt sich durch beide Stammarten befruchten und liefert dann Mischlinge, die den reinen Arten sehr nahe stehen.

C. crenatiflora Cav., mit Pollen der strauchigen Arten befruchtet,. liefert ebenfalls strauchige oder halbstrauchige Bastarde.

C. arachnoidea Grah. ✕ *integrifolia Murr.* hat nach Herbert gelbrothe bis kupferrothe Blüthen.

Die grossblumigen strauchigen Sorten der Gärtner sind aus Kreuzungen von *C. integrifolia* und *C. adscendens* ✕ *integrifolia* einerseits mit den Bastarden von *C. crenatiflora*, *C. corymbosa*, *C. arachnoidea* und *C. purpurea* andererseits hervorgegangen.

Alonsoa.

A. linearis R. et Pav. ✕ *Warscewiczii Rgl.* Eine derartige Bastardverbindung wird von der Firma Haage & Schmidt unter dem Namen *A. hybrida magnifica* empfohlen. Aus den Samen erhielt ich reich blühende sterile Pflanzen, welche der *A. linearis* viel ähnlicher waren als der *A. Warscewiczii* und sich durch lange Dauer der Blüthen auszeichneten.

Linaria.

Lit.: Naudin in Nouv. arch. d. mus. I p. 96; Godron in Ann. sc. nat. 4. sér. XIX p. 141—151; Mém. acad. Stanisl. 1865 p. 359.

L. vulgaris Mill. Bekannt ist die *Peloria L.*, eine Form mit aktinomorphen Blüthen, welche wegen Mangels befruchtender Insecten keine Samen zu bringen pflegt. Künstlich befruchtet hat sie sich samenbeständig erwiesen. Naudin befruchtete *Pelorien* an Exemplaren, welche sowohl normale Blüthen als *Pelorien* trugen, sowie eine Pflanze mit spornlosen *Pelorien* mittelst Pollen der normalen Form. Er erhielt aus den gewonnenen Samen ausschliesslich die typische zygomorphe Form.

L. Italica Trevir. steht genau in der Mitte zwischen *L. vulgaris Mill.* und *L. genistaefolia Mill.*, ist daher für einen Bastard dieser beiden Arten gehalten worden. Sie verhält sich indess ganz wie eine selbständige Art, ist auch in den Thälern des Südabhanges der Alpen weiter nach Norden verbreitet als *L. genistaefolia*. Es ist zweifelhaft, ob sie eine ursprünglich intermediäre Species ist oder eine samenbeständige hybride Form.

L. Italica Trev. ✕ *vulgaris Mill.* wurde von Facchini in Südtirol gefunden und an Koch geschickt; später auch an anderen Orten (Ungarn) entdeckt. Ob Bastarde oder Uebergangsformen vorliegen, ist noch nicht mit genügender Sicherheit festgestellt. *L. oligotricha Borbás.*

L. genistaefolia Mill. ✕ *vulgaris Mill.* soll verschieden sein von der echten *L. Italica.* Hicher *L. Kocianovichii Aschers.*

L. Dalmatica Mill. ✕ *vulgaris Mill.* Eine solche Form scheint *L. hybrida Schur* zu sein; vielleicht ist sie kein wirklicher Bastard, sondern eine der *L. Italica* analoge Mittelart.

L. vulgaris Mill. ♀ ✕ *striata DC.* ♂ setzte vollkommene Kapseln an. Aus den erhaltenen Samen erzog Godron den Bastard *L. vulg.* ♀ ✕ *striata* ♂, welcher durchaus gleichförmig und intermediär war und bei Isolirung Anfangs keine Früchte ansetzte, später aber durch Insecten spontan befruchtet wurde. Auch zwischen andere *Linarien* gepflanzt lieferte er einige Kapseln. Pollenkörner grossentheils regelmässig gebildet. Der so erzogene Bastard wuchert ausserordentlich und stimmt nach Godron überein mit *L. striata var. grandiflora Soy. Will.* Diese Pflanze ist zerstreut an verschiedenen Orten beobachtet worden; P. Magnus fand sie auf Helgoland mit *L. vulgaris* und ohne *L. striata,* bei Montpellier häufig mit *L. striata* und ohne *L. vulgaris.* Diese wilde Pflanze ist meistens steril, vermehrt sich aber stark durch Ausläufer; von *L. striata* unterscheidet sie sich durch grössere blassere Blüthen. Es sind in den seltenen Früchten des spontanen Bastards zweierlei Samen beobachtet, von denen jede Sorte dem Samen einer der Stammarten gleicht. Zerstreut in Frankreich von der Normandie bis Montpellier gefunden, ferner in Belgien, zu Erfurt, auf Helgoland, im botanischen Garten zu Kopenhagen. *L. stricta Hornem., L. ochroleuca Brébiss.*

L. vulgaris Mill. ♀ ✕ *purpurea Mill.* ♂ ist von Naudin erzogen worden. *L. purpurea* ist doppelt so hoch wie *L. vulgaris,* hat ästige Stengel und kleine purpurfarbige Blüthen. Die drei Exemplare Naudin's waren viel höher als *L. vulgaris* und hatten halb so grosse, violet angelaufene Blüthen; im ersten Jahre waren sie wenig fruchtbar, im zweiten brachten sie zahlreiche gute Kapseln, zu deren Entstehung z. Th. Blüthenstaub von *L. vulgaris* beigetragen haben konnte. Von ca. 400 Exemplaren zweiter Generation waren 36 vollkommen zu *L. vulgaris* zurückgeschlagen und blieben auch samenbeständig; 44 waren zwar unter einander ungleich und verschieden fruchtbar, wichen jedoch wenig von dem primären Bastard ab, 22 theils fruchtbare, theils unfruchtbare standen der *L. purpurea* näher, 1 war bei mässiger Fruchtbarkeit ganz zu *L. purpurea* zurückgeschlagen (nicht samenbeständig); etwa 300 hielten die Mitte zwischen *L. vulgaris* und dem primären Bastard. — Die hybriden Blüthen zeigten in keinem einzigen Falle eine orangebraune Mischfarbe, sondern es traten stets die beiden Färbungen an derselben Blüthe neben einander auf. In dritter Generation erzog Naudin 705 Exemplare; jedes Exemplar zweiter Generation, mit Ausnahme der reinen *vulgaris*-Typen, lieferte eine variable Nachkommenschaft. Von 35 Sämlingen eines intermediären Bastardexemplars waren 24 intermediär geblieben. Exemplare, welche einer der Stammarten sehr ähnlich geworden waren, lieferten oft Sämlinge, welche mehr dem primären Bastard oder selbst der andern Stammart glichen. In vierter Generation ebenso variabel. Die fünfte Generation, welche Naudin aus Mittelformen erzog, war nur durch 12 Exemplare von schwankender Bildung aber ziemlich vollkommener Fruchtbarkeit vertreten. In sechster und siebenter Generation zeigten sich viele Rückschläge zu *L. vulgaris* und viele sonderbare Mittelformen. — Godron säete Samen des Naudin'schen Bastards (erster Generation?) aus, erhielt ebenfalls eine sehr variable Nachkommenschaft, unter welcher aber die Neigung zu Rückschlägen zu *L. purpurea* vorherrschte.

L. genistaefolia Mill. × *purpurea Mill.* wurde zuerst von Herbert erzeugt, bei dem dieser vollkommen fruchtbare Bastard sich von selbst durch Aussaat vermehrte. Später hat Godron diese Verbindung, und zwar als *L. genistaef.* ♀ × *purp.* ♂ erzogen. Die Exemplare waren alle gleich, so gross wie *L. purpurea*, aber die Blüthen gelb mit purpur gemischt, Anfangs völlig unfruchtbar. Neben andere *Linarien* gepflanzt brachten sie Samen, aus denen vielerlei Formen von gemischten Charakteren sowie einige Riesenformen von *L. purpurea* und *L. genistaefolia* hervorgingen. Dazwischen fanden sich einige Exemplare, welche stark zu *L. striata* neigten, also offenbar *L. (genistaefolia* ♀ × *purpurea* ♂) ♀ × *striata* ♂ waren. Alle diese Bastardpflanzen, fruchtbare wie unfruchtbare, blühten viel länger als die reinen Arten, stets bis in den Winter hinein. In dritter Generation traten folgende Varietäten auf. Aus der riesigen *genistaefolia* gingen hervor: 1. normale, 2. grosse *L. genistaefolia*, 3. ein mittelhoher Stock mit grossen weissen Blüthen. Die intermediären Exemplare lieferten neben wenig veränderter Nachkommenschaft allerlei abweichende Formen und mehr oder minder vollkommene Rückschläge, darunter auch solche zu *L. striata*. In vierter Generation zeigten sich Formen mit hellrothen, weissen und blauen Blumen, wie sie bei keiner der drei Stammarten vorkommen. Als Godron drei Blüthenstände von drei verschiedenen Typen des Bastards dritter Generation mittelst einer Tüllhülle vor Kreuzbefruchtung schützte, erhielt er von jedem dieser drei Typen eine ganz constante Nachkommenschaft.

Antirrhinum.

Die sogenannten hybriden *Antirrhinum*-Sorten der Gärtner scheinen Mischlinge aus verschiedenen Farbenvarietäten von *A. majus* zu sein. Godron empfiehlt die Gattung *Antirrhinum* als sehr geeignet zu Hybridisationsversuchen.

A. majus L. typ. ♀ ✕ *peloria* ♂ und *A. m. peloria* ♀ ✕ *typ.* ♂ lieferte in erster Generation lauter typische Blüthenformen. Aus diesen Mischlingen gingen indess in zweiter Generation neben 88 Exemplaren mit typischer Blüthenform 37 mit vollkommenen und 2 mit unvollkommenen Pelorien hervor (Darwin Variir. II, deutsch A. S. 93).

A. majus L. ♀ ✕ *Barrelieri Bor.* ♂ ist von Godron erzeugt worden; war völlig steril, aber der Blüthenstaub anscheinend wohlgebildet.

Pentstemon.

Lit.: Herbert Amar. p. 345; Gärtner Bastarderz.

Die wenigen zerstreuten Angaben, welche sich in der gärtnerischen Literatur über Bastarde der artenreichen Gattung *Pentstemon* finden, sind äusserst verworren und widersprechend.

P. gentianoides Benth. soll in europäischen Gärten nicht eben reichlich blühen und wenig Samen bringen, während angebliche Bastarde dieser Art fruchtbar und reichblüthig sein sollen. Andere Formen, die von *P. gentianoides* und dem nahe verwandten *P. Hartwegi Benth.* stammen sollen, sind dagegen völlig steril. Lecoq behauptet, dass eine Kreuzung dieser beiden Arten gar nicht gelinge, auch bei Gärtner schlug sie fehl. Dagegen gibt Gärtner an (S. 652, 719), er habe ein *P. gentianoides* ♀ ✕ *angustifolius* ♂ erhalten. Der Bastard war sehr kräftig; die Erzeugung schwierig. S. 391 sagt Gärtner *P. angustifolio-pulchellus* sei bei ihm total unfruchtbar gewesen, es kann damit wohl nur der Bastard von *P. gentianoides* gemeint sein.

Herbert fand den von ihm erzogenen Bastard *P. angustifolius* ✕ *pulchellus* vollkommen fruchtbar; er säete sich von selbst aus und wurde von Herbert Gärtnern überlassen. Die beiden Stammarten sind mexikanischen Ursprungs.

Mimulus.

Lit.: A. Godron, Mém. acad. Stanisl. 1865 p. 349.

Eumimulus.

M. cardinalis Dougl. ♀ ✕ *Lewisii Pursh* ♂ ist ein Gartenbastard, als *M. Maclaineanus Paxt.*, *M. roseo-cardinalis* (Bot. mag. 3924), angeblich auch als *M. Harrisoni hortul.* (prius) in den Gartencatalogen aufgeführt.

H. Hoffmann gibt an, er habe von einem *M. cardinalis* mit rosafarbenen Blüthen durch Befruchtung mit Pollen des *M. moschatus Dougl.* einen fruchtbaren und samenbeständigen Bastard gewonnen, der dem *M. cardinalis* sehr ähnlich gewesen sei. Nach der Beschreibung glichen die vermeintlichen Bastarde den gewöhnlichen Farbenvarietäten von *M. cardinalis*, während die Stammform mit rosafarbigen Blüthen vielleicht ein *M. cardinalis* ✕ *Lewisii* gewesen sein kann. Es handelt sich vermuthlich um Rückschlagsformen zu *M. cardinalis*. Einen schwachen Moschusduft besitzt auch der *M. cardinalis*.

M. luteus L. kommt in einer Anzahl von Unterarten vor, welche nicht nur samenbeständig, sondern auch durch bemerkenswerthe Charaktere von einander verschieden sind. Diese Unterarten oder nahe verwandten Arten lassen sich leicht kreuzen. Dahin gehören:

M. luteus L. ✕ *guttatus DC.* (= *M. rivularis Nutt.*).

M. cupreus Veitch ✕ *luteus L.* Hieher *M. maculosus hort.*

M. cupreus Veitch ✕ *guttatus DC.* soll besonders mannigfaltige und reiche Farbenvarietäten liefern.

Alle diese Kreuzungen liefern eine fruchtbare, aber äusserst variable Nachkommenschaft.

M. luteus L. ♀ ✕ *Smithii Lindl.* ♂ ist von Godron erzeugt worden, war völlig steril, liess sich auch mit Pollen der Stammarten nicht befruchten. Die Blüthen des Bastards, von dem Godron gegen 100 Exemplare erhielt, waren sehr gross, mit tauben Antheren. *M. Smithii Lindl.* Bot. Reg. 1674 ist eine Gartenpflanze unbekannter Herkunft.

M. cupreus Veitch ✕ *moschatus Dougl.*, neuerdings von Harrison & Sons in Leicester erzogen und als *M. Harrisoni* verkauft, ist nicht zu verwechseln mit *M. cardinalis* ✕ *Lewisii*. Der *M. cupreus* ✕ *moschatus* soll einen ziemlich starken Moschusduft besitzen; ist steril. *M. moschatus hybr. hort.*

Diplacus.

Die Arten dieser Untergattung sind von verschiedenen Schriftstellern (Bentham, Asa Gray) als Raçen einer einzigen Art,

M. glutinosus Wendl., aufgefasst worden, eine Ansicht, die nach den Ergebnissen der Kreuzung schwerlich als richtig gelten kann.

M. aurantiacus Curt. ♀ × *puniceus Nutt.* ♂ ist von Ingelrest in Nancy erzeugt worden, übertrifft an Schönheit der Blüthenfarbe beide Stammarten. Alle Exemplare des Bastards waren einander gleich, ihr Pollen missgebildet. Sie waren an sich steril, liessen sich aber durch beide Stammarten befruchten. Der Bastard und die daraus abgeleiteten Formen: *D. Ingelresti hort.*; einzelne Sorten sind: *D. Godroni, Verschaffelti, speciosus.* Illustr. hort. t. 359.

Digitalis.

Lit.: Koelreuter in Act. acad. Petrop. pro 1777, I p. 215; pro 1778, II p. 261; Lindley Digit. monogr.; A. St. Hilaire in Mém. soc. d'hist. nat. Paris I p. 337; J. S. Henslow in Transact. Cambr. Philos. soc. 1831; Gärtner in Flor. (B. Z.) 1833 p. 295; Bastardbefr.; Bavoux in Mém. soc. Doubs 1854, II p. 62; Naudin in Nouv. arch. mus. I p. 95 t. 2; Caspary in Schr. phys. ök. Ges. Königsb. III (1862) p. 139 t. VII; Godron in Ann. sc. nat. 4. sér. XIX p. 136, 159.

Die Gattung *Digitalis* eignet sich in mancher Beziehung sehr gut zu Kreuzungsversuchen. Verschiedene Arten lassen sich in Norddeutschland leicht und ohne Schutz erziehen; die Befruchtung mit fremdem Blüthenstaub gelingt in vielen Fällen ohne Schwierigkeit. Die Bastarde sind in der Regel unfruchtbar.

Bastarde der D. purpurea L.

D. purpurea L. zeichnet sich vor den übrigen Arten durch breitere runzlige weichhaarige Blätter und grosse, meist prächtig purpurrothe Blüthen aus.

D. purpurea L. ♀ × *thapsi L.* ♂ und *D. thapsi* ♀ × *purp.* ♂, erzogen von Kölreuter, sind einander völlig gleich und halten die Mitte zwischen den Stammformen. Uebrigens geht nach Kölreuter *D. thapsi L.* in Württemberg bei Befruchtung mit eigenem Pollen nach einigen Generationen vollständig in *D. purpurea L.* über. Die *D. thapsi* ist daher nur als eine südliche Race von *D. purpurea* aufzufassen.

D. lutea L. × *purpurea L.* Die Befruchtung der *D. lutea* mit Pollen von *D. purpurea* ist zuerst mit Erfolg von Kölreuter bewerkstelligt und später von Gärtner, Godron und mir wiederholt worden. Dagegen gelang es Kölreuter nicht, die *D. purpurea* mit Pollen von *D. lutea* zu befruchten; erst Gärtner stellte die entsprechende Verbindung dar, doch missglückte auch von seinen Versuchen die grosse Mehrzahl. Godron und ich haben keine Schwierigkeit in der Erzeugung der *D. purp.* ♀ × *lut.* ♂ gefunden. Die

Mehrzahl der Exemplare von *D. lut.* ♀ × *purp.* ♂ und *D. purp.* ♀ × *lut.* ♂ ist einander bis auf einige Abänderungen in der Blüthenfarbe vollkommen gleich. Es kommen indess auch wesentlich abweichende Formen vor.

1. **Normalform des künstlichen Bastards.** Schon die jungen Pflanzen lassen sich leicht durch ihre üppige Entwickelung und ihre grossen Blätter von denen der *D. lut.* unterscheiden, während sie mit denen der *D. purp.* gar keine Aehnlichkeit haben. Die Blätter sind am Rande stärker gezähnt und mehr gewimpert als die der *D. lutea*. Im zweiten Jahre übertreffen die Bastarde beide Stammarten in der Regel sowohl an Höhe als an Blüthenreichthum. Sie gleichen übrigens in jeder Beziehung der *D. lutea* viel mehr als der *D. purp.* Die Blätter sind, wie an der jungen Pflanze, nur wenig (Grösse, Serratur, Bewimperung, etwas dunkleres Colorit) von denen der *D. lutea* verschieden. Blüthenstand sehr lang; unterhalb desselben entwickeln sich später zahlreiche seitliche Blüthenäste. Blüthen in der Form denen der *D. lutea* ähnlicher, in der Grösse mehr intermediär, in der Färbung ungleich, bald blass mit leichtem (zuweilen ganz ohne) röthlichem Anflug, bald mit mehr oder minder lebhafter Purpurfärbung. Bei meinen Versuchen war *D. purp.* ♀ × *lut.* ♂ jedesmal schöner gefärbt als *D. lut.* ♀ × *purp.* ♂, bei der das Colorit übrigens beträchtlich schwankte. Zahl und Grösse der dunkeln Punkte sehr wechselnd (Koelr. Petrop. I 215; Gärtn. S. 228, 238; Naud. l. c.). Zuweilen sind die späteren Blüthen lebhafter roth als die des Sommers (Gärtn. S. 310, 315). Krone auf der Bauchseite etwa 32 mm, auf dem Rücken 28 mm lang, bei 8—9 mm vertikalem und 9—10 mm horizontalem Durchmesser. (Bei *D. lutea* Länge 22 und 20 mm, Höhe 8, Breite 10 mm.) Die Bastardpflanzen kommen zuweilen schon im ersten Jahre nach ihrer Erzeugung zur Blüthe, wie ich einmal bei *D. lut.* ♀ × *purp.* ♂ gesehen habe. Sie sind ferner manchmal mehrjährig; Kölreuter sah ein Exemplar 7 Jahre nach einander blühen. Antheren häufig taub und gar nicht aufspringend, in andern Fällen, namentlich in warmen Sommern, jedoch oft etwas Blüthenstaub enthaltend, in welchem sich neben zahlreichen verkümmerten zuweilen einige äusserlich wohlgebildete Körner finden. Die Kapseln schwellen nach Bestäubung mit stammelterlichem Pollen ziemlich stark an, sind aber bisher von allen Beobachtern (Kölreuter, Gärtner[*], Lecoq, Godron und

---

[*] In Sachs' Lehrb. d. Botanik wird von Gärtner's Erfahrungen über die Nachkommenschaft von *D. lut.* × *purp.* berichtet; die Angabe kann nur auf Missverständniss beruhen.

mir) völlig taub befunden worden. Die Blumen werden sehr emsig von Bienen besucht. Missbildungen kommen an einzelnen Blüthen nicht selten vor; mehrfach habe ich an der Bauchfläche der Kronen spornartige Aussackungen gesehen; ziemlich häufig fand ich einen oder beide längeren Staubfäden der Krone völlig angewachsen, so dass die Antheren in dem Winkel zwischem dem unteren und den seitlichen Zipfeln stehen. Oft fehlen 1 oder 2 Staubblätter. Zuweilen ist das Connectiv einer Anthere blattig verbreitert. Die Narben sind mitunter dreispaltig.

2. **Abweichende Formen des künstlichen Bastards.** Schon Kölreuter und Gärtner beobachteten solche seltenere Typen. Während meine Hybriden einer und derselben Aussaat sonst jedesmal sehr gleichförmig waren, habe ich einmal eine Anzahl auffallend verschiedener Formen erhalten. Es geschah dies, als ich verhindert gewesen war, die durch Pollen von *D. purpurea* befruchteten Kapseln von *D. lutea* rechtzeitig zu ernten, so dass sich die Samen von selbst ausgestreut hatten. Mehrere der daraus erwachsenen Exemplare waren ganz normal, während andere auffallend abwichen. Die merkwürdigste Form entsprach genau und in allen Einzelheiten der *D. tubiflora Lindl.* Krone sehr eng röhrig, aussen gelblichweiss, der Saum gelb, die Röhre inwendig auf der Bauchseite mit sehr zahlreichen feinen dunkelpurpurnen Punkten. Staubgefässe völlig fehlend. Narben meist dreispaltig. Fruchtknoten oft aus 5 Fruchtblättern gebildet. Mein Exemplar stimmte auf's genaueste mit Lindley's Abbildung überein; die Herkunft der Lindley'schen Pflanze war unbekannt. Einigermaassen ähnlich waren 3 spontan aufgetretene Exemplare des Bastards, welche Caspary 1862 im Garten des Stadtrath Patze zu Königsberg i. Pr. beobachtet hat. Kronen nicht ganz so eng wie bei *D. tubiflora*, dabei länger und röthlich gefärbt. Staubgefässe meist fehlend; in einigen Blüthen der Seitenachsen jedoch je 1 oder 2 vorhanden. Einige Blüthen unterseits mit zahnartiger Aussackung. Caspary nennt die Form *D. subpurpurea-lutea* und identificirt sie mit *D. hybrida Dutour de Salvert*. Eine zweite Form, von der ich einige Exemplare erhielt, enstpricht so ziemlich der *D. lutescens Lindl.* Die Kronen sind bald eben so gross, bald in allen Maassen etwas kleiner als bei der Normalform, blassgelb gefärbt, in derselben Traube theils ganz einfarbig, theils mit mehr oder minder zahlreichen dunkeln Purpurflecken auf Antheren und Kronen. Pflanzen meist niedrig, kaum höher als *D. lutea*. Zu dieser Formenreihe gehört auch die von Naudin l. c. abgebildete Blüthe.

Das von J. S. Henslow sorgfältig beschriebene und abgebildete, zufällig im Garten entstandene Exemplar glich in allen Theilen der

Normalform bis auf die unterseits weichhaarigen Blätter. Es deutet diese Weichhaarigkeit auf eine Annäherung an *D. purpurea*; gewöhnlich sind die Blätter des Bastards nur auf den Nerven behaart. Henslow's Beschreibung und Abbildung sind vortrefflich.

3. **Spontane Bastarde.** Wiederholt ist die spontane Entstehung verschiedener Formen von *D. lut.* × *purp.* in Gärten beobachtet worden, z. B. zu Cambridge, Nancy, Paris, Königsberg i. Pr.; auch die von Lindley abgebildeten Formen sind spontane Gartenbastarde. Alle diese Gartenpflanzen waren steril (Henslow, Godron, Naudin, Caspary). Im Freien wurde der Bastard von de Salvert und A. de Saint-Hilaire bei Combronde in der Auvergne und von Ziz auf dem Remigiusberge bei Cusel in der Rheinpfalz entdeckt; später ist er zerstreut an mehreren Orten im westlichen Deutschland, in Belgien und Frankreich gefunden worden. Einige Schriftsteller haben der Doctrin zu Liebe zwei Formen zu unterscheiden gesucht; in Wirklichkeit kommen neben der Normalform im Freien verschiedene der in Gärten beobachteten Formen vor. A. de Saint-Hilaire, Röper, Godron und Andere fanden auch die wilden Bastarde steril, W. D. J. Koch gibt dagegen an, dass „*D. purpurascens*" oft ohne die Stammarten vorkomme und sich durch Samen fortpflanze. Döll behauptet, dass sie in den Rheingegenden nur in Gesellschaft der Stammarten gefunden werde, bestätigt aber, dass sie nicht ganz unfruchtbar sei. Aus den Pyrenäen erhielt ich durch Bordère Exemplare des Bastards mit wohlentwickelten Kapseln, in denen sich unreife aber in ihrer Ausbildung schon ziemlich fortgeschrittene Samen fanden. Reife Samen konnte ich noch nicht erlangen. Im Catalog des Gartens zu Coimbra fand ich *D. purpurascens* aufgeführt; aus den mir auf meine Bitte übersandten Samen ging die weissblühende Form von *D. purpurea* hervor. Eine sehr kleinblüthige Form des Bastards erwähnt Wirtgen als von Schlickum bei Oberstein gefunden.

Aus Lindley's Monographie gehören folgende Formen zu dieser Bastardverbindung: *D. rigida, purpurascens, lutescens, tubiflora, variegata, lutea* γ. *hybrida* auch wohl δ. *fucata*. Ferner gehören dahin: *D. purpurascens Roth, D. hybrida de Salvert, D. longiflora Lejeune, D. intermedia Lapeyr., D. Lindleyana Tausch*. Die *D. fucata Ehrh.* kann sicher nicht dahin gehören, weil die *D. lutea* gar nicht in Hannover wächst; jedenfalls ist aber *D. fucata Lois.* eine *D. lutea* × *purpurea*. *D. lutea L.* ♀ × *thapsi L.* ♂ wurde von Kölreuter erzeugt; die meisten Exemplare hatten etwas schmälere Blätter als *D. lut.* × *purp.*, zwei Exemplare waren indess nicht von *D. lut.* × *purp.* zu unterscheiden.

D. ambigua *Murr.* ✕ *purpurea L.* Kölreuter hat durch Befruchtung der *D. ambigua Murr.* mit Pollen von *D. purpurea* nur taube Samen erhalten; auch die Erzeugung der umgekehrten Verbindung gelang ihm nicht. Gärtner erhielt von *D. ambig.* ♀ ✕ *purp.* ♂ nur ein einziges Exemplar (S. 226); auf S. 238 spricht er freilich von Verschiedenheiten zwischen den einzelnen Exemplaren des Bastards. Godron hat diese Verbindung ebenfalls erzeugt. Die *D. purp.* ♀ ✕ *ambig.* ♂ hat Gärtner zuerst dargestellt; mir ist die Herstellung dieser Verbindung mehrmals ohne alle Schwierigkeit gelungen.

Gärtner fand beide Verbindungen völlig unfruchtbar (S. 365) und die *D. purp.* ♀ ✕ *ambig.* ♂ der *D. purp.* ähnlicher als der väterlichen Stammart (S. 288, 401). Die Blumen des Bastards waren ungewöhnlich gross (S. 296). In Grösse, Farbe, Zeichnung und Punktirung der Blumen kommen beträchtliche Unterschiede vor (S. 238), im Herbste wird die rothe Blüthenfärbung lebhafter (S. 315); diese letzteren Angaben macht Gärtner allerdings über *D. ambig.* ♀ ✕ *purp.* ♂, doch beziehen sie sich vermuthlich auf die umgekehrte Kreuzung.

Ueber die Blüthen der beiden Verbindungen macht Gärtner (S. 225, 226) folgende Angaben: *D. purpurea* ♀ ✕ *ambigua* ♂ „hat eine lockere Blumenrispe (richtiger: Traube, W. O. F.) als *purp.* Die Blumen sind 4 cm lang, etwas kürzer als die der *purp.*, 2 cm und 2 mm in der Breite haltend, daher gegen die Mündung erweitert, dicker als bei dieser, die Mündung der Faux 2,5 cm weit. Die Farbe der Corolle ist blassröthlich mit gelbem Anflug, besonders im Innern der Blumenröhre, wo die Punkte oder Tüpfel verschwunden und nur unbestimmte, sehr blasse, kaum bemerkbare, unregelmässig trübe und in einander geflossene Flecken, besonders im unteren Theile der Corolle, übrig geblieben sind". *D. ambigua* ♀ ✕ *purpurea* ♂, „von welcher wir nach vielen fruchtlosen Versuchen endlich ein einziges Exemplar erhalten hatten, hat einen viel schlankeren, höheren Wuchs und ist der *purpurea* überhaupt viel näher geblieben, da jene mehr Aehnlichkeit mit der *ambigua* erhalten hatte. Die Blumenrispe 1 bis 1,5 m lang; die Blumen zahlreich und einander viel mehr genähert, 5 cm lang, bedeutend länger und dünner als die vorigen, 1 cm breit, stark nach oben gekrümmt, etwas plattgedrückt, blass-purpurfarbig mit äusserlich gelblichem, innerlich aber schwach purpurfarbigem Schein mit sehr vielen und kleinen dunkelpurpurfarbigen Punkten besäet, die beiden Lippen und die Seitenlappen beinahe flach geöffnet, die Faux kaum 1 cm weit". Im Gegensatz zu den oben angeführten sonstigen Stellen wird hier die *D. purp.* ♀ ✕ *ambig.* ♂ als der *D. ambig.* näherstehend charakterisirt.

Meine eigenen Beobachtungen an *D. purpurea* ♀ ✕ *ambigua* ♂ sind folgende: Im Gegensatz zu der *D. purp.* ♀ ✕ *lut.* ♂ zeigen die Blätter der *D. purp.* ♀ ✕ *ambig.* ♂ eine entschiedene Annäherung an die Blätter der *D. purp.* Sie sind namentlich in der Jugend sehr breit und weichhaarig, haben aber keinen deutlichen Stiel. Spätere Blätter von Gestalt intermediär. Blüthentraube kaum länger als bei *D. ambig.*; Stengel sehr zahlreiche seitliche Inflorescenzen treibend. Die Maasse der Blumen sind folgende:

	Bei *D. purp.*	*D. purp.* ✕ *ambig.*	*D. ambig.*
Obere Kelchzipfel: Länge	22 mm	18 mm	9 mm
„ „ Breite	4 „	3 „	1,5 „
Uebrige Kelchzipfel: Länge	22 „	20 „	11 „
„ „ Breite	10 „	5 „	2 „
Länge der Krone, oben	44 „	38 „	31 „
„ „ „ unten	54 „	45 „	40 „
Breite der Krone	20 „	18 „	16 „
Höhe der Krone	15 „	15 „	13 „

Farbe der Krone bei dem Bastard aussen trüb purpurn, nach dem Grunde und der Bauchseite zu blasser, innen blasser purpurn mit verwaschener netziger gelblicher Zeichnung, an der Bauchseite mit dunkelpurpurnen, von einem weissgelben Hofe umgebenen Flecken. Wildwachsend ist dieser Bastard bisher nur vereinzelt angetroffen. Reichenbach nennt ihn *D. fulva Lindl.*, gibt als Standort „Eilze im Bückeburgischen" an, und versichert, dass er in Dresden aus Samen gezogen werde. *D. fulva Lindl.* stammt übrigens sicher nicht von *D. purpurea* ab; im Bückeburgischen, speciell bei Eilsen, wächst aber keine andere Art als *D. purpurea*. Caspary (l. c. p. 146) gibt an, der Bastard komme in Hannover „an zahlreichen Orten" vor. G. F. W. Meyer beschreibt ihn nach einem einzigen 1827 wildwachsend am Schulenberge am Harz gesammelten Exemplar, nach dem Vorkommen *D. ambig.* ♀ ✕ *purp.* ♂; er citirt dazu *D. fucata Ehrh.* Soll ferner in den Vogesen am Hohneck gefunden sein.

D. (ambigua ♀ ✕ *purpurea* ♂) ♀ ✕ *purpurea* ♂ ist von Godron erhalten worden, während es Gärtner auf keine Weise gelang, Samen von *D. ambig.* ♀ ✕ *purp.* ♂ zu bekommen. Der ³/₄ Bastard hatte schmalere, aber lebhaft rothe Kronen; die Blätter glichen fast denen der *D. purpurea*.

Ueber *D. media* ✕ *purpurea* vgl. unten.

Die Möglichkeit, *D. purpurea* L. mit *D. Canariensis* L. erfolgreich zu kreuzen, scheint aus Kölreuter's Versuchen hervorzugehen.

Bastarde von D. obscura L.

Die *D. obscura L.* zeichnet sich durch schmale, fast linealische Blätter und innen gelbe, auswendig rostbraune Blüthen aus. Die Bastarde sind sämmtlich von Kölreuter erzeugt und in den Act. Petrop. pro 1778 beschrieben worden.

D. ambigua Murr. × *obscura L.* Kölreuter stellte beide Verbindungen dar, die sich sehr ähnlich sahen. Die Bastarde hielten die Mitte zwischen den Stammeltern. Blüthen gelb, mit rother Zeichnung, Gestalt der Krone fast wie bei *D. obscura.* Mittellappen zottig. Brachte kaum Samen. Ob hieher *D. fulva Lindl.?*

D. lutea L. × *obscura L.* Die beiden Bastardverbindungen waren unter einander in Grösse, Gestalt und Färbung der Blüthen sehr beträchtlich verschieden, während sie in Wuchs und Blättern ziemlich genau übereinstimmten.

D. obscura ♀ × *lutea* ♂ war stark verästelt, fast fünf Fuss hoch, die Färbung der Blumenkrone aus Gelb und Braungelb gemischt. *D. lutea* ♀ × *obscura* ♂ hatte viel längere, schmalere und weniger bauchige Kronen, auch eine verschiedene Zeichnung der Lappen. Die Blüthen waren oft kurz gespornt.

D. ferruginea L. × *obscura L.* Kölreuter stellte beide Verbindungen dar; die *D. ferruginea* ♀ × *obscura* ♂ ist in den Act. Petrop. 1778 t. XI abgebildet; die *D. obscura* ♀ × *ferruginea* ♂ soll sehr ähnlich gewesen sein. Die Bastarde waren hoch und kräftig; sie zeigten in allen Theilen eine Mittelbildung zwischen den Stammeltern.

Hybride der übrigen Arten unter einander.

D. ambigua Murr. × *lutea L. D. lutea* ⋈ *ambigua* liefert mehr gute Samen, als *D. ambigua* ⋈ *lutea* (Gärtn. S. 198). Nach dem Hybridenverzeichnisse hat Gärtner beide Verbindungen erzeugt; im Texte bemerkt er indess sehr wenig über diese Pflanzen. Kölreuter, der ebenfalls beide Verbindungen erhalten hat, beschreibt sie näher. Sie halten die Mitte zwischen den Stammeltern, wachsen hoch und üppig (Kölr. 1778, p. 272). Gärtner nennt sie steril, während Kölreuter sagt, dass sie kaum Samen bringen. Wildwachsend ist diese Verbindung mehrfach beobachtet. *D. media Roth* ist zuerst von Ducros im Jura, von Ziz in der Rheinpfalz gefunden und von Roth in den Catal. bot. II p. 60 im Jahre 1800 beschrieben worden. Die Bastardnatur der wilden Pflanze wurde erst viel später erkannt. Im westlichen Deutschland, der westlichen Schweiz und in Frankreich ist dieser Bastard hin und wieder beobachtet worden, und zwar stellenweise, z. B. unweit Oberstein (Bogenhard), in Menge. Dem Dogma gemäss unterschieden Wirtgen und Andere die herkömmlichen zwei Formen. Der vorurtheilsfreiere Bavoux sah bei Besançon alle Uebergangsstufen und beschrieb (1. c.) 4 Hauptformen. Auch Godron besuchte 1854 diese Stelle und erklärte die Uebergangsformen für Producte von Rückkreuzungen. Er fand bei denselben anscheinend normalen, bei den Mittelformen dagegen sehr schlecht geformten Blüthenstaub. Nach Reichenbach (Fl. Germ. excurs. p. 378) wurde die *D. media* als samenbeständige Pflanzenform regelmässig in botanischen Gärten cultivirt. Aus dem Breslauer botanischen Garten erhielt ich als *D. media* die *D. ochroleuca*, eine Form von *D. ambigua* Murr. Im Hybridenverzeichnisse gibt Gärtner an, er habe drei hybride Verbindungen von *D. media* erhalten, nämlich *D. media* ♀ ✕ *ambigua* ♂, *D. media* ♀ ✕ *purpurea* ♂ und *D. ambigua* ♀ ✕ *media* ♂. Im Texte ist indess an keiner Stelle von *D. media* oder deren Bastarden die Rede. Was Gärtner unter *D. media* verstanden hat, mag dahin gestellt bleiben, vermuthlich war es eine Form von *D. ambigua*.

D. ambigua Murr. ✕ *lanata Ehrh.* Gärtner hat beide Verbindungen dieser Arten erzeugt. Durch die Blüthen unterschieden sie sich wesentlich von einander. Die *D. ambigua* ♀ ✕ *lanata* ♂ „hat eine im Verhältniss längere und dünnere, mehr walzenförmige Blumenkrone mit schmaler, deutlich dreizehnter Oberlippe und mit einem in der Mitte der Unterlippe befindlichen Mucro". *D. lanata* ♀ ✕ *ambigua* ♂ „hat kurze grosse Blumen mit wellenförmig gerandeter schmaler Oberlippe" (S. 225). In den Blumen nähern sich die Bastarde somit der mütterlichen Stammart, weichen jedoch erheblich von beiden Eltern ab. Die Bastarde sind unfruchtbar, doch wirkt der Blüthenstaub von *D. ambigua* stärker auf die Entwickelung des Fruchtknotens ein als der von *D. lanata* (S. 465).

Der Bastard ist nach Gärtner eine schöne und ansehnliche Pflanze, ausgezeichnet durch die fremdartige Blüthenbildung (S. 641, 643). Auf S. 404 rechnet Gärtner die *D. ambigua* ♀ ✕ *lanata* ♂ zu den der väterlichen Stammart ähnlicheren Typen.

D. ambigua Murr. ✕ *laevigata W.K.* Nach dem Hybridenverzeichnisse hat Gärtner nur die Verbindung *D. ambigua* ♀ ✕ *laevigata* ♂ erzeugt. Es ist daher wohl diese Verbindung gemeint, wenn er (S. 404) die *D. laevigata* ♀ ✕ *ambigua* ♂ (*laevigato-ochroleuca*) unter den unfruchtbaren Bastarden aufführt, welche in ihrem Aeusseren zwischen den Stammeltern die Mitte halten. *D. fuscescens W.K.*, hin und wieder in Croatien gefunden, ist eine von diesen Bastardformen der *D. ambigua* mit *D. lanata* oder *D. laevigata*.

D. ambigua Murr. × *ferruginea L.* Kölreuter gibt an, dass der Bastard *D. ferruginea* ♀ × *ambigua* ♂ eine Mittelbildung zwischen den Stammarten darstelle.

D. laevigata W.K. × *lanata Ehrh.* „*D. laevigata* kreuzt sich zwar leicht mit *lanata*, die beiderlei Bastarde, welche nicht von einander zu unterscheiden sind, sind jedoch total unfruchtbar" (Gärtn. S. 407). Nach dem Hybridenverzeichnisse hat Gärtner indess nur die *D. laevigata* ♀ × *lanata* ♂, nicht die umgekehrte Kreuzung erhalten; auf S. 243 wird erwähnt, die *D. lan.* ♀ × *laevig.* ♂ stehe der väterlichen Stammart näher. Auf S. 288 wird angeführt, der „Ausnahmstypus", also eine seltenere Form der *D. laevig.* ♀ × *lan.* ♂ zeige eine ausgesprochene Annäherung an *D. lanata*; von der letztgenannten Bastardverbindung wird auf S. 365, 386 und 410 die Unfruchtbarkeit bestätigt.

D. lutea L. ♀ × *ferruginea L.* ♂. Von diesem Bastard gingen mir die meisten Exemplare zufällig zu Grunde, so dass nur eines zur Blüthe kam. Dasselbe war vor dem Blühen fast nur durch ein etwas dunkleres Grün von *D. lutea* zu unterscheiden. An den Blüthenknospen zeigte sich indess ein auffallender Unterschied; bei *D. lutea* ragt die Oberlippe über die nach oben eingerollte Unterlippe hinaus, während bei dem Bastard die Oberlippe von der aufwärts gebogenen Unterlippe umfasst und bedeckt wurde. Die Unterlippe war lang, vorn breit, gestutzt, ausgerandet oder zweispaltig, mit langen Haaren besetzt; der Schlund zeigte eine bräunliche Zeichnung. Die Kronen waren etwas grösser als bei *D. lutea*, aber bis auf die längere und breitere Unterlippe ähnlich gestaltet; die Kelchzipfel viel schmaler, lineallanzettig.

Digitalis × Sinningia.

Lit.: Maund Botan. Gard. V n. 468.

Es ist Gärtner nicht gelungen, *Digitalis*-Arten mit Pollen von *Sinningia* zu befruchten und mir eben so wenig.

Digitalis ambigua ♀ × *Sinningia speciosa* ♂. Campbell bestäubte sechs Blumen von *D. ambigua Murr.* mit Pollen von *Sinningia speciosa* und erhielt daraus drei Kapseln mit Samen. Sie wurden sogleich gesäet und von den daraus erhaltenen Pflanzen blühte eine im folgenden Jahre sehr reichlich vom Juni bis zu den ersten Frösten. Völlig unfruchtbar. Eine nähere Beschreibung des Bastards ist nicht gegeben, wohl aber eine kleine Abbildung in halber natürlicher Grösse. Die Blumen sind trübroth mit gelblichem Saum; man könnte die abgebildete Pflanze für eine *D. ambigua* × *purpurea* halten. *D.* × *hybrida Maund.*

Torenia.

Es soll in den Gärten Bastarde aus dieser Gattung geben; Näheres ist mir nicht darüber bekannt.

Paederota.

P. ageria L. × *bonarota L.* wurde von R. Huter in den Alpen der Provinz Belluno entdeckt. *P. Churchillii Huter.*

Pedicularis.

Unter den alpinen Formen dieser Gattung hat man neuerdings mehrere unzweifelhafte Bastarde nachgewiesen.

P. incarnata Jacq. × *tuberosa L.* ist in Graubündten, bei Marilaun in Tirol und am Gr. St. Bernhard gefunden worden, zuweilen in ziemlicher Menge. Eine prachtvolle Pflanze, der *P. tub.* ähnlicher, viel grösser als die Stammarten, zuweilen über 5 Fuss hoch. *P. Vulpii Solms-Laubach.*

P. incarnata Jacq. × *recutita L.* findet sich selten und zerstreut zwischen den Stammarten am Gr. St. Bernhard, im Oberengadin, am Bernina und in Tirol. *P. atrorubens Schleich.*

P. recutita L. × *tuberosa L.* Tirol. *P. Huteri A. Kern.*

P. Jacquini Koch × *rosea Wulf.*; ebenfalls in Tirol. *P. Hausmanni Huter.*

P. Jacquini Koch × *tuberosa L.* Tirol. *P. erubescens A. Kern.*

P. gyroflexa Vill. × *elongata A. Kern.*; in den Venetianischen Alpen von R. Huter gefunden. *P. Kerneri Huter. P. Veneta Huter (per-elong.* × *gyrofl.).*

Alectorolophus.

A. major Wimm. et Grab. und *A. minor Wimm. et Grab.* sind an einigen Orten durch Zwischenformen verbunden. Schon Lasch macht darauf aufmerksam, dass beide Arten durch dieselben Insecten besucht werden, welche die Befruchtung vermitteln. Lasch sah vorzüglich Formen, welche dem *A. major* näher standen, Schmalhausen beobachtete bei St. Petersburg mehrere sehr variable Zwischenformen. *Rhin. adulterinus Wallr., Al. fallax W. et Gr.*

Melampyrum.

M. subalpinum A. Kern. ist eine seltene Art, welche genau in der Mitte steht zwischen *M. silvaticum L.* und *M. nemorosum L.*, so dass man geglaubt hat, es könne ein Bastard aus diesen verbreiteten Arten sein. Die Verhältnisse des Vorkommens u. s. w. sprechen jedoch für die Selbständigkeit des *M. subalpinum*, sei es als Species, sei es als Unterart von *M. nemorosum*.

M. nemorosum L. ✕ *pratense L.* soll nach O. Kuntze in der Gegend von Leipzig an mehreren Orten vorkommen.

Veronica.

Europäische Arten.

V. prostrata L. ✕ *teucrium L.* will v. Borbás am Schwabenberge bei Ofen gefunden haben. *V. microcoma Borb.*

V. saxatilis Scop. ✕ *fruticulosa L.* glaubte Anderson in Maryfield bei Edinburg erzogen zu haben; Blumen blau (wie *saxat.*) mit violeten Adern (wie *frutic.*).

Mittelformen zwischen *V. spicata L.* und *V. longifolia L.* sah J. Schmalhausen bei St. Petersburg. Muthmaasslich oder sicher irrthümlich sind einige Angaben über vermeintliche Hybride, die Lasch geschen haben wollte, Neilreich's *V. anagallis L.* ✕ *beccabunga L.* (Wien), L. Reichenbach's *V. officinalis L.* ✕ *chamaedrys L.* als *V. Froehlichiana Rchb.* und *V. Tournefortii var. dubia DC. fl. fr.* beschrieben, Soyer-Willemet's *V. officinalis L.* ✕ *teucrium L.* u. s. w.

Hebe.

Auf Neuseeland wächst eine Anzahl von Arten, welche (wie es mehrfach bei Artengruppen, die dieser Insel eigenthümlich sind, vorkommt) durch Uebergangsformen oder Zwischenglieder verknüpft erscheinen. Ob es sich in diesem Falle um spontane Mischlinge oder um unvollständige Differenzirung der Formenkreise in gesonderte Arten handelt, ist unentschieden. Thatsache ist indess, dass sich die neuseeländischen Arten der Gruppe *Hebe* ungemein leicht mit einander kreuzen lassen.

V. elliptica Forst. ✕ *speciosa A. Cunn.* ist von J. Anderson-Henry erzogen worden. Hook. Fl. N. Zeel. I p. 206.

Bastarde zwischen *V. salicifolia Forst.*, *V. speciosa A. Cunn.* und *V. macrocarpa Vahl* sollen in England ziemlich verbreitet sein; dahin gehören die Sorten: *kermesina, Lindleyana, linearifolia, versicolor* etc. Als *V. Lindleyana* werden indess auch einfache Varietäten von *V. salicifolia* cultivirt.

V. salicifolia Forst. ♀ ✕ *speciosa A. Cunn.* ♂ ist *V. Ander-*

sonii Lindl., steht in der Mitte zwischen den Stammarten. Blumen blau, in weiss verbleichend (*V. speciosa* hat violete, *V. salicifolia* weisse oder blassblaue Blumen). Die *V.* ⨯ *Andersonii* soll fruchtbar und samenbeständig sein.

61. GESNERACEAE.

Die Familie der *Gesneraceen* kann kaum von den *Scrofularineen* getrennt werden. Sie liefert eine Reihe prächtiger Ziergewächse; der Bestand an diesen Blumen in den Gärtnereien ist durch unzählige Kreuzungen ausserordentlich vermehrt worden. Aehnlich wie bei *Fuchsia*, *Calceolaria* und *Pelargonium* gehören jetzt die reinen Stammformen mancher häufig cultivirten Typen in den Treibhäusern Europa's zu den grössten Seltenheiten. Sehr schwierig ist bei den *Gesneraceen* eine naturgemässe Umgrenzung der Gattungen. Die Gartenbotaniker machten aus jeder kleinen Artengruppe ein besonderes Genus; durch Zusammenziehen erhält man zwar grössere Gattungen, doch sind dieselben weder in sich homogen, noch lassen sie sich scharf von einander sondern.

Ueber die Gartenbastarde unter den *Gesneraceen* haben insbesondere E. Regel und E. Ortgies zuverlässige Mittheilungen veröffentlicht.

Gloxinia.

Gl. maculata L'Hér. hat verschiedene Gartenbastarde geliefert, doch ist mir über deren näheren Ursprung nichts bekannt.

Achimenes.

Lit.: Hanst. in Linn. 27 p. 774 ff.; zerstr. Gartenlit.

Schon Hanstein hatte die Gattung *Achimenes* durch Zusammenfassen verschiedener von Regel und Planchon als besondere Gattungen behandelter Artengruppen erweitert. Benth. & Hook. haben sie in noch weiterem Sinne aufgefasst. Ich habe es für nothwendig gehalten, auch *Naegelia* hinzuziehen, welche Benth. & Hook., wenn auch mit starken Zweifeln, als selbständige Gattung beibehalten haben.

Trevirania.

A. coccinea Pers. ⨯ *longiflora Benth.*, von Regel erzeugt, steht in der Mitte zwischen den Stammarten und ist fruchtbar. Hieher *Tr. Escheri Rgl.*, *Tr. Bodmeri Rgl.* — *A. (coccin.* ⨯ *longifl.) var. Escheri* ♀ ⨯ *coccinea* ♂ ist *Tr. Wageneri Rgl.*

Locheria.

A. grandiflora DC. ♀ ✕ *patens Benth.* ♂ ist von Regel erzogen worden und stimmte genau überein mit der bei Lobani (Oaxaca) in Mexico von Liebmann wildwachsend gefundenen *A. Liebmanni hort.* — *A. patens Benth.* ♀ ✕ ✕ *Liebmanni hort. spont.* ♂, von Regel erzogen, ist *Tr. Rendatleri Rgl.*

A. hirsuta Lindl. ✕ *pedunculata Benth.* Ein derartiger spontaner Bastard ist muthmaasslich die von Moritz in Columbien (Süd-Amerika) gefundene *A. superba Moritz* (ap. *Hanst.*).

Treviranla ✕ Locheria.

A. rosea Lindl. ✕ *grandiflora DC.* (Züchter Regel). *Trev. Baumanni Rgl.*

A. (coccin. ✕ *longifl.)* var. *Bodmeri* ✕ *grandiflora DC.* (Züchter Regel). *Tr. Rinzii Rgl.*

A. patens Benth. ✕ *longiflora Benth.*, erzogen von Regel. *Tr. Boothii Rgl.*

Locheria ✕ Mandirola.

A. Mexicana (Benth. Hook.) ♀ ✕ *patens Benth.* ♂ ist ein niedlicher Bastard, von Regel erzogen, mit Blumen von der Gestalt der Blumen von *A. Mexicana.* *Scheeria patenti-mexicana Rgl.*

A. Mexicana (Bth. Hook.) ♀ ✕ *grandiflora DC.* ♂ ist ebenfalls von Regel erzogen, gleicht in der Gestalt der Krone mehr der *A. grandiflora*, ist schön und reichblüthig; Antheren arm an Pollen, dessen Körner indess zum Theil normal ausgebildet erscheinen. *Tr. scheerioides Rgl.*

Mandirola ✕ Naegelia.

A. zebrina (Paxt. sub Gesnera) ♀ ✕ *Mexicana Bth. et Hook.* ♂ ist von Roezl in der Van Houtte'schen Gärtnerei erhalten worden. Von mehreren hundert Samen keimten nur zwei. Es gingen daraus sehr kräftige und reichblüthige Exemplare hervor, deren Blüthen von auffallend langer Dauer waren. Antherenfächer auseinanderstehend, taub. Die Pflanzen waren von mittlerer Bildung und völlig steril. *Mandirola-Naegelia Roezlii Planch.*

A. multiflora Gardn. ♀ ✕ *zebrina (Paxt. s. Gesnera)* ♂ ist ebenfalls von Roezl erzogen worden. Antheren taub wie bei voriger; ebenfalls von mittlerer Bildung. *Mandirola-Naegelia picturata Planch.*

A. lanata Hanst. ♀ ✕ *zebrina (Paxt.)* var. *splendens* ♂ ist in der Van Houtte'schen Gärtnerei gewonnen worden. Stengelbildend wie *A. zebrina* (*A. lanata* ist stengellos), Blätter mehr an *A.*

lanata, Blüthen mehr an *A. zebrina* erinnernd. *Eucodonopsis naegelioides hort. Van Houtte.* Eine später von einer anderen Varietät der *A. zebrina* gewonnene Form: *Eucodonia naegelioides lilacinella hort. Van Houtte.*

Naegelia.

A. amabilis Desne. (*Naeg. multiflora Rgl.*) hat eine wenig aufgeblasene Kronröhre, abstehende Kronzipfel und weisse Blumen. *A. zebrina* (*N. zebrina Rgl.*) eine bauchige Kronröhre, aufrechte Kronzipfel und bunte (roth und gelbe) Blumen. Der Bastard *A. amabilis* × *zebrina* ist bei Van Houtte erzogen. *Naeg. Leichtlini* (Blüthen roth-gelb), *N. sulfurea* (Blüthen gelb). Diese Bastarde sind fruchtbar, die zweite Generation ist ausserordentlich variabel und bei weiteren Züchtungen ist die Abstammung nicht mehr zu errathen.

Die verschiedenen *Naegelien* sind später aufs mannigfaltigste unter einander gekreuzt worden. Die Form ⋊ *Sceptre cerise Van Houtte* soll z. B. von *A. zebrina* und *A. cinnabarina* (*Lind. sub Naegelia*) stammen.

In *N. Geroltiana Rgl.*, welche aus Mittelamerika stammt, ist von Einigen ein spontaner Bastard von *A. zebrina* vermuthet worden.

Locheria × Dicyrta.

A. grandiflora DC. ♀ × *candida Lindl.* ♂ ist von Regel erzeugt und *Trev. Rinzii* benannt worden; eine andere *Tr. Rinzii* s. S. 327; *A. candida Lindl.* ist in die Gattungen *Diastema* und *Dicyrta* versetzt worden, weicht auch in der Blüthenbildung erheblich von *Trevirania* ab. Die *A. grandifl.* × *cand.* lässt sich durch beide Stammarten befruchten und liefert auf diese Weise eine Formenreihe, in welcher alle Mittelglieder zwischen den Stammarten vertreten sind. Gekreuzt mit *A. longiflora* lieferten diese Pflanzen schöne Tripelbastarde.

A. longiflora Benth. ♀ × (*grandifl.* ♀ × *cand.* ♂) ♂. Hieher *Trev. reticulata hort. A.* (*grandifl.* ♀ × *cand.* ♂) ♀ × *longifl.* ♂ steht der *A. longiflora* sehr nahe, ist ziemlich polymorph. Hieher *Trev. cyanea, pallide cyanea, coelestina hort.* Besonders schön und grossblütbig sind die Abkömmlinge der weissblühenden *Tr. longiflora.*

A. [(*grandifl.* ♀ × *cand.* ♂) ♀ × *grandifl.*] ♂) ♀ ⋊ *longifl. var. Jaureguia* (*albifl.*) ♂ hat die prächtige *Trev. Ambroise Verschaffelt* geliefert, die der *Tr. longifl.* sehr ähnlich ist. Blüthen weiss mit violeter Zeichnung, sehr zahlreich. Andere ausgezeichnete Sorten: *Dr. Hopf, Edm. Boissier.*

Achimenes ⨯ Heppiella.

Heppiella viscida (Paxt. sub *Achimenes)* ♀ ⨯ *Achimenes zebrina (Paxt.* sub *Gesnera)* ♂ oder *Heppiella atrosanguinea Rgl.* ♀ ⨯ *Naegelia zebrina Rgl.* ♂ ist ein schöner, bei Verschaffelt erzogener Bastard mit grossen, unterseits dunkelrothen Blättern; Blumen mehr wie bei *Heppiella. Gesnera egregia Vrschff., Hepp. naegelioides Lemaire.*

Achimenes ⨯ Gloxinia.

Gloxinia glabrata Zucc. ♀ ⨯ *Achimenes zebrina (Paxt.)* v. *splendens* ♂ ist ein prachtvoller reichblumiger Bastard, der schon in erster Generation in einer Reihe von Farbenvarietäten auftrat, so dass E. Ortgies die Vermuthung aussprach, es möchte die zur Kreuzung benutzte *A. zebrina* eine hybridisirte Form gewesen sein. *Plectopoma naegelioides Van Houtte.*

A. (grandiflora DC. ♀ ⨯ *candida Lindl.* ♂) ♀ ⨯ *Gl. glabrata Zucc.* ♂ ist von Regel erzogen, in Laub und Blüthen der *Gl. glabrata* sehr ähnlich. Blüthen roth, unfruchtbar mit tauben Antheren. *Plectopoma fimbriatum var. Eduard Otto Rgl.*

A. grandiflora DC. ⨯ *Gl. glabrata Zucc.* ist nach Regel steril und hat blattige Narben. Antheren taub.

Isoloma.

Bentham & Hooker vereinigen *Tydaea* und *Kohleria* mit *Isoloma.* Die Verbindung scheint naturgemäss zu sein, macht aber einige Namensänderungen erforderlich:

I. Tydaeum = *Tyd. picta Dcne., Achim. picta Benth.*
I. pictum Rgl. = *Cryptoloma pictum Hanst. prius, Kohl. picta Hanst.*
I. sciadocalyx = *Sciadocalyx Warscewiczii Rgl., Kohl. Warscewiczii Hanst.*
I. Warscewiczii = *Tydaea Warscewiczii Rgl.*

Tydaea.

I. Warscewiczii ♀ ⨯ *sciadocalyx* ♂ ist von Regel erzogen worden; Kelch wie bei *I. Warscewiczii*; bei einer Varietät ist die Blattunterfläche blutroth. Pollen spärlich. *Tyd. Meyendorffii Rgl.*

I. Tydaeum ♀ ⨯ *sciadocalyx* ♂ und *I. sciadocalyx* ♀ ⨯ *Tydaeum* ♂ wurden von Roezl in der Van Houtte'schen Gärtnerei erzogen. Ueber 500 Exemplare der Bastarde stimmten bis auf geringfügige Färbungsunterschiede genau mit einander überein. Die Pflanzen waren ausserordentlich kräftig, die Blätter dreimal, die Blumen doppelt so gross wie bei *I. Tydaeum*; die Blüthen ausserordentlich zahlreich. Pollen nach Regel (Bonpl. IV p. 170; V p. 304) völlig normal und fruchtbar. *Tyd. gigantea Planch.* Eine ähnliche Pflanze, angeblich auch gleicher Abstammung, ist *I. Decaisneanum hort.*

I. (*Tyd.* ⨯ *sciadoc.*) ♀ ⨯ *magnificum* ♂ scheint bei Van Houtte in vielen Varietäten erhalten zu sein. Hieher *Tyd. Eckhautei, Comte de Murat* etc.

I. Warscewiczii ♀ ⨯ *Tydaeum* ♂ ist von Regel und Heer erzogen worden; die Hauptform des Bastards war intermediär. Heer unterschied zwei Varietäten: *f. chlorophylla*, mit ungebräunten Blättern, und *f. erythrotrichina*, mit der dichten braunrothen Behaarung von *I. Warscewiczii*. *Tyd. Regeli Heer.*

I. sciadocalyx ♀ ⨯ *magnificum* ♂ ist dem *I. sciadoc.* ⨯ *Tyd.* ähnlich, hat aber schönere und grössere Blüthen. Blüht sehr reichlich. *Tydaea Ortgiesi Van Houtte.*

I. amabile (= *Tyd. amabilis Planch. et Lind.*) mit hellkarmoisinrothen, dunkler geaderten Blüthen, wurde gleich nach der Einführung mit Pollen verschiedener Arten belegt und wurden daraus bei Verschaffelt die Sorten *Princesse Troubetzkoy*, *Tyd. grandis* und *Tyd. sanguinea* erhalten. Die genaue Herkunft ist nicht festgestellt, doch scheinen *I. magnificum* und *I. Tydaeum* betheiligt zu sein. *Tydaea Caeciliae* ♀ ⨯ *Sciadocalyx Luciani* ♂ hat „*Tyd. Monsieur Thiers*" geliefert.

Tydaea ⨯ Brachyloma.

I. Tydaeum ⨯ *Hookerianum* (*Hnst.* sub *Cryptol.*) ist in England gezüchtet worden. *Tyd. Kewensis hort.*, *Tyd. Hillii hort.* Befruchtet mit *I. Tydaeum* gab diese Pflanze einen formenreichen [3], Bastard, *Tyd. pulchra Heer.*

I. (*Tyd.* ⨯ *Hook.*) ♀ ⨯ *ocellatum* ♂ ist von Regel erzeugt, von E. Ortgies beschrieben worden. Blätter von *I. ocellatum*, vielblumige Inflorescenz von *I. Tyd.* ⨯ *Hook*. Antheren taub. Erschien in zwei Formen, von denen die seltenere (*var. rutilans*) etwas lebhafter rothe Blumen und etwas silberglänzende Blätter hatte. *Tyd. Lenneana Ortg.*

I. ocellatum ⨯ *Tydaeum* ist ebenfalls von Regel erzeugt, von Ortgies beschrieben worden. Pollen anscheinend normal. Trat in zwei Farbenvarietäten auf. *Tyd. Rossiana Ortg.*

I. Trianae Ryl. ♀ ⨯ „*Tydaea Meyerbeer*" ♂ ist als *I. pyra-*

midale multiflorum von Gottholdt in Arnstadt in den Handel gegeben. Den Ursprung der „*Tydaea Meyerbeer*" vermag ich nicht nachzuweisen.
I. ocellatum ♀ ⨯ *Warscewiczii* ♂ ist ein schöner Bastard, *Tyd. Lanskoi Rgl.*

I. ocellatum ⨯ *sciadocalyx* ist ebenfalls hübsch; durch Befruchtung mit Pollen von *I. ocellatum* wurde daraus die herrliche *Tyd. ocellata splendidissima* gewonnen. *I. ocellatum* ⨯ (*Tyd.* ⨯ *sciadoc.*) ist ein polymorpher Tripelbastard, dem *I. ocellatum* im Allgemeinen ähnlicher. *Tyd. Hansteinii Ortg.*

Gesnera.

G. Merckii Wendl. ♀ ⨯ *magnifica Otto et Dietr.* ♂ ist von Ketzel in Stuttgart als *G. Camilla* verkauft worden.

G. macrantha Sprng. ⨯ *Merckii Wendl.* ist von Duval in Versailles erzogen; die zwei Exemplare waren etwas verschieden. *Dircaeo-Gesneria Duvalii hort. G. Duvalii hort.*

G. cardinalis Lehm. oder eine verwandte Art ist nach Hanstein die *Dircaea lobulata Lemaire*, welche durch Befruchtung mit *G. Leopoldi Scheidw.* den prachtvollen Bastard *G. lobulato-Leopoldi* geliefert hat.

Gesnera ⨯ Dolichodeira.

Dolichodeira reihen Bentham und Hooker in die Untergattung *Locheria* von *Achimenes* ein; Hanstein stellt sie in die Nähe von *Gesnera* und *Sinningia*. Diese Auffassung erscheint natürlicher, wenn eine Kreuzung mit *Gesnera Cooperi* wirklich möglich ist.

Dolichodeira tubiflora Hanst. ♀ ⨯ *Gesnera Cooperi Paxt.* ♂ soll im botanischen Garten zu Orleans die *Glox. gesnerioides Lemaire* geliefert haben.

Sinningia.

S. speciosa, Gloxinia speciosa Lodd. oder *Ligeria speciosa Desne.* wird in grosser Ausdehnung und in zahllosen Farbenvarietäten als „*Gloxinie*" cultivirt. Die Pflanze wurde in verschiedenen Raçen eingeführt:

1. *f. immaculata* oder *typica*: fast stengellos mit violetblauen Blumen, seit 1817 in Cultur.

2. *f. caulescens*: von der vorigen durch einen deutlichen, ca. 10 cm hohen Stengel verschieden, seit 1826 in Cultur.

3. *f. macrophylla:* Blätter gross, mit weissen Nerven, seit 1841 in den Gärten.

4. *f. rubra:* wie 1., aber mit rothen Blumen (seit 1832).

5. *f. albiflora:* wie 1., aber mit weissen Blumen (seit 1839). Die Mischlinge dieser 5 Raçen sind vollkommen fruchtbar. Die *f. rubra* soll zwar früher eingeführt sein als die *f. albiflora*, erlangte aber später eine allgemeine Verbreitung; erst durch sie wurde die Mannigfaltigkeit der Farben so gross, wie wir sie gegenwärtig kennen. 1847 erregten die Teichler'schen aus vielfachen Kreuzungen erzielten Sorten besonderes Aufsehen, um 1853 erschien eine bei der Aussaat wenig beständige Abänderung mit aufrechten aktinomorphen Blumen, die *Glox. Fyfiana* oder *erecta* der Gärtner.

S. speciosa × *Menziesiana* soll gänzlich verkümmerten Blüthenstaub haben, obgleich die Stammarten (*Lig. Menziesiana Hanst.*) sich sehr ähnlich sind.

S. discolor (Knze. sub *Gloxinia)* ♀ × *speciosa f. rubra* ♂. Dies ist die muthmaassliche Abstammung der *Gesneria Donkelaariana Lemaire* Fl. d. serr. IX 902, einer prachtvollen, um 1852 von André Donkelaar in Gent erzeugten Hybride. Der Züchter verschwieg den Ursprung.

S. speciosa × *guttata Lindl.* ist einer der ersten künstlichen Gesneraceen-Bastarde, etwa seit 1842 häufig und von verschiedenen Formen der *S. speciosa* gezüchtet, hat sich vielfach als fruchtbar erwiesen. Die *Gl. cerina hort.* soll von der *f. rubra* stammen. E. Regel erzog eine *S. speciosa caulescens* ♀ × *guttata* ♂, deren Antheren im ersten Jahre der Blüthe (1854) nur verkümmerte, im folgenden Jahre aber auch wohlgebildete Pollenkörner enthielten. Blüthen denen der *S. guttata* ähnlicher, lilafarben.

S. speciosa ist in der Van Houtte'schen Gärtnerei auch erfolgreich mit *S. conspicua (Biglandularia conspicua Lemaire, Rosanowia consp. Rgl.)* gekreuzt worden.

Ueber den Bastard von *S. speciosa* mit *Digitalis ambigua* siehe S. 323.

Streptocarpus.

Als *Str. hybridus* kommen in den Gärten Varietäten von *Str. Rexii Lindl.* vor, vielleicht aber auch Mischlinge dieser Art mit *Str. Gardeni Hook.* oder anderen nahe verwandten Arten.

Str. Rexii Lindl. × *Saundersi Hook. f.* zeigt gemischte Eigenschaften beider Stammarten. *Str. Greeni hort.*

Buddleia.

Lit.: Rev. hort. 1873 p. 151, 389.

Bei Aussaat von Samen der *B. curviflora Hook. et Arn.* erhielt Carrière drei Exemplare, welche unter einander nahezu übereinstimmten und zwischen *B. curviflora* und *B. Lindleyana Fortn.* genau die Mitte hielten. *B. Lindleyana* ist im Gewächshause steril; von der neuen Mittelform zeigte sich nur das kräftigste Exemplar etwas fruchtbar. Carrière glaubte der Umwandlungsdoctrin zu Liebe den Fall als Variation deuten zu können und würde es sicher hervorgehoben haben, wenn *B. Lindleyana* nicht in der Nähe der mütterlichen Pflanze gestanden hätte. Ueber die Beschaffenheit des Blüthenstaubs fehlen alle Angaben; nach den Thatsachen, welche bekannt geworden sind, ist offenbar Hybridisation wahrscheinlich. Die betreffenden beiden Arten sind übrigens nahe verwandt.

62. BIGNONIACEAE.

Angaben über Gartenhybride aus der Familie der *Bignoniaceae* scheinen mir nicht zuverlässig genug zu sein, um sie hier anzuführen.

63. ACANTHACEAE.

Jacobinia.

Sericographis.

J. pauciflora (Benth. et Hook.) × *Ghiesbreghtii (Benth. et Hook.)* oder *Sericographis pauciflora N. v. Esb.* × *Ghiesbreghtii N. v. Esb.* ist eine hübsche Bastardpflanze mit leuchtend karmoisinrothen Blüthen. *J. pauciflora* ist *Libonia floribunda C. Koch*, der Bastard: *Libonia Penrhosiensis hort.*, *Sericobonia ignea Linden et Andr.*

Acanthus.

Angeblich hybride *Acanthus*-Formen werden von einigen Gärtnereien empfohlen Näheres ist mir darüber nicht bekannt. Dass sich *Acanthus*-Bastarde erzeugen lassen werden, ist an und für sich sehr wahrscheinlich.

64. VERBENACEAE.

Lantana.

Die cultivirten *Lantanen* sind nach Einigen Spielarten und Raçen von *L. camara L.*, zu denen von ihnen auch *L. crocea Jacq.* und *L. nivea Vent.* gerechnet werden. Durch Befruchtung von *L. nivea* mit Pollen der gelb und roth blühenden Raçen erhält man nach Regel Mischlinge, deren Blumen im Aufblühen weiss oder blassgelblich gefärbt sind, später aber rosenroth, orange, lila oder feurig roth werden. Eine Sorte mit farbenwechselnden Blumen ist übrigens auch aus direct aus Mexico importirten Samen hervorgegangen; vgl. *L. multicolor* Lemaire Fl. d. serr. III. — Der Monograph der Familie, Schauer, fasst die verschiedenen Typen als echte Arten auf. Unter den von ihm beschriebenen „Species" sind mehrere Gartenpflanzen unbekannter Herkunft, ferner *L. nivea Vent.* (Blumen weiss), *L. camara L.* (Blumen Anfangs gelb, dann durch orange in roth verfärbend), *L. mixta L.* = *L. mutabilis Lippold* (Blumen Anfangs weiss, durch gelb und orange in roth übergehend), sämmtlich aus Brasilien, sowie *L. crocea Jacq.* (Blumen gelb, später dunkler werdend) aus Westindien u. a. mehr. *L. mixta*, die in Südbrasilien sehr häufig sein soll, scheint somit sich ähnlich zu verhalten, wie künstliche *L. nivea* ♀ ✕ *camara* ♂ und mexicanische *L. multicolor*.

Verbena.

Garten-Verbenen.

Die in europäischen Gärten gezogenen ausdauernden *Verbenen* stammen von mehreren südamerikanischen Arten ab, deren Heimat in Südbrasilien und den Laplataländern liegt. Die rothblühende *V. chamaedrifolia Juss.* (*V. melindres Gill.*) wurde um 1827 in die Gärten eingeführt, einige Jahre später folgte die etwas kräftigere und grossblüthige *V. phlogiflora Cham.*, von 1834 bis 1839 erschienen mehrere Spielarten von *V. teucrioides Gill. et Hook.* (Blüthen weiss oder blassroth), *V. incisa Hook.* (Blüthen rötblichpurpurn) und *V. pulchella Spreng.* Aus der Kreuzung dieser Arten sind die Garten-*Verbenen* hervorgegangen; die vorzüglichsten Bastarde, welche als Ausgangsformen für weitere Kreuzungen dienten, scheinen *V. chamaedrifolia* ✕ *phlogiflora* und *V. chamaedrifolia* ✕ *teucrioides* gewesen zu sein. Die Abkömmlinge der *V. incisa* ✕ *pulchella* (*Maonetta-Verbenen*) und *V. eucrioides* ✕ *phlogifolia* (*V. teucr. auriculaeflora hort.*) lassen sich noch ziemlich gut von den anderen Formen unterscheiden, während die übrigen Mischlinge ganz zusammengeflossen sind. Die Fruchtbarkeit der ursprünglichen Bastarde war sehr geschwächt, bei einigen Sorten ganz aufgehoben; in Folge von Rückkreuzungen scheinen manche neuere Sorten wieder fruchtbarer geworden zu sein. Die Nachkommenschaft der ursprünglichen Bastarde war ungemein veränderlich, während jetzt viele Mischlingssorten ziemlich samenbeständig zu sein scheinen.

Bastarde wilder nordamerikanischer Arten.

Wie in Europa *Cirsium* und *Verbascum*, so scheint in Nordamerika *Verbena* eine von denjenigen Pflanzengattungen zu sein, welche besonders leicht Bastarde zwischen wesentlich verschiedenen Arten entstehen lassen.

V. hastata L. × *spuria L.* (= *officinalis L. var.*) entstand nach Linné spontan zwischen den Stammarten im botanischen Garten zu Upsala. *V. tetrandra L.*

V. stricta Vent. × *bracteosa Mchx.* kommt nach Asa Gray in Neumexico vor.

V. stricta Vent. × *urticaefolia Spr.* wächst nach Engelmann am Mississippi. Th. Meehan hat freilich behauptet, dass sie kein Bastard, sondern eine nicht hybride Uebergangsform sei, doch ist sie nach Engelmann völlig unfruchtbar.

V. stricta Vent. × *hastata L.;* bei St. Louis am Mississippi, ist ebenfalls steril (G. Engelm., H. Eggert).

V. stricta Vent. × *angustifolia Mchx.;* ebenfalls bei St. Louis am Mississippi und steril (Engelm., Egg.). *V. lanceolata Becker.*

V. hastata L. × *angustifolia Mchx.;* wie die vorigen.

Clerodendron.

Cl. speciosum hort. oder *Cl. Rollissonii hort.* soll ein Bastard von *Cl. splendens G. Don* und *Cl. Thompsonae Balf.* sein. Die Abbildung Illustr. hort. t. 593 macht diesen angeblichen Ursprung wenig wahrscheinlich.

65. LABIATAE.

Coleus.

Lit.: Gard. Chron. 11. April 1868; Hamb. Gartenzeit. 1868 S. 224.

Die *Coleus*-Arten sind neuerdings beliebte Zierpflanzen geworden. Durch Kreuzung mehrerer Formen erzielte der Gärtner Bause in Chiswick eine ganze Reihe neuer Sorten. Er befruchtete *C. Blumei*

Benth. var. Verschaffeltii hort., eine Form, die sich durch eingeschnittene Blätter auszeichnet, mit Pollen von typischen *C. Blumei Benth., C. Gibsoni hort.* und *C. Veitchii hort.* So entstanden zahlreiche Mischlinge. Ueber die systematische Verwandtschaft und die Constanz der Stammformen ist mir nichts Genaueres bekannt.

Mentha.

Lit.: Florist. Aufsätze von Fr. **Schultz, Wirtgen, Timbal-Lagrave**; mitteleuropäische Floren.

Die Arten von *Mentha* zeigen in der Regel einen Dimorphismus im Blüthenbau, der noch eine genauere Untersuchung verdient; sie sind wahrscheinlich, ähnlich wie *Thymus serpyllum*, polygamisch. Alle, welche sich eingehend mit den mitteleuropäischen *Menthen* beschäftigt haben, sind zu der Ueberzeugung gelangt, dass es zahlreiche Bastarde unter ihnen gebe. Auf vegetativem Wege können sich hybride *Menthen* ausserordentlich vermehren und ist es wahrscheinlich, dass sie nicht selten die Stammarten ganz verdrängen. Alle Untersuchungen über die einheimischen *Menthen* sind von beschränkten Gesichtspunkten aus und einzig und allein im Dienste der Systematik angestellt worden. Bei richtiger Würdigung der sexuellen Verhältnisse bei den normalen Pflanzen und bei ihren Bastarden könnte das Studium der *Menthen* ein bedeutendes Interesse bieten. Vorurtheile über die Eigenschaften der Hybriden und der „Species" haben die Erkenntniss und richtige Deutung der beobachteten Thatsachen bisher vielfach verhindert.

In Mitteleuropa gibt es ausser der *M. pulegium L.*, welche als Typus einer eigenen Untergattung gilt, nur 5 verbreitete und wohlcharakterisirte Arten von *Mentha*: *M. rotundifolia L., M. silvestris L., M. viridis L., M. aquatica L., M. arvensis L.* Ausser den entschiedenen Bastarden und Mittelformen hat man nun überall noch Pflanzen gefunden, die man für echte Arten hielt, ohne sie mit genügender Schärfe von den Bastarden trennen zu können. Dahin gehören viele als *M. gentilis L., M. sativa L., M. Wirtgeniana F. Schultz* (*M. rubra Wirtg.*) beschriebene Formen.

Eumentha.

M. rotundifolia L. $\times$ *silvestris L.* kommt in verschiedenen Formen vor, die zum Theil von verschiedenen Unterarten der *M. silvestris* (*nemorosa Willd., candicans Crntz.*) abstammen sollen; gewöhnlich steril. In Frankreich und Westdeutschland, zuerst von **Wirtgen** erkannt. *M. velutina Lejeune, M. gratissima Wigg.*

M. rotundifolia L. ✕ *aquatica* L. scheint in vielen Formen vorzukommen, die zum Theil von der *M. aquatica var. hirsuta* abstammen sollen. Frankreich, Westdeutschland. *M. Maximilianea F. Schultz*, *M. Schultzii Boutigny*.

M. rotundifolia L. ✕ *arvensis* L. ist von Timbal-Lagrave und F. Schultz gefunden worden. *M. Muelleriana F. Schultz*, *M. Wohlwertiana F. Schultz*.

M. silvestris L. ✕ *aquatica* L. ist einer der auffallendsten und zuerst erkannten Bastarde. An manchen Orten einzeln zwischen den Stammarten und genau intermediär; nach Al. Braun steril. Zerstreut durch ganz Mitteleuropa. Hieher *M. nepetoides* Lej.; ist natürlich oft auch für eine selbständige Art ausgegeben. Vgl. Reichenbach, Wallroth, G. F. W. Meyer, Döll, Wirtgen (1855), F. Schultz, Reuter. Grantzow's *M. aquatica* ✕ *viridis* und *M. piperita* ✕ *aquatica* aus der Gegend von Prenzlau halte ich für *M. silvestris* ✕ *aquatica*. *M. pubescens* Wirtg. und *M. hirta* Wirtg. sollen von *M. aquatica var. hirsuta* stammen. Nach Beckhaus ist *M. pubescens* bei Höxter häufig und tritt wie eine selbständige Art auf.

M. silvestris L. ✕ *arvensis* L., wie es scheint, bisher nur an der oberen Weser (Beckhaus) und in Ungarn beobachtet, ist nach A. Kerner eine genaue Mittelbildung. *M. Skofitziana A. Kern*.

M. aquatica L. ✕ *arvensis* L. ist zuerst von Lasch erkannt worden, der variable Bastardformen (*arvensi-hirsuta*) beschrieb, die von *M. aquatica var. hirsuta* abstammten. Vorzüglich in den Niederungen Norddeutschlands und der Niederlande häufig, aber auch am Rhein (Wirtgen), bei Genf (Reuter) und Toulouse (Timbal-Lagrave). Hieher *M. sativa* aut. (auch wohl L.), *M. verticillata Roth*, *M. riparia Schreb*.

Zwischenformen, welche *M. aquatica* und *M. arvensis* verbinden, treten oft wie selbständige Arten auf; *M. sativa* ist von Beckhaus mit zahlreichen Früchten beobachtet.

M. Wirtgeniana F. Schultz (*M. rubra* Wirtg.) steht einigermaassen in der Mitte zwischen *M. viridis* L. und *M. arvensis* L., ist aber nach den Autoren eine unzweifelhaft selbständige Art. Sie soll häufig Bastarde mit *M. aquatica* L. bilden, zu denen nach Wirtgen *M. citrata Ehrh.* und *M. stricta Beck.* gehören, die im Lahnthale wachsen.

M. viridis L. ✕ *piperita* L. will L. Reichenbach in einer bei Müllheim in Baden gefundenen Pflanze erkannt haben. *M. aquatica* L. ✕ *piperita* L. soll in Frankreich beobachtet sein.

Eumentha ⋉ Pulegium.

M. arvensis L. ⋉ *pulegium L.* ist von Reuter in einem Graben zu Veyrier bei Genf beobachtet worden. Stolonen und Blüthen wie bei *M. pulegium*, Blätter wie bei *M. arvensis*. Völlig steril.

Melissa.

In *Calamintha patavina Host* (Ungarn, Norditalien, Schweiz) wird ein Bastard von *M. acinos Benth.* und *M. alpina Benth.* vermuthet.

Salvia.

Lit.: Timbal-Lagrave in Mém. ac. Toulouse 7 sér. III p. 228.

Gärtner's Kreuzungsversuche mit *Salvien* waren erfolglos; Henschel's Angaben sind selbstverständlich werthlos.

S. horminum L. bract. rubr. ⋉ *bract. coerul.* ist von H. Hoffmann erzeugt. Er erhielt aus der Kreuzung keine Exemplare mit Mischfarben, sondern nur rothe und blaue. Die Sämlinge jedes dieser aus Kreuzung entstandenen Exemplare waren wieder theils roth, theils blau. Die Stammformen sind samenbeständig.

S. silvestris L. ⋉ *nutans L.* ist in Siebenbürgen beobachtet. Hieher *S. betonicaefolia Ettling.*, *S. pendula Vahl* (nach Janka), *S. Kanitziana Smkv.* (*per-silvestris*).

S. silvestris L. ⋉ *pratensis L.* (zuerst von Irmisch erkannt) in Thüringen, Sachsen, Oesterreich und Ungarn. *S. elata Host.*

S. silvestris L. ⋉ *Baumgartenii Heuff.* ist nach Schur in wenigen Exemplaren bei Hammersdorf in Siebenbürgen beobachtet. *S. hybrida Schur.*

S. verticillata L. ⋉ *Baumgartenii Heuff.* Siebenbürgen (Janka).

S. pratensis L. ⋉ *pallidiflora St.-Am.* Südfrankreich. *S. Fuchsii Timb.-Lagr.*

S. pratensis L. ⋉ *horminoides Pourr.* Südfrankreich. Hieher *S. Pyrenaica Lap.* nach Timbal-Lagrave.

Marrubium.

M. peregrinum L. ⋉ *vulgare L.* scheint verhältnissmässig häufig in Begleitung des *M. peregrinum* (= *M. Creticum Mill., M. pauciflorum Wallr.*) vorzukommen. Ungarn, Serbien, Mähren u. s. w.; auch bei Halle. Nach A. Kerner als *M. remotum Kit.* ein constant gewordener Bastard. Hieher auch *M. paniculatum Desv.*, *M. Pannonicum Rchb.*

M. candidissimum L. ✕ *vulgare L.* Ungarn, Istrien. *M. virescens Borb.*

Die Vermuthung, dass *M. Vaillantii Coss. et Germ.* ein Bastard von *M. vulgare* und *Leonurus Cardiaca L.* gewesen sei, ist nicht besonders wahrscheinlich, aber meines Wissens weder in genügender Weise begründet noch widerlegt worden.

Scutellaria.

In *Sc. pubescens Martr. Don.* ist eine *Sc. galericulata L.* ✕ *minor L.* vermuthet worden.

Prunella.

Pr. vulgaris L. ✕ *grandiflora L.* soll hin und wieder beobachtet sein, z. B. bei Alvensleben (Schneider) unweit Magdeburg.

Pr. hybrida (alba ✕ *vulgaris) Knaf* ist nach Celakovsky eine samenbeständige blaublühende Form von *Pr. alba L.*; ebenso *Pr. vulgaris pinnatifida, Pr. intermedia Brot.*

Stachys.

St. palustris L. ✕ *silvatica L.* ist zuerst in England beobachtet und als *St. ambigua Sm.* beschrieben worden. Schiede fand, dass die Pflanze bei München steril sei, und erklärte sie für einen Bastard. Seitdem ist diese Bastardpflanze an vielen Orten in Grossbritannien, dem südlichen Skandinavien, Deutschland, Belgien, Frankreich, der Schweiz gefunden worden. Bald der einen, bald der anderen Stammart ähnlicher, aber von schwankender Bildung; Wallroth unterschied am Harz drei verschiedene Formen. Nach den meisten Angaben völlig steril. *St. ambigua Sm., St Wirtgeni F. Schultz.*

C. F. Pflümer fand, dass die früher von ihm als *St. ambigua* bestimmte und vertheilte Pflanze nur eine Standortsvarietät von *St. palustris* war. Er zog den Schluss, dass *St. ambigua* überhaupt nur aus Abänderungen der beiden verwandten Arten bestehe; für Sammler, welche sich einbilden, Bastarde nach Bücherdiagnosen erkennen zu können, war die Folgerung ganz gerechtfertigt.

St. palustris L. ✕ *Germanica L.* Einen derartigen Bastard vermuthet Schur in *St. setifera C. A. Mey.*, die er auch an einer Stelle in Siebenbürgen beobachtet hat.

St. alpina L. ✕ *silvatica L.* und *St. alpina L.* ✕ *lanata Jacq.* sollen in der südlichen Schweiz gefunden sein.

St. alpina L. ✕ *Germanica L.* Einen derartigen Bastard

glaubte Hoppe in der *St. intermedia Ait.* zu erkennen, die zufällig in Gärten entstanden sein soll. Nach Bentham im Kaukasus heimisch.

Galeopsis.

G. tetrahit L. ✕ *pubescens Bess.* ist hin und wieder im östlichen Deutschland vereinzelt zwischen den Stammarten beobachtet worden (Lasch, v. Uechtritz). *G. acuminata Rchb.*
G. ochroleuca Lam.*) ✕ *angustifolia Ehrh.* scheint sich sehr leicht zu bilden, wo beide Arten zusammentreffen. In Thüringen, dem oberen Weserthale, der Rheinprovinz, Belgien, der Schweiz (Lausanne, Gremli). Bei Altenahr in der Rheinprovinz wächst *G. ochroleuca* auf den kahlen Felsenhalden, *G. angustifolia var. parviflora* in den Weinbergen. Wo beide Arten zusammentreffen, sah ich zahlreiche Mischlinge, von denen kein Exemplar dem andern glich. Die nämliche Polymorphie beobachtete Crépin in Belgien. Man hat das Bedürfniss empfunden, auch diesem so äusserst unbeständigen Mischling einen einfachen Namen zu geben: *G. Wirtgeni Ludwig.*
G. ochroleuca Lam. ✕ *intermedia Vill.* Wie vorige. Bei Greiz in Thüringen. *G. Haussknechtii Ludwig.*
? G. tetrahit L. ✕ *angustifolia Ehrh.* ist zweifelhaft; wurde vermuthet in westphälischen Mittelformen.

Lamium.

Lit.: Floren und florist. Aufsätze; Schmalhausen in Bot. Z. 1875 Sp. 560.

Zwischen *L. purpureum L.* und *L. amplexicaule L.* gibt es zwei Zwischenformen: 1. *L. intermedium Fr.*, 2. *L. hybridum Vill., L. dissectum With., L. incisum Willd., L. Guestphalicum Weih., L. confertum Fr.* Man hat sie eben so oft für Bastarde wie für echte Arten erklärt. Von *L. hybridum* fand ich einmal ein einziges üppiges Exemplar in einem Treibbeetkasten zwischen Massen von *L. purp.* und *L. amplex.*; nirgends konnte ich in der Nachbarschaft ein zweites Exemplar entdecken. Die hybride Abkunft dieser Pflanze schien unzweifelhaft; leider konnte ich sie nicht weiter beobachten. Dagegen verhält sich ein nicht davon zu unterscheidendes *L. hybridum* im nordwestlichen Deutschland ganz wie eine selbständige Art, kommt aber nur in Gegenden mit fruchtbarem Boden vor, während die anderen Arten überall auf Culturland wachsen. Bei mehrjähriger Aussaat auf ärmerem sandigen Boden habe ich dies *L. hybridum* constant befunden. Auch

---

*) *G. villosa Huds., G. grandiflora Roth, G. dubia Leers.*

L. intermedium kommt nur auf fruchtbarem Boden vor. Schmalhausen fand bei *L. intermedium* 90 % der Pollenkörner normal.

Das sparsame Vorkommen der Mittelformen, das nicht überall, aber doch öfter beobachtete Schwanken ihrer Charaktere, die unvollkommene Ausbildung ihres Blüthenstaubs u. s. w. machen ihre ursprünglich hybride Abstammung wahrscheinlich. Zu derselben Ansicht gelangten G. F. W. Meyer, O. Kuntze und J. Schmalhausen, für *L. intermedium* auch Marsson.

L. maculatum L. × *purpureum L.* soll nach O. Kuntze bei Leutzsch unweit Leipzig, nach Wilms bei Münster vorkommen.

L. album L. × *maculatum L.* scheint an einigen Orten häufig zu sein, da die beiden nahe verwandten Stammraçen dort unabgrenzbar in einander übergehen; vgl. z. B. Fisch und Krause Fl. v. Rostock S. 112.

In einer 1815 in der belgischen Provinz Limburg gesammelten getrockneten Pflanze, welche im Herbar des Brüsseler botanischen Gartens aufbewahrt wird, glaubte A. Coguiaux ein *L. maculatum L.* × *Leonurus cardiaca L.* zu erkennen.

Ajuga.

A. reptans L. × *Genevensis L.* ist von Lasch bei Driesen in der Neumark aufgefunden worden. Lasch unterschied 5 Formen des Bastards, von denen bei mehreren statt der Ausläufer der *A. reptans* schief aufsteigende Stengel vorhanden sind. Im Berliner botanischen Garten sah ich die Pflanze mit Früchten, die jedoch grossentheils taub zu sein schienen. Zerstreut in Deutschland, Polen (Karo), Oesterreich, Ungarn und Siebenbürgen. *A. hybrida A. Kern.*

A. reptans L. × *pyramidalis L.* wächst nach G. F. W. Meyer im Selkethale am Harz, nach Celakovsky in Böhmen, nach Schur an zwei Stellen in Siebenbürgen. Meyer fand die Pflanze steril. *A. pseudo-pyramidalis Schur.*

A. pyramidalis L. × *Genevensis L.* findet sich nach Wallroth stellenweise zwischen den Stammarten auf freien Waldplätzen am Harz; nach Knaf in Böhmen. *A. adulterina Wallr.*

Teucrium.

T. montanum L. × *Pyrenaicum L.* ist von Contejean in einem einzigen Exemplare bei den Bädern von Ussat (Ariège) zwischen den Stammarten gefunden worden.

In mehreren hier nicht besprochenen *Labiaten*-Gattungen, z. B. *Monarda* und *Dracocephalum*, soll es Gartenmischlinge geben, doch ist darüber nichts Zuverlässiges bekannt.

66. NYCTAGINEAE.

Mirabilis.

Litt.: J. G. Kölreuter 2. Forts. p. 126; Nov. act. acad. sc. Petrop. XI p. 389, XII p. 378; II. Lecoq Et. geogr. bot. I p. 161; Bull. soc. bot. Fr. 1862 p. 217 ff.; Gärtner Bastardbefr. S. 678; Ch. Naudin Nouv. arch. du Mus. I p. 31 t. II; Ann. d. sc. nat. V sér. III p. 158.

Eine vortreffliche Untersuchung über die Mischlinge in der Gattung *Mirabilis* verdanken wir Kölreuter. Später haben Gärtner und Naudin, namentlich aber Lecoq, beachtenswerthe Mittheilungen über ihre Kreuzungsversuche mit *Mirabilis*-Arten veröffentlicht.

M. jalapa L.

Diese Art kommt in drei einfachen Farbenvarietäten vor, die bei Reinzucht samenbeständig sind. Durch Fremdbestäubung erhält man nach Lecoq viel kräftigere Exemplare, sowohl wenn man Pflanzen der nämlichen Raçe mit einander hybridisirt, als wenn man solche von verschiedenen Raçen kreuzt.

M. jalapa fl. rubr. ♀ ✕ *fl. flav.* ♂ und *M. jal. fl. flav.* ♀ ✕ *fl. rubr.* ♂ sind nach Kölreuter einander vollkommen gleich und vollkommen fruchtbar. Naudin erzeugte ein riesiges und äusserst blüthenreiches Exemplar derselben Verbindung; die Blüthen waren orangeroth.

M. jalapa fl. (rubr. ♀ ✕ *fl. flav.* ♂) ♀ ✕ *fl. flav.* ♂ wurde von Kölreuter in drei Exemplaren erhalten; das Gelb war in der Blüthenfarbe vorwiegend.

Durch Kreuzung der drei ursprünglichen Farbenraçen (roth, gelb, weiss) sind ausser den Mittelfarben auch zweifarbig bunte Sorten hervorgegangen. Durch Reinzucht sind einige dieser bunten Sorten samenbeständig geworden. Indessen kommen selbst am nämlichen Stock Abänderungen vor, so fand ich bei einer roth- und weiss-bunten Pflanze einen Zweig mit rein rothen Blüthen. Lecoq kreuzte Exemplare von drei beständigen bunten Raçen (roth und weiss, roth und gelb, gelb und weiss) und von den drei einfachen auf's mannigfaltigste mit einander; er erhielt 600 Exemplare, darunter 2 oder 3 weisse, einige weiss und rothe, viele gelb und rothe; die enorme Mehrzahl war rein roth. Die rothe Raçe mit der weiss- und gelb-bunten gekreuzt gab nur rothe Mischlinge, allerdings mit einem etwas in's Orange spielenden Farbenton. Gelb- und roth-bunt mit gelb- und weiss-bunt gab orange- und weiss-bunt oder kupferroth- und weiss-bunt. Bei weiteren Kreuzungen erhielt Lecoq schliesslich auch einige dreifarbige Mischlinge und im Ganzen etwa 20 Farbenvarietäten.

M. jalapa L. × dichotoma L.

M. dichotoma L. unterscheidet sich von *M. jalapa L.* vorzüglich dadurch, dass ihre Blüthen einzeln stehen, während sie bei *M. jalapa* zu mehreren gehäuft sind.

M. jalapa fl. rubr. ♀ × *dichotoma* ♂ und *M. dichotoma* ♀ × *jalapa fl. rubr.* ♂ sind nach Kölreuter einander vollständig gleich, ausserordentlich üppig („*portentosa statura*") und beinahe vollkommen fruchtbar.

M. jalapa fl. flav. ♀ × *dichotoma* ♂ und umgekehrt sind gleich, von der vorigen durch violetrothe, gelblich gesäumte Blüthen verschieden.

Aus den Kreuzungen der *M. jalapa fl. alb.* mit *M. dichotoma* wurden Exemplare mit blassvioleten Blüthen erhalten.

M. jalapa L. × longiflora L.

Schon Linné machte einen erfolglosen Versuch, die *M. longiflora* mit Pollen von *M. jalapa* zu befruchten. Kölreuter, Gärtner, Lecoq und Naudin haben diesen Versuch häufig wiederholt, der auch ihnen jedesmal fehlschlug. Nur Naudin will einmal einen Samen erhalten haben, der aber nicht keimte. Es ist wahrscheinlich, dass die Schläuche, welche die Pollenkörner von *M. jalapa* treiben, nicht lang genug sind zur Befruchtung von *M. longiflora*. Die Kronröhre von *M. jalapa* ist ca. 3 cm, die von *M. longiflora* nach Gärtner 12,5, nach meinen eigenen Messungen 14—14,5 cm lang. Die Blüthen von *M. longiflora* sind weiss mit violeter Schattirung.

M. jalapa ♀ × *longiflora* ♂ ist von Kölreuter, Gärtner, Lecoq und Naudin erzeugt und untersucht worden. Kölreuter erhielt bei Benutzung der rothen *jalapa* einen Bastard mit lilafarbigen Blüthen, aus der gelben erhielt er lilafarbige, gelblich angehauchte, aus der weissen weisse, violet angehauchte, im Schlunde purpurviolete Blüthen. Naudin erzog sich nur ein Exemplar, welches vielerlei verschiedenfarbige Blüthen brachte. Gärtner's Hybride waren eben so gefärbt, wie die mütterliche Pflanze. Im Allgemeinen gleichen die Bastarde in der Tracht mehr der *M. longiflora*, übertreffen dieselbe jedoch an Ueppigkeit und Grösse. In der Regel sind alle gleichzeitig erzogenen Exemplare unter einander gleich; Lecoq erhielt indess einmal eines, welches viel kleiner und der *M. jalapa* viel ähnlicher war; es war gelbblüthig und völlig unfruchtbar. Die Länge der Kronröhre beim Bastard gibt Gärtner auf 5,2—5,4, Naudin nur auf 3 cm an.

Die ersten Blüthen fallen ab, ohne Samen anzusetzen, dagegen bringen die Pflanzen im Spätherbst vollkommene Früchte in reichlicher Menge, wie es scheint, in dem milderen Klima Frankreichs mehr als in Deutschland. Gärtner fand, dass die Samen theils kleiner und denen der *M. jalapa* gleich waren, theils grösser und denen der *M. longiflora* ähnlich; letztere waren zahlreicher ($^5/_8$ der Gesammtzahl). Lecoq konnte die Bastarde übrigens durch starkes Zurückschneiden schon im Sommer zum Fruchtansatz veranlassen. Pollen nach Naudin und Gärtner spärlich und kleinkörnig.

Bei Bestäubung des Bastards mit eigenem Pollen erhielt Kölreuter ziemlich verschiedenartige, wenig fruchtbare Exemplare, Naudin erhielt aus Chappelier'schen Samen ebenfalls ungleiche, meist unfruchtbare Exemplare, daneben aber einige der *M. jalapa* genäherte, reichlich fructificirende. Lecoq fand dagegen, dass ein Theil der Bastardnachkommen den ursprünglichen Typus bewahrte. Es gelang ihm, durch Auslese aus den Abänderungen des Bastards constante Raçen zu erziehen, die sich wie echte Arten durch Samen fortpflanzen liessen und deren Beständigkeit durch eine Reihe von Jahren verfolgt wurde.

M. (jalapa fl. rubr. ♀ ✕ *longiflora* ♂) ♀ ✕ *longiflora* ♂ ist nach Kölreuter der *M. longiflora* schon sehr ähnlich und in beträchtlichem Maasse fruchtbar. Lecoq fand die gleiche Verbindung sehr variabel, doch gingen daraus constante Raçen hervor. Godron cultivirte eine solche der *M. longiflora* ähnliche, aber gut zu unterscheidende Lecoq'sche Form und fand dieselbe vollkommen samenbeständig.

M. jalapa ♀ ✕ (*jalapa* ♀ ✕ *longiflora* ♂) ♂ entsteht nach Lecoq viel leichter als *M. (jal.* ♀ ✕ *longifl.* ♂) ♀ ✕ *jal.* ♂. Kölreuter hat beide Verbindungen sorgfältig studirt, indem er aus den drei Farbenraçen von *M. jal.* mit *M. jal. fl. rubr.* ✕ *longifl.* die sechs möglichen Verbindungen sowie auch einige von *M. jal. fl. flav.* ✕ *longifl.* und *M. jal. fl. alb.* ✕ *longifl.* darstellte. Die Pflanzen waren der *M. jalapa* ziemlich ähnlich, aber blüthenreicher, in der Färbung ziemlich veränderlich, theils in beträchtlichem Grade fruchtbar, theils ganz steril. Lecoq betont noch stärker die ausserordentliche Verschiedenheit der Mischlinge, die theils kahl, theils behaart, theils liegend, theils aufrecht waren, in der Blüthenfarbe sehr veränderlich, zum Theil mit buntgeaderten Blumen. Einzelne Exemplare waren vollkommen fruchtbar; Lecoq fand, dass an einigen Pflanzen die meisten Blüthen je zwei Carpelle enthielten und zwei Samen zur Reife brachten.

M. dichotoma L. ⋊⋉ **longiflora** L.

M. longiflora L. liess sich bei Kölreuter's Versuchen eben so wenig durch Pollen der *M. dichotoma L.* befruchten wie durch den der *M. jalapa L.*

M. dichotoma ♀ ⋊⋉ *longiflora* ♂ ist von Kölreuter erzeugt, wuchs ungemein schnell heran, war der *M. jalapa* ⋊⋉ *longiflora* ähnlich, aber noch weniger fruchtbar, brachte jedoch im Spätherbste einzelne gute Samen. Blüthen lila.

M. (jalapa fl. rubr. ♀ ⋊⋉ *dichotoma* ♂) ♀ ⋊⋉ *longiflora* ♂ erhielt Kölreuter in einem einzigen riesigen und prachtvollen Exemplare, welches im Allgemeinen der *M. jalapa* ⋊⋉ *longiflora* ähnlich war, aber nur sehr wenige Samen brachte.

---

67. AMARANTACEAE.

Amarantus.

Zwischen *A. retroflexus* und *A. silvestris Desf.* fand Freyn bei Pola eine seltene Mittelform, die er für einen Bastard der beiden Arten hielt. Er bestimmte diesen Bastard als *A. patulus Bert.*, eine Pflanze, die an andern Orten als selbständige Art auftritt. Ein angeblicher *A. prostratus Balb.* ⋊⋉ *retroflexus L.* wird als *A. glabrescens Borb.* aufgeführt.

---

68. CHENOPODIACEAE.

Chenopodium.

Ch. album L. und *Ch. viride L.* betrachtet man neuerdings allgemein als Glieder der Formenreihe eines einzigen Arttypus. Die zahlreichen Zwischenformen glaubte man früher zuweilen als Bastarde deuten zu dürfen.

69. POLYGONACEAE.

Rumex.

Lit.: Floren und floristische Aufsätze.

Bastarde der zweihäusigen *Rumex*-Arten sind völlig unbekannt. Dagegen gehören die zwittrigen Arten dieser Gattung zu denjenigen Pflanzen der europäischen Flora, welche die zahlreichsten Bastarde liefern.

R. maritimus L. × *conglomeratus Murr.* ist bei Bremen zwar vereinzelt, aber keineswegs selten anzutreffen, wo beide Stammarten zusammen wachsen. Scheint ziemlich fruchtbar. Zerstreut an vielen Orten in Mitteleuropa beobachtet. *R. Knafii Celak.*, *R. Warrenii Trim.* Aehnlich ist *R. paluster Sm.*, der sich aber wie eine selbständige Art verhält. Der *R. paluster* vieler Autoren ist jedoch offenbar der Bastard.

R. maritimus L. × *obtusifolius L.* ist in Oesterreich, Deutschland und Holland beobachtet, ehemals namentlich am Mainufer. Steril. *R. Steinii Becker.*

? *R. maritimus L.* × *stenophyllus Ledeb.* — *R. stenophylloides Smkr.*

R. paluster Sm. × *silvester Wallr.*; angeblich in Ungarn. *R. palustroides Wallr.*

R. conglomeratus Murr. × *pulcher L.* ist von Archer Briggs im südwestlichen England gefunden worden.

R. rupestris Le Gall × *pulcher L.* England.

R. conglomeratus Murr. × *obtusifolius L.*; nach Haussknecht am Ufer der Zorge bei Nordhausen, nach Beckhaus bei Höxter, nach Mejer bei Hannover. *R. conglomeratus Murr.* × *silvester Wallr.* wird aus England angegeben.

R. conglomeratus Murr. × *crispus L.*; nach Haussknecht bei Pyrmont und Nordhausen.

R. crispus L. × *pulcher L.* England.

R. crispus L. × *obtusifolius L.* findet sich in zahlreichen verschiedenen Formen und oft in grosser Menge bei einander. Zuerst von Wallroth an den meist tauben Früchten als Bastard erkannt; scheint bei Bremen gewöhnlich einige Samen zu reifen. Ist anscheinend durch Rückkreuzungsformen mit beiden Stammarten verbunden. *R. crispus L.* × *silvester Wallr.* ist davon gewöhnlich nicht unterschieden worden. Beide Verbindungen an vielen Orten Mitteleuropa's, besonders an Flussufern (an der Weser bei Bremen z. B. sehr häufig und in mannigfaltigen Formen). Von Engelmann bei St. Louis am Mississippi beobachtet. *R. acutus L.* sec. *Aresch.. R. pratensis M. et K., R. cristatus Wallr., R. oxylapathum Wallr.* — *R. lingulatus Schur* soll ein *R. crispus* × ⋊ *pratensis* sein.

R. crispus L. × *sanguineus L.* nach Haussknecht in Thüringen und Hannover; auch in England beobachtet.

R. crispus L. × *patientia L.* Ungarn. *R. confusus Smkvch.*

R. crispus L. × *domesticus Hartm.* Muthmaasslich gehört hieher *R. propinquus J. E. Aresch.* aus Schweden. Was in England *R. conspersus* genannt wird, soll ebenfalls *R. crispus* × *domesticus* sein.

R. crispus L. × *aquaticus L.*; nach Haussknecht in der Provinz Sachsen, nach Beckhaus bei Höxter.

R. obtusifolius L. × *pulcher L.* Cornwall.

R. obtusifolius L. × *sanguineus L.*; nach Haussknecht in der Gegend von Hannover.

? *R. obtusifolius L.* × *confertus Willd.* Galizien. Rehmann.

R. obtusifolius L. × *patientia L.* ist im Berliner botanischen Garten spontan entstanden.

R. obtusifolius L. × *domesticus Hartm.* ist nach J. Schmalhausen unfruchtbar oder bringt doch nur ganz vereinzelte Nüsschen zur Reife. In Russland, wahrscheinlich auch in Schweden. *R. conspersus Hartm.* sec. *Aresch.*

R. obtusifolius L. × *aquaticus L.* ist hin und wieder in Deutschland und Russland beobachtet worden.

R. silvester Wallr. × *patientia L.* Ungarn. *R. erubescens Smkv.*

R. aquaticus L. × *hydrolapathum Huds.* findet sich vereinzelt aber keineswegs selten an Orten, wo beide Stammarten gesellig wachsen. Blüthen grossentheils unfruchtbar. *R. maximus Schreb. R. heterophyllus Schultz Starg.* Eine ähnliche Pflanze soll in einigen Gegenden häufig sein und sich wie eine selbständige Art verhalten; er soll sich in Ländern finden, in denen *R. aquaticus* gar nicht vorkommt. Auch Beckhaus fand *R. maximus* sehr häufig in Gesellschaft von *R. hydrolapathum* und mit Uebergängen zu demselben.

R. aquaticus L. × *maximus aut.* ist in Schweden beobachtet. *R. platyphyllus F. W. Aresch.*

R. hydrolapathum Huds. × *maximus aut.* Belgien. Bull. soc. bot. Belg. VI 369.

R. domesticus Hartm. × *hydrolapathum Huds.* Schweden. Hieher nach Andersson *R. conspersus Hartm.* Vgl. *R. obtusifol.* × *domesticus.*

Polygonum.

Lit.: Mitteleurop. Floren und florist. Aufsätze.

Die ersten Bastardformen dieser Gattung sind im Jahre 1824 von Al. Braun beschrieben worden. Später haben Lasch, Fr. Schultz und neuerdings Wilms, Beckhaus u. A. eine ansehnliche Zahl von Hybriden beobachtet.

P. bistorta L. × viviparum L. Graubündten. Brügger.
P. aviculare L. × hydropiper L. glaubt Beckhaus bei Driburg in Westphalen gefunden zu haben. Stengel liegend, Tuten 2-spaltig, gipfelständig. Inflorescens kurz; in allen Blattwinkeln einzelne Blüthen. *P. hydropiper obtusifolium A. Br.* nach Wilms.
P. minus Huds. × mite Schrnk. ist von Wilms bei Münster in Westphalen, von v. Uechtritz an der Oder bei Breslau beobachtet worden.
P. minus Huds. × hydropiper L. fand Lasch in der Neumark, Beckhaus an der oberen Weser; ausserdem noch von einigen andern Orten angegeben.
P. minus Huds. × persicaria L. scheint in sehr verschiedenen Formen vorzukommen. A. Braun beobachtete eine Mittelform, die vereinzelt zwischen den Stammarten wuchs, ungemein kräftig war und bis zu 4 Fuss hoch wurde. Sehr blüthenreich, aber steril oder sehr wenig fruchtbar. Lasch fand diesen Bastard bald mit, bald ohne Samen. Zerstreut in Deutschland und Frankreich beobachtet. *P. Braunianum F. Schultz, P. minorifolium F. Schultz, P. minoriflorum F. Schultz, P. strictum All.*
P. minus Huds. × lapathifolium L.*) Bielefeld (Beckhaus).
P. mite Schrnk. × hydropiper L. Frankreich, Siebenbürgen.
P. oleraceum Schur.
P. mite Schrnk. × persicaria L. kommt in verschiedenen Formen vor; zuerst von A. Braun vereinzelt zwischen den Stammarten beobachtet. Nach A. Braun und F. Schultz unfruchtbar. Nach A. Braun zwischen röthlich blühenden Stammarten mit röthlichen, zwischen weissblühenden mit weissen Blüthen. Das *P. mite* selbst ist möglicher Weise hybrider Abkunft, vgl. *P. hydropiper × persicaria.* Zerstreut in Deutschland und Frankreich gefunden. *P. dubio-persicaria A. Br., P. condensatum F. Schultz, P. Bitense F. Schultz.*

---

*) In Bezug auf die Nomenclatur dieser Art folge ich A. Kerner, nach welchem *P nodosum Pers.* das echte *P. lapathifolium L.* ist, während *P. lapathifolium aut. plurim.* = *P. tomentosum Schrnk.* genannt wird.

P. mite Schrnk. ⨯ *lapathifolium L.*; in Frankreich; in Deutschland bisher wohl nur in Westphalen (Wilms) angegeben; Beckhaus äussert sich zweifelhaft über eine vielleicht hieher zu ziehende Form.

P. mite Schrnk. ⨯ *tomentosum Schrnk.* Rákos bei Budapest (Borbás). *P. bicolor Borb.*

P. hydropiper L. ⨯ *persicaria L.* ist zweifelhaft; das *P. mite Schrnk.* ist intermediär zwischen den beiden Arten, kommt aber streckenweise massenhaft vor und verhält sich ganz wie eine selbständige Art. Vielleicht ist der Bastard *P. hydrop.* ⨯ *persic.* öfter mit dem *P. mite* verwechselt, oder *P. mite* ist eine selbständig gewordene Blendart. Beckhaus hat sowohl den Bastard zwischen den Stammarten, als auch das massenhaft auftretende *P. mite* beobachtet; beide sehen sich oft ganz gleich. Der Bastard nach Mejer auch bei Hannover, nach Personnat in Frankreich (Ardèche).

P. hydropiper L. ⨯ *lapathifolium L.* Frankreich, Deutschland (Beverungen in Westphalen nach Beckhaus), Schweden.

P. hydropiper L. ⨯ *tomentosum Schrk.* Neuhaus im Solling an der Weser (Beckhaus).

P. persicaria L. ⨯ *lapathifolium L.* Höxter (Beckhaus).

P. persicaria L. ⨯ *tomentosum Schrk.* Frankreich, Deutschland; nach Wilms in zwei verschiedenen Formen, von denen eine von Wilms in der Schweiz bei Genf, die andere von Beckhaus bei Höxter a./d. Weser beobachtet ist, doch spricht sich Beckhaus etwas zweifelnd darüber aus.

P. lapathifolium L. ⨯ *tomentosum Schrnk.* glaubt Beckhaus bei Höxter a./d. Weser erkannt zu haben.

Fagopyrum.

F. esculentum Moench ⨯ *Tataricum Gaertn.* wird von O. Kuntze als bei Leipzig beobachtet angegeben; auch sonst angeblich zuweilen unter den Stammarten.

70. THYMELAEACEAE.
Daphne.

Lit.: DC. Prodr. XIV p. 535; C. Koch Dendrol. II p. 379, 380.

Aus dieser Gattung sind einige Gartenbastarde der *D. sericea Vahl* oder *D. collina Sm.* bekannt.

D. Sinensis Lam. ♀ ⨯ *sericea Vahl* ♂ ist um 1820 von dem Gärtner Fion aus Samen erzogen worden. Intermediär zwischen den Stammarten. *D. hybrida Sweet, Lindl., D. Sinensis β. hybrida Meisn.. D. Fioniana hort., D. Versaliensis hort., D. Delphini (Dauphini) hort. D. cneorum L.* ⨯ *sericea Vahl* soll um 1821 von Delahaye in Montreuil bei Paris erzeugt sein; genau intermediär. *D. Neapolitana Lodd., D. Delahayana hort., D. Elisae Vis., D. hybrida Tass.. D. Blagayana hort.* (non Freyer).
D. mezereum L. ⨯ *sericea Vahl* ist um dieselbe Zeit in Frankreich entstanden. Laubwechselnd (wie *D. mez.*), aber die Blätter lederig (wie *D. scr.*), oberseits glänzend, unterseits anliegend behaart. Blüthen zu 5—6 achselständig. *D. collina axillaris Jacques.*

71. ELAEAGNACEAE.
Elaeagnus.
E. glabra Thbg. ⨯ *pungens Thbg.* ist von Maximowicz (Bull. acad. St. Petersb. XV p. 380) bei Nangasaki in Japan beobachtet worden; er fand nur einen einzigen Strauch zwischen Tausenden der Stammarten.

72. NEPENTHEAE.
Nepenthes.
Die Gattung *Nepenthes* nimmt eine sehr isolirte Stellung im Gewächsreiche ein und ist durch keinerlei Zwischenformen mit andern Pflanzengattungen verbunden; am nächsten steht sie nach Eichler den *Sarraceniaceen*. Die wundersamen kannenförmigen Blattorgane sind morphologische und physiologische Merkwürdigkeiten ersten Ranges. Ganz abgesehen von diesem wissenschaftlichen Interesse fesseln sie durch ihre auffallende Bildung die Aufmerksamkeit eines jeden Pflanzenfreundes, so dass die „Kannenträger" in den Gewächshäusern reicher Liebhaber neben tropischen *Orchideen* und andern Zierpflanzen Aufnahme gefunden haben. Sie erfordern zu ihrem Gedeihen ein gleichmässig feuchtes Tropenklima, und zwar meistens ein heisses, doch finden sich einzelne Arten auch in kühleren Berggegenden. Ihre Heimath

sind die Länder des indischen Florengebietes von Madagaskar bis zum Himalaya und den Philippinen.

Bei regelmässiger aufmerksamer Behandlung scheint die Cultur dieser Pflanzen — abgesehen von den Kosten — in Europa keineswegs schwierig zu sein. Die Firma Veitch & Sons hat sich speciell damit beschäftigt und scheint die Anzucht dieser Gewächse aus Samen bei einmal vorhandenen Einrichtungen leicht zu gelingen. Die Blüthen sind unscheinbar und grünlich; da die Pflanzen getrennten Geschlechts sind, so ist in den Gewächshäusern künstliche Befruchtung zur Samenbildung erforderlich. Bei Veitch sind manche Bastarde zwischen verschiedenen *Nepenthes*-Arten herangezogen worden. Die Wahl der Stammarten ist in jedem einzelnen Falle wohl zunächst durch das gleichzeitige Blühen eines ♂ und eines ♀ Exemplars bedingt gewesen. Leider ist die botanische Bestimmung der Stammpflanzen in vielen Fällen eine unsichere und ist es oft zweifelhaft, ob dieselben den bereits beschriebenen Arten angehörten oder nicht. Die Umgrenzung der Arten ist übrigens in dieser Gattung sehr unsicher.

Die Erzeugung der *Nepenthes*-Bastarde scheint leicht zu gelingen; einige haben sich als fruchtbar erwiesen. In ihrer Gestalt halten sie die Mitte zwischen den Stammarten. Ausserdem ist kaum etwas Bemerkenswerthes über sie bekannt und folgen daher nur die Namen:

N. Chelsoni hort. *Veitch* ist *N.* ⋊ *Dominyi* ♀ ⋊ *Rafflesiana Jack* ♂.

N. Courtii hort. *Veitch* ist *N. indet. Borneens.* ♀ ⋊ ⋊ *Dominyi* ♂.

N. Dominyi hort. *Veitch* ist *N. Rafflesiana Jack* ♀ ⋊ *spec. indeterm.* ♂.

N. hybrida hort. *Veitch* und *N. hybrida maculata* hort. *Veitch* sind aus derselben Befruchtung hervorgegangen, nämlich *N. Khasyana Hook. f.* ♀ ⋊ *spec. ?* ♂.

N. intermedia hort. *Veitch* ist *N. Rafflesiana Jack.* ♀ ⋊ *spec. indeterm.* ♂.

N. Outramiana hort. *Williams* ist *N.* ⋊ *Sedeni* ⋊ *Rafflesiana Jack.*

N. robusta hort. *Williams* ist ?

N. Sedeni hort. *Veitch* ist *N. spec. indeterm.* ♀ ⋊ *Khasyana Hook. f.* ♂.

N. Stewartii hort. *Veitch* und *N. Wrigleyana* hort. *Veitch* sind *N. phyllamphora Willd.* ⋊ *Rafflesiana Jack.*

73. EUPHORBIACEAE.

Croton (Codiaeum).

Neuerdings werden zahlreiche Unterarten und Varietäten von *Cr. variegatum* L. = *Codiaeum variegatum Muell. Arg.* in den Gärten cultivirt. Durch Kreuzung hat man fernere neue Sorten zu erzeugen gesucht. Besonders soll sich *Cr. Weismannianum Veitch*, welches zur Unterart *linearifolium* gehört, zur weiblichen Stammform eignen, weil es am leichtesten Früchte ansetzt. *Cr. Veitchii André* und *Cr. cornutum André* gehören zur Unterart *oblongifolium*, *Cr. maximum Veitch* zur Unterart *macrophyllum*.

Cr. Veitchii ✕ *Weismannianum;* hieher *Cr. Fenzii hort.*, *Cr. Barsianum hort.*

Cr. cornutum ♀ ✕ *Weismannianum* ♂. Hieher *Cr. bellulum Lind. et André*, *Cr. tricolor hort.*

Cr. maximum ♀ ✕ *Veitchii* ♂. Hieher *Cr. Andreanum Linden*, *Cr. Vervaeti Linden*, *Cr. Eugenia hort.*

Ein von R. Abel in Wien gezüchteter Blendling ist *Cr. Abeli.*

Euphorbia (Tithymalus).

E. palustris L. ✕ *esula L.* wurde durch v. Uechtritz in der Gegend von Breslau in etwa 12 Exemplaren beobachtet; scheint später verschwunden zu sein.

E. cyparissias L. ✕ *esula L.* soll hin und wieder vorkommen; Manche betrachten die beiden Stammformen als Raçen der nämlichen Art.

E. lucida W.K. ✕ *esula L.* ist mehrfach am Oderufer und in Posen gefunden worden.

E. lucida W.K. ✕ *cyparissias L.* scheint an der Oder in Schlesien und in der Mark Brandenburg ziemlich häufig vorzukommen; auch in Niederösterreich. „Die *E. cyparissias* und *E. lucida* geben das merkwürdige Beispiel von zwei vollkommen verschiedenen und doch mit Ausnahme der Grösse und der Breite und des Glanzes der Blätter in allen Merkmalen übereinstimmenden Arten." Wimmer. Die Bastarde kommen in allen möglichen Zwischenformen vor und lassen sich nur durch ihre zwischen den Charakteren der Stammarten schwankenden Merkmale als Hybride erkennen. Sie finden sich fast überall, wo die Stammarten gesellig wachsen.

E. lucida W.K. ⨯ *virgata W.K.* wächst am Altflusse in Siebenbürgen. *E. pseudo-lucida Schur.*

Mercurialis.

Gärtner hat nach Bastarderz. S. 125 versucht, *Mercurialis*-Bastarde zu erzeugen; in dem Verzeichnisse seiner Kreuzungen S. 706 fehlt jedoch jeder Nachweis darüber. *M. ovata Strnbg. et Hopp.* ist zuweilen als Bastard von *M. annua L.* und *M. perennis L.* aufgefasst worden, geht aber nach Krasan Oe. B. Z. XV p. 217 bei der Cultur unmittelbar in *M. perennis* über.

74. URTICACEAE.

Urtica.

Gärtner hat nach dem Verzeichnisse seiner Versuche (Bastarderz. S. 724) die Verbindungen *U. pilulifera* ♀ ⨯ *dioica* ♂ und *pilulifera* ♀ ⨯ *urens* ♂ erhalten. Diese Angaben sind jedoch offenbar falsch; vgl. auch Bastarderz. S. 115, 123. Zehenter fand 1823 bei Cilli ein Exemplar einer merkwürdigen Nessel, 3 bis 4' hoch, einjährig, ausläuferlos, mit langgestielten Trauben, zwischen *U. urens* und *U. dioica*. Riesenform von *U. urens? U. oblongata Koch.*

75. ULMACEAE.

Ulmus.

Die Arten der Gattung *Ulmus* bedürfen einer erneuten Untersuchung. Anscheinend gibt es darunter eine Anzahl nahe verwandter Typen, zwischen denen offenbar Bastarde vorkommen.

U. campestris L. ⨯ *effusa Willd.* Diese Bastardverbindung wurde 1845 durch Klotzsch erzeugt; die Samen wurden 1846 gesäet, die daraus hervorgegangenen Pflanzen waren bedeutend stärker als genau gleichalterige Sämlinge der Stammarten. Monatsber. Berl. Akad. f. 1854 S. 557.

76. JUGLANDEAE.

Juglans.

Lit.: C. Koch. Dendrol. I p. 588

J. nigra L. ✕ *regia L.* kommt hin und wieder in europäischen Gärten vor, scheint in Frankreich entstanden zu sein. Nuss bald rundlich, bald birnförmig, Blättchen zu 13—15, kahl, schwach gezähnt. *J. intermedia hort., J. intermedia piriformis hort.* Hieher oder zu *J. cinerea L.* ✕ *regia L.* gehören ferner *J. ailantifolia hort., J. macrophylla hort., J. Pitteursii Morren, J. Vilmoriniana hort.* ? *J. cathartica Mchx.* ✕ *nigra L.*, angebliche Bastardfrucht Proced. acad. Nat. sc. Philad. 1875 p. 439.

Carya.

Ueber muthmaassliche Bastarde von *C. alba Mill.* und *C. sulcata Nutt.* (*C. cordiformis C. Koch*), vgl. Koch Dendrol. I S. 598.

77. BETULACEAE.

Betula.

Bastarde in dieser Gattung sind wahrscheinlich häufig, aber nur Verbindungen zwischen sehr unähnlichen Arten sind bis jetzt sicher als Hybride zu erkennen.

B. humilis Schrnk. ✕ *pubescens Ehrh.* ist von C. Warnstorf bei Schlagenthin im Brandenburgischen unter den Stammarten gefunden worden, zwischen welchen sie genau die Mitte hält. Verh. bot. Ver. Brand. XI 129.

B. nana L. ✕ *pubescens Ehrh.* scheint in Nordeuropa nicht gerade selten zu sein. *B. pubescens* ist ein ansehnlicher Baum, *B. nana* ein niedriger fusshoher Strauch. Der Bastard ist nach J. Schmalhausen ziemlich fruchtbar. Im französischen und schweizerischen Jura, in Russland und Nordeuropa (Skandinavien und Island). *B. alpestris Fr., B. intermedia Thomas.* Scheint sich in einigen Gegenden, insbesondere an der Grenze des Baumwuchses, wie eine selbständige Art zu verhalten. Ganz analoge Verbindungen der *B. nana* mit anderen Unterarten von *B. alba L.* werden ohne Zweifel vorkommen, sind aber bis jetzt nicht genau genug untersucht worden.

Alnus.

A. glutinosa Gaertn. × *incana Willd.* ist ein ziemlich häufig vorkommender Bastard. Klotzsch gibt an, er habe diese Verbindung künstlich erzeugt; 1854 waren die achtjährigen Exemplare viel stärker als gleichalterige Sämlinge der Stammarten. Monatsb. Berl. Akad. 1854 S. 557. Der wildwachsend gefundene Bastard soll in jeder Beziehung intermediär, die Früchte jedoch klein und unvollkommen sein. Gebirge Mitteleuropa's (Schweiz, Schwarzwald, Rheingegenden, Böhmen, Schlesien, Bukowina), mit *A. incana* auch an Flüssen in den Ebenen; Ostpreussen, Skandinavien, im Kaukasus. *A. pubescens Tausch*, *A. barbata C. A. Mey.*, *A. Badensis Lang.*, *A. hybrida A. Braun*.

A. autumnalis Hartig × *glutinosa Gaertn.* scheint nach v. Uechtritz in Schlesien vorzukommen. *A. autumnalis* ist eine Parallelform von *A. incana Willd.*

? *A. glutinosa Gaertn.* × *cordifolia Ten.*; angeblich in Gärten. *A. hybrida hort.*

78. CUPULIFERAE.

Quercus.

Lit.: R. Geschwind in Centralbl. ges. Forstw. II p. 462; G. Engelmann in Transact. acad. sc. St. Louis III S. 385, 539; A. Braun Bot. Z. 1871 Sp. 202.

Die Gattung *Quercus* ist namentlich im Orient, aber auch in Südeuropa sehr formenreich. Schon im südlichen Frankreich und Ungarn sowie in Siebenbürgen hat man zahlreiche nahe verwandte Formen specifisch zu unterscheiden gesucht. Wahrscheinlich sind viele dieser neuen „Arten" aus Blendlingen nahe verwandter Typen hervorgegangen. In Nord- und Mittelamerika ist die Zahl der typischen Stammformen weit grösser als in Europa; Bastarde finden sich hier nur vereinzelt, sind aber zum Theil wohl charakterisirt. So weit bekannt sind die Eichenbastarde vollkommen fruchtbar.

Europäische Eichen.

Q. pedunculata Ehrh. × *sessiliflora Sm.* findet sich hie und da in Mitteleuropa, ist aber kaum mit Sicherheit von stielfrüchtiger Abänderung der *Q. sessiliflora* zu unterscheiden. Klotzsch gibt an, dass er diese Bastardverbindung 1845 künstlich erzeugt habe; die achtjährigen Pflanzen waren 1854 weit kräftiger als gleichalterige Sämlinge der Stammarten. R. Geschwind erzeugte künstlich *Q.*

sessil. ♀ ⚴ *pedunc.* ♂, von welcher Verbindung er 4 Sämlinge erhielt, die einander wenig ähnlich waren, sich jedoch weit kräftiger entwickelten als gleichalterige Sämlinge von *Q. sessiliflora*. Die Bastardsämlinge gingen später zu Grunde, doch wurden Reiser gerettet und auf *Q. sessiliflora* veredelt. Blätter eilanzettig, ohne die lappigen Einbuchtungen der gewöhnlichen Eichenblätter. Blüthen mit zahlreicheren Staubbeuteln als bei den Stammarten. Pollen normal. Tracht von *Q. pedunculata*, übrigens in den Merkmalen nach Geschwind's Beschreibung nicht sicher von *Q. sessiliflora* zu unterscheiden. Synonymik sehr zweifelhaft. *Q. ambigua Kit.*

Q. pubescens Willd. ⚴ *sessiliflora Sm.* soll hie und da in den ungarischen Ländern vorkommen. *Q. glabrescens A. Kern.*

Q. cerris L. ⚴ *sessiliflora Sm.* Südeuropa. Hieher nach Todaro die sommergrüne *Q. Fontanesii Guss.* und die immergrüne *Q. pseudo-suber Santi.*

Q. Auzandri Gren. et Godr. ist samenbeständig, doch vermuthen Saporta und Marion darin einen Mischling von *Q. ilex* oder einer ähnlichen Art einerseits, *Q. coccifera L.* oder einer ähnlichen Art andererseits.

Amerikanische Weisseichen.

Q. alba L. ⚴ *macrocarpa Mchx.*; in zwei Formen. Illinois.
Q. alba L. ⚴ *prinos L.*; ehemals ein Baum in der Nähe von Washington.
Q. alba L. ⚴ *stellata Wngnh.*; in zwei Formen, aus Illinois und Südcarolina.

Amerikanische Schwarzeichen.

Q. Catesbaei Mchx. ⚴ *aquatica Walt.* Südcarolina. *Q. sinuata Walt.*

Q. Catesbaei Mchx. ⚴ *laurifolia Mchx.* Südcarolina.

Q. imbricaria Mchx. ⚴ *nigra L.* Illinois. *Q. tridentata Engelm.*

Q. imbricaria Mchx. ⚴ *palustris Du Roi.* Missouri; ein Baum, der bei Eisenbahnbauten gefällt wurde. Die aus seinen Früchten erzogenen Sämlinge gleichen sich sowohl unter einander als auch der Mutterpflanze.

Q. imbricaria Mchx. ⚴ *coccinea Wngnh.* Ohio, Missouri, Washington. *Q. leana Nutt.*

Q. phellos L. ⚴ *coccinea Wngnh.* New-Yersey, Delaware. *Q. heterophylla Mchx.*

Q. ilicifolia Wngnh. ⚴ *coccinea Wngnh.* Massachusetts (entdeckt von Robbins).

Alle diese hybriden amerikanischen Eichen haben sich nur in einzelnen Exemplaren gefunden; obgleich sie sämmtlich Früchte brachten, hatten sie sich doch nicht durch spontane Aussaat vermehrt. Soweit Versuche gemacht sind, erwiesen sich die Eichenbastarde als samenbeständig. *Q. imbricaria* × *phellos*, welche A. Braun erkannt zu haben glaubte, wird von Engelmann nicht erwähnt.

Corylus.

C. avellana L. × *colurna L.* soll als *C. intermedia* hort. cultivirt werden.

79. SALICINEAE.

Salix.

Lit.: Max Wichura, Die Bastardbefr. im Pflanzenr. erl. an den Bastarden der Weiden, 1865; Fr. Wimmer, Salices Europaeae, 1866; zerstr. Aufsätze v. A. Kerner; Andersson in DC. Prodr. XVI p. 191 ff.

Im Jahre 1841 schrieb St. Endlicher (Enchir. bot. p. 178) die berühmten Worte: „innumerae Salices mira formarum inconstantia luxuriant, botanicorum crux atque scandalum." Bald darauf fingen Wimmer's Untersuchungen an, Ordnung in das Chaos zu bringen. Wir wissen jetzt, dass der Formenreichthum der Weiden zwar immerhin ein grosser bleibt, aber doch übersichtlich wird, sobald man die unzähligen Bastarde zunächst aus der Betrachtung ausscheidet. Wir haben ferner durch Wichura's Kreuzungsversuche eine sichere Grundlage für die Beurtheilung der Weidenbastarde erhalten. Im Einzelnen gibt es übrigens auch unter den Weiden noch zahlreiche Erscheinungen und Vorkommnisse, über welche eine Aufklärung, wo möglich auf experimentalem Wege, wünschenswerth sein würde.

Die hybriden Weiden sind sowohl von Wimmer und Andersson, als auch in den floristischen Werken so vielfach und so genau beschrieben, dass es genügen wird, hier einen allgemeinen Ueberblick über die bisher beobachteten Formen zu geben.

A. Spontane und entsprechende künstliche Bastarde zwischen europäischen und westasiatischen Arten.

I. Amerina.

S. alba L. × *fragilis L.*; zwischen den Stammarten, in einigen Gegenden sehr häufig, so an der Donau in Ungarn, an der Weser und den anliegenden Landstrichen in Deutschland; ausserdem zerstreut durch einen grossen Theil Europa's. Pollen mischkörnig, wie bei *S. fragilis*, ♀ Kätzchen fruchtbar. Bildet Uebergänge zu beiden Stammarten, namentlich zu *S. fragilis*. Hieher *S. Russelliana Forb.*, *S. excelsior Host* (*per-fragilis*), *S. viridis Fr.*, *S. rubens Schrnk.*, *S. palustris Host* (*per-alba*) etc.

S. pentandra L. × *fragilis L.* findet sich zerstreut und meist vereinzelt mit den Stammarten in Mitteleuropa. *S Meyeriana Willd.*, *S. cuspidata Schultz Strg.*, *S. Friesii A. Kern*. Nach Schmalhausen ist bei St. Petersburg eine dem Bastard gleichende Weide sehr verbreitet, während *S. fragilis* dort selten ist; ein ähnliches Verhältniss besteht nach A. Kerner im niederösterreichischen Waldviertel.

S. triandra L. × *fragilis L.*; hie und da in Böhmen, Oesterreich, Ungarn, Siebenbürgen, ohne Zweifel auch sonst. *S. subtriandra Neilr.* (*per-fragilis*), *S. alopecuroides Tausch*, *S. Kovatsii A. Kern.* (*per-triandra*), *S. speciosa Host*. Wegen des Formenreichthums der *S. triandra* ist zu erwarten, dass auch deren Bastarde besonders vielgestaltig sein werden.

S. alba L. × *pentandra L.*; zerstreut in Deutschland, Salzburg und Tirol; nach A. Kerner besonders häufig bei Sterzing. *S. Ehrhartiana, Sm.*, *S. hexandra Ehrh*.

? *S. alba L.* × *triandra L.* Hieher nach Wimmer die *S. undulata Ehrh.*, vgl. unter *S. triandra* × *viminalis*.

S. Babylonica L. × *fragilis L.*; bei Hanau beobachtet (Clemençon). *S. blanda Anderss.*

II. Amerina × Vetrix.

S. triandra L. × *viminalis L.* scheint in sehr verschiedenen Formen aufzutreten, die sämmtlich steril sind und meistens in ♀ Exemplaren vorkommen. *S. multiformis Doell.* Wimmer rechnet hieher drei Formen: *S. Trevirani Spr.*, *S. hippophaëfolia Thuill.* und *S. mollissima Ehrh.* Die *S. lanceolata Sm.* (= *S. undulata Ehrh.*) reiht er wegen ihrer augenfälligen Aehnlichkeit unmittelbar an diese Formen an, obgleich er sie als *S. alba* × *triandra* deutet. Nach meiner Ansicht gehört wenigstens die Ehrhart'sche Pflanze entschieden in diese Formenreihe. An der Weser bei Bremen ist *S. mollissima* ziemlich selten, *S. hippophaëfolia* und *S. undulata* dagegen sind sehr häufig; alle drei sind nur in weiblichen Stöcken vorhanden, doch kommen hie und da Umbildungen der Carpelle in Antheren vor, welche missgebildete Pollenkörner enthalten. Alle Exemplare von jeder der drei Formen gleichen einander so genau, als ob sie von demselben Stocke stammten. So massenhaft am Weserufer auch Keimpflanzen von *S. viminalis* und *S. triandra* auftreten, ist es mir doch niemals gelungen. eine Keimpflanze eines Bastards zu finden. *S. hippophaëfolia* und *S. undulata* sind vollkommen unfruchtbar; *S. mollissima* bringt Früchte, deren Samen zwar grösstentheils offenbar taub sind, doch könnten möglicher Weise auch keimfähige darunter sein. Die an der Weser so gemeinen hybriden Weiden müssen sich nach diesen Beobachtungen auf vegetativem Wege (durch vom Eise abgebrochene einwurzelnde Zweige? und durch Steckreiser) vermehrt haben. *S. Trevirani* ♀ in Schlesien, bei Höxter, ♂ in Böhmen; *S. hippophaëfolia* ♂ bei Paris; ♀ häufig im Flussgebiet der Weser, ausserdem zerstreut in Deutschland und Oesterreich. ♂ Exemplare werden als häufig im Gebiete der Unterelbe angegeben. *S. lanceolata Sm.* (*undulata Ehrh.*) häufig im Flussgebiet der Weser, auch am östlichen Harz und der Unterelbe, bei Leipzig, Berlin u. s. w., in England, Dänemark und Schweden. Nur aus dem Gebiete der unteren Elbe werden ♂ Exemplare angegeben. *S. mollissima Ehrh.* ♀ im Flussgebiete der Weser, bei Heringen in Thüringen; ausserdem hie und da cultivirt.

S. triandra L. ✕ *cinerea L.*; in wenigen ♀ Stöcken von Krause in der Nähe von Breslau entdeckt. *S. Krausei Anderss.*

S. alba L. ✕ *nigricans Sm.*, *S. fragilis L.* ✕ *daphnoides Vill.* und *S. fragilis L.* ✕ *nigricans Sm.*; alle drei angeblich in der Nähe von Memmingen beobachtet (Huber und Rehm nach Caflisch).

III. Vetrix.
Capreae fruticosae.

S. caprea L. ✕ *cinerea L.*, wegen der nahen Verwandtschaft der Stammarten leicht zu übersehen, ist hie und da unterschieden worden; Pollen unregelmässig. Deutschland, Oesterreich, Ungarn. *S. Reichardtii A. Kern.*

S. caprea L. ✕ *aurita L.*, ebenfalls nicht leicht erkennbar, ist besonders in Schlesien, aber auch in anderen Gegenden Deutschlands, Oesterreichs und der Schweiz beobachtet. Wimmer unterscheidet allein 5 ziemlich verschiedene Formen. Pollen fast gleichkörnig. *S. capreola A. Kern.*

S. caprea L. ✕ *grandifolia Ser.* ist zuerst von Kerner in Oesterreich und Tirol nachgewiesen. *S. attenuata Kern.* (*per-grandif.*), *S. macrophylla Kern.* (*per-caprea*).

S. aurita L. ✕ *grandifolia Ser.* Tirol. *S. limnogena A. Kern.*

S. aurita L. ✕ *cinerea L.*; ziemlich häufig und in verschiedenen

Formen in Deutschland und Oesterreich beobachtet, aber ebenfalls schwer von Varietäten der Stammarten zu unterscheiden. *S. multinervis Doell*, *S. lutescens A. Kern.*

S. caprea L. ✕ *Silesiaca Willd.*; in verschiedenen Formen in den schlesischen Gebirgen; Pollen fast gleichkörnig.

S. aurita L. ✕ *Silesiaca Willd.* ist noch formenreicher; Pollen fast gleichkörnig. In Ungarn und Schlesien.

S. cinerea L. ✕ *Silesiaca Willd.*; selten in Schlesien.

S. caprea L. ✕ *nigricans Sm.* Schweden, Lappland, Tilsit, Pfohren im Badischen. *S. latifolia Forb.*

S. cinerea L. ✕ *nigricans Sm.*; selten, aber in verschiedenen Formen in der Schweiz, im Badischen, bei Tilsit gefunden. *S. Vaudensis Forbes*, *S. puberula Doell.*

S. grandifolia Ser. ✕ *nigricans Sm.* Oesterreich.

S. aurita L. ✕ *nigricans Sm.* Schweden.

S. caprea L. ✕ *Lapponum L.* Lappland. ♀. *S. canescens Fr.* ex pte.

S. cinerea L. ✕ *Lapponum L.* Lappland, Russland. ♀. *S. canescens* var. *Laestadiana Fr.*, *S. Laestadiana Hartm.?*

S. aurita L. ✕ *Lapponum L.* ♀ et ♂. Lappland, Russland, Schlesien, Schweiz. Nach Schmalhausen steril. *S. Laestadiana Hartm.?*

S. Silesiaca Willd. ✕ *Lapponum L.*; an verschiedenen Stellen und in sehr verschiedenen Formen ♀ und ♂ im Riesengebirge, in Schlesien und Böhmen gefunden. Pollen fast regulär. *S. tomentosa Tausch*, *S. Tauschiana Sieber* etc.

S. aurita L. ✕ *phylicaefolia L.*; bei St. Petersburg nach Schmalhausen.

S. caprea L. ✕ *phylicaefolia L.* wird in ♀ Exemplaren als *S. laurina aut.* (an *Sm.?*) vielfach cultivirt, soll in England und Norwegen häufig, in Schweden, Russland und Deutschland zerstreut wild wachsen. Eine andere Form ist *S. Koernickei Anderss.*

S. nigricans Willd. ✕ *phylicaefolia L.*; in Gärten angebaut, soll in Schottland wild wachsen. *S. tetrapla Walker.*

S. hastata L. ✕ *aurita L.* Schweden.

S. hastata L. ✕ *Silesiaca Willd.* Im Altvatergebirge in Oesterreichisch Schlesien (entdeckt von Krause), theils der einen, theils der andern Stammart ähnlicher. *S. chlorophana Anderss.*

S. hastata L. ✕ *phylicaefolia L.*; in Lappland an verschiedenen Orten gefunden. *S. tenuifolia Sm.*, *Fr.*, *S. viridula Anderss.*

S. *hastata L.* ✕ *nigricans Sm.* (?) oder *S. hastata* ✕ *glabra Scop.* (?) ist *S. stenostachya A. Kern.* Sonnenwendjoch in Tirol.
S. *hastata L.* ✕ *Lapponum L.* var. *Helvetica.* Schweiz, Tirol. *S. Huteri A. Kern.*
S. *glabra Scop.* ✕ *nigricans Sm.* Unterösterreich. *S. subglabra A. Kern.*

Capreae fruticulosae ✕ fruticosae.

S. *glauca L.* ✕ *nigricans Sm.*; von Andersson und Laestadius sparsam in Lappland gefunden. *S. Amandae Anderss.*
S. *glauca L.* ✕ *grandifolia Ser.* Alpen; Oesterreich, Schweiz, Mont-Cenis. *S. uliginosa Schleich.*, *S. pubescens Schleich.*; an *S. Laggeri Wimm.?*
S. *glauca L.* ✕ *phylicaefolia L.*; von Andersson und Wichura in wenigen Exemplaren in Lappland beobachtet; Dovre. *S. Wichurae Anderss.* Eine andere Form, *S. spissa Andss.*, am Alatau in Centralasien.
S. *arbuscula L.* ✕ *nigricans Sm.* Graubündten. *S. Kraettliana Bruegg.*
S. *arbuscula L.* ✕ *grandifolia Ser.* Tirol. *S. fruticulosa A. Kern.*
S. *arbuscula L.* ✕ *Lapponum L.* var. *Helvetica.* Tirol, Schweiz. *S. spuria Schleich.*, *Willd.*
S. *myrsinites L.* ✕ *nigricans Sm.* Lappland, Finnmarken. *S. myrsinitiformis Fr.*, *S. punctata Whlnbg.* ex pte.
S. *myrsinites L.* ✕ *phylicaefolia L.* Norrland, Finnmarken, *S. Normanni Anderss.*
? *S. myrsinites L.* ✕ *Lapponum L.* Tirol?
S. *myrtilloides L.* ✕ *nigricans Sm.* Jamburg bei St. Petersburg (Schmalh.).
S. *myrtilloides L.* ✕ *aurita L.* Pollen reich an missgebildeten Körnern. Nordeuropa, Schlesien, Böhmen, Bayern. *S. onusta Bess.*, *S. Finmarchica Fr.*, *S. rugulosa Anderss.*
S. *myrtilloides L.* ✕ *Lapponum L.* Pollen irregulär; häufig in Nordeuropa bis Wilna und Jütland. *S. versifolia Whlnbg.*, *S. myrtoides Hartm.*
S. *myrtilloides L.* ✕ *hastata L.* Samojedenland. *S. Schrenkiana Anderss.*
S. *livida Whlnbg.* ✕ *nigricans Sm.*; in der Baar im Badischen (F. Brunner), Tilsit (Heidenreich), Russland. *S. myrtoides Doell.*
S. *livida Whlnbg.* ✕ *cinerea L.* Baden. *S. coerulescens Doell.*
S. *livida Whlnbg.* ✕ *aurita L.* Pollen reich an missgebildeten

Körnern. Russland, Lappland, Schweden, nordöstliches Deutschland. Pfohren im Badischen. *S. livescens Doell*, *S. Patzei Wimm. et Krs.*
S. repens L. × *aurita L.*; eine leicht kenntliche Mittelform mit ziemlich regulärem Pollen, nach Wichura samenbeständig. Nicht selten, aber meist vereinzelt, durch ganz Mitteleuropa. *S. ambigua* Ehrh., *S. versifolia Ser.*, *S. plicata Fr.*
S. repens L. × *cinerea L.*; schwer von der vorigen Verbindung zu unterscheiden; ein ♀ Stock bei Breslau (Wimmer), einer bei Sommerfeld, mehrere bei Höxter (Beckhaus).
S. repens L. × *caprea L.*; bei Driesen in der Neumark (Lasch), ein ♀ Stock unweit Breslau (Krause), bei Sommerfeld, ein ♀ unweit Bremen, bei Höxter.
S. repens L. × *nigricans Sm.* Tilsit; ♀ (Heidenreich).
S. repens L. × *phylicaefolia L.* Herkunft unbekannt; cultivirt. *S. Schraderiana Willd.*
S. repens L. × *Lapponum L.* St. Petersburg, Piteå in Lappland, Schweiz. *S. proteifolia Schleich.*

Capreae fruticulosae.

S. livida Whlnbg. × *repens L.*; bei Pfohren in Baden (Brunner), Posen, Ostpreussen. *S. stenoclados Doell.*
S. livida Whlnbg. × *myrtilloides L.* Lappland, Russland Nur ♀, aber in mehreren Formen. *S. hirtula Anderss.*
S. repens L. × *myrtilloides L.* Lappland, Bayern. *S. aurora Anderss.*
? *S. glauca L.* × *myrtilloides L.* Hieher nach Wimmer's Deutung *S. parvifolia Anderss.*, nach Andersson eine kleine Form von *S. glauca* × *nigricans*.
S. glauca L. × *myrsinites L.*; von Andersson in 6 bis 8 ♀ Stöcken zwischen den Stammarten in Lappland gefunden; von Th. Fries und Laestadius in Finnmarken. *S. glaucoides Anderss.*
? *S. glauca L.* × *arbuscula L.* Schweiz. *S. thymelaeoides Schleich.*

Capreae × Chrysanthos.

S. caprea L. × *daphnoides Vill.* kommt in verschiedenen Formen vor. *S. Hungarica A. Kern.* (Mittelform), *S. Erdingeri J. Kern.* (*per-daphnoides*) bei Wien, *S. commixta Andersson* (*per-caprea*) bei St. Petersburg. *S. caprea L.* ♀ × *daphnoides Vill.* ♂ ist von Wichura künstlich erzeugt, 2 ♀ und 1 ♂ Strauch wurden aufgezogen. Die zwei ♀ Exemplare unter einander in der Behaarung des Fruchtknotens verschieden. Nach J. Kerner mit *S.* × *Erdingeri* übereinstimmend. Der künstliche Bastard mit sehr unregelmässigem Pollen, erwies sich bei künstlicher Befruchtung im Wesentlichen als samenbeständig, doch waren schon die Exemplare des primären Bastards unter einander nicht ganz gleich.

S. repens L. ✕ *daphnoides Vill.*; nach Bolle am Ostseestrande bei Colberg. Wimmer bezweifelt die Bastardnatur. Nach Patze bei Fischhausen unweit Königsberg i. Pr. *S. Patzeana Anderss.*

S. phylicaefolia L. ✕ *daphnoides Vill.* St. Petersburg. *S. macrorhyncha Anderss.*

S. hastata L. ✕ *lanata L.* Lappland, Jemtland. *S. Hartmanniana Anderss.*

Bastarde der S. purpurea L.

Die zwei Staubblätter der *S. purpurea* sind vollständig verwachsen, bei den Bastarden etwa bis zur Mitte.

S. caprea L. ✕ *purpurea L.* ist vereinzelt hie und da beobachtet worden, insbesondere in Frankreich, Oesterreich, Deutschland, Ungarn. *S. discolor Host, S. oleifolia Host, S. Wimmeriana G. et G., S. Mauternensis J. Kern., S. Pontederana aut. nonnull., S. calliantha J. Kern.*

S. cinerea L. ✕ *purpurea L.* ist in verschiedenen Formen und häufiger als die vorige Verbindung beobachtet, insbesondere in Deutschland, Oesterreich, der Schweiz, Westfrankreich. *S. purpurea L.* ♀ ✕ *cinerea* ♂ wurde von Wichura künstlich erzeugt. *S. Pontederana Koch, S. sordida A. Kern.*

S. grandifolia Ser. ♀ ✕ *purpurea L.* ♂ wurde von Wichura künstlich erzeugt, später ist *S. grandif.* ✕ *purp.* auch spontan in den Alpen gefunden worden.

S. aurita L. ✕ *purpurea L.*; in Schlesien ziemlich häufig, ausserdem zerstreut in Deutschland und Oesterreich. *S. dichroa Doell, S. Kochiana Hartig, S. auritoides A. Kern.*

S. (caprea ✕ *Silesiaca)* ✕ *purpurea.* Tannhausen in Schlesien (Wimmer und Krause 53).

S. Silesiaca Willd. ✕ *purpurea L.* Von Wimmer ♀ und ♂ in sehr zahlreichen verschiedenen Formen in den schlesischen Gebirgen nachgewiesen; ebenso in Böhmen. *S. Siegerti Anderss.*

S. nigricans Sm. ✕ *purpurea L.* Oesterreichisches Alpengebiet. *S. fallax Woloszczak (per-nigricans), S. dubia Anderss.*

S. arbuscula L. ♀ ✕ *purpurea L.* ♂ ist von Wichura erzeugt worden, blieb aber schwächlich und kam nicht zur Blüthe. Aehnlichen Ursprungs ist vielleicht die *S. caesia Vill.*, eine seltene Form der südlichen Alpenketten.

S. livida Whlnbg. ✕ *purpurea L.* ist von Ritschl bei Posen entdeckt. *S. Ritschelii Anderss.*

S. repens L. ⨯ *purpurea L.* ist eine der häufigeren Bastardformen, scheint durch Mitteleuropa (Deutschland, Oesterreich, England u. s. w.) ziemlich verbreitet zu sein. Den Blüthenstaub fand ich zuweilen völlig regelmässig. Kommt in verschiedenen Formen vor. Bei Bremen an einer Stelle zwischen *S. repens* ♀ und ♂ und *S. purpurea* ♂; an einer andern Stelle in ziemlich zahlreichen ♀ und ♂ Exemplaren (Staubfäden bald nur am Grunde, bald bis zur Mitte, bald bis fast zu den Antheren verwachsen; Blätter bald schmaler, bald breiter) in der Umgebung einer *S. purpurea* ♀, welche von allen ♂ Exemplaren derselben Art weit entfernt, in Gesellschaft von *S. repens*, *S. aurita* und *S. caprea* wächst (von *S. aur.* ⨯ *purp.* finden sich dort 1 oder 2 Exemplare). *S. Doniana Sm.*, *S. parviflora Host.*

S. (aurita ⨯ *repens)* ⨯ *purpurea* scheint hie und da vorzukommen (Wimmer p. 235).

S. viminalis L. ⨯ *purpurea L.*, eine der bekanntesten Bastardformen, zugleich die am frühesten richtig gedeutete unter den Weiden. Wichura erzeugte die *S. purp.* ♀ ⨯ *vimin.* ♂ künstlich. Ferner erhielt er einen Mischling durch Befruchtung der spontanen *S. purp.* ⨯ *vimin.* mit Pollen von *S. viminalis* und von dem so erhaltenen ³/₄ Bastard durch abermalige Befruchtung mit *S. viminalis* den ⁷/₈ Bastard, der kaum von *S. viminalis* verschieden war. Durch Befruchtung mit zugehörigem Pollen erwies sich die *S. purp.* ⨯ *vimin.* als samenbeständig. Wildwachsend in verschiedenen Formen. E. Fries bemerkt, dass in Schweden die Zweige von *S. vimin.* ⨯ *purp.* in jedem Winter abfrieren, die der Stammarten aber nicht. Zu *S. vimin.* ⨯ *purp.* gehören die Formen: *S. helix aut. mult.* (an *L.*?), *S. rubra Huds.*, *S. fissa Hoffm.*, *S. elaeagnifolia Tausch (per-purpurea)*, *S. Forbyana (per-viminalis)* und eine ganze Reihe anderer unnützer Benennungen.

S. (repens ⨯ *viminalis)* ⨯ *purpurea*; Tilsit (Heidenreich).

S. incana Schrnk. ⨯ *purpurea L.*, von Wichura bei Bielitz in Oesterreichisch Schlesien entdeckt, ist später auch in Oesterreich und der Schweiz gefunden worden. J. Kerner kannte 1863 schon 12 verschiedene Formen des Bastards. *S. decumbens Forb.*, *S. bifida Wulf.* (nach Kerner eine *f. per-incana*).

S. daphnoides Vill. ⨯ *purpurea L.* Wien. *S. calliantha* J. Kern.

Bastarde der S. incana Schrank.

Mit *S. purpurea L.* s. oben.

S. caprea L. ⨯ *incana Schrk.*; ziemlich häufig in vereinzelten

Sträuchern längs der ganzen Alpenkette und in den Karpathen. *S. Kanderiana Ser.*, *S. Seringeana Gaud.*, *S. longifolia Schleich.*
S. cinerea L. ✕ *incana Schrk.;* von J. Kerner bei Wien in einem ♀ Exemplar entdeckt, später an mehreren Stellen in Oesterreich gefunden; Frankreich. *S. oleifolia Vill.? S. hircina J. Kern.*
S. aurita L. ✕ *incana Schrk.;* zerstreut durch die Alpenkette und in den Karpathen, doch nur in ♀ Exemplaren. *S. salvifolia Lk.*, *S. oleifolia Vill.? S. patula Ser.*
S. grandifolia Ser. ✕ *incana Schrk.;* ebenfalls hin und wieder in den Alpen (Bayern, Tirol, Krain) beobachtet. *S. intermedia Host*, *S. subalpina A. Kern.* (*per-grandif.*). Eine sichere Unterscheidung getrockneter Exemplare dieser 4 Bastardformen ist schwerlich irgend Jemandem möglich.
S. repens L. ✕ *incana Schrk.* Schweiz. *S. subalpina Forbes.*
S. daphnoides Vill. ✕ *incana Schrk.* Oesterreich (♀ und ♂), Tirol, bei Genf ♀. Blätter in der Jugend denen der *S. incana*, ausgewachsen denen der *S. daphnoides* ähnlicher. Pollen stark unregelmässig. *S. Reuteri Moritzi*, *S. Wimmeri A. Kern.*

Bastarde der S. viminalis L.

Mit *S. purpurea* s. oben.

S. caprea L. ✕ *viminalis L.* wird in weiblichen Exemplaren im südlichen Schweden, Dänemark und Nordwestdeutschland häufig angepflanzt, findet sich ausserdem in verschiedenen Formen zerstreut in England und Mitteleuropa bis Russland. ♂ Exemplare sind selten; Pollen fast gleichkörnig. *S. Smithiana Willd.*, *S. lanceolata DC.*, *S. acuminata Koch.* *S. capr.* ♀ ✕ *vimin.* ♂ und *S. vimin.* ♀ ✕ *capr.* ♂ wurden von Wichura künstlich erzeugt; beide Kreuzungsproducte waren einander in allen Exemplaren genau gleich; durch Befruchtung mit Pollen des ♂ Bastards erhielt Wichura den Bastard in unveränderter Gestalt wieder. Der Bastard ist sehr fruchtbar. *S. caprea* ♀ ✕ (*caprea* ✕ *viminalis*) *spont.* ♂, von Wichura erzeugt, war sehr vielgestaltig.

Ein Tripelbastard *S. caprea* ✕ *phylicaefolia* ✕ *viminalis* nach Schmalhausen bei Jamburg bei St. Petersburg.

S. cinerea L. ✕ *viminalis L.;* zerstreut in Mitteleuropa, auch in Russland, vielfach mit *S. capr.* ✕ *vimin.* verwechselt. *S. holosericea Koch*, *S. lancifolia Doell.*

S. cinerea ✕ *phylicaefolia* ✕ *viminalis*; nach Schmalhausen bei Narwa in Russland.

S. aurita L. ✕ *viminalis L.;* in mehreren Formen, schwer mit Sicherheit von den entsprechenden Verbindungen der *S. caprea* und *S. cinerea* zu unterscheiden. Schlesien, Ostpreussen, Wesergegend (Beckhaus), Baden u. s. w.

S. phylicaefolia L. ⨯ *viminalis* L.; nach Schmalhausen bei St. Petersburg in vielen verschiedenen Formen.

S. viminalis L. ♀ ⨯ *dasyclados* Wimm. ♂ ist von Heidenreich künstlich erzeugt, doch gingen die Sämlinge bald ein. Soll auch wild vorkommen. *S. dasyclados* ist übrigens selbst offenbar ein Bastard, doch ist der Ursprung desselben nicht aufgeklärt.

S. repens L. ⨯ *viminalis* L.; in einzelnen Gegenden sehr häufig, insbesondere bei Tilsit (Heidenreich), aber auch an anderen Orten Norddeutschlands, in Schweden, Russland, Galizien, Ungarn u. s. w., nach Süden zu anscheinend seltener. Pollen fast regelmässig.

S. (*repens* ⨯ *viminalis*) ⨯ *caprea*. Tilsit (Heidenreich), Driesen (Lasch). *S.* (*repens* ⨯ *viminalis*) ⨯ *livida*, *S.* (*repens* ⨯ *viminalis*) ⨯ *aurita* und *S.* (*repens* ⨯ *viminalis*) ⨯ *cinerea*. Tilsit (Heidenreich).

S. Lapponum L. ♀ ⨯ *viminalis* L. ♂ ist von Wichura künstlich erzeugt worden.

S. daphnoides Vill. ⨯ *viminalis* L. wurde als *S. rimin.* ♀ ⨯ *daphn.* ♂ von Wichura künstlich erzeugt; die einzelnen Exemplare zeigten unter einander einige Verschiedenheiten. Spontan an der Donau bei Krems. *S. digenea* J. Kern. 1874.

IV. Bastarde der Gletscherweiden.

S. herbacea L. ⨯ *hastata* L. Lappland. Eine sehr ausgesprochene Bastardform.

S. retusa L. ⨯ *glabra* Scop.; nach A. Kerner ein ♂ Strauch am Wiener Schneeberg, ein ♀ in Oberösterreich, beide der *S. retusa* näher stehend. *S. Feneliana* A. Kern.

S. retusa L. ⨯ *glauca* L.; in verschiedenen Formen in der Schweiz und Tirol gefunden. *S. elaeagnoides* Willd. sec. A. Kern., *S. Ausserdorferi* A. Kern.

S. retusa L. ⨯ *hastata* L. Schweiz, Tirol. *S. alpigena* A. Kern.

S. retusa L. ⨯ *nigricans* Sm. Schweiz. *S. Cotteti* Lagger.

S. retusa L. ⨯ *Lapponum* L. var. *Helvetica* Vill. Schweiz. *S. buxifolia* Willd. sec. A. Kern. *S. Schleicheriana* A. Kern.

S. retusa L. ⨯ *myrsinites* L. var. *Jacquiniana* Willd.; hie und da in den südöstlichen Alpenzügen. *S. retusoides* J. Kern.

S. retusa L. ⨯ *nigricans* Sm. Schweiz. *S. Cotteti* Lagger.

? *S. herbacea* L. ⨯ *aurita* L.; angeblich auf dem Ben Challum in Schottland gesammelt.

S. herbacea L. ⟩⟨ *glauca L.* Schweiz, Skandinavien. *S. ovata* Ser., *S. Pyrenaica Wimm.* ex pte.
S. herbacea L. ⟩⟨ *myrsinites L.* Nösseby in Finnmarken. *S. Sommerfeltii Anderss.*
S. reticulata L. ⟩⟨ *lanata L.* ist an dem Loch Kander in Schottland gesammelt. Eine Verbindung zwischen zwei Arten, von denen nur wenige sonstige Bastarde bekannt sind. *S. Sadleri aut.*
S. reticulata L. ⟩⟨ *hastata L.* Lappland (Andersson), Samojedenland (Schrenk). *S. reticuloides Anderss.*

B. Künstlich zusammengesetzte Bastarde aus drei und mehr Arten.

Wichura hat eine Anzahl von Bastarden aus 3, 4, 5 und 6 verschiedenen Arten erhalten. Es ist denkbar, dass derartige zusammengesetzte Hybride auch in der freien Natur vorkommen, allein es ist unmöglich, ihre Zusammensetzung aus ihren Eigenschaften zu erkennen.

S. viminalis L. ♀ ⟩⟨ (*caprea L.* ♀ ⟩⟨ *daphnoides Vill.* ♂) ♂; sehr vielgestaltig.

S. (*viminalis L.* ♀ ⟩⟨ *daphnoides Vill.* ♂) ♀ ⟩⟨ *caprea L.* ♂; alle Exemplare gleichförmig.

S. (*purpurea L.* ⟩⟨ *repens L.*) *spont.* ♀ ⟩⟨ *aurita L.* ♂; alle Exemplare gleichförmig.

S. (*incana Schrnk.* ⟩⟨ *purpurea L.*) *spont.* ♀ ⟩⟨ *cinerea L.* ♂. Pollen steril; alle Exemplare gleichförmig.

S. (*purpurea L.* ⟩⟨ *Silesiaca Willd.*) *spont.* ♀ ⟩⟨ *viminalis L.* ♂.

S. (*caprea L.* ♀ ⟩⟨ *daphnoides Vill.* ♂) ♀ ⟩⟨ (*viminalis L.* ♀ ⟩⟨ *caprea L.* ♂) ♂.

S. (*caprea L.* ⟩⟨ *viminalis L.*) *spont.* ♀ ⟩⟨ (*purpurea L.* ⟩⟨ *viminalis L.*) *spont.* ♂; sehr vielgestaltig.

S. (*purpurea L.* ⟩⟨ *Silesiaca Willd.*) *spont.* ♀ ⟩⟨ (*purpurea L.* ⟩⟨ *viminalis L.*) *spont.* ♂.

S. (*Lapponum L.* ⟩⟨ *Silesiaca Willd.*) *spont.* ♀ ⟩⟨ (*purpurea L.* ⟩⟨ *viminalis L.*) *spont.* ♂. Die Nachkommenschaft dieses Bastards, durch künstliche Bestäubung erzielt, war schwächlich und ging bald zu Grunde. Es wurden über 20 Exemplare aufgezogen, darunter war nur ein ♂.

S. (*aurita L.* ⟩⟨ *repens L.*) *spont.* ♀ ⟩⟨ (*cinerea L.* ⟩⟨ *incana Schrnk.*) *spont.* ♂.

S. [(*purpurea L.* ⟩⟨ *repens L.*) *spont.* ♀ ⟩⟨ *aurita L.* ♂] ♀ ⟩⟨ *viminalis L.* ♂.

S. [(*Lapponum L.* ⟩⟨ *Silesiaca Willd.*) *spont.* ♀ ⟩⟨ (*purpurea L.* ⟩⟨ *viminalis L.*) *spont.* ♂] ♀ ⟩⟨ *pruinosa Wendl.* ♂ war schwächlich;

sämmtliche Stöcke waren einander sehr ähnlich und gingen, von anderen hybriden Weiden überwuchert, allmälig zu Grunde. S. [(*purpurea L.* ⨯ *repens L.*) *spont.* ⨯ *aurita L.* ♂] ♀ ⨯ (*caprea L.* ⨯ *viminalis L.*) *spont.* ♂. S. [(*Lapponum L.* ⨯ *Silesiaca Willd.*) *spont.* ♀ ⨯ (*purpurea L.* ⨯ *viminalis L.*) *spont.* ♂] ♀ ⨯ (*cinerea L.* ⨯ *incana Schrnk.*) *spont.* ♂ kam nicht zur Blüthe. S. [(*Lapponum L.* ⨯ *Silesiaca Willd.*) *spont.* ♀ ⨯ (*purpurea L.* ⨯ *viminalis L.*) *spont.* ♂] ♀ ⨯ (*caprea L.* ♀ ⨯ *daphnoides Vill.* ♂) ♂ zeigte einen ungemein schnellen und üppigen Wuchs; schon im Alter von 10 Monaten traten Blüthen auf; alle Exemplare waren einander sehr ähnlich. Dieser sechsfache Bastard erwies sich als ziemlich fruchtbar, durch Pollen von *S. daphnoides* erhielt Wichura Sämlinge desselben, die zwar bis zu 6 Fuss hoch wurden, aber doch nur kümmerlich fortkamen und nicht zur Blüthe gelangten.

C. Bastarde amerikanischer Weiden.

S. candida Willd. ⨯ *cordata Muehlb.* — *S. rubella Bebb.*
S. candida Willd. ⨯ *petiolaris Sm.* — *S. Clarkii Bebb.*
S. sericea Marsh ⨯ *cordata Muehlb.* — *S. myricoides Muehlenb.*
? *S. cordata Muehlenb.* ⨯ *vagans β. rostrata Anderss.* Hieher oder ähnlichen Ursprungs: *S. Mackenziana Barratt* vom Mackenzie. *S. glaucops Anderss.*, ein amerikanischer Bastard von *S. glauca L.*

Populus.

P. alba L. ⨯ *tremula L.* findet sich zerstreut und meist angepflanzt durch den grössten Theil Europa's, wird häufig für eine eigene Art gehalten, scheint aber nirgends gesellig in beiden Geschlechtern vorzukommen. Junge Blätter denen der *P. alba*, ältere denen der *P. tremula* ähnlicher. Eine dem Bastard ähnliche Pappel kommt in Tertiärschichten fossil vor. *P. hybrida M. Bieb.*, *P. canescens Sm.*

P. nigra L. ⨯ *pyramidalis Rozier*; ein Baum im Oldenburgischen (Hagena); die *P. pyramidalis* ist offenbar nur Varietät von *P. nigra.*

P. Canadensis Moench ⨯ *pyramidalis Rozier* ist nach O. Kuntze an Landstrassen um Schkeuditz bei Leipzig angepflanzt; übertrifft die gewöhnliche *P. pyramidalis* beträchtlich an Höhe.

P. balsamifera L. ⨯ *Canadensis Moench*; nach O. Kuntze im Berliner botanischen Garten entstanden; C. Koch spricht sich nicht ganz bestimmt über den Baum aus.

Zweite Classe: MONOCOTYLEDONES.

80. ORCHIDEAE.

Bis zum Jahre 1850 waren hybride *Orchideen* fast gänzlich unbekannt. Allerdings waren vereinzelte Angaben über wildwachsende Bastarde vorhanden, insbesondere hatte Röper einen solchen zwischen den nahe verwandten Arten *Orchis purpurea* und *O. militaris* gefunden. Ferner hatte W. Herbert einige erfolgreiche Befruchtungen zwischen verschiedenen Arten in den Gattungen *Orchis* und *Ophrys* angestellt; er hatte auch die Schwierigkeit, *Orchideen* aus Samen zu ziehen, glücklich überwunden, indem es ihm gelungen war, sowohl von europäischen (*Herminium monorchis*, *Ophrys aranifera*), als von tropischen (*Bletia*, *Epidendrum*) Arten Sämlinge heranzuziehen. Sodann hatte auch D. Moore schon vor 1850 *Orchideen* aus Samen gewonnen. Aber erst einige Jahre später lernte man, zunächst in Frankreich und Oesterreich, eine grössere Zahl merkwürdiger spontaner Bastarde kennen, und 1855 sprach E. Regel die Vermuthung aus, dass ein Theil der so ausserordentlich zahlreichen tropischen *Orchideen* hybriden Ursprungs sei. Er stützte diese Meinung insbesondere auch auf die damals noch wenig gewürdigte Thatsache, dass die Befruchtung der meisten *Orchideen* ausschliesslich durch Insecten bewirkt werde. Dominy, Obergärtner in dem grossen Geschäfte Veitch & Sons, hatte schon vorher auf Anregung von Dr. Harris den Versuch gemacht, hybride *Orchideen* zu erziehen. 1858 kam seine *Calanthe masuca* × *veratrifolia* zur Blüthe. Er und Seden, der in demselben Geschäfte wirkt, haben bis jetzt die grösste Zahl hybrider *Orchideen* erzogen, doch sind auch verschiedene andere englische Gärtner und einzelne continentale in gleicher Richtung thätig gewesen. Schon Lindley, namentlich aber H. G. Reichenbach, haben den Vermuthungen über den hybriden Ursprung mancher exotischen *Orchideen* eine festere Grundlage gegeben. Mit Kreuzbefruchtungen einheimischer *Orchideen* haben namentlich Hildebrand und Herm. Müller Versuche angestellt, doch hat noch Niemand es unternommen, aus den hybridisirten Kapseln Pflanzen zu erzichen. Wildwachsende europäische *Orchideen* sind besonders durch Timbal-Lagrave, Weddell, A. Kerner, Ascherson und Andere studirt worden. Die Zahl der hybriden Gewächshaus-*Orchideen* ist bereits eine recht beträchtliche, doch lohnt es schwerlich der Mühe, alle einzelnen Angaben aus den Garten-Zeitschriften zusammenzusuchen. Ueber die physiologischen Eigenschaften dieser künstlichen Hybriden ist verhältnissmässig wenig bekannt. Die Angaben über den Ursprung der einzelnen Formen sind nicht immer ganz genau. Es wird daher genügen, hier eine Anzahl der gelungenen Züchtungen anzuführen, ohne in der Aufzählung Vollständigkeit zu erstreben.

Glossodia.

Gl. major R.Br. ✕ *minor R.Br.* ist von Fitzgerald in Australien wildwachsend beobachtet worden.

Pterostylis.

Einen offenbaren Bastard, etwa zwischen *Pt. pedunculata R.Br.* und *Pt. curta R.Br.*, beobachtete Fitzgerald in Australien.

Masdevallia.

In *M. abbreviata Rchb. f.* wird eine *M. melanopus Rchb. f.* ✕ *polysticta Rchb. f.* vermuthet. *M. Parlatoreana Rchb. f.* steht in der Mitte zwischen *M. Barlaeana Rchb. f.* und *M. Veitchiana Rchb. f.* *M. amabilis Rchb. f.* ✕ *Veitchiana Rchb. f.*, bei Veitch künstlich gezüchtet, ist der *M. spectabilis* sehr ähnlich, in welcher schon früher ein spontaner Bastard aus denselben Arten vermuthet wurde. Es scheint indess nicht, als ob *M. amabilis* in Gesellschaft der *M. spectabilis* gefunden worden ist (Gard. Chron. new ser. XIII p. 554).

Coelogyne.

C. corymbosa Lindl. var. *heteroglossa Rchb. f.* könnte ein spontaner Bastard von *C. corymbosa Lindl.* einerseits, *C. ocellata Lindl.* oder *C. brevifolia Lindl.* anderseits sein.

Dendrobium.

Lit.: Garden. Chron. 1874 et sqq.

D. aureum Lindl. ✕ *monileforme Sw.* — *D.* ✕ *endocharis Rchb. f.*

D. aureum Lindl. ♀ ⨯ *? nobile Lindl.? macrophyllum A. Rich.?* ♂. — *D.* ⨯ *splendidissimum Rchb. f.*
D. nobile Lindl. ⨯ *monileforme Sw.* (Züchter Dominy). — *D.* ⨯ *Reichenbachii Dominy.*
D. nobile Lindl. ⨯ *heterocarpum Wall.* (Züchter Mitchell) ist besonders schön. *D.* ⨯ *Ainsworthii Moore.*
D. Linawianum Sw. ⨯ *nobile Lindl.* (Züchter Dominy) gleicht im Stamm der *D. Linaw.*, während die übrigen Eigenschaften gemischt sind; Pollen anscheinend fertil. *D.* ⨯ *Dominyanum Rchb. f.*
D. Huttonia Rchb. f. ⨯ *sanguinolentum Lindl.* — *D.* ⨯ *rhodostoma Rchb. f.*
D. lituiflorum Lindl. ⨯ *Wardianum Warner* (Züchter Seden). *D.* ⨯ *micans Rchb. f.*
D. crassinode Rchb. f. ⨯ *Wardianum Warner* vermuthet H. G. Reichenbach in dem *D. crassinode Barberianum Rchb. f.*
D. gracilicaule F. Muell. ⨯ *? speciosum Sw. vel. spec. aff.* beobachtete Fitzgerald wildwachsend in Australien.

Epidendrum.

Lit.: Gard. Chron.

Die durch Blüthenpracht und Habitus ausgezeichneten *Cattleya*-Arten der Gärtner lassen sich generisch nicht von *Epidendrum* trennen. Die künstlichen Gartenbastarde sind in den Gartenzeitschriften allgemein als *Cattleyen* (solche sind sehr beliebt und gut verkäuflich) aufgeführt. Die eingeklammerten Autorennamen beziehen sich auf die Gattung *Cattleya*.

? E. bicolor (Lindl.) Rchb. f. ⨯ *intermedium (Grah.) Rchb. f.* Hieher muthmaasslich die spontane, in Gesellschaft des *E. bicolor* gesammelte *Cattl. Wilsoniana Rchb. f.*

E. Acklandiae (Lindl.) Rchb. f. ⨯ *Forbesii Rchb. f.* ist *C. quinquecolor hort. Veitch.*

E. Acklandiae (Lindl.) Rchb. f. ⨯ *Loddigesii (Lindl.) Rchb. f.*; bei Veitch erzogen.

E. labiatum (Lindl.) Rchb. f. ⨯ *Loddigesii (Lindl.) Rchb. f. var.* (Züchter Seden). *Cattl.* ⨯ *Mastersoniae Seden.*

? E. Huegelianum Rchb. f. (= *C. Skinneri Batem.*) ⨯ *Skinneri Batem.* Diese Bastardverbindung stellt vielleicht die *Cattl. Deckeri Klotzsch* = *E. Huegelianum parviflorum Rchb. f.* dar.

E. elatius Rchb. f. (= *C. guttata Lindl.*) ⨯ *intermedium*

(*Grah.*) *Rchb. f.* steht dem *E. elatius* sehr nahe. *C. hybr. picta hort.*, *C. picturata Rchb. f.*
E. elatius Rchb. f. ✕ *Loddigesii* (*Lindl.*) *Rchb. f.*
E. amethystoglossum (*Lindl.*) *Rchb. f.* ✕ *maximum* (*Lindl.*) *Rchb. f.* — *Cattl. Dominyana alba hort.*
E. quadricolor (*Lindl.*) *Rchb. f.* ✕ *elatius Rchb. f.* (Züchter Mitchell). *C.* ✕ *Mitchelli hort.*

Bletia.

Die Gattung *Bletia* unterscheidet sich von *Epidendrum* durch 8 Pollensäckchen, während *Epidendrum* deren 4 hat. Den *Cattleyen* unter den *Epidendren* entsprechen auf's genaueste die *Laelien* unter den *Bletien*. *Laelien* und *Cattleyen* gleichen sich in der Tracht so genau, dass die Bestimmung einer derartigen Pflanze nur durch die Zahl der Pollensäckchen möglich ist. *Laelien* und *Cattleyen* lassen sich mit Leichtigkeit kreuzen und liefern gewöhnlich Mittelformen, bei denen 4 Pollensäckchen viel kleiner sind als die 4 anderen. Es scheint darnach, dass die Sonderung der Arten in zwei verschiedene Gattungen je nach der Zahl der Pollensäckchen eine physiologisch unnatürliche und künstliche ist.

Bl. crispa Rchb. f. ♀ ✕ *cinnabarina Rchb. f.* ♂ (Züchter A. Rivière), 1863 zur Blüthe gelangt, blühte im ersten Jahre gelb, während *Bl. crispa* weisse, *Bl. cinnabarina* zinnoberrothe Blüthen bringt. Die letztgenannte Art wächst auf der Erde, *Bl. crispa* auf Bäumen. Die Blüthenfärbung des Bastards war später in verschiedenen Jahren eine verschiedene.

Bl. crispa Rchb. f. ✕ *Perrinii Rchb. f.* (Züchter Dominy). *Laelia Pilcheriana Dominy.* Ferner *Bl.* ✕ *Pilcheriana* ✕ *cinnabarina Rchb. f.* — *Lael.* ✕ *flammea Rchb. f.*

Epidendrum ✕ Bletia.

(Cattleya ✕ Laelia.)

E. labiatum (*Lindl.*) *Rchb. f. var. Mossiae* (*Parker*) *Rchb. f.* ✕ *Bl. purpurata Rchb. f.* (Züchter Dominy) ist riesig und prachtvoll. *Cattl. Exoniensis Veitch.*

E. Loddigesii (*Lindl.*) *Rchb. f.* ♀ ✕ *Cattl.* ✕ *Exoniensis hort.* ♂ ist in verschiedenen Färbungsvarietäten aufgetreten. *Cattl. fausta Rchb. f.*

E. labiatum (*Lindl.*) *Rchb. f.* ✕ *Bl. crispa Rchb. f.* (? vel

spec. valde affinis?) (Züchter Dominy). *Lael. caloglossa Rchb. f.;
Cattl. Veitchiana* hort.

E. Acklandiae (Lindl.) Rchb. f. ♀ ⨯ *Bl.* ⨯ *elegans Hook.* ♂
ist *Lael. Philbrickiana Rchb. f.* — *Bl. elegans* ist muthmaasslich ein
spontaner Bastard (s. unten).

E. elatius Rchb. f. ⨯ *Bl. crispa Rchb. f.* hat 4 Pollensäckchen, welche eine Neigung zur Theilung durch eine leichte Einschnürung zeigen. *Lael. Devoniensis Rchb. f.*

E. violaceum Rchb. f. var. superbum (Schombgk.) ⨯ *Lael.* ⨯ *Devoniensis Rchb. f.* (Züchter Seden) ist der *L.* ⨯ *Devon.* ähnlicher, hat aber die prächtige Blüthenfärbung des *E. violac. sup.* — *Lael.* ⨯ *Sedeni Rchb. f.*

? *E. elatius Rchb. f. var. Leopoldi* ⨯ *Bl. purpurata Rchb f.* Dies ist die muthmaassliche Abstammung der spontanen brasilianischen *Cattl. elegans Morren* = *Bletia (Laelia) elegans Hook.*, welche von der künstlichen *Laelia* ⨯ *Devoniensis* kaum zu unterscheiden ist. Es ist daher höchst wahrscheinlich, dass sie denjenigen in ihrer Heimath wachsenden Arten ihren Ursprung verdankt, welche die Stammformen der *L.* ⨯ *Devoniensis* dort vertreten (Rchb. f. in Gard. Chron. new ser. VIII p. 424).

E. labiatum var. Mossiae Rchb. f. ⨯ *Bl.* ⨯ *elegans Hook.* ist eine besonders schön blühende Form. *Lael. Dominyana Rchb. f.* Es wird auch angegeben, dass dieser Bastard von *Cattl. Dowiana Batem.* abstamme.

E. granulosum (Lindl.) Rchb.) f. ⨯ *Bl. crispa Rchb. f.* (Züchter Mylam). *Lael.* ⨯ *Mylamiana Rchb. f.* Auch für eine *Cattl. Devoniensis* wird derselbe Ursprung angegeben.

? *E. bicolor Rchb. f.* ⨯ *Bl. Schilleriana Rchb. f.* Aehnlichen Ursprungs dürfte die *Cattl. velutina Rchb. f.* sein.

E. Schillerianum Rchb. f. ⨯ *Bl. crispa Rchb. f.* (Züchter Dominy). *Cattl.* ⨯ *felix Rchb. f.*

? *E. intermedium (Grah.) Rchb. f.* ⨯ *Bl. purpurata Rchb. f.* (oder eine sehr ähnliche *Bletia*). Dies scheint der spontane Bastard *Lael. cuspatha Rchb. f.* zu sein.

? *E. intermedium (Grah.) Rchb. f.* ⨯ *Bl. Schilleriana Rchb. f.* Intermediär oder Bastard zwischen diesen Arten ist die spontane *Lael. irrorata Rchb. f.* — *Lael. Dormanniana Rchb. f.* aus Brasilien wird von Reichenbach für ein spontanes *E. bicolor Rchb. f.* ⨯ *Bl. pumila (Rchb.* sub *Lael.)* gehalten.

Miltonia.

In *M. Bluntii Rchb. f.* vermuthet H. G. Reichenbach eine *M. Clowesii Lindl.* ⨯ *spectabilis Lindl.*; sie stammt aus Brasilien.

Chysis.

Ch. Limminghii Ludn. ♀ ⨯ *bractescens Lindl.* ♂ (Züchter Seden). *Ch. Chelsoni Rchb. f.*

Lycaste.

L. Deppei Lindl. ⨯ *Skinneri Lindl.* (Züchter W. Marshall). Blumen nicht besonders schön.
L. lasioglossa Rchb. f. ist intermediär zwischen *L. Schilleriana Rchb. f.* und *L. macrophylla Lindl.*

Zygopetalum.

Z. crinitum Lodd. ♀ ⨯ *maxillare Lodd.* ♂ (Züchter Colonel Clay). Tracht von *Z. crinitum*, Blüthen theilweise wie bei *Z. maxillare. Z. Clayii Rchb. f.*

Oncidium.

Lit.: J. Scott in Journ. Linn. Soc. 1864 vol. VIII p. 162.

O. sphacelatum Lindl. ist nach Scott mit eigenem Pollen steril, lässt sich aber durch Pollinien von *O. divaricatum Lindl.* befruchten; etwa $1/5$ der erzeugten Samen war mit einem Embryo versehen. *O. graminifolium Lindl.* liess sich durch *O. sphacelatum Lindl.* befruchten; etwa $1/4$ der Samen war mit Embryo versehen. *O. microchilum Batem.*, mit eigenen Pollinien steril, liess sich durch *O. ornithorhynchum H.B.K.* und *O. divaricatum Lindl.* befruchten. *O. ornithorhynchum H.B.K.* ⨯ *sphacelatum Lindl.* setzte zwar Kapseln an, doch enthielten die Samen keinen Embryo.

Odontoglossum.

In mehreren der nach Europa gebrachten Formen dieser Gattung vermuthet man spontane Bastarde. Dahin gehören:
O. Uroskinneri Lindl., nach Lindley vielleicht ein *O. Bictoniense Lindl.* ⨯ *Cervantesii Llav. et Lex.* (? *apterum Ll. et Lex.?*); ferner nach H. G. Reichenbach f.: *O. baphicanthum Rchb. f.* (*O. crispum Lindl.* ⨯ *odoratum Lindl.*), *O. Coradinei Rchb. f.* (*O. triumphans*

Rchb. f. ✕ *odoratum Lindl.?*). *O. elegans Rchb. f.* (*O. cirrhosum Lindl.* ✕ *cristatum Lindl.?*), *O. hebraicum Rchb. f.* (*O. odoratum Lindl.* ✕ *Schillerianum Rchb. f.?*), *O. hinnus Rchb. f.*, *O. Humeanum Rchb. f.* (*O. apterum Ll. et Lex.* ✕ *cordatum Lindl.*), *O. Jenningsianum Rchb. f.*, *O. mulus Rchb. f.*, *O. Murellianum Rchb. f.* (*O. Pescatorei Lndn.* ✕ *naerium Lindl. et Paxt.*), *O. Roezli Rchb. f.* (*O. phalaenopsis Lndn.* ✕ *rexillarium Rchb. f.?*), *O. vexativum Rchb. f.* (*O. maculatum Llav.* ✕ *nebulosum Lindl.?*).

Phalaenopsis.

Ph. equestris Lindl. ✕ *Schilleriana Rchb. f.* ist ein muthmaasslich spontaner Bastard. *Ph. Veitchiana Rchb. f.*
Ph. amabilis Lindl. ✕ *Schilleriana Rchb. f.* Hieher nach H. G. Reichenbach vermuthlich die auf den Philippinen gesammelten Formen *Ph. casta Rchb. f.* und *Ph. leucorrhoda Rchb. f.*

Acampe.

A. intermedia Rchb. f. ist intermediär zwischen *A. multiflora Lindl.* und *A. papillosa Lindl.*, vielleicht ein Bastard aus beiden Arten.

Aërides.

A. multiflorum Roxb. var. affine Wall ✕ *var. Fieldingi Lindl.* (Züchter Dominy). *A. multiflorum Dominyanum hort.*
A. crispum Lindl. ✕ *maculosum Lindl.* ist muthmaasslich das in den Gebirgen unweit Bombay gefundene spontane *A. Schröderi Moore.*

Calanthe.

Lit.: Bot. Mag. 5042.

C. masuca Lindl. ✕ *veratrifolia R.Br.* (Züchter Dominy), der erste künstliche *Orchideen*-Bastard. *C. Dominyi Rchb. f.*

Calanthe ✕ Limatodis.

L. rosea Lindl. ♀ ✕ *C. vestita Lindl.* ♂ (Züchter Dominy), intermediär aber im Ganzen der *Limatodis* näher stehend, namentlich in der Blüthenfarbe (rosa); Lippe vierlappig wie bei *Calanthe. C.* ✕ *Veitchii Hook.*

C. ✕ *Veitchii superba* ♀ ✕ *vestita Lindl.* ♂ ist der *C. vestita* schon ungemein ähnlich. Blüthen roth oder gelb. Durch Seden erzogen (von *C. vestita var. lutea* und von *C. vest. var. rubro-oculata*). *C.* ✕ *Sedeni hort.*

Calanthe × Phajus.

Cal. vestita Lndl. ♀ × *Ph. Tankervilliae* R.Br. ♂ (Züchter Dominy). *Ph. irroratus* Rchb. f. — Die beiden Gattungen werden zu verschiedenen Tribus, *Epidendreae* (*Phajus*) und *Vandeae* (*Calanthe*) gerechnet.

Orchis.

Lit.: A. Kerner in Verh. zool.-bot. Gesellsch. XV p. 203; zerstr. florist. Lit.

O. militaris L. umfasst eine Reihe verschiedener Arten, welche nahe mit einander verwandt sind und leicht Blendlinge unter sich bilden. Die typische *O. militaris* führe ich, um Zweifel auszuschliessen, als *O. Rivini* Gou. auf. Zwischen *O. purpurea* Huds. und *O. Rivini* Gou. gibt es mehrere Mittelformen, welche in ihren Merkmalen nicht von Bastarden zu unterscheiden sind. Dahin gehören die *var. rotundata* Wirtg., *Moravica* Jacq., *triangularis* Wirtg., *stenoloba* Coss. et Germ., die gewöhnlich der *O. purpurea* zugezählt werden. *O. hybrida* Boenn. kann auch wirklicher Bastard sein.

O. purpurea × *Rivini* ist mit Sicherheit nur an solchen Orten constatirt, wo die Verbindung vereinzelt zwischen den constanten und typisch ausgeprägten Stammarten vorkommt. Timbal-Lagrave unterschied in Südfrankreich zwei Formen des Bastards, die er von der *O. purp. stenoloba* Coss. et Germ.; die er nur aus der Abbildung kannte, bestimmt trennte. Zerstreut in Nordspanien, Frankreich, Belgien, der Schweiz, Deutschland, Böhmen, Siebenbürgen. Zuerst von Röper als Bastard erkannt. Ob sich die Namen *O. hybrida* Boenn. und *O. Jacquini* Godr. auf Bastarde oder auf Mittelformen beziehen, ist eben so zweifelhaft wie gleichgiltig.

O. purpurea Huds. × *simia* Lam. ist hie und da in Frankreich (Wedell, Cosson) und der Schweiz (Rapin, Reuter) beobachtet worden.

O. Rivini Gou. × *simia* Lam. ist in Frankreich hin und wieder in verschiedenen Formen beobachtet worden (Timbal-Lagrave, Malinvaud, Cosson). Nachdem zwei Exemplare in Südtirol entdeckt waren, hat der Bastard den Namen *O. Beyrichii* A. Kern. empfangen.

? *O. Rivini* Gou. × *tridentata* Scop. Unterösterreich? *O. galeata* Rchb.?

O. tridentata Scop. × *ustulata* L. ist in Thüringen, Oesterreich und der Schweiz beobachtet. *O. Dietrichiana* Bogenh., *O. Austriaca* A. Kern.

O. purpurea Huds. ✕ *mascula* L. Zwei Exemplare bei Zweibrücken zwischen den Stammarten (Fr. Schultz), Westphalen (Wilms).

O. purpurea Huds. ✕ *latifolia* L.; zwischen Oelde und Stromberg in Westphalen (Wilms).

O. mascula L. ✕ *maculata* L. Hieher nach v. Halacsy die *O. Spitzelii* Saut. Oesterreichische und Bayrische Alpen, Württemberg.

O. mascula L. ✕ *pallens* L. Graubündten. *O. Lorenziana Bruegg.*

O. morio L. ✕ *mascula* L.; vereinzelt in Westphalen beobachtet.

O. morio L. ✕ *laxiflora* Lam. ist zerstreut in Frankreich und der Schweiz zwischen den Stammarten gefunden. *O. alata Fleury.*

O. morio L. ✕ *coriophora* L.; bei Fonbelle (Tarn) gefunden (de Laramb.); auch an anderen Orten in Frankreich; wahrscheinlich gehört hieher *O. cimicina* Bréb.

O. laxiflora Lam. ✕ *coriophora* L.; in Frankreich (Pommaret et Timbal-Lagrave) in verschiedenen Formen.

O. laxiflora Lam. ✕ *mascula* L. Spanien, Frankreich. Hieher wohl *O. parvifolia* Chaub.

O. laxiflora Lam. ✕ *fallax* Den. ist von Timbal-Lagrave beschrieben.

O. laxiflora Lam. ✕ *maculata* L.; von E. de Valon in wenigen Exemplaren im Département Lot zwischen den Stammarten gefunden; ob *laxifl.* ✕ *incarnata?*

O. laxiflora Lam. ✕ *incarnata* L. Schweiz.

O. latifolia L. ✕ *incarnata* L. findet sich nach Fr. Schultz selten in der Pfalz, vermuthlich auch sonst hie und da. *O. Traunsteineri* Saut. ist entweder eine Mittelform oder ein Bastard zwischen den beiden Arten. Uebergangsformen, anscheinend nicht hybride, sind öfter beobachtet.

O. incarnata L. ✕ *maculata* L. kommt nach A. Kerner in Mähren vor. *O. ambigua* A. Kern.

O. papilionacea L. ✕ *morio* L. ist von Timbal-Lagrave bei Toulouse entdeckt; die Mischlinge von *O. morio* und der kaum specifisch verschiedenen *O. picta* mit *O. longicornu* sind in Italien nicht näher unterschieden. *O. papilionacea* L. ✕ *picta* Lois., nach Kerner bei Görz und in Istrien in mehreren Formen; Italien. *O. Gennarii* Rchb. f. — *O. papilionacea* L. ✕ *longicornu* Poir. ist von Bornemann auf Sardinien gesammelt; in der Tracht der *O. longicornu* ähnlicher. *O. Bornemanni* Aschers.

O. papilionacea L. ✕ *laxiflora* Lam. Italien. *O. Nicodemi* Ten. sec. Ascherson.

Gymnadenia × Orchis.

Gymn. odoratissima Rich. × *Orch. maculata L.* ist von Regel in einem einzigen Exemplar am Uto bei Zürich gefunden. Gartenfl. V p. 26 t. 148.

Als *Orch. Valesiaca* beschreibt K. Spiess Oe. B. Z. 1877 p. 352 eine auf dem Mont Gramont in Unterwallis gefundene Pflanze, in der er eine *Gymn. conop.* × *Orch. globosa* vermuthet.

Gymn. conopea R.Br. × *Orch. latifolia L.* ist einmal bei Leipzig und einmal bei Hannover beobachtet. *G. comigera Rchb. f.*

Gymnadenia.

G. conopea R.Br. × *odoratissima Rich.* findet sich hin und wieder, z. B. bei Jena, München (Nägeli), in den Oesterreichischen und Tiroler Alpen. *G. intermedia A. Kern.* (non *Peterm.?*)

G. conopea R.Br. × *albida Rich.*, in einem einzelnen Exemplar am Altvater im mährisch-schlesischen Gesenke von Hegelmaier gefunden. *G. Schweinfurthii Hegelm.*

G. odoratissima Rich. × *albida Rich.* Samaden in Graubündten. *G. Strampffii Aschers.* Eine muthmaassliche *f. per-odoratissima* fand G. Beck am Wiener Schneeberge (*G. odor. oxyglossa Beck*).

Gymnadenia × Nigritella.

Lit.: A. Kerner in Abh. zool.-bot. Ges. XV p. 216; zerstr. florist. Lit.

G. conopea R.Br. × *Nigr. angustifolia Rich* findet sich an zahlreichen Orten, wenn auch überall sparsam, durch die ganze Alpenkette vom Dauphiné bis Oesterreich, ebenso im Jura. *Orchis suaveolens Vill., N. suaveolens Koch* (ex pte.), *N. Moritziana Grenli.* In vereinzelten Exemplaren beobachtete A. Kerner eine *f. per-conopea* (*N. megastachya A. Kern.*) und eine *f. per-angustifolia* (*N. brachystachya A. Kern.*).

G. odoratissima Rich. × *Nigr. angustifolia Rich.* findet sich ebenfalls in den Alpen und ist erst seit 1865 sorgfältiger von der vorigen Bastardform unterschieden worden. Bayrische Alpen (Molendo), Graubündten (Nägeli, Vulpius), Tirol (A. Kerner). *N. Heufleri A. Kern.*

G. albida Rich. × *Nigr. angustifolia Rich.* Ein Exemplar im Pusterthale in Tirol. *Nigr. micrantha A. Kern.*

Aceras × Orchis.

Lit : H. A. Weddell in Ann. sc. nat. Bot. 3. sér. XVIII p. 5 t. 1.

Aceras anthropophora R.Br. × *Orchis militaris L.* ist von Weddell im Gehölz zu Fontainebleau bei Paris zwischen den Stammarten entdeckt worden. Blüthentraube mässig locker (bei *Aceras* locker, bei *O. m.* gedrungen), äussere Perigonzipfel 2-nervig (bei *Ac.* 1-nervig, bei *O. m.* 3-nervig), hellpurpurn berandet, Lippe blassroth, in der Mitte weisslich mit rauhen rothen Punkten (bei *Ac.* bräunlichgelb, bei *O. m.* purpurn, in der Mitte weiss mit behaarten rothen Punkten), der mittlere Zipfel ziemlich schmal, 2-spaltig (bei *Ac.* sehr schmal, bei *O. m.* breit); Sporn grünlich, kurz (bei *Ac.* nur angedeutet). Ausser dieser Mittelform (1 Exemplar) fand Weddell noch ein der *O. militaris* viel näher stehendes ebendaselbst. *O. spuria Rchb. f.*

Himantoglossum × Orchis.

Lit.: Mém. acad. Toulouse 5. sér. V 416.

Him. hircinum Spr. × *Orch. simia Lam.* ist ebenfalls ein merkwürdiger Bastard zwischen zwei Arten, die wenig Aehnlichkeit mit einander haben. Ein einziges Exemplar wurde von Lacaze im Département Haute-Garonne gefunden. *O. hircino-simia Timb.-Lagr.*

Anacamptis × Orchis.

A. pyramidalis Rich. × *O. laxiflora Lam.* Frankreich (Lisieux). *Aceras Duquesnei Rchb. f.*

Platanthera × Orchis.

Lit.: Oe. B. Z. XIV S. 140; Abh. zool.-bot. Ges. XV p. 229.

Plat. viridis Lindl. × *Orch. sambucina L.* var. *purpurea* ist in zwei Exemplaren im Erlafthale in Unterösterreich zwischen den Stammarten beobachtet worden. *Coeloglossum Erdingeri A. Kern.*, *Plat. Erdingeri A. Kern.*

Anacamptis × Gymnadenia.

Anac. pyramidalis Rich. × *Gymnad. conopea R. Br.* Nienberg in Westphalen (Wilms).

Serapias.

Lit.: Grenier in Ann. sc. natur. 3. sér. XIX p. 153, 154.

S. lingua L. × *longipetala Poll.* ist von Philippe zu l'Escaladieu bei Bigorre, Hautes-Pyr., beobachtet worden. Es liessen sich unter den vorhandenen Exemplaren drei Formen unterscheiden, eine entschiedene *f. per-longipetala* und zwei Mittelformen, von denen jede einer der Stammarten näher stand.

S. lingua L. × *cordigera L.* ist in zwei Formen von de Larembergue und Timbal-Lagrave im südlichen Frankreich beobachtet worden.

Orchis × Serapias.

Lit.: Timbal-Lagrave in Mém. acad. Toulouse 5. sér. IV.

Merkwürdiger Weise scheinen die Arten von *Serapias* besonders geneigt, Bastarde mit mehreren *Orchis*-Arten zu bilden. Diese Bastarde sind an jedem einzelnen Standorte nur in wenigen, oft nur in einem einzigen Exemplare angetroffen worden.

S. longipetala Poll. × *O. laxiflora Lam.* ist von Noulet und Timbal-Lagrave als Bastard erkannt und 1854 beschrieben worden; wurde in Gesellschaft der Stammarten in Frankreich und Italien gefunden. Gattungsmerkmale von *Serapias* sind mit der Tracht einer *Orchis* verbunden. *S. triloba Viv.* sec. Kerner. Nach Timbal-Lagrave stammt die ursprüngliche Pflanze Viviani's von *S. cordigera L.* und *O. picta Lois.*

S. cordigera L. × *O. laxiflora Lam.* ist gleichzeitig mit der vorigen Verbindung beschrieben worden, der sie vollständig analog ist; sie ist an verschiedenen Orten in Frankreich beobachtet worden. *S. triloba Lloyd.*

S. lingua L. × *O. laxiflora Lam.* ist von Timbal-Lagrave im Département Tarn entdeckt worden.

S. lingua L. × *O. morio L.* Südfrankreich (de Larambergue).

S. longipetala Poll. × *O. militaris L.* ist von Timbal-Lagrave bei Pech-Auriel im Département Tarn gefunden worden.

S. longipetala Poll. × *O. coriophora L.* fand Tommasini in einem einzigen Exemplar unter den Stammarten in der Nähe von Triest. *S. triloba Koch, S. Tommasinii A. Kern.*

Epipactis.

E. latifolia All. × *rubiginosa Gaud.* findet sich nicht selten zwischen den Stammarten und ist als Uebergangsform aufgefasst worden, welche die specifische Zusammengehörigkeit der beiden Arten beweisen sollte. Deutschland, Russland (nach Schmalhausen).

Ophrys.

Lit.: P. Ascherson in Monatsschr. Ver. Gartenb., Oct. 1878.

O. aranifera Huds. ist nach Grenier eine ungemein formenreiche Pflanze; die *var. ambigua* (*O. exaltata Gren.*) hat rosenrothe Petalen und erinnert an *O. fuciflora Rchb. f.*, kann aber nach den Verhältnissen des Vorkommens, der Blüthezeit u. s. w. unmöglich davon abstammen. Dagegen hat Ascherson es neuerdings wahrscheinlich gemacht, dass die *O. arachnitiformis Gren. et Philippe*, über welche sich Grenier später nicht mehr ausgesprochen hat, dennoch ein solcher Bastard ist.

O. aranifera Huds. ✕ *fuciflora Rchb. f.* Ascherson untersuchte ein cultivirtes Exemplar, welches bei Jena gesammelt war, und gibt an, dass die bei Toulon gefundene *O. arachnitiformis* damit übereinstimme.

O. aranifera Huds. ✕ *muscifera Huds.* Aargau (*O. apicula J. C. Schmidt*), Jena, Wien (*O. hybrida Pokorny* in zwei Exemplaren; eine der *O. apicula* ähnlichere Form 1879 nach Beck in vier Exemplaren).

O. arachnites Reich. ✕ *muscifera Huds.* Winterthur. *O. Trollii Rgl.*

O. fuciflora Rchb. f. ✕ *muscifera Huds.*, von H. G. Reichenbach zu Les Devens bei Bex gefunden. *O. Devenensis Rchb. f.*

In Italien scheint es sehr viele Zwischenformen zu geben, durch welche die in Mitteleuropa scharf geschiedenen *Ophrys*-Arten unabgrenzbar in einander übergehen. G. Beck beschrieb 1879 eine der *O. fuciflora* verwandte „neue Art" *O. obscura*, von der bei Wien ein einziges Exemplar gefunden war.

Cypripedium.

Lit.: Garden. Chron., die letzten 20 Jahrgänge.

Es scheint, dass bisher nur Bastarde zwischen den tropischen Arten der Gattung bekannt sind. Die hybriden Formen zeichnen sich durch kräftigen Wuchs und Blüthenreichthum aus.

Eucypripedium.

C. barbatum Lindl. ♀ ✕ *Hookerae Rchb. f.* ♂ ist als *C. marmarophyllum Rchb. f.* beschrieben. Die umgekehrte Kreuzung *C. Hook.* ♀ ✕ *barb.* ♂ (Züchter Seden) ist *C.* ✕ *patens Rchb. f.*

C. barbatum Lindl. × *concolor Batem.* ist *C. tessellatum* Rchb. f.
C. barbatum Lindl. ♀ × *insigne Wall.* ♂ (Züchter Cross). *C.* ⤫ *Ashbourtoniae Rchb. f.*
C. argus Rchb. f. von den Philippinen ist nach H. G. Reichenbach vermuthlich spontanes *C. barbatum Lindl.* × *venustum Wall.*
C. (×?) *argus Rchb. f.* × *villosum Lindl.* (Züchter Seden) ist *C. vernixium Rchb. f.*
C. villosum Lindl. ♀ × *barbatum Lindl.* ♂ (Züchter Dominy) ist dem *C. barbatum* ähnlicher *C.* ⤫ *Harrisianum Rchb. f.* Dagegen steht *C. barb.* ♀ × *villos.* ♂ (Züchter Douglas) dem *C. villosum* näher.
C. (*villosum Lindl.* ♀ × *barbatum Lindl.* ♂) × *insigne Wall.* var. *Maulei Rchb. f. C.* ⤫ *oenanthum Rchb. f.*
C. barbatum Lindl. × *superbiens Rchb. f.* (Veitch). *C. superciliare Rchb. f.*
C. barbatum Lindl. × *Dayanum Rchb. f.* (Züchter W. Leech). *C. Swanianum Rchb. f.*
C. barbatum Lindl. ♀ × *laevigatum Hook.* ♂ (Züchter Seden). *C.* ⤫ *selligerum Rchb. f.*
C. barbatum Lindl. × *Stonei Hook. f. C.* ⤫ *euryandrum Rchb. f.*
C. barbatum Lindl. × *Fairieanum Lindl.* (Züchter Dominy) ist eine genaue Mittelform. *C.* ⤫ *vexillarium Rchb. f.*
C. insigne Wall. ♀ × *Fairieanum Lindl.* ♂. *C.* ⤫ *Arthurianum Rchb. f.*
C. insigne Wall. × *venustum Wall.* (Züchter Cross). *C.* ⤫ *Crossianum hort.*
C. insigne Wall. var. *Maulei Rchb. f.* × *villosum Lindl.* hat Blätter wie *C. villosum*, Blumen mit gemischten Merkmalen. *C.* ⤫ *nitens Rchb. f.*
C. Lowei Lindl. × *Hookerae Rchb. f. C.* ⤫ *porphyrospilum Rchb. f.*
C. Lowei Lindl. × *biflorum. C.* ⤫ *calanthum Rchb. f.*
C. Lowei Lindl. ♀ × *villosum Lindl.* ♂. *C.* ⤫ *lucidum Rchb. f.*
C. Stonei var. *platytaenium Rchb. f.* könnte nach H. G. Reichenbach ein spontanes *C. Lowei Lindl.* × *Stonei Hook. f.* sein. Von *C. Lowei* scheint auch *C.* ⤫ *pycnopterum Rchb. f.* zu stammen; *C. Haynaldianum Rchb. f.* von den Philippinen ist vielleicht ein spontaner Bastard von *C. Lowei Lindl.*

Selenipedium.

C. caudatum Lindl. ♀ ✕ *Pearcei Rchb. f.* ♂ (Züchter Dominy). *C.* ✕ *Dominyanum Rchb. f.*

C. Schlimii Rchb. f. ♀ ✕ *(caudatum Lindl.* ♀ ✕ *Pearcei Rchb.* ♂)* ♂ hat sehr kleine pollenarme Antheren. *C.* ✕ *albo-purpureum Rchb. f.*

C. Schlimii Rchb. f. ✕ *Pearcei Rchb. f. — C.* ✕ *stenophyllum Rchb. f.*

C. Schlimii Rchb. f. ✕ *Roezli Hook. f.* (Züchter Seden), gleicht in der Tracht dem *C. Schlimii*, ist übrigens dem folgenden sehr ähnlich. *C.* ✕ *porphyreum Rchb. f.*

C. Schlimii Rchb. f. ✕ *longifolium Warscew.* (Züchter Seden). *C.* ✕ *Sedeni Rchb. f.*

C. (Schlimii ✕ *longifol.)* ✕ *Roezli Hook. f.* (Züchter E. Mitchell). Inflorescenz ästig, sehr lange blühend. *C.* ✕ *Ainsworthii Rchb. f.*

C. Pearcei Rchb. f. ✕ *Roezli Hook. f.* blühte März 1880 bei John C. Bowring.

81. MARANTACEAE.

Maranta.

M. eximia Rgl. ♀ ✕ *Van den Heckei Verschff.* ♂ hat die *M. "Helena"* (Sallier) geliefert.

Canna.

Lit.: E. André in Rev. hort. 1866 p. 150; E. Chaté fils Le Canna, son histoire etc.

Von allen Pflanzen, welche sich in Mitteleuropa im Freien cultiviren lassen, macht kaum eine Form einen so fremdländisch-tropischen Eindruck wie die *Canna*-Arten. Sie werden daher vielfach in Gärten gezogen, namentlich in Frankreich, wo das Klima ihnen günstiger ist als in England und Deutschland. Die Abgrenzung von „Arten" ist in dieser Gattung ungemein schwierig und es fehlt an allen Anhaltspunkten, um zu unterscheiden, ob eine bestimmte Form den Rang einer Art, Unterart oder Varietät verdient. Ed. André glaubte, die sämmtlichen Formen auf 5 Haupttypen zurückführen zu können, nämlich *C. flaccida Salisb., C. iridiflora Ruiz et Pav., C. liliiflora Warscew.,*

C. Indica L. und *C. glauca Rosc.* Während die erstgenannten drei Arten schärfer von der Masse der übrigen Formen getrennt sind, würden die beiden letzten über 60 als Species beschriebene Formen absorbiren. Es ist indess nicht einzusehen, wohin André die zahlreichen Raçen der Gruppe der *C. occidentalis Rosc.* bringen will. In Frankreich hat man zahlreiche Blendlinge und Bastarde erzeugt, namentlich zwischen den Unterarten von *C. Indica* und *C. glauca*. Die Artgrenzen sind in Folge dieser Kreuzungen bei den cultivirten Formen noch mehr verwischt, als es ursprünglich der Fall war. Die Bastarde zwischen Arten, die einander ferner stehen, sind wenig fruchtbar oder völlig steril; es gibt indess auch Exemplare oder Sorten, welche unfruchtbar sind, ohne dass ein hybrider Ursprung angenommen werden könnte. Zwischen nahe verwandten Raçen scheinen alle denkbaren Kreuzungen möglich zu sein.

Um einen Ueberblick über die hybriden *Canna*-Formen geben zu können, würde es zunächst nothwendig sein, die ganze Gattung gründlich systematisch zu bearbeiten und aus der Masse der Gartenformen die ursprünglichen echten Arten herauszuheben. Es wäre das eine ebenso umfangreiche wie mühevolle Aufgabe, welche ein vieljähriges Specialstudium erfordern würde. Beispielsweise ist die Bedeutung der ältesten specifischen Benennungen, *C. Indica L.* und *C. angustifolia L.*. schon längst völlig unsicher geworden. Ich beschränke mich daher darauf, hier einige Angaben über Hybride, namentlich solche, die von dem französischen Gärtner Année erzeugt wurden, als Probe mitzutheilen.

C. Indica ♀ ✕ *Nepalensis* ♂; *C. Indica* ♀ ✕ *musaefolia* ♂ = *C.* ✕ *involventifolia hort.*; *C. glauca* Pie IX ♀ ✕ *Nepalensis f. Bonnetti* ♂ = *C. Député Hénon*; *C. purpurea spectabilis* ♀ ✕ *Nepalensis* ♂ hat bei Sisley 14 Sämlinge geliefert, von denen 7 gestreifte (wie *Nep.*), 7 einfarbige (wie *purp.*) Blätter hatten; *C. Nepalensis* ♀ ✕ *discolor* ♂ = *C.* ✕ *Vanhouttei*; *C. purpurea* ✕ *Nepalensis* = *C.* ✕ *Maréchal Vaillant*; *C. musaefolia* ♀ ✕ *Peruviana* ♂ = *C.* ✕ *expansa* (völlig steril); *C. Warscewiczii* ♀ ✕ *Annaei* ♂ = *C.* ✕ *warscewiczioides Ann.*; *C. gigantea* ♀ ✕ *musaefolia* ♂ = *C.* ✕ *Imperator*; *C. purpurea* ♀ ✕ *Annaei* ♂ = *C.* ✕ *nigricans*; *C. iridiflora* Ruiz et Pav. ♀ ✕ *Warscewiczii Dietr.* ♂ = *C.* ✕ *iridiflora rubra hort.*; *C. iridiflora* ♀ ✕ *Bihorelli* ♂ = *C.* ✕ *Noutonni*; *C. iridiflora* ♀ ✕ ✕ *Imperator* (= *gig.* ✕ *musaef.*) ♂ = *C. iridifl. hybrida*. Aus den verschiedenen Hybriden sind weitere Mischlinge erzielt worden, so z. B. die *C.* ✕ *Jean Vandael* aus *Maréchal Vaillant* (*purp.* ✕ *Nepal.*) und *Député Hénon* (*glauca* ✕ *Nepal.*) s. oben. Aus nahe verwandten

Raçen sind ferner folgende Mischlinge von Année erzogen worden:
C. Chatei grandis hort. = *C. musaef.* ♀ ⨯ *Warscew.* ♂, *C. macrophylla zebrina* hort. = *C. macrophylla* ♀ ⨯ *purpurea* ♂, *C. excelsa zebrina* hort. = *C. musaef.* ♀ ⨯ *purp.* ♂, *C. rotundifolia metallica* hort. = *C. rotundif. rubra* ♀ ⨯ *purp.* ♂, *C. Rendatleri* hort. = *C. Nepalensis* ♀ ⨯ *compacta grandifl.* ♂.

82. HAEMODORACEAE.

Barbacenia.

B. purpurea Hook. ⨯ *sanguinea* hort., bei Van Houtte erzeugt, ist ein fruchtbarer Mischling. Durch Rückkreuzung mit den Stammarten wurde eine ganze Formenreihe gewonnen. *B.* ⨯ *Rogieri* hort. Van Houtte.

83. BROMELIACEAE.

Billbergia.

Lit.: Rev. de l'hortic. Belge VI (1880) p. 59.

B. amoena Lindl. ♀ ⨯ *Leopoldi* C. Koch ♂ (Züchter E. Danzanvilliers in Paris) ist der *B. Leopoldi* sehr ähnlich, besitzt aber die gleiche Farbe der Bracteen wie *B. amoena*.

84. IRIDEAE.

Iris.

Herbert meint, dass die bärtigen Arten der Mediterranflora sich mit Leichtigkeit unter einander kreuzen lassen, während sie mit sibirischen und amerikanischen Arten keine Verbindungen eingehen (Journ. Hort. Soc. II p. 94). Von einigen „Arten" ist bekannt, dass sie bei der Aussaat variabel sind.

I. Susiana L. ⨯ *Iberica* Hffm. ist in der Tracht der *I. Susiana*, in den Blumen der *I. Iberica* ähnlicher, nicht besonders schön, übrigens intermediär. Von M. Leichtlin in Baden erzogen. *I.* ⨯ *Leichtlini* hort.

I. pumila L. ⨯ *Olbiensis Hénon*, ein Gartenblendling, ist fruchtbar und sehr variabel.

Gladiolus.

Lit.: W. Herbert in Transact. Hort. Soc. Lond. IV p. 44; Amaryll. p. 344, 865, 366 etc.; Journ. Hort. Soc. II p. 99.

Die südafrikanischen Arten von *Gladiolus* lassen sich meistens leicht unter einander kreuzen. Dagegen ist es nie gelungen, Mischlinge zwischen ihnen und den mediterranen Arten zu erziehen. Einige südafrikanische Formen, wie *Gl. grandis Thbg.* (= *versicolor Andr.*) und *Gl. floribundus Jacq.* sind möglicher Weise selbst schon Hybride.

Gl. cardinalis Curt. ♀ ⨯ *blandus Sol.* ♂ und *Gl. blandus* ♀ ⨯ *cardinalis* ♂ sind häufig in Gärten erzogen, vorzüglich in England. Herbert erzeugte diese Bastarde schon um 1807; sie waren sehr schön, von rosapurpurner Blüthenfarbe und fruchtbar; die Nachkommenschaft näherte sich in der Färbung mehr dem *Gl. blandus. Gl.* ⨯ *Spofforthianus hort., Gl.* ⨯ *pudibundus Sweet, Gl.* ⨯ *incarnatus hort. Gl. (cardin.* ⨯ *bland.)* ♀ ⨯ *cardin.* ♂ ist nach Herbert sehr schön, die Blüthenfarbe ungemein wechselnd. Eine weisse Sorte: *Gl.* ⨯ *candidus Hrbt.* — *Gl. card.* ♀ ⨯ *(bland.* ♀ ⨯ *card.* ♂) ♂ zeigte verhältnissmässig wenig Annäherung an *Gl. cardinalis.*

Gl. (blandus ♀ ⨯ *cardinalis* ♂) ♀ ⨯ *hirsutus Jacq.* ♂ ist nach Herbert sehr kräftig, aber unfruchtbar. *Gl. hirsutus* ist indess empfindlich gegen das englische Klima. *Gl.* ⨯ *odoratus Hrbt.*

Gl. [(*cardinalis* ⨯ *blandus*) ♀ ⨯ *cardin.* ♂] ♀ ⨯ *tristis L.* ♂ zeigte in Blattform, Samen und Blüthenfarbe die Einwirkung des *Gl. tristis.* Die beiden Arten *Gl. cardinalis* und *Gl. tristis* sind ungemein verschieden, namentlich durch die Blattform (bei *Gl. tristis* schmal, starr, 4-kantig, auf dem Querschnitt ein Kreuz zeigend), aber auch durch die Blüthenfarbe (*Gl. cardinalis* prächtig scharlach und weiss, *Gl. tristis* gelb, braunfleckig, Nachts duftend). Der Bastard war fruchtbar, mehr als der reine *Gl. cardinalis. Gl.* ⨯ *Herbertianus G. Don.*

Gl. (blandus ♀ ⨯ *angustus* ♂) ♀ ⨯ *cardinalis* ♂, erzogen von Herbert.

Gl. cardinalis ♀ ⨯ [(*blandus* ♀ ⨯ *tristis* ♂) ♀ ⨯ *cardinalis* ♂] ♂ zeigt nach Herbert verhältnissmässig wenig von *Gl. cardinalis*, sondern ist kaum von der hybriden männlichen Stammform verschieden.

Gl. angustus L. ♀ ⨯ *cardinalis Curt.* ♂; Blüthen purpurrosa (Herbert).

Gl. tristis L. ♀ ⨯ *cardinalis* Curt. ♂ ist *Gl. Colvillei* Swt. *Gl. oppositiflorus* Hrbt. ♀ ⨯ *cardinalis* Curt. ♂ und *Gl. card.* ♀ ⨯ *oppositifl.* ♂ sind von Herbert und verschiedenen Gärtnern erzogen. Die Herbert'schen Sämlinge zeigten sich in England viel kräftiger und mannigfaltiger gefärbt, insbesondere aber auch viel widerstandsfähiger, als die vom Auslande bezogenen Pflanzen. Blüthen purpurrosa. Fruchtbar. *Gl.* ⨯ *ramosus Paxt.* Von diesem Bastard hat man in den Gärten weitere schöne Hybride durch Kreuzung mit *Gl. cardinalis* und *Gl. floribundus* erzogen.

Gl. oppositiflorus Hrbt. ♀ ⨯ [($^3/_4$ *card.* ⨯ *bland.*) ♀ ⨯ *tristis* ♂] ♂ ist etwas fruchtbar (Herbert).

Gl. blandus Soland. ♀ ⨯ *tristis* L. ♂. *Gl.* ⨯ *Mitchamiensis* Hrbt., *Gl.* ⨯ *rigidus* Hrbt.

Gl. blandus Soland. ♀ ⨯ *grandis* Thbg. (= *versicolor Andr.*) ♂ ist nach Herbert fruchtbar *Gl.* ⨯ *Haylockianus* Hrbt.

Gl. blandus Soland. ♀ ⨯ *angustus* L. ♂. Herbert.

Gl. blandus Soland. ⨯ *recurvus* L. — *Gl.* ⨯ *delicatus* Hrbt.

Gl. blandus Soland. ♀ ⨯ *floribundus* Jacq. ♂. — *Gl.* ⨯ *propinquus* Hrbt.

Gl. tristis L. ♀ ⨯ *recurvus* L. ♂. — *Gl.* ⨯ *fragans* Hrbt.

Gl. hirsutus Jacq. ♀ ⨯ *tristis* L. ♂ ist nach Herbert kaum von dem *Gl. grandis* Thnbg. (= *Gl. versicolor Andr.*) zu unterscheiden, der als echte capensische Art gilt.

Gl. hirsutus Jacq. ♀ ⨯ *grandis* Thbg. ♂. Herbert.

Gl. hirsutus Jacq. ⨯ *alatus* L.; intermediär zwischen den Stammarten, von Bidwill erzeugt.

Der seltene *Gl. abbreviatus Andr.* könnte nach Herbert wohl ein Bastard von *Gl. cunonia Gaertn.* und *Gl. tristis* L. sein, da er die sonderbaren Blätter von *Gl. tristis*, und Blumen, die denen von *Gl. cunonia* ähnlich sind, besitzt. Plant erzog einen Tripelbastard aus *Gl. cardinalis, cunonia* und *tristis*.

Hybride von Gl. psittacinus Hook. (Natalensis Reinw.).

Gl. oppositiflorus Hrbt. ⨯ *psittacinus* Hook. ist im Garten des Herzogs von Aremberg zu Brüssel erzogen und dann durch Van Houtte als *Gl.* ⨯ *Gandavensis* verkauft worden. In Fl. d. serr. II, 3 wird freilich angegeben, dass *Gl. Gandavensis* von *Gl. psittacinus* ⨯ *cardinalis* stamme, doch ist Niemandem*) später diese Kreuzung

---

*) Gärtner spricht Bastarderz. S. 386 von einem fruchtbaren *Gl. cardinali-psittacinus*, den Herbert erzeugt habe; Herbert leugnet indess entschieden die Existenz einer solchen Verbindung.

gelungen, während **Herbert, Belfield** und **Bidwill** aus der Kreuzung von *Gl. psittacinus* und *Gl. oppositiflorus* Pflanzen erhielten, welche durchaus mit *Gl.* ⋊ *Gandavensis* übereinstimmten. **Van Houtte** hat die Richtigkeit von **Herbert's** Angaben später nicht bestritten: er hatte gleich Anfangs 15—20 ausgezeichnete Varietäten. Die schöne Färbung des *Gl psittacinus* wird in viel stärkerem Maasse als die des *Gl. cardinalis* auf die Bastarde dieser Arten mit *Gl. oppositiflorus* übertragen. **Herbert** fand den Bastard in zweiter Generation weniger schön als in erster, obgleich die Blüthenfarbe der des *Gl. psittacinus* ähnlicher geworden war. Wie es scheint, bringt *Gl. psittacinus* ⋊ *oppositiflorus* keine Samen, und stammen alle Hybride von *Gl. oppositiflorus* ⋊ *psittacinus*. Man hat *Gl.* ⋊ *Gandavensis* mit den Stammformen und anderen Arten befruchtet und daraus vielerlei Mischlinge erhalten, so z. B. *Gl. Brenchleyensis* hort., *Gl. Willmoreanus* (Züchter **Cole**) hort., der ein *Gl.* ⋊ *Gandav.* ♀ ⋊ *florib.* ♂ ist. Auch mit *Gl. oppositifl.* ⋊ *cardinal.* lässt sich *Gl.* ⋊ *Gandavensis* erfolgreich kreuzen. Die Abkömmlinge von *Gl.* ⋊ *Gandav.* sind an und für sich meist wenig fruchtbar, bringen aber Samen durch Bestäubung mit Pollen einer anderen Varietät. E. **Arragon** in Chapareillan befruchtete *Gl. psittacinus* und *Gl. blandus* mit Pollen von *Gl. cardin.*, *Gl. florib.* und *Gl. oppositifl.* ⋊ *cardin.* Er erhielt 135 Varietäten, von denen viele mit bekannten Gartenformen übereinstimmten. Aehnliche Versuche werden an vielen Orten angestellt sein.

Gl. purpureo-auratus Hook. f. ♀ ⋊ ⋊ *Gandavensis* ♂ ist von **Lemoine** in Nancy erzogen und als *Gl. hybr. Lemoinei* verbreitet worden. Gleicher Abkunft ist *Gl. Froebeli* hort.

? Gladiolus × Hippeastrum ?

Gl. blandus Sol. ♀ ⋊ *Hippeastrum spec.* ♂ hat Samen gebracht, aus denen 4 unter einander gleichartige Pflanzen hervorgingen. Wurzelstock völlig fremdartig gebildet, halb zwiebelig, Blätter mehr glänzend als bei *Gladiolus*. — Während einer Krankheit des Züchters **Plant** wurden die Exemplare vernachlässigt und verkamen. Nachher wurden drei in halb abgestorbenem Zustande an **Herbert** geschickt, während **Plant** selbst das vierte behielt. Alle vier gingen dann ein. — „*Plant's Vegetable monster*" Botan. Reg. 1843.

85. AMARYLLIDEAE.

Zephyranthes.

Lit.: Herbert in Journ. Hort. Soc. II p. 81.

Z. tubispatha Hrbt. ♀ ⨯ *carinata* Hrbt. ♂ ist unfruchtbar; Blumen blassroth. *Z.* ⨯ *Spofforthiae* Hrbt. *Z. sessilis* Hrbt. var. *Ackermannia* Roem. ♀ ⨯ *carinata* Hrbt. ♂; von Herbert in einem einzigen Exemplare erhalten, brachte Samen; der Blüthenstaub des Bastards befruchtete *Z. sessilis* var. *verecunda* Hrbt.

Himantophyllum (Clivia).

H. miniatum Hook. ♀ ⨯ *Aitoni* Hook. ♂, bei Van Houtte in Gent erzogen, hat *H. cyrtandriflorum* Lindl. geliefert. Aus derselben Kreuzung sollen an anderen Orten verschiedene Formen hervorgegangen sein, z. B. *H. Etatsräthin Donner* (Züchter Reimers). *H. miniatum* soll erfolgreich durch ein hybrides Garten-*Hippeastrum* befruchtet worden sein (Reimers).

Amaryllis.

Typus der Gattung *Amaryllis* ist *A. belladonna* L. Die abweichenden Arten sind von Gawler, Herbert und Andern abgetrennt und in besondere Gattungen gestellt worden. Es ist vielleicht zweckmässiger, mehrere der aus *Amaryllis* gebildeten Gattungen als Untergattungen zu behandeln, insbesondere *Brunsvigia*, welche der *A. belladonna* nahe steht. *Hippeastrum* erscheint indess als eine auch physiologisch wohl abgegrenzte Gruppe und mag hier als selbständige Gattung beibehalten werden.

A. Josephinae Red. ♀ ⨯ *blanda* Gawl. ♂ ist von Herbert erhalten worden; er hatte 1837 vier junge Exemplare. *A. Josephinae* = *Brunsr. Josephinae* Gawl.

Hippeastrum.

Lit.: J. R. Gowen Transact. Hort. Soc. Lond. IV p. 498 ff.; W. Herbert Amaryll.

Hybride zwischen den Arten dieser Gattung sind in grosser Zahl von den Gärtnern erzeugt worden. An den modernen Garten-*Amaryllis* vermögen die besten Kenner die Herkunft nicht mehr nachzuweisen. Ueber die ersten einfacheren Kreuzungen von *Hippeastren* besitzen wir indess zuverlässige Nachrichten durch Gowen und Herbert. Die *Hippeastrum*-Bastarde sind fruchtbar.

Bastarde von H. vittatum Hrbt.

H. vittatum Hrbt. ♀ ⨯ *reginae* Hrbt. ♂. 1798 oder 1799 bestäubte der englische Gärtner Johnson die Narbe von *H. vittatum* mit Pollen einer anderen Art, angeblich der *Sprekelia formosissima*. Er erzog aus den gewonnenen Samen junge Pflanzen, die er an verschiedene Gärtner vertheilte. 1802 gelangten die ersten Exemplare bei Shepherd in Liverpool zur Blüthe, der sie stark vermehrte und dann seinerseits *H. vitt.* ♀ ⨯ *reg.* ♂ und *H. reg.* ♀ ⨯ *vitt.* ♂ selbst erzeugte. Alle diese so gewonnenen Pflanzen wurden als *Amar. Johnsoni* in den Handel gebracht; sie waren einander vollkommen gleich. Der Ursprung dieser Pflanzen blieb indess zweifelhaft, da nichts Zuverlässiges darüber veröffentlicht wurde und da die Befruchtung des *H. vittatum* mit der *Sprekelia* Niemandem gelingen wollte. 1818 erzeugte indess J. R. Gowen zu Highclere das *H. vitt.* ♀ ⨯ *reg.* ♂ aufs neue. Aus den Sämlingen ging die bekannte *Amar. Johnsoni* hervor; in späteren Jahren übertraf die Gowen'sche Pflanze an Schönheit der Blüthen alle andern. Der Bastard hält die Mitte zwischen den Stammarten, kommt 3 Jahre früher zur Blüthe als *H. vittatum*, ist fruchtbar und mit eigenem Blüthenstaub samenbeständig, doch pflegen die Blüthen der Nachkommenschaft etwas unansehnlicher zu sein. *Amar.* ⨯ *Johnsoni* hort., *A. spectabilis* Lodd., *A. Carnarvonia* Gowen mss., *A. brasiliensis* Red.

H. vittatum ♀ ⨯ (*vitt.* ♀ ⨯ *reg.* ♂) ♂ wurde zunächst von Gowen erzeugt, der 6 Exemplare erhielt, von denen 2 dem *H. vitt.* ♀ ⨯ *reg.* ♂ ähnlich waren, 4 jedoch eine bedeutende Annäherung an *H. vittatum* zeigten, aber schöner und zarter waren. *H. Grahami* Hrbt.

H. ⨯ *Johnsoni* ist aufs mannigfaltigste mit anderen Arten gekreuzt worden. Beispielsweise seien nur die von Herbert aufgeführten Verbindungen erwähnt.

H. ⨯ *Johnsoni* ♀ ⨯ *psittacinum* Hrbt. ♂ (Züchter Griffin). *Amar. psittacina hybr.* Bot. Mag. 3528. *H.* ⨯ *Griffini* Hrbt.

H. ⨯ *Johnsoni* ♀ ⨯ *reticulatum* Hrbt. ♂ (Züchter Sweet). *H. Sweetii* Hrbt., ist auch mit *H. reticulatum striatifolium* Hrbt. gewonnen.

H. ⨯ *Johnsoni* ♀ ⨯ *bulbulosum* Hrbt. var. *crocatum* Gawl. ♂. — *H. Brookesi* Hrbt.; *H.* ⨯ *J.* ♀ ⨯ *bulb.* var. *rutilum* Gawl. ♂ ist *H. spathaceum hybr.* Bot. Mag. 2315, *H. Brookesi* var. Hrbt.; *H.* ⨯ *J.* ♀ ⨯ *bulb.* var. *fulgidum* Ker ♂.

H. ⚥ *Johnsoni* ♀ × *stylosum Hrbt.* ♂. — *H.* ⚥ *Benthami Hrbt.*

H. ⚥ *Johnsoni* ♀ × *solandriflorum Hrbt.* ♂ wird von Herbert (Amar. p. 371) unter denjenigen Arten aufgezählt, welche mit eigenem Pollen wenig fruchtbar waren; dagegen gibt Herbert später ausdrücklich an, dass dieser Tripelbastard, mit eigenem Blüthenstaub befruchtet, von jeder Blüthe reife Samen in reichlicher Menge brachte (Journ. Hort. Soc. II p. 20). *H.* ⚥ *Carnarvoni Hrbt.*

H. ⚥ *Carnarvoni* ♀ × *aulicum Hrbt.* ♂; ein vierfacher Bastard, *H.* ⚥ *Spofforthiae Hrbt.*

H. ⚥ *Carnarvoni* ♀ × (⚥ *Johnsoni* ♀ × *psittacinum* ♂) ♂; ein vierfacher Bastard, in welchem jede der vier betheiligten Arten zu $^1/_4$ vertreten ist. *H.* ⚥ *Lindleyi Hrbt.*

H. ⚥ *Johnsoni* ♀ × ⚥ *Griffini* ♂ also *H.* (*vitt.* ♀ × *reg.* ♂) ♀ × [(*vitt.* ♀ × *reg.* ♂) ♀ × *psittac.* ♂] ♂, von Herbert erzogen, zeichnete sich durch besondere Schönheit aus. *H.* ⚥ *Daubenii Hrbt.*

H. ⚥ *Griffini* ♀ × *psittacinum* ♂. — *H.* ⚥ *Altaclarae Hrbt.*

H. vittatum Hrbt. ♀ × *aulicum Hrbt.* ♂; ein schöner Gartenbastard, an verschiedenen Orten erzeugt. *H.* ⚥ *Seymouri Hrbt.*

H. aulicum Hrbt. ♀ × (⚥ *Johnsoni* ♀ × *reticulatum* ♂) ♂; zu Highclere erzogen, ein Bastard aus 4 Arten ($^4/_8$ *aulic.*, $^2/_8$ *reticul.*, $^1/_8$ *vitt.*, $^1/_8$ *reg.*). *H.* ⚥ *Cartoni Hrbt.*

H. (*vitt.* ♀ × ⚥ *Johns.*) ♀ × ⚥ *Cartoni* ♂, von Herbert erzogen. *H.* ⚥ *Lamberti Hrbt.*

H. vittatum Hrbt. ♀ × *calyptratum Hrbt.* ♂. — *H. Allmanni Hrbt.*

H. vittatum Hrbt. ♀ × *bulbulosum Hrbt.* ♂ ist sehr formenreich, je nach den Varietäten des *H. bulbulosum*, welche zur Befruchtung benutzt worden sind. *H.* ⚥ *Andersoni Hrbt.*, *Amar. vittata var. rubra Souchet.*

H. vittatum Hrbt. ♀ × *reticulatum var. striatifolium Hrbt.* ♂. — *H.* ⚥ *Digweedi Hrbt.*

H. vittatum Hrbt. ♀ × (*bulbulosum* ♀ × *reticulatum* ♂) ♂. — *H.* ⚥ *Hookeri Hrbt.*

H. (*bulbulosum Hrbt.* ♀ × *solandriflorum Hrbt.* ♂) ♀ × [*vittatum Hrbt.* ♀ × (*bulbulosum Hrbt.* ♀ × *reticulatum var. striatifolium Hrbt.* ♂) ♂] ♂; ein von Herbert erzogener vierfacher Bastard, zeigte noch deutlich die Einwirkung der *var. striatifolium*. *H.* ⚥ *Donnii Hrbt.*

Bastarde von H. bulbulosum Hrbt.

Siehe oben *H.* ⚥ *Andersoni*, ⚥ *Brookesi*, ⚥ *Hookeri*, ⚥ *Donnii*.

H. bulbulosum Hrbt. ♀ ⨯ *solandriflorum* Hrbt. ♂. —
H. ⨯ *Haylocki* Hrbt.
    H. reticulatum Hrbt. ♀ ⨯ *bulbulosum* Hrbt. ♂. — *H.* ⨯
Parkeri Hrbt.
    H. bulbulosum Hrbt. ♀ ⨯ *reginae* Hrbt. ♂; bei Colvill
erzogen. *H.* ⨯ *Henslowii* Hrbt.
    H. bulbulosum Hrbt. ♀ ⨯ *equestre* Hrbt. ♂; bei Colvill
erzogen. *H.* ⨯ *Batemanni* Hrbt.
    H. bulbulosum Hrbt. ♀ ⨯ *reticulatum* Hrbt. ♂; zu High-
clere erzogen. *H.* ⨯ *Goweni* Hrbt. Mit *H. vittatum* gekreuzt sowie
den vierfachen Bastard *H.* ⨯ *Donnii* s. oben.

Bastarde anderer Arten.

    H. stylosum Hrbt. ♀ ⨯ *solandriflorum* Hrbt. ♂ ist sehr
grossblüthig. *H.* ⨯ *Herberti* Hrbt.
    H. stylosum Hrbt. ♀ ⨯ *reticulatum* Hrbt. ♂. — *H.* ⨯
Harrisoni Hrbt.
    H. reginae Hrbt. ♀ ⨯ *equestre* Hrbt. ♂ (Züchter Sweet bei
Colvill). *H.* ⨯ *Hoodii* Hrbt.
    H. reginae Hrbt. ♀ ⨯ *psittacinum* Hrbt. ♂ (Züchter Colvill).
H. ⨯ *Baconi* Hrbt.
    H. reginae Hrbt. ♀ ⨯ *reticulatum* Hrbt. ♂ (Züchter Col-
vill). *H.* ⨯ *Colvilli* Hrbt.
    H. equestre Hrbt. ♀ ⨯ *psittacinum* Hrbt. ♂ (Züchter Col-
vill). *H.* ⨯ *Munroi* Hrbt.
    H. reticulatum Hrbt. ♀ ⨯ *aulicum* Hrbt. ♂ (Züchter Her-
bert). *H.* ⨯ *Lindseyi* Hrbt.
    H. aulicum Hrbt. ⨯ *pardinum* Hook. f. ist von Veitch
erzogen.
    Ueber die zahlreichen Gartenformen, welche später erzeugt wur-
den, liegen wenig zuverlässige Mittheilungen vor; auch Herbert's
frühere Angaben scheinen, was die Bestimmung der Arten betrifft,
ungenau zu sein.

    Allgemeine Bemerkungen über einige Hippeastrum-Bastarde.
    Die *Hippeastrum*-Arten scheinen im Allgemeinen auf Fremd-
bestäubung angewiesen zu sein, unter Umständen erweist sich sogar
der Pollen eines fremden Bastards wirksamer als der eigene. Herbert
hatte ein direct aus Brasilien importirtes Exemplar von *H. aulicum*
var. *Organense*, welches vier Blumen brachte, von denen drei mit
eigenem Pollen, die vierte mit dem des Tripelbastards *H. bulbulosum*
⨯ ⨯ *Johnsoni* bestäubt wurden. Zuerst entwickelten sich die selbst-

befruchteten Kapseln besser, dann aber fing plötzlich die gekreuzte an, rasch zu schwellen, während die andern verkümmerten und abfielen.

Herbert hatte sieben hybride *Hippeastrum*-Formen in 9 Exemplaren gleichzeitig neben einander in Blüthe, nämlich: 1. *H.* ⋈ *Johnsoni* zweiter Generation, 2. und 3. *H. bulbulos. pulverulent.* ♀ × ⋈ *Johnsoni* ♂, 4. *H. vittatum* ♀ × ⋈ *Johnsoni* ♂, 5. *H.* ⋈ *Johnsoni* ♀ × *psittacinum* ♂, 6. *H.* (⋈ *Johns.* × *psitt.*) ♀ × (*vitt.* × *Johns.*) ♂, 7. *H.* ⋈ *Johns.* ♀ × *solandrifl.* ♂, 8. und 9. *H.* (⋈ *Johns.* × *vitt.*) ♀ × *solandrifl.* ♂. Die Blumen dieser 9 Exemplare wurden theils mit eigenem Pollen. theils mit dem eines der übrigen Bastarde befruchtet. Fast alle gekreuzten Blumen brachten reichlich Samen, die selbstbestäubten waren steril oder brachten nur kleine wenigsamige Kapseln (Amar. p. 371).

Hippeastrum × Sprekelia.

„*Hippeastrum* liess sich durch *Sprek. cybister* Hrbt. befruchten, aber weder durch *Sprek. formosissima* oder *Spr. cinnabarina*, noch durch *Habranthus*- oder *Zephyranthes*-Arten. Uebrigens bringen die *Sprekelien* in England keine Samen." Hrbt. in Transact. Hort. Soc. II p..81.

Nerine.

Lit.: W. Herbert Amaryll. p. 283, 373; Journ. Hort. Soc. II p. 97, 98.

N. undulata Hrbt. ♀ × *curvifolia* Hrbt. ♂ ist 1815 von Herbert erzogen worden. 'Blätter mehr oder minder bläulich, Schaft grün oder etwas purpurn angelaufen; im Uebrigen die 24 Sämlinge alle einander gleich. Blüht wie *N. curvif.* von der Peripherie her auf; Staubfäden aufrecht wie bei *N. curvif.* (bei *N. undul.* abwärts gekrümmt), Kapselfächer 6-samig (bei *N. undul.* 2-samig, bei *N. curv.* 8-samig), Eichen anscheinend unvollkommen. Griffel aufwärts gebogen, doch minder stark wie bei *N. undulata*. Blüthen rosenroth, später bläulich purpurn. Völlig steril. *N. Mitchamiae* Hrbt.

N. pulchella Hrbt. ♀ × *curvifolia* Hrbt. ♂ ist der vorigen Verbindung sehr ähnlich, aber mit eigenem Pollen fruchtbar. Beide Stammarten blühen vom Umfange her auf. *N. Haylocki* Hrbt. Durch Befruchtung von *N. curvifolia* mit Pollen des Bastards erhielt Herbert zahlreiche keimfähige Samen.

N. undulata Hrbt. ♀ × *Sarniensis* Hrbt. ♂ ist *N. Spofforthiae* Hrbt.

N. curvifolia Hrbt. ♀ × *Sarniensis* Hrbt. ♂. Herbert.

N. flexuosa Hrbt. ♀ × *Sarniensis* Hrbt. var. *rosea* Hrbt.;

ein hübscher moderner Gartenbastard; Blüthen von der Gestalt der
N. flexuosa, gefärbt wie bei *N. Sarn. rosea*.
N. humilis Hrbt. ♀ ✕ *pulchella Hrbt.* ♂. Herbert.
N. undulata Hrbt. ♀ ✕ *humilis Hrbt.* ♂. Herbert.
N. undulata Hrbt. ♀ ✕ *pulchella Hrbt.* ♂. Herbert.

Crinum.

Lit.: W. Herbert, Amaryllideae.

Mit der Gattung *Crinum* hat sich Herbert, der Monograph der *Amaryllideen*, mit besonderer Vorliebe beschäftigt. Er hat gegen 20 Bastarde in dieser Gattung selbst erzogen und eine Anzahl von bemerkenswerthen Formen als spontane Hybride erkannt.

Bastarde von Cr. Capense Hrbt.

Cr. Capense gibt mit anderen Arten von *Crinum*, selbst mit sehr unähnlichen, fruchtbare Bastarde, wenn diese anderen Arten Sumpf- oder Wasserpflanzen sind, namentlich aussertropische. Hybride mit tropischen Bewohnern trockenen Bodens sind steril (Herb. l. c. p. 342). Die durch Befruchtung des *Cr. Capense* mit Pollen tropischer Arten gewonnenen Bastarde halten in England unter Bedeckung den Winter im Freien aus.

Cr. Capense Hrbt. ♀ ✕ *Asiaticum L.* ♂. — *Cr.* ✕ *Eboraci Hrbt.*

Cr. Capense Hrbt. ♀ ✕ *australe Hrbt.* ♂ ist von Herbert in drei verschiedenen Unterarten (*pedunculatum R. Br.*, *canaliculatum Roxb.* und *exaltatum Hrbt.*) des *Cr. australe* erzeugt worden. Diese Bastarde sind in erster und zweiter Generation fruchtbar und bei Isolirung samenbeständig; wenn sie in der Nähe des *Cr. Capense* standen, gingen aus ihren Samen viele Rückkreuzungsformen hervor, die dem *Cr. Capense* sehr ähnlich waren. Die Bastarde mit der *var. pedunculatum* sind durch ihre Grösse ausgezeichnet. Die väterliche Stammart ist in der Gegend von Sidney (34⁰ s. Br.) zu Hause, in der Tracht dem *Cr. Capense* sehr unähnlich. *C.* ✕ *Mitchamiae Hrbt.*

Cr. Capense Hrbt. ♀ ✕ *cruentum Gawl.* ♂. — *Cr.* ✕ *Shepherdi Hrbt.*

Cr. Capense Hrbt. ♀ ✕ *erubescens Ait.* ♂ ist sowohl von Gowen in Highclere als von Herbert erzeugt worden, vermehrt sich stark durch Zwiebelbrut, blüht aber wenig. *Cr.* ✕ *Altaclarae Hrbt.* Herbert sagt, dass das *Cr. erubescens* ♀ ✕ *Capense* ♂ schöner sei; er scheint damit aber nicht einen künstlichen Bastard zu meinen, sondern das in Demerara und auf Jamaica gefundene *Cr.* ✕ *longiflorum*

Hrbt., welches dort aus einheimischem *Cr. erubescens* und cultivirtem oder verwildertem *Cr Capense* entstanden sein muss. Ist übrigens nach Herbert von dem künstlichen *Cr. Cap.* ♀ ⨯ *erub.* ♂ kaum zu unterscheiden.

Cr. Capense Hrbt. ♀ ⨯ *defixum Gawl.* ♂ ist wenig fruchtbar. *Cr. defixum* ist eine tropisch-asiatische Sumpfpflanze. — *Cr.* ⨯ *Roxburghi Hrbt.*

? Cr. Capense Hrbt. ♀ ⨯ *giganteum Andr.* ♂ hat einen einzigen Sämling geliefert, der bald zu Grunde ging. Mit andern tropischwestafrikanischen Arten gab *Cr. Capense* gar keine Samen.

Cr. Capense Hrbt. ♀ ⨯ *scabrum Sims.* ♂ bringt unter allen Bastarden von *Crinum* die schönsten Blüthen, war 14—15 Jahre lang völlig steril, trug 1834 einen Samen, aus welchem eine kümmerliche Pflanze hervorging, 1835 wieder einen, der eine kräftige Pflanze lieferte. Die beiden Stammarten *Cr. Capense* und *Cr. scabrum* sind sich in der Tracht ziemlich ähnlich. Würzelchen der hybriden Sämlinge wie bei *Cr. scabrum* flaumig, bei reinem *Cr. Capense* kahl. *Cr.* ⨯ *Herberti hort.* Aehnlich sind einige sterile Gartenpflanzen: *Cr. Osbeckii Desf.* (= *Cr. Lanccanum Sweet*), *Cr. Paxtoni Hrbt.*

Cr. Capense Hrbt. ♀ ⨯ *ornatum Hrbt.* ♂ wurde von verschiedenen Formen des *Cr. ornatum* erhalten.

Cr. Cap. ♀ ⨯ *orn. var. Zeylanicum L.* ♂, der erste künstliche *Crinum*-Bastard, 1813 von Gowen in den Treibhäusern des Lord Carnarvon zu Highclere erzeugt. Die 24 erhaltenen Exemplare waren einander vollkommen gleich. Ein schöner, aber unfruchtbarer Bastard, intermediär zwischen den Stammarten (Abb. Transact. Hort. Soc. Lond. III t. 6). Die Pflanze wurde an Dr. Carey in Calcutta geschickt, in dessen Garten sich dann derselbe Bastard zufällig bildete. Später sandte Herbert auch viele andere *Crinum*-Hybride nach Calcutta, wo sie vortrefflich gediehen, so dass sie in indischen Gärten eine grosse Verbreitung erlangten. Man muss sich somit darauf gefasst machen, aus dem tropischen Asien Herbert'sche Hybride zu erhalten. *Cr. Goweianum hybr. hort.*, *Cr.* ⨯ *Goweni Hrbt.*

Cr. Cap. ♀ ⨯ *orn. var. speciosum Hrbt.* ♂. — *Cr.* ⨯ *Puseyae Hrbt.*
Cr. Cap. ♀ ⨯ *orn. var. Careyanum Hrbt.* ♂. · *Cr.* ⨯ *Wallichii Hrbt.*

Cr. Capense wird durch *Cr. revolutum Hrbt.* vollständiger befruchtet, als durch eigenen Blüthenstaub; sämmtliche Samen einer mit Pollen der fremden Art erzeugten Kapsel waren vollständig entwickelt, was bei spontaner Bestäubung mit eigenem Blüthenstaub niemals der Fall ist (Amar. p. 351). *Cr. Capense* ♀ ⨯ *revolutum* ♂ ist fruchtbar. Das *Cr. revolutum* stammt wie *Cr. Capense* aus Südafrika. *Cr.* ⨯ *Seymouri* Hrbt.

Bastarde von Cr. ornatum Hrbt.

Mit *Cr. Capense* Hrbt. s. oben.
Cr. Asiaticum L. β bracteatum Hrbt. ⨯ *ornatum* Hrbt. r. *Zeylanicum L.* ♂. Hieher höchst wahrscheinlich das *Cr.* ⨯ *augustum* Roxb., eine sterile Gartenpflanze, welche von Mauritius über Calcutta nach England gelangte.
Cr. procerum Carey ⨯ *ornatum* Hrbt. r. *Zeylanicum L.* ♂. Hieher nach Herbert das *Cr. amabile Donn*, welches auf Sumatra als Gartenpflanze gezogen wird. Völlig steril; Antheren trocken mit verkümmertem Pollen.
Cr. australe Hrbt. v. *pedunculatum R.Br.* ♀ ⨯ *ornatum* Hrbt. v. *Zeylanicum L.* ♂ ist von Gowen erzogen, dem *Cr.* ⨯ *amabile* ähnlich, aber minder schön. *Cr.* ⨯ *Stapletoniae* Hrbt.
Cr. erubescens Ait. ♀ ⨯ *ornatum* Hrbt. v. *Zeylanicum L.* ♂, von Bacon erzogen. *Cr.* ⨯ *Baconi* Hrbt.
Cr. defixum Gawl. ♀ ⨯ *ornatum* Hrbt. var. *speciosum* Hrbt. ♂ trieb mehrere Jahre nur verkümmerte Blumenschäfte, später aber wohlgebildete Blumen. In den Blättern dem *Cr. orn. speciosum* sehr ähnlich. *Cr.* ⨯ *Louisae* Hrbt.
Cr. pratense Hrbt. var. *longifolium Roxb.* ♀ ⨯ *ornatum* Hrbt. var. *speciosum* Hrbt. ♂, von Cooper erzogen. *Cr.* ⨯ *Cooperi* Hrbt.
Cr. ornatum Hrbt. var. *Careyanum* Hrbt. ♀ ⨯ *Forbesianum* Hrbt. ♂ hat schwächliche Sämlinge geliefert, deren Aufzucht nicht gelang. Später führt Herbert dennoch einen solchen Bastard als *Cr.* ⨯ *Murrayi* auf.

Sonstige Crinum-Bastarde.

Cr. Asiaticum L. β bracteatum Hrbt ♀ ⨯ *erubescens Ait.* ist grösser als beide Stammarten, sehr schön und reichblüthig (zehn Blumen an einem Schaft). Brachte (nach Amar. p. 373) viele Brut, aber keine Samen. *Cr.* ⨯ *Letitiae* Hrbt.
Cr. Asiaticum L. β bracteatum Hrbt. ♀ ⨯ *Americanum L.* ♂. *Cr.* ⨯ *Brownii* Hrbt.
Cr. Asiaticum L. β bracteatum Hrbt. ♀ ⨯ *flaccidum* Hrbt. ♂. Blätter hängend, Blüthen erinnern an *Cr.* ⨯ *amabile*, Staubfäden zuletzt weit abstehend. *Cr.* ⨯ *Haylocki* Hrbt.

Cr. erubescens Ait. ♀ ⋈ *Americanum L.* ♂ (Züchter Herbert). *Cr.* ⋈ *Parkeri Hrbt.*

Cr. erubescens Ait. ♀ ⋈ *scabrum Sims* ♂ wurde in einem einzigen Exemplare in Gesellschaft von *Cr. erubescens* in einer Wasserlache in der Nähe von Rio Janeiro gefunden. In der Nähe wuchs auf trockenem Boden *Cr. scabrum*, und nimmt Herbert an, dass Pollen des *Cr. scabrum* durch einen Colibri oder ein Insect auf das mütterliche *Cr. erubescens* übertragen worden sei. Der Bastard ist steril und gleicht nach Amar. p. 343 dem sterilen künstlichen *Cr. erubescens* ⋈ *scabrum*, über welches ich indess bei Herbert keine sonstige Nachricht finden kann. Der spontane Bastard: *Cr.* ⋈ *submersum Hrbt.* Nur durch die Blüthenfärbung abweichend, vielleicht von einer andern Race des *Cr. erubescens* stammend, ist das ebenfalls bei Rio Janeiro gefundene *Cr. Binsii Hffmnnsg.*

Cr. Americanum L. ♀ ⋈ *scabrum Sims* ♂ blüht nicht leicht, ist von Digweed zu Highclere erzogen. *Cr.* ⋈ *Digweedi Hrbt.*

Cr. scabrum Sims ♀ ⋈ *australe Hrbt.* var. *exaltatum Hrbt.* ♂ (Züchter Herbert). *Cr.* ⋈ *Ceciliae Hrbt.*

Cr. australe Hrbt. var. *canaliculatum Roxb.* ♀ ⋈ *flaccidum Hrbt.* ♂, mit hängenden Blättern, hatte 1837 noch nicht geblüht. *Cr. Decandollei Hrbt.*

Hymenocallis.

H. rotata v. *quadriflora Hrbt.* ♀ ⋈ *adnata* var. *disticha Hrbt.* ♂, von Herbert erzeugt, hatte aber nach 18 Jahren noch nicht geblüht. *H.* ⋈ *Spofforthiae Hrbt.* (Amar. p. 218).

H. repanda ♀ ⋈ *Griffinia hyacinthina* ♂ soll von Beer in Wien erzogen sein.

Ismene.

I. amancaes Hrbt. ♀ ⋈ *calathina Hrbt.* ♂ ist von Herbert erzogen. *I. amancaes sulphurea* Bot. Reg. 1665. *I.* ⋈ *Spofforthiae Hrbt.*

Ismene ⋈ Elisena.

Ein Bastard von *Ismene* und *Elisena* wird von Trevor Clarke erwähnt. Bei *Ismene* sind die Staubfäden aufrecht, bei *Elisena* herabgebogen, bei dem Bastard die drei oberen abwärts geneigt, die drei unteren aufrecht oder aufstrebend. Gard. Chron. (n. ser.) VIII p. 86.

El. ringens Hrbt. ♀ ⋈ *Ism. nutans Hrbt.* ♂ ist um 1851 von Beer in Wien erzogen worden.

Hymenocallis × Ismene.

Hym. speciosa Salisb. × *Ism. calathina Hrbt.* ist eine schöne Hybride, von Carton in Highclere erzogen.

? *Hym. Caribaea Hrbt.* × *Ism. calathina Hrbt.* Hieher muthmaasslich die *Hym. macrostephana hort.*

Narcissus.

Lit.: W. Herbert, Amaryll.; Journ. Hort. Soc. II p. 21—26; Grenier in Ann. sc. nat. 3. sér. XIX p. 146; Fl. ch. Jur. p. 739; Loret in Bull. soc. bot. Fr. XVI p. 152.

In der Systematik der Gattung *Narcissus* haben die Gartenbotaniker eine heillose Confusion angestiftet. Herbert hatte sich bei Abfassung seines *Amaryllideen*-Werkes erst wenig eingehend mit den *Narcissen* beschäftigt, namentlich hatte er noch kaum versucht, die Bastarde von den echten Arten zu scheiden. Später hat er in dieser Richtung bedeutende Fortschritte gemacht und mancherlei werthvolle Notizen mitgetheilt, ist aber nicht dazu gekommen, die Ergebnisse seiner Untersuchungen übersichtlich darzustellen. Kunth hielt sich im Wesentlichen noch an Herbert's *Amaryllideen*. Später haben die Floristen, insbesondere Parlatore, zahlreiche neue Lokalspecies aufgestellt. Unter diesen Umständen ist die Kenntniss der Gattung noch ziemlich mangelhaft. Sicher ist nur, dass die *Narcissen* sehr geneigt sind, Bastarde zu erzeugen und dass sich selbst Arten, die sich wenig ähnlich sehen und oft in verschiedene Gattungen gestellt sind, ohne Schwierigkeit kreuzen lassen. Haworth hat nicht weniger als vier Gattungen (*Queltia, Tros, Schisanthus, Philogyne*) ausschliesslich auf hybride *Narcissen* begründet.

Herbert hat zu seinen Kreuzungen u. A. *N. poëticus var. stellaris* benutzt, eine Form, welche zu *N. radiiflorus Salisb.* zu zählen sein dürfte. *N. radiiflorus* wird freilich neuerdings allgemein als selbständige Art aufgeführt, ist aber doch wohl besser als Unterart von *N. poëticus L.* aufzufassen.

N. poëticus L. (radiiflorus Salisb.) ♀ × *pseudo-narcissus L.* ♂ ist von Herbert erzeugt worden, der verschiedene Formen des Bastards erhielt, zum Theil aus derselben Kapsel stammend. Diese Formen stimmten mit bekannten Varietäten des *N. incomparabilis Curt.* überein, insbesondere mit *Queltia aurantia Haw.*, *Q. concolor Haw.*, sowie der typischen *Q. incomparabilis Haw.* — *N. incomparabilis Curt.* ist immer unfruchtbar gefunden, doch gelang es Herbert durch künstliche Befruchtung mit Pollen von *N. radiiflorus* einige Samen zu erzielen. Ebenso hat er einmal mit Pollen von *N. incomparabilis* den *N. pseudo-narcissus* erfolgreich befruchtet. Spontane Bastarde zwischen *N. poëticus* und *N. radiiflorus Salisb.* einerseits, *N. pseudo-narcissus L.* andererseits, kommen vorzüglich in Gebirgsgegenden vor, wo die Arten, deren Blüthezeit in den Ebenen auseinander gerückt ist, gleichzeitig zur Blüthe gelangen. Grenier beobachtete die Bastardformen in dem 900 m hoch gelegenen Wiesenthale Vrine bei Pontarlier, wo sowohl intermediäre als auch den Stammarten näher stehende Formen vorkommen. Die Mittelformen sind indess bei weitem am häufigsten; die den Stammarten genäherten Exemplare stehen niemals in der Nähe der Mittelformen. Die Bastarde sind zwar nicht selten, finden sich aber doch nur zerstreut zwischen unzähligen Exemplaren der Stammarten. Unter ähnlichen Verhältnissen sind Bastarde auch an andern Orten im Jura, in den Walliser Alpenthälern und in den französischen und spanischen Pyrenäen gefunden.

N. Bernardi DC.

N. incomparabilis Mill. kommt zerstreut auch an anderen Orten in Frankreich vor, ohne Gesellschaft der Stammarten. Die Herkunft dieser Pflanzen ist nicht aufgeklärt, doch sind sie überall steril und entsprechen der bekannten Gartenpflanze, die Herbert künstlich erzeugt hat. Herbert hat auch keimfähige Samen von *N. pseudonarcissus* ⨯ *radiiflorus* erhalten, jedoch, wie es scheint, keine Pflanzen daraus erzogen. Mit eigenem Pollen fand Herbert *N.* ⨯ *incomparabilis* stets unfruchtbar. *N.* ⨯ *incomparabilis* ♀ ⨯ *radiiflorus* ♂ brachte eine Kapsel mit 7 Samen; aus denen ein dem *N. radiiflorus* ähnlicher Mischling (*N. Spofforthiae Hrbt.*) erzogen wurde. Der Pollen dieses Mischlings vermochte *N. montanus Spr.* zu befruchten.

N. poëticus L. ⨯ *Italicus Ker.* Hieher *Queltia orientalis*, die von den genannten Stammformen oder von Unterarten derselben erzeugt sein mag. Pollen der *Q. orientalis* völlig steril.

N. poëticus lässt sich nach Herbert leicht mit Erfolg durch Pollen von *N. montanus Spr.*, einer unfruchtbaren Gartenpflanze (*Queltia*) mit potentem Pollen bestäuben. Der Bastard *N. poëticus* ♀ ⨯ ⨯ *montanus* ist nach Herbert sehr hübsch. Herbert vermuthet, dass *N. montanus* etwa ein *N. moschatus L.* ⨯ *dubius Gou.* sein könnte, doch deuten die hybriden Verbindungen, welche die Pflanze eingeht, eher auf eine Abstammung von *N. poëticus*.

N. poëticus L. ⨯ *citrinus Schult.* (= *Hermione brevistyla Hrbt*). Hieher nach Herbert *Hermione crenulata Haw.* = *Bazelman minor hort.*, *H. Trewiana Haw.* = *Bazelman major hort.* Wahrscheinlich besteht die *H. brevistyla* aus Bastarden von *N. tazetta L.*; die *H.*

crenulata und *H. Trewiana* gehören zu den Formen des *N. poēticus* ⨯ *tazetta*.

N. poēticus L. ⨯ *tazetta L.* ist in zwei Formen in Südfrankreich, namentlich zu Lattes bei Montpellier, beobachtet worden. Die Form *per-poēticus* ist weit häufiger als *per-tazetta*. Hieher *N. biflorus aut.* In England wächst kein *N. biflorus* wild; ob der *N. biflorus*, welcher sich hie und da in Frankreich, Italien und der Schweiz ohne *N. poēticus* und *N. tazetta* findet, eine eigene Art ist, bedarf wiederholter Untersuchung. Auch *N.* ⨯ *incomparabilis* findet sich isolirt (s. S. 399).

N. poēticus L. ⨯ *jonquilla L.* Hieher nach Herbert die sterilen Gartenhybriden *N. gracilis Sabine* und *N. tenuior Curt.* Herbert hatte Sämlinge von *N. poēticus* ♀ ⨯ *jonquilla* ♂, doch sind dieselben zufällig durch Unaufmerksamkeit zu Grunde gegangen. *N. poēticus* gibt nach Herbert durch Bestäubung mit Pollen von *N. cernuus Roth*, *N. moschatus L.* und *N. major Curt.* mit Leichtigkeit Früchte.

Sämlinge von *N. pseudo-narcissus L.* ♀ ⨯ *major Curt.* ♂ sind nach Herbert ungemein schnellwüchsig; die Stammarten sind nahe verwandt.

N. pseudo-narcissus L. ⨯ *citrinus Schult.* (= *Herm. brevistyla Hrbt.*) ♂ ist von Herbert erzeugt, doch wuchsen die Sämlinge langsam und waren sehr empfindlich gegen Kälte und Nässe.

Herbert erhielt ferner schöne Hybride aus der Befruchtung von *N. pseudo-narcissus L.* und *N. minor L.* mit Pollen von *N. Italicus Ker var.* „States general".

N. minor L. liefert nach Herbert Bastarde mit *N. papyraceus Gawl.* und *N. aequilimbus Hrbt.* Ein hübscher Bastard wurde auch aus *N. minor* ♀ ⨯ *montanus* gewonnen.

N. pseudo-narcissus L. var. bicolor Lap. ⨯ *albicans Schult.* Dies ist nach Herbert *N. tortuosus Haw.*, ein Gartenbastard. *N. albicans* = *N. Schultesii R. et Sch.* ist selbst eine zweifelhafte Form.

N. major Curt. ⨯ *jonquilla L.* ist von Herbert und Trevor Alcock erzeugt worden. Die Bastarde stimmten überein mit Formen von *Queltia odora Hrbt.*, von der in den Gärten 10 oder 11 Formen vorkommen, die sämmtlich vollständig unfruchtbar (in Pistill und Pollen) sind. Hieher gehören nach Herbert *N. odorus L.* und *N. calathinus L.*

N. tazetta L. ⨯ *jonquilla L.* Hieher nach Herbert *N. bifrons Gawl.* und *N. compressus Haw.*

Alstroemeria.

Herbert sagt, dass die Aufzucht hybrider *Alstroemerien* sehr schwierig zu sein scheine. Die *A. haemantha Ruiz et Pav.* kommt schon in Chile in vielen Farbenvarietäten vor (*A. mutabilis Kunze*). Um 1839 wurden in der Van Houtte'schen Gärtnerei aus chilenischen Samen 8 Farbenvarietäten (*aurea, aurantiaca, haemantha, Neillii, pallida, pulchella, flos Martini, tricolor*) erhalten. Ob indess diese Farbenvarietäten mit den gleichnamigen als Arten beschriebenen Formen übereinstimmen, scheint zweifelhaft. Auch *A. pelegrina L.* ist in der Färbung variabel.

A. pelegrina L. (?) ♀ ⨯ *pulchra Sims* ♂ ist in Belgien erzeugt worden. Ist steril, während die Farbenvarietäten von *A. haemantha* reichlich Samen tragen. Herbert vermuthete, dass der Bastard nicht von *A. pelegrina*, sondern von *A. psittacina Lehm.* stamme. *A.* ⨯ *Errembaulti hort. Van Houtte.*

Bomarea.

B. acutifolia Hrbt. ⨯ *variabilis Hrbt.* ist von Herbert erzogen worden; schien fruchtbar zu sein.

Agave.

Es ist bekannt, dass es in der Gattung *Agave* zahlreiche, zum Theil sehr nahe unter einander verwandte Formen gibt, welche die Feststellung wohlumgrenzter Arten ungemein schwierig machen. Es ist wahrscheinlich, dass manche zufällig entstandene Mischlinge unter den *Agaven* sowohl wildwachsend in Amerika als auch in europäischen Gärten vorkommen.

A. univittata Haw. ⨯ *xylacantha Salm D.* ist bei Baron Kerchove zufällig durch gegenseitige Befruchtung der gleichzeitig blühenden Stammarten gebildet worden. Die Sämlinge gingen theilweise in den Besitz der Gärtnerei von J. Verschaffelt über und sind dadurch seit 1865 weit verbreitet worden.

A. geminiflora Gawl. ⨯ *densiflora Hook.*, als *A.* ⨯ *Taylori hort. Williams* in den Gärten zu finden, ist der *A. geminiflora* viel ähnlicher als der *A. densiflora*.

86. PHILESIACEAE.

Lapageria ⋈ Philesia.

Lap. rosea Ruiz et Pav. ♀ ⋈ *Phil. buxifolia Willd.* ♂ ist von Dominy erzogen worden; klettert wie *Lapageria*, Blätter intermediär; Gattungsmerkmale mehr von *Philesia*, aber die Staubgefässe nicht verwachsen; Blüthenfärbung von *Lapageria*; Pollen spärlich. Frucht? *Philageria Veitchii Masters* in Gard. Chron. 1872 p. 358.

87. LILIACEAE.

Von Nägeli werden die *Liliaceen* unter denjenigen Pflanzenfamilien aufgeführt, in welchen besonders zahlreiche Fälle von Hybridisation bekannt sind. Es liegen zwar von Gärtnern allerlei Angaben über merkwürdige Kreuzungen (*Lilium* ⋈ *Funkia*, *Tritoma* ⋈ *Funkia*, ja *Crinum* ⋈ *Lilium* etc. etc.) zwischen verschiedenen *Liliaceen* vor; auch hat man Grund zu vermuthen, dass in einigen Gattungen (*Asphodelus*, *Lilium*) Mischlinge nicht selten sein werden, allein die Zahl der beglaubigten Thatsachen von Hybridisation zwischen *Liliaceen* ist eine sehr geringe.

Gagea.

G. Liottardi Schult. ⋈ *minima Schult.* ist an mehreren Stellen in Graubündten gefunden worden. *G. media Schleich.*

Lilium.

Es ist oft die Vermuthung ausgesprochen worden, dass viele der Lilien, welche neuerdings aus Ostasien in die europäischen Gärten eingeführt worden sind, Hybride seien. Zum Theil mögen diese Vermuthungen durch den Umstand hervorgerufen sein, dass manche Lilien bei uns vollständig unfruchtbar sind. Diese Sterilität beruht aber in vielen Fällen darauf, dass die betreffenden Pflanzen Fremdbestäubung erfordern, um Früchte anzusetzen. Nichtsdestoweniger bleibt es wahrscheinlich, dass manche cultivirte Lilien wirklich hybriden Ursprungs sind.

L. speciosum Thbg. ♀ ⋈ *auratum Lindl.* ♂ ist von Fr. Parkman erzeugt worden Er erhielt aus der Befruchtung nur ein Exemplar

des Bastards neben viel *L. speciosum* (vgl. den Abschnitt Pseudogamie). Von den pseudogamischen Exemplaren des *L. speciosum* erhielt er wieder ein Exemplar des Bastards, welches jedoch weniger schön war. *L. ⨯ Parkmani.* — Derselbe Bastard, und zwar von der *var. roseum* des *L. speciosum* stammend, ist von G. Thomson in England erzogen und von A. Waterer zuerst zur Blüthe gebracht. Die Blumen der hybriden Lilie sind von ungemein langer Dauer. *L. ⨯ „Mrs. Anthony Waterer", L. ⨯ Purity hort.*
L. atrosanguineum hort. ⨯ Dauricum Ker. ist ein Gartenbastard.
L. umbellato-atrosanguineum Van Houtte.
L. Wallacei hort. ist nach Baker ein Gartenbastard von *L. Thunbergianum R. et Sch. var. venustum hort.* und *L. Leichtlini Hook. f.*
L. Krameri Hook. f. ist nach Baker ein *L. Japonicum Thbg. ⨯ speciosum Thbg.*

Yucca.

Lit.: Deleuil in Rev. hort. 52 p. 226.

Y. gloriosa L. und *Y. filamentosa L.* scheinen in den Gärten durch Zwischenformen verbunden zu sein, welche wohl nur als Hybride gedeutet werden können. Neuerdings hat Deleuil in Marseille über einige von ihm ausgeführte Kreuzungen von Gartenformen nähere Mittheilungen gemacht. Von *Y. aloëfolia var.* ♀ ⨯ *albo spica* ♂ waren sämmtliche Exemplare (300) einander gleich und intermediär zwischen den Stammformen; *Y. laevigata Deleuil.* Dagegen waren die zahlreichen (350) Exemplare von *Y. aloëfolia var.* ♀ ⨯ *pendula* ♂ unter einander sehr verschieden; eine der Formen wurde *Y. ⨯ dracaenoides* genannt.

Bellevalia.

B. Romana Rchb. ⨯ comosa Knth. ist nach Caruel die in Toskana gefundene und als *B. Webbiana Parl.* beschriebene Pflanze. *B. comosa* wird von den meisten Botanikern in die Gattung *Muscari* gestellt.

Allium.

Lit.: Wiegmann Bastarderz. S. 12, T. fig. B.

Wiegmann gibt an, dass er *A. porrum* und *A. cepa* neben einander gepflanzt und die blühenden Stengel mit einander verbunden habe. Aus den gewonnenen Samen erzog er eine Pflanze von *A. porrum* und mehrere von *A. cepa.* Diese Pflanzen scheinen an ihren oberirdischen Theilen nicht besonders abweichend gebildet gewesen zu sein; aber das *A. porrum* hatte nach Wiegmann's Darstellung eine von einer gewöhnlichen *cepa*-Zwiebel wenig abweichende Zwiebel, während die Exemplare von *A. cepa* keine wirklichen Zwiebeln, sondern nur einen zwiebelig verdickten Stengelgrund zeigten. — Eine Kritik dieser seltsamen Angaben ist nur bei einer sachgemässen Wiederholung der Versuche möglich.

Blandfordia.

Bl. flammea elegans hort. soll eine *Bl. flammea* Hook. × *Cunninghami* Lindl. sein. *Bl. Cunninghami* Lindl. ist ein Synonym für *Bl. grandiflora* R.Br., doch wird in den Gärten nicht immer diese Art darunter verstanden.

Dracaena.

Man cultivirt in den Treibhäusern zahlreiche Abänderungen von *D. ferrea* L. (*Cordyline Jacquinii Kunth*) und *D. terminalis Reichard* (*Cord. terminalis Kth.*). Diese Varietäten, deren Samenbeständigkeit nicht erwiesen ist, sind aufs mannigfaltigste unter einander gekreuzt worden, um neue gärtnerisch verwendbare Sorten zu gewinnen. Die Abstammung vieler dieser Mischlinge ist bekannt (vgl. z. B. Gard. Chron. 1876, I p. 73). Es ist mir jedoch nicht bekannt geworden, dass irgend welche Beobachtungen von physiologischem Interesse an diesen Mischlingen angestellt worden sind, so dass ein Namenregister vorläufig wissenschaftlich werthlos ist.

Andere Mischlinge stammen von *D. australis* Forst., doch habe ich nichts Näheres darüber in Erfahrung gebracht. Ein Bastard dieser Art mit *D. erythrocharis* wird auf den Scilly-Inseln im Freien cultivirt.

88. JUNCACEAE.

Juncus.

J. effusus L. × *glaucus* Ehrh. findet sich zerstreut in Mitteleuropa, überall in wenigen Stöcken zwischen den Stammarten oder in der Nähe derselben. C. Seehaus unterscheidet zwei Formen, entsprechend zwei Parallelformen des *J. glaucus* (mit glänzend schwarzen und mit braunen Kapseln). Halm gerieft, Staubfäden sechs (wie bei *J. glaucus*), Halm vollmarkig, grasgrün (wie bei *J. effusus*). Fällt

im Herbste auf den ersten Blick durch die unfruchtbaren Blüthenstände auf. Eine reife Frucht scheint noch nie beobachtet zu sein.
J. diffusus Hopp. Angaben über andere *Juncus*-Bastarde sind bis jetzt nicht genügend beglaubigt.

Luzula.

L. angustifolia Grck. × *nivea DC.* will Favrat bei Lausanne beobachtet haben (Gremli, Excsfl.).

---

89. CYPERACEAE.

Carex.

Lit.: Mitteleuropäische Floren und florist. Abhandl.

Bastarde der artenreichen Gattung *Carex* sind nicht besonders häufig; sie sind zunächst vorzugsweise von den schlesischen Botanikern, später auch von Andern sicher erkannt und untersucht worden. Ein Verzeichniss der bekanntesten Formen wird an dieser Stelle genügen.

Zweinarbige Hybride.

C. dioica L. × *echinata Murr.* Dies ist die muthmaassliche Abstammung der seltenen *C. Gaudiniana Guthnick*, die möglicher Weise auch eine üppige *C. dioica* sein könnte.

Die *C. Laggeri Wimm.* lässt sich als eine Mittelform von *C. foetida All.* und *C. lagopina Whlnbg.* auffassen, doch wird die Hybridität dieser Pflanze bestritten.

C. microstachya Ehrh. ist vermuthlich eine Bastardform; ob die so benannten Pflanzen verschiedener Autoren übereinstimmen, ist mindestens sehr zweifelhaft.

C. contigua Hopp. × *virens Lam.*; nach Haussknecht bei Pyrmont.
C. Pairae F. Schultz × *leporina L.*; nach Haussknecht auf dem Deister bei Hannover.
C. muricata L. × *remota L.*; vielleicht der häufigste *Carex*-Bastard, findet sich zerstreut in Mitteleuropa. Unfruchtbar. Nicht genauer unterschieden ist bisher *C. virens Lam.* × *remota L.* Hieher *C. axillaris Good.*
C. vulpina L. × *remota L.* Belgien; dort für *C. axillaris* gehalten.

C. brizoides L. ⨯ *remota L.*; sehr selten; in Bayern, Schlesien, Böhmen. *C. Ohmuelleriana O. F. Lang.*
C. leporina L. ⨯ *remota L.* Erfurt, Christburg in Ostpreussen.
C. canescens L. ⨯ *remota L.* Ostpreussen.
C. echinata Murr. ⨯ *remota L.* Hannover (Mejer).
C. paniculata L. ⨯ *remota L.* ist eine der häufigeren Bastardformen der Gattung *Carex*. Zerstreut in Mitteleuropa. *C. Boenninghausiana Weih.*

Dreinarbige Hybride.

J. Schmalhausen hat Uebergangsformen zwischen *C. limosa L.* und *C. irrigua Sm.*, sowie zwischen *C. panicea L.* und *C. sparsiflora Steud.* (= *C. vaginata Tausch*) beobachtet.

C. Oederi Ehrh. gilt häufig als eine kleine Raçe von *C. flava L.*, von welcher auch die *C. lepidocarpa Tausch* schwer specifisch zu trennen ist. Brügger will indess eine *C. flava* ⨯ *Oederi*, Haussknecht ausser dieser auch eine *C. lepidocarpa* ⨯ *Oederi* beobachtet haben.

C. flava L. ⨯ *Hornschuchiana Hopp.* ist ein verhältnissmässig häufiger Bastard, falls die *C. biformis sterilis* wirklich diese Verbindung darstellt. Die nordwestdeutsche Form müsste dann übrigens als *C. Oederi* ⨯ *Hornschuchiana* gedeutet werden. Früchte taub. Mitteleuropa. *C. xanthocarpa Degl.* Die *C. fulva Good.* ist nach einigen Botanikern dieser Bastard, nach andern ist sie *C. Hornschuchiana Hopp.*

C. distans L. ⨯ *Hornschuchiana Hopp.* Zweibrücken (F. Schultz), Belgien (Crépin).

C. pallescens L. ⨯ *punctata Gaud.*; nach Brügger am Monte-Cenere.

C. ampullacea L. ⨯ *vesicaria L.* soll bei Garsuche in Schlesien gefunden sein.

C. hirta L. ⨯ *vesicaria L.* ist in Schlesien beobachtet worden, ebenso in einigen Gegenden Russlands. *C. Siegertiana Uechtr.* (*perhirta*), *C. orthostachys Trevir.* et alior., *C. pilosiuscula Gobi* (*per-resicaria*). Was bei St. Petersburg *C. orthostachys* genannt wird, ist nach Schmalhausen *C. Siegertiana*, am Altai und in Daurien wächst aber eine andere *C. orthostachys*, in den zwischenliegenden Ländern Uebergänge zwischen dieser und der *C. Siegertiana*. Stellenweise fruchtbar, an diesen Orten wohl Mittelform. In denselben Formenkreis gehören nach Schmalhausen *C. aristata R.Br.* und *C. trichocarpa Muehlnb.*

C. riparia L. ⨯ *vesicaria L.*; in Sachsen, Schlesien und Brandenburg zwischen den Stammarten. Variirt mit kürzeren und längeren Bracteen.

C. filiformis L. × *riparia L.*; ebenfalls in Schlesien beobachtet.
C. evoluta Hartm.
C. filiformis L. × *paludosa Good.* Schlesien, Magdeburg, Ulm. *C. Kochiana Schuebler.*
C. flacca Schreb. × *paludosa Good.*; nach F. Schultz Arch. de fl. p. 116.
C. verna Vill. × *umbrosa Host.* Ettersberg bei Weimar.

Cyperus.

? *C. flavescens L.* × *fuscus L.*; nach O. Kuntze bei Leipzig.
C. longus L. × *badius Desf.* scheint *C. badius var. elongatus Timb.-Lagr.* zu sein. Blüthenstand und Aehrchen von *C. badius*, aber die langen Aeste und der Wuchs von *C. longus.* In Südfrankreich einzeln zwischen den Stammarten.

Scirpus.

Sc. lacustris L. × *Tabernaemontani Gm.* ist eine wenig fruchtbare Mittelform, bei Bremen beobachtet. An andern Orten hat man Uebergänge gesehen, die nicht als Bastarde gedeutet wurden.
Sc. lacustris L. × *Pollichii Gren. et Godr.* ist, wie es scheint, ziemlich verbreitet und stellenweise häufig. Narbenzahl schwankend, Früchte spärlich. Wuchert durch sprossende Grundachsen. Frankreich, Niederlande, nordwestliches Deutschland. *Sc. Duvalii Hopp.*
Sc. silvaticus L. × *radicans Schk.*, von Baenitz in der Lausitz entdeckt, ist wegen der nahen Verwandtschaft der Stammarten schwer mit Sicherheit von Abänderungen des *Sc. silvaticus* zu unterscheiden. Nach O. Kuntze bei Leipzig; andere Angaben sind sehr unsicher.

90. GRAMINEAE.

Zea.

Lit.: Sageret in Ann. sc. nat. VIII p. 313; Gärtn. Bastarderz. p. 322—326.

Z. mays L. umfasst eine beträchtliche Anzahl samenbeständiger Raçen, welche sich vorzüglich durch Höhe und Wuchs, Form und Farbe der Samen, sowie durch ungleiche Anpassung an verschiedene Klimate unterscheiden. Es ist zuweilen beobachtet worden, dass die Befruchtung der weiblichen Blüthen einer Maissorte mit Pollen einer anders gefärbten unmittelbar eine Aenderung der Farbe bei einem Theil der so erzeugten Samen bewirkt hat; vgl. darüber den Abschnitt: Xenien. In der Regel tragen die mit Pollen anderer Raçen befruchteten Maiskolben Samen von der gewöhnlichen, der Mutterpflanze eigenthümlichen Färbung. Aus diesen Samen gehen indess, wie namentlich Sageret und Gärtner beobachteten, Blendlinge hervor, welche bunte Kolben bringen, in denen Samen von verschiedener Farbe neben einander vorhanden sind; gewöhnlich sind sowohl die reinen Farben der Stammraçen als auch Mischfarben vertreten. Die Nachkommenschaft aus den Körnern der bunten Kolben ist sehr veränderlich, es treten viele vollständige Rückschläge neben verschiedenartigen Mischungen auf.

Alopecurus.

A. arundinaceus Poir. $\times$ *pratensis L.* findet sich nach Schmalhausen bei Narwa in Russland; wenigstens kommen dort intermediäre Formen zwischen den beiden Arten vor.

A. geniculatus L. $\times$ *pratensis L.* ist von Wichura in Schlesien entdeckt, später zerstreut an andern Orten in Deutschland, einmal auf der Insel Helgoland (Hallier), sowie nach Schmalhausen bei St. Petersburg beobachtet worden. Am häufigsten bis jetzt bei Leipzig und Bremen. Antheren taub; völlig unfruchtbar. Tracht und Eigenschaften intermediär. *A. hybridus Wimm.*

Calamagrostis.

C. epigeios Roth $\times$ *arundinacea Roth* ist in Schweden, Ostpreussen und Russland zwischen den Stammarten gefunden und bald als Varietät, bald als besondere Art betrachtet, von Andersson, Heidenreich und Schmalhausen jedoch als Bastard erkannt. Schmalhausen fand bei dem primären Bastard über 90 %, bei einer *f. per-arundinacea* (wohl durch Rückkreuzung entstanden) gegen 30 %, bei *C. epigeios* am nämlichen Standorte 15 % abnormer Körner. *C. acutiflora Schrad.* nach Heidenreich.

C. epigeios Roth $\times$ *lanceolata Roth* wächst nach O. Kuntze bei Schönefeld unweit Leipzig.

C. lanceolata Roth $\times$ *arundinacea Roth*, von Heidenreich bei Tilsit erkannt, ist ungemein variabel. Auch in Schweden und Russland (Schmalhausen). *C. Hartmanniana Fr.*

C. arenaria Roth $\times$ *epigeios Roth* findet sich zerstreut an den Küsten der Nord- und Ostsee, überall sparsam. Tracht von *C. arenaria*, aber durch die lockere, bräunliche Rispe an kräftige *C. epigeios*

erinnernd. Findet sich an der Nordsee auf Inseln, auf welchen jetzt
C. epigeios fehlt, aber doch wahrscheinlich früher vorhanden war. Ist
völlig unfruchtbar. *C. arenaria* = *Psamma arenaria* R. et Sch.,
Ammophila aren. Lk. — Der Bastard: *Arundo baltica Fluegge*,
Amm. balt. Lk., *Ps. baltica* R. et Sch.

Avena.

Lit.: Wiegmann, Bastarderz. S. 17, 18, 35, 36.

A. sativa L. ✕ *orientalis Schreb.* Wiegmann säete die beiden
Arten neben einander und suchte die gegenseitige Befruchtung zu
befördern. Er erhielt einige Bastardpflanzen. *A. orient.* ♀ ✕ *sat.* ♂
wurde im folgenden Jahre neben *A. sativa* gesäet und lieferte dann
eine Nachkommenschaft, die kaum von *A. sativa* zu unterscheiden
war und in der folgenden Generation ganz in die väterliche Stammart
übergeführt wurde. Auf dieselbe Weise wurde auch *A. sat.* ♀
✕ *orient.* ♂ in *A. orientalis* übergeführt.

A. fatua L. ✕ *sativa L.* ist hie und da vereinzelt zwischen den
Stammarten gefunden. *A. hybrida Peterm.*, *A. intermedia Lindgren.*

Melica.

M. altissima L. ♀ ✕ *ciliata L.* ♂ ist nach Beruhardi (Begriff
d. Pflanzenart S. 39) von H. Schmidt in Wien künstlich erzogen worden.

Poa.

O. Kuntze führt zwei Bastarde: *P. nemoralis L.* ✕ *trivialis L.*
und *P. nemoralis L.* ✕ *pratensis L.* auf.

Bromus.

Br. mollis L. ✕ *secalinus L.* kommt nach O. Kuntze bei
Leipzig vor.

Br. mollis L. ✕ *racemosus L.* findet sich nach Mejer in der Gegend
von Hannover in zwei Formen. *Br. Bormumensis Mej.*, *Br. Holtei Mej.*

Br. sterilis L. ✕ *tectorum L.*; nach O. Kuntze selten in der
Gegend von Leipzig.

Festuca ✕ Lolium.

Festuca elatior L. ✕ *Lolium perenne L.* ist auf fruchtbaren
Wiesen Mitteleuropa's an vielen Orten und stellenweise häufig gefunden
worden. Die zuerst von A. Braun vermuthete, später oft bestätigte,
aber auch viel bestrittene Hybridität der Pflanze ist neuerdings nicht

mehr ernstlich in Zweifel gezogen worden. Eine Pflanze mit gemischten Eigenschaften, völlig steril und mit tauben Antheren. *Fest. elongata Ehrh.* sec. Ascherson, *F. loliacea aut. mult., Lol. festucaceum Lk.*

F. elatior L. ⨯ *L. Italicum A.Br.*, der vorigen Bastardverbindung genau analog, ist von Mejer bei Hannover nachgewiesen worden.

F. gigantea Vill. ⨯ *L. perenne L.* ist von A. Braun im Appendix des Samencatalogs des Berliner botanischen Gartens von 1862 beschrieben worden. Wurde von Brinkmann in der Nähe von Rostock entdeckt, ist dort jedoch seitdem vergebens gesucht worden. *Fest. Brinkmanni A.Br.*

Lolium.

L. Italicum A.Br. ⨯ *perenne L.*; nach Mejer häufig bei Hannover. O. Kuntze hat *L. Italicum A.Br.* und *L. multiflorum Lam.* für Bastarde von *L. perenne L.* und *L. temulentum L.* gehalten.

L. Italicum A.Br. ⨯ *arvense Schrad.*; nach Mejer bei Hannover.

Aegilops.

Ae. ovata L. ♀ ⨯ *ventricosa Tausch* ♂ ist in der Tracht der *Ae. ventricosa*, in der Zahl der Zähne und Grannen der Blüthen dagegen der *Ae. ovata* ähnlicher. Antheren taub. Pflanzen völlig steril. Von Godron künstlich erzeugt, blühte 1873.

Es gelang Godron nicht, *Ae. ovata* mit *Ae. triaristata* zu kreuzen; auch beobachtete Jordan niemals Blendlinge zwischen den Arten und Raçen von *Aegilops*, welche er neben einander cultivirte.

Triticum.

Eutriticum.

Verschiedene Raçen von *Tr. vulgare Vill.* sind wiederholt unter einander gekreuzt worden. Schon Knight machte verschiedene Versuche; er erhielt unbeständige Mischlinge, die sich aber durch ihre Widerstandsfähigkeit gegen Mehlthau auszeichneten. Dagegen gelang es Raynbird um 1846 eine intermediäre und constante Weizenraçe aus *Piper's Thickset* ♀ ⨯ *Hopetoun wheat* ♂ zu erzielen. Diese Raçe „*Raynbird's Hybrid*" besass indess keine wirthschaftlichen Vorzüge. Patrick Shirreff hat verschiedene Mischlinge von Weizenraçen erzielt. *Hopetoun* ♀ ⨯ *Talavera* ♂ blieb nach Darwin während einiger Generationen intermediär, wurde dann aber variabel und verlor an Fruchtbarkeit. Shirreff's „*King Richard*" stammt nach R. Hesse von *Shirreff's bearded white* ♀ ✕ *Talavera* ♂. Die Weizenmischlinge wurden nach Shirreff bald constant, zeigten aber auch vielfach Neigung zu Rückschlägen. Mischlinge aus Landweizen und selteneren Sorten sind nach W. Rimpau stets dem Landweizen ähnlicher.

C. Bellardi zog Mischlinge aus zwei Raçen von *Tr. Polonicum L.*
*Auch diese Blendlinge zeigten Neigung zu Rückschlägen.
Tr. Polonicum L. ✕ *turgidum L. var. compositum L.* ist von Al. Jordan erhalten worden. *Tr. turgidum L.* ist eine Unterart von *Tr. vulgare Vill.* Der Bastard war fruchtbar, die Nachkommenschaft in späteren Generationen ausserordentlich veränderlich.
Tr. spelta L. ✕ *vulgare Vill.* ist von W. Rimpau erzogen worden.

Agropyrum.

Tr. junceum L. ✕ *repens L.* findet sich häufig und stellenweise in Menge an den europäischen Küsten. Es gibt verschiedene Formen des Bastards, über deren Synonymik von den Systematikern verschiedene gelehrte Auseinandersetzungen geliefert sind. Marsson hebt mehrere Formen hervor, die theils der einen, theils der andern Stammart näher stehen. Ueber die Fruchtbarkeit des Bastards finde ich nichts bemerkt; ich fand ihn steril, doch wird er wahrscheinlich unter Umständen Samen reifen, da die den Stammarten genäherten Formen durch Rückkreuzung entstanden sein dürften. An den mitteleuropäischen Küsten. Hicher *Tr. acutum DC.*, *Tr. laxum Fr.* — Vgl. Marsson Fl. Neuvorp. S. 600.

Aegilops ✕ Triticum.

Lit.: Eine umfangreiche Literatur beschäftigt sich mit diesen Bastarden; insbesondere Godron hat eine ganze Reihe von Abhandlungen über dieselben geschrieben; ausserdem besitzen wir eine Anzahl von Aufsätzen von Esprit Fabre, Al. Jordan, Regel, Grönland, Henslow und Planchon über diese Pflanzen. Eine Art von Abschluss über die Angelegenheit gibt Godron in Mém. acad. de Stanisl. 1876 p. 250 ff. Vgl. auch Bot. Jahresb. f. 1874 S. 913, f. 1876 S. 965.

Ae. triticoides Requien ist eine Pflanze, welche sich hin und wieder an Wegen am Rande von Weizenäckern in Südeuropa findet. Zuerst in Südfrankreich, dann auch in Italien beobachtet, wurde sie zuerst in Bertoloni Fl. Ital. I p. 788 beschrieben. Esprit Fabre in Agde entdeckte nun, dass ein Exemplar dieser Pflanze aus einem Samen hervorging, der noch in einer Aehre von *Ae. ovata* steckte, während aus anderen Samen der nämlichen Aehre Exemplare von gewöhnlicher *Ae. ovata* hervorgegangen waren. Er suchte lange vergebens nach Samen von *Ae. triticoides*, bis es ihm im Jahre 1838 gelang, solche zu finden. Er erzog daraus Pflanzen, welche von *Ae. triticoides* auffallend verschieden und viel weizenähnlicher und fruchtbarer geworden waren. Nach mehrjähriger Cultur erhielt er daraus eine samenbeständige, fruchtbare, dem Weizen noch mehr genäherte Getreideart, welche er „*aegilops blé*" nannte. Die Samen gelangten bald in viele botanische Gärten Europa's; überall bestätigte es sich, dass die Pflanze sich so constant und fruchtbar zeigte wie eine echte Art. Jordan nannte sie *Aeg. speltaeformis*, erklärte Fabre's Angaben über die Entstehungsgeschichte für irrthümlich und behauptete, die Samen der neuen Art seien durch irgend einen Zufall, etwa aus dem Orient, in Fabre's Garten gelangt. Fabre dagegen sprach die Meinung aus, dass sich *Aegilops* durch Cultur allmälig spontan in Weizen verwandeln könne. Darwin's Buch von der Entstehung der Arten war damals noch nicht erschienen, aber manche Naturforscher hingen doch schon im Stillen der Transformationstheorie an und griffen den anscheinend durch Fabre gelieferten Beweis von der Umwandlung der Arten mit grossem Interesse auf. So entstand ein lebhafter Streit der Meinungen; unbefangene Botaniker verzichteten auf jede Erklärung der sonderbaren Thatsachen. Allerdings lag es nahe, *Ae. triticoides* für einen Bastard *Aeg.* ♀ × *Trit.* ♂ zu erklären, wie Regel und Godron thaten, allein der Schritt von dem sterilen Bastard zu der offenbar neuen „Art" *Aeg. speltaeformis* schien nach allen bisherigen Erfahrungen völlig unverständlich. Daher die lebhafte und vielseitige Theilnahme, welche die weitere Untersuchung dieser Angelegenheit erweckte. Obgleich für jeden Unbefangenen der Sachverhalt längst klar ist, wollen A. Jordan und einige andere Doctrinäre noch immer nicht zugeben, dass sie sich geirrt haben.

Aeg. ovata L. ♀ × *Trit. vulgare Vill.* ♂ oder *Ae. triticoides Req.* wurde von Requien bei Avignon entdeckt; später ist dieser Bastard auch an anderen Orten in Südfrankreich, ferner in Italien, Sicilien und Algier gefunden. Wächst einzeln an Wegrändern und cultivirten Stellen in unmittelbarer Nähe von Weizenfeldern zwischen *Ae. ovata L.* Ist in der Regel unfruchtbar; Samen sind sehr selten. Kommt in verschiedenen Formen vor, die von der Natur der Weizensorte abhängig sind, welche in der Nähe cultivirt wird, insbesondere findet er sich sowohl mit als ohne Grannen. Im Jahre 1853 führte Godron zuerst die künstliche Kreuzung von *Aegilops* und *Triticum* aus; er erhielt 1854 die Bastarde, welche genau mit den wildwachsend gefundenen übereinstimmten. Von begranntem Weizen bekam er begrannte, von unbegranntem unbegrannte Hybride. Zwei Jahre später erzog Regel in Zürich denselben Bastard; er fand die Antheren fast leer, aber doch einzelne äusserlich wohlgebildete Körner darin, die jedoch keine Schläuche zu treiben schienen. Godron hat den Versuch oft wiederholt, auch Grönland und Planchon (mit *Touzelle blanche non barbue*) haben den Bastard künstlich erzogen; Jordan sah ihn öfter spontan entstehen, wenn er die Stammarten neben einander cultivirte. Der Bastard war stets steril oder sehr wenig fruchtbar; nur mit Pollen von *Triticum vulgare* brachte er zuweilen einige reife Samen. *Aeg.* ⚥ *triticoides Requien, Tr. vulgari-ovatum Godr. et Gren.* (*Aeg. ovata L.* ♂ ⚥ *Trit. vulgare Vill.* ♂) ♀ ⚥ *Trit. vulgare Vill.* ♂ wurde 1858 von Godron in 9, von J. Grönland in 25 Exemplaren erhalten. Die Pflanzen waren dem Weizen wesentlich näher gerückt als der mütterliche Bastard, aber nicht sehr fruchtbar. Grönland hatte zur Befruchtung verschiedene Weizensorten benutzt und fand, dass die Exemplare, welche von flandrischem Weizen stammten, die weizenähnlichsten waren. Die Nachkommenschaft der Grönland'schen ³/₄ Bastarde erlosch bald, während Godron, der die Weizensorte *blé touzelle* oder *Siaisse d'Agde* benutzt hatte, von seinen Pflanzen 1859 eine dem Weizen noch etwas mehr genäherte fruchtbare Form erhielt, welche mit Fabre's *Aegilops blé* übereinstimmte und bei fernerer Aussaat constant blieb. Grönland erhielt einen von Gay gesammelten Samen des spontanen südfranzösischen *Aeg.* ⚥ *triticoides*, aus dem er eine sehr kräftige Pflanze erzog, welche 3 Samen brachte. Von diesen keimte nur einer und lieferte eine schwächere Pflanze, welche aber 22 Samen trug. Daraus gingen 2 sterile weizenähnliche und 10 fruchtbare, der *Aeg.* ⚥ *speltaeformis* gleichende Exemplare hervor, welche je 24—200 Samen brachten. Daraus wurde nun vollkommen fruchtbare und beständige *Aeg. speltaeformis* erhalten. Es war dies somit eine genaue Wiederholung von Esprit Fabre's berühmtem, etwa 20 Jahre vorher angestelltem Versuch, welcher oben geschildert wurde. — Später hat Godron verschiedene Male den ³/₄ Bastard erzeugt, ohne dass sich daraus eine constante Nachkommenschaft erhalten liess; es ist ihm aber auch gelungen, nicht nur abermals mit dem Agder Weizen (*Siaisse d'Agde*), sondern auch mit den Sorten *Talavera de Bellevue, Blé. de haie* und *Touzelle anone* nach einigen Jahren fruchtbare und constante Formen von *Aeg. speltaeformis* zu erzielen, welche jedoch, je nach den Eigenschaften der väterlichen Stammart nicht unerheblich von einander abwichen. Die Samen von bartloser *Aeg.* ⚥ *speltaeformis* lieferten gelegentlich bärtige, d. h. langbegrannte Exemplare, erwiesen sich aber im Uebrigen beständig.

Die Fabre'sche Pflanze wird nun schon seit 40 Jahren cultivirt und ist, abgesehen von einzelnen in der Begrannung abweichenden Exemplaren, unverändert geblieben. Nach Cosson soll in Sicilien ausser dem primären Bastard *Aeg.* ⨯ *triticoides* auch *Aeg.* ⨯ *speltaeformis* wild vorkommen.

Aeg. ovata L. ♀ ⨯ *Trit. spelta L. v. barbatum* ♂ wurde von Godron erzogen.

Aeg. triaristata Willd. ♀ ⨯ *Trit. vulgare Vill.* ♂ ist von Godron (der *Trit. durum Desf.* benutzte) und später von Planchon künstlich erzeugt worden, wurde in Südfrankreich unter ähnlichen Verhältnissen wie *Aeg.* ⨯ *triticoides* wildwachsend gefunden.

Aeg. triuncialis L. ♀ ⨯ *Trit. vulgare Vill.* ♂ findet sich gleich den von *Aeg. ovata* und *Aeg. triaristata* stammenden Bastarden in Südfrankreich, wo diese hybride Form zuerst von Loret mit Sicherheit erkannt wurde.

Aeg. ventricosa Tausch ♀ ⨯ *Trit. vulgare Vill.* ♂ ist von Vilmorin und Grönland erhalten worden; war der *Aeg. ventricosa* sehr ähnlich, hatte aber mehr weizenähnliche und (wegen der Abstammung von Bartweizen) länger begrannte Aehren, war völlig unfruchtbar. Henslow erhielt einen derartigen unfruchtbaren Bastard zufällig unter der von ihm gezüchteten *Aeg. squarrosa*, d. i. *Aeg. ventricosa Tausch*; als männliche Stammform seiner Pflanze betrachtete er *Trit. turgidum L.*, eine Unterart von *Trit. vulgare Vill.*

Triticum (Eutriticum) ⨯ Secale.

Lit.: Transact. bot. soc. Edinb. XII, 2 p. 286.

Bei seinen Versuchen, verschiedene Getreidearten zu kreuzen, erhielt A. Stephen Wilsen aus Weizensamen zwei Exemplare, welche zwischen Weizen und Roggen die Mitte hielten. In den nicht aufspringenden Antheren fand Wilsen sehr unvollkommene Pollenkörner. Diese zwei Pflanzen würden demnach *Trit. vulgare* ♀ ⨯ *Secale cereale* ♂ gewesen sein.

Triticum (Agropyrum) ⨯ Hordeum (Elymus).

Trit. junceum L. ⨯ *Hord. arenarium Aschers.* ist hin und wieder an den Küsten der Ostsee und Nordsee gefunden und zuerst von Röper als Bastard erkannt worden. Völlig steril. *Trit. strictum Detharding*. Vgl. über die Bastardnatur der Pflanze Marsson Fl. Neuvorp. und Holkema Plant. Ned. Noordz. eilanden S. 139.

91. ARACEAE.

Lit.: Leop. Kellermann in Zeitschr. Wien. Gartenb.-Ges. 4. Mai 1873; Illustr. Gartenz. 1874 p. 168; Engler Arac. in DC. Monogr. Phanerog. II.

Die tropischen *Araceen* sind in unsern Gewächshäusern nicht selten steril und setzen auch bei künstlicher Bestäubung oft schwer Früchte an. Es scheint, dass manche sich erst acclimatisiren müssen, bevor sie fruchtbar werden. Die Erzeugung von Bastarden hat daher viele Schwierigkeiten und ist auch nur bei gewissen Arten gelungen. Die Mischlinge, welche Bleu, Skopitz und andere Gärtner erzeugt haben, sind meistens aus der Kreuzung von Varietäten, Raçen oder sehr nahe verwandten Arten hervorgegangen und haben fast nur gärtnerischen Werth. Dagegen verdienen die von Leop. Kellermann in Wien vorgenommenen Kreuzungen auch ihrer wissenschaftlichen Bedeutung wegen besondere Beachtung. Es ist zu wünschen, dass über das Verhalten der Hybriden, ihre weitere Entwickelung und etwaige Fruchtbarkeit fernere Mittheilungen erfolgen.

Anthurium.

A. leuconeurum Lem. ♀ × *pedato-radiatum* Schott ♂; von Kellermann 1864 erzeugt, brachte 1866—69 sterile Blüthen, 1870 eine unvollkommene Frucht, 1870 und 1871 nur weibliche, 1873 beiderlei Blüthen. Engler beschreibt zwei verschiedene Formen, von denen jede einer der Stammarten näher steht.

A. polytomum Schott ♀ × *intermedium* Knth. ♂ (Kellermann).

? *A. obtusilobum* Schott × *ochranthum* C. Koch. Dies ist nach Regel die muthmaassliche Abstammung des *A. hybridum* Linden, welches nach Linden ein *A. trilobum* Lind. × *cordatum* C. Koch sein soll. Engler leitete es von *A. subsignatum* Schott und *A. ochranthum* ab.

A. leuconeurum Lem. ♀ × *signatum* Mathieu ♂, von A. de la Devansaye (Fl. d. serr. XXII p. 37) erzeugt, sah Anfangs aus wie ein rundblättriges *A. leuconeurum*, wurde dann dem *A. regale* hort. ähnlich und nahm eine mittlere Bildung an. Fruchtbar; die Stammformen sind sich sehr ähnlich. *A.* × *dentatum* Devans.

A. ochranthum C. Koch × *pedato-radiatum* Schott sah Engler aus dem kaiserlichen Garten zu St. Petersburg.

Spathiphyllum.

Sp. longirostre Schott ♀ × *blandum* Schott ♂, von Kellermann 1860 erzeugt, brachte 1862 die erste Blüthe, deren Pollen steril war, 1865 die erste unvollkommene, 1868 die erste wohlentwickelte Frucht. Die aus den Samen erzogenen Pflanzen haben den Typus des ursprünglichen Bastards beibehalten. Das *Sp. longirostre Schott* ist nach Engler eine Varietät von *Sp. cochlearispathum* (Liebm.) *Engl.*

Monstera.

M. crassifolia Schott ♀ × *Milleriana* Schott ♂ ist von Kellermann gezüchtet.

Philodendron.

Ph. Simsii Knth. ♀ × *pinnatifidum* Schott ♂ ist von Kellermann erzeugt. Die Keimpflanzen des Bastards und beider Stammarten sind einander bis zum neunten Blatt ganz gleich; Blätter lanzettlich. Die folgenden Blätter wurden bei *Ph. pinnatifidum* allmälig breiter und buchtig, dann gelappt und zuletzt einfach fiederspaltig. An den Blättern von *Ph. Simsii* verbreiterte sich der Blattgrund, nahm eine langgestreckte spiessförmige Gestalt an, es entwickelten sich die Blattohren und schliesslich wurde das Blatt pfeilförmig. Die Bastarde verhielten sich Anfangs wie *Ph. Simsii*, indem sich der Blattgrund erweiterte; an den folgenden Blättern traten am Rande seichte, dann tiefere Einbuchtungen auf, so dass die Blätter länglich pfeilförmig und buchtig gelappt wurden. Die einzelnen Exemplare des Bastards waren einander vollkommen gleich. Pollen an den ersten Blüthen steril.

Ph. pinnatifidum Schott ♀ × *Selloum* C. Koch ♂; von Kellermann erzeugt. Die ersten Blätter der Keimpflanzen von *Ph. pinnatifidum* sind lanzettlich, die von *Ph. Selloum* dagegen herzförmig; die Theilung beginnt früher. Die Hybriden verhielten sich Anfangs wie *Ph. pinnatifidum*; der erste Unterschied machte sich in der Färbung (bei *Ph. Selloum* glänzend stahlgrün), dann in der Aderung (bei *Ph. Selloum* durchscheinend) bemerkbar. Die erste Blüthe des Bastards war steril.

Ph. Wendlandii Schott ♀ × *Selloum* C. Koch ♂; von Kellermann erzeugt. Die ersten Blätter der Keimpflanzen lanzettig; nach dem fünften Blatt wurden Spuren der Färbung, nach dem zehnten bis zwölften Anzeichen der durchsichtigen Aderung des *Ph. Selloum*

wahrnehmbar, nach dem zwölften bildeten sich Einbuchtungen und eine leicht herzförmige Basis. *Ph. Wendlandii* hat ganzrandige, in den Blattstiel verschmälerte Blätter. Vier Jahre lang glichen die Hybriden mehr dem *Ph. Wendlandii*, bis dann plötzlich eine Aenderung in der Blattgestalt auftrat. Einrollung doppelt, wie bei *Ph. Selloum*. Ferner hat Kellermann gezüchtet:
Ph. speciosum Schott ♀ ⨯ *bipinnatifidum* Schott ♂.
Ph. adrena Schott ♀ ⨯ *rubens* Schott ♂.
Ph. disparile Schott ♀ ⨯ *currilobum* Schott ♂.
Nicht ganz sicher war 1873 das Resultat folgender Kellermann'scher Kreuzungen: *Ph. tenue* C. Koch ♀ ⨯ *gracile* Schott ♂, *Ph. pedatum* Knth. ♀ ⨯ *tenue* C. Koch ♂, *Ph. pterotum* C. Koch ⨯ *tenue* C. Koch. — Erwähnt gefunden habe ich ferner ein *Ph.* ⨯ *Vetterianum* (ob von Vetter in Wien gezüchtet?), welches von *Ph. Augustinum* C. Koch stammen soll.

Dieffenbachia.

D. picta Schott typ. ♀ ⨯ *Weirii* Berkel. ♂; in England von Bause gezüchtet, von Veitch & Sons als *D. Bausei* verkauft. Die *D. Weirii* ist nach Engler Varietät von *D. picta*.

Caladium.

C. bicolor Vent.

Die zahlreichsten Kreuzungen in dieser Gattung hat Bleu in Paris ausgeführt. Er hat indess dazu Formen benutzt, deren Samenbeständigkeit keineswegs sichergestellt war. Kellermann bemerkt, dass die Sämlinge des gescheckten *C. Surinamense Miq.* grösstentheils grünblättrig sind, und dass *C. pellucidum DC.**) und *C. picturatum Linden et C. Koch* nach Befruchtung mit eigenem Pollen in ihren Sämlingen variiren. Ebenso dürften andere *Caladien* mehr oder minder variabel sein. Bleu benutzte zu seinen Kreuzungen u. a. *C. argyrospilum* Lemaire, *C. Chantini* Lemaire, *C. Houlletii* Lemaire, *C. Brongniartii* Lemaire, *C. Neumanni* Lemaire, *C. bicolor* Vent., *C. poecile* Schott etc., Formen, welche Schott als Species unterscheidet. Die Abstammung seiner Mischlinge soll genau notirt sein. Eine der ersten bekannt gewordenen Formen ist *C. Barral (Bleu) = C. poecile* Schott ♀ ⨯ *Neumanni* Lemaire ♂. Alle Stammformen sind indess

---

*) Schott gibt an, *C. pellucidum* sei samenbeständig, fügt aber sofort hinzu, dass auch die rothgefleckte Abänderung aus den Samen des Typus hervorgehe.

sehr nahe verwandt und haben die Bleu'schen Mischlinge bis jetzt mehr gärtnerisches als wissenschaftliches Interesse.

Durch Befruchtung von *C. pellucidum DC.*, *Surinamense Miq.* und *Gaerdtii C. Koch* mit einander erhielt Kellermann eine ganze Reihe bunt gezeichneter Sorten, und zwar ausser Mittelbildungen auch neue Farbencombinationen. *C. Surinamense Miq.* ♀ ⨯ *pellucidum DC.* ♂ erhielt er theils mit grünen, theils mit schön gezeichneten bunten Blättern.

Engler zieht sämmtliche genannten *Caladien* zu *C. bicolor Vent.*

Xanthosoma.

X. Maximiliani Schott ♀ ⨯ *robustum Schott* ♂, 1861 von Kellermann erzeugt, ist vollkommen steril geblieben.

Colocasia.

In *C. Marchalli Engl.* (*Aloc. Marshalli hort.*, *A. hybrida hort. Bull.*) vermuthet Engler (l. c. p. 494) eine *C. affinis Schott* ⨯ *antiquorum Schott.* Nach gärtnerischen Angaben stammt sie von *C. affinis* β *Jenningsii Engl.* (*Aloc. Jenningsii hort. Veitch*) und einer „*Aloc. vivipara*".

Alocasia.

A. variegata C. Koch wurde von Schott früher für eine Varietät der *A. Indica Schott* gehalten, später (Oe. B. Z. XV 109) vermuthete er wegen des sterilen Pollens eine Hybride darin.

A. Lowei Hook. f. ♀ ⨯ *macrorrhiza Schott* ♂ ist von Kellermann 1864 erzeugt und gelangte 1867 zur Blüthe. Soll ein sehr charakteristischer Bastard sein, in dem die Eigenthümlichkeiten der beiden Stammformen deutlich neben einander erkennbar sind.

A. longiloba Miq. ♀ ⨯ *Veitchii Schott* ♂. — *A.* ⨯ *intermedia hort. Veitch.* Nach Engler ist *A. Veitchii* eine Varietät von *A. Lowei.*

A. Lowei Hook. f. ⨯ *cuprea C. Koch.* — *A.* ⨯ *Sedeni hort. Veitch.*

A. Merckii und *A. Jenischiae* (Züchter Kramer) stammen von *A. Indica Schott v. metallica C. Koch.*

92. NAIADEAE.

Potamogeton.

P. polygonifolius Pourr. × *rufescens Schrad.* ist früher in einer Gegend der Rheinpfalz zwischen Kaiserslautern und Saarbrücken (20 km von dort) beobachtet worden. Blätter intermediär, hellgrün, getrocknet röthlich. Blüthen öffnen sich nicht. An einer Stelle unvollkommene Früchte ansetzend, an allen andern völlig steril. *P. spathulatus Koch et Ziz, P. Kochii F. Schultz.*

P. lucens L. × *praelongus Wulf.* ist von Nolte in Holstein zwischen den Stammarten gefunden worden. Die Blüthen öffnen sich, sind aber immer unfruchtbar. Vielleicht schon von Nolte mit *P. lucens* × *perfoliatus* verwechselt. *P. decipiens Nolte.*

P. lucens L. × *perfoliatus L.* ist ebenfalls völlig unfruchtbar. Hieher offenbar *P. decipiens* der meisten Schriftsteller. Im Borgwallsee bei Stralsund (Marsson), häufig in der Rhone bei Genf. Hieher auch wohl die Pflanze von Breslau (v. Uechtritz) und von verschiedenen norddeutschen Standorten. Angeblich stimmt *P. lucens* × *perfoliatus* vieler Stellen mit trockenen Originalexemplaren von *P. decipiens Nolte* überein.

Dritte Classe: GYMNOSPERMAE.

93. CONIFERAE.

Pinus.

Frühere Mittheilungen über *Pinus*-Bastarde sind wiederholt als unrichtig erkannt worden. Einige Angaben dürfen indess nicht mit Stillschweigen übergangen werden; insbesondere setze ich in die Beobachtungen des Herrn Prof. Purkyne zu Weisswasser grosses Vertrauen.

P. montana Duroi × *silvestris L.* wächst nach Purkyne (in litt.) in Südböhmen nicht selten zwischen den Stammarten; nach Brügger auch in Graubündten. *P. Rhaetica Bruegg.* Hieher vielleicht auch *P. uliginosa aut. nonnull., P. obliqua Saut.*

P. laricio Poir. subsp. *nigricans Host.* × *silvestris L.* will Klotzsch im Jahre 1845 künstlich erzeugt haben; die Sämlinge waren 1854 bedeutend stärker als die genau gleichalterigen Sämlinge der Stammarten. Nach Purkyne hat *P. leucodermis Antoine* Zapfen wie *P. silvestris*, ♂ Blüthen wie *P. laricio; P. Neilreichiana* dagegen ♂ Blüthen wie *P. silvestris*.

Nach Purkyne ist *P. Brutia Ten.* eine Mittelform zwischen *P. laricio Poir.* und *P. Halepensis Mill.* Parlatore stellt die echte *P. Brutia* zu *P. Pyrenaica Lapeyr.*

P. pinsapo Boiss. × *abies Duroi var. Cephalonica Lk.* ist in Frankreich künstlich gewonnen worden. Aus der Befruchtung von acht Zapfen wurde nur ein einziges Exemplar erhalten, welches jetzt im Garten von Henri Vilmorin zu Verrières steht und 1877 gegen 8 Fuss hoch war (Gard. Chron. 1878 p. 438).

94. CYCADEAE.

Die ♀ Exemplare der *Cycadeen* bringen in den europäischen Gewächshäusern ziemlich oft anscheinend wohlgebildete Früchte, deren Samen jedoch keinen Embryo enthalten. ♂ Exemplare sind in Europa selten; man hat ihren Blüthenstaub indess gelegentlich zur Befruchtung weiblicher Kolben von anderen Arten verwendet. Es ist mir jedoch nicht bekannt, ob es gelungen ist, keimfähige Samen zu erhalten oder gar Mischlinge zu erziehen.

Vierte Classe: FILICINEAE.

Die drei höchstentwickelten Classen des Gewächsreichs bilden zusammen das Heer (*Divisio*) der *Blüthenpflanzen* (*Phanerogamen*) oder *Aërogamen*. Sämmtliche übrigen Gewächse lassen sich im Gegensatz dazu als *blüthenlose Pflanzen* (*Kryptogamen*) oder *Hygrogamen* bezeichnen. Es bestehen indess so beträchtliche Verschiedenheiten unter den einzelnen Classen der *Hygrogamen*, dass es nothwendig ist, dieselben weiter zu gruppiren. Die drei Classen der *Filicineen* (Farrn), *Equiseten* (Schachtelhalme) und *Lycopodien* (Bärlappe) zeigen unter einander eine ähnliche nahe Verwandtschaft wie die drei Classen der *Aërogamen* unter sich. Man fasst sie daher unter der gemeinsamen Benennung *Gefässkryptogamen* oder *Filicoideen* zusammen; es scheint mir indess ein Ausdruck wie *Prophytogamen* oder *Thallogamen*, d. h.

Gewächse, bei welchen die Befruchtung auf dem Vorkeim vollzogen wird, zweckmässiger und bezeichnender zu sein. Während in der übrigen organischen Natur, sowohl im Thier- als im Pflanzenreiche, die Geschlechtsreife den Höhepunkt der individuellen Entwickelung bezeichnet, findet bei den *Thallogamen* die geschlechtliche Differenzirung und Befruchtung gewissermaassen im Larvenzustande statt. Die ganze Entwickelung der thallogamischen Pflanze durchläuft zwei Cyklen; die eigentliche Farrnpflanze, in ihrem vegetativen Aufbau den *Aërogamen* nahe stehend, ist geschlechtslos, erzeugt aber an ihren Blättern einzellige Sporen, durch deren Ausstreuung die Verbreitung der Art und der Standortswechsel vermittelt wird. Aus der keimenden Spore geht die winzige, noch nicht in Blatt und Stengel gegliederte Geschlechtspflanze, der sogenannte Vorkeim, hervor; er trägt die Sexualorgane; aus der befruchteten weiblichen Zelle entwickelt sich dann unmittelbar und ohne Standortswechsel die beblätterte geschlechtslose Farrnpflanze. Eine Hybridisation zwischen Farrn kann sich somit nur an der kleinen Geschlechtspflanze vollziehen. ist daher der unmittelbaren Beobachtung schwer zugänglich. Nur unter besonderen Umständen, namentlich wenn sich das Geschlecht der Vorkeime schon an den Sporenbehältern der Laubpflanze erkennen lässt *), könnte man an eine absichtlich eingeleitete Kreuzung zweier Arten denken. Bei den *Filicineen* (Farrn, Laubfarrn) ist dies aber nicht der Fall. Es ist daher klar, dass man durch gemischte Aussaat der Sporen von zwei verschiedenen Arten nur die Möglichkeit einer zufälligen spontanen Kreuzung bieten kann, denn die aus den Sporen hervorgehenden Pflänzchen pflegen beiderlei Geschlechtsorgane zu tragen. Gärtner, welche Sporen einer Farrnart aussäen und dann beobachten, dass daraus ein Mischling zwischen dem ausgesäeten und einem in der Nähe stehenden verwandten Farrn hervorgeht, glauben manchmal die Art, deren Sporen sie aussäeten, als die mütterliche Stammform**) bezeichnen zu müssen, gleichsam als ob die Farrnsporen den

---

*) Es ist dies z. B. bei *Isoëtes* und *Selaginella* aus der Classe der Bärlappgewächse der Fall. Bei *Selaginella* könnte man mit Grund hoffen, durch richtig geleitete Aussaaten willkürlich Mischlinge zu erziehen.

**) Die Wahrscheinlichkeit spricht dafür, dass die ausgesäcte Art die väterliche Stammart des Bastards gewesen ist. Es werden nämlich an der Aussaatstelle die Sporen, die Vorkeime und somit auch die daraus entstandenen Spermatozoiden der ausgesäeten Art stets in grossem Ueberschuss vorhanden sein, so dass diese jedes conceptionsfähig werdende Archegonium der eigenen und der fremden Art sofort zu befruchten vermögen, und zwar in der Regel bevor eine Concurrenz der selteneren Spermatozoiden der zufällig eingemischten Art eintreten konnte.

Samen der *Aërogamen* analog seien. Es ist dies natürlich eine völlig irrthümliche Auffassung. Die Bastarde der Thiere und der *Aërogamen* pflegen in allen übrigen Organen normal gebildet und nur in ihren geschlechtlichen Functionen geschwächt zu sein. Nach dieser **physiologischen** Analogie zu schliessen, sollte man glauben, die hybride geschlechtslose Farrnpflanze müsse in jeder Beziehung wohl organisirt sein; eine Bildungshemmung würde man erst an den Sexualorganen des Vorkeims vermuthen. Anders verhält es sich, wenn man bei der Vergleichung die **morphologische** Analogie zu Grunde legt, welche bereits eine Unvollkommenheit in der Sporenbildung erwarten lässt. Es ist mir nicht bekannt, ob jemals bei hybriden *Filicineen* ein Mangel in der Ausbildung der Sporen beobachtet worden ist. Bei dem einzigen bekannten Bastard aus der Classe der *Equiseten* ist indess eine auffällige Verkümmerung der Sporen vorhanden; dasselbe ist bei den hybriden *Moosen* der Fall.

95. POLYPODIACEAE.

Ausser den Blendlingen in der Gattung *Gymnogramme* sind die Farrnmischlinge, welche man beschrieben hat, noch in vieler Beziehung räthselhaft. Eine genaue Untersuchung der Sporen an den muthmaasslichen Bastarden ist dringend zu empfehlen.

Polypodium.

E. Timbal-Lagrave und E. Jeanbernat haben (Mém. acad. Toulouse) die Ansicht zu begründen versucht, dass mehrere der bisher für Formen von *P. vulgare L.* gehaltenen Pflanzen Bastarde dieser Art seien. Insbesondere sei:

P. (vulgare var.) serratum Willd. ein *P. vulg.* × *Aspidium aculeatum Sw.*

P. (vulgare var.) Cambricum L. ein *P. vulg.* × *Pteris aquilina L.*

Zweifelhafter äussern sie sich über vermeintliche Bastarde des *P. vulgare* mit *Phegopteris dryopteris Fée* (von Corsica) und mit *Athyrium filix femina Roth.*

Gymnogramme.

An *G. calomelanos Kaulf.* schliessen sich verschiedene in Färbung und Tracht zum Theil sehr ausgezeichnete Formen an, welche eher für Raçen als für selbständige Arten gehalten werden können. J. D. Hooker hat *G. chrysophylla Kaulf.* und *G. Peruviana Desv.* als Varietäten zu *G. calomelanos* gestellt, *G. pulchella Linden* und *G. sulfurea Desv.* dagegen als besondere Arten behandelt.

Durch gemischte Aussaat der Sporen von je zwei dieser Formen werden in den Treibhäusern mit Leichtigkeit Mischlinge erhalten. *G. calomelanos typ.* ✕ *chrysophylla* ist von Donkelaar zu Löwen zufällig erhalten worden, als er Sporen von *G. chrysophylla* aussäete, während *G. calomelanos typ.* in der Nähe stand. Kräftiger Mischling mit gelben Sporen, zuerst von Martens 1837 (Bull. acad. Brux.) beschrieben. *G. Martensii hort.*, *G. hybrida Martens.* Aehnliche Mischlinge haben sich auch an anderen Orten gebildet. *G. Massoni Lk.* ist aus *G. chrysophylla* und einer *G. distans* (an *hybr.?*) entstanden; *G. L'Herminieri Bory* scheint ebenfalls ein Gartenmischling ähnlichen Ursprungs zu sein. *G.* ✕ *Laucheana C. Koch* ist eine *G. chrysophylla* ✕ *L'Herminieri*, *G.* ✕ *Heyderi Lauche* wieder eine *G. chrysophylla* ✕ ✕ *Laucheana*. Es ist indess wohl zweifelhaft, ob derartige Abänderungen nicht ebensowohl durch spontane Variation der Blendlinge als durch neue Kreuzung zu erklären sind. Lauche fand freilich *G.* ✕ *Heyderi* sowohl als andere *Gymnogramme*-Blendlinge bei Sporenaussaat constant; von Andern scheinen indess entgegengesetzte Erfahrungen gemacht zu sein.

Von *G. Peruviana Desv.* und *G. chrysophylla Kaulf.* stammt die *G. luteo-alba hort.*

Alle diese Hybriden sind nach Hooker Blendlinge zwischen Raçen der *G. calomelanos Kaulf.* Die *G. Wetenhalliana Moore* erklärt er dagegen für eine Varietät von *G. pulchella Linden.* Nach bestimmten Nachrichten ist indess die *G. Wetenhalliana* durch Aussaat von *G. Peruviana (calomel. var.) Desv.* erhalten worden, welche neben *G. sulphurea Desv.* stand. Auch die *G. pulchella* selbst möchte wohl eine Zwischenform sein.

G. (calomelanos) chrysophylla Kaulf. ✕ *ferruginea Knze.* ist von Stelzner in Gent erhalten und als Bastard zwischen wirklich verschiedenen Arten zu betrachten. *G. Stelzneriana C. Koch. G.* ✕ *Stelzneriana* ✕ ✕ *Laucheana* ist ungemein kräftig; *G. Laucheana var. gigantea* Illustr. hort. t. 576. *G. (calomelanos) chrysophylla Kaulf.* ✕ *ferruginea Knze. var. lanata Klotzsch* entstand in Berlin; *G. Boucheana A.Br.*

Adiantum.

Lit.: Gard. Chron. XII n. ser. p. 456.

A. Farleyense Th. Moore ist nach Hooker eine Gartenvarietät von *A. tenerum Sw.* Es wird indess angegeben, das *A. Farleyense* stamme von Barbadoes; Moore vermuthet, dass es ein spontaner Bastard von *A. tenerum Sw.* und *A. trapeziforme L.* sei. Einen andern muthmaasslichen Bastard von *A. trapeziforme L.* beschreibt Th. Moore als *A. Bausei;* die andere Stammart nennt er *A. decorum*, eine Pflanze, die unter diesem Namen in Hooker's Synops. filicum nicht vorzukommen scheint.

Cheilanthes.

Es soll in den Gärten hybride *Cheilanthes* geben, doch ist mir nichts Näheres darüber bekannt.

Asplenium.

A. adulterinum Milde wurde von Milde früher für ein offenbares *A. trichomanes Huds.* × *viride Huds.* gehalten, später aber für eine Serpentin bewohnende Form von *A. viride* oder für eine selbständige Mittelart. Die Pflanze findet sich gewöhnlich ohne die vermeintlichen Stammarten.

A. adiantum nigrum L. × *trichomanes Huds.* wurde von Milde in einem einzigen Stock bei Meran in Südtirol entdeckt; soll später noch an einzelnen anderen Stellen gefunden sein. *A. dolosum Milde.*

? *A. septentrionale Sw.* × *trichomanes Huds.* soll an manchen Orten, namentlich in Frankreich, einzeln zwischen den Stammarten beobachtet und mit *A Germanicum Weiss* und *A. Breynii Retz.* identisch sein. *A Germanicum* verhält sich indess in einigen Gegenden, z. B. in Südtirol, wie eine selbständige Art. Von andern Seiten ist *A. Germanicum* für ein *A. ruta muraria* × *septentrionale* gehalten worden; A. Kerner hat die Vermuthung ausgesprochen, es könne ein constant gewordener Bastard sein. — Zukünftige Beobachter werden wohl thun, bei Auffindung eines muthmaasslichen Bastards sich weniger um die Nomenclatur als um eine genaue Untersuchung der morphologischen, physiologischen und chorologischen Verhältnisse unter Vergleich mit den vermutheten Stammarten zu kümmern. — Einige Botaniker, welche *A. Germanicum* für ein *A. trichomanes* × *septentrionale* halten, glauben in *A. Seelosii Leybold* ein *A. ruta muraria* × *septentrionale* zu erblicken. Vielleicht ist das *A. ruta muraria var. angustatum Coss. et Germ.* wirklich ein Bastard und ist mit dem nicht hybriden *A. Germanicum* verwechselt worden.

? *A. Germanicum Weiss* × *ruta muraria L.* wollte Kickx in Belgien beobachtet haben.

A. Germanicum Weiss ⨯ *trichomanes Huds.* ist durch von Heufler zwischen den Stammarten auf alten Mauern bei Mölten in Südtirol entdeckt worden. Genaue Mittelbildung. Später auch an einzelnen Stellen in der Rheinprovinz, Sachsen und Mähren gefunden. *A. Heufleri Reichardt.*

? *A. adiantum nigrum L.* ⨯ *ruta muraria L.*; eine Mittelform zwischen den Stammarten. Pérard Bull. soc. bot. Fr. XVI p. 263.

Scolopendrium ⨯ Ceterach.

Scolopendrium vulgare Symonds ⨯ *Ceterach officinarum Willd.* wurde von H. W. Reichardt auf einer alten Weinbergsmauer bei Porto Zigale auf Lossin piccolo entdeckt. Ein einziges Exemplar in Gesellschaft von *Ceterach.* — *Scolop. hybridum Milde.*

Phegopteris.

Ph. dryopteris Fée ⨯ *Robertiana A.Br.*; im Süntel bei Hannover. Die Stammarten sind nahe verwandt.

Aspidium.

? *A. filix mas. Sw.* ⨯ *spinulosum Sw.* Eine Zwischenform zwischen den beiden Arten ist *A. remotum A.Br.*, in Gesellschaft derselben einzeln bei Geroldsau im Badischen von A. Braun entdeckt. Dieselbe Form wurde später bei Aachen ohne *A. spinulosum* beobachtet, ein Umstand, welcher A. Braun veranlasste, seine Ansicht über die Hybridität der Pflanze zu ändern. Milde war dagegen geneigt, trotzdem an die Bastardnatur derselben zu glauben. Findet sich zerstreut und sparsam in verschiedenen Gegenden.

? *A. cristatum Sw.* ⨯ *spinulosum Sw.*, eine ziemlich häufige Zwischenform oder ein Bastard, meist zwischen den Stammarten oder mit *A. cristatum* allein. Europa, Sibirien, Nordamerika. *Lastrea uliginosa Newm., A. Boottii Tuckerm.*

Fünfte Classe: EQUISETINEAE.

Ueber die Befruchtungsverhältnisse vergleiche die bei der vorigen Classe gegebene Darstellung.

96. EQUISETACEAE.

Equisetum.

E. arvense L. × *limosum* L. ist ein sehr verbreiteter und ziemlich häufiger Bastard, in verschiedenen Formen vorkommend. Sporen grösstentheils sehr klein, farblos, ohne Schleudern, zuweilen einzelne normal gebildete dazwischen. Die Verbreitung der Pflanze brachte Milde auf den Gedanken, dass sie eine im Erlöschen begriffene Art sei; sie würde in diesem Falle aber nicht als Seltenheit an so zahlreichen Orten vorkommen. Durch Nord- und Mitteleuropa zerstreut, namentlich in Deutschland an vielen Orten nachgewiesen; in Canada (Milde). — *E. litorale Kuchlwn.*, *E. inundatum Lasch*, *E. Kochianum G. Boeckel*.

Sehr zweifelhaft ist Zabel's *E. telmateja Ehrh.* × *palustre L.* von Jasmund.

Sechste Classe: MUSCINEAE.

Während bei den Farrn die Geschlechtspflanze auf einer niedrigen Stufe der Entwickelung steht, die geschlechtslose Generation dagegen sich in ihrem vegetativen Aufbau den höchstorganisirten Gewächsen anreiht, treten bei den *Muscineen* die Sexualorgane an der vollkommen ausgebildeten Laubpflanze auf. Die durch die Befruchtung entstandene geschlechtslose sporentragende Generation erscheint nicht als selbständiger Organismus, sondern bleibt in Verbindung mit der sexuellen Laubpflanze und besteht aus einer einfachen Achse, welche keine wirklichen Blätter, sondern nur eine die Sporen enthaltende Fruchtkapsel ausbildet. Durch die Sporen wird die Verbreitung der Art vermittelt; aus ihnen geht zunächst ein geschlechtsloser Vorkeim und aus diesem unmittelbar die geschlechtliche Laubpflanze der Moose hervor.

Durch die Befruchtung wird bei den Moosen das Sporogonium, d. h. die Kapsel mit Kapselstiel und Sporen, gebildet. Bei einer Hybridisation muss also zunächst das Sporogonium eine Mischung der Eigenschaften beider Stammarten zeigen. Auf einer normalen Laubpflanze einer Moosart wird man ein Sporogonium finden, welches in seinen Eigenschaften die Mitte hält zwischen dem normalen Sporogonium der mütterlichen Stammart, aus welcher es hervorgeht, und dem

Sporogonium der väterlichen Stammart. Man hat also ein normales Laubmoos mit einer hybriden Kapsel vor sich. Was man bisher von Moosbastarden beobachtet hat, sind solche Mischfrüchte auf normalen Laubmoosen; im Gegensatz zu den Farrn ist die weibliche Stammart solcher Mischlinge natürlich immer bekannt.

Es ist kein Grund anzunehmen, dass die Sporen hybrider Mooskapseln niemals keimen. Es müssen daraus hybride geschlechtliche Laubpflanzen hervorgehen. Solche sind bisher noch niemals als Bastarde erkannt worden. Wenn sie von beträchtlich verschiedenen Arten stammen, werden sie muthmaasslich steril sein. Sollten sich unter den zahlreichen Moosen, welche selten oder niemals Früchte bringen, nicht einige Bastarde finden?

Es kann kaum besonders schwierig sein, künstliche Moosbastarde zu erziehen; freilich sind einige Vorversuche unerlässlich, um den Weg zu zeigen, den man bei diesen Kreuzungen zu verfolgen hat.

97. BRYINAE.

Funaria.

Lit.: Bayrhoffer in Jahrb. Ver. Naturk. Nassau 5. Heft (1849) S. 18, citirt in A. Braun, Verjüng. S. 330.

F. fascicularis Schmp. ♀ × *hygrometrica Sibth.* ♂; von Bayrhoffer unweit Lorch zwischen den Stammarten gefunden. Kapsel viel länger gestielt als bei *F. fascicularis*, von mittlerer Bildung.

Physcomitrium × Funaria.

Physc. pyriforme Brid. ♀ × *Fun. hygrometrica Sibth.* ♂ ist von Bayrhoffer bei Cratzenbach in Nassau beobachtet worden. Nach Bayrhoffer gehört muthmaasslich *F. serrata Funk* hieher.

Orthotrichum.

Lit.: R. Ruthe in Hedw. 1873 p. 9—14.

O. anomalum Hedw. ♀ × *stramineum Hornsch.* ♂ ist von R. Ruthe auf einem Weidenstamme in einem Moospolster gefunden worden, welches aus den beiden Stammarten gebildet war. An einem Aste von *O. anomalum* fand sich eine Frucht von intermediärer Bildung. Weniger deutlich war der mittlere Charakter an einer Frucht auf einem Zweige von *O. stramineum* in demselben Polster.

Grimmia.

Lit.: H. Philibert in Ann. scienc. nat. 5. sér. XVII p. 225.

Gr. Tergestina Tommas. ♀ ✕ *orbicularis Br. et Schmp.* ♂.
Laubpflanze *G. Tergestina* ♀. Kapsel länger gestielt als bei *G. Tergestina*, von veränderlicher Gestalt, meistens mehr wie bei *G. orbicularis*; die bei der Reife verkümmernden Sporen kommen in der Regel gar nicht zur Entwickelung. *G. Tergestina* ist zweihäusig, die ♂ Exemplare sind viel kleiner und seltener. Wo sie in Menge auftritt, fructificirt sie normal, wo sie vereinzelt ist, meistens gar nicht; an der Stelle, wo sie die hybriden Früchte trug, war sie eingestreut zwischen Rasen der monöcischen *G. orbicularis*. Die hybriden Früchte waren an dieser Stelle (Gegend von Aix) nicht selten.

Siebente Classe: (98.) CHARACEAE.

Hybride *Characeen* sind noch nicht nachgewiesen worden; bei der Schwierigkeit, die Arten in dieser Familie zu umgrenzen, liegt es jedoch nahe zu fragen, ob nicht unter den beobachteten Zwischenformen Bastarde vorhanden sind.

Achte Classe: ALGAE.

99. FUCACEAE.

Fucus.

Lit.: Thuret in Ann. sc. nat. 4. sér. Bot. II (1854) p. 206.

F. vesiculosus L. ♀ ✕ *serratus L.* ♂. Keimpflanzen des Bastards sind von Thuret absichtlich erzeugt worden. *F. serratus* liess sich nicht durch Spermatozoiden anderer *Fucaceen* befruchten; auch einige sonstige Kreuzungsversuche schlugen fehl. Thuret ist der Ansicht, dass einige der angeblichen Varietäten des *F. vesiculosus* in Wirklichkeit Hybride seien.

Zweiter Abschnitt.

Geschichte der Bastardkunde.

1. Vor 1761.

Die Kenntniss der Bastarde zwischen verschiedenen Thierarten, insbesondere zwischen Pferd und Esel, reicht bis in's graue Alterthum zurück. Die Vorstellung der Möglichkeit von pflanzlichen Hybriden war daher gegeben, sobald die Geschlechtlichkeit der höheren Pflanzen erkannt worden war. Gegen Ende des 17. Jahrhunderts scheint etwa gleichzeitig bei verschiedenen Botanikern die Ansicht Wurzel gefasst zu haben, dass die Staubblätter die männlichen Organe der blüthentragenden Gewächse seien. Im Jahre 1676 vertrat Grew in einer Abhandlung, welche 1682 gedruckt erschien, vor der Royal Society in London Sir Thomas Millington's bis dahin noch nicht veröffentlichte Ideen über die sexuelle Functionen der Antheren. Fester begründet wurde die Lehre von der Geschlechtlichkeit der höheren Pflanzen durch Rudolf Jacob Cammerer (Camerarius) in Tübingen, der 1691 seine ersten Versuche anstellte und 1694 seine Epistola de sexu plantarum herausgab. Er wies schon damals auf die Möglichkeit der Entstehung von Pflanzenbastarden hin, und seitdem ist diese Frage von den Gelehrten mehrfach, aber zunächst nur theoretisch, erörtert worden. J. G. Gmelin sah einige neue *Delphinien* in seinem Garten entstehen und schloss auf deren hybriden Ursprung. Linné kam auf den Gedanken, dass die offenbaren Verwandtschaftsverhältnisse der Pflanzenarten unter einander sich durch eine gemeinsame Abstammung erklären lassen würden. Er leitete alle im Blüthenbau übereinstimmenden Arten von der gleichen mütterlichen, alle einander in Tracht und Blattform ähnlichen Gewächse von der gleichen väterlichen Stammform ab. Bei weiterer Verfolgung dieses Gedankens schien es ihm glaublich, dass das ganze Pflanzenreich aus einer verhältnissmässig kleinen Zahl von ursprünglich erschaffenen Grundtypen hervorgegangen sei. Bei diesen Vorstellungen erlangte natürlich das Studium der etwa neuerdings entstandenen pflanzlichen Bastarde für ihn eine besondere Wichtigkeit. Man kann nicht behaupten, dass er in diesen Untersuchungen besonders glücklich gewesen sei; auf oberflächliche Aehnlichkeiten hin erklärte er eine Anzahl von Pflanzenformen für Bastarde, mitunter für solche von weit verschiedenen Eltern. Unter den vermeintlich von ihm beobachteten spontanen Hybriden befinden sich nur wenige wirkliche Bastarde, darunter ein *Verbascum lychnitis* × *thapsus*. Linné fing indess an, auch künstliche Hybridisationsversuche anzustellen, und würde bei etwas mehr Ausdauer zu wichtigen Ergebnissen gelangt sein; so bestäubte er z. B. die *Mirabilis longiflora* mit Pollen von *M. jalapa*, ein Versuch, der nur hätte umgekehrt zu werden brauchen, um zur Erzeugung einer merkwürdigen Bastardpflanze zu führen. Einen wirklichen Erfolg scheint Linné bei der Kreuzung von *Tragopogon pratensis* und *Tr. porrifolius* gehabt zu haben; so viel ich weiss, hat noch Niemand den Versuch nachgemacht, aber die Einwände, welche von Kölreuter und Andern gegen die Bastardnatur der von Linné beschriebenen Mischlinge vorgebracht sind, können nicht als stichhaltig angesehen werden, weil sie sich auf Pflanzen zweiter Generation beziehen. Linné's *Tragopogon* wird daher der erste zu wissenschaftlichen Zwecken erzeugte Pflanzenbastard gewesen sein; er blühte 1759. Schon viel früher, und zwar vor 1719, hatte ein englischer Gärtner, Thomas Fairchild, zwei Nelken erfolgreich mit einander gekreuzt; der so gewonnene Bastard, ein *Dianthus caryophyllus* ♀ × *barbatus* ♂, war noch 100 Jahre später, vielleicht noch jetzt, in englischen Gärten als *Fairchild's Sweet William* bekannt. Dieser Erfolg der künstlichen Befruchtung wurde aber weder für die Wissenschaft verwerthet, noch scheint er den Gärtnern einen Anstoss zu weiteren Versuchen gegeben zu haben.

Trotz dieser vereinzelten gelungenen Kreuzungen beginnt die wirkliche Geschichte der pflanzlichen Hybridenkunde erst mit dem Jahre 1761; alles Frühere trägt mehr einen sagenhaften Charakter, die spärlichen Thatsachen werden überwuchert von doctrinären Phantastereien. Linné machte, wie erwähnt, einen Versuch, auf diesem Gebiete festen Boden zu gewinnen, aber Kölreuter war es, der in Wirklichkeit die Lehre von der Bastardbefruchtung begründete.

2. Von 1761—1799.

Joseph Gottlieb[*]) Kölreuter, geboren 27. April 1733 zu Sulz am Neckar, gestorben zu Karlsruhe am 12. November 1806, erzielte,

---

[*]) In seinen lateinischen Schriften gibt Kölreuter sich die Vornamen J. T. (Theophilus).

nach einigen erfolglosen Versuchen mit anderen Pflanzen, im Jahre 1760 Samen von einer *Nicotiana rustica*, die er durch Pollen von *N. paniculata* befruchtet hatte. Die daraus erzogenen Bastardpflanzen gelangten 1761 zur Blüthe. Noch in demselben Jahre 1761 erschien die „Vorläufige Nachricht von einigen das Geschlecht der Pflanzen betreffenden Versuchen und Beobachtungen", in welcher Kölreuter über seinen Bastard berichtete. In derselben Schrift theilte er eine Reihe von Erfahrungen mit, deren Tragweite erst neuerdings in vollem Umfange gewürdigt worden ist. Er entdeckte die Bedeutung der Insecten für die Befruchtung der Blumen, er bestimmte die Zahl der Pollenkörner, welche zu einer vollkommenen Befruchtung erforderlich sind, er sammelte den süssen Saft der Blumen und wies nach, dass derselbe eine Honiglösung ist. Trotz der geringen Theilnahme, welche er fand, setzte Kölreuter seine Versuche und Beobachtungen mehrere Jahrzehnte hindurch fort. Alle wesentlichen Eigenschaften der Pflanzenbastarde sind von ihm richtig erkannt worden. Er befruchtete z. B. *Nicotiana rustica* und deren Abkömmlinge durch eine Reihe von Generationen (bis 20) regelmässig mit Pollen von *N. paniculata*, führte so die erste Art in die zweite über und dann durch Befruchtung mit Pollen der *N. rustica* wieder zur mütterlichen Ausgangsform zurück. Aehnliche Versuchsreihen stellte er auch mit mehreren *Dianthus*-Arten an. Er ermittelte, dass die Bastarde zwischen zwei Arten meistens einen mittleren Typus zeigen und einander in der Regel genau gleichen, einerlei welche der beiden Arten mütterliche oder väterliche Stammform ist. Die Fruchtbarkeit der Mischlinge aus verschiedenen Varietäten einer Art, die Unfruchtbarkeit oder verminderte Fruchtbarkeit der Bastarde zwischen verschiedenen Arten, der in der Regel auffallend kräftige Wuchs der Hybriden und eine Menge anderer merkwürdiger Thatsachen wurden durch Kölreuter genau beobachtet. Obgleich er eine Anzahl von Fällen spontaner Entstehung von Gartenhybriden kannte, gelang es ihm merkwürdiger Weise nicht, Pflanzenbastarde in der freien Natur aufzufinden. Seine erfolgreichen Kreuzungen sind vorzüglich zwischen Arten der Gattungen *Aquilegia*, *Matthiola*, *Dianthus*, *Melandryum*, *Linum*, *Malva*, *Lavatera*, *Lobelia*, *Nicotiana*, *Datura*, *Lycium*, *Verbascum*, *Digitalis* und *Mirabilis* ausgeführt. Aber ganz abgesehen von den Hybridisationen konnte Kölreuter durch aufmerksame Beobachtung Blicke in den Haushalt der Natur thun, deren Wichtigkeit erst ein Jahrhundert später vollkommen gewürdigt wurde. Die in seinem ersten Aufsatze mitgetheilten bedeutsamen Entdeckungen sind bereits erwähnt; ausserdem erkannte er die Unmöglichkeit der Selbstbestäubung bei vielen Pflanzenarten, die Verbreitung der beerentragenden

Gewächse durch Vögel u. s. w. Umfassende Untersuchungen hat er ferner auch über die Gestalt der Pollenkörner angestellt.

Kölreuter's Zeitgenossen schenkten seinen Untersuchungen verhältnissmässig wenig Beachtung, doch machte sich die St. Petersburger Akademie der Wissenschaften durch Veröffentlichung seiner späteren Arbeiten verdient. Bastardpflanzen scheinen, ausser ihm und seinem Bruder Christoph Cunrad, nur noch einzelne Gärtner und Blumenliebhaber (vgl. *Papaver somniferum* $\times$ *orientale* im botanischen Garten zu Edinburg, ferner *Pelargonium* von Wiegmann, Zeyher und Andern) gezüchtet zu haben.[*]) Erst nach mehr als 30 Jahren wiederholte Hedwig den Fundamentalversuch der Kreuzung von *Nicotiana rustica* mit *N. paniculata*. Werthvolle Beobachtungen über Blüthenbau und Bestäubungseinrichtungen der *Compositen* veröffentlichte zunächst ein Italiener, Graf Lavola, im Jahre 1764 in seinem Discorso della irritabilita d'alcuni fiori nuovamente scoperta etc. Bedeutend später, nämlich 1793, erschien dann Conrad Sprengel's berühmtes Werk: „Das entdeckte Geheimniss der Natur im Bau und in der Befruchtung der Blumen." Es ist bekanntlich reich an interessanten und genauen Beobachtungen über den Zusammenhang zwischen Blüthenbau und Insectenbesuchen. Diese Forschungen erscheinen als eine Fortführung und Weiterentwickelung der Untersuchungen Kölreuter's, über welche dieser bereits mehr als 30 Jahre früher die ersten Mittheilungen veröffentlicht hatte. Sie fanden damals unter den Gelehrten wenig Beachtung.

Gegen Ende des 18. Jahrhunderts trat dann noch ein Mann auf, dessen Arbeiten für die Befruchtungs- und Kreuzungslehre von besonderer Bedeutung geworden sind, nämlich Thomas Andrew Knight, der berühmte Obst- und Gemüsezüchter. Anknüpfend an die erfolgreichen Bemühungen der Viehzüchter, die Hausthiere durch Kreuzung der Raçen zu verbessern, kam er auf den Gedanken, ob es nicht möglich sei, auf dem Wege der Raçenkreuzung vorzüglichere Sorten von Nutzpflanzen zu erhalten. Ohne von Kölreuter etwas zu wissen, begann er seine Versuche mit Obstbäumen und von 1787 an mit Erbsen, bei denen sich natürlich viel früher bestimmte Ergebnisse herausstellen konnten. Die Nachkommenschaft seiner gekreuzten Erbsenraçen gewann ausserordentlich an Kräftigkeit und Ertragfähigkeit. Schon 1799 (Philos. Transact. 1799 P. II p. 202) konnte Knight den Satz aussprechen: „that nature intended that a sexual intercourse

---

[*]) Den Bericht über eine angeblich gelungene Kreuzung in Beschäft. Berliner Gesellsch. Naturf. Freunde Bd. I (1777) erklärte bereits Kölreuter, und zwar offenbar mit vollem Recht, für Schwindel.

should take place between neighbouring plants of the same species." Er begründete diesen Satz durch seine Erfahrungen bei Individuen- und Raçenkreuzung, insbesondere in der Gattung *Pisum*. Die wesentlichen Thatsachen der Befruchtungslehre waren somit am Schlusse des 18. Jahrhunderts von Einzelnen richtig erkannt und öffentlich verkündet worden. Kölreuter hatte die Bedeutung der Insecten für die Befruchtung der Pflanzen entdeckt, hatte zahlreiche Bastardpflanzen erzogen und deren Eigenschaften kennen gelehrt. C. Sprengel hatte die Beziehungen zwischen Blumen und Insecten bis in alle Einzelheiten verfolgt, Th. A. Knight die Vortheile der Raçenkreuzung dargelegt. Allein so klar demnach auch Einzelne bereits diese Verhältnisse zu würdigen vermochten, so wenig wurden diese Kenntnisse ein Gemeingut der Wissenschaft. Die eigentlichen Männer von Fach wandelten auf den Wegen weiter, welche Linné erschlossen hatte; sie legten das Hauptgewicht auf die Erkennung der Species und deren richtige Einreihung in Genera und allenfalls in höhere systematische Ordnungen. Man beurtheilt indess den Geist und die Bestrebungen der Zeit zu schematisch und zu einseitig, wenn man meint, dass das Speciesdogma die freie Bewegung der Ideen gelähmt habe. Der Glaube an die Unveränderlichkeit der Arten war damals noch keineswegs besonders fest begründet; Linné selbst hat sich, wie oben beiläufig erwähnt, arge Ketzereien gegen die Doctrin von der „absoluten und constanten Species" zu Schulden kommen lassen. Medikus, der Freund Kölreuter's, hielt es für eine müssige Frage, ob eine Gattung drei verschiedene Arten oder nur eine Art mit drei Varietäten umfasse; Duchesne, der den Raçenbegriff in die Botanik einführte, war sicherlich weit entfernt, an die Beständig- keit der Arten zu glauben. Nur der Mangel einer besseren Erklärung für die vorhandenen Erscheinungen und Thatsachen hielt diese und gewiss auch zahlreiche andere Männer davon ab, entschieden gegen die Lehre von der Speciesconstanz aufzutreten. Man würde daher unrecht thun, wenn man doctrinäre Befangenheit als die wesentliche Ursache der Erscheinung betrachten wollte, dass die Entdeckungen Kölreuter's, Sprengel's und Knight's so wenig gewürdigt und verstanden wurden. Die Wahrheit ist, dass jene Entdeckungen nicht in die ganze Naturanschauung der Zeit hineinpassten, dass sie sich dem vorhandenen Vorrathe von Kenntnissen nicht ungezwungen ein- reihen liessen und dass sie desshalb lieber gar nicht in denselben aufgenommen wurden.

3. Von 1800—1825.

Im Jahre 1800 erschien J. E. Smith „Flora Brittannica", ein Werk, in welchem zum ersten Male zwei spontane Bastarde als Glieder einer europäischen Flora zwischen den einheimischen Arten (als β var. hybrida) aufgeführt wurden. *Verbascum thapsus* ✕ *nigrum* war freilich nur im Garten beobachtet, reihte sich somit den schon von Linné und Kölreuter mitgetheilten ähnlichen Fällen an; *V. pulverulentum* ✕ *nigrum* war dagegen ein wirklich spontan in der Wildniss entstandener Bastard. 1809 folgten Mittheilungen von Villars über spontane hybride *Gentianen* (Roem. Coll. bot. p. 186) und im folgenden Jahre ein Bericht von J. D. Hoppe über ein hybrides *Aconitum* (Neues bot. Taschenb. 1810 p. 217). Die erste klare und sachlich eingehende Darstellung der Verhältnisse, unter welchen ein wildwachsender Bastard beobachtet wurde, ist 1823 von Guillemin und Dumas in ihren Observations sur l'hybridité d. plant. (in Mém. Paris Soc. hist. nat. I p. 79—92) gegeben. Von französischen Leistungen auf dem Gebiete der Bastardkunde sind aus dieser Zeit noch die Versuche Sageret's zu erwähnen, welche schon vor 1820 begonnen wurden. Von Bellardi erschien 1809 eine Mittheilung Saggio Botanico-Georgico, in der einige Kreuzungsversuche mit Getreidesorten beschrieben wurden.

Die Streitigkeiten der deutschen Gelehrten über die Sexualität der Pflanzen und die Hybridisation zeichneten sich durch ausserordentliche Unfruchtbarkeit aus. Schelver hatte die Lehre von der Geschlechtlichkeit der Pflanzen einer scharfen Kritik unterzogen und sie nicht genügend begründet gefunden, was allerdings nur dadurch möglich war, dass er Kölreuter's Versuche und Angaben als unglaubwürdig bei Seite schob. Henschel bildete die Lehre von dem Fehlen der Geschlechtsunterschiede bei den Pflanzen weiter aus, indem er einen vollständigen Mangel an Aufrichtigkeit und Wahrheitssinn durch eine geschickte Sophistik und durch die verblüffende Unverschämtheit seiner Behauptungen zu ersetzen suchte. Die Vertheidigung der Sexualitätslehre übernahm vorzüglich L. Chr. Treviranus, der den Sachverhalt in streng wissenschaftlicher Weise darlegte. Seine schwerfällige Schreibweise war jedoch in formaler Beziehung der gewissenlosen Dialektik Henschel's nicht gewachsen, so dass dieser, der sich auch der Gunst der Machthaber erfreute, eine Zeit lang als Sieger aus dem Kampfe der Meinungen hervorzugehen schien. Der Streit drehte sich zum Theil um die Wahrhaftigkeit und Zuverlässigkeit der Angaben Kölreuter's. Es hätte offenbar nichts näher gelegen, als dass Treviranus, der an Kölreuter glaubte, einige von dessen Versuchen wiederholt hätte, was, nachdem der Weg einmal gezeigt war, für den Vorsteher eines botanischen Gartens doch sicher nicht allzu schwierig gewesen wäre. Statt dessen liess er sich auch auf diesem Gebiete Henschel zuvorkommen, der wirklich Hybridisationsversuche anstellte, dieselben aber statt zu ernsten Forschungen nur zu Schwindeleien benutzte. Es würde eine Beleidigung gegen die Würde der Wissenschaft sein, wenn man über die Henschel'schen Angaben auch nur ein Wort verlieren wollte; es genügt, wie schon Godron that, Henschel's angeblichen Bastard aus *Spinacia oleracea* und *Pinus strobus* zu erwähnen, um diese Nichtbeachtung zu rechtfertigen. Allmälig wurde indess doch, etwa vom Jahre 1819 an, der Wunsch nach zuverlässigen Kreuzungsversuchen lebhafter.

Während die deutsche Wissenschaft im Laufe des ersten Viertels unseres Jahrhunderts auf dem Gebiete der Bastardkunde nur unbedeutende oder schmachvolle Leistungen aufzuweisen hat, haben gleichzeitig englische Gärtner und Blumenliebhaber eine grosse Anzahl lehrreicher Versuche angestellt, freilich zunächst in gärtnerischem, aber doch auch in wissenschaftlichem Interesse. Knight setzte seine Kreuzungen zwischen verschiedenen Raçen oder nahe verwandten Arten von Frucht- und Gemüsepflanzen fort. Um 1808 begannen R. J. Gowen, Gärtner des Lord Carnarvon zu Highclere, und der englische Geistliche W. Herbert die lange Reihe ihrer erfolgreichen Kreuzungsversuche, zunächst zwischen Arten von *Erica*, *Gladiolus*, *Hippeastrum* (*Amaryllis*) und *Rhododendron*. Der Gärtner Th. Milne erzog die ersten Bastarde von *Passiflora*, R. Sweet beschäftigte sich mit Kreuzungen von *Pelargonium*-Arten und gab sich viele Mühe, die Abstammung der zahlreichen von anderen Liebhabern und Gärtnern gezüchteten *Pelargonien* festzustellen. Sweet's Werk „*Geraniaceae*" ist vielleicht die für die Hybridisationslehre inhaltreichste Schrift, welche während des ersten Viertels unseres Jahrhunderts erschienen ist. Sie ist indess bisher von keinem einzigen Forscher auf diesem Gebiete irgendwie beachtet worden. Um so mehr Aufsehen erregte ein lebhafter Meinungsaustausch zwischen Knight und Herbert in den Versammlungen und Schriften der Londoner Gartenbau-Gesellschaft. Knight behauptete, die Bastarde zwischen specifisch verschiedenen Typen seien immer steril, fruchtbare Hybride seien stets aus Varietätenkreuzung hervorgegangen; er meinte, die Fruchtbarkeit eines Bastards aus zwei bisher für verschiedene Arten gehaltenen Typen beweise, dass diese trotz ihrer Unähnlichkeit nur Varietäten einer einzigen Art seien (Transact. Hort. Soc. London IV p. 367—373). Herbert dagegen hatte gefunden, dass Bastarde zwischen offenbar verschiedenen Arten nicht selten fruchtbar sind; er stimmte jedoch Knight darin bei, dass er zugab, die Möglichkeit der Erzeugung eines fruchtbaren Bastards, ja überhaupt einer fruchtbaren Kreuzung zwischen zwei Pflanzen deute auf deren ursprünglichen genetischen Zusammenhang hin. Er nahm an, dass es einst nur Gattungs- oder Familientypen gegeben habe, die freilich nicht gerade genau den gegenwärtigen Abtheilungen des botanischen Systems entsprochen haben möchten. Aus diesen Urtypen leitete er die modernen Arten nicht wie Linné durch Hybridisation, sondern wie Lamarck und G. R. Treviranus durch Differenzirung*) ab. Den Kern des ganzen Streites bildete die Frage, ob es eine feste und unverrückbare Grenze zwischen Fruchtbarkeit und Unfruchtbarkeit bei den Mischlingen gebe; hinter dieser Frage stand aber im Grunde eine zweite, nämlich die, ob es eine feste Grenze zwischen Arten und Varietäten gebe: Artbastarde sollten steril, Varietätenmischlinge fruchtbar sein. Die Discussion Knight-Herbert war ein Vorspiel zu dem später auf einer grösseren Bühne und mit weit umfassenderen Kenntnissen geführten Streite Cuvier-Geoffroy.

4. Von 1826—1850.

Das Jahr 1825 bildet für die Geschichte der Hybridenkunde in England keinen Abschnitt. Die englischen Gärtner fuhren fort, zahlreiche Hybride zu züchten; durch Sweet, G. Don, Paxton, Lindley, Herbert und Andere ist über die Ergebnisse dieser Kreuzungen Manches bekannt geworden. Am reichhaltigsten sind die auf eigene und fremde Erfahrung begründeten Mittheilungen Herbert's in einem Anhange zu seinem Werke über die *Amaryllideae* und in einem besonderen Aufsatze im Journal of the Horticult. Society vol. II. Seine Angaben sind im Allgemeinen klar und zuverlässig, wenn auch für den streng wissenschaftlichen Forscher nicht immer vollständig genug. Jedenfalls hat er mehr zur Erweiterung unserer Kenntnisse über die Bastarde beigetragen als irgend ein anderer Schriftsteller während der ersten Hälfte des 19. Jahrhunderts. Im Gegensatz zu Kölreuter, Gärtner und manchen Späteren stellte er seine Versuche fast nur mit ausdauernden langlebigen Gewächsen an.

Frankreich hat in dem Zeitraume von 1825—1850 keine bedeutenderen Leistungen in der Hybridenkunde aufzuweisen. Einige beachtenswerthe Mittheilungen verdanken wir Sageret und Lecoq; einige Gärtner machten Angaben über zufällig oder absichtlich erzeugte

---

*) I suspect that in the early periods of the world, there existed only the distinct genera of plants, or heads of families, not, however, exactly according to the present divisions of botanists (Trans. Hort. Soc. London IV p. 16). Später (Amaryll. p. 339) verglich Herbert die Entstehung der Arten aus einer gemeinsamen Stammform mit der Entwickelung der Sprachen aus wenigen Ursprachen.

Hybride; 1844 erschien die erste Arbeit Godron's über Hybridität im Pflanzenreiche mit Beschreibungen einiger wildwachsend gefundenen Bastarde. Bemerkenswerther sind die deutschen Arbeiten in diesem Zeitraume, obgleich sie im Grunde nur dahin führten, zunächst die Henschel'schen Schwindeleien aus der Welt zu schaffen, sodann Kölreuter's Beobachtungen im vollsten Maasse zu bestätigen. Die Akademie der Wissenschaften zu Berlin hatte auf Link's Anregung schon 1819 und zum zweiten Male 1822 die Preisfrage gestellt: „Gibt es eine Bastarderzeugung im Pflanzenreiche?" Es ging darauf schliesslich eine Arbeit von A. F. Wiegmann ein, welcher 1826 ein halber Preis zuerkannt und welche (Ueber Bastarderzeugung im Pflanzenreiche) 1828 veröffentlicht wurde. Der Verfasser vertrat entschieden die Ansichten von Kölreuter und Conrad Sprengel; er hatte eine Anzahl von unzweifelhaften Bastarden erzeugt, ausserdem aber auch Abänderungen gewonnen, die er für Bastarde hielt, über deren wirkliche Entstehungsursache die Untersuchungen jedoch auch heute noch nicht abgeschlossen sind. In den folgenden Jahren erfolgten einige fernere Mittheilungen über gelungene Kreuzungen, z. B. durch Chr. Lehmann; von grösserer Bedeutung sind aber nur die Untersuchungen von Carl Friedrich v. Gärtner (1. Mai 1772 bis 1. Septb. 1850). Die Erstlingsarbeit dieses berühmten Hybridenzüchters war freilich äusserst voreilig. Er hatte die Schriften Kölreuter's sorgfältig studirt und im Jahre 1825 eine grosse Anzahl von Bestäubungsversuchen angestellt. Er schrieb nun einen Aufsatz über Bastardbefruchtung (Naturw. Abh. Tübingen I, 1), in welchem er sich das Ansehen eines erfahrenen Bastardzüchters gab und die Resultate seiner Bestäubungen mittheilte, von denen jedoch die meisten, wie sich später herausstellte, nur scheinbar von Erfolg gewesen waren. Unverdienter Weise wurde dieser Aufsatz ins Französische übersetzt und in den Ann. sc. natur. X (1827) p. 113—148 veröffentlicht. Der Ton gereifter Erfahrung, welchen Gärtner anschlug, verführte Viele, an seine vermeintlichen Erfolge zu glauben; dazu kam, dass man ziemlich allgemein die angeblich gelungenen Befruchtungen mit gelungenen Bastarderzeugungen verwechselte. So ist diese Abhandlung, allerdings zum Theil ohne die Schuld des Verfassers, die Quelle grober, sich lange forterbender Irrthümer geworden. — Später konnte Gärtner allmälig über eine wachsende Zahl von wirklich erzielten Hybriden berichten (Zeitschr. Flora); er hat seine Kreuzungen durch mehrere Jahrzehnte fortgesetzt. An Zahl der Versuche ist er vielleicht von keinem andern Bastardzüchter übertroffen worden. Sein Buch „Versuche und Beobachtungen über die Bastarderzeugung im Pflanzenreiche" fasst den wesentlichen Inhalt der Bewerbungsschrift*) des Verfassers um einen von der Kgl. Niederl. Akademie der Wissenschaften 1830 und zum zweiten Male 1836 ausgesetzten Preis, sowie der in seinen zerstreuten Aufsätzen enthaltenen Mittheilungen zusammen; es ist als eine Ueberarbeitung der durch seine sämmtlichen Versuche gewonnenen Ergebnisse zu betrachten. Das inhaltreiche Werk ist leider von einer ausserordentlichen Schwerfälligkeit; es ist daher einerseits nur ungenügend gekannt und sein Werth ist andrerseits häufig überschätzt worden. Ueber die Zuverlässigkeit der Angaben kann man sich nur schwer ein bestimmtes Urtheil bilden, da das Buch von zahllosen Ungenauigkeiten und Widersprüchen wimmelt. Ein sorgfältiges Specialstudium hat mir die Ueberzeugung aufgedrängt, dass die Fehler in Gärtner's Werk aus einem aussergewöhnlichen Mangel an schriftstellerischer Begabung und aus der Unfähigkeit, die Beobachtungen und Thatsachen übersichtlich zu ordnen, hervorgegangen sind. Allem Anschein nach hat der Verfasser zerstreute Notizen über seine Wahrnehmungen an Hybriden benutzt, ohne jemals die Mängel und Unvollkommenheiten einer ersten Untersuchung zu berichtigen, wenn auch spätere Versuche zu ganz anderen Ergebnissen geführt hatten. Nur so ist es zu erklären, dass die Angaben sich so oft vollständig widersprechen; charakteristisch sind u. A. auch die Bemerkungen über die hybride *Passiflora* auf S. 241, 242, 288, 332 und 337, aus denen hervorgeht, wie wenig Gärtner vermochte, eine einfache Thatsache klar auseinanderzusetzen. Solche Stellen, an denen die Ursache der widersprechenden Behauptungen erkennbar ist, geben den Schlüssel zum Verständniss der Entstehungsgeschichte mancher andern verkehrten Angaben. Was nun den Stoff betrifft, welchen Gärtner bearbeitet hat, so bewegen sich seine Untersuchungen über Hybridisation ziemlich ausschliesslich innerhalb der von Kölreuter vorgezeichneten Bahnen. Er hat vorzugsweise mit den nämlichen Pflanzengattungen experimentirt, in welchen schon Kölreuter Erfolge erzielte; er hat unstreitig grosse Ausdauer und einen rastlosen Fleiss bei seinen zahlreichen Versuchen bewiesen, aber kaum etwas Anderes gethan, als Kölreuter'sche Forschungen bestätigt oder weitergeführt. Eine so reiche Quelle für die Hybridenkunde das Gärtner'sche Werk auch ist, so darf man doch niemals vergessen, dass dieselbe nur mit grosser Vorsicht und kritischer Umsicht benutzt werden darf. Ungleich

---

*) Die in holländischer Sprache veröffentlichte Schrift ist wenig verbreitet; ich habe sie noch nicht gesehen.

wichtiger und verdienstlicher sind die Untersuchungen Gärtner's über die normalen Befruchtungsvorgänge.

Ein anderer Zweig der Bastardforschung erlangte während des zweiten Viertels unseres Jahrhunderts in Deutschland eine hervorragende Bedeutung. Mehrere tüchtige Pflanzenkenner hatten um 1825 ihre Aufmerksamkeit den wildwachsend vorkommenden Bastarden zugewandt. A. Braun, Wallroth, Zuccarini, G. F. W. Meyer, Ziz, W. D. J. Koch und Andere hatten eine Anzahl von spontanen Hybriden erkannt; Schiede, der selbst an diesen Untersuchungen thätigen Antheil genommen hatte, stellte alle bisher bekannten Thatsachen zusammen. Seine kleine Schrift: „De plantis hybridis sponte natis," 1825 erschienen, ist als bahnbrechend für die Erforschung der wildwachsenden Bastarde zu bezeichnen. Lasch und L. Reichenbach fügten den bekannten Fällen von spontaner Hybridisation bald neue hinzu, so dass A. P. De Candolle schon 1832 in der Physiol. végét. das Schiede'sche Verzeichniss beträchtlich vervollständigen konnte. Besonders werthvoll sind später die sorgfältigen Untersuchungen von C. Nägeli über die hybriden *Cirsien* geworden. Fr. Wimmer in Verbindung mit einigen Freunden (Krause, Wichura, Siegert) untersuchte mit grossem Erfolge die schlesische Flora auf Bastarde. Trotz mancher Irrthümer im Einzelnen machte die richtige Erkenntniss der wildwachsenden Bastarde rasche Fortschritte. Die conservativen Floristen wollten freilich meistens nichts von den vielen Hybriden wissen; ebenso eiferten manche Gegner der Doctrin von der Speciesconstanz, z. B. Hornschuch, gegen die Annahme so zahlreicher Bastarde, weil sie mehr geneigt waren, an Uebergänge und Mittelformen zu glauben.

5. Von 1851 bis zur Gegenwart.

Das Jahr 1850 bildet einen natürlichen Abschnitt in der Geschichte der Bastardkunde. Der Tod der beiden hervorragendsten Hybridenzüchter der ersten Hälfte des Jahrhunderts (Herbert † 1847, Gärtner † 1850) einerseits, das Auftreten neuer Kräfte andererseits, würde schon hinreichen, um eine gewisse Scheidelinie zu ziehen, selbst wenn sich nicht fast gleichzeitig auch eine Wendung in den Zielen und Bestrebungen der Bastardforschung vollzogen hätte. Der erste Anstoss zu einer lebhafteren Erörterung der Bastardfrage ging von J. F. Klotzsch aus. In einer Abhandlung (Verh. Kgl. Preuss. Akad. Berlin 1854, p. 535—562) hatte derselbe unter Anderem die Behauptung aufgestellt, dass Bastardpollen stets steril sei, dass die Bastarde daher niemals durch den eigenen, sondern immer nur durch den stammelterlichen Blüthenstaub, auch nicht durch den einer dritten Art befruchtet werden könnten. Gegenüber den Erfahrungen Kölreuter's, Gärtner's, Herbert's und zahlreicher Gärtner war diese Behauptung in der That mehr als kühn. Der Erste, welcher dagegen nachdrücklich auftrat, war E. Regel, der bereits damals eine bedeutende Erfahrung in der Zucht hybrider *Gesneraceen* besass. Wenn auch seine Kreuzungen zunächst gärtnerische Zwecke verfolgten, hatte er doch die wissenschaftlichen Seiten der Frage nicht ausser Augen gelassen; einige seiner schlagendsten Beweise entnahm er gerade der Gattung *Begonia*, die Klotzsch zu seinem Specialstudium gewählt hatte. Der Nutzen der Discussion bestand vorzüglich darin, dass eine Anzahl von Thatsachen ans Licht gezogen wurde, die sonst vielleicht gänzlich unbekannt geblieben wären; übrigens konnte es für keinen Unbefangenen zweifelhaft sein, dass in der Sache selbst Regel unbedingt Recht hatte. — Fast gleichzeitig entspann sich in Frankreich ein anderer Kampf, nämlich der um die *Aegilops*-Frage. A. Godron war es, der zuerst durch die künstliche hybride Erzeugung der *Aegilops triticoides* die Phantastereien über die Umwandlung der *Aegilops* in *Triticum* zerstörte, sodann aber auch auf experimentalem Wege die Entstehung der samenbeständigen *Aegilops speltaeformis* nachwies. Vgl. darüber oben S. 411. A. Jordan's noch bis auf die Gegenwart fortdauernde Kritik der Godron'schen Versuche hat den Erfolg gehabt, dass Godron und Andere (Grönland, Regel) sich bemühten, die Thatsachen durch wiederholte Experimente nach allen Richtungen hin festzustellen.

Die Discussionen Klotzsch-Regel und Jordan-Godron gaben den Anstoss zu wichtigen weiteren Forschungen. Am 30. Januar 1860 fasste die Akademie der Wissenschaften zu Paris den Beschluss, einen ihr zur Verfügung stehenden, im Jahre 1862 zu vertheilenden Preis für die beste Schrift über Hybridisation im Pflanzenreiche zu bestimmen. Insbesondere glaubte sie die Aufmerksamkeit der Bewerber auf drei Punkte richten zu müssen, nämlich auf die Fruchtbarkeit oder Unfruchtbarkeit der Bastarde, auf die Ursache der Unfruchtbarkeit (Pollen oder auch die weiblichen Organe?) und endlich auf die Samenbeständigkeit der fruchtbaren Bastarde. Offenbar war der Zeitraum von drei Sommern, der zwischen Stellung der Aufgabe und Preisvertheilung lag, viel zu kurz, als dass während desselben bedeutende neue Untersuchungen hätten angefangen und zugleich abgeschlossen werden können. Die Akademie konnte nur darauf rechnen, dass der ausgeschriebene Preis für solche Männer, die sich schon länger mit Hybridisationsversuchen beschäftigt hatten, ein Sporn zu eifriger Fortsetzung und zur Veröffentlichung der Ergebnisse ihrer Arbeiten sein würde. Es gingen in der That zwei Abhandlungen ein, die auf ziemlich zahlreiche Versuche gestützt waren; die Verfasser waren Charles Naudin und D. A. Godron. Nicht ohne triftige Gründe erklärte die Akademie die Naudin'sche Arbeit für die vorzüglichere und erkannte ihr den Preis zu, während die Godron'sche nur einer ehrenvollen Erwähnung werth befunden wurde. Die Kritik, welche das von Duchartre verfasste Gutachten der Akademie gegen die Godron'sche Arbeit übte, war jedoch keine ganz unbefangene; es unterliegt keinem Zweifel, dass Godron in mancher Beziehung sorgfältiger und gründlicher gearbeitet hatte, als sein Mitbewerber. Fasst man nun das wissenschaftliche Ergebniss dieses Preisausschreibens in's Auge, so ist dasselbe zunächst in einer Hinsicht überraschend. Godron hat in der Bewerbungsschrift seine früheren Untersuchungen nicht vollständig mitgetheilt, aber Alles in Allem haben die beiden Experimentatoren über etwa 30 grössere Versuchsreihen und bemerkenswerthe Einzelversuche berichtet, zu denen allerdings noch einige unvollständige Beobachtungen und Mittheilungen über längst bekannte Thatsachen kommen. Vergleicht man damit die Fülle von Stoff, welche die Untersuchungen von Kölreuter, Herbert und Gärtner, Anderer gar nicht zu gedenken, geliefert hatten, so erscheint das von den beiden französischen Forschern benutzte Material, so werthvoll es auch ist, offenbar völlig ungenügend zu einer umfassenden und einigermaassen abschliessenden Beurtheilung der Frage. Sowohl Godron als Naudin legten nämlich ihren Betrachtungen über die Hybridisation fast nur ihre eigenen Untersuchungen zu Grunde; die unverhältnissmässig grössere Summe von eigenen und fremden Erfahrungen, über welche Gärtner bei Abfassung seines Werkes verfügte, ist so gut wie unberücksichtigt geblieben. Uebrigens hatten die beiden Bewerber um den Preis der Akademie sich ziemlich verschiedene Ansichten gebildet. Naudin sprach sich zunächst klar und bestimmt darüber aus, dass es im Pflanzenreiche keine festumgrenzten Arten in dem Sinne der Cuvier'schen Doctrin gebe: „Il n'y a aucune différence qualitative entre les espèces, les races et les variétés; en chercher une est poursuivre une chimère. Ces trois choses n'en font qu'une, et les mots par lesquels on prétend les distinguer n'indiquent que des degrés de contraste entre les formes comparées" (Ann. sc. nat. Bot. 4 sér. XIX. p. 201). Naudin sah daher auch keinen Grund ein, nahe verwandte aber doch wohl charakterisirte Formen für etwas Anderes als für verschiedene Arten zu halten. Er fand, dass es fruchtbare und unfruchtbare Hybride gibt, dass aber die Nachkommen der fruchtbaren Bastarde mehr oder weniger schnell zu den elterlichen Typen zurückschlagen. Auf diesen letzten Punkt legte Naudin das Hauptgewicht. — Godron hielt fest an dem Cuvier'schen Artbegriff und war damals noch der Meinung, dass alle Bastarde zwischen echten Arten an und für sich völlig unfruchtbar*) seien, dagegen seien sie fähig, durch den Blüthenstaub der Stammeltern oder selbst fremder Arten befruchtet zu werden. Durch solche Rückkreuzungen entstehe der Formenreichthum der Nachkommenschaft von Bastarden; die gebildeten neuen Formen seien im Allgemeinen, falls sie vor weiteren Kreuzungen geschützt werden, samenbeständig und fixirbar. Die in erster Generation, isolirt von den Stammeltern und verwandten Arten, fruchtbaren Mischlinge hielt Godron nicht für wirkliche Artbastarde, sondern für Blendlinge, deren Stammformen nur Raçen einer und derselben Art seien. Godron's ganze Anschauungsweise wurde beherrscht von seinen Erfahrungen bei den Hybriden von *Aegilops* und *Triticum*, während Naudin vorzugsweise von seinen Beobachtungen an *Solaneen* und *Cucurbitaceen* geleitet wurde.

Die beiden Arbeiten sind die Quellen, aus welchen zahlreiche spätere botanische Schriftsteller ihre Ansichten über die Pflanzenbastarde geschöpft haben. Kein Unbefangener wird indess läugnen, dass sie an innerem Werth dem Gärtner'schen Werke bedeutend nachstehen. Die abschreckende Schwerfälligkeit und entsetzliche Verworrenheit der Darstellung des deutschen Forschers verleidet das Studium seiner an Thatsachen überreichen Schrift, während die beiden Franzosen ihre Ansichten in kurzen, klar und fesselnd geschriebenen Abhandlungen entwickelt haben. Ihre Arbeiten, zumal die Naudin'sche, gewannen noch dadurch an Ansehen, dass das Urtheil der französischen Akademie ihnen den Stempel der Classicität aufdrückte. Der Umstand, dass die beiden Verfasser einander in wesentlichen Punkten widersprachen, ist als ein Glück für die Wissenschaft zu betrachten, denn andernfalls würde ihr Wahrspruch gewiss lange Zeit als unanfechtbar gegolten haben. Uebrigens haben sowohl Naudin als Godron ihre Versuche fortgesetzt, so dass ihre Verdienste um die Lehre von der Hybridität keineswegs allein in dem Inhalte ihrer Concurrenzschriften zu suchen sind.

Das nächste bedeutendere Werk über hybride Pflanzen erschien schon 1865; es ist Max Wichura's „Die Bastardbefruchtung im Pflanzenreich, erläutert an den Bastarden der Weiden". Die zahlreichen und mühevollen eigenen Versuche, welche der Verfasser an-

---

*) In seinen späteren Aufsätzen hat Godron diese irrthümliche Meinung nicht festgehalten.

gestellt hat, beschränken sich auf die Gattung *Salix*, aus welcher er bis zu 6 Arten zu einem einzigen Mischling combinirte. Er bestätigte, im Gegensatz zu Godron, die Angaben Kölreuter's, Herbert's, Gärtner's, Naudin's und Anderer, dass die Bastarde häufig mit zugehörigem Pollen fruchtbar sind, fand auch, im Gegensatz zu Naudin, die Nachkommenschaft der Weidenbastarde constant. Er widerlegte somit die wesentlichsten Irrthümer seiner beiden nächsten Vorgänger, deren Arbeiten er übrigens gar nicht gekannt zu haben scheint. Aus den Jahren 1865 und 1866 stammen dann mehrere bemerkenswerthe Aufsätze von C. Nägeli über die Bastardbildung im Pflanzenreiche (Sitzungsber. Akad. Muenchen Math. phys. Cl. 1865, II. p. 395; 1866 I. p. 71 ff., p. 190 ff.). Nägeli hat keine eigenen Hybridisationsversuche angestellt, wohl aber zahlreiche wildwachsende Bastarde sorgfältig beobachtet. Die einschlägliche Literatur kannte er viel vollständiger als Naudin, Godron oder Wichura. Namentlich hat er aus den in Gärtner's Werke mitgetheilten Thatsachen die folgerichtigen Schlüsse gezogen. Erst durch Nägeli hat die Wissenschaft die durch Gärtner's Arbeiten gewonnenen Früchte verwerthen lernen. Freilich hat er sich auch etwas von Gärtner's Neigung zu doctrinären Anschauungen und zur Aufstellung allgemeiner theoretischer Lehrsätze angeeignet. Besonders glaube ich dies Urtheil auf Nägeli's Lehre vom Bastardirungsäquivalent anwenden zu müssen, in welcher er für die Abkömmlinge von Hybriden den Grad ihrer Aehnlichkeit mit den Stammformen zahlenmässig auszudrücken sucht, indem er erstlich die Betheiligung jeder der Stammformen an der Erzeugung, zweitens die (aus der Zahl der zur Umwandlung erforderlichen Generationen berechnete) typische Kraft dieser Stammformen in Rechnung zieht. Das Schwanken der Charaktere, welches unter den Nachkommen von Hybriden so gewöhnlich ist, sowie die Neigung zu Rückschlägen zu den Stammformen sind hinlänglich gross, um derartigen Hypothesen und Berechnungen den realen Boden zu entziehen. Eben so wenig lässt sich die Theorie von dem verschiedenen Einflusse des männlichen und weiblichen Elements auf die Eigenschaften der Bastarde in genügender Weise durch gut beglaubigte Thatsachen unterstützen. Dass es für die systematischen Charaktere der Bastarde gleichgiltig ist, welche der Stammarten väterliche oder mütterliche Erzeugerin war, hebt Nägeli ausdrücklich hervor. Das Vertrauen, welches er in die Gärtner'schen Angaben setzte, würde durch eine hinreichende Zahl von eigenen Versuchen auf das richtige Maass zurückgeführt worden sein. Unzweifelhaft ist jedoch die Lehre von der Hybridität im Pflanzenreiche durch Nägeli zum ersten Male vollkommen vorurtheilsfrei und im Zusammenhange dargelegt worden. Das wissenschaftliche Verdienst dieser Arbeiten muss daher als ein sehr bedeutendes bezeichnet werden; sie sind die Quellen gewesen, aus welchen die meisten späteren theoretischen Betrachtungen über die Bastardpflanzen, sowie die Darstellungen der Lehrbücher (z. B. Sachs) abgeleitet sind.

An die Bedeutung der Darwin'schen Werke für die Lehre von der Hybridisation braucht hier wohl nur kurz erinnert zu werden. Die eigenen Versuche Darwin's erstrecken sich freilich nur in wenigen Fällen auf Artenkreuzungen; dagegen knüpfte er in seinen Untersuchungen mit grossem Erfolge an die Knight'schen Erfahrungen über die Wirkungen der Individuen- und Raçen-Kreuzung an. Ausserordentlich werthvoll sind ferner seine Versuche mit künstlicher Befruchtung heterostyler Arten.

Von den wissenschaftlichen Kreuzungsversuchen aus neuester Zeit verdienen die Hybridisationen Rob. Caspary's mit *Nymphaeaceen*, G. Mendel's mit *Phaseolus* und *Hieracium*, D. A. Godron's mit *Datura*, *Aegilops* × *Triticum* und *Papaver* als besonders lehrreich bezeichnet zu werden. Als die hervorragendste Leistung sind Godron's Versuchsreihen mit *Datura*-Mischlingen zu betrachten. Die Thatsache, dass aus fruchtbaren, aber in ihrer Nachkommenschaft höchst variablen Bastarden im Laufe einiger Generationen samenbeständige Raçen mit gemischten Charakteren hervorgehen können, wurde durch diese Versuche sichergestellt. An neuen thatsächlichen Erfahrungen über die Eigenschaften der Hybriden verdanken wir Godron mehr als irgend einem der anderen Experimentatoren des 19. Jahrhunderts.

Die zahllosen Kreuzungen, welche von Gärtnern während der letzten Decennien ausgeführt worden sind, haben die wissenschaftliche Kenntniss der Hybriden verhältnissmässig wenig gefördert. Von grossem Interesse sind jedoch z. B. die durch englische Züchter (Seden, Dominy und Andere) erzeugten Bastarde von *Sarracenia*, *Nepenthes* und zahlreichen *Orchideen* (vgl. die Angaben an den betreffenden Stellen im ersten Abschnitte). Gute Beobachtungen hat Kellermann über die von ihm gezüchteten hybriden *Araceen* mitgetheilt.

Das Studium der wildwachsenden Bastarde hat seit 1850 bedeutende Fortschritte gemacht. Freilich haben Unberufene eben so eifrig auf diesem Felde gearbeitet, wie die Berufenen; eine sorgfältige Prüfung der Angaben ist daher dringend geboten; auch haben die meisten Floristen über die von ihnen beobachteten Bastarde wenig mehr zu berichten gewusst, als deren Erkennungsmerkmale. Die zahlreichsten und wichtigsten Mittheilungen über wildwachsende Bastarde haben [*]

---
[*] Nägeli, Godron, Wimmer und Andere sind bereits genannt.

Fr. Schultz, Timbal-Lagrave, Grenier, A. Kerner, Wirtgen, Michalet, Ritschl, Beckhaus, P. Ascherson, R. v. Uechtritz, J. Schmalhausen, C. Haussknecht und V. v. Borbás geliefert, zahlreicher Lokalfloristen nicht zu gedenken. Durch Fr. Schultz wurden die Untersuchungen zunächst vielfach in falsche Bahnen gelenkt, indem dieser kenntnissreiche Botaniker mit einem gewissen Fanatismus die Ansicht vertrat, dass jede Bastardverbindung in zwei Formen auftrete, je nachdem die eine oder die andere Stammart den Pollen geliefert habe. Er hielt es bei Auffindung eines Bastards zunächst für seine Aufgabe, aus den Merkmalen zu erkennen, welche der Stammarten Samen- und welche Pollenpflanze gewesen sei. Sein Beispiel verführte viele Andere zu ähnlichen Leistungen. Erst nach und nach hat man diese Spielereien aufgegeben; dagegen ist neuerdings die Neigung in den Vordergrund getreten, die Bastarde als Material zur Fabrikation neuer Namen zu benutzen. Immerhin haben sich durch die zahlreichen Beobachtungen der Floristen unsere Kenntnisse über die wildwachsenden Bastarde beträchtlich erweitert. Eine der neuesten einschläglichen Abhandlungen, nämlich die J. Schmalhausen's (Bot. Zeit. 1875, Sp. 520, 534), gibt einen Fingerzeig, in welcher Weise das Studium der spontanen Hybriden in Zukunft zu wahrem Nutzen für die Wissenschaft betrieben werden kann. Eine Zusammenstellung der bisher in Deutschland und Oesterreich wildwachsend gefundenen Bastarde ist von K. A. Henniger im 62. Jahrg. d. Flora (Bot. Z.) 1879 veröffentlicht worden; Bemerkungen dazu von Otto Kuntze finden sich im 63. Jahrg. No. 19.

Wenn man sich die Geschichte der Bastardkunde in ihren Hauptzügen vergegenwärtigt, so wird man zunächst eine ganz bestimmte Lehre daraus entnehmen: Nichts hat sich verkehrter erwiesen als das voreilige Verallgemeinern einzelner Erfahrungen. Ohne Zweifel kann man wohlbegründete Regeln über das gewöhnliche Verhalten der Bastarde aufstellen, aber man darf nicht vergessen, dass jede dieser Regeln mehr oder minder zahlreiche Ausnahmen zulässt. Gegenüber der starren Gesetzmässigkeit, wie sie in der anorganischen Natur herrscht, zeigen die Organismen in ihren Lebenserscheinungen eine gewisse Freiheit, eine sich jeder Berechnung entziehende Bildsamkeit. Dieser Thatsache muss sich der Physiologe bewusst bleiben, wenn er mit ungetrübtem Blick die Wandlungen kennen lernen und erforschen will, deren die Pflanzengestalt unter dem Einflusse innerer und äusserer Einwirkungen fähig ist.

Dritter Abschnitt.*)

Entstehung der Mischlinge.

1. Normale und hybride Befruchtung.

Unter den Pflanzenmischlingen sind diejenigen, welche aus deutlich verschiedenen Arten hervorgegangen sind, die merkwürdigsten. Man bezeichnet sie bekanntlich als Bastarde oder Hybride. Der Begriff eines Bastards schien früher ungemein leicht bestimmbar zu sein, indem man sagte: durch geschlechtliche Kreuzung verschiedener Arten entstehen Bastarde (mules, hybrides), durch Kreuzung verschiedener Varietäten einer und derselben Art entstehen Blendlinge (cross-bred, métis). Für alle Fälle, in denen man genau weiss, ob man es mit Arten oder Varietäten zu thun hat, ist diese Begriffsbestimmung ganz vortrefflich. Bekanntlich gibt es aber zahllose Fälle, in denen das Artrecht einer Pflanzenform zweifelhaft ist. Schon Kölreuter machte den umgekehrten Gebrauch von den Thatsachen, indem er die Ansicht aussprach, dass zwei Pflanzenformen artlich verschieden seien, wenn sie bei der Kreuzung wirkliche Bastarde, d. h. Mischlinge mit verminderter Fruchtbarkeit, liefern, dass sie aber nur Varietäten einer und derselben Art seien, wenn aus ihrer Kreuzung Blendlinge, d. h. vollkommen fruchtbare Mischlinge, hervorgehen. Der Unterschied zwischen Bastarden und Blendlingen wurde demnach, da er nicht mehr aus der Abstammung erschlossen wurde, in dem Grade der Fruchtbarkeit bei den Mischlingen gesucht. Man hat auch in späterer Zeit vielfach versucht, aus dem Verhalten der Mischlinge die specifische Gleichheit oder Verschiedenheit der Stammformen, aus denen sie hervorgegangen sind, zu erkennen. Unser Wissen über die Befruchtung der Pflanzen hat sich indess während der letzten Jahrzehnte beträchtlich

---

*) Die Erörterungen in diesem und dem folgenden Abschnitte beziehen sich zunächst nur auf die *Aërogamen* (Phanerogamen); vgl. S. 4.

erweitert, so dass wir nicht mehr im Stande sind, die Thatsachen, wie man es gewohnt war, unter wenige allgemeine Gesichtspunkte zusammenzufassen. Die Mannigfaltigkeit der Erscheinungen in der organischen Natur ist unendlich viel grösser als man bisher anzunehmen pflegte.

Zunächst sind die Befruchtungsverhältnisse innerhalb des Formenkreises der nämlichen Art weit verwickelter als man früher voraussetzte. Bis vor 20 Jahren fiel es kaum Jemandem ein, dass sowohl die einzelnen normalen Pollenkörner als auch die einzelnen normalen Ovula einer und derselben Pflanzenart durchaus ungleichwerthig sein könnten. Jetzt wissen wir, dass es Pflanzen gibt, die sich niemals durch Pollen derselben Blüthe, desselben Stocks oder anderer ursprünglich dem nämlichen Samen entsprossener Exemplare befruchten lassen. In andern Fällen ist eine derartige Befruchtung zwar möglich, aber schwierig und liefert eine schwächliche Nachkommenschaft, in noch andern ist sie dagegen die Regel. Dazwischen gibt es alle denkbaren Mittelstufen. Wir kennen ferner die verschiedenen geschlechtlichen (heterostylen) Formen, welche bei manchen Pflanzenarten vorkommen. Es werden dadurch normale (legitime) und abnorme (illegitime) Befruchtungen möglich; illegitim erzeugte Individuen zeigen in der Schwächung ihrer sexuellen Reproductionskraft eine auffallende Aehnlichkeit mit Bastarden. Es kommen somit innerhalb des Formenkreises einer und derselben Art oder Raçe wesentlich verschiedene geschlechtliche Anpassungen vor. Manchmal verhalten sich nahe verwandte Arten oder auch die Raçen, ja die Individuen einer und derselben Art sehr ungleich; bald ist z. B. Selbstbefruchtung möglich, bald nicht. Allgemeine Gesetze und Regeln über diese Beziehungen lassen sich nicht aufstellen; jeder einzelne Fall muss für sich untersucht und beurtheilt werden. Für jeden Stempel einer *Aërogamen*-Blüthe muss eine bestimmte Sorte Blüthenstaub die wirksamste sein. Gewöhnlich wird dies Blüthenstaub eines anderen Exemplars der nämlichen Art sein. Bleibt solcher aus, so vermag in der Regel der eigene Blüthenstaub desselben Exemplars die normale Befruchtung zu vollziehen. Blüthenstaub einer fremden Art steht an befruchtender Kraft stets dem wirksamsten der eigenen Art nach, kann sich aber unter Umständen viel wirksamer erweisen als der des eigenen Stockes.

Die Wirkung des Blüthenstaubes auf die weiblichen Organe ist eine doppelte, nämlich eine befruchtende auf die Samenanlagen und eine das Wachsthum anregende („Fruchtungsvermögen") auf die Fruchthüllen. Blüthenstaub einer fremden Art vermag nicht selten die

Fruchtentwickelung zu befördern, wenn er auch nicht im Stande ist, keimfähige Samen zu erzeugen.

Die Dauer der Conceptionsfähigkeit der weiblichen Organe ist sehr verschieden. Der Befruchtungsvorgang erfordert eine gewisse Zeit, die je nach der Witterung und anderen Umständen von verschiedener Länge ist. Der zugehörige Pollen vollzieht die Befruchtung schneller als fremder und erweist sich als allein wirksam, wenn er gleichzeitig mit anderen Pollensorten auf die Narbe gelangt. Auch noch nach Verlauf einer gewissen Zeit vermag der zugehörige Blüthenstaub jede Wirkung des früher auf die Narbe gebrachten fremden zu verhindern. später aber nicht mehr (s. oben S. 273, 279; vgl. auch Gärtner Bastardbefr. S. 34 ff., sowie Gärtn. Beitr. z. Kenntn. d. Befrucht.).

Nach Analogie thierischer Befruchtungsvorgänge ist es als zweifellos zu betrachten, dass jede einzelne Samenanlage nur von einem einzigen Pollenschlauche befruchtet werden kann. Thatsache ist, dass bei allen mit wissenschaftlicher Genauigkeit ausgeführten Versuchen niemals ein Bastard erhalten worden ist, an dem die Einwirkung von mehr als einer väterlichen Stammart zu erkennen war, mochten auch noch so viele verschiedene Pollensorten auf die Narben der Mutterblüthe gebracht sein. Keine Pflanze kann mehr als zwei directe Eltern haben. Die Angaben Lecoq's und mancher Gärtner, welche behaupten, durch Anwendung von zweierlei Pollen Tripelbastarde erzeugt zu haben, müssen vorläufig als völlig unglaubwürdig bezeichnet werden. Dagegen scheint es, als ob zu einer vollkommenen Befruchtung ein gewisser Ueberschuss von Pollenkörnern (vgl. *Mirabilis*) erforderlich sei, der vielleicht die Bestimmung hat, das Wachsthum der Fruchthüllen anzuregen. Es ist theoretisch, und wahrscheinlich auch in Wirklichkeit, möglich, dass bei ungenügender Zuführung zugehörigen Pollens die Anregung zur Fruchtbildung durch eine andere Pollensorte gegeben werden kann, als die ist, welche die Befruchtung der Ovula bewirkt hat.

Im Grossen und Ganzen ist es richtig, dass sich die Formenkreise in der Regel recht gut nach ihrem geschlechtlichen Verhalten zu einander umgrenzen lassen. Der Grad der morphologischen und der physiologischen Verschiedenheit entsprechen einander häufig ziemlich genau, doch gibt es auch Beispiele, in denen dies durchaus nicht der Fall ist. *Silene vulgaris* und *S. maritima*, *Capsella rubella* und *C. bursa pastoris*, *Phaseolus vulgaris* und *Ph. multiflorus* oder die *Diplacus* (*Mimulus*)-Arten scheinen morphologisch nicht mehr von einander verschieden zu sein, als etwa *Tropaeolum majus* und *Tr. minus*, *Nicotiana latissima* und *N. Marylandica*, *N. rustica* und *N. Texana* oder *Pisum sativum* und *P. arvense*. Und doch zeigen die Mischlinge in dem einen Falle alle Eigenschaften von Bastarden, in dem andern alle Merkmale von Blendlingen. *Abutilon striatum* und *A. Darwini*, *Begonia rubrovenia* und *B.* ✕ *xanthina*, *Hieracium echioides* und *H. aurantiacum* wird man für verschiedene Arten halten, obgleich ihre Bastarde die Eigenschaften von Raçenmischlingen zeigen. Umgekehrt wird man sich über *Anagallis phoenicea* und *coerulea* oder *Raphanus sativus* und *raphanistrum* aussprechen müssen. Trotz der Hybriditätsmerkmale ihrer Mischlinge hat man gute Gründe, die Stammformen als Raçen einer und derselben Art aufzufassen.

Man wird daher wohl daran thun, die morphologischen Beziehungen zwischen zwei Pflanzenformen nicht nach ihrem physiologischen Verhalten zu beurtheilen, und eben so wenig umgekehrt. Es handelt sich in jedem Falle darum, die Thatsachen festzustellen, aber nicht, sie in eine bestimmte Schablone hineinzuzwängen. Das systematische Schema soll zwar das wirkliche Verhältniss der einzelnen Typen zu einander möglichst getreu zum Ausdruck bringen, aber es kann niemals einen Begriff von der Mannigfaltigkeit der Beziehungen geben, welche die verschiedenen Lebensformen zu einander zeigen. Im Zweifelsfalle wird man die Entscheidung über den Artwerth zweier Pflanzentypen zuweilen von den Eigenschaften ihrer Mischlinge abhängig machen können; dagegen ist es, so weit unsere heutigen Kenntnisse reichen, ganz unmöglich, die Artumgrenzung allein oder wesentlich nach den Kreuzungsproducten zu beurtheilen. Freilich darf man nicht vergessen, dass noch viel zu wenig in dieser Richtung experimentirt worden ist. Trotzdem steht bereits die Thatsache vollkommen fest, dass es kein absolutes Merkmal gibt, durch welches Arten und Bastarde von einander unterschieden werden könnten. In den Gattungen *Cistus, Rubus, Rosa, Cirsium, Centaurea, Erica, Mentha, Rumex* u. s. w. gibt es Beispiele genug von Formen, über deren hybride oder genuine Abstammung sich bisher trotz vieler sorgfältiger Untersuchungen keine Gewissheit erlangen liess. Unter allen Umständen wird man aus dem Verhalten der Mischlinge nur mit grosser Vorsicht Schlüsse auf die specifische Gleichheit oder Verschiedenheit der Stammformen ziehen dürfen.

2. Fähigkeit zur Bastarderzeugung.

Es ist bereits hervorgehoben worden, dass innerhalb des Formenkreises der nämlichen Art oder Race nicht immer sämmtliche Individuen einander zu befruchten vermögen. Es fragt sich nun, ob sich die einander sexuell entsprechenden Individuen nahe verwandter Arten, oder, was dasselbe ist, verschiedener Raçen derselben Art, gegenseitig zu befruchten vermögen. Nach den Erfahrungen der Gärtner muss man diese Frage entschieden bejahen. Von den Experimentatoren war angegeben, dass es nicht möglich sei, die rothe und blaue *Anagallis arvensis* mit einander zu kreuzen. Diese Behauptung hat sich als irrig herausgestellt; ebenso wird es sich vermuthlich mit ähnlichen Angaben verhalten, die sämmtlich auf weit weniger zahlreiche misslungene Versuche gegründet sind. Mehr Aufmerksamkeit verdienen die Beobachtungen der Floristen, nach denen sich Mischlinge zwischen nahe verwandten Raçen oder Arten im Freien sehr schwer zu bilden scheinen. Dies will u. A. auch A. Jordan bemerkt haben, der zahlreiche, unter sich sehr ähnliche Arten oder Raçen neben einander im Garten cultivirt. So lange indess die Befruchtungsverhältnisse der einzelnen betreffenden Formen nicht näher studirt sind, haben solche Behauptungen nicht allzuviel Werth. Die Grenzen des menschlichen Unterscheidungsvermögens und die morphologische Gleichheit mancher Raçenmischlinge mit einer der Stammformen (vgl. z. B. *Ranunculus arvensis, Nymphaea alba, Pisum, Anagallis, Atropa, Salvia horminum)* müssen wohl erwogen werden, bevor man die Existenz von Mischlingen zwischen nahe verwandten Raçen in Abrede stellen kann. Man muss bei Untersuchungen über die Hybridisation zwei Dinge streng getrennt halten, nämlich die Fähigkeit zur Mischlingsbildung und die wirkliche Erzeugung der Mischlinge. Eine Pflanze kann sehr wohl fähig sein, durch Pollen einer anderen Art befruchtet zu werden, ohne dass in Wirklichkeit eine solche Befruchtung vorkommt, wenigstens nicht ohne Beihilfe des Menschen. Wenn nämlich die weiblichen Organe dieser Pflanze jederzeit mit einer reichlichen Menge zugehörigen Pollens der eigenen Art versorgt werden, hat der fremde niemals Aussicht, zur Wirksamkeit zu gelangen. Es ist nothwendig, die Befruchtungsvorgänge bei jeder bestimmten Art unter bestimmten gegebenen Verhältnissen genau zu kennen, bevor man Einsicht in die Umstände erlangen kann, welche einer Bastardbildung günstig oder ungünstig sind. Allerdings ist nach den bis jetzt vorliegenden Beobachtungen eine Kreuzung zwischen verschiedenen Raçen von *Zea* und *Cucurbita* in vielen Fällen schwierig; die specifisch gesonderten, aber doch nahe unter einander verwandten Arten von *Cucurbita* scheinen gänzlich unfähig zu sein, sich gegenseitig zu befruchten. Dies sind indess Ausnahmsfälle, wie es denn in der Lehre von der Hybridität keine einzige streng allgemeingiltige Regel gibt. Wir dürfen daher den Satz aussprechen, dass sich die Raçen einer und derselben Art oder auch sehr nahe verwandte Arten fast immer ohne besondere Schwierigkeit gegenseitig zu befruchten vermögen.

Bastarde zwischen wohl charakterisirten Arten sind in einigen Familien häufig, in andern selten. Ob sich zwei Arten mit einander kreuzen lassen oder nicht, kann mit Sicherheit nur durch Versuche ermittelt werden. Es lassen sich indess über die Fähigkeit zur Bastarderzeugung einige allgemeine Erfahrungssätze aufstellen:

1. Es scheint auf den ersten Blick besonders leicht zu sein, Pflanzen mit eingeschlechtigen Blüthen zu hybridisiren. Die Erfahrung hat gezeigt, dass dies keineswegs allgemein der Fall ist. Es ist daher auch umgekehrt die Behauptung ausgesprochen worden, Pflanzen mit eingeschlechtigen Blüthen seien weniger zur Bastardbildung geneigt, als solche mit Zwitterblüthen. Man braucht indess nur an die einhäusigen *Begonien* oder die zweihäusige Gattung *Salix* zu denken, um sich von der Unrichtigkeit dieser angeblichen Regel zu überzeugen, zumal da auch sonstige Beispiele von Bastarden bei Gewächsen mit eingeschlechtigen Blüthen in genügender Zahl bekannt sind. Fälle von Kreuzungen zwischen zwittrigen und eingeschlechtigen Arten kommen z. B. bei *Melandryum* und *Fragaria*, von ein- und zweihäusigen bei *Lagenaria* vor. Künstliche Bestäubungs- und Hybridisationsversuche werden selbstverständlich durch die Eingeschlechtigkeit der Blüthen erleichtert.

2. In grossen Pflanzenfamilien, welche einen sehr gleichförmigen Blüthenbau zeigen, sind Bastarde oft auffallend selten. Dies gilt insbesondere von den *Umbelliferen* und *Leguminosen*, in geringerem Grade auch von den *Cruciferen* und *Labiaten*. Dagegen sind unter den *Compositen* die Bastarde zahlreich.

3. Die Fähigkeit zur Bastardbildung ist in den verschiedenen Familien und Gattungen sehr ungleich. Die Familien, welche, soweit bekannt, ganz besonders zur Bastardbildung neigen, sind die *Cistineae, Rosaceae, Compositae, Ericaceae, Gesneraceae, Scrofularineae, Polygoneae, Salicineae, Orchideae, Amaryllideae;* auch die *Begoniaceae, Passifloreae, Cacteae, Sarraceniaceae* und *Nepentheae* würden sich hier einreihen lassen, doch handelt es sich bei ihnen nur um einzelne oder wenige Gattungen. Häufig sind ferner die Bastarde unter den *Ranunculaceae, Onagrariae, Solaneae, Saxifragaceae, Rubiaceae.* In einigen Familien zeigen die einzelnen Gattungen sehr grosse Unterschiede in ihrer Neigung und Befähigung zur Bastardbildung. Unter den *Geraniaceen* bildet *Pelargonium* zahlreiche Bastarde, während von *Geranium* und *Erodium* keine bekannt sind; unter den *Irideen* ist *Gladiolus* zur Bastardbildung sehr geneigt, *Crocus* anscheinend gar nicht, *Iris* nur innerhalb enger Grenzen. Unter den *Caryophylleen* zeigt *Dianthus* grosse Neigung, hybride Verbindungen einzugehen, *Silene* dagegen sehr

geringe; unter den *Cruciferen* sind *Roripa* und *Draba*, unter den *Saxifragaceen Saxifraga*, unter den *Labiaten Mentha*, unter den *Malvaceen Abutilon* allem Anschein nach besonders befähigt zu Kreuzungen; von einzelnen Gattungen können z. B. *Verbena* und *Mirabilis* als zu Hybridisationen geneigt genannt werden. Bei *Lobelia* scheinen sich nur wenige Arten kreuzen zu lassen; bei *Papaver* bilden sich spontane Bastarde sehr selten, künstliche lassen sich aber auch zwischen beträchtlich verschiedenen Arten ohne besondere Schwierigkeiten erzeugen.

Geringe Neigung zu Kreuzungen zeigen, so weit bekannt, z. B. die *Leguminosae, Umbelliferae, Convolvulaceae, Plantagineae, Chenopodiaceae, Urticaceae, Liliaceae, Juncaceae*. Von einzelnen Gattungen, bei denen das Fehlen von Bastarden bemerkenswerth ist, sind zu nennen: *Nigella, Glaucium, Sisymbrium, Geranium, Erodium, Evonymus, Trifolium, Astragalus Vicia, Sedum, Scabiosa, Scorzonera, Pirola, Statice, Plantago, Chenopodium, Allium, Crocus*; selten sind die Bastarde auch bei *Malva, Euphorbia* und *Luzula*. Es ist möglich, dass in einigen dieser Gattungen (z. B. *Statice*) bei näherer Nachforschung noch manche Hybride gefunden werden. Viele Familien, besonders solche aus tropischen und andern aussereuropäischen Gebieten (z. B. *Anonaceae, Capparideae, Malpighiaceae, Meliaceae, Myrtaceae, Combretaceae, Sapotaceae, Myrsineae, Selagineae, Proteaceae, Commelynaceae, Palmae*) sind noch gar nicht auf ihre Geneigtheit zur Bastardbildung geprüft worden.

4. Ich habe den Eindruck gewonnen, dass Gattungen mit mehr oder minder zygomorphen Blüthen, die zu Familien gehören, in denen die aktinomorphe Blüthenform vorherrscht, eine ganz besondere Neigung zur Bastardbildung zeigen. *Pelargonium* unter den *Geraniaceen, Nicotiana* unter den *Solaneen, Gladiolus* unter den *Irideen* scheinen ganz besonders für diese Ansicht zu sprechen.*) Auch *Delphinium, Rhododendron* und *Hippeastrum* könnte man als Beispiele anführen, obgleich sie mit aktinomorphen Gattungen verwandt sind, welche gleichfalls viele Hybride geliefert haben. Umgekehrt sind auch die Gattungen *Verbascum* und *Mentha* sehr zur Bastardbildung geneigt: sie sind fast aktinomorph, gehören aber zu Familien mit zygomorphen Blüthen. Dass ein leichter Grad von Zygomorphie der Bastardbildung günstig ist, scheinen auch die *Melastomaceen* und *Cacteen*, sowie die Gattung *Verbena* zu bestätigen. Vielleicht kann man diese Erfahrungen

---

*) *Echium* ist meines Wissens noch nicht auf Hybridisationsfähigkeit untersucht.

noch mehr verallgemeinern. Grosse Gleichförmigkeit im Blüthenbau, die sich durch formenreiche Pflanzenfamilien verbreitet findet, ist der Bastardbildung hinderlich, Veränderlichkeit im Blüthenbau innerhalb der Grenzen einer Gattung oder innerhalb einer Gruppe von Gattungen scheint die Bastardbildung zu begünstigen. Zu den Gattungen, deren Blüthenbau eine grosse Vielgestaltigkeit zeigt, gehören auch *Cistus*, *Begonia*, *Erica* und *Narcissus*, die so reich an Hybriden sind; aus der Gattung *Gentiana* ist es die in ihrer Tracht so ausgezeichnete, in ihrem Blüthenbau so schwankende Gruppe *Gentianthus*, welche eine auffallende Neigung zur Bastardbildung zeigt. Bei den *Orchideen* hat man die grosse Mannigfaltigkeit im Blüthenbau zur Unterscheidung der Gattungen benutzt, allein die Erfahrung zeigt, dass die physiologische Verwandtschaft der Formen nichts mit diesen morphologischen Gattungsgrenzen zu thun hat. Es finden sich daher unter den *Orchideen* zahlreiche Mischlinge zwischen Arten, die man zu verschiedenen Gattungen zählt. — Dass es umgekehrt auch viele Gattungen mit sehr gleichförmigem Blüthenbau (z. B. *Aquilegia*, *Rosa*, *Epilobium*, *Hieracium*, *Canna*, *Hippeastrum*) gibt, in denen leicht Bastarde entstehen, bedarf kaum der Erwähnung.

5. Aus den mitgetheilten Thatsachen ergibt sich, dass eine verschiedene Gestalt der Blüthe an und für sich kein Hinderniss der Hybridisation bildet. Bei *Pelargonium*, *Gentiana*, *Nicotiana* und *Narcissus* kommen sehr beträchtliche Unterschiede im Blüthenbau vor, ohne die Fähigkeit zur Hybridisation irgendwie zu beschränken. Aber auch Unterschiede in der Tracht oder der Blattform sind an und für sich kein Hinderniss der Kreuzung. *Pirus communis* und *P. aria*, *Rubus odoratus* und *R. Idaeus*, *Salix caprea*, *S. repens* und *S. viminalis*, *Betula alba* und *B. nana*, die hohen strauchigen und die stengellosen krautigen *Calceolarien*, *Aceras* und *Orchis*, *Philesia* und *Lageria* sind in der Tracht unzweifelhaft sehr auffallend verschiedene Gewächse, vermögen jedoch hybride Verbindungen mit einander einzugehen, zum Theil sogar mit grosser Leichtigkeit.

6. Es scheint schwierig zu sein, Pflanzen mit einander zu kreuzen, welche sehr verschiedene Zonen oder sehr verschiedene Standorte (Wasser und trockene Plätze) bewohnen. Wenn es gelingt, so sind die Bastarde steril. Dieser Erfahrungssatz ist von W. Herbert aufgestellt worden und die Thatsachen scheinen bis jetzt für die Richtigkeit desselben zu sprechen. Die Gebirge niederer Breiten zeigen in ihrem Klima vielfach eine grosse Aehnlichkeit mit dem Hügelland und den Ebenen in höheren Breiten. Diese Aehnlichkeit wird aber mit dem Breitenunterschiede immer geringer. Man darf nicht vergessen, dass

in den arktischen Gegenden der Unterschied der Tageszeiten, in den Tropen der Unterschied der Jahreszeiten sehr gering wird. In niederen Höhenlagen machen sich in den Tropen die Jahreszeiten allerdings durch grosse Verschiedenheiten der Luftfeuchtigkeit und der Niederschlagsmengen bemerklich, aber in den höheren Gebirgen pflegt es zu keiner Zeit an Feuchtigkeit zu fehlen. Die jährliche Vegetationsdauer, die bei den arktischen Arten stets kurz ist, pflegt bei den Arten der tropischen Gebirge niemals ganz unterbrochen zu werden. Die Lebensbedingungen sind daher in den arktischen Gegenden sehr beträchtlich verschieden von denen der tropischen Gebirge. Es ist daher begreiflich, dass sich Pflanzen, die allzu verschiedenen Klimaten angehören, nicht verbinden können. Beispielsweise lassen sich die *Rhododendren* des Himalaya sowohl mit denen des Kaukasus und Altai als mit denen der javanischen Gebirge kreuzen. Dagegen ist es wohl noch nicht gelungen, Mischlinge aus javanischen Arten mit sibirischen zu erhalten. Es scheint auch nicht, als ob sich die Primeln der tropischen Gebirge mit denen des Nordens verbinden lassen. Dagegen muss man es für wahrscheinlich halten, dass sich z. B. *Saxifraga Cordillerarum Presl* mit europäischen Arten kreuzen lässt, bei *Gentiana, Rubus, Cerastium* wäre ein entsprechender Versuch nicht aussichtslos.

Die Herkunft der Pflanzen aus der alten oder neuen Welt, von der nördlichen oder südlichen Halbkugel bildet an und für sich kein Hinderniss der Kreuzung. Immergrüne und sommergrüne, tagblühende und nachtblühende Gewächse lassen sich oft ohne alle Schwierigkeit kreuzen.

7. Die verschiedenen Raçen einer Art verhalten sich bei der Kreuzung mit einer fremden Art und deren Raçen keineswegs gleich. So verbinden sich bei *Verbascum* nach Gärtner die weissen und die gelben Raçen besser mit den gleichfarbigen einer andern Art, als mit den andersfarbigen, indem bei der Kreuzung der gleichfarbigen Raçen mehr keimfähige Samen gebildet werden. Auch in anderen Fällen (z. B. *Nicotiana tabacum* und *Triticum vulgare* mit andern Arten) haben Kreuzungen mit verschiedenen Raçen einer und derselben Art wesentlich verschiedene Ergebnisse geliefert.

8. In manchen Gattungen oder Artengruppen, in welchen leicht Bastarde entstehen, gibt es einzelne Arten, welche mehr als andere geneigt zu sein scheinen, hybride Verbindungen einzugehen. Dahin gehören z. B.: *Cistus Monspeliensis, Pelargonium fulgidum, Geum rivale, Rubus caesius, Rosa Gallica, Begonia Boliviensis, Cirsium palustre, C. oleraceum, Verbascum phoeniceum, Daphne sericea, Orchis laxiflora*. Es ist allerdings wahrscheinlich, dass bei mehreren dieser

Arten die Kenntniss ihrer Bastarde durch zufällige Umstände besonders gefördert worden ist. Dies gilt jedoch schwerlich für alle Fälle.

9. Die Bastardbildung zwischen zwei Arten erfolgt nicht immer gleich leicht auf beiderlei Weise; zuweilen scheint $B\ ♀ \times A\ ♂$ unmöglich zu sein, während $A\ ♀ \times B\ ♂$ mit Leichtigkeit gebildet wird. Als eine vollkommen sichergestellte Thatsache lässt sich die Erfahrung betrachten, dass *Mirabilis jalapa* ohne besondere Schwierigkeit durch Pollen von *M. longiflora* befruchtet werden kann, während die Befruchtung der *M. longiflora* durch Pollen von *M. jalapa* trotz zahlreicher Versuche noch Niemandem gelungen ist. Die Erklärung für dies Verhalten scheint in diesem besonderen Falle sehr nahe zu liegen, indem zu vermuthen ist, dass die Schläuche, welche die Pollenkörner von *M. jalapa* treiben, nicht lang genug sind, um durch den viel längeren Griffel der *M. longiflora* bis zum Ovulum hinabzudringen. Von den Bastardzüchtern werden noch viele andere Fälle mitgetheilt, in denen die Hybridisation nur in *einer* Weise gelungen ist. Wenn aber die Versuche nicht häufiger und nicht an verschiedenen Orten und mit verschiedenen Individuen und Raçen der Stammarten angestellt sind, darf man aus dem Misslingen derselben keine weittragenden Schlüsse ziehen. Bemerkenswerth sind folgende Erfahrungen: *Brassica oleracea L.* lässt sich nach Sageret durch keine fremde Art befruchten, während sie die andern *Brassica*-Arten und angeblich selbst *Raphanus* zu befruchten vermag. — *Nicotiana Langsdorffii* konnte bisher nur durch eine einzige fremde Art, die *N. alata**), befruchtet werden, während sie sich im Stande zeigte, eine ganze Reihe von anderen Arten zu befruchten. — *Nymphaea coerulea* lässt sich durch Pollen von *N. Capensis* befruchten, aber *N. Capensis* nicht durch Pollen von *N. coerulea*. — *Fuchsia arborescens* soll sich durch keine andere Art befruchten lassen, während sie mit Leichtigkeit die Formen aus der Gruppe der *F. macrostemma* befruchtet. — Die *Aegilops*-Arten lassen sich durch Pollen von *Triticum* befruchten, während die Befruchtung von *Triticum* durch *Aegilops*-Pollen noch Niemandem gelungen ist. Aehnliche mehr oder minder gut verbürgte Beispiele werden in grösserer Zahl angeführt, vgl. z. B. *Fucus*.

Nicht selten ist beobachtet worden, dass zwei Arten sich zwar gegenseitig wirksam zu bestäuben vermögen, dass jedoch *A* mit Pollen von *B* mehr Samen bringt, als *B* mit Pollen von *A*. Die meisten derartigen Angaben rühren von C. F. v. Gärtner her und bedürfen noch weiterer Bestätigung, wenn auch das Vorkommen dieses Verhaltens

---

*) *N. commutata Fisch.* ist wohl nur eine Blendart von *N. Langsdorffii.*

durchaus nicht bezweifelt werden kann. Vgl. *Aquilegia*, *Dianthus* (*barbatus* und *superbus*), *Nicotiana* (*rustica* und *paniculata*), *Digitalis* (*lutea* und *ambigua*) u. s. w.

10. Man nimmt gewöhnlich an, dass eine hybride Befruchtung nur zwischen Arten möglich sei, die zu einer und derselben natürlichen Gattung gehören. In der That hat sich in manchen Fällen herausgestellt, dass solche Pflanzen, welche Bastarde mit einander bilden und welche man früher zu verschiedenen Gattungen rechnete, naturgemäss einer und derselben Gattung eingereiht werden müssen; Beispiele bieten *Pirus*, *Mespilus*, *Melandryum*, *Rhododendron*, *Crinum*. Auch die heutige Umgrenzung von *Begonia*, *Erica*, *Achimenes* und *Narcissus* ist zum Theil durch die Rücksicht auf die Hybridisationsfähigkeit der durch mehr oder minder ungleichartigen Blüthenbau ausgezeichneten Species bedingt worden.

11. Bastarde zwischen Arten, welche man allgemein zu verschiedenen Gattungen rechnet, finden sich vorzüglich in den Familien der *Caryophylleae*, *Melastomaceae*, *Passifloreae*, *Cacteae*, *Gesneraceae*, *Orchideae*, *Amaryllideae* und *Gramineae*. Es ist allgemein bekannt, dass die Abgrenzung der Gattungen in diesen Familien ungemein schwierig ist. Dasselbe gilt wahrscheinlich von den *Polypodiaceae* und *Bryinae*, unter denen indess die Bastarde zwischen wirklich verschiedenen Gattungen nicht so zweifellos sind. Einige Beispiele von Kreuzung zwischen Gattungen aus anderen Familien, als den oben genannten, sind: *Brassica* × *Raphanus*, *Galium* × *Asperula*, *Centropogon* × *Siphocampylus*, *Campanula* × *Phyteuma*, *Verbascum* × *Celsia*, *Phlesia* × *Lapageria*, wenn man will, auch *Carduus* × *Cirsium*. Ferner soll ein Bastard zwischen einer *Digitalis* und einer *Sinningia* erzeugt sein; man rechnet die beiden Gattungen zu verschiedenen Familien die jedoch vielleicht besser als Tribus der *Personatae* zu betrachten sind. Ueber die anscheinend gelungene monströse Kreuzung *Hippeastrum* × *Gladiolus* lässt sich vorläufig nichts sagen.

Eine Umgrenzung der Gattungen in der Weise, dass alle Arten, welche unter einander Bastarde zu liefern vermögen, in dieselbe Gattung gestellt werden, würde höchst unnatürlich sein. Andrerseits ist aber auch nicht entfernt daran zu denken, den Umfang einer Gattung auf Arten zu beschränken, welche sich gegenseitig zu befruchten vermögen. Bei *Cucurbita* lassen sich selbst Arten, die einander höchst ähnlich sind, nicht mit einander kreuzen. In artenreichen und typenreichen Gattungen, wie *Anemone*, *Potentilla*, *Rubus*, *Senecio*, *Rhododendron*, *Solanum* und *Carex*, ist es selbstverständlich unmöglich, die entferntesten Glieder derselben mit einander zu kreuzen. Aber selbst in weniger formenreichen Gattungen, welche an sich grosse Neigung zur Bastardbildung zeigen, z. B. *Geum* und *Gladiolus*, lassen sich nicht sämmtliche Arten mit einander verbinden. Dagegen ist es z. B. denkbar, dass in artenreichen, aber homogenen Gattungen, wie *Aquilegia*, *Rosa* und *Canna*, vielleicht auch *Calceolaria*, sämmtliche Arten Kreuzungen mit einander einzugehen vermögen.

12. Zwei wesentlich verschiedene Arten können sich gegenseitig kaum jemals vollständig befruchten. Der normale Blüthenstaub von *Nicotiana paniculata* z. B. vermag, selbst wenn er in grossem Ueberschuss aufgetragen wird, nur einen kleinen Theil der in den Fruchtknoten der *N. rustica* enthaltenen Samenanlagen zur Entwickelung zu bringen; ähnlich verhält es sich in allen andern genau untersuchten Fällen (vgl. S. 447). Ferner vollzieht der zugehörige Blüthenstaub die Befruchtung regelmässig schneller als fremder (vgl. S. 448). Im Grossen und Ganzen zeigt die Fähigkeit der einzelnen Typen, sich gegenseitig zu befruchten, eine deutliche Beziehung zu ihrer morphologischen Aehnlichkeit oder systematischen Verwandtschaft; in jedem besonderen Falle vermag jedoch nur die Erfahrung darüber zu entscheiden, ob eine erfolgreiche Kreuzung zwischen zwei verschiedenen Arten möglich ist oder nicht.

In den vorstehenden Sätzen sind sowohl physiologische als morphologische Beziehungen besprochen, welche für die Bastardbildung von Bedeutung sind. Man wird im Stande sein, darnach zu beurtheilen, ob der Versuch einer Kreuzung von zwei bestimmten Arten mehr oder minder Aussicht auf Erfolg bietet. Gewissheit kann aber, wie gesagt, nur die Erfahrung bringen, da theoretisch wahrscheinliche Kreuzungen sehr oft (vgl. z. B. *Cucurbita*) misslingen, während unwahrscheinliche zuweilen gelingen.

3. Abkömmlinge von Bastarden.

Die bisherigen Betrachtungen beziehen sich zunächst nur auf die Bastarde erster Generation. Viele Bastarde, namentlich solche zwischen unähnlichen Stammarten, sind, wie erwähnt, unfruchtbar, die meisten zeigen eine verminderte, einige eine nahezu normale Fruchtbarkeit. Eine Bastardpflanze kann nun befruchtet werden durch Blüthenstaub: 1. der eigenen Pflanze, 2. anderer Exemplare der nämlichen Bastardverbindung, 3. der Stammarten, 4. fremder Arten, 5. fremder Bastarde. Man hat verschiedene Benennungen für diese verschiedenen abgeleiteten Mischlinge vorgeschlagen, doch ist es viel zweckmässiger, ihre genealogische Abstammung durch Formeln auszudrücken. Man kann indess die abgeleiteten Bastarde zunächst in zwei Gruppen, in binäre oder diphylische und in ternäre, quaternäre u. s. w. oder polyphylische eintheilen. Für die diphylischen Bastarde ergeben sich für die von $A\,♀ \times B\,♂$ und $B\,♀ \times A\,♂$ stammenden Abkömmlinge die Formeln: $(A \times B) \times (A \times B)$ oder $(A \times B)$ gen. 2, $(A \times B)\,♀ \times A\,♂$, $A\,♀ \times (A \times B)\,♂$, $(A \times B)\,♀ \times B\,♂$, $B\,♀ \times (A \times B)\,♂$. In dritter Generation kann jede dieser Verbindungen wieder mit A oder mit B oder mit $A \times B$ oder mit $(A \times B) \times B$ u. s. w. gekreuzt werden; ferner kann auch z. B. $(A \times B) \times A$ durch Befruchtung mit eigenen Pollen fortgepflanzt werden. Es ist leicht ersichtlich, dass in den späteren Generationen die Stammbäume der diphylischen Bastarde äusserst zahlreiche Abänderungen zeigen können. Von Werth ist vorzüglich die Unterscheidung des Antheils, mit welchem die Stammarten genealogisch in dem Bastarde vertreten sind. $(A \times B)\,♀ \times A\,♂$ ist z. B. ein $^3/_4\,A + ^1/_4\,B$, $[(A \times B)\,♀ \times A\,♂]\,♀ \times B\,♂$ ist ein $^3/_8\,A + ^5/_8\,B$, $[(A \times B) \times A]\,♀ \times A\,♂$ ist ein $^7/_8\,A + ^1/_8\,B$.

Die einfachsten Formeln für die Tripelbastarde oder triphylischen Hybriden sind $(A \times B)\,♀ \times C\,♂$, $(A \times B)\,♀ \times (A \times C)\,♂$ und $(A \times B)\,♀ \times (B \times C)\,♂$. In diesen Verbindungen ist immer ein Factor zu $^1/_2$, die beiden andern zu $^1/_4$ Antheil vertreten. Eine gleiche Betheiligung aller drei Factoren ist selbstverständlich nicht möglich. Fruchtbare Tripelbastarde gestatten natürlich mannigfaltige weitere Combinationen in der Zusammensetzung ihrer Abkömmlinge.

Tetraphylische Bastarde entstehen am einfachsten durch unmittelbare Kreuzung von zwei diphylischen nach der Formel $(A \times B)\,♀ \times (C \times D)\,♂$ z. B. *Dianthus* (*barbatus* $\times$ *Japonicus*) $\times$ (*superbus* $\times$ *Chinensis*). Leichter scheint es zu sein, sie auf Umwegen zu erhalten, z. B. nach den Formeln $[(A \times B)\,♀ \times C\,♂]\,♀ \times (C \times D)\,♂$ oder $[(A \times C) \times (B \times C)]\,♀ \times D\,♂$ u. s. w. Tetraphylische Bastarde sind bisher nur in geringer Zahl bekannt, und zwar aus den Gattungen *Dianthus*, *Pelargonium*, *Begonia*, *Erica*, *Rhododendron*, *Calceolaria*, *Hippeastrum*, *Gladiolus*. Bastarde aus 5 und 6 Arten kennt man bis jetzt mit Sicherheit nur aus der Gattung *Salix*. Dass sie auch unter den Gartenmischlingen von *Pelargonium*, *Begonia* und *Calceolaria* vorkommen, ist wahrscheinlich. Es hat grosse Schwierigkeiten, die verwickelten Kreuzungen zwischen fruchtbaren Hybriden weiter zu verfolgen. „Bastarde mit andern Arten als den elterlichen Arten oder mit Bastarden anderer Abstammung befruchtet, geben jene Masse von Formen, die scheinbar mehrere Arten zu einem Formenkreise verbinden." (Regel in Gartenfl. 1856 p. 95).

4. Künstliche und natürliche Bastarde.

Nach ihrer Erzeugungsweise theilt man die Bastarde ein in *künstliche* oder *absichtlich erzeugte* und in *natürliche* oder *spontane*. Die künstlichen Bastarde sind theils zu wissenschaftlichen, theils zu gärtnerischen Zwecken erzeugt. Die Versuche von Kölreuter, Wiegmann, Gärtner, Godron, Naudin, Wichura, Mendel, Caspary und Andern dienten nur wissenschaftlichen Zwecken, während Herbert und Regel wissenschaftliche und gärtnerische vereinigten. Knight, Gowen, Sweet, Lecoq, E. Ortgies, Kellermann und Andere haben zwar bei ihren Kreuzungen zunächst gärtnerische Ziele verfolgt, vermochten jedoch das wissenschaftliche Interesse ihrer Versuche vollkommen zu würdigen; eine Anzahl anderer Gärtner hat die wissenschaftliche Seite wenigstens nebenher nicht ganz unberücksichtigt gelassen. Die meisten Kreuzungen in Gärten sind aber nur unternommen, um neue verkäufliche Sorten zu erzielen.

Bei den unter Berücksichtigung des wissenschaftlichen Interesses angestellten Kreuzungen ist die Abstammung der Bastarde selbstverständlich genau controlirt worden. Bei den Gartenhybriden muss aber die Herkunft oft nur nach den Eigenschaften errathen werden, ähnlich wie bei den wildwachsenden Bastarden. Die Gärtner bringen auf die Narben der Pflanzen, welche sie kreuzen wollen, fremden Blüthenstaub, wo möglich von verschiedenen Sorten, nachdem sie bald für Fernhaltung des eigenen Pollens gesorgt haben, bald nicht. Die gewonnenen Samen werden dann oft ohne weitere Unterscheidung ausgesäet und man wartet ab, was etwa von gärtnerisch verwendbaren Sorten daraus hervorgeht. Die Abstammung eines neuen Mischlings ist daher häufig nur annähernd bekannt oder kann nur errathen werden. Mitunter ist irgend ein fremder Pollen wirksam gewesen, der gar nicht absichtlich herzugebracht worden ist. Die Abstammung der Gartenmischlinge ist daher in manchen Fällen unsicher; viele Angaben, die darüber gemacht sind, haben sich als falsch erwiesen und andere werden noch in Zukunft als falsch erkannt werden.

Unter den spontanen Bastarden lassen sich zwei Classen unterscheiden, die spontanen Gartenhybriden und die wildwachsenden. In den Gärten finden sich viele Pflanzen vereinigt, die an ihren natürlichen Standorten niemals neben einander wachsen, die sich aber mit Leichtigkeit gegenseitig zu befruchten vermögen. Von manchen Gartenhybriden ist es unbekannt, ob sie zufällig entstanden oder künstlich erzeugt sind, d. h. ob die Pollenkörner, denen sie ihren Ursprung verdanken, durch Bienen oder durch Gärtnerhände auf die fremde

Narbe gebracht sind. Unter den wildwachsenden Bastarden zeigen sich die meisten Verbindungen ungemein formenreich, eine Erscheinung, die man meistens der Veränderlichkeit der Mischlinge in späteren Generationen sowie den unvermeidlichen Rückkreuzungen zuschreibt.

5. Die künstliche Erzeugung von Bastarden.

Man findet in manchen Abhandlungen Vorschriften über das Verfahren, welches man bei Anstellung von Hybridisationsversuchen in Anwendung bringen soll. In Wirklichkeit hat man jedoch nur eine einzige Regel zu befolgen, welche lautet: „verhüte jede anderweitige Befruchtung ausser der beabsichtigten". In der Praxis gestaltet sich die Lösung dieser Aufgabe freilich sehr verschiedenartig. Vor allen Dingen handelt es sich natürlich um Verhütung der normalen Befruchtung. Der Bastardzüchter muss daher, wenn er zweckmässig verfahren will, die normalen Befruchtungsvorgänge genau kennen. Es gibt manche Arten, welche sich niemals selbst befruchten, welche man also nur zu isoliren braucht, um sicher zu sein, dass keine unbeabsichtigte Befruchtung erfolgt. Viele zwittrige *Aërogamen* können sowohl mit fremdem, von Insecten oder Wind zugetragenem, als auch mit eigenem Blüthenstaub Früchte und Samen bilden; in diesen Fällen muss man die Blüthen castriren (d. h. die ungeöffneten Antheren entfernen) und sie ausserdem durch geeignete Mittel (Florhüllen, Isolirung) vor Bestäubung durch Insecten schützen. Bei manchen Gewächsen (*Papilionaceae, Paparer, Oenothera, Datura* etc.) springen die Antheren schon vor dem Oeffnen der Blume auf; man muss also in der Knospe castriren, was bei grossen Blumen keine Schwierigkeit hat, bei allzu kleinen aber kaum ausführbar sein dürfte. Endlich gibt es Fälle, in denen eine vollständige Verhütung der normalen Befruchtung nicht möglich oder doch ungemein mühsam sein würde (z. B. bei den Farrn und bei manchen *Compositen*), in denen man aber zum Ziele kommt, wenn man die Selbstbefruchtung möglichst erschwert, die beabsichtigte Kreuzung dagegen begünstigt. In diesen Fällen wird man häufig sowohl Hybride als auch stammelterliche Exemplare erhalten.

Ausser der normalen Befruchtung muss man aber auch jede regelwidrige Bestäubung zu verhüten suchen, welche leichter erfolgt als die beabsichtigte, so z. B. bei heterostylen Blumen eine illegitime. Man kann ferner z. B. von einer Pflanzenart, die man im Garten cultivirt, sämmtliche blühreifen Knospen entfernt oder castrirt und die castrirten hybridisirt haben, ohne das gewünschte Resultat zu erhalten. Es kann sich nämlich, wenn eine verwandte Art in der Nähe blüht, statt des beabsichtigten Bastards ein anderer gebildet haben.

Keinem Anfänger in Hybridisationsversuchen werden Misserfolge erspart bleiben und auch der Geübtere wird zu lernen haben, sobald er sich mit Pflanzengattungen beschäftigt, die in Bau- und Bestäubungsverhältnissen wesentlich von denen abweichen, mit welchen er seine früheren Versuche anstellte. Jeder Einsichtige wird übrigens das Verfahren, welches er anzuwenden hat, für jeden besonderen Fall durch Ueberlegung und praktische Uebung selbst auffinden. — Zu erwähnen ist noch, dass Blüthenstaub, trocken aufbewahrt, nicht selten mehrere Wochen oder Monate lang seine Wirksamkeit behält.*)

6. Wildwachsende Bastarde.

Es hat verhältnissmässig lange Zeit gedauert, bis man sich von dem spontanen Vorkommen hybrider Pflanzenformen überzeugte. Heutzutage weiss jeder sammelnde Botaniker in jeder mitteleuropäischen Lokalflora eine namhafte Anzahl von Bastardpflanzen zu finden. Wer dagegen ein fremdes Land mit einer ihm bis dahin unbekannten Vegetation bereist, wird dort selten Hybride entdecken. Botaniker, welche sich in ihrer Heimath speciell mit Bastardpflanzen beschäftigt haben, finden solche in Ländern mit einer fremdartigen Flora nur in sehr geringer Zahl und pflegen dann die Behauptung aufzustellen, dass sie dort ungemein selten sein müssten. Diese Erscheinung wiederholt sich fast mit grösserer Regelmässigkeit als irgend ein anderer Vorgang auf dem Gebiete der Bastardkunde. Es ist offenbar ein beträchtliches Maass von Formenkenntniss erforderlich, um die Bastardpflanzen beim ersten Ueberblick von den Varianten der normalen Typen zu unterscheiden. Am leichtesten gelingt dies bei Bastarden aus Arten von beträchtlich verschiedener Blüthenfarbe oder sehr abweichender Blattform.

Man hat bei den Versuchen, wildwachsende Bastarde zu unterscheiden, mancherlei Irrthümer begangen, hat insbesondere echte Arten oder Varietäten für Bastarde gehalten oder mit solchen verwechselt, so dass diejenigen Botaniker, welche nichts von spontanen Hybriden wissen wollten, stets Gelegenheit hatten, Fehlgriffe zu rügen. Nichtsdestoweniger ist die Zahl der wildwachsend gefundenen anerkannten

---

*) Bei manchen grossblüthigen Arten scheint mir ein kleiner Kunstgriff empfehlenswerth, den ich noch nirgends beschrieben fand. Ich schützte nämlich den Griffel der zu befruchtenden *Nicotiana*-Blüthen vor unbeabsichtigter Bestäubung durch die darüber gestülpten Kronröhren anderer Arten.

Bastarde von Jahrzehnt zu Jahrzehnt beträchtlich gewachsen. In Gattungen wie *Dianthus, Cirsium, Verbascum, Rumex, Salix* u. s. w. denkt schon lange kaum Jemand daran, ihr häufiges Vorkommen zu läugnen. Man stellte früher manchmal die Forderung auf, dass es nothwendig sei, jede vermeintliche hybride Pflanze, die man im Freien auffinde, künstlich aus den Stammarten darzustellen, bevor man es wagen dürfe, sie für einen unzweifelhaften Bastard auszugeben. Gerade die Experimentatoren, wie Kölreuter und Gärtner, waren am wenigsten geneigt, an spontane Hybride zu glauben, wenn auch Gärtner ihr Vorkommen nicht mehr ganz in Abrede zu stellen vermochte. Erst die neueren Hybridenzüchter, insbesondere Godron und Wichura, haben das häufige Vorkommen spontaner Pflanzenbastarde vorurtheilslos anerkannt.

Die Floristen Mitteleuropa's haben über wildwachsende Bastarde recht viel zusammengeschrieben. Das Volumen der betreffenden Literaturproducte ist ihrem wissenschaftlichen Werthe umgekehrt proportional. Die Floristen haben die Gewohnheit, zu „bestimmen" und zu „benennen"; nur wenige von ihnen scheinen bisher auf den Gedanken gekommen zu sein, dass es zuweilen auch erspriesslich sein könne, zu untersuchen. Wenn in botanisch gut durchforschten Gegenden eine unbekannte Pflanzenform gefunden worden ist, so handelt es sich darum, ihr Verhältniss zu den bekannten Arten festzustellen. Seltene Formen mit intermediären oder gemischten Eigenschaften wird man für Bastarde halten müssen, namentlich wenn Pollen oder geringe Zahl der Samen eine Schwäche der sexuellen Reproductionskraft anzeigen (vgl. oben S. 446). Vorurtheile aller Art haben vielfach die richtige Erkennung der Bastarde verhindert oder haben dazu geführt, die anfangs richtig erkannte Bastardnatur nachher wieder zu läugnen. Man findet z. B. manchmal angegeben, dass die Mittelform zwar selten, aber für einen Bastard zu fruchtbar, ein anderes Mal, dass sie zwar steril, aber für einen Bastard zu häufig sei. Bei der Häufigkeit einer Pflanze kommt es aber wesentlich auf die vegetative Verbreitungsfähigkeit an; ein steriler Bastard würde sich bei gleicher Vegetationskraft ebenso vermehren können, wie es z. B. *Acorus calamus*, *Elodea Canadensis* und andere in Europa sterile Arten gethan haben. Dass andrerseits viele Bastarde, namentlich solche zwischen näher verwandten Arten, keine auffallende Verminderung der Fruchtbarkeit zeigen, wird in dem Abschnitte über die Eigenschaften der Mischlinge dargethan werden.

Grundsätzlich ist festzuhalten, dass in den genau durchforschten Gegenden Europa's die Auffindung einer durch wesentliche Unterscheidungsmerkmale ausgezeichneten Art (nicht Unterart oder *espèce affine*) viel unwahrscheinlicher ist, als die Auffindung eines neuen Bastards. Es müssen daher bei Beschreibung einer neuen Form, wenn man sie als echte Art betrachtet wissen will, die Beweismittel entsprechend stärker sein. Manche besonders eifrige Anhänger der Entwickelungslehre glauben überall nach Uebergängen und Mittelarten, im Erlöschen begriffenen Stamm- und Zwischenformen, oder wie man die artenverknüpfenden Glieder sonst nennen will, suchen zu müssen. Sie bemühen sich daher vielfach, alle Zwischenformen, welche sie finden, als solche Mittelarten zu deuten. Es ist in der That nichts nutzloser, als dergleichen Versuche, die Lehre Darwin's durch angebliche Uebergangsformen stützen zu wollen. Wer die Flüssigkeit und Wandelbarkeit der lebenden Formenkreise nicht unmittelbar aus der eigenen Beobachtung zu erkennen vermag, den werden einige neubeschriebene Zwischenformen gewiss nicht von der Richtigkeit der Entwickelungslehre überzeugen. Je strenger und sorgfältiger man in der Erforschung der Wahrheit verfährt, um so mehr Gewinn werden die Wissenschaft und die Evolutionstheorie aus den Untersuchungen ziehen. Ob es einige hundert hybride oder nicht hybride Zwischenformen mehr oder weniger gibt, ist für die Darwin'sche Lehre und alle damit zusammenhängenden Fragen vollkommen gleichgiltig.

Die Entstehungsbedingungen der wildwachsenden Bastarde sind in den meisten Fällen noch nicht so beachtet, wie es hätte sein sollen. Auf den ersten Blick möchte es scheinen, dass sich ein Bastard am leichtesten an Orten bilden könne, wo die Stammarten in grosser Zahl durch einander wachsen. Dies ist aber keineswegs der Fall, denn an solchen Orten werden die Narben jeder Art reichlich mit Blüthenstaub der eigenen Art versorgt werden, der jede Wirksamkeit des fremden Pollens unmöglich macht. Ganz anders gestalten sich die Chancen, wenn nur wenige Exemplare der einen Art zwischen zahlreichen der andern eingestreut*) sind. Dann sind die Aussichten einer Blüthe der seltenen Art, Pollen von einer andern Blüthe ihresgleichen zu bekommen, sehr gering, während die Wahrscheinlichkeit, gleich beim Eintritt in die Geschlechtsreife fremden Pollen zu empfangen, möglichst gross ist. Von allen Pflanzen, bei welchen die Befruchtung durch Pollen der eigenen Blüthe erschwert ist, werden sich unter solchen Umständen sehr leicht Bastarde bilden. Die nämliche Wirkung wie eine räumliche Verschiedenheit in der Häufigkeit hat eine zeitliche. Wenn von zwei gesellig wachsenden Pflanzen die eine Art

---

*) Vgl. *Gentiana lutea* × *purpurea*; das Vorkommen des ersten gut beschriebenen spontanen Bastards wird sehr anschaulich geschildert.

in voller Blüthe steht und von der andern gleichzeitig nur die ersten oder die letzten Blüthen geöffnet sind (z. B. bei *Cistus*, *Arbutus*), so befinden sich diese zeitlich vereinsamten Blüthen genau in derselben Lage wie die Blüthen eines räumlich vereinsamten Exemplars. Wenn man sich diese Verhältnisse klar macht, so kann es durchaus nicht auffallen, wenn man Bastarde nur in Gesellschaft der einen Stammart antrifft. Aus ihrem Vorkommen kann man schliessen, dass, je nach der Lebensdauer der Arten, vor einem oder vor einigen Jahren einzelne Exemplare der andern Stammart an der betreffenden Stelle wuchsen. Nur wenn diese Voraussetzung unwahrscheinlich sein sollte, könnte das Vorkommen des Bastards in ausschliesslicher Gesellschaft der einen Stammart befremden.

Durch hybride Befruchtung erzeugte Samen liefern häufig schwächliche oder doch wenig widerstandsfähige Keimpflanzen, welche sich jedoch später zu ungemein kräftigen Exemplaren entwickeln können. Ein fruchtbarer und nicht zu sehr mit Pflanzenwuchs bedeckter Boden ist daher dem Gedeihen von Bastarden besonders günstig. Ich habe wenigstens den Eindruck erhalten, dass Ländereien, welche von salzreichem Flusswasser gedüngt werden, Ufer von Gewässern, in welche Cloaken u. dergl. münden, fruchtbare Wiesen, namentlich wenn sie zeitweise als Viehtriften benützt werden u. s. w., besonders günstige Plätze für das Gedeihen von Bastardpflanzen sind. Auch im Walde findet man die Hybriden vorzüglich an quelligen humusreichen Plätzen. Geeignet sind ferner auch etwas buschige Abhänge, an welchen Vieh weidet und durch Fusstritte und Dünger für die Keimung passende Stellen schafft.

Wer auf diese Verhältnisse achtet, wird beim Suchen nach Bastarden gewiss weit mehr Erfolg haben als Derjenige, welcher alle Plätze untersucht, an denen zwei Arten derselben Gattung neben einander vorkommen. Nicht selten verräth sich bei wilden Pflanzen die Bastardnatur durch eine Eigenthümlichkeit, welche bei künstlichen Hybriden in erster Generation nicht vorhanden zu sein pflegt, nämlich die Polymorphie, d. h. die Mannichfaltigkeit der vorhandenen gekreuzten Zwischenformen. Man findet häufig vielerlei Uebergangsstufen von der einen zur andern Stammart; man hat dann die Wahl zwischen der Annahme einer stattgehabten Kreuzung und der Voraussetzung, dass durch das Vorhandensein von Zwischengliedern die specifische Zusammengehörigkeit der beiden Hauptformen dargethan werde. Eine Prüfung des Pollens und der Fruchtbarkeit wird bei manchen derartigen Vorkommnissen eine sichere Entscheidung ermöglichen. Die Polymorphie zeigt sich in einigen Fällen schon bei sterilen Hybriden (vgl. z. B. *Verbascum lychnitis* ✕ *nigrum*, *V. thapsus* ✕ *lychnitis*, *Digitalis lutea* ✕ *purpurea*), kann also dann nicht durch Rückkreuzungen hervorgebracht sein. In andern Fällen, und dies sind vielleicht die häufigeren, sind die betreffenden Mittelglieder mehr oder minder fruchtbar und haben eine zum Theil rückgekreuzte Nachkommenschaft geliefert (*Drosera*, *Cirsium rivulare* ✕ *palustre* und andere *Cirsium*-Mischlinge, *Digitalis lutea* ✕ *ambigua*, *Narcissus poëticus* ✕ *pseudonarcissus* u. s. w.). Endlich gehen, was schon längst durch Beobachtung im Freien wahrscheinlich war und durch Godron bei *Aegilops* und *Datura* bewiesen ist. aus der Nachkommenschaft von Bastarden häufig modificirte samenbeständige Raçen hervor; vgl. darüber den 6. Abschnitt.

An einem und demselben Standorte stimmen manchmal die einzelnen Exemplare einer Bastardverbindung, selbst wenn sie nicht auf vegetativem Wege von einander abstammen können, ziemlich genau mit einander überein. Eine solche Uebereinstimmung ist aber viel seltener, wenn man Bastarde gleicher specifischer Abstammung von verschiedenen Standorten mit einander vergleicht. Die Eigenschaften der Stammarten finden sich bei den Bastarden, und noch allgemeiner bei deren Abkömmlingen, häufig in so mannigfaltiger Weise combinirt, dass es kaum möglich ist, unter dem Formengewirre einzelne öfter wiederkehrende Typen zu unterscheiden. Genaue Beschreibungen von solchen Bastarden können sich nur auf locale und individuelle Formen beziehen, sind daher nicht allein für die Systematik völlig unbrauchbar, sondern selbst in physiologischer Beziehung ziemlich werthlos; vgl. auch auf S. 4 Wichura's Bemerkung über Bastardbeschreibungen. Wissenschaftliche Gründe für das von manchen Floristen und Phytognosten gestellte Verlangen nach „Diagnosen" für die wildwachsenden Bastarde sind mir nicht bekannt. Dagegen ist es von grossem Interesse, das physiologische Verhalten der spontanen Hybriden (Entstehungsgeschichte, Wachsthumsbedingungen, Schwankungen in den Eigenschaften, ungewöhnliche Merkmale, Vegetationskraft, Pollen, Fruchtbarkeit, Ausbildung beständiger Typen u. s. w.) genau zu untersuchen.

Es dürfte von Interesse sein, diejenigen Bastardverbindungen zusammenzustellen, von welchen man weiss, dass sie sowohl künstlich erzeugt, als auch spontan entstanden sind, sowie diejenigen, deren spontane Bildung sowohl in Gärten als in der freien Natur beobachtet ist. In dem nachfolgenden Verzeichnisse bedeutet:

a. p. .... künstlich erzeugt;

sp. h. .... spontan (zufällig) in Gärten entstanden;

sp. s. .... wildwachsend beobachtet.

Die beigefügten Personennamen bezeichnen den Beobachter, welcher sich von der Uebereinstimmung der auf verschiedenem Wege entstandenen Mischlinge überzeugen konnte.

Ranunculus aconitifolius ⨯ *Pyrenaeus.* — sp. h., sp. s.
Nuphar luteum ⨯ *pumilum.* — a. p., sp. s. — Caspary.
Nymphaea alba ⨯ *candida.* — a. p., sp. s.
Sarracenia flava ⨯ *purpurea.* — a. p., sp. s.
Papaver dubium ⨯ *rhoeas.* — a. p., sp. s.
Capsella bursa pastoris ⨯ *rubella.* — sp. h., sp. s.
Cistus populifolius ⨯ *salviaefolius.* — a. p., sp. s. — Timbal-Lagrave.
Dianthus armeria ⨯ *deltoides.* — a. p., sp. s.
D. barbatus ⨯ *Chinensis.* — a. p., sp. h.
D. barbatus ⨯ *superbus.* — a. p., sp. s.
D. caryophyllus ⨯ *Chinensis.* — a. p., sp. h.
D. deltoides ⨯ *superbus.* — a. p., sp. s.
D. Monspessulanus ⨯ *Seguieri.* — a. p., sp. s. — Lecoq.
Melandryum album ⨯ *rubrum.* — a. p., sp. s. — Focke.
Medicago falcata ⨯ *sativa.* — a. p., sp. s. — Urban.
Phaseolus multiflorus ⨯ *vulgaris.* — a. p., sp. h.
Rubus Idaeus ⨯ *occidentalis.* — a. p., sp. s. — Focke.
R. caesius ⨯ *Idaeus.* — a. p., sp. s. — Focke.
Geum coccineum ⨯ *rivale.* — a. p., sp. s.
G. rivale ⨯ *urbanum.* — a. p., sp. h., sp. s.
Potentilla argyrophylla var. *insignis* ⨯ *atrosanguinea.* — a. p., sp. s. — Lehmann.
Saxifraga aizoon ⨯ *cotyledon.* — sp. h., sp. s.
S. caesia ⨯ *mutata.* — sp. h., sp. s.
? *Rochea coccinea* ⨯ *odoratissima.* — a. p., sp. s.
Epilobium hirsutum ⨯ *Tournefortii.* — a. p., sp. s. — Haussknecht.
E. montanum ⨯ *roseum.* — a. p., sp. s.
E. montanum ⨯ *obscurum.* — a. p., sp. s.
Cereus speciosissimus ⨯ *Phyllocactus phyllanthoides.* — a. p., sp. s. — Warscewicz, Gärtner, Lecoq.
Cinchona calisaya ⨯ *Paludiana.* — a. p., sp. cult.
Cirsium erisithales ⨯ *palustre.* — sp. h., sp. s.
C. bulbosum ⨯ *oleraceum.* — sp. h., sp. s.
Tragopogon pratensis ⨯ *porrifolius* — a. p., sp. s.
Hieracium auricula ⨯ *pilosella.* — a. p., sp. s. — Fr. Schultz.
H. praealtum ⨯ *pilosella.* — a. p., sp. s. — Fr. Schultz.
H. auricula ⨯ *pratense.* — a. p., sp. s.
H. aurantiacum ⨯ *auricula.* — a. p., sp. s.

Lobelia fulgens ✕ *syphilitica.* — a. p., sp. h.
L. cardinalis ✕ *syphilitica.* — a. p., sp. s.
Arbutus andrachne ✕ *unedo.* — a. p., sp. s.
Rhododendron Indicum ✕ *ledifolium.* — a. p., sp. s.
Primula acaulis ✕ *officinalis.* — a. p., sp. s.
Nicotiana rustica ✕ *paniculata.* — a. p., sp. h. — Nicht ganz identisch (Kölreuter); Gärtner.
Verbascum blattaria ✕ *phoeniceum.* — a. p., sp. h. — Kölreuter, Gärtner. — sp. s.
V. Austriacum ✕ *phoeniceum.* — a. p., sp. s.
V. nigrum ✕ *phoeniceum.* — a. p., sp. s.
V. lychnitis ✕ *phoeniceum.* — a. p., sp. s.
V. thapsus ✕ *phoeniceum.* — a. p., sp. s.
V. thapsiforme ✕ *phoeniceum.* — a. p., sp. s.
V. blattaria ✕ *nigrum.* — a. p., sp. s.
V. blattaria ✕ *lychnitis.* — a. p., sp. s.
V. blattaria ✕ *phlomoides.* — a. p., sp. s.
V. blattaria ✕ *thapsiforme.* — a. p., sp. s.
V. blattaria ✕ *thapsus.* — a. p., sp. s.
V. Austriacum ✕ *nigrum.* — a. p., sp. s.
V. Austriacum ✕ *lychnitis.* — a. p., sp. s.
V. Austriacum ✕ *thapsiforme.* — a. p., sp. s.
V. Austriacum ✕ *thapsus.* — a. p., sp. s.
V. lychnitis ✕ *nigrum.* — a. p., sp. s.
V. phlomoides ✕ *nigrum.* — a. p., sp. s.
V. thapsiforme ✕ *nigrum.* — a. p., sp. s.
V. thapsus ✕ *nigrum.* — a. p., sp. s.
V. lychnitis ✕ *phlomoides.* — a. p., sp. s.
V. lychnitis ✕ *thapsiforme.* — a. p., sp. s.
V. lychnitis ✕ *thapsus.* — a. p., sp. s.
V. phlomoides ✕ *speciosum.* — sp. h., sp. s.
V. thapsus ✕ *thapsiforme.* — a. p., sp. s.
? *Calceolaria integrifolia* ✕ *thyrsiflora.* — a. p., sp. s.
? *C. integrifolia* ✕ *adscendens.* — a. p., sp. s.
Linaria vulgaris ✕ *striata.* — a. p., sp. s. — Godron.
Digitalis lutea ✕ *purpurea.* — a. p., sp. h., sp. s. — Gärtner, Godron, Focke.
D. ambigua ✕ *purpurea.* — a. p., sp. s.
D. ambigua ✕ *lutea.* — a. p., sp. s. — Godron.
D. ambigua ✕ *lanata.* — a. p., sp. s.
Achimenes grandiflora ✕ *patens.* — a. p., sp. s. — Regel.

? *Lantana nivea* ✕ *camara*. — a. p., sp. s.
Quercus pedunculata ✕ *sessiliflora*. — a. p., sp. s.
Alnus glutinosa ✕ *incana*. — a. p., sp. s.
Salix caprea ✕ *viminalis*. — a. p., sp. s. — Wichura.
S. cinerea ✕ *purpurea*. — a. p., sp. s. — Wichura.
S. grandifolia ✕ *purpurea*. — a. p., sp. s.
S. purpurea ✕ *viminalis*. — a. p., sp. s. — Wichura.
S. caprea ✕ *daphnoides*. — a. p., sp. s. — J. Kerner.
S. daphnoides ✕ *viminalis*. — a. p., sp. s.
Crinum Capense ✕ *erubescens*. — a. p., sp. s. — Herbert.
Cr. Capense ✕ *ornatum* var. *Zeylanicum*. — a. p., sp. h. — Carey.
Cr. erubescens ✕ *scabrum*. — a. p.?, sp. s. — Herbert.
Narcissus poëticus ✕ *pseudo-narcissus*. — a. p., sp. s. — Herbert.
N. major ✕ *jonquilla*. — a. p., sp. h. — Herbert.
Aegilops ovata ✕ *Triticum vulgare*. — a. p., sp. s. — Godron.
Ae. triaristata ✕ *Tr. vulgare*. — a. p., sp. s. — Godron.
Ae. ventricosa ✕ *Tr. vulgare*. — a. p., sp. h.
Pinus laricio ✕ *silvestris*. — a. p., sp. s.

Vierter Abschnitt.

Eigenschaften der Mischlinge.

Absolute Unterschiede zwischen Pflanzen reiner und hybrider Abkunft gibt es nicht (vgl. S. 449); es gibt daher auch keine Merkmale, durch welche man unter allen Umständen mit Sicherheit die Mischlingsnatur einer bestimmten Pflanze erkennen kann. Indess zeigen die Bastardpflanzen sehr häufig eine Reihe von Eigenschaften, welche mit grösserer oder geringerer Wahrscheinlichkeit auf ihre hybride Abkunft hinweisen. Es lassen sich darüber gewisse Regeln aufstellen, von welchen freilich keine einzige ausnahmslos giltig zu sein scheint.

1. Die einfachen primären Mischlinge (A $\times$ B).

Erster Satz.

Sämmtliche aus der Kreuzung zweier reinen Arten oder Raçen hervorgegangenen Individuen sind, wenn sie unter gleichen Umständen erzeugt und herangewachsen sind, einander in der Regel völlig gleich oder sind doch kaum mehr von einander verschieden, als es Exemplare einer und derselben reinen Art zu sein pflegen.

Dieser vorsichtig formulirte Erfahrungssatz scheint zwar durch zahlreiche Versuche hinlänglich begründet zu sein, erleidet aber dennoch vielfache Ausnahmen. Einige Hybridenforscher haben sein Geltungsgebiet so eingeschränkt, dass sie nur die Gleichheit aller aus der nämlichen hybrid befruchteten Kapsel hervorgegangenen Exemplare zu behaupten wagten (vgl. jedoch *Narcissus poëticus* ♀ $\times$ *pseudo-narcissus* ♂ und *Fuchsia* in Darw. Variir. I p. 502). Jedenfalls erweist sich die Regel nur in den Fällen als einigermaassen zuverlässig, in welchen die in der Fassung des Satzes verlangte Gleichheit der Entstehungs- und Wachsthumsbedingungen wirklich vorhanden ist.

Am wenigsten schwierig ist gerade die Frage zu beantworten, über welche man sich am heftigsten gestritten hat, nämlich die nach dem stärkeren Einflusse des einen oder des anderen Geschlechtes auf die Gestalt der Nachkommenschaft. Die Mischlinge der beiden Arten oder Raçen A und B sind unter einander gleich, einerlei ob A bei der Kreuzung männliche oder weibliche Stammart war. Die Experimentatoren, insbesondere Kölreuter, Gärtner, Naudin und Wichura, haben im Allgemeinen keinen Unterschied zwischen den beiden Kreuzungsproducten $A\,♀ \times B\,♂$ und $B\,♀ \times A\,♂$ finden können. Die Doctrinen von Linné, Fr. Schultz und anderen Floristen sind in dem Abschnitte über die Geschichte der Bastardkunde kurz erwähnt worden; vgl. auch oben S. 295. Es waren schon mehr als 100 Jahre verflossen, seit Kölreuter die Uebereinstimmung von *Nicotiana rustica* $♀ \times$ *paniculata* $♂$ und *N. panic.* $♀ \times$ *rust.* $♂$ bewiesen hatte, als einer der scharfsichtigsten Floristen unserer Zeit, Timbal-Lagrave, durch eine ähnliche Erfahrung (vgl. oben S. 44) aufs höchste überrascht wurde. Alle Regeln und vermeintlichen Erfahrungssätze, nach denen die Floristen aus den morphologischen Eigenschaften eines Bastards erkennen wollten, welche seiner Stammarten den Pollen zu seiner Entstehung geliefert und welche den Samen getragen habe, sind durchaus nichtig und thöricht. Es ist vielmehr durch zahlreiche Versuche festgestellt, *dass im Pflanzenreiche im Allgemeinen bei echten Arten die formbestimmende Kraft des männlichen und des weiblichen Elements in der Zeugung einander vollkommen gleich sind.*

Ebenso wie alle anderen Regeln in der Hybriditätslehre, so ist auch die von der Gleichheit der beiden Kreuzungsproducte nicht ohne Ausnahmen. Es versteht sich indess von selbst, dass eine etwa beobachtete Ungleichheit nur dann mit einiger Wahrscheinlichkeit als durch die stärkere Einwirkung des männlichen oder weiblichen Elementes bedingt betrachtet werden kann, wenn die Versuche genau in gleicher Weise angestellt sind und wenn sie bei mehrmaliger Wiederholung stets zu demselben Ergebnisse geführt haben. Fast alle bisherigen Angaben lassen in dieser Beziehung noch mancherlei zu wünschen und geben berechtigten Zweifeln Raum. Bemerkenswerth erscheinen etwa folgende Angaben über Ungleichheit der beiden Kreuzungsproducte.

1. Das weibliche Element beeinflusst die allgemeine Gestalt vorwiegend bei *Pelargonium fulgidum* $\times$ *grandiflorum*, *P. peltatum* $\times$ *zonale*, *Epilobium hirsutum* $\times$ *Tournefortii*; es macht sich bei mehreren *Digitalis*-Bastarde in der Blüthenfarbe, bei einigen auch in der

---

*) Ex his vero omnibus discimus, partum hybridum, quod ad medullarem substantiam seu internam plantam aut fructificationem, matris exactam imaginem, sed quoad folia et alia externa patris esse. Linné Amoen. acad. X p. 127.

Gestalt der Kronen stärker geltend. Bei *Nymphaea rubra* × *dentata* sind die Keimblätter denen der jedesmaligen weiblichen Stammart viel ähnlicher.

2. Das weibliche Element zeigt anscheinend einen überwiegenden Einfluss auf die Widerstandsfähigkeit gegen Kälte bei *Rhododendron* (Hybride von *Rh. arboreum*), *Lycium* und vielleicht auch bei *Crinum* (Hybride von *Cr. Capense*).

3. Das männliche Element beeinflusst die allgemeine Gestalt vorwiegend bei *Papaver Caucasicum* × *somniferum* und *Cypripedium barbatum* × *villosum* (ob constant?); es zeigt einen wirksameren Einfluss auf die Blüthenfärbung bei *Petunia*.

4. Unterschiede in der Fruchtbarkeit und der Nachkommenschaft der beiderlei hybriden Verbindungen will Gärtner einige Male, z. B. bei *Dianthus barbatus* × *superbus*. beobachtet haben. Die Gärtner'schen Erfahrungen dürften indess schwerlich genügen, um die Regelmässigkeit dieses Verhaltens bei den betreffenden Bastarden darzuthun.

Die auffallendsten Unterschiede zwischen A ♀ × B ♂ und B ♀ × A ♂ sind von Kölreuter und Gärtner bei einigen *Digitalis*-Bastarden beobachtet worden. Ob die Verschiedenheiten sich wirklich jedesmal in gleicher Weise zeigen, ist damit jedoch noch nicht bewiesen.*)

Viel häufiger werden Abweichungen von der regelmässigen Gleichförmigkeit der einzelnen Exemplare eines Bastards beobachtet, welche von der Rolle, welche die Stammformen bei der Zeugung spielten, völlig unabhängig sind. Es kommen nämlich nicht selten erhebliche Unterschiede zwischen den ganz gleich behandelten Sämlingen aus einer einzigen Kreuzung vor. Diese Unterschiede zeigen sich in verschiedener Weise.

1. Die einzelnen Exemplare des Mischlings zeigen unter einander geringe Abweichungen, besonders in der Blüthenfarbe und ähnlichen leicht veränderlichen Eigenschaften; vgl. z. B. die Bastarde von *Verbascum phoeniceum*, *Salix caprea* × *daphnoides*.

2. Der Mischling tritt in zwei verschiedenen Typen auf, von denen jeder eine andere Combination aus den Eigenschaften der Stammarten darstellt. In der Regel steht der eine Typus der einen, der zweite der andern Stammart näher; die Häufigkeit der beiden Typen ist oft

---

*) In der Literatur finden sich zahlreiche Betrachtungen über die Abhängigkeit der Eigenschaften eines Bastards von der Einwirkung des ♂ und ♀ Elements, obgleich bei der Beschreibung nur eine einzige Kreuzungsform vorlag. Selbstverständlich kann nur dann, wenn A ♀ × B ♂ und B ♀ × A ♂ beide bekannt sind, von einer Vergleichung die Rede sein.

sehr ungleich. Gärtner bezeichnete den selteneren Typus als „Ausnahmetypus". Beispiele siehe unter *Cistus*, *Dianthus*, *Geum*, *Oenothera*, *Lobelia*, *Verbascum thapsus* × *nigrum*, *Nicotiana quadrivalvis* × *tabacum macrophylla*.

3. Der Mischling tritt in mehreren verschiedenen Typen auf. — Gärtner gibt davon einige Beispiele, doch handelt es sich wahrscheinlich in diesen Fällen nur um drei bekannte Formen einer polymorphen Verbindung.

4. Der Mischling erscheint in einer typischen Mittelform und einer Anzahl von schwankenden, gewöhnlich einer oder der anderen Stammart genäherten Formen, unter denen sich keine ausgesprochenen Typen unterscheiden lassen. So verhält sich *Medicago falcata* × *sativa*, gewöhnlich auch *Melandryum album* × *rubrum*.

5. Der Mischling ist von vornherein vielgestaltig; die bisherigen Erfahrungen lassen es zweifelhaft, ob sich in diesen Fällen neben den schwankenden Formen ein oder mehrere festere Typen mit einer gleichartigen Combination der Eigenschaften unterscheiden lassen. Vgl. *Abutilon*, Hybride von *Pelargonium glaucum* L'Hér., *P. radula* × *myrrhifolium*, *Passiflora*, *Hieracium*, *Nepenthes*, *Narcissus*. Gärtner hat die Behauptung aufgestellt, Bastarde zwischen verschiedenen Arten seien von gleichförmiger Bildung, Varietätenblendlinge polymorph. Wenn man unter den „Varietäten" unbeständige Gartenformen oder Gartenmischlinge versteht, so ist die Regel gerechtfertigt, versteht man darunter jedoch constante Raçen von reiner Abkunft, so ist sie entschieden unrichtig; vgl. unten „Bastarde und Blendlinge".

Ganz andere Ergebnisse liefert die Vergleichung der Bastarde, welche zwar von denselben Stammarten entsprungen, aber an verschiedenen Orten erzeugt und aufgewachsen sind. Spontane Hybride sind in der Regel viel variabler als künstlich erzeugte, vgl. z. B. *Verbascum lychnitis* × *thapsus* und *V. lychnitis* × *nigrum*; meine Bastarde zwischen *Digitalis purpurea* und *D. lutea* waren einander ziemlich gleich, wenn ich die Samen gesäet hatte; dagegen traten sehr verschiedene Formen auf, als die Samen sich zufällig selbst ausgestreut hatten. Es mag sein, dass in diesem Falle kein wirklich ursächlicher Zusammenhang zwischen der Vielgestaltigkeit und der Aussaatweise vorhanden war; dagegen steht es fest, dass verschiedene Züchter bei ihren Kreuzungen sehr häufig aus denselben Arten verschiedene Resultate erhalten haben. Ebenso scheint die Gleichförmigkeit aller Producte derselben Kreuzung, welche bei den Züchtungsversuchen unzweifelhaft die Regel ist, in der freien Natur eher eine Ausnahme zu sein. Es bleibt zu ermitteln, in wie weit eine ungleiche Ernährung der Stammarten oder der hybriden Keimpflanzen auf die Formenmannigfaltigkeit der Bastarde von Einfluss ist.

Zweiter Satz.
Die Eigenschaften der Mischlinge sind aus den Eigenschaften der Stammarten abgeleitet. Nur in der Grösse und Ueppigkeit (s. 3. Satz), *sowie in der geschlechtlichen Leistungsfähigkeit* (s. 4. Satz) *unterscheiden sie sich meistens von beiden Stammarten.*

Die Art und Weise, wie bei den Mischlingen die Eigenschaften der Stammarten mit einander verbunden sind, ist eine sehr verschiedene. Im Allgemeinen findet eine Verschmelzung oder gegenseitige Durchdringung der Eigenschaften statt, jedoch häufig in der Weise, dass in einer Beziehung die eine, in anderer die zweite Stammform vorzuwalten scheint. Manchmal erinnert z. B. der Mischling in den Blättern mehr an die eine, in den Blüthen mehr an die andere Stammform; zuweilen tritt dann eine Varietät („Ausnahmetypus" nach Gärtner, s. S. 471) des Mischlings auf, bei welcher die Eigenschaften umgekehrt vertheilt sind. Manche Mischlinge gleichen Anfangs mehr der einen, später mehr der andern Stammform, oder ihre Blätter zeigen im Frühjahr den einen, im Herbste den andern Typus (*Cistus, Populus*), oder die Blüthenfarben ändern sich während des Abblühens (*Melandryum album* × *rubrum, Epilobium roseum* × *montanum* vgl. Nachtrag, *Lantana*) oder im Herbste (*Nicotiana rustica* × *tabacum, Tropaeolum, Lobelia* etc.), zuweilen auch in verschiedenen Jahren (*Bletia crispa* × *cinnabarina, Galium cinereum* × *verum*). Bei Raçenblendlingen, selten bei Bastarden im engeren Sinne, findet man mitunter Eigenschaften der Stammformen unvermischt neben einander (vgl. *Cucumis melo*, Bestachelung der *Datura*-Früchte, Blüthenfarbe bei *Rhododendron rhodora* × *calendulaceum, Rh. Ponticum* × *flavum, Anagallis, Linaria vulgaris* × *purpurea. Calceolaria, Mimulus, Mirabilis*). Die Blüthenfarben verhalten sich oft in unerwarteter und unberechenbarer Weise; die Bastarde von *Verbascum phoeniceum* sind bei sonstiger Gleichförmigkeit in der Blüthenfärbung sehr variabel; bei *Helianthemum*-Bastarden hat man mitunter gleichzeitig verschiedenfarbige Blüthen am nämlichen Stock vorgefunden.

Aus der Kreuzung nahe verwandter Raçen, besonders Farbenvarietäten, gehen häufig Pflanzen hervor, welche genau oder nahezu einer der Stammraçen gleichen; vgl. *Brassica rapa var.* (S. 38), *Linum, Pisum, Phaseolus, Anagallis, Atropa, Datura strammonium, Salvia horminum* etc. Erst in zweiter Generation verräth sich gewöhnlich der Einfluss der anderen Stammraçe, und zwar dadurch, dass ein Theil der Sämlinge vollständig oder in gewissen Beziehungen zu ihr zurückschlägt. Nur bei *Atropa* sind Rückschläge zu der (wenig fixirten) gelben Form noch nicht beobachtet.

In manchen Fällen ist der Mischling einer der Stammformen so ähnlich, dass er für eine leichte Abänderung derselben gehalten werden könnte. Selbst bei Kreuzungen zwischen beträchtlich verschiedenen Arten zeigt sich an den Bastarden der weit überwiegende Einfluss der einen Stammart mitunter in auffallender Weise. So ist *Dianthus armeria* × *deltoides* dem *D. deltoides*, *D. caryophyllus* × *Chinensis* dem *D. caryophyllus*, *Melandryum rubrum* × *noctiflorum* dem *M. rubrum*, *Verbascum blattaria* × *nigrum* dem *V. nigrum*, *Digitalis lutea* × *purpurea* der *D. lutea* viel ähnlicher als der zweiten Stammart.

Zuweilen zeigen schon die primären Bastarde Eigenschaften, welche von denen beider Stammarten vollständig verschieden sind. Besonders auffallend ist dies mitunter bei den Blüthenfarben. Am merkwürdigsten sind die regelmässig blau blühenden Bastarde der weissen *Datura ferox* mit den ebenfalls weissen Arten *D. laevis* und *D. strammonium Bertolonii*. Zahlreich sind die Beispiele von unerwarteten Blüthenfärbungen bei Bastarden aus Arten mit farbigen Blumen, indem die Mischlinge keineswegs immer den Farbenton zeigen, welchen man aus einer Mischung der Pigmente erhalten würde. Auffällige Beispiele bieten z. B. *Clematis recta* × *integrifolia*, *Aquilegia atropurpurea* × *Canadensis* (und andere), *Anemone patens* × *vernalis*, *Begonia Dregei* × *Sutherlandi* (und andere), *Nicotiana suaveolens* × *glutinosa*, *Verbascum pulverulentum* × *thapsiforme*, Hybride von *V. phoeniceum*. Bei Raçenmischlingen, z. B. von *Papaver somniferum* und *Datura strammonium*, treten manchmal Eigenschaften auf, welche nicht den Stammformen, sondern andern Raçen derselben Art zukommen. *Nicotiana rustica* × *paniculata* zeigt zuweilen die Blüthenfärbung von *N. Texana*, einer fremden Unterart der *N. rustica*. Andere Eigenschaften, welche die Hybriden in höherem Maasse zeigen als die Stammformen, sind z. B. die grössere Klebrigkeit bei einigen Bastarden von *Nicotiana* (*rust.* × *panic.*), der anscheinend grössere Honigreichthum bei *N. rustica* × *paniculata*, der stärkere nauseose Geruch bei den Hybriden von *Melandryum viscosum*, der angeblich bedeutendere Chiningehalt (?) bei den Bastarden von *Cinchona* (nach O. Kuntze).

In späteren Generationen hybrider Gewächse werden Abweichungen von den Eigenschaften der Stammarten noch weit allgemeiner beobachtet.

Dritter Satz.

Mischlinge zwischen verschiedenen Raçen und Arten unterscheiden sich in der Regel durch ihre Vegetationskraft von den Exemplaren reiner Raçe. Bastarde zwischen beträchtlich verschiedenen Arten sind häufig sehr zart, insbesondere in der Jugend, so dass die Aufzucht der Sämlinge schwer gelingt. Bastarde zwischen näher verwandten Arten und Raçen sind dagegen in der Regel ungemein üppig und kräftig; sie zeichnen sich meistens durch Grösse, Schnellwüchsigkeit, frühe Blühreife, Blüthenreichthum, längere Lebensdauer, starke Vermehrungsfähigkeit, ungewöhnliche Grösse einzelner Organe und ähnliche Eigenschaften aus.

Zur näheren Begründung dieses Satzes wird es zunächst zweckmässig sein, auf einige Beispiele zu verweisen. Zarte Sämlinge finden sich z. B. erwähnt bei *Nymphaea alba* mit ausländischen Arten gekreuzt, *Hibiscus*, *Rhododendron rhodora* mit andern Arten, *Rh. Sinense* mit *Eurhododendren*, *Convolvulus*, polyphylischen *Salix*-Bastarden (S. 367 unten), *Crinum*, *Narcissus*; die Erfahrung, dass die Keimpflanzen aus hybrid befruchteten Samen zart sind und sich schwer aufziehen lassen, ist übrigens häufig gemacht worden. Zwergiger Wuchs ist bei Hybriden selten beobachtet worden, vgl. indess einige Bastarde von *Nicotiana* (S. 285 oben und besonders *N. quadriv.* × *tabac. macroph.* S. 292). Riesiger Wuchs ist dagegen häufiger, vgl. z. B. *Lycium*, *Datura*, *Isoloma*, *Mirabilis*. In der Grösse übertreffen die Bastarde gewöhnlich beide Stammarten oder doch das Mittel aus der Höhe beider, vgl. z. B. viele Bastarde von *Nicotiana*, *Verbascum*, *Digitalis*. Die Entwickelung erfolgt manchmal auffallend rasch; Klotzsch betont die Schnellwüchsigkeit seiner Bastarde von *Ulmus*, *Alnus*, *Quercus* und *Pinus*. Die Blühreife tritt häufig früher ein als bei den Stammarten, z. B. bei *Papaver dubium* × *somniferum*, manchen *Dianthus*-Bastarden*), *Rhododendron arboreum* × *Catawbiense*, *Lycium*, *Nicotiana rustica* × *paniculata*, *Digitalis*, Wichura's 6fachem *Salix*-Bastard, *Gladiolus*, *Hippeastrum vittatum* × *reginae* u. s. w., namentlich aber bei vielen Hybriden von *Verbascum*. Umgekehrt gibt es allerdings auch einzelne Bastarde, welche erst nach langer Zeit oder gar nicht zur Blüthe kamen, z. B. aus den Gattungen *Cereus* und *Rhododendron*. Von früher Samenreife, unabhängig von früherer Erschliessung der Blüthen, ist mir bis jetzt nur ein Beispiel bekannt, nämlich bei *Nuphar*. Sehr häufig und sehr

---

*) *D. arenarius* ♀ × *plumarius* ♂ zeigt dagegen bei mir keine Neigung zum frühen Blühen.

allgemein ist ein ausserordentlicher Blüthenreichthum bei den Bastarden beobachtet worden; vgl. z. B. *Capsella, Helianthemum, Tropaeolum Passiflora, Begonia, Rhododendron, Nicotiana (rust.* ✕ *panic., glutinos.* ✕ *tabac.* und andere), *Verbascum, Digitalis,* viele *Gesneraceen, Mirabilis, Cypripedium.* Die Grösse der Blüthen ist bei den Bastarden häufig vermehrt; bei Kreuzung zweier Arten von verschiedener Blüthengrösse erreichen die Blüthen des Bastards nicht selten ganz oder nahezu die Maasse der ansehnlicheren Art. Beispiele ungewöhnlicher Blüthengrösse bieten z. B. *Dianthus arenarius* ✕ *superbus, Rubus caesius* ✕ *Bellardii,* Hybride von *Rosa Gallica, Begonia Boliviensis, Isoloma Tydaeum.*

Eine starke vegetative Vermehrungsfähigkeit ist bei Bastarden sehr gewöhnlich; vgl. z. B. *Nymphaea,* Hybride des *Rubus caesius. Nicotiana suaveolens* ✕ *latissima, Linaria striata* ✕ *vulgaris, Potamogeton.* Eine längere Lebensdauer wird namentlich bei einigen Hybriden von *Nicotiana* und *Digitalis* erwähnt; eine grosse Widerstandsfähigkeit gegen Kälte ist besonders bei *Nicotiana suaveolens* ✕ *tabacum latiss.* beobachtet, während *Salix viminalis* ✕ *purpurea* empfindlicher gegen Frost sein soll als beide Stammarten.

Diese Thatsachen weisen theils auf eine gewisse Lebensschwäche hin, welche den Bastarden in Folge ihrer abnormen Entstehung anhaftet, theils aber umgekehrt auf eine aussergewöhnliche Vegetationskraft. Das Verständniss für diese letzte Erscheinung, die ungleich häufiger beobachtet wird als die Schwäche, ist erst neuerdings einigermaassen erschlossen worden. Es lagen freilich schon seit längerer Zeit sehr bemerkenswerthe Erfahrungen von Knight, Lecoq und Andern vor, aber erst durch die sorgfältigen Untersuchungen von Ch. Darwin ist die günstige Wirkung einer Kreuzung zwischen verschiedenen Individuen und Raçen einer und derselben Art klar dargelegt worden. Die Verstärkung der Vegetationskraft bei den Hybriden ist offenbar eine genau entsprechende Erfahrung, die keiner besonderen Erklärung aus eigenthümlichen Verhältnissen der Bastardzeugung bedarf. Man dachte sich früher, dass die verminderte sexuelle Fruchtbarkeit der Bastarde durch eine grössere vegetative Ueppigkeit compensirt werde, eine Vorstellung, deren Unhaltbarkeit, wie schon Gärtner zeigte, am einfachsten durch die Erfahrung dargethan wird, dass viele der fruchtbarsten Mischlinge (*Datura, Mirabilis*) zugleich durch den riesigsten Wuchs ausgezeichnet sind.

Vierter Satz.

Bastarde aus verschiedenen Arten bilden in ihren Antheren eine geringere Zahl normaler Pollenkörner und in ihren Früchten eine geringere Zahl normaler Samen aus als die Pflanzen reiner Abkunft; häufig bringen sie weder Pollen noch Samen hervor. Bei Mischlingen aus nahe verwandten Raçen ist diese Schwächung der sexuellen Reproductionsfähigkeit in der Regel nicht vorhanden. Die Blüthen der unfruchtbaren oder wenig fruchtbaren Bastarde pflegen lange frisch zu bleiben.

Keine Eigenschaft der Bastarde hat so grosse Aufmerksamkeit erregt wie die Verringerung der sexuellen Leistungsfähigkeit, welche man bei ihnen beobachtet. Schon Kölreuter glaubte zu finden, dass diese Eigenschaft gestatte, eine scharfe Grenze zwischen Arten und Varietäten zu ziehen. Derselbe Gedanke hat seitdem die Botaniker vielfach beschäftigt und noch in der neuesten Zeit haben z. B. Naudin, Decaisne und Caspary die Ideen Kölreuter's in mehr oder minder modificirter Gestalt vertreten. Knight, Klotzsch, früher auch Godron, hielten den Blüthenstaub der Bastarde für völlig impotent, eine Ansicht, die freilich schon durch Kölreuter's genaue Versuche widerlegt war. Irrthümlicher Weise hat man oft angegeben, Kölreuter selbst habe die Lehre von der vollständigen Sterilität der Bastarde verbreitet; diese Behauptung ist nur durch Unkenntniss oder durch Missverständnisse des lateinischen Textes zu erklären: Kölreuter spricht nämlich nicht von Sterilität, sondern nur von verminderter Fruchtbarkeit als einer allgemeinen Eigenschaft der Bastarde.

Je nach den einzelnen Pflanzengattungen ist die Fruchtbarkeit der Bastarde erheblich verschieden. Sehr geringe Fruchtbarkeit zeigen z. B. die Bastarde von *Papaver*, *Viola*, *Verbascum*, *Digitalis*; häufiger sind schon fruchtbare Hybride bei *Anemone*, *Nicotiana*, *Mentha*, *Crinum*, den *Cucurbitaceen* und *Passifloren*, während bei *Aquilegia*, *Dianthus*, *Pelargonium*, *Geum*, *Epilobium*, *Fuchsia*, *Cotyledon*, *Begonia*, *Cirsium*, *Erica*, *Rhododendron*, *Calceolaria*, *Quercus*, *Salix*, *Gladiolus*, *Cypripedium*, *Hippeastrum*, den *Gesneraceen* und *Orchideen* die fruchtbaren Bastarde häufiger sind als die unfruchtbaren. In den Gattungen *Vitis*, *Prunus*, *Fragaria*, *Pirus* benutzt man Mischlinge aus nahe verwandten Arten als Fruchtpflanzen; bei *Cereus* zeigen selbst Bastarde aus weit verschiedenen Arten unverminderte Fruchtbarkeit.

Die Sterilität der Bastarde äussert sich zuweilen dadurch, dass sie überhaupt keine Neigung zum Blühen zeigen, welche Erscheinung man besonders bei einigen Hybriden von *Rhododendron*, *Epilobium*, *Cereus* und *Hymenocallis* beobachtet hat. Dies sind aber seltene Ausnahmen, da in der Regel die Bastarde früher und reichlicher blühen als die echten Arten (s. S. 475).

Bei Hybriden mit eingeschlechtigen Blüthen fallen die ♂ Blüthen oft schon im Knospenzustande ab, z. B. bei *Cucurbitaceen* und *Begonien* (Hybride von *B. Froebeli A. DC.*). Zuweilen verkümmern die Staubgefässe in Zwitterblüthen, wie dies z. B. bei einigen Bastarden von *Pelargonium* und *Digitalis* (*D. lutea* ✕ *purpurea f. tubiflora Lindl.*) beobachtet worden ist. Die gewöhnlichste Folge der hybriden Zeugung ist eine mangelhafte Ausbildung der Pollenkörner bei den Bastardpflanzen. Häufig sind die Antheren der Bastarde taub und enthalten gar keinen Blüthenstaub, oder sie sind klein und öffnen sich gar nicht; solcher Pollenmangel wird z. B. beobachtet bei *Rubus Idaeus* ✕ *odoratus*, *Ribes aureum* ✕ *sanguineum*, *Alopecurus geniculatus* ✕ *pratensis*. In andern Fällen besteht der Blüthenstaub aus kleinen pulverigen bei Anfeuchtung nicht quellenden Körnern von ungleicher Form und Grösse, denen gewöhnlich einzelne wohlgebildete keimfähige Pollenzellen beigemischt sind. Häufig ist die Zahl der normalen Körner grösser und beträgt 10, 20 und mehr Procent der Gesammtzahl. Grosse, eckige, meist quellungsfähige, sowie kleine wohlgebildete Körner finden sich oft in grösserer oder geringerer Zahl neben den verkümmerten. Bei Mischlingen aus nahe verwandten Arten, z. B. *Melandryum album* ✕ *rubrum*, finden sich oft nur geringe Unregelmässigkeiten in der Form der Pollenkörner. Bei einer hybriden *Sinningia* war der Pollen im zweiten Jahre der Blüthe besser als im ersten.

Bei Bastarden aus zweifellos verschiedenen Arten wird eine normale Ausbildung des Blüthenstaubes selten angetroffen. Die betreffenden Angaben bedürfen zum Theil noch der Bestätigung, indess verweise ich auf *Nymphaea lotus* ✕ *rubra*, *Begonia rubrovenia* ✕ *xanthina*, *Isoloma Tydaeum* ✕ *sciadocalyx* ✕ *Salix purpurea* ✕ *repens*; nahezu gleichförmige Pollenkörner fand man auch bei *Salix aurita* ✕ *caprea* und *S. viminalis* ✕ *repens*.

Noch seltener ist umgekehrt ein mangelhafter Blüthenstaub bei offenbaren Raçenblendlingen. Vielleicht findet er sich jedoch öfter, wenn man mehr darnach sucht. Das einzige sichere Beispiel, welches ich kenne, ist mein *Anagallis*-Blendling. Ob *Raphanus sativus* und *R. raphanistrum* als Arten oder Raçen aufzufassen sind, ist zweifelhaft. Es scheinen jedoch einzelne Mischlinge aus sehr nahe verwandten Arten völlig steril zu sein, z. B. *Capsella rubella* ✕ *bursa pastoris*, *Viola alba* ✕ *scotophylla*, *Papaver dubium* ✕ *rhoeas*.

Die sexuelle Leistungsfähigkeit der weiblichen Organe ist bei den Bastarden in der Regel nicht so sehr geschwächt wie die der männlichen. Indess ist sie gewöhnlich in hohem Grade vermindert. Viele

Bastarde bringen niemals Früchte. Man darf indess auch nach vielfältigen Erfahrungen keine zu bestimmten Behauptungen über die absolute Sterilität eines Bastards aufstellen; von *Rubus caesius* ✕ *Idaeus* z. B. kann man viele tausend Blüthen steril bleiben sehen und doch bringt er hin und wieder einzelne Früchte. Vgl. ferner *Digitalis lutea* ✕ *purpurea*, *Lobelia fulgens* ✕ *syphilitica*, *Crinum Capense* ✕ *scabrum*. Eine morphologisch erkennbare Unvollkommenheit der Ovula bei den Bastarden ist bisher selten nachgewiesen worden, indess z. B. durch Bornet bei *Cistus*. Wenn man über die weibliche Zeugungskraft der Bastarde ein bestimmteres Urtheil gewinnen will, so muss man die Narben mit Pollen der Stammarten befruchten, der im Allgemeinen vollkommenere Früchte erzeugt als der in seiner Leistungsfähigkeit geschwächte Bastardpollen. In einigen Fällen bringen Hybride, deren Pollen eine geringe Potenz zeigt, mit stammelterlichem Blüthenstaub normale Früchte, z. B. *Luffa*.

Einige Bastarde werfen ihre vollständigen Blüthen mit Kelch und Blüthenstiel unverwelkt ab, z. B. *Ribes*, *Nicotiana rustica* ✕ *paniculata* und andere hybride *Nicotianen*.

In der Regel welkt die Krone, oft nach längerer Dauer, in normaler Weise oder wird, wie bei den Stammarten abgeworfen; es erfolgt dann aber kein Fruchtansatz oder es bilden sich nur kümmerliche Früchte aus. Manchmal sind die Früchte äusserlich ziemlich wohlgebildet, enthalten aber keine Samen. In vielen Fällen setzen die Bastardpflanzen Früchte an, aber in geringerer Zahl und mit weniger Samen als die Stammarten. Selbst bei Mischlingen aus sehr nahe verwandten Arten scheint die Samenzahl meist geringer zu sein als bei den Stammformen, so z. B. nach Gärtner bei *Melandryum album* ✕ *rubrum*, *Lobelia cardinalis* ✕ *fulgens*, ja bei unzweifelhaften Raçenmischlingen von *Verbascum*.

Bastarde aus wesentlich verschiedenen Arten zeigen selten eine unverminderte Fruchtbarkeit; indess ist bei *Brassica napus* ✕ *oleracea*, *Dianthus Chinensis* ✕ *plumarius Sibiricus*, *Pelargonium pinnatum* ✕ *hirsutum*, *Abutilon*, *Medicago*, einigen *Cereus* und *Begonien*, *Hieracium aurantiacum* ✕ *echioides*, *Nicotiana alata* ✕ *Langsdorffii*, einigen Hybriden von *Erica*, *Calceolaria*, *Isoloma*, *Veronica* und mehreren *Orchideen* keine auffallende Verringerung der Fruchtbarkeit wahrgenommen worden. Auch bei manchen andern hybriden Gartenpflanzen und bei vielen wildwachsenden Bastarden findet man Früchte und Samen in reichlicher Menge, so bei manchen *Rosen*, *Epilobien*, *Fuchsien*, *Cirsien*, *Hieracien*, *Salices*, der *Lobelia* ✕ *Lowii* u. s. w. In diesen Fällen ist indess nicht genau zu ermitteln, ob die betreffenden Pflanzen primäre Hybride sind, oder ob sie, was meistens wahrscheinlicher ist, späteren Generationen angehören oder durch Rückkreuzungen entstanden sind.

Um Samen anzusetzen, oder doch um eine lebenskräftige Nachkommenschaft zu erzeugen, bedürfen einige Bastardpflanzen eine Befruchtung durch den Blüthenstaub anderer, wenn auch hybrider Exemplare, so z. B. Bastarde von *Cistus*, *Begonia*, *Gladiolus* und *Hippeastrum*. Bei manchen Bastardpflanzen bringen nur die ersten Blüthen Samen, so z. B. bei *Aquilegia*, *Dianthus*, *Silene*, *Lavatera Thuringiaca* ✕ *Pseudolbia*, *Rubus foliosus* ✕ *Sprengelii*; in andern Fällen sind die ersten Blumen regelmässig steril, während die späteren häufig fruchtbar sind, z. B. bei *Datura*, *Nicotiana rustica* ✕ *paniculata*. *N. rustica* ✕ *quadrivalvis*, *Mirabilis*. Bei Pflanzen von langer Lebensdauer sind mitunter sämmtliche Blüthen während der ersten Jahre steril, während sich später, wenn die Pflanze ein gewisses Alter erreicht hat, einzelne Früchte ausbilden; dies ist z. B. beobachtet bei *Rubus Idaeus* ✕ *caesius*, *R. Bellardii* ✕ *caesius*, *Calceolaria integrifolia* ✕ *plantaginea*, *Crinum Capense* ✕ *scabrum*.

Wenn auch in der Regel die weibliche Zeugungsfähigkeit der Bastarde weniger geschwächt ist als die männliche, so sind doch auch einige Fälle des umgekehrten Verhaltens bekannt; vgl. *Nymphaea lotus* ✕ *rubra*, *Ciconium* ✕ *Dibrachya* in der Gattung *Pelargonium*. *Lobelia fulgens* ✕ *syphilitica*, *Verbascum thapsiforme* ✕ *nigrum*, *Narcissus* ✕ *montanus* u. s. w.; es sind dies zum Theil wohl nur zufällige Vorkommnisse.

Die lange Dauer der Blüthen (insbesondere der bestäubten) an vielen sterilen Bastardpflanzen ist eine Erscheinung, welche offenbar der langen Dauer unbefruchteter oder unvollkommen befruchteter Blüthen entspricht. Häufig schwellen bei sterilen Bastarden, namentlich nach Bestäubung mit Pollen der Stammeltern oder einer verwandten Art, die Früchte mehr oder minder stark an, ohne dass sich vollkommene Samen in ihnen entwickeln. Aeusserlich wohlgebildete, aber samenlose Früchte finden sich namentlich bei den *Cacteen*, *Passifloren*, *Cucurbitaceen* und *Orchideen*. Gärtner hat diese Erscheinung, die für die Bastardkunde kaum einen besonders grossen Werth besitzt, sorgfältig studirt; sie liefert übrigens einen wichtigen Beweis für die Richtigkeit des Erfahrungssatzes, dass die Entwickelung der äusseren Fruchthüllen normaler Weise zwar in Folge des Reizes eintritt, den der auf der Narbe keimende Blüthenstaub ausübt, dass sie aber trotzdem unabhängig ist von der Befruchtung der Eizelle und der Ausbildung des Embryos und des Samens.

Man kann im Allgemeinen die Regel aufstellen, dass Bastarde aus näher verwandten Raçen durchschnittlich fruchtbarer sind als solche aus beträchtlich verschiedenen Arten. Man kann auch, wie oben gezeigt, als Regel betrachten, dass nahe verwandte Arten leichter unter einander Bastarde bilden als beträchtlich verschiedene. Beide Regeln haben jedoch nur eine bedingte Giltigkeit. Wollte man daraus folgern, dass Bastarde um so fruchtbarer sind, je leichter sie entstehen, so würde man sehr fehl gehen. Es ist keine bestimmte Beziehung zwischen Leichtigkeit der Bildung und zwischen Fruchtbarkeit der Mischlinge nachweisbar.

Vom teleologischen Standpunkte aus erblickte man früher in der Unfruchtbarkeit der Bastarde ein Mittel, die „Arten" gesondert zu erhalten. Wozu diese Sonderung dienen sollte — es sei denn zur Bequemlichkeit der Systematiker — war freilich nicht weiter zu erklären. Man wird jetzt umgekehrt fragen können, ob nicht die Entstehung und Differenzirung der Arten wesentlich durch die verminderte Fruchtbarkeit der Blendlinge zwischen ausgeprägteren Raçen der Stammtypen bedingt sei. Die bemerkenswerthe Aehnlichkeit zwischen illegitimer und hybrider Nachkommenschaft bringt keine Anhaltspunkte zu weiterer Erforschung der Ursache der Unfruchtbarkeit. Mehr Aufschluss gibt vielleicht die Erfahrung, dass bei den hybriden *Schachtelhalmen* und *Moosen* die Ausbildung der geschlechtslosen Sporen eben so mangelhaft ist, wie bei den hybriden *Aërogamen* die Ausbildung der Pollenkörner. Das Hemmniss für die regelmässige Fortpflanzung der Hybriden scheint somit in der Entwickelung einzelner Zellen zu liegen, welche im Stande sind, den Typus der Stammform zu erhalten, mögen diese einzelnen Zellen nun geschlechtliche Leistungen versehen oder nicht. Allerdings müssen noch mehr Erfahrungen gesammelt werden, um die Aufstellung eines Lehrsatzes von so grosser biologischer Tragweite zu rechtfertigen. Als Hypothese, die freilich noch keine Erklärung gibt, aber sie doch anbahnt, kann jene Auffassung des Sachverhalts aber auch jetzt schon betrachtet worden, da sie eine ganze Reihe verschiedenartiger aber doch offenbar analoger Erscheinungen aus dem Thier- und Pflanzenreich unter einem gemeinsamen Gesichtspunkt bringt.

Fünfter Satz.

Missbildungen und Bildungsabweichungen sind namentlich an den Blüthentheilen hybrider Pflanzen weit häufiger als bei Exemplaren reiner Abkunft.

Vgl. *Papaver, Dianthus, Pelargonium, Nicotiana, Digitalis.* Insbesondere scheinen auch gefüllte Blumen vorzugsweise leicht bei Bastarden zu entstehen.

2. Die Nachkommenschaft der Mischlinge.

Bastardpflanzen werden durch den Blüthenstaub der Stammarten leichter und vollständiger befruchtet als durch den eigenen. Ausnahmen von dieser Regel sind kaum bekannt (vgl. indess *Hieracium echioides* × *aurantiacum*), doch hat man noch nicht allzu zahlreiche Versuche in dieser Richtung angestellt. Unter dem eigenen Blüthenstaub ist Pollen der nämlichen hybriden Verbindung zu verstehen, nicht nur der des nämlichen Exemplars. Wenn Bastardpflanzen in der Nähe ihrer Stammarten wachsen, so müssen sie häufig durch diese befruchtet werden. Es werden daher in ihrer Nachkommenschaft zahlreiche Mittelformen zwischen dem primären Bastard und den Stammarten auftreten. Bei Aussaat von Bastardsamen hat man nicht immer unterschieden, ob eine Befruchtung durch die Stammarten stattgefunden haben konnte oder nicht. Die allgemeine Angabe, dass die Nachkommenschaft eines Bastards sich sehr veränderlich gezeigt habe, ist daher von geringem Werth. Mitunter wird ein Bastard auch leichter von dem Blüthenstaub einer dritten Art befruchtet als von dem eigenen, vgl. z. B. *Nicotiana rustica* × *paniculata* und *Linaria purpurea* × *genistaefolia*.

Nachkommenschaft der Mischlinge mit eigenem Pollen.
$(A \times B) \, \female \times (A \times B) \, \male$.

1. Schützt man die fruchtbaren Bastarde vor der Einwirkung der Stammeltern oder verwandter Arten, so erhält man Bastardpflanzen zweiter Generation. Es scheint mir, als wenn die Nachkommenschaft der Bastarde sich je nach der Lebensdauer sehr verschieden verhält. Bei langlebigen Gewächsen scheint die Verschmelzung und gegenseitige Durchdringung der beiden in dem Bastard verbundenen Typen häufig eine vollkommenere zu werden, so dass auch die Nachkommenschaft die Charaktere des neuen Mitteltypus in gleichmässigerer Weise ererbt.

Die Nachkommenschaft einjähriger oder zweijähriger hybrider Pflanzen ist in der Regel ungemein ungleichartig und formenreich; vgl. z. B. *Pisum*, *Phaseolus*, *Lactuca*, *Tragopogon*, *Datura*, *Nicotiana alata* × *Langsdorffii* u. s. w. Ausnahmen finden sich bei *Brassica*, *Oenothera*, *Nicotiana rustica* × *paniculata*, *Verbascum Austriacum* × *nigrum*.

Die Nachkommenschaft mehrjähriger hybrider Pflanzen verhält sich zwar im Allgemeinen ähnlich, doch scheinen die Fälle, in denen sich der Mitteltypus constant zeigt, weit häufiger zu sein. Ziemlich samenbeständig pflegen z. B. manche Bastarde von *Aquilegia*, *Dianthus*, *Lavatera*, *Geum*, *Cereus*, *Begonia*, *Cirsium*, *Hieracium*, *Primula*, *Linaria*, *Veronica*, *Lamium* und *Hippeastrum* zu sein.

Die Nachkommenschaft hybrider Sträucher und Bäume ist in der Mehrzahl der Fälle ziemlich beständig; vgl. *Aesculus*, *Amygdalus*, *Prunus*, *Erica*, *Quercus*, *Salix*. Auch viele hybride *Fuchsien* und *Calceolarien* sollen constant sein; die *Rhododendron*-Bastarde sind theils samenbeständig, theils variabel. Sehr veränderlich scheint dagegen die Nachkommenschaft der Mischlinge von *Vitis*, *Pirus* und *Crataegus* zu sein.

2. Die verschiedenen Formen, in denen manche primäre Bastarde auftreten, pflegen in ihrer Nachkommenschaft unbeständig zu sein; bei *Dianthus* schlagen die seltenen Formen („Ausnahmetypen") nach Gärtner bei der Aussaat meistens zu den normalen Mischlingsformen zurück. Die verschiedenen primären Formen der *Hieracium*-Bastarde fand Mendel samenbeständig.

3. C. F. v. Gärtner und andere Botaniker haben die Behauptung aufgestellt, dass die Nachkommen der Hybriden von Generation zu Generation schwächer und unfruchtbarer werden. Sicher ist, dass ihre Anfangs gesteigerte Vegetationskraft bei Selbstbefruchtung allmälig abnimmt. Gärtner's Versuche waren übrigens in sehr kleinem Maassstabe angestellt, so dass nicht nur enge Inzucht, sondern auch die mancherlei Umstände, welche so oft den Verlust der nur in wenigen Exemplaren cultivirten Gartenpflanzen herbeiführen, auf seine Bastarde einwirkten. Selbst Gärtner beobachtete Ausnahmen, z. B. bei *Aquilegia*, *Dianthus barbatus* × *Chinensis*, *D. armeria* × *deltoides*. Mischlinge aus nahe verwandten Arten lassen sich offenbar mit Leichtigkeit dauernd erhalten; vgl. z. B. *Brassica*, *Melandryum*, *Medicago*, *Petunia*. Mit grosser Bestimmtheit behaupten viele Gärtner*), dass zahlreiche hybride Pflanzen sich sehr wohl durch viele Generationen mittelst Samen fortpflanzen lassen; vgl. z. B. *Lychnis*, *Erica*, *Primula auricula* × *hirsuta*, *Datura*. Viele Beobachtungen an wilden Pflanzen scheinen diese Ansicht zu bestätigen. Man hat auch den Lehrsatz aufgestellt, dass die Fruchtbarkeit der Bastarde in späteren Generationen wieder zunehme. Es scheint indess nicht, dass diese Regel eine allgemeinere Giltigkeit beanspruchen kann; vielmehr ist es wahr-

---

*) „Botanists say that species so produced" (i. e. hybrids) „revert to either of their parents in the third or fourth generation, or become sterile altogether. This is plausible enough in theory, in the closet, but will not do at the potting bench." Beaton, citirt bei London Arb. II p. 944.

scheinlich, dass unter den Hybriden manchmal einzelne fruchtbare Individuen entstehen, welche sich bei Vererbung dieser Eigenthümlichkeit unter günstigen äusseren Verhältnissen leicht vermehren können. Fruchtbare Abkömmlinge von Bastarden sind wahrscheinlich manchmal Rückkreuzungsproducte.

4. Vollständige Rückschläge zu den Stammformen entstehen ohne Einwirkung stammelterlichen Pollens fast nur bei Mischlingen aus nahe verwandten Raçen. Auch bei solchen Mischlingen treten die wirklichen Rückschläge mitunter nur in geringer Zahl auf, z. B. bei *Phaseolus*.

5. Aus der variabeln Nachkommenschaft fruchtbarer Mischlinge gehen häufig nach einigen, etwa 3—4, Generationen einige Haupttypen hervor. Schützt man diese neuen Typen vor Kreuzungen, so pflegen sie constant zu werden. Wissenschaftliche Versuche, welche diesen Erfahrungssatz bestätigen, sind erst in geringer Zahl angestellt worden, insbesondere von Lecoq bei *Mirabilis*, von Godron bei *Linaria* und namentlich bei *Datura*. Die Gärtner haben zahlreiche neue Raçen durch Kreuzung verwandter Arten und wohlcharakterisirter Raçen erhalten; auch viele wildwachsende beständige Mittelformen dürften so entstanden sein. Vgl. *Brassica*, *Lychnis*, *Zinnia*, *Primula*, *Petunia*, *Nicotiana commutata*, *Pentstemon*, *Mentha*, *Lamium*. Die neuen Typen der Mischlingsnachkommen weichen manchmal nicht selten in einzelnen Eigenschaften[*] von beiden Stammformen ab.

6. Die Unfruchtbarkeit und Unbeständigkeit der Nachkommen von Bastarden hat die Botaniker oft zu Schlussfolgerungen verleitet, welche durch die Erfahrung nicht bestätigt werden. Es ist, wie aus den vorstehend mitgetheilten Thatsachen ersichtlich ist, durchaus unrichtig, wenn behauptet wird, dass alle Mischlinge wegen jener ihnen ganz unterschiedslos zugeschriebenen Eigenschaften nothwendig bald zu Grunde gehen müssten. Im sechsten Abschnitte wird diese Frage ausführlicher erörtert werden. Die aus den Kreuzungen hervorgegangenen unbeständigen Formen sind das bildsame Material, aus welchem nicht nur die Gärtner ihre neuen Varietäten heranziehen, sondern welches auch biologisch um so werthvoller ist, als es im Haushalte der Natur neue Arten liefert.

Rückkreuzungen der Mischlinge mit den Stammarten.
$(A\,♀ \times B\,♂)\,♀ \times A\,♂$, $(A\,♀ \times B\,♂)\,♀ \times B\,♂$, $A\,♀ \times (A \times B)\,♂$.

So lange man grossen Werth auf die väterliche oder mütterliche Rolle legte, welche eine oder die andere Stammart bei Erzeugung

---

[*] Meine *Nicotiana rustica* × *paniculata* hatten in zweiter und dritter Generation meist viel schmalere Blätter als beide Stammarten.

eines Bastards gespielt habe, unterschied man sorgfältig zwischen vorschreitenden, der väterlichen Stammart genäherten, und rückschreitenden, der mütterlichen Stammart näher tretenden Bastardformen. Diese Unterscheidungen sind aber, nach Maassgabe der bisherigen Untersuchungen, von sehr untergeordneter oder wahrscheinlich von gar keiner Bedeutung.

Durch Befruchtung eines Bastards mit stammelterlichem Pollen erhält man in der Regel eine ziemlich ungleichartige Nachkommenschaft; am zahlreichsten und fruchtbarsten pflegen Mittelformen zwischen Bastard und der betreffenden Stammart zu sein; daneben finden sich in geringerer Zahl Exemplare, die dem ursprünglichen Bastard ähnlich sind, und solche, die der Stammart nahe stehen; beide pflegen wenig fruchtbar zu sein.

Die $^3/_4$ Bastarde $(A \times B) \, ♀ \times A \, ♂$ sind mit eigenem Blüthenstaub oft ziemlich fruchtbar und scheinen leichter als die ursprünglichen Hybriden samenbeständige Raçen zu liefern, vgl. *Aegilops* $\times$ *speltaeformis*. Gärtner beobachtete mehrfach, dass bei den $^3/_4$ Bastarden in späteren Generationen der Pollen regelmässiger, die Fruchtbarkeit grösser wird, z. B. bei *Dianthus (Chin. $\times$ barb.)* $\times$ *barbatus*, aber auch bei anderen $^3/_4$ Bastarden von *Dianthus*, *Lavatera* und *Nicotiana*.

Befruchtet man die $^3/_4$ Bastarde $(A \times B) \, ♀ \times A \, ♂$ wieder mit Blüthenstaub von A, so erhält man $^7/_8$ Bastarde oder die dritte hybridisirte Generation, welche in der Regel der zu $^7/_8$ vertretenen Stammart sehr ähnlich ist, aber noch erhebliche Ungleichheiten der einzelnen Exemplare in Gestalt und Fruchtbarkeit zu zeigen pflegt. Die letzten Spuren der einen ursprünglichen Stammart verwischen sich meistens erst in der vierten, fünften oder selbst der sechsten hybridisirten Generation.

Kölreuter und Gärtner haben die Ueberführung der einen Stammart in die andere in zahlreichen Fällen ausgeführt; sie fanden, dass zur vollständigen Umwandlung 3—6 Generationen erforderlich waren, in der Regel 4—5. Nähere Angaben finden sich in Gärtner's Bastarderz. S. 463. Offenbar hängt aber die grössere oder geringere Dauer der Umwandlung zum Theil von Nebenumständen ab. Godron fand, dass *Melandryum album* $\times$ *rubrum* schon mit eigenem Pollen in zweiter Generation zu den Stammarten zurückschlug, während Gärtner 3—4 Generationen für nöthig hielt, um durch Befruchtung mit stammelterlichem Pollen die eine Art in die andere überzuführen.

Im Allgemeinen verhalten sich die Producte aus der Befruchtung einer Stammart mit Bastardpollen, also $A\ ♀ \times (A \times B)\ ♂$, ähnlich wie die der umgekehrten Kreuzung, doch stimmen die Angaben der Beobachter darin überein, dass der Formenreichthum ein grösserer zu sein pflegt, wenn man den Bastard als väterlichen Factor benutzt; vgl. z. B. *Dianthus* und *Salix*.

Wie unter den directen Nachkommen so treten auch bei den Rückkreuzungsproducten der Mischlinge häufig neue Eigenschaften auf, welche den Stammformen fehlen, aber meistens bei verwandten Raçen oder Arten gefunden werden.

Bastarde aus mehreren Arten.

Tripelbastarde.

Schon während der ersten Jahre seiner Versuche gelang es Kölreuter, drei vollständig verschiedene *Nicotiana*-Arten zu einer Bastardform zu verbinden. Die einfachsten Formeln, nach denen eine solche Verbindung erfolgen kann, sind: $(A \times B)\ ♀ \times C\ ♂$, $C\ ♀ \times (A \times B)\ ♂$ und $(A \times B)\ ♀ \times (A \times C)\ ♂$. In den Gattungen *Dianthus*, *Pelargonium*, *Begonia*, *Rhododendron*, *Nicotiana*, *Achimenes*, *Calceolaria*, *Salix*, *Hippeastrum*, *Gladiolus* und einigen andern hat man ohne besondere Schwierigkeit zahlreiche derartige Verbindungen erzeugt. Man muss indess unterscheiden, ob man drei beträchtlich verschiedene Arten mit einander vereinigt oder ob zwei der Factoren oder gar alle drei nahe mit einander verwandt sind. Es gibt ähnliche, aber doch offenbar specifisch verschiedene Arten, die sich bei ihren Kreuzungen unter einander fast wie Raçen derselben Art verhalten, so z. B.:

Melandryum album und *rubrum*.
Vitis vinifera, cordifolia, aestivalis und *labrusca*.
Lobelia fulgens, splendens und *cardinalis*.
Rhododendron Ponticum, arboreum und *Catawbiense*.
Rh. flavum, viscosum, nudiflorum und *calendulaceum*.
Berberis aquifolium und die nächstverwandten Arten.

Bastarde zwischen den Mischlingen aus zwei Arten dieser Gruppen mit einer dritten Art derselben Gattung können eben so wenig als wirkliche Tripelbastarde gelten, wie Mischlinge aus drei zu derselben engeren Gruppe gehörigen *Vitis-*, *Lobelia-* und *Rhododendron*-Arten. Die wirklichen aus drei wesentlich verschiedenen Arten zusammengesetzten Tripelbastarde pflegen ziemlich formenreich zu sein, namentlich dann, wenn die männliche Stammart ein Bastard war. In den Verbindungen dagegen, welche sich am leichtesten erhalten lassen und welche nach den Formen $(A \times B)\ ♀ \times C\ ♂$ zusammengesetzt sind, pflegt der Typus von C stark vorzuwiegen, z. B. bei *Nicotiana* (*rustica* ⨯ *paniculata*) ♀ ⨯ *Langsdorffii* ♂, *Achimenes* (*grandiflora* ⨯ *candida*) ♀ ⨯ *longiflora* ♂ und andere Gesneraceen. Die Bastarde von *Erica* sollen übrigens bei Kreuzungen eine eben so gleichförmige Nachkommenschaft liefern wie die reinen Arten. Mehrere *Salix*-Bastarde haben sich in gleicher Weise verhalten.

Für die Gärtner sind daher die Tripelbastarde in manchen Gattungen (*Pelargonium*, *Begonia*, *Rhododendron*, *Achimenes*, *Isoloma*, *Cypripedium*, *Gladiolus*) sehr werthvoll. Wenn sie Samen bringen, ist ihre Nachkommenschaft sehr veränderlich.

Bastarde aus 4—6 Arten.

Wenn man Kreuzungen zwischen sehr nahe verwandten Arten (*Vitis*, *Rhododendron* etc.) nicht mitzählt, so sind Bastarde aus 4 oder mehr Stammformen schon ziemlich selten. Wir kennen sie insbesondere aus den Gattungen *Dianthus*, *Pelargonium*, *Begonia*, *Rhododendron*, *Nicotiana*, *Salix*, *Hippeastrum*, *Gladiolus*. Am weitesten ist die künstliche Verschmelzung verschiedener Arten in eine einzige Bastardform durch Wichura getrieben, der 6 *Salix*-Arten mit einander vereinigt hat (s. S. 368).

Mischlinge aus zusammengesetzten Kreuzungsproducten.

In einigen Gattungen, z. B. *Pelargonium*, *Fuchsia*, *Begonia*, *Rosa*, *Erica*, *Rhododendron*, *Achimenes*, *Calceolaria*, *Gladiolus* und *Hippeastrum* haben die Gärtner die Arten und Bastarde absichtlich und unabsichtlich auf's mannigfaltigste gekreuzt und aus den erhaltenen Formen die vorzüglichsten zu weiteren Züchtungen verwendet. Die Nachkommenschaft dieser complicirten Kreuzungsproducte ist natürlich fast immer sehr variabel. Es gibt indess anscheinend auch von dieser Regel Ausnahmen; Sweet hebt nämlich ausdrücklich hervor, dass man aus der Kreuzung einzelner complicirter *Pelargonium*-Bastarde stets die nämliche Mischlingsform erhalte; solche constante complicirte Bastarde sind nach ihm *P.* ⨯ *involucratum* ⨯ ⨯ *ignescens* und *P.* ⨯ *Mostynae* ⨯ ⨯ *ignescens*. Dass die *Erica*- und einige *Salix*-Bastarde bei Kreuzungen eine gleichförmige Nachkommenschaft liefern, ist bereits erwähnt.

3. Blendlinge und Bastarde.

Nach dem Sprachgebrauche bezeichnet man Mischlinge aus zwei verschiedenen Varietäten einer Art als Blendlinge, Mischlinge aus zwei verschiedenen Arten als Bastarde (s. oben S. 2, 446). Bei der Unbestimmtheit des Ausdrucks Varietäten ist es nothwendig, sich daran zu erinnern, dass nur samenbeständige Varietäten, also Raçen oder Unterarten ihre Eigenschaften einigermaassen sicher vererben können; unbeständige Abarten, die man so häufig als Varietäten bezeichnet, kommen für die Theorie der Hybridisation nicht in Betracht. Viele Schriftsteller haben sich grosse Mühe gegeben, scharfe Unterschiede zwischen Blendlingen und Bastarden aufzufinden; sie hielten die Hoffnung fest, dass sich durch Kreuzungsversuche eine Grenze zwischen Arten und Unterarten werde bestimmen lassen. Gärtner, der in seinem Werke an vielen Stellen bestimmt ausspricht, dass das Verhalten der Mischlinge deutlich die specifische Verschiedenheit oder Zusammengehörigkeit der Stammformen beweise, wird sehr kleinlaut, sobald er versucht, auf S. 574—582, die Lehre von den Varietätenbastarden im Zusammenhange zu entwickeln. Herbert und Naudin haben bei ihren zahlreichen Versuchen die Ueberzeugung gewonnen, dass es unmöglich sei, eine Grenze zwischen Blendlingen und Bastarden zu ziehen, aber nichtsdestoweniger haben spätere Botaniker immer von Neuem versucht, bestimmte Unterschiede zwischen denselben aufzufinden.

Man hat folgende Sätze aufgestellt:

1. Der Blüthenstaub der Blendlinge ist normal; Bastarde haben mehr oder minder zahlreiche missgebildete Körner im Blüthenstaub.

2. Die Fruchtbarkeit der Blendlinge ist normal, die der Bastarde deutlich vermindert.

3. Bastarde aus zwei Arten mit verschieden gefärbten Blüthen, bringen Blumen von gemischter oder gleichmässig modificirter Färbung; Pflanzen mit unregelmässig scheckigen Blumen sind stets aus Varietätenkreuzung hervorgegangen. Aehnlich verhält es sich mit Färbung, Zeichnung und Bewehrung der Früchte und anderen Eigenschaften.

4. Blendlinge haben eine grosse Neigung, in späteren Generationen vollständig zu den Stammformen zurückzuschlagen.

Diese vier Sätze sind im Allgemeinen richtig, bieten aber im Zweifelsfalle oft nur wenig Anhalt zu einer sicheren Entscheidung. Der Mischling aus der rothen und blauen *Anagallis arvensis* würde wegen des Blüthenstaubes als Bastard, wegen des Vorkommens zweifarbiger Blumen als Blendling aufgefasst werden müssen. Bei *Datura* liefern Mischlinge, die sich im Uebrigen offenbar als Bastarde charakterisiren, mit Leichtigkeit vollständige Rückschläge zu den Stammarten. Bastarde, deren Fruchtbarkeit in keiner Weise geschwächt erscheint, sind schon oben S. 479 namhaft gemacht worden. — Man kann somit zwar die Regel aufstellen, dass Mischlinge aus sehr nahe verwandten Raçen die den Blendlingen zugeschriebenen Eigenschaften zu zeigen pflegen, ist jedoch ausser Stande, dadurch irgendwie eine scharfe Grenze zwischen Raçenblendlingen und Artbastarden festzusetzen.

Gewöhnlich werden den Blendlingen noch einige andere Eigenthümlichkeiten zugeschrieben, durch die sie sich von den Artbastarden auszeichnen sollen. Gärtner hat behauptet, Blendlinge gleicher Abkunft seien schon in erster Generation unter einander sehr ungleich, während Bastarde erster Generation stets gleichförmig seien. Diese Angabe, die auch von Andern wiederholt ist, ist vollständig falsch. Die Polymorphie der Artbastarde von *Abutilon*, *Passiflora*, *Hieracium* u. s. w. ist bereits hervorgehoben worden, während andererseits die Raçenblendlinge in erster Generation gewöhnlich eben so gleichförmig sind wie die eigentlichen Bastarde. — Ferner ist manchmal behauptet worden, dass die „Varietäten" einer und derselben Art bei Kreuzung mit einer andern Art stets die nämliche Bastardform liefern. Insbesondere Gärtner hat dies angebliche Verhalten der „Varietäten" nachdrücklich hervorgehoben, obgleich er wissen musste, dass schon Kölreuter die Vererbung der Blüthenfarbe bei den Raçen von *Mirabilis*, *Dianthus* und *Verbascum*, der Blüthenfüllung bei *Aquilegia* und *Dianthus*, der Tracht und Blattform bei den Raçen von *Nicotiana tabacum* und *Hibiscus* beobachtet hatte. Die weissblühende *Datura ferox* gibt mit *D. strammonium typ.* einen weissblühenden, mit der glattfrüchtigen Raçe (*var. Bertolonii*) derselben Art einen blaublühenden Mischling. *Nymphaea lotus* × *rubra* ist verschieden von *N. lotus* × *dentata*. Es kann nicht im mindesten zweifelhaft sein, dass die bei Reinzucht erblichen Eigenschaften der Raçen und sogenannten „Varietäten" sich auch auf deren hybride Nachkommenschaft übertragen.

Man wird schwerlich fehlgehen, wenn man annimmt, dass Gärtner durch das Verhalten unbeständiger Gartenmischlinge und Gartensorten dazu gekommen ist, diese Regeln über das Verhalten der „Varietäten" aufzustellen. Es versteht sich von selbst, dass Formen, die in ihrer normalen Nachkommenschaft sich unbeständig zeigen, auch polymorphe Hybride liefern, und dass unbeständige Varietätsmerkmale bei den Kreuzungsproducten mit reinen Arten gänzlich zu verschwinden pflegen.

Der wirkliche Sachverhalt ist daher in Kürze folgender:
Je näher die morphologische und systematische Verwandtschaft der Stammformen ist, um so weniger pflegt das geschlechtliche Fortpflanzungsvermögen der Mischlinge von der Norm abzuweichen; je

ferner die Stammformen einander stehen, um so mehr zeigt sich durchschnittlich die Fruchtbarkeit der Mischlinge geschwächt. Ausnahmen sind nicht selten, s. S. 477—480.

Die Nachkommenschaft der Mischlinge liefert um so häufiger vollständige Rückschläge zu den Stammformen, je näher diese Stammformen mit einander verwandt sind.

Mischlinge aus nahe verwandten Stammformen zeigen in ihren Blüthen und Früchten zuweilen die besondern Eigenschaften der Stammformen unvermischt neben einander; bei Mischlingen aus beträchtlich verschiedenen Stammformen kommt dies selten (s. S. 473) vor. Die meisten asymmetrisch bunten Blüthen (*Mirabilis, Camellia, Mimulus, Petunia* etc.) sind übrigens erst aus der Nachkommenschaft von Mischlingen hervorgegangen.

Fünfter Abschnitt.

Nomenclatur der Mischlinge.

Bevor man eine nähere Kenntniss der Bastardpflanzen gewonnen hatte, wurden zahlreiche Mischlinge für neue Arten gehalten und als solche beschrieben. Da nun die Bastarde, welche zwei nahe verwandte Arten mit einer dritten ferner stehenden bilden, in manchen Fällen kaum von einander zu unterscheiden sind, so fasste man dieselben — und vom einseitig phytographischen Standpunkte aus mit Recht — als Varietäten einer und derselben Art auf. Da nun ferner die meisten Bastarde sehr selten sind und die meisten Botaniker die als Arten beschriebenen Formen auch nur aus den Beschreibungen kennen lernen konnten, so glaubten sie in neuentdeckten Pflanzenformen nicht selten die bereits von Andern benannten und beschriebenen zu erkennen. So wurden die neuen Namen je nach der Auffassung der Autoren auf verschiedene ähnliche Formen übertragen und bürgerten sich mitunter in verschiedenen Gegenden in ganz verschiedener Bedeutung ein. Kurz die Irrthümer und Verwechselungen entstanden schneller als sie sich ausrotten liessen. Je mehr sich die Erkenntniss der wildwachsenden Bastardpflanzen ausbreitete, um so zahlreichere Streitigkeiten entspannen sich über die Bedeutung der alten Namen. Der eine Florist sagte, es sei diese, der andere, es sei jene Bastardverbindung darunter verstanden, während der dritte eine Varietät, der vierte eine gute Art darin erblickte. Natürlich konnte Jeder in Betreff der speciellen Pflanze, welche ihm vorlag, möglicherweise Recht haben. Manche Botaniker liessen ferner die alten Namen aus Anhänglichkeit stehen, auch nachdem sie die Bastardnatur der damit bezeichneten Pflanzen erkannt hatten. Diese Namen dienten nun in manchen Fällen zur Unterscheidung verschiedener Bastardformen, die aus Kreuzung der nämlichen Stammarten hervorgegangen waren. Da ein Theil der Bastarde nun einmal einfache Namen besass, dachten manche Floristen, es sei am besten, auch diejenigen Mischlinge, welche noch nicht mit solchen versehen waren, damit zu beglücken. Die verdienstvollen Namenerfinder durften der Sitte gemäss ihren eigenen Familiennamen dem Namen der Bastardpflanze anhängen, auch wenn sie dieselbe nie gesehen hatten. Um Gründe für die Nothwendigkeit der neuen Benennungen war man nicht verlegen. Da die einzelnen Exemplare der Bastardpflanzen, welche von denselben Stammarten entsprungen sind, nicht selten beträchtlich von einander abweichen, wurde es in den Augen Vieler ein dringendes Bedürfniss, auch für diese durch sichere Merkmale unterschiedenen und bisher unbestimmbaren Formen neue Namen anzuwenden. Wenn erst eine gewisse Schüchternheit überwunden ist, eröffnet sich hier offenbar noch ein unermessliches Feld der Thätigkeit für den ruhmesdurstigen Erdenker und klugen Ersinner unsterblicher Namen.

Männer von höherer wissenschaftlicher Bildung haben natürlich längst erkannt, dass man sich bei solchen Benennungsgrundsätzen auf einer abschüssigen Bahn befinde. Sie haben an einer oder der andern Stelle Halt gemacht. Es ist auch bei oberflächlicher Betrachtung recht auffallend, wie bei den Bastardforschern die Leistungen auf wissenschaftlichem Gebiete in der Regel in umgekehrtem Verhältnisse stehen zu den Leistungen auf dem Gebiete der Namengebung. Keinem der wissenschaftlichen Bastardzüchter ist es eingefallen, seinen neu erzeugten Pflanzenformen besondere Speciesnamen beizulegen; Kölreuter und Gärtner, Wiegmann und Lehmann, Naudin und Godron, Wichura, Mendel und Caspary sind in dieser Beziehung ganz gleichmässig verfahren. Auch Herbert sagt: „*The system of giving a Latin specific name to every cross-bred seedling, which prevails amongst cultivators and has been unfortunately sanctioned to a certain degree by M. De Candolle, ... is very objectionable.*" (Amar. p. 141.) Nichtsdestoweniger hat er seinen hybriden *Amaryllideen* und *Irideen* besondere Namen beigelegt, wollte diese Benennungen aber schon in der äusseren Form von den wissenschaftlichen Speciesnamen unterscheiden. Er schlug vor, man solle in der wissenschaftlichen Nomenclatur alle Genitivformen von Personennamen in die entsprechenden Adjectivformen (also *i* in *anus* etc.) umwandeln und die Genitivformen von Personen- und Ortsnamen nur für die Hybriden anwenden. Dieser Vorschlag fand keinen Anklang; es verdient indess Beachtung, dass Herbert's Benennungen für seine Hybriden nur scheinbar in Widerspruch mit seinen Grundsätzen über die Nomenclatur stehen.

Die Gärtner und Gartenschriftsteller haben ihre Bastarde meistens ganz principlos benannt. Zuweilen haben sie dieselben nach dem Ursprunge mit den wissenschaftlichen Namen der Stammarten bezeichnet.

Häufig haben sie ihnen Speciesnamen beigelegt, in andern Fällen haben sie die Bastarde als Varietäten aufgeführt oder ihnen gärtnerische Modenamen gegeben. Einige Züchter und Beschreiber haben consequent ein bestimmtes Verfahren beibehalten; andere haben je nach Laune ihre Hybriden bald unter der einen bald unter der andern Marke in den Handel gegeben.

Die Floristen und Systematiker haben früher die Bastarde nicht selten als Varietäten behandelt, häufig haben sie ihnen, wie erwähnt, Speciesnamen gegeben, häufig haben sie die Benennung aus den Namen der Stammarten zusammengesetzt. Es sind vorzüglich zwei Gründe, welche für die Beibehaltung oder Einführung der einfachen Namen vorgebracht werden, nämlich:

1. Der Entdecker kann sich irren in der Deutung des Ursprungs seiner Pflanze. Er glaubt z. B., dass seine neue hybride Weide von *Salix cinerea* stammt, während man später erkennt, dass sie in Wirklichkeit der *S. aurita* ihren Ursprung verdankt. Die Nomenclatur würde in diesem Falle lauten: *Salix n.n.* ✕ *aurita Mueller*. Synonym: *S. n.n.* ✕ *cinerea Schulze*. Schulze's Entdeckerrechte würden somit schmählich gekränkt werden. Er würde demnach besser daran thun, seine Weide *S. phoenicifolia mihi* oder *S. nymphaeoides mihi* zu nennen, was zwar unsinnig, aber nach den Regeln der strengen Nomenclatur unanfechtbar sein würde.

Darauf ist zu erwidern, dass keinem Menschen das Irren verboten werden kann. Die vermeintliche *Salix cinerea* kann ebenso gut falsch bestimmt gewesen sein, wie der neue Bastard. Wer Entdeckungen macht und sie falsch darstellt oder falsch deutet, bereichert die Wissenschaft nicht um eine neue Erkenntniss, sondern um einen neuen Irrthum. Wenn solche Leistungen mit dem Schleier des Vergessens verhüllt werden, sind sie hinreichend belohnt. Es soll nicht bestritten werden, dass es unter Umständen zweckmässig sein kann, eine unbestimmbare Pflanzenform mit einem vorläufigen neuen Namen zu bezeichnen. Findet sich, dass sie eine schon beschriebene, vielleicht wenig bekannte Art ist, so sinkt jener neue Name zum Synonym herab, findet sich, dass sie ein Bastard ist, dessen Natur der Entdecker nicht erkannt hat, so wird der Name ebenfalls gestrichen. Die eine Streichung ist nicht ungerechter als die andere. Für zweifelhafte Formen wird man einen provisorischen Namen so lange fortführen, bis die Zweifel gehoben sind.

2. Stellt sich heraus, dass der hergebrachte Name für eine Pflanzenart geändert werden muss, so muss der zusammengesetzte Bastardname ebenfalls geändert werden. Man erhält also wieder ein

unnützes Synonym. Es ist aus diesem Grunde viel besser, den Bastarden einfache Namen zu geben.

Darauf ist zu erwidern, dass die zusammengesetzte Bezeichnungsweise für eine Bastardpflanze kein Eigenname ist, sondern eine Thatsache ausdrückt. Das Namenändern hat nun einmal die Folge, dass alle Thatsachen, welche über die bisher x genannte Pflanze ausgesagt worden sind, nach vollzogener Umtaufung des Namens in y auch von y behauptet werden. Dahin gehört auch die Thatsache der stattgehabten Bastardzeugung. Gewiss sind solche Aenderungen eine unerfreuliche Folge des Namenänderns, einer Operation, deren beschränktere Anwendung überhaupt viele Vorzüge haben würde. Was aber die „einfachen" Benennungen für die Bastarde betrifft, so lehrt die Erfahrung, dass sie den Anlass zu einer ebenso verworrenen wie unentwirrbaren Nomenclatur und Synonymik geben. Die einzelnen Exemplare einer hybriden Verbindung sind häufig einander nicht gleich, in zweiter Generation treten sie oft in äusserst mannigfaltigen Formen auf; es wird daher niemals eine feste Regel darüber aufzustellen sein, wie die verschieden benannten Formen gegen einander abzugrenzen sind. Stellt man jedoch den Grundsatz auf, dass alle Kreuzungsproducte zwischen zwei Arten den nämlichen einfachen Namen erhalten sollen, so hat der Finder eines Bastards zunächst die Abstammung festzustellen und nachdem dies geschehen ist, den ältesten einfachen Namen für das entsprechende Kreuzungsproduct nachzuschlagen. In dieser Weise werden nun in der That die Bastarde gewöhnlich bestimmt[*]); ein halbwegs vernünftiger Zweck für den zweiten Theil des Verfahrens, nämlich für das Nachschlagen des einfachen Namens, ist aber vollständig unerfindlich.

An einigen Beispielen mag hier schliesslich noch gezeigt werden, wohin die Liebhaberei für die einfachen Namen führt. Von Zeit zu Zeit findet man eine Bastardform wildwachsend, welche schon früher durch Kölreuter, Gärtner oder Andere künstlich gezüchtet worden ist. Das erste wilde Exemplar, welches man findet, wird mit einem neuen Namen begrüsst, während Niemand daran gedacht hat, die genau untersuchten künstlichen Bastarde besonders zu benennen. — Fruchtbare Mischlinge zwischen nahe verwandten Arten finden sich oft in grosser Zahl und grosser Mannigfaltigkeit der Formen bei einander (Beispiel: *Galeopsis angustifolia* × *ochroleuca*). Soll man nun alle diese Formen, die zum Theil unter einander ebenso verschieden sind wie die Stammarten, mit einem gemeinsamen Namen

---

[*]) Vgl. Caflisch Excursfl. Vorw. p. V.

versehen oder sie Stück für Stück besonders benennen? Beides wäre vollkommen zwecklos. — Am besten eignen sich für „einfache" Benennungen die Weidenbastarde wegen ihrer langen Lebensdauer und der verhältnissmässig grossen Gleichförmigkeit der Exemplare. A. Kerner hat besonders lebhaft die Ansicht vertreten, dass man jeden einigermaassen gut charakterisirten Typus besonders benennen müsse. J. Kerner hat aber einmal in der Zoolog.-botan. Gesellschaft zu Wien 12 verschiedene Formen von *Salix incana* $\times$ *purpurea* vorgezeigt. Ich habe nicht gefunden, dass jede dieser 12 Formen ihren besondern specifischen Namen empfangen hätte. Diese Consequenz haben weder J. noch A. Kerner ziehen wollen.

Auch bei der Bildung der aus den Namen der Stammarten zusammengesetzten Bezeichnungsweisen für die Bastarde ist man von verschiedenen Grundsätzen ausgegangen. Kölreuter nannte seine aus *Nicotiana rustica* ♀ $\times$ *paniculata* ♂ erhaltenen Mischlinge: *N. rustico-paniculata*. Er setzte also den Namen der mütterlichen Stammart dem der väterlichen vor; dieselbe Bezeichnungsweise behielt er auch für seine später gezüchteten Bastarde bei. Gärtner ist ihm darin treu gefolgt. Gerade umgekehrt verfuhr Bellardi und nach ihm die englischen und französischen Züchter. Durch die Regeln der botanischen Nomenclatur ist diese Bezeichnungsweise, den Namen der väterlichen Stammart vor den der mütterlichen zu setzen, für die wissenschaftlich correcte erklärt. Da die Kreuzungsproducte A ♀ $\times$ B ♂ und B ♀ $\times$ A ♂ einander in der Regel vollkommen gleich sind, so wäre man streng genommen genöthigt gewesen, für ganz gleichartige Pflanzen verschiedene Bezeichnungen anzuwenden, was sich als undurchführbar erwies, vgl. *Nymphaea rubra* $\times$ *lotus*. Nun kamen aber die wildwachsenden Bastarde und die zahlreichen Gartenbastarde hinzu, deren väterliche Stammart unbekannt war. Einige Floristen waren überzeugt, dieselbe aus den Merkmalen erschliessen und von der mütterlichen Stammart unterscheiden zu können; sie bildeten darnach ihre Bezeichnungen. Andere glaubten, die Bastarde seien der väterlichen Stammart ähnlicher und setzten den Namen der ähnlicheren Stammform voran; andere waren der umgekehrten Ansicht und verfuhren demgemäss. Viele verbanden gar keine besondere Absicht mit der Reihenfolge, in der sie die Namen der Stammarten aneinander fügten. Aus dieser Verwirrung der Gebrauchsweisen, Vorurtheile und Grundsätze kann man nur den Schluss ziehen, dass die zusammengesetzte Bezeichnungsweise für die Bastarde nur die Namen der Stammarten angeben, aber nichts Näheres über den Ursprung aussagen kann.

Bei Bastarden aus Arten, die man zu verschiedenen Gattungen zählte, hat man mitunter auch die Gattungsnamen combinirt; schon Kölreuter bildete aus *Lychnis* und *Cucubalus* die hybride Gattung *Lychnicucubalus*. Später hat man wohl die Namen einfach aneinander gefügt, z. B. *Mandirola-Naegelia*, hat auch zuweilen Pfropfungen vorgenommen, indem man das Ende des einen Worts auf den Anfang des andern setzte, so dass z. B. aus *Libonia* und *Sericographis* die hybride Gattung *Sericobonia* geschaffen wurde.

Es bleibt nun noch übrig die Bestimmungen anzuführen, welche die Regeln der botanischen Nomenclatur für die Mischlinge aufstellen. Sie lauten:

„Art. 37. Die auf experimentalem Wege nachgewiesenen Bastarde werden mit dem Gattungsnamen bezeichnet, auf welchen man eine Combination der specifischen Namen der beiden Arten, von welchen sie abstammen, dergestalt nachfolgen lässt, dass der specifische Name derjenigen Art, welche den Pollen lieferte, mit der Endung *i* oder *o* und darauf folgendem Bindestrich zuerst, derjenige aber der andern Art, welche das Ovulum bot, zuletzt zu stehen kommt (*Amaryllis vittato-reginae* für eine *Amaryllis*, die daraus entstand, dass *A. reginae* durch *A. vittata* befruchtet wurde).

Bastarde zweifelhaften Ursprungs werden wie eigentliche Arten benannt, bekommen aber zum Unterschied keine Nummer und werden mit vorgesetztem liegendem Kreuz bezeichnet. ($\times$ *Salix capreola Kern.*)"

„Art. 39. Blendlinge bekannten Ursprungs werden vermittelst einer Namen-Combination der beiden Subspecies, Varietäten, Subvarietäten u. s. w. bezeichnet, von welchen sie abstammen; hiebei ist zu verfahren wie bei den Bastarden."

„Art. 40. Die Sämlinge, Blendlinge von zweifelhafter Abstammung und Spielarten der cultivirten Pflanzen erhalten aus lebenden Sprachen gewählte und von den lateinischen Namen der Arten und Varietäten möglichst verschiedene Phantasienamen. Wenn man sie auf eine eigentliche Species, Subspecies oder Varietät zurückführen kann, so wird dies durch die Namenanordnung angedeutet (*Pelargonium zonale Mistress-Pollock*)."

Auf dem Congress, welcher im Jahre 1867 die vorstehenden Bestimmungen annahm, scheint die Kenntniss der Schriften Kölreuter's, Gärtner's und Wichura's nicht sehr verbreitet gewesen zu sein. Art. 37 geht von der falschen Voraussetzung aus, dass ein sicherer und bestimmter Unterschied zwischen $A \, \female \times B \, \male$ und $B \, \female$

$\times$ *A* ♂ vorhanden sei*). Die Combination der beiden specifischen Namen zu einem zusammengesetzten kann zu Missverständnissen Anlass geben, *albo-roseum* z. B. kann ebenso gut ein einfacher Speciesname wie eine Combination aus den specifischen Namen *album* und *roseum* sein. Dies Bedenken hat schon *A. De Candolle* in den Erläuterungen zu den Regeln hervorgehoben.

Die leitenden Gesichtspunkte für die Nomenclatur der Hybriden ergeben sich aus der wissenschaftlichen Kenntniss der Bastarde. Nach meiner Ansicht dürften sich daraus etwa folgende Grundsätze ableiten lassen.

1. Wissenschaftliche specifische Benennungen erhalten die Arten (Species) und Unterarten (Subspecies, Raçen), d. h. die durch deutliche Merkmale ausgezeichneten Formenkreise, welche ihre charakteristischen Eigenschaften unabhängig von äusseren Verhältnissen (Klima, Boden u. s. w.) in der Folge der Generationen forterben.

Abänderungen, die nur unter gewissen Bedingungen erblich sind, gelegentlich auftretende bemerkenswerthe Bildungsabweichungen, ja bei langlebigen und auf vegetativem Wege zu vermehrenden Gewächsen selbst auffällige individuelle Formen, können unter Umständen feste Benennungen erhalten, die aber niemals als specifische gelten dürfen und auch nur den specifischen Namen beigefügt werden.

2. Da viele Bastarde entweder unfruchtbar sind oder eine sehr veränderliche Nachkommenschaft liefern, ihre charakteristischen Eigenschaften somit nicht unverändert fortpflanzen, so gebühren ihnen keine specifischen Namen, wie sie den samenbeständigen Arten und Unterarten zukommen.

3. Da eine Bastardpflanze nicht von einer einzigen, sondern mindestens von zwei verschiedenen Arten oder Unterarten erzeugt worden ist, so muss die wissenschaftliche Bezeichnung eines Bastards zunächst die Abstammung angeben. Es müssen daher statt des einfachen Speciesnamens die zwei (resp. mehr) Species genannt werden, denen er seinen Ursprung verdankt. Eine *Salix aurita* z. B. stammt väterlicher und mütterlicher Seits von *S. aurita* ab; bei *S. aurita* $\times$ *repens* hat *S. aurita* als Pollen- oder Samenpflanze nur den halben Antheil an der Zeugung gehabt. Um Verwechselungen vorzubeugen, empfiehlt es sich, die Bastarde dadurch zu bezeichnen, dass man die Speciesnamen der Stammarten durch ein $\times$ verbindet. Will man angeben, welche der Stammarten den Pollen lieferte und welche den Samen trug, so geschieht dies am sichersten durch den Gebrauch der

---

*) Vgl. oben S. 470.

Zeichen ♀ und ♂; *Salix aurita* ♀ ✕ *repens* ♂ stammt von einer durch Pollen der *S. repens* befruchteten *S. aurita*. Es empfiehlt sich vorläufig nicht, wie vielfach geschehen ist, einen Unterschied zwischen den Bezeichnungen *S. aurita* ✕ *repens* und *S. repens-aurita* zu machen, weil die verschiedenen Schriftsteller bisher einen ganz verschiedenen Sinn mit der Voranstellung des einen oder andern Namens verbunden haben. Auch eine streng alphabetische Reihenfolge der beiden Namen ist unbequem, da der *S. aurita* ✕ *purpurea*, *caprea* ✕ *purpurea*, *Lapponum* ✕ *purpurea* die *S. repens* ✕ *purpurea*, *Silesiaca* ✕ *purpurea* u. s. w. genau entsprechen, so dass es störend sein würde, wenn man gezwungen wäre, stets *S. aurita* ✕ *purpurea* und *S. purpurea* ✕ *repens* zu sagen.

4. Will man verschiedene Formen einer Bastardverbindung unterscheiden, so geschieht dies am einfachsten dadurch, dass man die grössere Aehnlichkeit mit der einen oder andern Stammart durch ein vorgesetztes *per* anzeigt. *Salix per-aurita* ✕ *repens* steht der *S. aurita* deutlich näher als der *S. repens*; bei *S. aurita* ✕ *per-repens* ist das Verhältniss umgekehrt. Hat man zahlreichere Formen zu unterscheiden oder handelt es sich um eine Form, die sich nicht durch entschiedene Annäherung an einen oder den andern elterlichen Typus, sondern durch eine besondere Combination von Merkmalen auszeichnet, so hat man der Bastardbezeichnung *S. aurita* ✕ *repens* eine weitere Benennung, z. B. *forma angustifolia*, beizufügen.

5. Insoweit es der Deutlichkeit halber erforderlich ist, den Speciesnamen eine Autorbezeichnung hinzuzufügen, ist dies auch dann nothwendig, wenn man einen solchen Namen anwendet, um die Abkunft eines Bastards anzugeben, also *Salix aurita* L. ✕ *repens* L. Dagegen ist es nicht zweckmässig, noch eine Autorität für die Bastardbezeichnung hinzuzufügen. Man ist darin nach den verschiedensten Grundsätzen verfahren. So sagt z. B. Garcke (Fl. v. Deutschl. 13. Aufl. 1878): *Melandryum album-rubrum* (Gaertner*), obgleich Gärtner, der die Pflanze künstlich erzeugte, sie *Lychnis diurno-vespertino* und *L. vespertino-diurna* nannte; dagegen: *Dianthus Armeria-deltoides* Hellwig, weil Hellwig diesen Bastard zuerst wildwachsend auffand, während Gärtner ihn bereits vorher künstlich erzeugt und unter demselben Namen wie Hellwig beschrieben hat. Wer recht genau sein will, würde drei Autoritäten für *S. aurito-*

---

*) So viel mir erinnerlich, ist dies das einzige Beispiel, dass Floristen einen simplen Experimentator als Autorität für eine Bastardbezeichnung anführen. Bei *Verbascum* oder *Digitalis* habe ich niemals Kölreuter's Namen gefunden.

repens, *S. repenti-aurita* und *S. aurita* ⨯ *repens* aufzuführen haben. Dazu kommen noch Differenzen in der Nomenclatur der Stammarten; unlösbare Zweifel über die richtige Bestimmung der Abkunft der Exemplare dieses oder jenes Autors u. s. w. — kurz man verfällt bei der Auswahl der Autoritäten für eine Bastardbezeichnung vielfach von einer Absurdität in die andere.

Es ist in der Regel nicht schwierig, festzustellen, wer zuerst einen wildwachsenden Bastard zwischen zwei Arten angegeben oder beschrieben hat. Dagegen wird man darüber, ob die Deutung richtig gewesen ist, ob die Stammformen den Arttypen oder irgend welchen Unterarten angehörten, ob die beobachtete Mischform ein primärer Bastard gewesen oder zu einer davon abgeleiteten Blendart zu rechnen ist, ob der Mischling diesem oder jenem Bastardtypus angehörte, so wie über mancherlei ähnliche Fragen nur in seltenen Fällen volle Gewissheit erlangen können. Wenn die Systematiker und Floristen sich, wie sie zum Theil begonnen haben, der Bearbeitung dieses Feldes der Forschung widmen wollten, würden sie an Unfruchtbarkeit ihrer Discussionen bald die grossartigsten Leistungen der byzantinischen Theologie überbieten*).

6. Es kann unter Umständen die wissenschaftliche Bezeichnungsweise eines Pflanzenbastards so schwerfällig werden, dass es sich empfiehlt, einen kürzeren Vulgärnamen für denselben zu gebrauchen, falls man in die Lage kommt, den betreffenden Bastard eingehend zu besprechen. Durch ein vorgesetztes ⨯ unterscheidet man einen solchen Vulgärnamen bequem von den specifischen Namensformen. Für *Triticum vulgare* ♀ ⨯ *Aegilops ovata* ♂ sagt man z. B. kürzer *Aegilops* ⨯ *triticoides Req.*; ähnliche Benennungen sind *Lolium* ⨯ *festucaceum*, *Nigritella* ⨯ *suaveolens* u. s. w. Dagegen würde es gar keine Vortheile bieten, wenn man statt *Salix aurita* ⨯ *repens* sagen wollte *S.* ⨯ *incubacea L.* oder *S.* ⨯ *ambigua Ehrh.* Auch als vorläufige Bezeichnungsweise kann man für eine hybride Pflanze von zweifelhafter Abstammung einen Trivialnamen mit vorgesetztem ⨯ verwenden, z. B. *S.* ⨯ *dasyclados Wimm.* Pflanzenformen, die später als Hybride

---

*) Während des Druckes dieses Werkes ist noch eine vortreffliche Illustration zu den obigen lange vorher niedergeschriebenen Bemerkungen erschienen, nämlich in Flora (B. Z.) 1880 No. 19. Henniger hat eine Anzahl spontaner *Rubus*-Bastarde unter meiner Autorität aufgeführt; O. Kuntze „reclamirt" für diese Hybriden die „Priorität", weil er behauptet, dieselben seien identisch mit früher von ihm beschriebenen Bastarden, deren Stammformen er indess andere Namen gegeben hat. Weder ich noch andere Botaniker haben trotz vieljährigen Suchens Kuntze's *Rubus*-Arten in der Natur finden können — nun streite man über Nomenclatur und Priorität der Benennungen für die Bastarde.

erkannt werden, gelten nicht selten längere Zeit als Arten oder „Varietäten" und werden demgemäss unter besonderen Benennungen geführt. So lange der hybride Ursprung zweifelhaft ist, kann man solche Benennungen vorläufig beibehalten; sobald die Herkunft sicher erkannt ist, kann nur die aus den specifischen Namen der Stammarten zusammengesetzte Bezeichnungsweise als wissenschaftlich richtig gelten.

7. Bei hybriden Pflanzen, die einigermaassen samenbeständig sind, kann man in der freien Natur die erste Generation nicht sicher von den späteren unterscheiden. Man wird daher z. B. unter *Nuphar luteum* ✕ *pumilum* und *Dianthus armeria* ✕ *deltoides* nicht nur die ursprünglichen Bastarde, sondern auch deren Nachkommen verstehen. Ist dagegen aus dem ursprünglichen Bastard eine constante Raçe hervorgegangen, die sich nicht bestimmt von einer echten Art unterscheiden lässt, so muss eine solche Raçe oder Blendart eben so gut einen besonderen specifischen Namen erhalten, wie eine Raçe unbekannten Ursprungs. Kennt man den hybriden Ursprung einer Raçe, so ist dies zweckmässig durch ein besonderes Zeichen anzudeuten, z. B. *Nicotiana* ✻ *commutata* Fisch., *Aegilops* ✻ *speltaeformis* Jord., *Primula* ✻ *pubescens* Jacq.

8. Von den Regeln der botanischen Nomenclatur, welche sich auf die Bastarde beziehen, bedürfen die Artikel 39 und 40 keine Abänderung. Für den Artikel 37 schlage ich folgende Fassung vor:

Bastardpflanzen, deren Ursprung sicher erkannt ist, werden mit dem Gattungsnamen bezeichnet, auf welchen die specifischen Namen der Stammarten, durch ein ✕ verbunden, folgen. Bastarde zweifelhaften Ursprungs werden vorläufig wie eigene Arten benannt, doch wird zwischen Gattungs- und Trivialnamen das Zeichen ✕ (zu lesen: *hybridus, a, um*) eingeschoben, z. B. *Salix* ✕ *dasyclados* Wimm.

Sechster Abschnitt.

Die Pflanzenmischlinge im Haushalte der Natur und des Menschen.

Um von dem Bekannten den Weg zum weniger Bekannten zu finden, wird es zweckmässig sein, zunächst die Bedeutung der Pflanzenmischlinge für die Zwecke des Menschen zu besprechen. Für den Ackerbau hat man bisher noch wenig Gebrauch von Kreuzungen gemacht; Versuche, neue Weizensorten durch Raçenkreuzung zu erzielen, scheinen wenigstens nicht ganz aussichtslos zu sein. Ein für landwirthschaftliche Zwecke brauchbarer wirklicher Bastard ist *Medicago falcata* $\times$ *sativa*. Vgl. ferner *Brassica* und *Solanum*. Für den Waldbau hat Klotzsch die Benutzung hybrider Sämlinge wegen ihres üppigeren und schnelleren Wachsthums empfohlen. Die Sache ist jedenfalls einer methodischen Prüfung werth. Von grosser Wichtigkeit würde es sein, wenn sich O. Kuntze's Ansicht bestätigen sollte, dass die Rinden der *Cinchona*-Bastarde viel reicher an Chinin sind als die der reinen Arten. Die Angabe verdient trotz ihrer Unwahrscheinlichkeit eine sachverständige Untersuchung. Für Obst- und Gemüsebau haben zufällige und absichtliche Kreuzungen zwischen verschiedenen Raçen und nahe verwandten Arten eine grosse Bedeutung gewonnen. Es sind unter dem Einflusse der Kreuzung unzählige neue Varietäten und Raçen entstanden, unter denen sich manche für die Zwecke des Menschen brauchbar erwiesen haben, vgl. z. B. *Brassica*, *Vitis*, *Pisum*, *Prunus*, *Fragaria* und *Pirus*. Den ausgedehntesten Gebrauch von der Hybridisation haben bis jetzt Gärtnerei und Blumenzucht gemacht. Die Erfolge, welche dadurch erzielt wurden, sind in manchen Gattungen in der That ganz erstaunlich. An Blüthenfülle, Blumengrösse und Farbenpracht haben z. B. die Gattungen *Clematis*, *Pelargonium*, *Rosa*, *Fuchsia*, *Begonia*, *Rhododendron* und *Gladiolus* in überraschender Weise gewonnen; in andern Gruppen, z. B. bei den

Cacteen und *Orchideen*, sind wenigstens der Blüthenreichthum und die Zahl der Formen ausserordentlich vermehrt worden.

Es fragt sich nun, welche Eigenschaften die Bastarde den Blumenzüchtern so werthvoll machen. Am deutlichsten haben die Versuche Godron's mit *Datura*, Kölreuter's und Lecoq's mit *Mirabilis*, Knight's mit *Pisum* und *Fragaria* den Beweis geliefert, dass durch die Arten- und Raçenkreuzung die vorhandenen constanten Typen erschüttert und verflüssigt werden. Es entstehen zahlreiche neue Formen, von denen manche nach kürzerer oder längerer Zeit samenbeständig werden können. Unter diesen neugebildeten Formen pflegt die eine oder die andere den Zwecken des Menschen zu entsprechen. Es scheint ferner bei der Bildsamkeit des hybriden Materials eine gute Pflege, namentlich eine reichliche Ernährung, in vielen Fällen von bedeutendem Einfluss auf die Ausbildung der einzelnen Theile der Pflanzen, namentlich auf die Blüthengrösse, zu sein. Dazu kommt der üppige Wuchs vieler Bastarde und ihre Neigung, ungemein reichlich und sehr lange zu blühen, sowie gefüllte Blumen zu bringen, Eigenschaften, welche für gärtnerische Zwecke besonders werthvoll sind.

Neben dem Nutzen für praktische Zwecke hebt Klotzsch auch sehr nachdrücklich den Nutzen der Bastarde für die Wissenschaft hervor. Man soll nämlich mittelst der Hybridisation leicht erkennen können, ob zwei bestimmte Pflanzenformen specifisch verschieden sind oder nicht. Klotzsch huldigte, wie oben (S. 439) erwähnt, doctrinären Phantastereien über die Eigenschaften der Bastarde. Es haben indess auch verständige Beobachter, z. B. Kölreuter, Knight, Caspary und Andere, die Ansicht ausgesprochen, dass man aus der verminderten sexuellen Leistungsfähigkeit der Mischlinge auf die specifische Verschiedenheit der Stammformen schliessen könne. Im Allgemeinen ist diese Ansicht vollkommen richtig, aber es ist bereits oben (S. 448, 449) dargelegt worden, wesshalb man im Zweifelsfalle die Entscheidung über die specifische Verschiedenheit zweier Typen nicht ausschliesslich von den Eigenschaften der Bastarde abhängig machen könne. Die grosse Bedeutung der Mischlinge für die Beurtheilung der wahren verwandtschaftlichen Beziehungen ihrer Stammarten bleibt jedoch unbestritten.

Wenn somit die Wichtigkeit der Hybridisationsversuche für die Systematik nicht überschätzt werden darf, so ist ihr Werth für die physiologische Forschung noch kaum genügend gewürdigt worden. Fast alle Fragen, die mit der Sexualität zusammenhängen, bedürfen zu ihrer Lösung der Kreuzungsversuche. Es würde zu weit führen, näher auf eine Besprechung dieses Gegenstandes einzugehen. Eine Theorie der Bastardbefruchtung lässt sich meines Erachtens nur in engstem Zusammenhange mit einer Theorie der Sexualität entwickeln. Ich habe daher auf eine nähere Erörterung dieses Thema's (vgl. darüber Nägeli in Sitzungsber. Akad. München 1866) verzichtet.

An die Betrachtung der wissenschaftlichen Bedeutung der Hybridisation schliesst sich unmittelbar die Frage, ob und in wie weit die Bastarde für die geschichtliche Entwickelung des Pflanzenreichs in Betracht kommen können. Viele Botaniker sind offenbar der Meinung, dass die Bastarde entstehen und vergehen, ohne eine dauernde Spur ihres Daseins zu hinterlassen; ihre spärliche Nachkommenschaft soll, wenn sie überhaupt aufkommt, nach kurzer Zeit im Kampfe um's Dasein zu Grunde gehen. Diese Meinung ist für die Mischlinge zwischen beträchtlich verschiedenen Arten gewiss im Allgemeinen richtig, obgleich es auch manche Fälle gibt, in denen sich derartige Bastarde anders verhalten. Jedenfalls ist es nothwendig, zunächst die Thatsachen festzustellen, welche als Ausgangspunkte für die Untersuchung dienen können.

Sorgfältig untersucht sind durch Caspary die Abkömmlinge von *Nuphar luteum* $\times$ *pumilum*, welche zum Theil sehr merklich von dem ursprünglichen Typus des Bastards abgewichen, und von denen einige ziemlich fruchtbar geworden sind. Eine ganze Reihe von angeblichen neuen Arten ist auf diese Bastardabkömmlinge begründet worden. Caspary, der den Sachverhalt ermittelt hat, verwahrt sich gegen die Schlussfolgerung, dass die sexuelle Potenz der Hybriden in späteren Generationen zunehme, da dies offenbar bei manchen Formen des *Nuphar*-Bastards nicht der Fall sei. Es kann aber selbstverständlich nicht von einer nothwendig eintretenden, sondern nur von einer möglichen Zunahme der sexuellen Potenz in späteren Generationen die Rede sein; man hat nach Caspary's Erfahrungen nur die Wahl anzunehmen, entweder dass einige primäre Bastardpflanzen von vornherein sehr fruchtbar gewesen seien und diese Eigenschaft vererbt haben, oder dass der Grad der Fruchtbarkeit ursprünglich bei allen Exemplaren ziemlich gleich gering gewesen sei, in späteren Generationen aber theils zugenommen*), theils abgenommen habe. Für die letzte Annahme sprechen alle sonstigen Erfahrungen der Bastardzüchter. Die fruchtbareren Exemplare mögen Anfangs viel seltener sein als die unfruchtbaren, werden aber, wenn sie ihre Eigenschaften vererben, im Laufe der Zeit das Uebergewicht erlangen müssen. Wenn sich Formen, die aus dem *Nuphar*-Bastard hervorgegangen

---

*) Von meiner *Nicotiana rustica* $\times$ *paniculata* zweiter Generation setzten bei einzelnen Exemplaren sämmtliche Blüthen Kapseln an.

sind, im Laufe der Generationen unverändert fortpflanzen, so ist eine Grenze zwischen solchen ursprünglich hybriden Mittelformen und manchen andern Mittelformen, deren Herkunft nicht näher nachweisbar ist, nicht zu ziehen. Caspary hält es für unzulässig, dass man die Formen des *Nuphar*-Bastards als Arten hybriden Ursprungs auffasse. Offenbar kommt es aber nur auf die Definition des Artbegriffs an, ob man solche samenbeständige Raçen, die aus Bastarden hervorgegangen sind, „Arten" nennen will oder nicht. Bei *Nuphar* ist die Sachlage allerdings klar; in andern Fällen fehlt es aber an gleich sicheren Anhaltspunkten, um mit Bestimmtheit zu erkennen, ob eine intermediäre constante Raçe von einem Bastard stammt oder nicht. Wenn man polymorphe Formenkreise, die aus zahlreichen nahe verwandten Raçen zusammengesetzt sind, z. B. die europäischen Rosen, Brombeeren und Habichtskräuter, mit denjenigen Formenkreisen vergleicht, welche die Gärtner durch Kreuzung verschiedener Arten derselben Gattung gewonnen haben, so wird man eine überraschende Uebereinstimmung finden. Wenige typische Hauptformen mit gleichkörnigem Blüthenstaub, eine Anzahl charakteristischer constanter Raçen mit mischkörnigem Blüthenstaub aber ungeschwächter Fruchtbarkeit, daneben Uebergänge und Zwischenformen, welche alle Grenzen verwischen, bald vollständig, bald unvollkommen fruchtbar, ferner mancherlei sterile oder halb sterile Bastarde theils von bekannter, theils von zweifelhafter Abkunft — das sind die Formenreihen, in die sich bei genauerer Analyse die grossen polymorphen Formenkreise zerlegen lassen, mögen sie nun in der freien Natur oder in Gärten vorkommen. Eine derartige Analogie zeigen z. B. die Gartenformen von *Dianthus*, *Pelargonium*, *Rosa*, *Fuchsia*, *Begonia*, *Erica*, *Rhododendron*, *Primula*, *Achimenes*, *Verbena* und *Hippeastrum* mit den wilden Formen von *Dianthus*, *Rubus*, *Rosa*, *Cinchona*, *Galium*, *Centaurea*, *Hieracium*, *Mentha*, *Betula* und *Quercus*. Bei den Gattungen *Rubus* und *Rosa* ist oben (S. 118, 134) das Verhalten der einzelnen Formenkreise, welche sich innerhalb derselben unterscheiden lassen, kurz charakterisirt worden.

Allerdings ist es bei den Gartenpflanzen noch nicht so häufig zur Entstehung constanter hybrider Raçen oder Blendarten gekommen, wie bei den wilden Gewächsen. Es liegt das zum Theil daran, dass die Gärtner ausgeprägte individuelle Formen von besonderer Schönheit zu bevorzugen und diese auf vegetativem Wege zu vermehren pflegen. Solche in einseitiger Weise extrem abgeänderte Exemplare pflanzen ihren Typus bei Aussaat nicht unverändert fort; an den weniger auffallenden und meist auch weniger schönen Mitteltypen haben die Gärtner gewöhnlich geringes Interesse. Die Entstehung samenbeständiger Raçen aus

Bastarden ist indess oft genug beobachtet worden, vgl. z. B. *Brassica, Dianthus, Lychnis, Lavatera, Medicago, Prunus, Cereus, Begonia, Lobelia, Erica, Primula, Datura, Nicotiana commutata, Veronica, Aegilops × Triticum.* Im dritten Abschnitte ist näher untersucht worden, wie sich die Blendarten aus den Bastarden entwickeln können, nämlich entweder unmittelbar oder aus einer unbeständigen und formenreichen Nachkommenschaft oder aus Rückkreuzungsproducten. Wenn auch diese verschiedenen Entstehungsweisen wissenschaftlich wohl unterschieden zu werden verdienen, so kommt es doch im Haushalt der Natur zunächst auf das Endergebniss, die Neubildung samenbeständiger Typen, an, mag diese nun direct oder auf Umwegen erfolgen. Die Analogie zwischen gärtnerischer Züchtung und Naturzüchtung ist bereits im Jahre 1852 (Rev. hort. p. 102) von Ch. Naudin in treffender Weise hervorgehoben worden: „Nous ne croyons pas que la nature ait procédé, pour former ses espèces, d'une autre manière que nous ne procédons nous-mêmes pour créer nos variétés; disons mieux: c'est son procédé même que nous avons transporté dans notre pratique."

Die Floristen und Systematiker haben bisher, wenn sie eine seltene Pflanzenform mit mittleren Eigenschaften vor sich hatten, vielfach die Frage erörtert, ob dieselbe ein Bastard oder eine neue Art sei. Wenn nicht alle Merkmale vorhanden waren, an welchen man die Bastarde erkennen zu können meinte, entschied man sich gewöhnlich dafür, die betreffende Pflanzenform für eine echte Art zu erklären und glaubte dadurch zugleich alle unbequemen Fragen nach dem Ursprunge derselben abgeschnitten zu haben. In neuerer Zeit ist die Neigung, überall Uebergangsformen und erlöschende Stammformen zu sehen, sehr verbreitet; die Mittelglieder werden daher, wo irgend möglich, nicht als Hybride, sondern als Uebergänge gedeutet. Niemand kann mehr von dem Vorhandensein unzähliger reinen, die Artgrenzen verwischenden Mittelformen überzeugt sein als ich es bin, allein ich finde derartige Mittelformen selten gesellig mit den ausgeprägten Typen wachsend; sie erscheinen vielmehr in der Regel in entfernten Gegenden und vertreten dort die typischen Arten. Die Mittelformen, welche in Gesellschaft der häufigeren typischen Arten gefunden werden, verdanken ihren Ursprung nach meiner Ansicht meistens einer Artenkreuzung. Gerade die eifrigen Darwinianer, welche überall nach Uebergängen suchen, würden vielleicht bei etwas weniger einseitiger Auffassung der vorliegenden Verhältnisse zu bestimmteren Ergebnissen gelangen. Es ist klar, dass die Frage nach der Abstammung mit der grössten Aussicht auf Erfolg an diejenigen Typen gerichtet werden kann, welche das Gepräge eines jugendlichen Ursprungs tragen. Eine umsichtige Prüfung der Thatsachen wird, wie ich glaube, zu der Auffassung führen, dass ein grosser Theil der in ihrer Verbreitung localisirten Zwischenformen und Mittelarten ursprünglich aus Bastarden hervorgegangen ist. Man wird einen derartigen Ursprung besonders dann für wahrscheinlich halten, wenn bei den betreffenden Typen ein mischkörniger Blüthenstaub und eine etwas geringere Fruchtbarkeit als Erbtheil von den hybriden Vorfahren fortgepflanzt werden.

Die Ansicht, dass sich aus Bastarden im Laufe der Generationen wirkliche Arten entwickeln können, ist, wenn wir von Linné's ziemlich phantastischen Hypothesen absehen, vorzüglich von L. Reichenbach und A. Kerner vertreten worden. Lecoq und namentlich Godron haben auf experimentalem Wege die Entstehung samenbeständiger Raçen aus Bastarden nachgewiesen; dasselbe hatten übrigens schon früher, wenn auch weniger klar, Herbert und viele Gärtner gethan. Die gelehrten Botaniker nahmen vielfach Anstoss an der geringen Fruchtbarkeit so vieler Bastarde. Die Eigenschaften der Hybriden sind indess in keinem Falle absolut feststehend; unter hunderten und tausenden von sterilen Exemplaren finden sich doch häufig einzelne fruchtbare. *Lobelia fulgens* $\times$ *syphilitica*, *Verbascum nigrum* $\times$ *thapsus* und *Digitalis lutea* $\times$ *purpurea* haben sich bei künstlicher Erzeugung bisher immer unfruchtbar gezeigt, aber trotzdem hat man spontan entstandene fruchtbare Formen dieser Verbindungen gefunden. Diese Erfahrungen nöthigen zu grosser Vorsicht in allen Behauptungen über die vermeintliche Unmöglichkeit einer Fortpflanzung hybrider Formen.

Sehr schwierig ist die Frage zu beantworten, durch welche Eigenschaften die Abkömmlinge von Bastarden befähigt werden, sich im Daseinskampfe gegen die Concurrenz der Stammarten zu behaupten. Caspary hat gefunden, dass *Nuphar luteum* $\times$ *pumilum* seine Samen schneller reift als die Stammarten, und aus diesem Grunde an der Nordgrenze des Vorkommens einen Vortheil vor denselben voraus hat. Den Stammarten nützt ihre 10mal grössere Zahl von Samen nichts, wenn diese nicht reif werden. In andern Fällen ist ein derartiger Vorzug nicht nachgewiesen, doch ist es höchst wahrscheinlich, dass es nützliche Eigenschaften der allerverschiedensten Art sein können, welche die Bastardnachkommen concurrenzfähig machen, z. B. grössere vegetative Kraft, bessere Anpassung an bestimmte Bodenverhältnisse, grössere Widerstandsfähigkeit gegen Kälte oder Dürre, besserer Schutz gegen Feinde u. s. w. Derartige Vortheile können den Nachtheil einer etwaigen geringeren Samenproduction leicht ausgleichen, wie denn überhaupt Samenzahl und Häufigkeit einer Pflanzenart in keinem directen Verhältniss zu einander stehen. Die Aehnlichkeit zwischen gewissen Bastarden und unzweifelhaft selbständigen Arten nöthigt noch nicht zu dem Schlusse, dass die betreffenden Arten ursprünglich von den Bastarden abstammen. A. Kerner hat darauf aufmerksam gemacht, dass aus der Kreuzung zweier Tochterarten, die durch Spaltung einer Mutterart entstanden seien, die Stammform regenerirt werden müsse. Gegen diese Vorstellung lässt sich Manches einwenden, doch wird die Möglichkeit der Bildung von solchen Bastardformen, welche im Wesentlichen einem älteren Stammtypus entsprechen, zugegeben werden müssen. Am besten wird die Schwierigkeit derartiger Untersuchungen durch das Beispiel von *Anemone pulsatilla* (vgl. S. 10, 11) deutlich werden. Den zwei Formen (*typica* und *Halleri*) dieser Art entsprechen zwei Formen von *A. patens* ✕ *pratensis*. Ist *A. pulsatilla* nun aus diesem Bastard hervorgegangen? oder sind *A. patens* und *A. pratensis* Tochterarten des älteren Typus *A. pulsatilla?* Beide Annahmen sind nicht besonders wahrscheinlich; es fehlt uns bis jetzt noch der Schlüssel zum Verständniss der Thatsache.

Es wird von Interesse sein, hier als Beispiel eine Anzahl von spontanen Mittelarten aufzuführen, bei denen die Frage nach dem hybriden Ursprung näher erwogen zu werden verdient. Diejenigen Formen, von denen es mir besonders wahrscheinlich ist, dass sie einerseits wirklich ursprünglich von Bastarden abstammen, andrerseits aber auch gegenwärtig in gewissen Gegenden sich ganz wie echte Arten fortpflanzen, habe ich als Blendarten mit dem Zeichen ✹ versehen.

Anemone pulsatilla L., *Aconiti formae nonnull.*, *Corydalis pumila Host*, *Draba* ✹ *Hoppeana Rudolfi, Dr.* ✹ *Kotschyi Stur et aliae form.*, *Cistus* ✹ *Pouzolzii Delille, Polygalae form.?*, *Dianthi formae*, *Hypericum* ✹ *commutatum Nolte*, *H.* ✹ *Desetangsii Lmtte.*, *Ulex Gallii Planch.*, *Medicago* ✕ *varia Martyn*, *Rubi form. mult.*, *Geum Pyrenaicum Willd.*, *Potentilla aurulenta Gremli*, *P. prostrata Gremli*, *P. praecox Fr. Schultz*, *P. patula W.K.*, *P.* ✹ *collina Wib.*, *P.* ✹ *inclinata Vill.*, *P. heptaphylla Mill.*, *P.* ✹ *procumbens Sibth.*, *P. splendens Ram..* *Alchemilla subsericea Reut.*, *Pirus (Sorbus) latifolia Lindl.*, *Saxifraga macropetala A. Kern.*, *Rochea versicolor DC.*, *Epilobium nutans Schm.*, *Phyllocactus* ✹ *Akermanni Lk.*, *Cinchonae form.*, *Galii form. nonnull.*, *Asteris form. Americ. in Europa*, *Bidens radiatus Thuill.*, *Cirsium Nevadense Willk.*, *C.* ✹ *pauciflorum Spr.*, *C.* ✹ *medium All.*, *C.* ✹ *rigens Wallr.*, *C.* ✹ *Tataricum Wimm. et. Gr.*,

Centaurea nigrescens Willd., *C. Austriaca Willd.*, *C.* ✶ *dichroantha A. Kern.*, *Hieracium* ✶ *brachiatum Bertol.*, *H. Schmidtii Koch*, *H.* ✶ *valdepilosum Vill.*, *H.* ✶ *cydoniaefolium Vill.*, *Ericae form. mult.*, *Rhododendron intermedium Tausch*, *Primula unicolor Nolte*, *Pr.* ✶ *pubescens Jacq.*, *Pr.* ✶ *Floerkeana Schrad.*, *Pr.* ✶ *Salisburgensis Floerke*, *Androsace Charpentieri Heer*, *Gentiana chloraefolia N. ab Es.*, *G. campestris* × *obtusifolia*, *Verbascum* ✶ *collinum Schrad.*, *Linaria* ✶ *Italica Trev.*, *Lantana mixta L.*, *Mentha* ✶ *pubescens Wirtg.*, *M.* ✶ *sativa L.*, *Lamium* ✶ *intermedium Fr.*, *L.* ✶ *hybridum Vill.*, *Marrubium* ✶ *remotum Kit.*, *Rumex* ✶ *paluster Sm.*, *R.* ✶ *maximus Schreb.*, *Polygonum* ✶ *mite Schrnk.*, *Quercus* ✶ *Auzandri Grem. et Godr.*, *Salix* ✶ *cuspidata Schultz*, *S.* ✶ *Ehrhartiana Sm.*, *Orchis Moravica Jacq.*, *Gladiolus grandis Thbg.*, *Carex orthostachys Trev.*, *C. Laggeri Wimm.*, *Pinus Brutia Ten.*, *Asplenium adulterinum Milde*, *A.* ✶ *Germanicum Weiss*; *Aspidium Boottii Tuckerm.*.

    Es mag sein, dass manche der genannten Pflanzenformen in Wirklichkeit keine Blendarten sind. Nichtsdestoweniger ist es wahrscheinlich, dass sich die Zahl der bekannten Fälle von Blendartenbildung stetig vermehren wird. Wenn diese Vermuthung, die sich auf die bisherigen Erfahrungen stützt, richtig ist, so kann man die Artenkreuzung im Pflanzenreiche nicht mehr als einen abnormen und für die geschichtliche Entwickelung der Vegetationsformen gleichgiltigen Vorgang betrachten. Polymorphie und mischkörniger Blüthenstaub weisen z. B. bei den meisten europäischen Formen von *Rubus* und *Rosa* auf einen ursprünglich hybriden Ursprung hin. Ohne Zweifel werden manche der hybridisirten Formen, welche minder zahlreiche Samen bringen, allmälig wieder erlöschen. Man könnte sich vorstellen, dass aus den Kreuzungen eine sexuell immer schwächer werdende, schliesslich nicht mehr lebensfähige Nachkommenschaft hervorgehen würde. Aber *Rubus* und *Rosa* sehen in der That nicht so aus, als ob sie in Europa ihrem Erlöschen entgegengingen. Die Typen mit gleichkörnigem Pollen werden eher von denen mit mischkörnigem zurückgedrängt, als umgekehrt. Es erscheint viel glaublicher, dass sich aus. der wirren Masse der aus Kreuzungen hervorgegangenen Formen allmälig einige bestimmter ausgeprägte und den örtlichen Verhältnissen ihrer Heimath besser angepasste Typen herausbilden und die Oberhand gewinnen werden. Dieser Vorgang scheint sich in der That gegenwärtig zu vollziehen.

    Wenn auch im Allgemeinen aus der Kreuzung wesentlich verschiedener Arten verhältnissmässig selten lebenskräftige Blendarten hervorgehen werden, so ist die weniger augenfällige und daher kaum beachtete Raçenkreuzung vielleicht einer der wichtigsten naturgeschichtlichen Vorgänge. Mischlinge zwischen gut angepassten lebenskräftigen Raçen haben, wenn sie auch noch so fruchtbar sind, wenig Aussicht, sich weiter zu verbreiten. *Melandryum album* und *M. rubrum* z. B. sind dem Felde und Walde so vorzüglich angepasst, dass eine Mittelform an jedem Standorte im Nachtheil sein muss. Wenn aber einmal in Folge einer Aenderung der äusseren Verhältnisse oder aus inneren Ursachen (z. B. Inzucht) die Lebensfähigkeit einer Raçe abnimmt, dann können Kreuzungen das bildsame Material liefern, aus welchem sich schliesslich lebenskräftigere und besser accommodirte neue Typen entwickeln, welche die Stammarten verdrängen. In der Blumenzucht, Thierzucht und Menschengeschichte kennen wir ganz entsprechende Vorgänge zur Genüge. Die sogenannte Umprägung der Arten kommt höchst wahrscheinlich vielfach unter Mitwirkung von Kreuzungen zwischen verschiedenen Raçen und nahe verwandten Arten zu Stande. Eine in einer bestimmten Gegend entstandene stärkere Mischlingsraçe wird sich in vielen Fällen unter Verdrängung der älteren schwächeren Typen ausbreiten, so dass Derjenige, welcher den Vorgang nur an einem bestimmten Orte verfolgen kann, den Eindruck erhalten muss, als habe sich plötzlich eine Umwandlung der einen Form in die andere vollzogen.

Diese Anschauungen entsprechen den Vorstellungen, welche Naudin sich bereits vor drei Jahrzehnten über die Entwickelung der Arten gebildet hatte. Wenn man in Erwägung zieht, dass die „Variation", welcher man mit Recht eine so grosse Rolle in der Artenbildung zuschreibt, nirgends so wirksam ist, wie unter der Nachkommenschaft von Mischlingen, wenn man ferner bedenkt, dass die Arten nach allen Anzeichen gesellig entstehen und in den geologischen Ablagerungen „sprungweise" auftreten, so wird man sich überzeugen, dass die Anschauung, nach welcher ein grosser Theil der neuen Arten zwar nicht plötzlich, aber doch mittelbar aus Raçenkreuzungen hervorgeht, dem gegenwärtigen Stande unserer Kenntnisse am besten entspricht.

Siebenter Abschnitt.

Die der Artenkreuzung ähnlichen Erscheinungen.

Veniet tempus quo ista, quae nunc latent, in lucem dies extrahat.
Seneca.

Man pflegte bisher unter dem allgemeinen Begriff der Hybridisation auch eine Anzahl von Erscheinungen und Thatsachen zusammenzufassen, welche keineswegs durch wirkliche geschlechtliche Mischung verschiedener Arttypen erklärlich sind. Es würde zu weit führen, wenn ich die sämmtlichen einschläglichen Beobachtungen, welche man bisher gemacht zu haben glaubt, an dieser Stelle eingehend würdigen wollte; es mag dies vielleicht einer späteren Arbeit vorbehalten bleiben. Ich möchte indess unter Anführung der bekanntesten von zuverlässiger Seite mitgetheilten Thatsachen darlegen, auf welche Weise sich nach meiner Ansicht die verschiedenen bei gesonderter Betrachtung befremdlichen Erscheinungen am leichtesten verstehen lassen. Die vorliegenden Erfahrungen lassen sich in drei Reihen ordnen; ich unterscheide daher **Xenien, Pfropfmischlinge** und **Pseudogamie**.

I. XENIEN.

Man findet vielfach die Auffassung verbreitet, dass die Wirkungen einer stattgehabten hybriden Befruchtung sich zwar in der Regel erst an dem durch die sexuelle Vereinigung erzeugten neuen Individuum bekunden, dass sie sich aber zuweilen und unter gewissen nicht genauer bekannten Bedingungen auch schon auf die Frucht erstrecken, die doch bei den *Aërogamen* ein Theil der Mutterpflanze ist. Eine nähere Ueberlegung ergibt, dass man bei dieser Darstellung des Sachverhalts zwei verschiedene Reihen von Thatsachen zusammenwirft, ohne zu wissen, ob sie wirklich zusammengehören. Verhältnissmässig sehr selten ist mit Sicherheit beobachtet worden, dass aus einer durch den Einfluss fremden Blüthenstaubs in Gestalt oder Färbung abgeänderten Frucht wirkliche Bastardpflanzen erhalten worden sind. Es scheint mir daher die Annahme hinlänglich begründet zu sein, dass die Hybridisation und eine durch fremden Blüthenstaub bewirkte Abänderung der bestäubten Pflanze zwei Erscheinungen verschiedener Art sind, die nicht in unmittelbarem Zusammenhang mit einander stehen. Ich schlage daher vor, solche Abweichungen von der normalen Gestalt oder Färbung, welche an irgend welchen Theilen einer Pflanze durch die Einwirkung fremden Blüthenstaubes hervorgebracht werden, als **Xenien** zu bezeichnen, gleichsam als Gastgeschenke der Pollen spendenden Pflanze an die Pollen empfangende. Man kann **Xenoplasmen** oder Veränderungen der Gestalt, und **Xenochromien** oder Veränderungen der Färbung, unterscheiden.

Nicht alle Formveränderungen, welche an einer Frucht in Folge von hybrider Erzeugung auftreten, sind als Xenien aufzufassen. Manchmal ist die Befruchtung durch den fremden Blüthenstaub eine unvollkommene. Es entwickeln sich dann die Samen nur in einem einzelnen Fache oder doch nicht in allen Fächern, oder sie bilden sich nur im oberen oder nur im unteren Theile der Frucht aus. Es tritt dann eine theilweise Verkümmerung der Frucht ein, die in Folge dessen mitunter eine sehr sonderbare Gestalt annehmen kann. Es ist dies aber einfach Folge von theilweiser Atrophie oder Samenmangel, nicht von einer specifischen Wirkung des fremden Blüthenstaubes auf die Fruchtgestalt.

Zweifelhafter ist die Beurtheilung des folgenden Falles. An zwei grossen Pflanzen von *Raphanus sativus* hatte ich einige Blüthen durch Pollen von *R. raphanistrum* befruchtet und mit Fäden bezeichnet. Nach einiger Zeit konnte ich indess meine hybridisirten Früchte zwischen hunderten von normalen ohne Hilfe der Fäden auf den ersten Blick herausfinden. Die unreifen Früchte von *R. raphanistrum* sind grün, die von *R. sativus* dagegen weisslich in Folge der schwammigen Beschaffenheit der Fruchtwandungen. Meine hybridisirten Früchte waren nicht weniger gedunsen als die normalen von *R. sativus*, aber sie waren auffallend stärker grün gefärbt. Ich trage Bedenken, diese grüne Farbe geradezu für eine specifische Wirkung des Pollens der grünfrüchtigen Art zu erklären, sondern halte es für möglich, dass sie nur der Ausdruck einer kräftigeren Ernährung der hybridisirten Früchte war. Freilich bin ich nicht im Stande, zu beweisen, dass wirklich eine solche stärkere Ernährung der hybridisirten Früchte im Vergleich mit den normalen stattgefunden hat.

Es scheint mir kaum thunlich, die ziemlich mannigfaltigen Thatsachen schon jetzt unter allgemeine Gesichtspunkte zusammenzufassen. Ein Theil der Beobachtungen bezieht sich auf äusserst variable, aus vielfachen Kreuzungen hervorgegangene Pflanzenformen (*Fuchsia, Calceolaria, Pirus*), ein anderer Theil jedoch auf sehr beständige Arten (*Chamaerops*); eine allgemeine Regel über die Empfänglichkeit für die Wirkungen fremden Pollens lässt sich daraus nicht ableiten. Unter diesen Umständen kann es sich nur darum handeln, die bemerkenswerthesten Beobachtungen über Xenien, so weit sie mir bekannt geworden sind, zusammenzustellen.

1. Aenderungen in Färbung und Gestalt der Blüthen.

J. Anderson Henry beobachtete, dass sämmtliche Blüthen einer Inflorescenz einer weissblühenden *Calceolaria* geröthet wurden durch Einwirkung des Pollens einer rothblühenden Sorte auf eine einzige Blüthe dieser Inflorescenz. Gard. Chron. (new ser.) VI. p. 592.

Derselbe befruchtete eine hybride *Fuchsia*, und zwar die *Empress* genannte Sorte, welche einen scharlachrothen Kelch und weisse Kronblätter hat, mit Pollen von *F. procumbens A. Cunn.* Seitdem hatten sämmtliche spätere Blüthen des Exemplars der *Empress* nicht mehr weisse, sondern rosenrothe Kronblätter. Gard. Chron. l. c.

Rubus chamaemorus L. hat normaler Weise breite, rein weisse Kronblätter. J. Andersson beobachtete, dass diese Pflanze in den Sümpfen um Quickjock in Lappland an Stellen, wo sie in Gesellschaft von *R. arcticus L.* wächst, mit schmaleren röthlichen Kronblättern vorkommt und dadurch eine leichte Annäherung an die genannte, im Uebrigen weit verschiedene Art zeigt. Flora (B. Z.) XXX. 1847 p. 449.

2. Aenderungen der Blattgestalt.

K. Koch behauptete, dass die Blätter von *Nymphaea* durch Bestäubung der zugehörigen Blüthen mit *Magnolia*-Pollen mehr länglich werden. Erwähnt Oe. B. Z. 1869 p. 345; die Originalmittheilung habe ich nicht gesehen.

3. Aenderungen an Früchten und Samen.

Die beobachteten Veränderungen betreffen theils die Gestalt, theils die Färbung der Früchte und Samen. Am sorgfältigsten untersucht sind derartige Erscheinungen bei *Zea* und *Chamaerops*.

Citrus.

Zweifelhaft ist es, ob die Mischfrüchte aus Citronen und Apfelsinen hieher gerechnet werden können. Wahrscheinlich gehören sie in eine andere Reihe von Erscheinungen. In solchen Mischfrüchten verhalten sich einige Fächer in der Farbe des entsprechenden Theils der Fruchtschale und des Fruchtsaftes wie bei der Citrone, andere wie bei der Apfelsine (süsse Orange). Die Herkunft solcher Früchte blieb bisher unbekannt. S. unten: Pfropfmischlinge.

Vitis.

Der Blüthenstaub gewisser dunkelbeeriger Rebensorten, von denen die vorzüglichste geradezu *Teinturier* genannt wird, besitzt die Eigenschaft, wenn er auf die Narben hellbeeriger Sorten gebracht wird, die daraus hervorgehenden Früchte dunkel zu färben. Das Verhalten ist somit ähnlich wie bei *Zea*. Bouchet in Bull. soc. bot. Fr. 1867 p. 60.

Pisum.

A. F. Wiegmann gibt an, dass er *Pisum sativum agrarium sem. alb.* und *Vicia sativa* durcheinander gesäet habe. Von den geernteten *Pisum*-Samen suchte er die graugefärbten und die mit einem kleinen schwarzen Fleck am hilo versehenen heraus und erhielt durch deren Aussaat Pflanzen einer Form von *Pis. arvense*, deren Blüthen roth (Flügel scharlachroth, Fahne blasspurpurn) und deren Samen grau (mit dunklerem Streifen um den Nabel) gefärbt waren (Bast. S. 14). In den folgenden Jahren lieferte dies künstliche *P. arvense* sowohl Hülsen mit grauen als auch solche mit durch einen schwarzen Fleck gezeichneten Samen; beiderlei Hülsen fanden sich oft an derselben Pflanze. Aus den gefleckten Samen ging *P. arvense*, aus den einfarbig grauen grossfrüchtige und grosssamige *Vicia sativa* hervor (l. c. p 34). Nach Maassgabe unserer bisherigen Kenntnisse muss die letzte Angabe, dass aus Samen von *P. arvense* die *V. sativa* entstanden sei, als völlig unglaubwürdig bezeichnet werden. Die Gewissenhaftigkeit Wiegmann's kann man indess nicht anzweifeln und muss daher die Sache vorläufig auf sich beruhen bleiben.

Die Art und Weise, wie Wiegmann seine Versuche anstellte, legt den Gedanken nahe, dass es sich bei seinen vermeintlichen Mischlingen um zufällige Variationen gehandelt habe, die durch Auslese und Inzucht einigermaassen beständig wurden. Es sprechen indess manche Gründe dafür, dass dennoch den Wiegmann'schen Angaben richtig beobachtete Thatsachen zu Grunde liegen. Viele Landwirthe behaupten, dass Wicken und Erbsen, wenn sie während mehrerer Generationen durcheinander gesäet werden, immer „ausarten". Ich erhielt einmal

Samen von „Wickfutter", welches 8 Jahre lang aus eigenen Samen gezogen war. Die ursprünglichen Bestandtheile waren weisse runde Erbsen, einfarbig graue eckige Erbsen, gewöhnliche Wicken und kleinfrüchtige Faba gewesen. Es fanden sich nun aber zahlreiche Samen vor, welche zwischen Wicken und den beiden Erbsensorten mehr oder minder intermediär waren. Es war in vielen Fällen unmöglich, im Voraus zu bestimmen, ob aus einem gewissen Samen eine Wicke oder eine Erbse hervorgehen werde.

Diese zufällig entstandenen Samen von mittlerer Grösse, Gestalt und Färbung wurden, wie es scheint, zuerst von Hornschuch genauer beachtet, der alle Uebergänge zwischen den Samen von Linsen (*Ervum lens*), Wicken (*Vicia sativa*) und Erbsen (*Pisum*) sah (Flora, B. Z. 1843 p. 341).

J. Goss befruchtete Blüthen der blaugrausamigen Erbse *Prolific blue* mit Pollen einer weissen Zwergerbse. Die Hülsen enthielten gelblich-weisse Samen, welche ausgesäet Pflanzen lieferten, deren Hülsen theils blaue, theils weisse, theils beiderlei Samen enthielten. Nach Auslese blieb die blaue Sorte constant, die weisse brachte theils Hülsen mit weissen, theils solche mit beiderlei Samen. Transact. Hort. Soc. Lond. V p. 234. — Knight hat bei seinen zahlreichen Kreuzungen niemals eine unmittelbare Aenderung der Samenfarbe in Folge von Einwirkung fremden Pollens beobachtet. Alex. Seton sah Erbsen von zweierlei Farbe in derselben Hülse, aber, ebenso wie Goss, bei einem Blendling, nicht unmittelbar in Folge von Fremdbestäubung entstanden. Transact. Hort. Soc. Lond. V p. 236, 379. — Neuerdings werden indess auch Fälle berichtet, in denen solche Hülsen mit zweierlei Samen direct bei einer blausamigen Sorte durch fremden Pollen erzeugt sein sollen. Deutsche Gartenzeit. 4. Jahrg. S. 71. — Auch Gärtner erhielt bei seinen Kreuzungsversuchen einige Male Samen, deren Färbung von der Mutterpflanze abgewichen war. Bastardbefr. S. 84.

Vicia.

Unter den Wicken (*Vicia sativa*), welche Wiegmann zwischen *Pisum sativum sem. alb.* gezogen hatte, wurden die grösseren und heller gefärbten Samen ausgesucht. Die Pflanzen, welche Wiegmann deraus erzog, wichen durch kahlen Stengel, grössere Blumen und grössere hellere Samen von den echten Wicken ab. In späteren Generationen schlugen diese modificirten Wicken theils zur Stammform zurück (Bastarderz. S. 16, 35, 39), theils behielten sie die grossen Hülsen und Samen. — Aus „Wickfutter" ausgesuchte grosse erbsenähnliche weiss und dunkelgefleckte Samen lieferten mir gewöhnliche *Vicia sativa*, welche aber ganz gleichartige Samen brachte.

Es liegen auch Beobachtungen vor, nach denen *Vicia sativa* in der Behaarung der Hülsen und andern Eigenschaften regelmässig Abänderungen zeigen soll, je nach der Art der Pflanzen, mit welchen sie gemischt wächst.

Wiegmann führt ferner einige Versuche an, in denen die Samen von *Vicia faba* unter dem Einflusse von *Vicia sativa* rothbraun oder schwärzlich geworden seien (Bast. S. 15, 16). Bei der Aussaat zeigten sie sich variabel (S. 35, 39).

Vicia mit Ervum.

A. F. Wiegmann säete *Vicia sativa* und *Ervum lens* durcheinander, suchte von den geernteten Wicken die stärker abgeplatteten und fahl gefärbten Samen aus und erhielt daraus eine Race mit platten fahlen Samen. Die Linsen hatten im folgenden Jahre ein etwas röther gefärbtes Fähnchen.

Wiegmann führt an, die ganze Linsenernte eines Oekonomen sei einmal durch die Einwirkung benachbarter Wickenfelder verdorben worden. Die Linsen seien schwärzlich und rundlich gewesen, beim Kochen seien sie nicht gar geworden.

Aus den modificirten Wicken erzog Wiegmann eine Wickensorte mit linsenähnlichen, weissgelblichen, fast platten Samen. Auch Gärtner (Bastardbefr. S. 424) fand die „Kichern", d. h. ausgeartete Linsen, in zweiter Generation constant.

Amygdalus.

Pfirsiche und Nectarinen auf demselben Baume sind öfter beobachtet worden. Es scheint die Möglichkeit nicht ausgeschlossen, dass die Nectarinen ursprünglich durch Blüthenstaub von Pflaumen aus Pfirsichen erzeugt sind.

Pirus.

Verhältnissmässig häufig sind an Apfelbäumen Früchte beobachtet worden, welche in Gestalt und Färbung den Früchten eines benachbarten Apfelbaumes glichen oder zwischen diesen und den normalen Aepfeln des eigenen Baumes die Mitte hielten. Namentlich wenn die Aeste zweier Bäume von verschiedener Sorte durcheinander gewachsen sind, scheint eine solche Umwandlung der Fruchtform des einen Baumes nicht allzu selten vorzukommen. Die Personen, welche die Aepfel pflücken, sind indess meistens nicht intelligent oder nicht aufmerksam genug, um die Erscheinung richtig zu beobachten und zu würdigen; auch wenn sie die Thatsache erkannt haben, sind ihre Berichte nicht so klar und zuverlässig, dass man sie wissenschaftlich verwerthen könnte. Nichtsdestoweniger ist eine ziemliche Reihe von Fällen bekannt geworden, in denen die Thatsachen durch einsichtige Beobachter verbürgt sind. Die betreffenden Erzählungen (vgl. namentlich Trans. Hort. Soc. V p. 64—66) lauten im Wesentlichen ganz gleichförmig: die Bäume trugen ausser den normalen Früchten an einem oder einigen Zweigen andere Früchte, welche denen eines benachbarten Apfelbaumes mehr oder minder vollständig glichen. Salisbury in Transact. Hort. Soc. London I p. 103, V p. 64—66; Hildebrand in Tagebl. 41. Vers. Naturf. S. 38; Bot. Zeit. 1868 p. 328; Buchenau in Abh. Naturw. Ver. Bremen V S. 479.

Vor einigen Jahren erhielt ich einige kleine Aepfel zugeschickt, welche durch viel geringere Grösse, eigenthümlich grubige Oberfläche und gelbliche Farbe den Besitzern des Apfelbaumes aufgefallen waren. Sie waren zwischen den Zweigen eines Quittenstrauches entstanden und enthielten keine keimfähigen Samen. Muthmaassliche Entstehung durch Quittenpollen. Abh. Naturw. Ver. Bremen IV S. 556.

Ein Birnbaum (Sorte *Tyson*) im Garten von Dr. Lawrence zu Paris in Canada hatte reich geblüht, brachte aber nur Früchte an denjenigen Zweigen, welche mit den Aesten eines Apfelbaumes *(Rhode Island greening apple)* verflochten waren. Diese Birnen waren so apfelähnlich, dass sie allgemein für Aepfel gehalten wurden. Ein von Meehan untersuchtes Exemplar hatte faseriges, nicht körniges Fleisch, der Stielansatz war aber wie bei einer Birne, die Samen waren Birnensamen. Th. Meehan in Proceed. acad. nat. sc. Philadelphia 1871, I p. 10; Bot. Zeit. 1873 Sp. 453.

Solanum.

Gazagnaire fand zu Cannes an *S. esculentum Dun.*, welches neben *S. lycopersicum L.* cultivirt wurde, mehrere Früchte, welche in Gestalt und Farbe den Früchten von *S. lycopersicum L.* ausserordentlich ähnlich waren. Diese Früchte waren gut entwickelt und enthielten äusserlich normale Samen, welche jedoch anscheinend keinen Embryo besassen. Kelch nicht modificirt. F. A. v. Hartsen in Bot. Zeit. 1867 S. 379.

Kanitz erwähnt einen Fall von Bildung einer Mischfrucht zwischen *S. lycopersicum L.* und *Capsicum annuum L.* Näheres? Tagebl. 41. Naturf. Vers. Frankf. a. M. 1871 S. 38.

Hippeastrum.

H. vittatum Hrbt., mit Pollen eines südamerikanischen *Hippeastrum* bestäubt, brachte eine Kapsel, welche nicht rundlich war, wie sonst bei *H. vittatum*, sondern kantig wie bei der Art, welche den Pollen geliefert hatte. Transact. Hort. Soc. Lond. V p. 69.

Lilium.

L. bulbiferum L. und *L. Davuricum Gawl.* sind zwei nahe verwandte Arten. Durch gegenseitige Befruchtung erhielt C. J. Maximowicz von *L. bulbiferum* eine Kapsel, welche in ihrer Gestalt den Früchten des *L. Davuricum* glich, und umgekehrt von *L. Davuricum* eine Kapsel von der Gestalt der Früchte des *L. bulbiferum*. Maxim. in Bull. Acad. St. Petersb. VIII p. 422. — Durch Pollen einer verwandten Art habe ich an *L. croceum* ausser mehreren normalen auch eine Frucht erhalten, welche von den gewöhnlichen Früchten der Pflanze sehr verschieden war. Ob sie der normalen Frucht der Pollenpflanze glich, vermag ich nicht zu entscheiden.

Zea.

Mit einer gewissen Regelmässigkeit lässt sich, nach den bisher vorliegenden Berichten, ein unmittelbarer Einfluss des fremden Blüthenstaubs auf die von ihm erzeugte Frucht bei einigen Sorten von *Zea* nachweisen. Ueber das gewöhnliche Verhalten der Maisblendlinge vgl. oben S. 407. Unter Umständen entsteht indess die Farbenänderung schon unmittelbar an der aus der Kreuzung hervorgegangenen Frucht. In Kolben von gelb- oder weisskörnigem Mais entstehen, durch Pollen braun- oder blausamiger Sorten braune oder blaue Körner. Der dunkelsamige Mais wird jedoch nicht durch Pollen der gelben und weissen Sorten beeinflusst. Pollen von gelbsamigem Mais erzeugt in Kolben der weissen Sorte viele gelbe Körner, aber nicht umgekehrt. Eben so wirkt glattkörniger Mais auf runzligen ein, aber nicht umgekehrt. Bull. soc. bot. France XIV p. 249; Hildebrand in Bot. Zeit. 1868 p. 326; Fr. Körnicke in Verh. Naturh. Ver. Rheinl. u. Westph. 1876 Sitzgb. S. 47.

Chamaerops.

A. Denis in Hyères besass ein isolirtes weibliches Exemplar von *Ch. humilis L.*, welches nur bei künstlicher Bestäubung mit *Chamaerops*-Pollen Früchte brachte. Dieselben waren von normaler Gestalt und Grösse, d. h. klein und kugelrund. Diese Pflanze wurde nun während mehrerer Jahre mit Pollen von *Phoenix dactylifera L.* bestäubt, ohne die Zuführung von *Chamaerops*-Pollen auszuschliessen, oder, nach einer andern Version, mit einer Mischung von Pollen beider Palmenarten, oder zuerst mit *Chamaerops*- dann mit *Phoenix*-Pollen. Denis mag sein Verfahren in verschiedenen Jahren etwas abgeändert haben. Der Erfolg des Versuchs war stets derselbe: wenn *Phoenix*-Pollen auf die Blüthen eingewirkt hatte, wurden die Früchte beträchtlich grösser, ihre Gestalt wurde länglich, der Geschmack etwas dattelähnlich. Aus diesen dattelähnlichen *Chamaerops*-Früchten sind *Chamaerops*-Pflanzen hervorgegangen; es ist nicht bekannt geworden, dass diese Pflanzen bereits geblüht oder Früchte gebracht haben. In Sicilien kommt nach Cosson eine Varietät von *Chamaerops* mit länglichen Früchten vor. Actes congr. intern. bot. Paris 1867 p. 163; Bull. soc. bot. France XVII p. 9, 10.

II. PFROPF-MISCHLINGE.

Es ist bekannt, dass die Gärtner sehr häufig auf den Stamm einer kräftigen, leicht gedeihenden Pflanze (Unterlage, Wildling) Reiser oder Augen einer selteneren, schwerer zu ziehenden oder auf andere Weise schwer zu vermehrenden Sorte (Edelreis) aufsetzen. Es ist nothwendig, dass Unterlage und Edelreis eine nähere botanische Verwandtschaft unter einander besitzen, da das Edelreis auf einer allzu fremdartigen Unterlage nicht fortkommen würde. Die Unterlage zeigt einen deutlichen Einfluss auf das Gedeihen des Edelreises, welches sich bald kräftiger und üppiger, bald schwächer entwickelt als unter andern Umständen. Auf die andern Eigenschaften ist ein deutlicher Einfluss selten zu constatiren. Zuweilen sollen Laubausschlag oder Blüthe auf der einen Unterlage früher erfolgen als auf der andern, in einigen Fällen soll bei Obstsorten der Geschmack der Früchte durch den Einfluss der Unterlage verändert werden (Gartenfl. 1872 S. 204). Th. A. Knight gibt an, dass die nämlichen Sorten von Aprikosen, Pfirsichen und Nectarinen auf Unterlagen der eigenen Art bessere Früchte gaben, als wenn sie auf Pflaumenstämme gepfropft waren. Nach Carrière (Rev. hort. 1878 p. 402) soll die *var. cerasiforme Dun.* von *S. lycopersicum*, als sie auf *S. dulcamara* gepfropft war, im ersten Jahre ihre normalen, im zweiten jedoch gewöhnliche *lycopersicum*-Früchte gebracht haben.

Alle diese Veränderungen sind sehr geringfügig. Ein mehr augenfälliger Einfluss zeigt sich durch die Uebertragung der Buntblättrigkeit (Panachirung) vom Edelreis auf die Unterlage oder umgekehrt. Vgl. darüber E. Morren in Bull. acad. Belg. 1869 p. 434; Bot. Ver. Brandenb. 1872. Die Beobachtungen beziehen sich auf *Abutilon*, *Pittosporum*, *Jasminum*, *Nerium*, *Fraxinus*. Aehnlich wie die Buntblättrigkeit scheint sich auch eine dunkle braunrothe Färbung der Achsentheile und Blattstiele manchmal auf die Unterlage zu übertragen. Lindemuth in Landw. Jahrb. 1878 (? *Corylus*? vgl. Darwin Var. I p. 508).

Vereinzelt stehen bisher noch einige andere Beobachtungen da. Carrière fand, dass *Aria vestita*, auf *Crataegus* gepfropft, in allen

Organen abänderte (Rev. hortic. 1866 p. 457). — Reiser einer schlitzblättrigen Birke (*Betula*) wurden auf einen gewöhnlichen Birkenstamm gesetzt, wuchsen aber nicht an. Sie äusserten indess trotzdem die Wirkung auf die Unterlage, dass an der Pfropfstelle Zweige mit unvollständig geschlitzten Blättern hervorbrachen. O. Thomas in Rev. de l'arboric. 1872. — Ueber eine Aenderung der Behaarung durch den Einfluss der Unterlage vgl. Reuter in Koch's Wochenschr. 1870 p. 257.

Die Entstehung wirklicher Mischlinge aus Unterlage und Pfropfreis ist bis jetzt in verhältnissmässig wenigen Fällen beobachtet worden, von denen die folgenden die bemerkenswerthesten sein dürften.

Cytisus Adami hort.
(Laburnum Adami Poir.)

Lit.: A. Braun Verjüng.; Bot. Z. 1873 No. 40; Darwin Variir. I p. 497—502.

In Anlagen und Gärten findet sich zuweilen ein baumartiger Strauch oder kleiner Baum angepflanzt, welcher höchst merkwürdige Eigenschaften zeigt. Die Pflanze hat, abgesehen von der Blüthenfarbe, zunächst am meisten Aehnlichkeit mit dem gewöhnlichen Goldregen oder Bohnenbaum, *Cytisus laburnum L.* (*Laburnum vulgare Gris.*). Der Wuchs ist etwas niedriger, die Blätter und Blättchen sind etwas kleiner und etwas dunkler gefärbt, die Blüthentrauben sind kürzer und nicht ganz so reichblüthig, die Blumen sind schmutzig roth gefärbt und setzen keine Früchte an. Dies ist der eigentliche *Lab. Adami Poir.* Früher oder später treibt der Baum plötzlich kräftige Zweige, welche in jeder Beziehung, insbesondere in Blättern, Blüthen und Fruchtbarkeit vollständig dem *C. laburnum* gleichen. Im Laufe der Jahre ändert sich das Verhältniss der beiden Zweigsorten zu einander nicht selten;- zuweilen scheinen die *Laburnum*-Triebe die *Adami*-Zweige ganz überwuchern zu wollen, während in andern Jahren der *C. Adami* wieder das Uebergewicht erhält. An alten Bäumen treten dann plötzlich Zweige einer dritten Art auf; buschig gedrängt entspringen oben in der Krone kurze dünne dichtbelaubte Zweige mit viel kleineren Blättern, in deren Achseln paarige rothe Blumen zum Vorschein kommen. Es sind gleichsam vollständige kleine Sträucher von *Cyt. purpureus Scop.*, die aus den Aesten des *Cyt. Adami* hervorbrechen. Es soll auch Exemplare von *C. Adami* geben, an denen die Zweige des *C. purpureus* früher erscheinen als die des *C. laburnum*. Dies wird begreiflich, wenn man annimmt, dass das betreffende Reis von einem Zweige genommen ist, welcher, wenn er an seiner Stelle geblieben wäre, *C. purpureus* geliefert hätte. Der *Cytisus Adami*, der diese verschiedenen Triebe hervorbringt, lässt sich durch Pfropfreiser vermehren.

Die Frage, wie diese merkwürdige Tripelallianz auf einem einzigen Stocke entstanden ist, hat Gärtner und Botaniker vielfach beschäftigt. Es kann natürlich nicht zweifelhaft sein, dass der sterile, schmutzig roth blühende *C. Adami* ein Mischling aus den beiden andern Arten ist, welche wieder auf vegetativem Wege aus ihm hervorgehen. Man vermuthete zunächst, dass der *C. Adami* ein gewöhnlicher, durch sexuelle Kreuzung entstandener Bastard sei. Es ist indess klar, dass die Pflanze Eigenschaften besitzt, wie sie bei keinem andern der vielen Tausende künstlicher und spontaner Bastarde vorkommen, welche man bisher beobachtet hat. Die gewichtigsten Gründe, welche gegen eine Entstehung durch sexuelle Kreuzung sprechen, sind folgende.

1. In der Familie der *Leguminosen* sind überhaupt nur wenige Bastarde bekannt, und dies sind solche zwischen Arten, die einander sehr ähnlich sind. Kreuzungen zwischen so weit verschiedenen Arten wie *C. laburnum* und *C. purpureus* kommen, so viel wir wissen, unter den *Leguminosen* nicht vor (Ch. Darwin meinte, der Umstand, dass es sexuelle Bastarde sowohl von *C. laburnum* als von *C. purpureus* mit nahe verwandten andern Arten gebe, spreche für die Annahme, dass auch *C. Adami* ein sexueller Bastard sei).

2. Sexuelle Mischlinge zwischen nahe verwandten Formen, insbesondere zwischen Farbenvarietäten oder Unterarten einer und derselben Species sind zuweilen in ihren Eigenschaften schwankend, so dass sie Charaktere der einen und der andern Stammform unvermischt neben einander zeigen. Bei Bastarden zwischen beträchtlich verschiedenen Arten kommt ein solches Schwanken fast nur an einzelnen Organen vor und auch da selten. Noch niemals ist beobachtet worden, dass ein steriler Bastard aus zwei sehr verschiedenen Arten sich auf vegetativem Wege in seine Componenten spaltet, und zwar unter fast vollständiger Herstellung ihrer normalen Fruchtbarkeit.

3. Der Blüthenstaub der Bastarde aus beträchtlich verschiedenen Arten zeigt fast ausnahmslos sehr zahlreiche missgebildete Körner; bei völlig sterilen Bastarden ist eine Ausnahme von dieser Regel kaum bekannt (angeblich *Nymphaea lotus* × *rubra*). Der Blüthenstaub von *C. Adami* enthält dagegen nur eine geringe Beimischung verkümmerter Körner. Nach den Untersuchungen von R. Caspary und Ch. Darwin sind bei *C. Adami* die Samenanlagen missgebildet, so dass sich aus diesem Umstande die Unfruchtbarkeit erklärt.

Diese auffallenden Abweichungen von dem Verhalten aller andern

Bastarde machen die hybride Entstehung des *C. Adami* unwahrscheinlich, während doch andererseits über seine Mischlingsnatur gar kein Zweifel obwalten kann. Nun besitzen wir über die Entstehungsgeschichte einen Bericht, gegen dessen Glaubwürdigkeit gar keine gegründeten Bedenken vorliegen.

Französische Gärtner haben öfter versucht, den kleinen zierlichen *C. purpureus* auf einen Stamm von *C. laburnum* zu veredeln, ähnlich wie man *Salix purpurea* auf einen Stamm von *S. caprea* oder *Prunus chamaecerasus* auf einen Stamm von *Pr. avium* setzt. Der Gärtner Adam fügte einmal ein Rindenstückchen von *C. purpureus* in den Stamm von *C. laburnum* ein; das Auge blieb ein Jahr lang schlafend und trieb dann zahlreiche Sprosse. Einer davon war viel stärker als die andern und wurde von Adam als eine Varietät des *C. purpureus* in den Handel gegeben. Erst nachher zeigte sich an dieser neuen Form die merkwürdige Eigenschaft, Rückschläge zu den Stammformen hervorzubringen. Es ist nicht erwiesen, dass es gelungen ist, den *C. Adami*, der seit 1830 bekannt ist, von neuem zu erzeugen; vgl. indess Darwin, Variir. I p. 500.

Es bleibt noch übrig, hervorzuheben, dass die Rückschläge des *C. Adami* zwar nahezu vollständig sind, dass ihnen aber bei genauerer Untersuchung doch noch zuweilen Spuren der unnatürlichen Verbindung anhaften, aus welcher sie hervorgegangen sind. Ebenso kommen in den Blüthentrauben des Mischlings zuweilen einzelne Blüthen vor, welche ganz oder theilweise den Charakter von Blüthen einer der Stammarten angenommen haben (vgl. Darwin, Var. I p. 497, A. Braun Bot. Ztg. 1873 No. 40). In den Blüthen der *purpureus*-Zweige ist nach Darwin der Blüthenstaub sehr arm an normalen Körnern; auch ist ihre Fruchtbarkeit ziemlich gering. Leichte Unterschiede in der Gestalt der Zweige, Blätter und Blüthen, welche Darwin bei dem *purpureus*-Antheil des *C. Adami* bemerkte, könnten auch als Folge des Standortes aufgefasst werden; in der Tracht gleicht ein Busch von *C. purpureus*, der auf *C. Adami* steht, mehr den wilden Pflanzen in den Gebirgen Krains, als den auf der Erde wachsenden Exemplaren der Gärten Norddeutschlands. Ich habe nicht bemerkt, dass die *purpureus*-Zweige auf *C. Adami* durch Frost beschädigt worden sind, während der bodenständige *C. purpureus* in Norddeutschland in strengen Wintern leicht abfriert.

Sämlinge der *laburnum*-Zweige des *C. Adami* liefern *C. laburnum*, solche der *purpureus*-Zweige *C. purpureus*, aber, wie es scheint, mit leichten Abänderungen (W. Herbert in Journ. Hort. Soc. II p. 100).

Es dürfte sich immerhin der Mühe lohnen, mehr solche Sämlinge aufzuziehen.

Citrus.

Es sind mehrere Fälle von *Citrus*-Bäumen gemischten Charakters bekannt. Die sogenannte *Bizarria* trägt Zweige und Früchte von *C. aurantium*, *C. Medica* und einer Mischform. Die Mischform kann auf vegetativem Wege vermehrt werden und liefert wieder Zweige der reinen Arten. Die *Bizarria* soll um 1644 zu Florenz durch Pfropfen entstanden sein. Man hat vermuthet, dass die Pflanze ein sexueller Bastard sei; nach Analogie des *C. Adami* ist es aber wahrscheinlicher, dass er wirklich durch Pfropfung entstanden ist.

Im Garten Boghos Jussuf zu Alexandrien gab es einen Baum, welcher zugleich Orangen, Citronen und Limonen getragen haben soll (Lindl. in Gard. Chron. 22. Sept. 1855). Vielleicht ist dies auch ein *Bizarria*-Baum gewesen.

Mischfrüchte von Citronen (*C. Medica*) und süssen Orangen (Apfelsinen) werden hin und wieder in einzelnen Exemplaren zwischen normalen Früchten aus den Mittelmeerländern nach Nordeuropa gebracht. Vgl. Oudemans in Ned. Kruitk. Arch. 1873 p. 268; Buchenau in Abh. Naturw. Ver. Bremen III S. 387.

Rosa.

Der Gärtner Casimir in Königsberg i. Pr. pfropfte eine weisse *Moosrose* auf eine gewöhnliche rothe *Centifolie*. Ein solcher Stock trieb aus dem Grunde Stämme, die theils weisse *Moosrosen*, theils rothe *Centifolien* trugen; ein Zweig brachte dreierlei Rosen: 1. einfache rothe Centifolien, 2. weisse Moosrosen, 3. Moosrosen, deren Petalen vorherrschend weiss, aber zum Theil roth waren. Rob. Caspary in Schrift. phys.-oek. Ges. Königsb. 1865 Sitzungsber. S. 5.

Poynter berichtet in Gard. Chron. 1860 p. 672 über folgende Beobachtung. Auf eine weisse *Rosa Banksiae* war ein Reis der Theerose *R. Devoniensis* gepfropft worden. Von dem verbreiterten Vereinigungspunkte entsprangen Zweige von beiden Sorten, ausserdem aber ein Zweig mit gemischten Charakteren. Wuchs mehr wie bei *R. Banksiae*, aber kräftiger, die stärkeren Triebe mit Stacheln versehen; Blätter intermediär; Blüthen einer Noisettrose ähnlich. Lindley erklärte die neue Form für einen unzweifelhaften Mischling.

Pirus malus L.

In Darwin's Variir. I. S. 505 werden einige Fälle von Mischäpfeln angeführt. Gaudichaud zeigte Zweige eines Baumes vor, welcher zweierlei Aepfel trug, nämlich rothe Reinetten und gelbe Canada-Reinetten. Durch Pfropfreiser kann diese doppeltragende Sorte fortgepflanzt werden. Die Entstehungsgeschichte ist unbekannt. Ebenso wenig weiss man etwas Genaueres über zwei andere Fälle, die Darwin anführt; ein Apfel aus Canada zeigte zwei völlig verschiedene Hälften mit scharf markirter Trennungslinie; ein Apfelbaum in Frankreich trug lauter solcher halbirte Aepfel, die kaum je vollkommene Samen enthielten. Dieser letzte Baum soll ein Sämling gewesen sein, während der canadische gepfropft war. Vgl. oben S. 515.

Begonia.

Die zahlreichen Gartenformen der buntblättrigen *Begonien* (Abkömmlinge von *B. rex Ptzs.*) werden aus Blattstücken vermehrt. Die Gärtner legen manchmal Blattstücke verschiedener Sorten über einander und behaupten, dass daraus neue Abänderungen mit gemischter Zeichnung entstehen.

Helianthus.

Auf einen Stock von *H. annuus* wurde ein Zweig von *H. tuberosus* gesetzt; es entwickelte sich eine riesige Pflanze, die am Grunde knollenähnliche Anschwellungen hervorbrachte. Rev. hortic. 50 p. 80.

Solanum.

Lit.: Ch. Darwin, Variiren L. p. 509; Hildebrand in Bot. Zeit. 1868 Sp. 321; (Fitzpatrick) Bot. Z. 1869 Sp. 358; P. Magnus in Sitzungsber. Ges. Naturf. Freunde 1871 p. 82, 1872 p. 86; Bot. Z. 1873 Sp. 269; H. Lindemuth in Landw. Jahrb. 1878 p. 887.

R. Trail vereinigte halbirte blaue und weisse Kartoffeln, indem er die durchschnittenen Augen genau mit einander verband und die übrigen Augen zerstörte. Die so behandelten Knollen wurden gepflanzt; sie lieferten im Herbste ausser blauen und weissen auch einige gefleckte Knollen. Derselbe Versuch ist, in verschiedener Weise abgeändert, ziemlich oft wiederholt worden; häufig, aber nicht in allen Fällen, wurden bunte Knollen erhalten. Nach den vorliegenden Beschreibungen waren die Mischknollen in der Gestalt intermediär, falls ein hinreichend ausgesprochener Unterschied in der Form der Stammsorten vorhanden war. Die Färbung war selten eine gleichmässig mittlere, vielmehr waren in der Regel die Färbungen ungemischt auf verschiedene Partien der Oberfläche vertheilt, z. B. in der Mitte weiss, an den Enden blau u. s. w.

Der Werth dieser Beobachtungen ist neuerdings von Lindemuth in sehr entschiedener Weise bestritten worden. Die von ihm geübte

Kritik ist aber nichts weniger als vorurtheilsfrei.*) Seine Angabe, dass einige Kartoffelsorten während des Reifens die Farbe wechseln, verdient jedoch sorgfältig beachtet zu werden. Ich will übrigens ein Bedenken, welches ich gegen die vorliegenden Beobachtungen hege, nicht unterdrücken. Alle bisherigen Angaben über die Ergebnisse von Kartoffelpfropfungen sind nämlich in so fern recht unvollständig, als sie einzig und allein die Knollen berücksichtigen. Wenn aber eine gegenseitige Beeinflussung der verbundenen Sorten stattfindet, muss sich dieselbe nothwendig auch auf das Kraut und die Blüthen der Pflanzen erstrecken. Eine Mischung der Merkmale würde aber an den oberirdischen Theilen der Kartoffeln viel ausgesprochener hervortreten müssen als an den unterirdischen. So lange darüber keine bestimmten Beobachtungen angestellt sind, müssen unsere Kenntnisse von den Pfropfmischlingen der Kartoffeln noch als sehr lückenhaft bezeichnet werden. Wenn daher auch die bis jetzt gemachten Erfahrungen noch unvollständig sind, so geben sie doch berechtigten Zweifeln an der wirklichen Entstehung von Pfropfmischlingen wenig Raum.

Dass an den Zweigen der Kartoffeln eine Uebertragung der Färbung stattfinden kann, hat auch Lindemuth beobachtet. Er pfropfte einen Zweig einer Sorte mit dunkelvioleten Trieben auf eine grünstengelige Sorte; die grüne Unterlage wurde roth gefärbt.

Kartoffelreiser auf andere *Solaneen* gepfropft, pflegen in ihren Blattachseln Knöllchen zu bilden (W. Richter in Zwickau nach Lindemuth). A. J. Maule (The Potato: what is it? Bristol 1876) erhielt sogar an den Wurzeln des als Unterlage benutzten *Solanum dulcamara* kleine Knollen. Die Deutung solcher unterirdischen Knöllchen ist indess zweifelhaft, vgl. Carrière in Rev. hort. 1880 p. 250. Die Abhängigkeit der Knollenbildung von der specifischen Beschaffenheit der krautigen Theile geht indess auch daraus hervor, dass Richter von einer Kartoffelpflanze, auf welche er *Solan. lycopersicum* gepfropft hatte, trotz üppigen Gedeihens des Edelreises keine Knollen erhielt.

S. lycopersicum, auf *S. dulcamara* gepfropft, soll Früchte von ungewöhnlich festem Fleisch und auffallend süssem Geschmack getragen haben. Rev. hort. 1878 p. 80.

Oryza.

Isid. Calderini pfropfte Halme von *Oryza sativa* auf *Panicum crus galli L.* Wenn auch manche Versuche fehlschlugen, wuchsen

---

*) Lindemuth meint, dass die Pfropfhybriden eine wesentliche Stütze der Lehre Darwin's bilden, und hofft offenbar durch Läugnen der Pfropfhybriden dem Darwinismus einen tödtlichen Schlag zu versetzen!

doch einige der gepfropften Halme an; sie wurden viel kräftiger als der gewöhnliche Reis und brachten zwar wenige, aber sehr grosse Körner. Aus diesen Körnern gingen ungemein kräftige Pflanzen hervor, deren Halme angeblich in ihren Eigenschaften den *Panicum*-Halmen glichen. Als der gewöhnliche Reis von der „brusone" genannten Krankheit ergriffen wurde, blieben die Sämlinge der gepfropften Pflanzen völlig verschont. Im nächsten Jahre fiel die Reisernte gut aus; die Sämlinge des gepfropften Reis waren aber um 50 % höher und lieferten einen um 50% grösseren Ertrag als der gewöhnliche Reis. Ann. sc. natur. 3. sér. VI p. 131.

Abies.

Renault in Bulgnéville (Vosges) pfropfte *A. pinsapo Boiss.* auf einen Stamm von *A. pectinata DC.* Als der Baum später Samen brachte, erhielt er aus denselben etwa 50% *A. pinsapo* und 50% Mittelformen zwischen *A. pinsapo* und *A. pectinata* von schwankender Bildung, zum Theil an *A. Numidica, A. Baboriensis, A. Cephalonica, A. Apollinis* und *A. Peloponnesiaca* erinnernd. Bei Aussaaten in späteren Jahren nahm die Zahl der echten *Pinsapo*-Sämlinge immer mehr ab und sank auf 10%, während die Zahl der Mittelformen sich entsprechend vermehrte. Rev. hort. 1879 p. 444.

III. PSEUDOGAMIE.

Bei den Versuchen, Bastarde zu erziehen, hat man zuweilen Pflanzen erhalten, welche der Mutterpflanze glichen, aber zum Theil in ihrer sexuellen Potenz auffallend geschwächt erschienen. Sie sind aus diesem Grunde öfter für Bastarde gehalten worden. Ich vermuthe, dass in diesen Fällen der fremde Blüthenstaub keine wirkliche Befruchtung vollzogen, sondern nur die Anregung zur Ausbildung der äusseren Fruchttheile gegeben hat. Die Samen, welche sich in der Frucht vorgefunden haben, sind nach meiner Auffassung nicht durch hybride und überhaupt nicht durch geschlechtliche Zeugung hervorgebracht, sondern sie sind parthenogenetisch entstanden.

Nymphaea Capensis Thunbg. vermag sich nicht selbst zu befruchten; mit Pollen von *N. coerulea Savgn.* erhielt Caspary nach vielen vergeblichen Versuchen einen keimfähigen Samen, aus dem eine sterile *N. Capensis* hervorging. Staubblätter gering an Zahl, fädlich, ohne Pollen; Fruchtknoten verkümmert. Abh. Naturf.-Ges. zu Halle XI.

Gärtner isolirte ein weibliches Exemplar von *Melandryum rubrum Grcke.* und bestäubte 12 Blüthen desselben mit Pollen von *M. noctiflorum Fr.* Er erhielt ziemlich zahlreiche Samen, von denen aber nur zwei Bastardpflanzen lieferten, während aus den übrigen normales *M. rubrum* hervorging. Leider erwähnt Gärtner nicht das Geschlecht dieser Pflanzen. Bei einem Controlversuche blieb das isolirte und gar nicht bestäubte *M. rubrum* völlig steril. (Gaertn. Bast. S. 37). Vielleicht gehört hicher auch das vermeintliche *Melandryum rubrum* ✕ *noctiflorum*, welches Gärtner erhielt; es scheint eher ein pseudogamisch erzeugtes *M. rubrum* als ein Bastard gewesen zu sein; vgl. oben S. 69.

Hymenocallis amoena Hrbt. var. princeps Hrbt. wurde von Herbert castrirt und mit fremdem Pollen bestäubt. Es wurden nur unvollkommene Samen erhalten, aus denen jedoch 4 ganz gleichförmige Pflanzen hervorgingen, die habituell von der Mutterpflanze abwichen, namentlich durch aufrechte längere Blätter. Sie vermehrten sich durch Brut. Herbert Amar. p. 211.

Lilium superbum Lam. wurde von Fr. Parkman mit Pollen von acht andern Arten bestäubt, nachdem die Blumen in der Knospe castrirt waren. Es entstanden wohlgebildete Früchte, in welchen bald keimfähige Samen in grösserer oder geringerer Zahl vorhanden waren, bald nicht. Aus den Samen wurde reines *L. superbum Lam.* erhalten. Gard. Chron. (new ser.) IX p. 19.

Das typische *L. longiflorum Thbg.* bringt in Amerika fast niemals Früchte, wohl aber die *var. takesima*. Durch Bestäubung dieser Varietät mit Pollen von *L. speciosum Thbg.* und *L. auratum Lindl.* wurden von Fr. Parkman Früchte und Samen erhalten, aus denen die mütterliche Stammpflanze hervorging, aber mit kleinen verbildeten, braunen (statt gelben) Antheren. Gard. Chron. (new. ser.) IX. p. 19. *L. speciosum Thbg.* ♀ ✕ *auratum Lindl.* ♂ brachte wenig Samen, aus denen Fr. Parkman jedoch 50 Pflanzen erzog. Darunter war ein wirklicher Bastard (s. oben S. 402); die andern Exemplare unterschieden sich nur durch gefleckte Stengel und geringere Fruchtbarkeit von *L. speciosum*. Wieder mit Pollen von *L. auratum* befruchtet, lieferten sie 8—10 Pflanzen, darunter nur einen Bastard. Gard. Chron. l. c.; Asa Gray in Amer. Journ. 3. ser. XV p. 151.

Billbergia vittata Brongn., die im Gewächshause spontan keine Samen bringt, wurde erfolgreich mit Pollen von *B. pallescens C. Koch* bestäubt. Aus den erhaltenen Samen ging aber kein Bastard, sondern einfach die *B. vittata* hervor. Belg. hort. 1875 p. 120.

Nachträge

zum ersten Abschnitt.

Einige interessante Beobachtungen aus dem Sommer 1880, die zum Theil die früheren Mittheilungen in wesentlichen Punkten ergänzen, veranlassen mich, hier nachträglich über einzelne neue Thatsachen zu berichten.

Capsella (S. 41).

Bei Bellaggio am Comer See (Norditalien) fand ich im Juni 1880 zwischen zahlreichen Exemplaren von *C. rubella Reut.* und einzelnen von *C. bursa pastoris L.* eine einzige ungemein grosse Pflanze einer Mittelform mit sehr verlängerten Fruchttrauben und tauben Schötchen; sie entsprach genau der Beschreibung von *C. gracilis Gren.*

Hypericum (S. 72).

Ueber *H. humifusum × perforatum* vgl. O. Kuntze in Flora (B. Z.) 1880 No. 19. Es ist dort auf Taf. VII eine Abbildung des Originalexemplars von *H. assurgens Peterm.* gegeben. Ferner: „*H. humifusum × perforatum* ist kürzlich wiedergefunden, und zwar von O. Delitsch in einem Exemplar bei Wurzen; aus der Wurzel gehen 5—6 bogig aufsteigende, 25 cm hohe, von unten an reich verzweigte Stengel hervor. Bis auf etwas kleinere Blätter stimmt es mit dem phototypirten Exemplar; ein mehr aufrechter Mittelstengel, der etwa beschädigt wäre, fehlt." O. Kuntze in litt.

Geum (S. 125).

G. Japonicum Thbg. ♀ × *rivale L.* ♂, von mir künstlich erzeugt, blühte im vorigen Frühling in meinem Garten. Tracht mehr wie bei *G. Japonicum*, Aussenkelch wohl entwickelt (bei *G. Jap.* klein, oft fehlend, bei *G. riv.* gross), Kelchblätter zur Blüthezeit abstehend (bei *G. Jap.* zurückgeschlagen, bei *G. riv.* aufrecht), Blüthen etwas nickend (bei *G. Jap.* aufrecht, bei *G. riv.* hängend), Kronblätter gelb (wie bei *G. Jap.*), geadert (wie bei *G. riv.*). Unfruchtbar.

Rosa (S. 140).

Nach einer andern Erzählung ist die *Noisette*-Rose von John Champrey in Süd-Carolina als *R. moschata* ♀ ⨯ *Indica* ♂ künstlich erzeugt und Anfangs *R. Champreyana* genannt worden. Sie wurde dann angeblich von Philippe Noisette in Charlestown abermals neu befruchtet (wie?) und der so erzielte Blendling an Louis Noisette in Paris gesendet (Evans). Ref. Wien. Ill. Gartenzeit. 1880 S. 293.

Ribes (S. 151).

R. rubrum L. An einem Strauche mit blassrothen Früchten sah ich Zweige, welche gewöhnliche rothe, und solche, welche gewöhnliche gelbweisse Früchte trugen.

Epilobium (S. 161).

Zwei durch Castration und künstliche Bestäubung von mir gewonnene Bastarde blühten im Sommer 1880 in ziemlich zahlreichen Exemplaren in meinem Garten.

E. montanum L. ♀ ⨯ *roseum Schreb.* ♂. Alle Exemplare einander gleich, in ihren Eigenschaften intermediär, sehr reichblühend. Blüthen so gross wie bei *E. montanum*, Anfangs sehr blass (wie bei *roseum*), später intensiver roth gefärbt. Pollen-Tetraden gross, aber die einzelnen Zellen nicht so scharf erkennbar wie beim Pollen der echten Arten, weniger straff gefüllt und daher in ihren Umrissen etwas unregelmässig geformt. Früchte von normalem Aussehen, bei der Reife bis zum Grunde aufspringend, sowohl anscheinend gut entwickelte, als auch taube und verkümmerte Samen in beträchtlicher Zahl enthaltend.

E. montanum L. ♀ ⨯ *obscurum Schreb.* ♂. Alle Exemplare einander gleich, in ihren Eigenschaften intermediär, reichblühend. Pollen, Früchte und Samen wie bei *E. montanum* ⨯ *roseum*.

Cereus (S. 182).

Lit.: D. Magaz. Gartenk. XXIII S. 83.

C. grandiflorus Mill. ♀ ⨯ *nycticalus Lk.* ♂ (Züchter Neubert) brachte riesige (1 Fuss Durchmesser), sehr wohlriechende Blüthen. *C.* ⨯ *Maximilian.*

C. grandiflorus Mill. ♀ × *speciosissimus DC.* ♂ (Züchter Neubert) hat geruchlose Blüthen, in der Form denen des *C. grandifl.*, in der Farbe denen des *C. speciosiss.* gleichend.

Anagallis (S. 253).

A. arvensis phoen. ♀ × *coerul.* ♂ lieferte in zweiter Generation neben vielen roth blühenden auch manche blau blühende Exemplare. Kronzipfel meist viel breiter als bei *A. phoenicea*, Farbenton bei den rothen Blüthen noch etwas blasser als bei reiner *A. phoenicea*. Die einzelnen Exemplare der Mischlinge, abgesehen von der Farbe, in Grösse der Pflanzen und Blüthen, sowie in der Breite der Kronzipfel unter einander sehr verschieden, was indess fast nur zur Mittagszeit bei völlig geöffneten Blumen und beim Vergleich mit den reinen Arten deutlich hervortritt. Pollenkörner unregelmässig geformt; Fruchtbarkeit normal.

A. arvensis coerul. ♀ × *phoenic.* ♂ gleicht genau der umgekehrten Verbindung; Pflanzen sehr kräftig, Blüthen auffallend gross, roth, mit breiten Zipfeln; Farbenton etwas matter als bei reiner *A. phoenicea*. Pollenkörner theils von normalem Aussehen, theils verkümmert und missgebildet. Fruchtbarkeit vollkommen.

Eine zweifarbige *Anagallis*-Blüthe erhielt ich 1880 nicht. Ebensowenig hat sich die lilafarbene (fleischfarbige) Sorte, die *var. carnea*, unter meinen Mischlingen erster oder zweiter Generation gezeigt. Die *var. carnea* hat ziemlich normalen Blüthenstaub und eben so breite Kronzipfel wie die *f. coerulea*; ich halte es jetzt für wahrscheinlich, dass sie eine Unterraçe der *forma coerulea* ist.

Verbascum (S. 306).

V. pulverulentum Vill. × *speciosum Schrad.* wird durch v. Borbás in zwei Formen, *V. semifloccosum* und *V. semispeciosum* (*per-specios.*), beschrieben.

Nepenthes (S. 351).

Lit.: Gard. Chron. 1880, II p. 40.

Zu *N. phyllamphora Willd.* × *Rafflesiana Jack* gehören *N.* ⋊ *Lawrenciana hort. Williams* und *N. robusta hort. Will.*; die primären Mischlinge scheinen polymorph zu sein. Zu *N.* ⋊ *Sedeni* × *Rafflesiana Jack* gehört ausser der *N. Outramiana* auch *N.* ⋊ *Williamsii hort. Will.*

Chysis (S. 374).

Der Ursprung der *Ch.* ✕ *Chelsoni* ist einigermaassen unsicher, vielleicht ist sie eine *Ch. aurea Lindl.* ✕ *bractescens Lindl.*, während ein anderer Bastard, die *Ch.* ✕ *Sedeni Rchb. f.*, wirklich von *Ch. Limminghei Lndn. et Rchb. f.* und *Ch. bractescens Lindl.* stammen soll.

Vriesea (*Bromeliaceae.* S. 385).

Im Juli 1880 wurde zu Brüssel eine *Vr. Kienasti* ausgestellt, welche von Morren durch Kreuzung von *V. psittacina Lindl.* und *V. brachystachys Rgl.* gewonnen worden war.

Gymnogramme (S. 423).

Hinzuzufügen (nach *Boucheana A.Br.*): Aehnlich die ebenfalls bei Aussaat der Sporen von *G. lanata* entstandene *G. consanguinea A.Br.*, welche A. Braun von *G. lanata* und *G.* ✕ *Martensii* ableiten zu können glaubte.

Register

der im I. und 7. Abschnitte angeführten Pflanzennamen.

Abies Appollinis Lk. 525.
— Baboriensis hort. 525.
— Cephalonica Loud. 525.
— pectinata DC. 525.
— Peloponnesiaca hort. 525.
— pinsapo Boiss. 525.
Abutilon 518.
— Boule de neige 77.
— Boule d'or 77.
— Darwini Hook. f. 77.
— Megapotamicum St. Hil. et Naud. 77. 78.
— Milleri hort. 77.
— Prince of Orange 77.
— rosaeflorum hort. 77.
— striatum Dicks. 77. 78.
— venosum Hook. 77.
Acampe intermedia Rchb. f. 375.
— multiflora Lindl. 375.
— papillosa Lindl. 375.
Acanthus 333.
Acer campestre L. 103.
— hybridum Baudr. 103.
— hybridum Spach 102.
— Italum Lauth 102.
— Liburnicum hort. 103.
— littorale hort. 103.
— Monspessulanum L. 103.
— Neapolitanum L. 103.
— obtusatum Kit. 102.
— opalus Mill. 102, 103.
— opulifolium Vill. 102.
— pseudo-platanus L. 102.
— Tataricum L. 103.
Aceras anthrophora R. Br. 379.
— Duquesnei Rchb. f. 379.
Achillea asplenifolia Leresche 198.
— atrata L. 198. 199.
— Clavenae L. 198. 199.
— Clusiana Tausch 199.
— Dumasiana Vatke 198.
— Haussknechtiana Aschers. 199.

Achillea Helvetica Schleich. 198.
— herba rota All. 199.
— hybrida aut. 199.
— Jaborneggi Halacsy 199.
— intermedia Schleich. 198.
— Laggeri Schultz Bip. 198.
— Lereschei Schultz Bip. 198.
— macrophylla L. 198. 199.
— millefolium L. 199.
— montana Schleich. 198.
— Morisiana Rchb. f. 199.
— moschata Jacq. 198. 199.
— nana L. 198. 199.
— obscura T. F. L. Nees 198.
— ptarmica L. 199.
— Reichardtiana Beck 199.
— Thomasiana Hall. f. 198.
— tomentosa L. 199.
— Valesiaca Sut. 198.
Achimenes amabilis Dcne. 328.
— candida Lindl. 328. 329.
— cinnabarina (Lodn.) 328.
— coccinea Pers. 326. 327.
— grandiflora DC. 327—329.
lanata Hnst. 327.
— Liebmanni hort. 327.
— longiflora Benth. 326—328.
— Mexicana Benth. et Hook. 327.
— multiflora Gardn. 327.
— patens Benth. 327.
— pedunculata Benth. 327.
— picta Benth. 329.
— rosea Lindl. 327.
— superba Moritz 327.
— viscida Paxt. 329.
— zebrina (Paxt.) 327—329.
Aconitum intermedium Hopp. 19.
— lycoctonum L. 19.
— napellus L. 19.
— paniculatum Lam. 19.
— Pyrenaicum Hopp. 19.
— Pyrenaicum Lam. 19.

Aconitum Stoerkeanum Rchb. 19.
— sulfureum Willd. 19.
— variegatum L. 19.
Adenostyles albifrons Rchb. 193.
— alpina Blff. et Fngrh. 193.
— Eginensis Lagg. 193.
— hybrida DC. 193.
— leucophylla Rchb. 193.
Adiantum Bausei Th. Moore 424.
— decorum hort. 424.
— Farleyense Th. Moore 423.
— tenerum Sw. 423. 424.
— trapeziforme L. 424.
Adonis hybrida Wolff 12.
— vernalis L. 12.
— Walziana Smkv. 12.
— Wolgensis Stev. 12.
Aegilops ovata L. 410—414.
— triaristata Willd. 410. 414.
— triticoides Req. 411-414.
— triuncialis L. 414.
— speltaeformis Jord. 412—414.
— squarrosa aut. 414.
— ventricosa Tausch 410. 414.
Aërides crispum Lindl. 375.
— maculosum Lindl. 375.
— multiflorum Roxb. 375.
— Schroederi Moore 375.
Aesculus carnea Willd. 102.
— discolor Pursh 102.
— flava Ait. 102.
— glabra Willd. 102.
— hippocastanum L. 102.
— hybrida Willd. 102.
— intermedia hort. 102.
— lutea Wngnh. 102.
— Lyoni hort. 102.
— macrocarpa hort. 102.
— mutabilis hort. 102.
— neglecta Lindl. 102.
— pavia L. 102.
— rubicunda Lodd. 102.
— versicolor hort. 102.
— Whitley's fine scarlet 102.
Agave densiflora Hook. 401.
— geminiflora Gawl. 401.
— Taylori hort. 401.
— univittata Haw. 401.
— xylacantha Salm D. 401.
Agrimonia cupatoria L. 133.
— odorata Mill. 133.
Agrostemma coronaria L. 70.
— hybrida hort. 65.
Ajuga adulterina Wallr. 341.
— Genevensis L. 341.
— hybrida A. Kern. 341.
— pseudo-pyramidalis Schur 341.
— pyramidalis L. 341.
— reptans L. 341.
Alchemilla alpina L. 133.
— aphanes Leers 133.

Alchemilla conjuncta Bab. 133.
— cuneata Gaud. 133.
— fissa Schumm. 133.
— hybrida Bruegg. 133.
— montana Willd. 133.
— pentaphyllea L. 133.
— pubescens M. Bieb. 133.
— splendens Christ 133.
— subsericea Reut. 133.
— vulgaris L. 133.
Alectorolophus adulterinus Wallr. 324.
— fallax W. et Gr. 324.
— major W. et Gr. 324.
— minor W. et Gr. 324.
Allium cepa L. 403. 404.
— porrum L. 403. 404.
Alnus autumnalis Hartig 355.
— Badensis Lang 355.
— barbata C. A. Mey. 355.
— cordifolia Ten. 355.
— glutinosa Gaertn. 355.
— hybrida A. Br. 355.
— hybrida hort. 355.
— incana Willd. 355.
— pubescens Tausch 355.
Alocasia cuprea C. Koch 418.
— hybrida hort. 418.
— Jenischiae hort. 418.
— Jenningsii hort. 418.
— Indica Schott 418.
— intermedia hort. 418.
— longiloba Miq. 418.
— Lowei Hook. f. 418.
— macrorrhiza Schott 418.
— Marshalli hort. 418.
— Merckii hort. 418.
— variegata C. Koch 418.
— Veitchii Schott 418.
— vivipara hort. 418.
Alonsoa hybrida hort. 310.
— linearis R. et Pav. 310.
— Warscewiczii Regel 310.
Alopecurus arundinaceus Pourr. 409.
— geniculatus L. 408.
— hybridus Wimm. 408.
— pratensis L. 408.
Alsine recurva Whlnbg. 70.
— verna Bartl. 70.
Alstroemeria aurantiaca hort. 400.
— aurea hort. 400.
— Errembaulti hort. 400.
— flos Martini hort. 400.
— haemantha Ruiz et Pav. 400.
— mutabilis Kunze 400.
— Neillii hort. 400.
— pallida hort. 400.
— pelegrina L. 400.
— psittacina Lehm 400.
— pulchella hort. 400.
— pulchra Sims 400.
— tricolor hort. 400.

Althaea cannabina L. 74.
— ficifolia Cav. 74.
— Narbonensis Pourr. 75.
— officinalis L. 74. 75.
— rosea Cav. 74.
— Taurinensis DC. 75.
Amarantus glabrescens Borb. 345.
— patulus Bert. 345.
— prostratus Balb. 345.
retroflexus L. 345.
— silvestris Desf. 345.
Amaryllis blanda Gawl. 389.
— braziliensis Red. 390.
— Carnarvonia Gowen 390.
— Johnsoni hort. 390.
— Josephinae Gawl. 389.
— psittacina Ker 390.
— spectabilis Lodd. 390.
— vittata rubra Souchet 391.
cf. Hippeastrum.
Ammophila arenaria Lk. 409.
— Baltica Lk. 409.
Amygdalo-Persica 113.
Amygdalus communis L. 113.
— Persica L. 113. 515.
— persicoides Ser. 113.
Anacamptis pyramidalis Rich. 379.
Anagallis arvensis L. 253. 529.
— coerulea Schreb. 253. 254. 529.
— collina Schousb. 253.
— fruticosa aut. 253.
— Monelli L. f. 253.
— phoenicea Schreb. 253. 254. 529.
Androsace aretioides Gaud. 252.
— carnea L. 252.
— Charpentieri Heer 252.
— Ebneri J. Kern. 252.
— glacialis Hopp. 252.
— Heerii Hegetschw. 252.
— Helvetica Gaud. 252.
— hybrida A. Kern. 252.
— obtusifolia All. 252.
— Pedemontana Rchb. 252.
pubescens DC. 252.
— Wulfeniana Sieb. 252.
Androsaemum pyramidale Spach 73.
Anemone coronaria L. 11.
— elegans Dcne. 12.
— fulgens Gay 11.
— Hackelii Pohl 10.
— Halleri All. 10.
- Honorine Jobert 12.
— hortensis L. 11.
— hybrida Mik. 10.
— hybrida hort. 12.
— Japonica S. et Z. 12.
— intermedia Winkl. 11.
— nemorosa L. 11.
— patens L. 10.
— pavonina Lam. 11.
— pratensis L. 10.

Anemone pulsatilla L. 10.
— ranunculoides L. 11.
— stellata Lam. 11.
— sulfurea Pritz. 11.
— trifolia L. 11.
— vernalis L. 10.
— vitifolia Bchno. 12.
— Wolfgangiana Bess. 10.
Antennaria alpina Gaertn. 194.
— dioica Gaertn. 194.
— Hansii A. Kern. 194.
Anthemis adulterina Wallr. 199.
- arvensis L. 199.
— Bollei Aschers. 200.
— cotula L. 199.
— spuria Hmpe. 199.
— sulfurea Wallr. 200.
— tinctoria L. 199.
Anthriscus abortivus Jord. 186.
— nitidus Grcke. 186.
— silvestris Hoffm. 186.
Anthurium cordatum C. Koch 415.
— dentatum Devans. 415.
— hybridum Lndn. 415.
— intermedium Knth. 515.
— leuconeurum Lemr. 415.
— obtusilobum Schott 415.
— ochranthum C. Koch 415.
— pedato-radiatum Schott 415.
— polytomum Schott 415.
— signatum Mathieu 415.
— subsignatum Schott 415.
— trilobum Lndn. 415.
Antirrhinum Barrelieri Bor. 313.
— majus L. 313.
Aquilegia atrata Koch 18.
— atropurpurea Willd. 15—17.
— blanda hort. 17.
— caerulea James 18.
— Californica Hartweg 17. 18.
— Canadensis L. 15—17.
— chrysantha A. Gr. 17. 18.
elata Ledeb. 18.
— glandulosa Fisch. 15. 17.
— glutinosa Gaertner 17.
— Haylodgensis hort. 18.
— hybrida Sims 18.
— hybrida hort. 18.
— jucunda Fisch. 17.
— leptoceras Fisch. et Mey. 17.
— nigricans Bmg. 18.
— Skinneri Hook. 17. 18.
— Sibirica Lam. 18.
— viridiflora Pall. 15. 17.
— viscosa Gou. 15. 17.
— vulgaris L. 15—18.
Arabis hybrida Reut. 37.
— muralis Bertol. 36.
— stricta Huds. 36.
Aralia crassifolia Bnks. et Sol. 187.
— hybrida hort. 187.

Aralia Japonica Thbg. 187.
— Schaefflera Spr. 187.
— spinosa L. 187.
Arbutus andrachne L. 228.
— andrachnoides I.k. 228.
— intermedia Heldr. 228.
— Milleri Mayes 228.
— unedo L. 228.
Aria vestita Carr. 518.
Armoracia rusticana Fl. Wett. 35.
Aronia densiflora Spach 145.
— sorbifolia Spach 145.
Arundo Baltica Fluegge 409.
cf. Calamagrostis.
Asperula cynanchica L. 192.
— glauca Bess. 192.
Aspidium aculeatum Sw. 422.
— Boottii Tuckerm. 425.
— cristatum Sw. 425.
— filix mas Sw. 425.
— remotum A.Br. 425.
— spinulosum Sw. 425.
Asplenium adiantum nigrum L. 425.
— adulterinum Milde 424.
— Breynii Retz. 424.
— dolosum Milde 424.
— Germanicum Weiss 424. 425.
— Heufleri Reichardt 425.
— ruta muraria L. 424. 425.
— Seelosii Leybold 424.
— septentrionale Sw. 424. 425.
— trichomanes Huds. 424. 425.
— viride Huds. 424.
Aster heterophyllus Schloss. et Vuk. 193.
— multiflorus Ait. 193.
— Novae Angliae Ait. 193.
— Novi Belgii L. 193.
— Parisiensis hort. 193.
— parviflorus Nees 193.
— salicifolius Scholl. 193.
Astilbe rivularis G. Don 116.
Athyrium filix femina Roth 422.
Atropa belladonna L. 262.
Aucuba Himalaica Hook. f. 187.
— Japonica Thbg. 187.
Avena fatua L. 409.
— hybrida Peterm. 409.
— intermedia Lindgren 409.
— orientalis L. 409.
— sativa L. 409.
Azalea Altaclerensis hort. 241.
— calendulacea Mchx. 240.
— Daviesi hort. 241.
— enneandra hort. 242.
— Eulalie 244.
— fulgida hort. 240.
— Indica L. 243.
— ledifolia Hook. 244.
— phoenicea hort. 244.
— Pontica L. 240.
— procumbens L. 233.

Azalea Seymouri hort. 241.
— speciosa Willd. 240.
Azarolus hybrida Borkh. 145.

Barbacenia purpurea Hook. 385.
— Rogieri hort. 385.
— sanguinea hort. 385.
Begonia alata coccinea hort. 177.
— amabilis Linden 181.
— argentea pulcherrima hort. 181.
— aucubaefolia hort. 178.
— Boliviensis A. DC. 176—179. 181.
— carminata hort. 176.
— caroliniaefolia Rgl. 179.
— A. Carrière 181.
— Charles Wagner 180.
— Chelsoni hort. 176. 177.
— cinnabarina Hook. 178. 179.
— cinnabarina (hybr.) hort. 176.
— Clarkei Hook. f. 177.
— coccinea Hook. 178. 179.
— Comtesse Gabrielle de Clermont-Tonnerre 181.
— conchaefolia A. Dietr. 179.
— Corail rose 176.
— Davisii Hook. f. 177.
— Deuringeri hort. 178.
— discolor R. Br. 181.
— Dregei Otto et Dietr. 181.
— Ed. André 181.
— Emeraude 176.
— Evansiana Andr. 178. 181.
— Excelsior 177.
— eximia hort. 181.
— Exposition de Louvain 177.
— floribunda rosea hort. 176.
— Froebeli A. DC. 176 177.
— fruticosa A. DC. 178.
— fuchsioides Hook. 178.
— Gandavensis hort. 180.
— gracilis Knth. 178.
— Griffithii Hook. 180.
— W. E. Gumbleton 181.
— Haageana hort. 177.
— Hasskarlii Zoll. et Mor. 179.
— heracleifolia Cham. et Schldl. 179.
— hybrida cinnabarina hort. 176.
— hybrida majestatica hort. 176.
— hybrida nitida hort. 181.
— hydrocotylifolia Hook. f. 179.
— incarnata I.k. et Otto 178. 179. 181.
— Ingrami Henfr. 178.
— imperialis Lemaire 181.
— intermedia hort. 176.
— Knerkii hort. 180.
— Leopoldi hort. 180.
— Lucienne Bruant 181.
— maculata Raddi 178.
— Mad. Svahn 181.
— Mad. Wagner 180.
— majestatica hort. 176.

Begonia manicata Brongn. 179.
— Marguerite Bruant 181.
— marmorea hort. 180.
— Miranda 180.
— Moehringi Rgl. 179.
— nitida Ait. 178.
— nitida (hybr.) hort. 181.
— octopctala L'Hér. 177.
— opuliflora Putzeys 178.
— Orange perfection 176.
— Otto Forster 181.
— Pearcei Hook. f. 176. 177. 179.
— peponifolia Vis. 179.
— picta hort., Sm. 180.
— poecila C. Koch 181.
— Prestoniensis Moore 178.
— Prince Troubetzkoy 180.
— rex Putzeys 180. 181. 523.
— ricinifolia A. Dietr. 179.
— robusta Blume 181.
— rosaeflora Hook. f. 176. 177.
— rubricaulis Hook. 181.
— rubrovenia Hook. 179-181.
— Saundersi hort. 178.
Sedeni hort. 176-179.
— semperflorens Lk. et Otto 178.
— Souvenir de Dr. Weddell 181.
— splendida hort. 180.
— Sutherlandi Hook. f. 181.
— Thwaitesi Hook. 181.
— undulata Schott 179.
— valida hort. 179.
— Veitchii Hook. f. 176 - 178.
— Verschaffeltii Rgl. 179.
— Victoria Lndn. 181.
— Weltoniensis hort. 181.
— xanthina Hook. 179-181.
Bellevalia comosa Knth. 403.
— Romana Rchb. 403.
— Webbiana Parlat. 403.
Berberis aquifolium Pursh 21.
— Canadensis aut. 21.
— Caroliniana Loud. 21.
— Darwini Hook. 21.
— emarginata Willd. 21.
— empetrifolia Lam. 21.
— fascicularis Lindl. 21.
— Guimpelii C. Koch 21.
— intermedia C. Koch 21.
— nervosa Pursh 21.
— Neuberti hort. 21.
— repens Lindl. 21.
— Sibirica Pall. 21.
— spathulata Schrad. 21.
— stenophylla hort. 21.
— vulgaris L. 21.
Bertolonia guttata DC. 156.
Betula alba L. 354. 519.
— alpestris Fr. 354.
— humilis Schrnk. 354.
— intermedia Thom. 354.

Betula nana L. 354.
— pubescens Ehrh. 354.
Bidens cernuus L. 197.
— radiatus Thuill. 197.
— tripartitus L. 197.
Biglandularia conspicua Lemr. 332.
Billbergia amoena Lindl. 385.
— Leopoldi C. Koch 385.
— pallescens C. Koch 526.
— vittata Brongn. 526.
Bignoniaceae 333.
Blandfordia Cunninghami Lindl. 404.
— flammea Hook. 404.
— grandiflora R. Br. 404.
Bletia cinnabarina Rchb. f. 372.
— crispa Rchb. f. 372. 373.
— Perrinii Rchb. f. 372.
— Pilcheriana hort. 372.
— purpurata Rchb. f. 372. 373.
— Schilleriana Rchb. f. 373.
Bomarea acutifolia Hrbt. 401.
— variabilis Hrbt. 401.
Bouvardia Davisoni hort. 190.
— elegans hort. 190.
— Hogarth 190.
— Laura 190.
— leiantha Benth. 190.
— longiflora H.B.K. 190.
— Oriana 190.
— Rosalinda 190.
— Vrelandi hort. 190.
Brassica campestris DC. 38.
— napus L. 38.
— oleracea L. 37. 38. 42.
— rapa L. 38. 42.
Bromus Bornumensis Mejer 409.
— Hollei Mejer 409.
— mollis L. 409.
— racemosus L. 409.
— secalinus L. 409.
— sterilis L. 409.
— tectorum L. 409.
Brunsvigia Josephinae Gawl. 389.
Bryanthus erectus Lindl. 228.
Buddleia curviflora Hook. et Arn. 333.
— Lindleyana Fortune 333.

Cactus Jenkinsonii hort. 183. 184.
— Vandesii hort. 183. 184.
— form hybr. hort. 183. 528.
cf. Cereus.
Caladium argyrospilum Lemr. 417.
— Barral 417.
— bicolor Vent. 417. 418.
— Brongniartii Lemr. 417.
— Chantini Lemr. 417.
— Gaerdtii C. Koch 418.
— Houlletii Lemr. 417.
— Neumanni Lemr. 417.
— pellucidum DC. 417. 418.
— picturatum C. Koch 417.

Caladium poecile Schott 417.
— Surinamense Miq. 417. 418.
Calamagrostis acutiflora Schrad. 408.
— arenaria Roth 408. 409.
— arundinacea Roth 408.
— epigeios Roth 408.
— Hartmanniana Fr. 408.
— lanceolata Roth 408.
Calamintha Patavina Host 338.
Calanthe Sedeni hort. 375.
— Veitchii Hook. f. 375.
— vestita Lindl. 375. 376.
Calceolaria 512.
Calceolaria adscendens Lindl. 309. 310.
— arachnoidea Grah. 308—310.
— Atkinsiana Swt. 309.
— corymbosa Ruiz et Pav. 307—310.
— crenatiflora Ruiz et Pav. 308 - 310.
— Fothergilli Sol. 307. 309.
— Gellaniana hort. 308.
— Hopeana hort. 308.
— integrifolia Murr. 308—310.
- Martineaux 309.
— pardanthera hort. 309.
— pinnata L. 307.
— plantaginea Sm. 308. 309.
— purpurea Grah. 308—310.
— racemosa Cav. 309.
— salicifolia hort. 309.
— Standishi Paxt. 309.
— thyrsiflora Grah. 309.
— Wheeleri Swt. 309.
— Youngi hort. 308.
Calystegia 260.
Camellia euryoides Lindl. 74.
— Francofurtensis hort. 74.
— hybrida hort. 74.
— Japonica L. 73. 74. 197. 243.
— maliflora Lindl. 73.
— reticulata Lindl. 73.
— sasanqua Thbg. 73.
— spectabilis Champ. 74.
Campanula barbata L. 226.
— Bononiensis L. 226.
— caespitosa Scop. 226.
— collina M. Bieb. 226.
— divergens Willd. 226.
— fragilis Cyr. 226.
— glomerata L. 225.
— nobilis Lindl. 225.
— pulla L. 226.
— pumila hort. 226.
— punctata Lam. 225.
— rapunculoides L. 226.
— Regeliana hort. 226.
— rhomboidalis L. 226.
— Scheuchzeri Vill. 226.
— Smithii hort. 226.
— trachelium L. 225.
— turbinata Schott 226.
Campylia blattaria Swt. 84.

Campylia caua Swt. 84.
— elegans Swt. 84.
- holosericea Swt. 83. 84. 89.
— laciniata Swt. 89.
Canna angustifolia L. 384.
— flaccida Salisb. 383.
— gigantea Red. 384.
— glauca Rosc. 384.
— Indica L. 384.
— iridiflora Ruiz et Pav. 383. 384.
— liliiflora Warscew. 383.
— musaefolia Année 384. 385.
— Nepalensis Wall. 384. 385.
— occidentalis Rosc. 384.
— Warscewiczii Otto et Dietr. 384.
— form. al. hort. 384. 385.
Caprifolium Douglasii Lindl. 188.
Capsella bursa pastoris L. 41. 527.
— gracilis Gren. 41. 527.
— rubella Reut. 41. 527.
Capsicum annuum L. 516.
Cardamine alpina L. 37.
— amara L. 37.
— Keckii A. Kern. 37.
— palustris Peterm. 37.
— pratensis L. 37.
— resedaefolia Willd. 37.
— silvatica Lk. 37.
Carduus acanthoides Godr. 202.
— acanthoides L. 202. 203.
— alpestris W.K. 203. 211.
— arctioides Willd. 203.
— Autareticus Vill. 208.
— Brunneri A. Br. 203.
— candicans W.K. 203.
— collinus W.K. 203.
— crispus L. 202. 203.
— cylindricus Borb. 203.
— defloratus L. 203.
— ensiformis Vukot. 203.
— fallax Borb. 203.
— littoralis Borb. 203.
— nutans L. 202. 203.
— orthocephalus Wallr. 202.
— personata L. 203.
— polyacanthus Schleich. 202.
— polyanthemos aut. 202.
— pumilus Vill. 207.
— pycnocephalus Jacq. 203.
— serratuloides L. 210.
— Stangii Buek 202.
— Tataricus L. 210.
Carex ampullacea L. 406.
— aristata R. Br. 406.
— axillaris Good. 405.
— biformis sterilis 406.
— Boenninghausiana Weih. 406.
— brizoides L. 406.
— canescens L. 406.
— contigua Hopp. 405.
— dioica L. 405.

Carex distans L. 406.
— echinata Murr. 405.
— evoluta Hartm. 407.
— filiformis L. 407.
— flacca Schreb. 407.
— flava L. 406.
— foetida All. 405.
— fulva Good. 406.
— Gaudiniana Guthn. 405.
— hirta L. 406.
— Hornschuchiana Hopp. 406.
— irrigua Sm. 406.
— Kochiana Schuebler 407.
— Laggeri Wimm. 405.
— lagopina Whlnbg. 405.
— lepidocarpa Tausch 406.
— leporina L. 405. 406.
— limosa L. 406.
— microstachya Ehrh. 405.
— muricata L. 405.
— Oederi Ehrh. 406.
— orthostachys Trevir. 406.
— Pairae F. Schultz 405.
— pallescens L. 406.
— paludosa Good. 407.
— panicea L. 406.
— paniculata L. 406.
— pilosiuscula Gobi 406.
— punctata Gaud. 406.
— remota L. 405. 406.
— riparia L. 406. 407.
— Siegerti Uechtr. 406.
— sparsiflora Steud. 406.
— trichocarpa Muehlnbg. 406.
— umbrosa Host 407.
— vaginata Tausch 406.
— verna Vill. 407.
— vesicaria L. 406.
— virens L. 405.
— vulpina L. 405.
— xanthocarpa Degl. 406
Carica Candamarcensis 170.
— cauliflora Jacq. 170.
— macrophylla aut. 170.
— papaja L. 170.
Carya alba Mill. 354.
— cordiformis C. Koch 354.
— sulcata Nutt. 354.
Casparya robusta A. DC. 180. 181.
Cattleya Acklandiae Lindl. 371. 373.
— amethystoglossa Lindl. 372.
— bicolor Lindl. 371.
— Deckeri Klotzsch 371.
— Devoniensis hort. 373.
— Dominyana hort. 372.
— Dowiana Batem. 373.
— elegans Morren 373.
— Exoniensis Veitch 372.
— fausta Rchb. f. 372.
— felix Rchb. f. 373.
— granulosa Lindl. 373.

Cattleya guttata Lindl. 371.
— hybrida picta hort. 372.
— intermedia Grah. 371—373.
— labiata Lindl. 371—373.
— Loddigesii Lindl. 371. 372.
— Mastersoniae Seden 371.
— Mitchelli hort. 372.
— Mossiae Parker 372. 373.
— picturata Rchb. f. 372.
— quadricolor Lindl. 372.
— quinquecolor hort. 371.
— Skinneri Batem. 371.
— Veitchiana hort. 373.
— velutina Rchb. f. 373.
— Wilsoniana Rchb. f. 371.
Ceanothus Americanus L. 99.
— azureus Desf. 99.
— papillosus Torr. et Gr. 99.
— thyrsiflorus Eschsch. 99.
Celsia bugulifolia Jaub. et Sp. 307.
Centaurea adulterina Moretti 214.
— alba L. 214.
— aspera L. 214. 215.
— atropurpurea W.K. 213.
— Austriaca Willd. 212.
— Badensis Tratt. 213. 214.
— calcitrapa Gou. 214.
— calcitrapa L. 214.
— coerulescens Willd. 214.
— collina L. 213.
— Csatoi Borb. 213.
— cyanus L. 213.
— Debeauxii Gr. et Godr. 214.
— decipiens Thuill. 212.
— dichroantha A. Kern. 214.
— diversifolia Borb. 214.
— eriophora L. 215.
— Grafiana DC. 213.
— hemiptera Borb. 214.
— hybrida All. 214.
— hybrida Vill. 214.
— jacea L. 212-214.
— Jacobi Dufour 215.
— incana Desf. 213.
— Lugdunensis Jord. 213.
— maculosa Lam. 212. 214.
— montana L. 213.
— mutabilis St. Am. 214.
— myacantha Thuill. 214.
— nigra L. 212. 214.
— nigrescens Willd. 212.
— orientalis L. 213.
— paniculata L. 214.
— Phrygia L. 212.
— polycephala Jord. 212.
— Pouzini DC. 214.
— praetermissa De Martr. 214.
— pratensis Thuill. 212. 214.
— pseudo-phrygia C. A. Mey. 212.
— pubescens Willd. 213.
— Rhenana Bor. 214.

Centaurea rupestris L. 213.
— scabiosa L. 213.
— scridis L. 215.
— serotina Bor. 212—214.
— solstitialis L. 213. 214.
— sordida Willd. 213.
— spinulosa Rochel 213.
— spuria A. Kern. 212.
— stenolepis A Kern. 212.
— stereophylla Boss. 213.
— sulfurea Willd. 215.
— trichacantha DC. 214.
Centropogon fastuosus Scheidw. 222.
— hybridus Lucyanus hort. 222.
Cerastium alpinum L. 71.
— arvense L. 71.
— hemidecandrum L. 71.
— tetrandum Curt. 71.
Cereus Akermanni hort. 184.
— coccineus Salm D. 183.
— Eyricsii Otto 182. 183.
— flagelliformis Mill. 183. 185.
— grandiflorus Mill. 182—185. 528. 529.
— Maelenii Pfeiff. 184.
— nothus hort. 183.
— nycticalus Lk. 528.
— obtusus Haw. 182.
— oxygonus Lk. et Otto 182.
— Selloi Warscew. 184.
— speciosissimus DC. 183—185. 529.
Ceterach officinarum Willd. 425.
Chamaerops humilis L. 512. 517. 518.
Characeae 428.
Cheilanthes 424.
Cheiranthus cheiri L. 35.
— graecus hort. 35.
— incanus L. 33.
Chenopodium album L. 345.
— viride L. 345.
Chrysanthemum Chinense Sabine 197.
— hybridum Guss. 197.
— Indicum L. 197. 243.
— Myconis L. 197.
— segetum L. 197.
Chysis aurea Lindl. 530.
— bractescens Lindl. 374. 530.
— Chelsoni Rchb f. 374. 530.
— Limminghei Lndn. Rchb. f. 374. 530.
— Sedeni Rchb. f. 530.
Cinchona calisaya Wedd. 189.
— caloptera Miq. 189.
— Hasskarliana Miq. 189.
— Ledgeriana aut. 189.
— micrantha Ruiz et Pav. 189.
— Mungpoënsis Kuntze 189.
— officinalis L. 189.
— Pahudiana Howard 189.
— succirubra Pav. 189. 190.
Cineraria form. hybr. hort. 201.
Circaea alpestris Wallr. 166.
— alpina L. 165. 166.

Circaea intermedia Ehrh. 165. 166.
— Lutetiana L. 165.
Cirsium acaule All. 204—207. 211.
— affine Tausch 208.
— alpestre Naeg. 207.
— ambiguum All. 208.
— Anglicum Lam. 205. 207. 209.
— arvense Scop. 205—207. 210.
— Aschersonii Cel. 209.
— Atrebatense Lfnt. Mcq. 207.
— Ausserdorferi Hausm. 206.
— Autareticum Mutel 208.
  Benacense Treuinf. 211.
— Bipontinum Schultz Bip. 204.
— Borbasii Freyn 209.
— brachycephalum Jurtzk. 209.
— Braunii F. Schultz 209.
— Brunneri A. Br. 208.
— bulbosum DC. 203. 205. 207—211.
— Candolleanum Naeg. 210.
— canum M. Bieb. 204. 206—210.
— Carniolicum Scop. 210.
— Carolorum Jenner 205.
— Celakovskianum Knaf 206.
— Cervini Koch 208.
— ciliatum M. Bieb. 204 205.
— controversum DC. 208.
— Csepeliense Borb. 205.
— decipiens Franch. 207.
— decoloratum Koch 207.
— dipsacolepis Mxmw. 211.
— effusum Mxmw. 211.
— elatum Saut. 210.
— eriophorum Scop. 204.
— erisithales Scop. 206—211.
— erisithaloides Huter 209.
— erucagineum DC. 208. 209.
— ferox DC. 204.
— fissibracteum Peterm. 207.
— fissum Ausserdrfr. 211.
— flavescens Koch 210.
— flavispina Boiss. 205.
— foliosum Rhiner 206.
— Forsteri Sm. 205.
— Freyerianum Koch 207.
— Ganderi Huter 210.
— Gerhardi Schultz Bip. 204.
— glabrum DC. 210.
— grandiflorum Kitt. 204.
— gregarium Willk. 205.
— Gremblichii Treuinf. 205.
— Guthnickianum Loehr 207.
— Hallerianum Gaud. 208.
— Hausmanni Rchb. f. 208.
— Haynaldi Borb. 206.
— Heerianum Naeg. 207.
— hemipterum Borb. 206.
— heterophylloides Ausserdrfr. 208.
— heterophyllum All. 205—208. 211.
— Huteri Hausm. 206.
— hybridum Koch 206.

Cirsium Jaegeri Schultz Bip. 204.
— Japonicum DC. 208.
— inerme Hall. 207.
— inerme Rchb. 209.
— intermedium Doell 204.
— Juratzkae Reichardt 208.
— Keineri Ausserdrfr. 211.
— Kirschlegeri Schultz Bip. 205.
— Kochianum Loehr 206.
— Lachenalii Koch 204. 209.
— laciniatum Doell 206.
— lanceolatum Scop. 204. 205.
— Lerchenfeldianum Schur 208.
— leucophanum Schur 204.
— Linkianum Loehr 209.
  medium All. 207.
— micranthum Treuinf. 206.
— Mielichhoferi Saut. 208.
— Monspessulanum All. 206. 210.
— montanum Spr. 209.
— Mougeoti Fr. Schultz 205.
— nemorale Rchb. 204.
— Nevadense Willk. 205.
  Nipponicum Maxmw. 211.
— noli tangere Borb. 204.
— obscurum A. Kern. 208.
— odontolepis Boiss. 204.
— Oenanum Treuinf. 205.
— Oenipontanum Treuinf. 210.
— oleraceum Scop. 204. 206—211.
— pallens DC. 209.
— palustre Scop. 203—206. 211.
— Pannonicum Gaud. 206. 207. 209. 210.
— parviflorum DC. 206.
— pauciflorum Spr. 206. 208. 211.
— praemorsum Michl 209. 210.
— pratense DC. 206.
— pseudocanum Schur 209.
— pseudooleraceum Schur 209.
— pungens Schur 204.
— Pustaricum Ausserdrfr. 211.
— Reichardtii Jurtzk. 206.
— Reichenbachianum Loehr 210.
— rigens Wallr. 207.
— rivulare Lk. 205. 207—209. 211.
— Scopolianum Schultz Bip. 211.
— semidecurrens Richt. 206.
— semipectinatum Rchb. 209.
— sessile Peterm. 210.
— Siegertii Schultz Bip. 208.
— Silesiacum Schultz Bip. 206.
— spinosissimoides Ausserdrfr. 208.
— spinosissimum Scop. 206 - 208. 210. 211.
— spurium Delastre 205.
— streptacanthum Gndgr. 204.
— subalpinum Gaud. 205.
— subspinuligerum Peterm. 204.
— suffultum Maxmw. 211.
— Tappeineri Rchb. f. 208.
— Tataricum Wimm. et Gr. 210.

Cirsium Thomasii Naeg. 210.
  Tirolense Treuinf. 207.
— triphylinum Treuinf. 211.
— uliginosum Delastre 205.
— Wankelii Reichardt 205.
— Wimmeri Schultz Bip. 207.
— Woodwardi Wats. 207.
— Zizianum Koch 207.
Cistus 166.
— albidus L. 43. 44.
— Corbariensis Pourr. 44.
— crispus L. 43.
— Florentinus Lam. 44.
— glaucus Pourr. 44.
— ladaniferus L. 44.
  ledon Lam. 44.
— longifolius Lam. 44.
  Monspeliensis L. 44.
  nigricans Pourr. 44.
— Olbicnsis Huet et Hanry 44.
— populifolius L. 43. 44.
— Porquerollensis Huet et Hanry 44.
— Pouzolzii Delille 43. 44.
  pulverulentus Pourr. 43.
  salviaefolius L. 43. 44.
Citrus 98. 513.
— aurantium L. 522.
— Medica L. 522.
Clematis campaniflora Brot. 9.
— crispa L. 9.
— cylindrica Sims 8. 9.
— erecta hort. 9.
— florida Thbg. 7.
— Fortunei 7.
— Francofurtensis hort. 8.
— Guascoi hort. 8.
— Hendersoni hort. 8. 9.
— hybrida fulgens hort. 8. 9.
— Jackmani hort. 8.
— integrifolia L. 9.
— intermedia hort. 8.
— lanuginosa Lindl. 7 -9.
— patens Morr. et Dcne. 7. 8.
— reticulata Walt. 9.
— revoluta hort. 9.
— rubro-violacea hort. 8.
— Simsii Swt. 9.
— Standishii hort. 8.
— venosa hort. 8.
— viornoides hort. 9.
— viticella L. 8.
Clerodendron Rollissonii hort. 335.
— speciosum hort. 335.
— splendens G. Don 335.
— Thompsonae Balf. 335.
Clianthus Dampieri A. Cunn. 107.
Clivia 389.
Cnicus Cervini Thom. 208.
— Lachenalii Gm. 207.
— lacteus Schleich. 206.
— oleraceus L. 210.

Coccinia Indica Wight et Arn. 170.
— Schimperi Naud. 170.
Cochlearia Anglica L. 40.
— Danica L. 40.
— officinalis L. 40.
Codiaeum variegatum Muell. Arg. 352.
Coelogyne brevifolia Lindl. 370.
— corymbosa Lindl. 370.
— ocellata Lindl. 370.
Coeloglossum Erdingeri A. Kern. 379.
Coleus Blumei Benth. 335. 336.
— Gibsoni hort. 336.
— Veitchii hort. 336.
— Verschaffeltii hort. 336.
Colocasia affinis Schott 418.
— antiquorum Schott 418.
— Marchalli Engler 418.
Colutea arborescens L. 107.
— cruenta Ait. 107.
— media Willd. 107.
— orientalis Mill. 107.
Comarum 125.
Convolvulus candicans W. 260.
— sepium L. 260.
Cordyline Jacquinii Knth. 404.
— terminalis Knth. 404.
Coronaria flos cuculi A. Br. 65 69. 70.
— flos Jovis A. Br. 65.
— tomentosa A. Br. 65. 70.
Correa 98.
Corydalis cava Schwg. et Koert. 32.
— intermedia P.M. E. 32.
pumila Rchb. 32.
— solida Sm. 32.
Corylus avellana L. 357.
— colurna L. 357.
— intermedia hort. 357.
Cotyledon spec. et form. hort. 152—154.
Crataegus hybrida Bechst. 145.
— lobata Bosc 147.
— melanocarpa M. Bieb. 146.
— Mexicana Moç. et Sess. 146.
— nigra W.K. 146.
— orientalis Bosc 146.
— oxyacantha L. 146. 147.
— pentagyna W.K. 146.
— pubescens H.B.K. 146.
— tanacetifolia Pers. 146.
— trilobata Lodd. 147.
Crepis alpestris Tausch 215.
— biennis L. 215.
— blattarioides Vill. 215.
— grandiflora Tausch 215.
— hybrida A. Kern. 215.
— hyoscridifolia Tausch 215.
— Jacquini Tausch 215.
— longifolia Heer 215.
— taraxacifolia Thuill. 215.
Crinum Altaclarae Hrbt. 394.
— amabile Donn 396.
— Americanum L. 397.

Crinum Asiaticum L. 394. 396.
— augustum Roxb. 396.
— australe Hrbt. 394. 396. 397.
— Binsii Hffmsgg. 397.
— canaliculatum Roxb. 394. 397.
— Capense Hrbt. 394—396.
— Ceciliae Hrbt. 397.
— Cooperi Hrbt. 396.
— cruentum Gawl. 394.
— Decandollei Hrbt. 397.
— defixum Gawl. 395.
— Digweedi Hrbt. 397.
— erubescens Ait. 394 - 397.
— exaltatum Hrbt. 394. 397.
— flaccidum Hrbt. 396. 397.
— Forbesianum Hrbt. 396.
— giganteum Andr. 395.
— Goweni Hrbt. 395.
— Haylocki Hrbt. 396.
— Herberti hort. 395.
— Lanceanum Swt. 395.
— Letitiae Hrbt. 396.
— longiflorum Hrbt. 394.
— longifolium Roxb. 396.
— Louisae Hrbt. 396.
— Mitchamiae Hrbt. 394.
— Murrayi Hrbt. 396.
— Osbeckii Desf. 395.
— ornatum Hrbt. 395. 396.
— Parkeri Hrbt. 397.
— Paxtoni Hrbt. 395.
— pedunculatum R. Br 394. 396.
— pratense Hrbt. 396.
— procerum Carey 396.
— Puseyae Hrbt. 395.
— scabrum Sims 395. 397.
— Seymouri Hrbt. 396.
— Shepherdi Hrbt. 394.
— Stapletoniae Hrbt. 396.
— submersum Hrbt. 397.
Croton Abeli hort. 352.
— Andreanum Lodn. 352.
— Barsianum hort. 352.
— bellulum Ludn. et Andr. 352.
— cornutum André 352.
— Eugenia 352.
Fenzii hort. 352.
— maximum Veitch 352.
— tricolor hort. 352.
— variegatum L. 352.
— Veitchii André 352.
Vervaeti Ludn. 852.
— Weissmannianum Veitch 352.
Cryptoloma Hookerianum Hnst. 330.
— pictum Hnst. 329.
Cucubalus viscosus L. 66. 68.
Cucumis anguria L. 172.
— dipsaceus Ehrenb. 172.
— Figarei Delille 172.
— melo L. 170. 172. 173.
— myriocarpus Naud. 172.

Cucumis osmocarpus Gaertn. 172.
— prophetarum L. 172.
— trigonus Roxb. 172. 173.
Cucurbita Indica Koelreut. 173.
— pepo L. 173.
Cuphea lanceolata Ait. 157.
— miniata Brongn. 157.
— purpurea hort. 157.
Cyclamen Atkinsii Moore 252.
— Coum Mill. 252. 253.
— Europaeum L. 253.
— Persicum Mill. 252. 253.
Cyperus badius Desf. 407.
— flavescens L. 407.
— fuscus L. 407.
— longus L. 407.
Cypripedium Ainsworthii Rchb. f. 383.
— albo-purpureum Rchb. f. 383.
— argus Rchb. f. 382.
— Arthurianum Rchb. f. 382.
— Ashbourtoniae Rchb. f. 382.
— barbatum Lindl. 381. 382.
— biflorum Rchb. f. 382.
— calanthum Rchb. f. 382.
— caudatum Lindl. 383.
— concolor Batem. 382.
— Crossianum hort. 382.
— Dayanum Rchb. f. 382.
— Dominyanum Rchb. f. 383.
— euryandrum Rchb. f. 382.
— Fairieanum Lindl. 382.
— Harrisianum Rchb. f. 382.
— Haynaldianum Rchb. f. 382.
— Hookerae Rchb. f. 381. 382.
— insigne Wall. 382.
— laevigatum Hook. 382.
— longifolium Warscew. 383.
— Lowei Lindl. 382.
— lucidum Rchb. f. 382.
— marmarophyllum Rchb. f. 381.
— nitens Rchb. f. 382.
— oenanthum Rchb. f. 382.
— patens Rchb. f. 381.
— Pearcei Rchb. f. 383.
— porphyreum Rchb. f. 383.
— porphyrospilum Rchb. f. 382.
— pycnopterum Rchb. f. 382.
— Roezli Rchb. f. 383.
— Schlimii Rchb. f. 383.
— Sedeni Rchb. f. 383.
— selligerum Rchb. f. 382.
— stenophyllum Rchb. f. 382.
— Stonei Hook. f. 382.
— superbiens Rchb. f. 382.
— superciliare Rchb. f. 382.
— Swanianum Rchb. f. 382.
— tessellatum Rchb. f. 381.
— venustum Wall. 382.
— vernixium Rchb. f. 382.
— vexillarium Rchb. f. 382.
— villosum Lindl. 382.

Cytisus Adami hort. 105. 519—521.
— alpinus Mill. 105.
— elongatus W.K. 105.
— laburnum L. 105. 519—521.
— purpureus Scop. 105. 519—521.
cf. Laburnum.

Dahlia coccinea Cav. 196.
— pinnata Cav. 196. 197.
— Ponceau Thouin 196.
— Pourpre Thouin 196.
— Rose Thouin 196.
— rosea Cav. 196.
-- sambucifolia Salisb. 196.
— sphondyliifolia Salisb. 196. 197.
— variabilis Desf. 197.
Daphne Blagayana hort. 350.
— collina Sm. 349. 350.
— cneorum L. 350.
— Delahayana hort. 350.
— Delphini hort. 350.
— Elisae Vis. 350.
— Fioniana hort. 350.
— hybrida Sweet 350.
— hybrida Tass. 350.
— mezereum L. 350.
— Neapolitana Lodd. 350.
— sericea Vahl 349.
— Sinensis Lam. 350.
— Versaliensis hort. 350.
Datura ceratocaula Jacq. 270.
— Bertolonii Parl. 263. 265. 267—269.
-- fastuosa L. 270.
— ferox L. 268—270.
— Godroni Focke 264. 265. 267. 268.
-- laevis L. f. 266. 267. 269. 270.
— metel L. 263. 270. 271.
— meteloides Dun. 270. 271.
-- praecox Godr. 266. 269.
— quercifolia H.B.K. 266—270.
— strammonium L. 263 - 271.
— tatula L. 263—269. 271.
Delphinium Ajacis L. 19.
— Cashmirianum Royle 19.
— consolida L. 19.
— Hendersoni hort. 18.
— magnificum hort. 18.
— nudicaule Torr. et Gr. 19.
— pulchrum hort 18.
Dendrobium Ainsworthii Moore 371.
— aureum Lindl. 370. 371.
— crassinode Rchb. f. 371.
— Dominyanum Rchb. f. 371.
— endocharis Rchb. f. 370.
— gracilicaule F. Muell. 371.
- heterocarpum Wall. 371.
— Huttonia Rchb. f. 371.
- Linawianum Sw. 371.
— lituiflorum Lindl. 371.
— macrophyllum A. Rich. 371.

Dendrobium micans Rchb. f. 371.
- monileforme Sw. 370. 371.
— nobile Lindl. 371.
— Reichenbachii Dominy 371.
— rhodostoma Rchb. f. 371.
— sanguinolentum Lindl. 371.
— speciosum Sw. 371.
— splendidissimum Rchb. f. 371.
— Wardianum Warner 371.
Dentaria digenea Gremli 37.
— digitata Lam. 37.
— intermedia Sonder 37.
— Killiasii Bruegg. 37.
— pinnata Lam. 37.
— polyphylla W K. 37.
Dianthus alpinus L. 56. 62. 64.
— Aragonensis Timb.-Lagr. 63.
— arenarius L. 52. 60—63.
— armeria L. 51. 52. 56. 57. 61. 63.
— Balbisii Ser. 64.
— barbatus L. 52 - 57. 59 - 63.
— Benearnensis Loret 63.
— bicolor M. Bieb. 60.
— blandus Rchb. 60.
— caesius Sm. 60. 63.
— carthusianorum L. 52. 55. 57. 61. 62. 64.
— caryophylloides Rchb. 64.
— caryophyllus L. 54. 55. 57. 59 - 64.
— Caucasicus M. Bieb. 60. 61. 63. 64.
— Chinensis L. 52—55. 57 - 63.
— Cob pinks 63.
— collinus W K. 52. 63. 64.
— Courtoisii Rchb. 57.
— Croaticus Vuk. 64.
— decrescens Borb. 64.
— deltoides L. 51. 52. 56. 57. 63. 64.
— diutinus Kit. 52.
— Dufftii Haussku. 64.
— Fairchild's Sweet William 55.
— Felsmanni Stein 60.
-- ferrugineus L. 62. 64.
— Gizellae Borb. 55.
— glaucus L. 64.
— graniticus Jord. 60.
— Gremblichii Aschers. 48.
— Heddewigi hort. 60.
-- Hellwigii Celak. 52.
— hortensis Koelr. 54. 55. 57. 59. 63. 64.
— hybridus hort. 55.
— Jaczonis Aschers. 62.
— Japonicus Thbg. 52. 53. 55.
— latifolius Willd. 54.
— Leitgebii Reichardt 57.
— Levieri Borb. 64.
— Lucae Aschers. 63.
— membranaceus Borb. 64.
— Mikii Reichardt 57.
— Monspessulanus L. 57. 59. 61 63.
— the mule 55.
— Oeillet-Flon 55.

Dianthus Oenipontanus A. Kern. 62.
— plumarius L. 52. 54. 57. 60. 63. 64.
— Poiretianus Ser. 55.
— prolifer L. 52. 57.
— pulchellus Pers. 60.
— pulchellus Schrad. 52. 55. 57. 60—62.
— pungens L. 60. 62. 64.
— saxatilis Pers. 63.
— Schraderi Rchb. 63.
— Seguieri Chaix 62—64.
— Sibiricus (Gmelini) Koelr. 57. 58. 60. 64.
- silvestris Wulf. 62. 64.
— spurius A. Kern. 64.
— superbus L. 52. 53. 55. 56. 58—63.
— Vukotinovicii Borb. 64.
— Waldsteinii Strnbg. 62.
Diervillea floribunda S. et Z. 188.
— grandiflora S. et Z. 188.
— Japonica DC. 188.
— rosea Lindl. 188.
Digitalis ambigua Murr. 319 324.
— Canariensis L. 320.
— ferruginea L. 321. 823.
— fucata Ehrh. 318. 320.
— fucata Lois. 318.
— fulva Lindl. 320.
— fuscescens W.K. 322.
-- hybrida Dut. de Salv. 317. 318.
— hybrida Maund 324.
— intermedia Lapeyr. 318.
— laevigata W.K. 322. 323.
— lanata Ehrh. 322. 823.
— Lindleyana Lej. 318.
— longiflora Lej. 318.
— lutea L. 315—318. 320 -323.
— lutescens Lindl. 317. 318.
— media Roth 320—322.
— obscura L. 321.
— ochroleuca Jacq. 322.
— purpurascens Roth 318.
— purpurea L. 315—320. 322. 324.
— rigida Lindl. 318.
— thapsi L. 315. 318.
— tubiflora Lindl. 317. 318.
— variegata Lindl. 318.
Dimacria bipartita Swt. 81.
— elegans Swt. 88.
— pinnata Swt. 81. 82.
— Smithiana Swt. 82.
— sulfurea Swt. 81. 82.
Diplacus Godroni hort. 315.
— Ingelresti hort. 315.
— speciosus hort. 315.
- Verschaffeltii hort. 315.
Dipladenia amabilis hort. 255.
— amoena hort. 255.
— crassinoda A. DC. 255.
— Martiana A. DC. 255.
— splendens A. DC. 255.

Diplotaxis muralis DC. 39.
— tenuifolia DC. 39.
Dipsacus fallax Simkv. 192.
— laciniatus L. 192.
— silvester Huds. 192.
Disemma adiantifolia DC. 169.
— coccinea DC. 169.
Dircaea lobulata Lemre. 331.
Dircaeo-Gesneria Duvalii hort. 331.
Dolichodeira tubiflora Hnst. 331.
Draba aizoides L. 39.
— Carinthiaca Hopp. 39.
— Fladnizensis Wulf. 39.
— Hoppeana Rudolfi 39.
— Kotschyi Stur 39.
— setulosa Leresche 39.
— tomentosa Whlnbg. 39.
— Traunsteineri Hopp. 39.
Dracaena australis Forst. 404.
— erythrocharis 404.
— ferrea L. 404.
— terminalis Reichardt 404.
Dracocephalum 341.
Drosera Anglica Huds. 155.
— longifolia L. 155.
— obovata Koch 155.
— rotundifolia L. 155.
Duchesnea 125.

Echeveria spec. et form. hort. 152—154.
Echinopsis Eyriesii Pfeiff. 182.
Elaeagnus glabra Thbg. 350.
— pungens Thbg. 350.
Elisena ringens Hrbt. 397.
Elymus arenarius L. 414.
Epacris 98.
— autumnalis hort. 245.
— impressa Labill. 245.
— grandiflora Sm. 245.
Epidendrum Acklandiae Rchb. f. 371. 373.
— amethystoglossum Rchb. f. 372.
— bicolor Rchb. f. 371. 373.
— elatius Rchb. f. 371—373.
— Forbesi Rchb. f. 371.
— granulosum Rchb. f. 373.
— Huegelianum Rchb. f. 371.
— intermedium Rchb. f. 371. 373.
— labiatum Rchb. f. 371—373.
— Loddigesii Rchb. f. 371. 372.
— maximum Rchb. f. 372.
— quadricolor Rchb. f. 372.
— Schillerianum Rchb. f. 373.
— Skinneri Batem. 371.
— violaceum Rchb. f. 373.
Epilobium acidulum Borb. 159.
— adnatum Griseb. 158—160.
— aggregatum Celak. 160.
— algidum M. Bieb. 161.
— alpinum L. 157. 161.
— alsinefolium Vill. 160—162.

Epilobium anagallidifolium Lam. 161.162.
— anceps Lmtt. 160.
— augustifolium L. 157.
— attenuatum Schur 168.
— Billardieranum Ser. 162.
— brachiatum Celak. 160.
— chordorrhizum Fr. 160.
— collinum Gm. 160. 161.
— crassicaule Gremli 159.
— Dacicum Borb. 158.
— Dahuricum Fisch. 162.
— Dodonaei Vill. 157.
— Duriaei Gay 161.
— Fachinii Hausm. 161.
— gemmiferum Bor. 160.
— gemmiferum Willk. et Lng. 162.
— glanduligerum Knaf 160.
— Haussknechtianum Borb. 160.
— hirsutum L. 157. 158.
— hirtigerum A. Cunn. 162.
— Hornemanni Rchb. 161. 162.
— Huteri Borb. 161.
— hybridum Schur 158.
— intermedium Mérat 158.
— junceum Sol. 162.
— Knafii Celak. 159.
— Krausei Uechtr. 162.
— lactiflorum Hausskn. 161. 162.
— Lamyi F. Schultz 158—160.
— lanceolatum Seb. et Maur. 159—161.
— Larembergianum F. Schultz 161.
— ligulatum Bak. 160.
— limosum Schur 159.
— lineare Fr. 162.
— Matrense Borb. 160.
— mixtum Smkv. 158.
— montanum L. 158—161. 528.
— Nebrodense Strobl 158.
— Neogradiense Borb. 161.
— nitidum Saut. 162.
— nutans Schm. 161. 162.
— obscurum Schreb. 158—160. 528.
— opacum Peterm. 159.
— oreodoxum Gndgr. 161.
— Palatinum Fr. Schultz 158.
— palustre L. 158—162.
— parviflorum Schreb. 157—159.
— persicinum Rchb. 159.
— phyllonema Knaf 160.
— pubescens Less. et Rich. 162.
— purpureum Fr. 158.
— rivulare Rchb. 158.
— rivulare Whlnbg. 159.
— roseum Schreb. 158—160. 528.
— rosmarinifolium Haenk. 157.
— salicifolium Hausm. 161.
— sarmentosum Celak. 159.
— scaturiginum Wimm. 162.
— Schmidtianum Rostk. 160.
— semiadnatum Borb. 159.
— semiobscurum Borb. 159.

Epilobium spicatum Lam. 157.
— subalgidum Hausskn. 161.
— tetragoniforme Smkv. 159.
— tetragonum L. 167. 159.
— Tournefortii Michal. 158.
— trigonum Schrnk. 161. 162.
— umbrosum Lasch 160.
— Weissenburgense F. Schultz 158.
Winkleri A. Kern. 160.
Epipactis latifolia All. 380.
— rubiginosa Gaud. 380.
Epiphyllum Jenkinsonii G. Don 183.
— truncatum Haw. 185.
— Vandesii G. Don 183.
Equisetum arvense L. 426.
— inundatum Lasch 426.
-- Kochianum G. Boeckel 426.
— limosum L. 426.
— litorale Kuehlew. 426.
— palustre L. 426.
— telmateja Ehrh. 426.
Erica accommodata Klotzsch 232.
— acuminata Andr. 231.
— aequalis DC. 229.
— Aitoniana Masson 230. 231.
— ampullacea Curt. 230. 231.
— andromedaeflora Andr. 232.
— Archeria Andr. 230.
— Archeriana Lodd. 230.
— aristata Andr. 230—232.
— Bartlingiana Kl. 231.
— Blandfordiana Andr. 231.
— bruniades L. 229.
— calostoma Andr. 231.
— cerinthoides L. 232.
— ciliaris L. 232.
— cinerea L. 232.
— coccinea Berg 230. 231.
— colorans Andr. 230. 231.
— concinna Soland. 233.
— Countess of Home 231.
— crinita G. Don 232.
— cruciformis Andr. 231.
— cruenta Sol. 230.
— culcitiaeflora Salisb. 231.
— cupressina hort. 232.
— curviflora Thbg. 231.
— daphniflora Salisb. 231.
— Douglasii hort. 231.
— exsurgens Andr. 230.
— Fairieana hort. 230.
— fastigiata L. 231.
— ferruginea Andr. 232.
— florida Thbg. 232.
-- Forbesiana Klotzsch 230.
— formosa Andr. 230.
— grandiflora L. f. 230.
— Hartnelli Rolliss. 232.
— hybrida Thbg. 230.
— Jacksonii hort. 230.
jasminiflora Andr. 230. 231.

Erica imbricata L. 229. 232.
— intermedia Kl. 229.
— Irbyana Andr. 230—232.
— lasciva Salisb. 232.
— leucantha Kl. 233.
— linnaeoides Andr. 230. 231.
— lutea L. 233.
— luteo-alba hort. 233.
— Mackayi Hook. 232.
— margaritacea Sol. 233.
— Marnockiana hort. 231. 232.
— Massoni L. f. 231. 232.
- mediterranea L. 232.
— metulaeflora Curt. 232.
— Meuroni DC. 232.
-.. Monsoniana L. f. 232.
-- mutabilis Andr. 230.
— nana Salisb. 230.
— Neillii Paxt. 231.
— nitida Andr. 232.
— Niveni Audr. 230.
— obbata Andr. 230.
- obtusata Kl. 229.
— odorata Andr. 233.
— ornata hort. 230.
— penicilliflora Salisb. 229.
— perspicua Wendl. 230. 231.
— petiolata Thbg. 229.
— physodes L. 232.
— pseudovestita Benth. 231.
— pyramidalis Soland. 233.
— reflexa Lk. 232.
— retorta L. 230. 231.
— rosea Andr. 230.
— Roxburghii DC. 233.
— rubens Andr. 232.
— sanguinea Lodd. 230.
— Sebana Dryand. 229.
— serratifolia Andr. 230. 231.
— Shannoniana Andr. 230. 231.
— socciflora Salisb. 229.
— spuria Andr. 231.
— stellifera Andr. 231.
— suaveolens Andr. 233.
— tenella Andr. 233.
— tetralix L. 232.
triumphans Lodd. 232.
— tubiflora Willd. 231.
— tubulosa Wendl. 231.
— Turnbullii hort. 231.
— ventricosa Thbg. 231. 232.
-- vernix Andr. 233.
— versicolor Andr. 230.
— vestita Thbg. 230. 231.
villosa Pluk. 229.
— Walkeriana Andr. 231.
— Watsoni DC. 232.
-- Willmorei hort 232.
Erigeron acer L. 193.
— alpinus L. 193.
— angulosus Gaud. 193.

Erigeron Canadensis L. 193.
— Droebachensis O. F. Muell. 193.
— glabratus Hopp. et Hornsch. 193.
— Huelsenii Vatke 193.
— intermedius Schleich. 193.
— Roylei DC. 193.
— uniflorus L. 193.
— Villarsii Bell. 193.
Erodium 80.
Ervum lens L. 515.
Erythrina Bellangeri hort. 110.
— Bidwilli hort. 110.
— crista galli L. 110.
— herbacea L. 110.
— hybrida hort. 110.
— Marie Bellanger 110.
Eucodonia naegelioides hort. 328.
Eucodonopsis naegelioides hort. 328.
Euphorbia cyparissias L. 352.
— esula L. 352.
— lucida W.K. 352. 353.
— palustris L. 352.
  pseudo-lucida Schur 353.
- virgata W.K. 353.

Fagopyrum esculentum Moench 349.
— Tataricum Gaertn. 349.
Festuca Brinkmanni A. Br. 410.
— elatior L. 409. 410.
-- elongata Ehrh. 410.
-- gigantea Vill. 410.
— loliacea aut. 410.
Filago apiculata Sm. 194.
— arvensis L. 194.
— canescens L. 194.
— Gallica L. 194.
— minima Fr. 194.
— mixta Holuby 194.
— neglecta DC. 194.
— spathulata Presl 194.
— subspicata Bor. 194.
Filipendula purpurea Maxmw. 116.
Forsythia suspensa Vahl 254.
— viridissima Lindl. 254.
Fragaria Californica Cham. et Schldl. 127.
— Caroliniana hort. 126.
— Chiloënsis Ehrh. 126.
— collina Ehrh. 126.
— elatior Ehrh. 127.
— grandiflora Ehrh. 126.
— Grayana E. Vilmorin 127.
— Hagenbachiana F. Schultz 126.
— Illinoënsis A. Gr. 127.
— lucida hort. 127.
— Majaufea Duchsn. 126.
— moschata Duchsn. 126. 127.
— vesca L. 126. 127.
— Virginiana Ehrh. 126.
— viridis Duchsn. 126.
Fraxinus 518.

Fuchsia affinis hort. 164.
— arborescens Sims 163—165.
— Attraction 165.
— carminata hort. 165.
— coccinea Ait. 163—165.
— conica Lindl. 164. 165.
— corallina hort. 164.
— corymbiflora R. et Pav. 164. 165.
— Darwin 165.
— discolor Lindl. 165.
— Dominyana hort. 165.
— Empress 512.
— excorticata L. f. 163. 165.
— Florence Nightingale 164.
— fulgens Moç. et Sess. 164.
— galanthiflora hort. 164.
— globosa Lindl. 164. 165.
— Godron 165.
— gracilis hort. 164.
— Jean Sisley 165.
— ignea hort. 165.
— integrifolia Cmbss. 164.
— Lecoq 165.
— macrostemma R. et Pav. 164. 165.
— Mrs. Storey 164.
— Napoléon 164.
— Prince Albert 164.
— procumbens A. Cunn. 165. 512.
— Queen Victoria 164.
— radicans Miers 164.
— serratifolia R. et Pav. 164. 165.
— spectabilis Hook. 164. 165.
— tenella hort. 164.
— Tom Thumb 165.
— venusta H.B.K. 164.
— Venus Victrix 164.
— virgata hort. 164. 165.
Fucus serratus L. 428.
— vesiculosus L. 428.
Fumaria Jankae Hsskn. 33.
— rostellata Knaf 33.
— Schleicheri Soy.-Will. 33.
Funaria fascicularis Schmp. 427.
— hygrometrica Sibth. 427.
— serrata Funk 427.

Gagea Liottardi Schult. 402.
— media Schleich. 402.
— minima Schult. 402.
Galeopsis acuminata Rchb. 340.
— angustifolia Ehrh. 340.
— Haussknechtii Ludwig 340.
— intermedia Vill. 340.
— ochroleuca Lam. 340.
— pubescens Bess. 840.
— tetrahit L. 340.
— Wirtgeni Ludwig 340.
Galium ambiguum Gren. et Godr. 191.
— approximatum Gren. et Godr. 191.
— arenarium Lois. 192.

Focke. 35

Galium cinereum All. 191.
— decolorans Gren. et Godr. 191.
— digeneum A. Kern. 191.
— dumetosum Baill. et Timb. 191.
— elatum Thuill. 191.
— eminens Gren. et Godr. 191.
— erectum Huds. 191. 192.
— Hungaricum A. Kern. 191.
— Iluteri A. Kern. 191.
— laevigatum L. 191.
— lucidum All. 191.
— mollugo L. 191. 192.
— palustre L. 191.
— Paulinianum F. Schultz 191.
— purpureum L. 192.
— rigidum Vill. 191.
— rubioides Lap. 191.
— rubrum L. 192.
— Schultesii Vest 191.
— silvaticum L. 191.
— uliginosum L. 191.
— verum L. 191.
Garrya elliptica Lindl. 187.
— Fadyenii Hook. 187.
— Thureti Carr. 187.
Gazania splendens hort. 201.
Gentiana amarella L. 257.
— biloba DC. 257.
— Burseri Lap. 256. 257.
— campanulata Reyn. 256.
— campestris L. 257.
— Charpentieri Thom. 257.
— chloraefolia N. ab Es. 257.
— Gaudiniana Thom. 257.
— Germanica Willd. 257.
— hybrida DC. 256.
— Kummeriana Sendtn. 257.
— lutea L. 255—257.
— obtusifolia Willd. 257.
— Pannonica Guill. et Dum. 257.
— Pannonica Scop. 257.
— Pannonica Vill. 256.
— punctata L. 256. 257.
— purpurea L. 256. 257.
— pyramidalis Willd. 257.
— rubra Clairv. 257.
— spuria Lebert 257.
— Thomasii Gillabog 257.
— Thomasii Hall. f. 256.
Georgina purpurea Willd. 196.
— variabilis Willd. 197.
Geranium 80.
Gesnera Camilla 331.
— cardinalis Lehm. 331.
— Cooperi Paxt. 331.
— Donkelaariana Lemr. 332.
— Duvalii hort. 331.
— egregia Vrschff. 329.
— Leopoldi Scheidw. 331.
— macrantha Spr. 331.
— magnifica Otto et Dietr. 331.

Gesnera Merckii Wendl. 331.
— zebrina Paxt. 327. 329.
Geum album Gm. 122. 123.
— brachypogon C. A. Mey. 124.
— Canadense Gaertn. 122. 123.
— coccineum Sibth. et Sm. 121—123.
— dolichopogon C. A. Mey. 124.
— heterophyllum aut. 122.
— hybridum Jacq. 125.
— Japonicum Thbg. 122. 527.
— inclinatum Schleich. 125.
— intermedium Ehrh. 124.
— macrophyllum aut. 122.
— molle Vis. et Panc. 125.
— montanum L. 121. 125.
— Pyrenaicum Willd. 125.
— ranunculoides aut. 122.
— rivale L. 121—125. 527.
— rubifolium Lej. 124.
— silvaticum Pourr. 125.
— strictum Ait. 122. 123. 125.
— Sudeticum Tausch 125.
— Thomasianum Ser. 125.
— Tirolense A. Kern. 125.
— urbanum L. 122—125.
— Virginicum L. 122.
— Willdenowii Buek 124.
Gilia androsacea Steud. 258.
— micrantha Steud. 258.
Gireoudia Ottoniana Rgl. 179.
Gladiolus abbreviatus Andr. 387.
— alatus L. 387.
— angustus L. 386. 387.
— blandus Sol. 386—388.
— Brenchleyensis hort. 388.
— candidus Hrbt. 386.
— cardinalis Curt. 386—388.
— Colvillei Sweet 387.
— cunonia Gaertn. 387.
— delicatus Hrbt. 387.
— floribundus Jacq. 386—388.
— fragrans Hrbt. 387.
— Froebeli hort. 388.
— Gandavehsis hort. 387. 388.
— grandis Thbg. 386. 387.
— Haylockianus Hrbt. 387.
— Herbertianus G. Don 386.
— hirsutus Jacq. 386. 387.
— hybridus hort. 388.
— incarnatus hort. 386.
— Lemoinei hort. 388.
— Mitchamiensis Hrbt. 387.
— Natalensis Reinw. 387.
— odoratus Hrbt. 386.
— oppositiflorus Hrbt. 387. 388.
— propinquus Hrbt. 387.
— psittacinus Hook. 387. 388.
— pudibundus Sweet 386.
— purpureo-auratus Hook. f. 388.
— ramosus Paxt. 387.
— recurvus L. 387.

Gladiolus rigidus Hrbt. 387.
— Spofforthianus hort. 386.
— tristis L. 386. 387.
— versicolor Andr. 386. 387.
— Willmoreanus hort. 388.
Glossodia major R. Br. 370.
— minor R. Br. 370.
Gloxinia cerina hort. 332.
— discolor Knze. 332.
— erecta hort. 332.
— Fyfiana hort. 332.
— gesnerioides Lemr. 331.
— glabrata Zucc. 329.
— maculata L'Hér. 326.
— speciosa Lodd. 331.
Gnaphalium Norvegicum Gunn. 194.
— supinum L. 194.
— uliginosum L. 194.
Goodia intermedia Hrbt. 104.
— latifolia Salisb. 104.
— pubescens Sims 104.
— subpubescens Sweet 104.
Gossypium herbaceum L. 78.
— maritimum 78.
— religiosum L. 78.
Griffinia hyacinthina Hrbt. 397.
Grimmia orbicularis Br. et Schmp. 428.
— Tergestina Tommas. 428.
Gymnadenia albida Rich. 378.
— comigera Rchb. f. 378.
— conopea R. Br. 378. 379.
— intermedia A. Kern. 378.
— odoratissima Rich. 378.
— Schweinfurthii Hegelm. 378.
— Strampffii Aschers. 378.
Gymnogramme Boucheana A. Br. 423.
— calomelanos Kaulf. 422. 423.
— consanguinea A. Br. 530.
— chrysophylla Kaulf. 422. 423.
— distans hort. 423.
— ferruginea Knze. 423.
— Heyderi Lauche 423.
— hybrida Martens 423.
-- Laucheana C. Koch 423.
— L'Herminieri Bory 423.
— Martensii hort. 423. 530.
— Peruviana Desv. 422. 423.
— pulchella Lndn. 423.
— Stelzneriana C. Koch 423.
sulfurea Desv. 423.
Wetenhalliana Moore 423.

Hardenbergia 110.
Helianthemum Andersoni Swt. 45.
-- chamaecistus Mill. 45.
— croceum Pers. 45.
-- cupreum hort. 46.
— criosepalon hort. 46.
— hirtum Pers. 45.
— hispidum Dun. 45.
— lanceolatum Swt. 45.

Helianthemum majoranaefolium DC. 45.
— Milleri hort. 46.
— pilosum Pers. 45.
— polifolium Pers. 45.
— rhodanthum Dun. 45. 46.
— stramineum hort. 46.
— sulphureum Willd. 45.
— venustum hort. 46.
— versicolor Swt. 46.
Helianthus annuus L. 523.
— tuberosus L. 523.
Helichrysum bracteatum Swt. 194.
— macranthum Benth. 194.
— niveum Grah. 194.
Heliotropium 259.
Helleborus Abchasicus A. Br. 14.
— Caucasicus C. Koch 14.
— Colchicus Rgl. 14.
— dives A. Br. 15.
— foetidus L. 15.
— guttatus A. Br. 14. 15.
— purpurascens W. K 15.
Helosciadium nodiflorum Koch 186.
— repens Koch 186.
Heppiella atrosanguinea Rgl. 329.
— naegelioides Lemr. 329.
— viscida (Paxt.) Benth. et Hook. 329.
Hermione brevistyla Hrbt. 399. 400.
— crenulata Haw. 399. 400.
— Trewiana Haw. 399. 400.
Hibiscus 166.
— esculentus L. 78.
— ficulneus L. 78.
— manihot L. 78.
— moscheutos L. 78.
— palmatus Cav. 78.
— palustris L. 78.
— speciosus Ait. 78.
— vitifolius L. 78.
Hieracium acutifolium Griseb. 217.
— alpinum L. 219.
— amplexicaule L. 220.
— andryaloides Vill. 220.
angustifolium Hrbch. 219.
— angustifolium Hopp. 216.
— aurantiacum L. 217. 218.
— auratum Fr. 220.
-- auricula L. 215—218.
— auriculaeforme Fr. 216.
— auriculoides Lang 216. 218.
— Austriacum Brittng. 220.
— Bauhini Bess. 216.
— bifurcum aut. 216.
— bifurcum M. Bieb. 217.
— Bihariense A. Kern. 219.
Bitense F. Schultz 216.
— boreale Fr. 220.
— brachiatum aut. 216.
— brachiatum Bertol. 217.
— Budense Borb. 216.
— bupleuroides Gm. 220.

35*

Hieracium cerinthoides L. 220.
— cydoniaefolium Vill. 219. 220.
— cymosum L. 217—219.
— echioides Lumn. 217. 218.
— eriophorum St. Am. 220.
— fallacinum F. Schultz 216.
— fallax Willd. 216. 217.
— flagellare Rchb. 218.
— floribundum Wimm. et Gr. 216. 217.
— fulgidum Saut. 217.
— fulgidum Sendtn. 218.
— fuliginosum Hut. et Gand. 220.
— fuscum Vill. 218.
— Garckeanum Aschers. 219.
— glaciale Lachen. 216.
— glanduliferum Hopp. 220.
— glaucopsis Gren. et Godr. 220.
— glaucum All. 220.
— Jacquini Vill. 220.
— intybaceum Wulf. 220.
— Kochianum Jord. 220.
— laevigatum Froel. 220.
— laevigatum Willd. 219.
— lycopifolium Froel. 219.
— macranthum Ten. 217.
— megatrichum Borb. 218.
— mixtum Froel. 220.
— Monacense F. Schultz 217.
— Moritzianum Hegetschw. 217.
— murorum L. 219. 220.
— nigrescens Willd. 219.
— nothum Hut. 218.
— pedunculare Wallr. 216.
— Peleterianum Mér. 219.
— picroides Vill. 220.
— pilosella L. 215—219.
— pilosellaeforme Hopp. 216. 217.
— pilosellinum F. Schultz 217.
— piloselloides Vill. 216. 218.
— praealtum Vill. 216—218.
— pratense Tausch 217—219.
— prenanthoides Vill. 219. 220.
— Rackii Vukot. 216.
— Reboudianum Arv.-Touv. 220.
— rhombifolium Arv.-Touv. 220.
— rigidum Hartm. 220.
— Sabaudum L. 219.
— Sabinum Seb. et M. 218.
— saxatile Vill. 220.
— Schmidtii Koch 219.
— Schultesii F. Schultz 216.
— sericeum Lap. 220.
— sphacrocephaloides J. Lange 217.
— sphaerocephalum Froel. 216.
— stoloniflorum W. Kit. 217.
— strictum Fr. 219.
— Sudeticum Sternb. 219.
— Suecicum Fr. 218.
— Tirolense J. Kern. 218.
— trichodes Bamberg. 219.
— umbellatum L. 220.

Hieracium urticaceum Arv.-Touv. 220.
— valdepilosum aut. 219.
— valdepilosum Vill. 220.
— versicolor Fr 217.
— villosum L. 219. 220.
— viscosum Arv.-Touv. 220.
— vulgatum Fr. 219. 220.
— Weissenburgense F. Schultz 216.
— Wolfgangianum Bess. 217.
— Zizianum Tausch 216.
Himantoglossum hircinum Spr. 379.
Himantophyllum Aitoni Hook. 389.
— cyrtandriflorum Lindl. 389.
— Etatsräthin Donner 389.
— miniatum Hook. 389.
Hippeastrum spec. 388.
— Altaclarae Hrbt. 391.
— Andersoni Hrbt. 391.
— aulicum Hrbt. 391. 392.
— Baconi Hrbt. 392.
— Batemanni Hrbt. 392.
— Benthami Hrbt. 391.
— Brookesi Hrbt. 390.
— bulbulosum Hrbt. 390—393.
— calyptratum Hrbt. 391.
— Carnarvoni Hrbt. 391.
— Cartoni Hrbt. 391.
— Colvilli Hrbt. 392.
— Daubenii Hrbt. 391.
— Digweedi Hrbt. 391.
— Donnii Hrbt. 391. 392.
— equestre Hrbt. 392.
— Goweni Hrbt. 892.
— Grahami Hrbt. 390.
— Griffini Hrbt. 391.
— Harrisoni Hrbt. 392.
— Haylocki Hrbt. 392.
— Henslowii Hrbt. 392.
— Herberti Hrbt. 392.
— Hoodii Hrbt. 392.
— Hookeri Hrbt. 391.
— Johnsoni Hrbt. 390—393.
— Lindleyi Hrbt. 391.
— Lindseyi Hrbt. 392.
— Munroi Hrbt. 392.
— pardinum Hook. f. 392.
— Parkeri Hrbt. 392.
— psittacinum Hrbt. 390—393.
— reginae Hrbt. 390. 392.
— reticulatum Hrbt. 390—392.
— Seymouri Hrbt. 391.
— solandriflorum Hrbt. 391—393.
— spathaceum hybr. Ker 390.
— Spofforthiae Hrbt. 391.
— stylosum Hrbt. 391. 392.
— Sweetii Hrbt. 390.
— vittatum Hrbt. 390. 391. 393. 516.
Hoarea atra Swt. 61. 82.
— atrosanguinea Swt. 82.
— bicolor Swt. 81. 82.
— Colvillei Swt. 88.

Hoarea corydaliflora Swt. 81. 82. 88.
— elegans Swt. 82.
— labyrinthica Swt. 81.
— melanantha Swt. 82. 88.
— reticulata Swt 81. 87.
— retusa Swt. 81.
— sisymbriifolia Swt. 87.
— undulaeflora Swt. 87.
— venosa Swt. 81.
Hordeum arenarium Aschers. 414.
Hulthemia 142.
Hutchinsia alpina R. Br. 41.
— brevicaulis Hopp. 41.
Hymenocallis adnata Hrbt. 397.
— amoena Hrbt. 526.
— Caribaea Hrbt. 398.
— macrostephana hort. 398.
— repanda Hrbt. 397.
— rotata Hrbt. 397.
— speciosa Salisb. 398.
— Spofforthiae Hrbt. 397.
Hyoscyamus agrestis Kit. 261.
— albus L. 261.
— niger L. 261.
— pallidus Kit. 261.
— pictus Gaertn. 261.
Hypericum androsaemum L. 73.
— assurgens Peterm. 73. 527.
— commutatum Nolte 72.
— Desetangsii Lmtte. 72.
elatum hort. 73.
hircinum L. 73.
— humifusum L. 72. 527.
— intermedium Bellynck 72.
— mixtum Du Moulin 72.
— perforatum L. 72. 527.
— quadrangulum L. 72.
— tetrapterum Fr. 72.
Hypochoeris Balbisii Lois. 221.
— glabra L. 221.
— intermedia Richter 221.
— radicata L. 221.

Jacobinia Ghiesbreghtii Benth. et Hook. 333.
— pauciflora Benth. et Hook. 333.
Jasminum 518.
Iberis amara L. 40.
— ciliata All. 40.
— Garrexiana All. 40.
— Gibraltarica L. 40.
Inula Adriatica Borb. 195.
— Barthiana Schur 195.
— conyza DC. 195.
— cordata Boiss. 195.
— ensifolia L. 195.
— Hausmanni Huter 195.
— hirta L. 195.
— hybrida Baumg. 195.
— Germanica L. 194. 195.
— intermixta J. Kern. 195.

Inula litoralis Borb. 195.
— media M. Bieb. 195.
— media aut. 194.
— oculus Christi L. 195.
— rigida Doell 195.
— salicina L. 194. 195.
— semiamplexicaulis Reut. 195.
— spuria A. Kern. 195.
— squarrosa L. 195.
— suaveolens Jacq. 195.
— Transsilvanica Schur 195.
— Vaillantii Vill. 195.
Ipomoea 260.
Iris Iberica Hoffm. 385.
— Leichtlini hort. 385.
— Olbiensis Hénon 386.
— pumila L. 386.
— Susiana L. 385.
Ismene amancaës Hrbt. 397.
— calathina Hrbt. 397. 398.
— Spofforthiae Hrbt. 397.
Isoloma amabile Benth. et Hook. 330.
— Hookerianum Benth. et Hook. 330.
— magnificum Benth. et Hook. 330.
— ocellatum Benth. et Hook. 330.
— pictum Rgl. 329.
— pyramidale hort. 330.
— sciadocalyx Focke 329—331.
— Trianae Rgl. 330.
— Tydacum Focke 329—331.
— Warscewiczii Focke 329—331.
Juglans ailantifolia hort. 354.
— cathartica Mchx. 354.
— cinerea L. 354.
— intermedia hort. 354.
— macrophylla hort. 354.
— nigra L. 354.
— Pitteursii Morren 354.
— regia L. 354.
— Vilmoriniana hort. 354.
Juncus diffusus Hopp. 405.
— effusus L. 404.
— glaucus Ehrh. 404.
Ixora alba L. 190.
— amabilis hort. 190.
— aurantiaca hort. 190.
— coccinea L. 190.
— Colei hort. 190.
— Dixiana hort. 190.
— formosa hort. 190.
— hybrida hort. 190.
— Javanica DC. 190.
— rosea Wall. 190.
— salicifolia DC. 190.
— splendens hort. 190.
— stricta Roxb. 190.

Kohleria picta Hnst. 329.
— Warscewiczii Hnst. 329.
Kohlrauschia 51. 57.

Laburnum Adami Poir. 519.
— intermedium hort. 105.
— Parksii hort. 105.
— vulgare Gris. 519.
— Watereri hort. 105.
Lactuca saligna L. 221.
— sativa L. 221.
— scariola L. 221.
— virosa L. 221.
Laelia caloglossa Rchb. f. 373.
— Devoniensis Rchb. f. 373.
— Dominyana Rchb. f. 373.
— Dormanniana Rchb. f. 373.
— elegans Hook. 373.
— euspatha Rchb. f. 373.
— flammea Rchb. f. 372.
— irrorata Rchb. f. 373.
— Mylamiana Rchb. f. 373.
— Philbrickiana Rchb. f. 373.
— Pilcheriana Dominy 372.
— pumila Rchb. f. 373.
cf. Bletia.
Lagenaria Angolensis Naud. 171.
— sphaerica E. Mey. 171.
— vulgaris Ser. 171.
Lamium album L. 341.
— amplexicaule L. 340.
— confertum Fr. 340.
— dissectum With. 340.
— Guestphalicum Weih. 340.
— hybridum Vill. 340.
— incisum Willd. 340.
— intermedium Fr. 340. 341.
— maculatum L. 341.
— purpureum L. 340. 341.
Lamprotis Bedfordiana G. Don 233.
Lantana camara L. 334.
— crocea Jacq. 334.
— mixta L. 334.
— multicolor Lemr. 334.
— mutabilis Lippold 334.
— nivea Vent. 334.
Lapageria rosea Ruiz et Pav. 402.
Lappa intermedia J. Lange 201. 202.
— macrosperma Wallr. 201.
— major Gaertn. 201.
— minor DC. 201. 202.
— nemorosa Krncke. 201. 202.
— officinalis All. 201. 202.
— pubens Babgt. 201. 202.
— tomentosa Lam. 201. 202.
Lastrea uliginosa Newm. 426.
Lathyrus odoratus L. 108.
Lavatera Olbia L. 75.
— Pseudolbia Poir. 75. 76.
— Thuringiaca L. 75. 76.
— triloba L. 75.
Leontodon crispus Vill. 220.
— incanus Schrnk. 220.
— Pyrenaicus Gou. 220.
— taraxaci Lois. 220.

Leonurus cardiaca L. 339.
Leptosiphon 258.
Libouia floribunda C. Koch 333.
— Penrhosiensis hort. 333.
Ligeria Menziesiana Hnst. 332.
— speciosa Dene. 331. 332.
Limatodis rosea Lindl. 375.
Lilium atrosanguineum hort. 403.
— auratum Lindl. 402. 526.
— bulbiferum L. 517.
— croceum Chaix 517.
— Dauricum Ker 403. 517.
— Japonicum Thbg. 403.
— Krameri Hook. f. 403.
— Leichtlini Hook. f. 403.
— longiflorum Thbg. 403. 526.
— Mrs. Anthony Waterer 403.
— Parkmani hort. 403.
— Purity 403.
— speciosum Thbg. 402. 403. 526.
— superbum Lam. 526.
— Thunbergianum R. et Sch. 403.
— umbellatum Pursh 403.
— Wallacei hort. 403.
Linaria Dalmatica Mill. 311.
— genistaefolia Mill. 310. 312.
— grandiflora Soy.-Will. 311.
— hybrida Schur 311.
— Italica Trev. 310. 311.
— Kocianovichii Aschers. 311.
— ochroleuca Bréb. 311.
— oligotricha Borb. 311.
— purpurea Mill. 311. 312.
— striata DC. 311. 312.
— stricta Hornem. 311.
— vulgaris Mill. 310—312.
Linum Africanum L. 79.
— Austriacum L. 79.
— Narbonense L. 79.
— perenne L. 79.
— usitatissimum L. 79.
Loasa 166.
Lobelia 166.
— cardinalis L. 222-225.
— fulgens Willd. 222-225.
— Lowii Lindl. 225.
— speciosa hort. 225.
— splendens Willd. 222. 223. 225.
— syphilitica L. 222-225.
Lolium arvense Schrad. 410.
— festucaceum Lk. 410.
— Italicum A. Br. 410.
— multiflorum Lam. 410.
— perenne L. 409. 410.
— temulentum L. 410.
Lonicera Douglasii DC. 188.
— hirsuta Eat. 188.
— media Murr. 188.
Luffa acutangula Roxb. 171.
— amara Roxb. 172.
— cylindrica Roem. 171. 172.

Lupinus 105.
Luzula angustifolia Grcke. 405.
— nivea DC. 405.
Lycaste Deppei Lindl. 374.
— lasioglossa Rchb. f. 374.
— macrophylla Lndl. 374.
— Schilleriana Rchb. f. 374.
— Skinneri Lindl. 374.
Lychnicucubalus Koelr. 68.
Lychnis dioica L. 65. 66. 68.
— diurna Sibth. 66.
— fulgens Fisch. 70.
— grandiflora Jacq. 70.
— Haageana hort 70.
— Sieboldi atrorubens hort. 70.
— Sieboldi coccinea hort. 70.
— vespertina Sibth. 65.
Lycium Afrum L. 262.
— barbarum L. 262.
— Europaeum L. 262.
Lythrum salicaria L. 156.
— scabrum Smkv. 156.
— virgatum L. 156.

Magnolia 512.
— Alexandrina hort. 20.
— conspicua Salisb. 20.
— glauca L. 20.
— Lenné, Lenneana hort. 20.
— longifolia Pursh 20.
— Norbertiana hort. 20.
.. obovata Thbg. 20.
— purpurea Curt. 20.
— Soulangeana hort. 20.
— speciosa hort. 20.
- Thompsoniana hort. 20.
tripetala L. 20.
— yulan Desf. 20.
Mahernia 78.
Malus floribunda Sieb. 144.
— heterophylla Spach 144.
Malva adulterina Wallr. 77.
alcea L. 77.
— borealis Wallm. 76.
— Dethardingii Lk. 77.
— Mauritiana L 76.
— moschata L. 77.
— neglecta Wallr. 77.
— pusilla With. 76.
— rotundifolia L. 76. 77.
... scabrosa L. 77.
— silvestris L. 76.
— vulgaris Fr. 77.
Malvastrum Capense Gr. et Harv. 77.
Mandirola-Naegelia picturata Planch. 327.
— Roezlii Planch. 328.
Maranta eximia Rgl. 383.
— Helena 383.
— Van den Heckei Verschff. 383.

Marrubium candidissimum L. 339.
— Creticum L. 338.
— paniculatum Desv. 338.
— Pannonicum Rchb. 338.
— pauciflorum Wallr. 338.
— peregrinum L. 338.
— remotum Kit. 338.
— Vaillantii Coss. et Germ. 339.
— vulgare L. 338. 339.
Masdevallia abbreviata Rchb. f. 370.
— amabilis Rchb. f. 370.
— Barlaeana Rchb. f. 370.
.. melanopus Rchb. f. 370.
— Parlatoreana Rchb. f. 370.
— polysticta Rchb. f. 370.
— spectabilis Rchb. f. 370.
— Veitchiana Rchb. f. 370.
Matthiola annua Swt. 33. 34.
— Cocardeau 34.
— glabra DC. 33. 34.
— graeca Swt. 33—35.
— incana R. Br. 33. 34.
— Maderensis hort. 35.
— Maderensis Lowe 34.
— Queen Stock 34.
— sinuata R. Br. 34.
Medicago falcata L. 105. 106.
— media Pers. 106.
— sativa L. 105. 106.
— varia Martyn 106.
— versicolor Ser. 106.
Melampyrum nemorosum L. 325.
— pratense L. 325.
— silvaticum L. 325.
— subalpinum A. Kern. 325.
Melandryum album Grcke. 65—70.
— dubium Hmpe. 68.
— intermedium Schur 68.
— noctiflorum Fr. 66. 69. 526.
— Preslii Nym. 68.
— rubrum Grcke. 66—70. 526.
— silvestre Roehl. 66.
— viscosum Celak. 66. 68—70.
Melica altissima L. 409.
— ciliata L. 409.
Melissa acinos Benth. 338.
— alpina Benth. 338.
Mentha aquatica L. 336. 337.
— arvensis L. 336—338.
— candicans Crntz. 336.
— citrata Ehrh. 337.
— gentilis L. 336.
— gratissima Wigg. 336.
— hirsuta L. 337.
— hirta Wirtg. 337.
— Maximilianea F. Schultz 337.
— Muelleriana F. Schultz 337.
nemorosa Willd. 336.
·· nepetoides Lej. 337.
— piperita L. 337.
— pubescens Wirtg. 337.

Mentha pulegium L. 336. 338.
— riparia Schreb. 337.
— rotundifolia L. 336. 337.
— rubra Wirtg. 336. 337.
— sativa L. 336. 337.
  Schultzii Boutigny 337.
— silvestris L. 336. 337.
— Skofitziana A. Kern. 337.
— stricta Becker 337.
— velutina Lej. 336.
— verticillata Roth 337.
— Wirtgeniana F. Schultz 336. 337.
— Wohlwertiana F. Schultz 337.
Mercurialis annua L. 353.
— ovata Strnbg. et Hopp. 353.
— perennis L. 353.
Mespilus Florentina Bertol. 145.
— Germanica L. 146. 147.
— grandiflora Sm. 147.
— lobata Poir. 147.
— Smithii Ser. 147.
Meum athamanticum Jacq. 186.
— mutellina Gaertn. 186.
Miltonia Bluntii Rchb. f. 374.
— Clowesii Lindl. 374.
— spectabilis Lindl. 374.
Mimulus aurantiacus Curt. 315.
— cardinalis Dougl. 314.
— cupreus Veitch 314.
— glutinosus Wendl. 315.
— guttatus DC. 314.
— Harrisoni hort. 314.
— Ingelresti hort. 315.
— Lewisii Pursh 314.
— luteus L 314.
— Maclaineanus Paxt. 314.
— maculosus hort. 314.
— moschatus Dougl. 314.
— puniceus Nutt. 315.
— rivularis Nutt. 314.
— roseus Dougl. 314.
— Smithii Lindl. 314.
Mirabilis dichotoma L. 343—345.
— jalapa L. 342—345.
— longiflora L. 343-345.
Momordica balsamina L. 170.
Monarda 341.
Monstera crassifolia Schott 416.
— Milleriana Schott 416.
Mulgedium alpinum Cass. 221.
— Plumieri DC. 221.
Myosotis adulterina Lebel 259.
— alpestris Schm. 260.
— Azorica Wats. 260.
— hybrida hort. 260.
— intermedia Lk. 259. 260.
— Kaiserin Elisabeth 260.
— Lebelii Gren. et Godr. 259.
— lingulata Lehm. 259.
— palustris With. 259.
— silvatica Schm. 259.

Naegelia amabilis Rgl. 328.
— cinnabarina Lndn. 328.
— Geroltiana Rgl. 328.
— Leichtlini hort. 328.
— multiflora Rgl. 328.
— Sceptre cerise 328.
— sulfurea hort. 328.
— zebrina Rgl. 328. 329.
Narcissus aequilimbus Hrbt. 400.
— albicans Schult. 400.
— Bazelman major 399.
— Bazelman minor 399.
— Bernardi DC. 399.
— biflorus Curt. 400.
— bifrons Gawl. 400.
— calathinus L. 400.
— cernuus Roth 400.
— citrinus Schult. 399. 400.
— compressus Haw. 400.
— dubius Gou. 399.
— gracilis Sabine 400.
— incomparabilis Curt. 398 400.
— jonquilla L. 400.
— Italicus Ker 399. 400.
— major Curt. 400.
— minor L. 400.
— montanus Spr. 399. 400.
— moschatus L. 399. 400.
— odorus L. 400.
— papyraceus Gawl. 400.
— poëticus L. 398—400.
— pseudo-narcissus L. 399. 400.
— radiiflorus Salisb. 398. 399.
— Schultesii R. et Sch. 400.
— Spofforthiae Hrbt. 399.
— tazetta L. 399. 400.
— tenuior Curt. 400.
— tortuosus Haw. 400.
Nasturtium amphibium R. Br. 35. 36.
— anceps DC. 35.
— anceps Rchb. 36.
— armoracioides Tausch 36.
— astylon Rchb. 36.
— Austriacum Crntz. 36.
— brachystylum Wallr. 36.
— commutatum Opitz 36.
— obtusum Nutt. 36.
— officinale L. 35.
— palustre DC. 36.
— proliferum Heuff. 36.
— Pyrenaicum R. Br. 36.
— riparium Wallr. 35.
— silvestre R. Br. 36.
— sinuatum Nutt. 36.
— tentaculatum Wallr. 35.
— terrestre Tausch 36.
Nemophila 258.
Nepenthes Chelsoni hort. 351.
— Courtii hort. 351.
— Dominyi hort. 351.
— hybrida hort. 351.

Register. 553

Nepenthes intermedia hort. 351.
— Khasyana Hook. f. 351.
— Outramiana hort. 351. 529.
— phyllamphora Willd. 351. 529.
— Rafflesiana Jack 351. 529.
— robusta hort. 351. 529.
— Sedeni hort. 351. 529.
— Stewartii hort. 351.
— Williamsii hort. 529.
— Wrigleyana hort 351.
Nerine curvifolia Hrbt. 393.
— flexuosa Hrbt. 393. 394.
— Haylocki Hrbt. 393.
— humilis Hrbt. 394.
— Mitchamiae Hrbt. 393.
— pulchella Hrbt. 393. 394.
— Sarniensis Hrbt. 393. 394.
— Spofforthiae Hrbt. 393.
— undulata Hrbt. 393. 394.
Nerium 518.
Nicotiana acuminata Grah. 286.
— acuminata hort. 280. 284.
— alata Lk. 286. 287. 290. 291.
— albiflora Koelr. 280. 281.
— angustifolia aut., Naud. 280. 281. 283-286. 292.
— Asiatica 273.
— attenuata Torr. 286.
— auriculata Bert. 280.
— Californica Naud. 286. 288.
— Chinensis Fisch. 280—284. 292.
— commutata Fisch. 286. 287. 290. 291.
— glauca Grah. 273. 280. 286.
— glutinosa L. 280 - 282. 285. 291--293.
— grandiflora aut. 280—282.
— humilis Mill. 273.
— lanceolata Gaertn. 280. 283. 284.
— Langsdorffii Weinm. 272. 276. 277. 279. 280. 284. 287-290.
— latissima Mill. 280-282. 291. 292.
— macrophylla Spr. 280—282. 286. 291. 292.
— magnifolia hort. 280. 281.
— Marylandica aut. 280—284.
— paniculata L. 272—280. 283 - 285. 288. 289.
— perennis Koelr. 276. 280—282. 284.
— Persica Naud. 286. 287. 290.
— petiolata Agardh 280. 281.
— plantaginea DC. 280.
— pumila Gaertn. 273.
— quadrivalvis Pursh 286 - 289 292. 293.
— rustica L. 272-279. 283—285. 287-289.
— suaveolens Lehm. 286. 287. 289. 291. 292.
— tabacum L. 276. 277. 280—286. 291—293.
— Texana Naud. 273. 274.
— Transsylvanica Koelr. 280. 281. 285.
— undulata Vent. 291.

Nicotiana vincaeflora Lag. 286—289.
— vulgaris hort. 280.
Nigritella angustifolia Rich. 378.
— brachystachya A. Kern. 378.
— Heufleri A. Kern. 378.
— megastachya A. Kern. 378.
— micrantha A. Kern. 378.
— Moritziana Gremli 378.
— suaveolens Koch 378.
Nuphar intermedium Ledeb. 22.
— luteum Sm. 22. 23. 257.
— pumilum Sm. 22. 23. 257.
Nymphaea 512.
— alba L. 24. 27.
— Boucheana hort. 26.
— candida Presl 24.
— Capensis Thbg. 24. 25. 525.
— coerulea Savgn. 24. 25. 525.
— dentata Schum. 25—27.
— Devoniensis hort. 26. 27.
— lotus L. 24—27. 520.
— Ortgiesiana Planch. 24—26.
— pubescens Willd. 27.
— Queen Elizabeth 26.
— rubra Roxb. 25—27. 520.
— scutifolia DC. 24.

Odontoglossum apterum Llav. et Lex. 374. 375.
— baphiacanthum Rchb. f. 374.
— Bictoniense Lindl. 374.
— Cervantesii Llav. et Lex. 374.
— cirrhosum Lindl. 375.
— Coradinei Rchb. f. 374.
— cordatum Lindl. 375.
— crispum Lindl. 374.
— cristatum Lindl. 375.
— elegans Rchb. f. 375.
— hebraicum Rchb. f. 375.
— hinnus Rchb. f. 375.
— Humeanum Rchb. f. 375.
— Jenningsianum Rchb. f. 375.
— maculatum Llav. et Lex. 375.
— mulus Rchb. f. 375.
— Murellianum Rchb. f. 375.
- naevium Lindl. et Paxt. 374.
— nebulosum Lindl. 375.
— odoratum Lindl. 374. 375.
— Pescatorei Lndn. 375.
— phalaenopsis Lndn. 375.
— Roezli Rchb. f. 375.
— Schillerianum Rchb. f. 375.
— triumphans Rchb. f. 374.
— Uroskinneri Lindl. 374.
— vexativum Rchb. f. 375.
— vexillarium Rchb. f. 375.
Oenothera amoena Lindl. 163.
— biennis L. 163.
— bifrons Lindl. 163.
— Braunii Doell 163.
— fruticosa L. 163.

Oenothera glauca Mchx. 163.
— Lindleyi Dougl. 163.
— muricata L. 163.
— nocturna Jacq. 162. 163.
— parviflora L. 163.
— pumila L. 163.
— roseo-alba Bernh. 163.
— suffruticosa 163.
— villosa Thbg. 162. 163.
Oncidium divaricatum Lindl. 374.
— graminifolium Lindl. 374.
— microchilum Batem. 374.
— ornithorhynchum H.B.K. 374.
— sphacelatum Lindl. 374.
Ononis procurrens Wallr. 105.
— repens L. 105.
spinosa L. 105.
Ophrys apicula J. C. Schmidt 381.
— arachuitis Reichardt 381.
— arachnitiformis Gren. 381.
— aranifera Huds. 381.
— Devensis Rchb. f. 381.
— exaltata Gren. 381.
— fuciflora Rchb. f. 381.
— hybrida Pokorny 381.
— muscifera Huds. 381.
— obscura G. Beck 381.
— Trollii Rgl. 381.
Orchis alata Fleury 377.
- - ambigua A. Kern. 377.
— Austriaca A. Kern 376.
— Beyrichii A. Kern 376.
— Bornemanni Aschers. 377.
— cimicina Bréb. 977.
— coriophora L. 377. 380.
— Dietrichiana Bogenh. 376.
— fallax Den. 377.
— galeata Rchb. 376.
— globosa L. 378.
— hybrida Boenn. 376.
— Jacquini Godr. 376.
— incarnata L. 377.
— latifolia L. 377. 378.
. — laxiflora Lam. 377. 379. 380.
— longicornu Poir. 377.
— Lorenziana Bruegg. 377.
— maculata L. 377. 378.
— mascula L. 377.
— militaris L 369. 376. 379. 380.
— Moravica Jacq. 376.
· morio L. 377. 380.
— Nicodemi Ten. 377.
— pallens L. 377.
— papilionacea L. 377.
— parvifolia Chaub. 377.
picta Lois. 377. 380.
— purpurea Huds. 369. 376. 377.
Rivini Gou. 376.
— sambucina L. 379.
— simia Lam. 376. 379.
— spuria Rchb. f. 379.

Orchis stenoloba Coss. et Germ. 376.
— suaveolens Vill. 379.
— Traunsteineri Saut. 377.
— tridentata Scop. 376.
— ustulata L. 376.
— Valesiaca Spiess 378.
Ornithopus compressus L. 108.
— ebracteatus Brot. 108.
— sativus Brot. 108.
Orthotrichum anomalum Hedw. 427.
— stramineum Hornsch. 427.
Oryza sativa L. 524. 525.
Oxalis 98.
Oxytropis campestris DC. 107.
— Halleri Bnge. 107.

Pachyphytum 153. 154.
Paederota ageria L. 324.
— bonarota L. 324.
— Churchillii Huter 324.
Paeonia arborea Don 19.
— Anneslei hort. 20.
— moutan Sims 19. 197. 243.
— Rawesii hort. 20.
Panicum crus galli L. 524. 525.
Papaver argemone L. 31.
— bracteatum Lindl. 31. 32.
— Caucasicum M. Bieb. 30—32.
— dubium L. 30 32.
— hispidum hort. Par. 32.
— hortense Hussen. 29. 30.
— intermedium Beck. 31.
— officinale Gm. 29.
— orientale L. 31. 32.
- rhoeas L. 30—32.
— setigerum DC. 29.
— somniferum Godr. 29. 31.
— somniferum L. 29. 30.
— trilobum Wallr. 30.
Papaya vulgaris A. DC. 170.
Passiflora alata Ait. 167—169.
— amabilis Lemr. 168.
Bijou 169.
- coerulea L. 166—169.
— Colvillei Swt. 169.
— Decaisneana hort. 169.
·· edulis Sims 167.
-- floribunda hort. 168.
— gracilis Lk. 167.
— hybrida hort. 168.
— Impératrice Eugenie 168.
Innesii hort. 168.
— laurifolia L. 167.
— Lawsoniana hort. 168.
— Loudoni hort. 168.
— macrocarpa Wall. 168.
— Madonna 169.
— Munroi hort. 168.
— Neuberti hort. 168.
— onychina Lindl. 169.
— Philippine 168.

Passiflora quadrangularis L. 167. 169.
-- racemosa Brot. 167—169.
- Raddiana DC. 168. 169.
— sanguinea Colla 168.
Pavia flava DC. 102.
  rubra DC. 102.
Pedicularis atrorubens Schleich. 324.
— elongata A. Kern. 324.
- - erubescens A. Kern. 324.
— gyroflexa Vill. 324.
— Hausmanni Huter 324.
— Huteri A. Kern. 324.
— Jacquini Koch 324.
— incarnata Jacq. 324.
— Kerneri Huter 324.
— recutita L. 324.
-- rosea Wulf. 324.
--- tuberosa L. 324.
— Veneta Huter 324.
-- Vulpii Solms Laub. 324.
Pelargonium acerifolium L'Hér. 84.
— acetosum Ait. 93.
— acidum Swt. 87.
— affine Swt 92.
— alchemilloides Willd. 94.
— Amélie Griseau 96.
— amoenum Swt. 88.
— angulosum Ait. 84. 85. 90. 92. 93.
— anthriscifolium Swt. 88.
— ardens Swt. 83. 86.
-- ardescens Swt. 90.
-- astragalifolium Pers. 88.
— Attraction 95. 96.
— augustum Swt. 91.
- aurantiacum Swt. 90. 92.
— australe Willd. 84. 85.
— Barnardianum Swt. 89.
-- Barringtonii Willd. 90. 91.
— Beaufortianum Swt. 84.
— Bentinckianum DC. 94.
— betulinum Ait. 84.
— bicolor Ait. 82. 83.
— Black Prince 87.
- Blandfordianum Swt. 86. 91.
— bracteosum DC. 94.
— Britannicus 96.
— calycinum Swt. 90.
— campyliaeflorum Swt. 84.
-- capitatum Ait. 85. 91. 92.
-- cerinum DC. 94.
— chaerophyllum Swt. 87.
— chenopodiifolium Swt. 90.
— chrysanthemifolium Swt. 92.
- citriodorum hort. 84.
— Colvillei Swt. 92
— concavum Swt. 88.
— concolor Swt. 92.
— confertifolium Swt. 88.
-- cortusaefolium L'Hér. 83. 84. 86. 89.
— Cottage Maid 95.
— crenaeflorum hort. 86. 93.

Pelargonium crispum Ait. 85. 91.
— cruentum Swt. 87.
— cucullatum Ait. 85. 90—93.
— Daveyanum Swt. 90. 91.
— dimacriaeflorum Swt. 88.
— dissectum Swt. 84.
— Dobreeanum Swt. 93.
- Dr. John Denny 96.
— dumosum Swt. 86.
— echinatum Curt. 83. 85. 89. 96.
— elegans Swt. 82.
— Emperor of the French 95. 96.
— erectum Swt. 88.
— flexuosum Swt. 89.
— Fothergilli hort. 94.
— fulgidum Willd. 81—94.
— gibbosum Willd. 82. 83. 87.
— glauciifolium Swt. 82.
— glaucum L'Hér. 84. 85.
— glomeratum Jacq. 85.
— glutinosum Ait. 85. 93.
— Golden Cerise Unique 95.
— Golden Chain 95.
— Gold Pheasant 95.
— Gold Tom Thumb 95.
— grandiflorum Willd. 84- 86. 89. 93.
— graveolens Ait. 84—86. 91. 92.
— heterogenum L'Hér. 94.
— hirsutum Ait. 81. 82. 87.
— hirtum Jacq. 88.
  hoareaeflorum Swt. 88.
— Hoareanum Swt. 84.
— Husseyanum Swt. 91. 92
— hybridum Ait. 94.
— ignescens Swt. 90—93.
- imbricatum Swt. 83.
— incisum Willd. 84. 85.
— incurvum Swt. 91.
— inquinans Ait. 93—96.
— insignitum Swt. 90.
— intertextum Swt. 87.
-- involucratum Swt. 86. 91—93.
— Jonquillianum Swt. 89.
— lanceolatum (Andr.) Swt. 84.
— lasiophyllum Swt. 91.
— lateripes L'Hér. 85. 96.
— ligulatum Swt. 88.
— lobatum Willd. 82. 83. 86. 88. 89.
— longifolium Jacq. 81. 87.
— Loudonianum Swt. 91.
— Lugdunense hort. 96.
— macranthon Swt. 86. 93.
  Madame Charmeux 95.
— magnistipulatum Swt. 88.
- melissinum Swt. 91.
-- Mistress Pollock 95. 96.
— Moreanum Swt. 93.
— Mostynae Swt. 92.
— mucronatum Swt. 93.
— multiradiatum Wendl. 82. 83. 86. 87. 89. 91.

Pelargonium mundulum Swt. 88.
— mutabile Swt. 83.
— myrrhifolium Ait. 86.
— nanum Swt. 90.
— Newshamianum Swt. 84.
— nitidum Swt. 87.
— ovale Burm. 83. 84. 89.
— Palkii Swt. 92.
— particeps Swt. 83. 84.
— patens Swt. 88.
— pedunculatum Swt. 82.
— peltatum Ait. 85. 96.
— pilosum Pers. 81. 82.
— pinguifolium Swt. 85.
— pinnatum L. 81. 82. 88.
— pulchellum Curt. 85. 88.
— pumilum Willd. 93.
— pyrethriifolium Swt. 90.
— quercifolium Ait. 85. 92.
— quinquevulnerum Willd. 82.
— radula Ait. 85. 86. 90.
— rapaceum Jacq. 81. 88.
— reniforme Curt. 83. 84. 89.
— ringens Swt. 88.
— Rosy Morn 96.
— rubescens Swt. 91—93.
— rutaceum Swt. 82.
— saepeflorens Swt. 83.
— sanguineum Wendl. 83. 86 - 89. 91. 93.
— scandens Ehrh. 93.
— schizophyllum Swt. 89.
— scintillans Swt. 90.
— selectum Swt. 83.
— setosum G. Don 82.
— Smithii Swt. 92. 93.
— sororium Willd. 84.
— spectabile Swt. 91.
— sphaerocephalon Swt. 92.
— sphondyliifolium Swt. 86.
— Spinii Colla 90. 93.
— splendens Willd. 90. 93.
— Spotted Gem 96.
— striatum Swt. 84.
— succulentum Swt. 85.
— Sunset 95. 96.
— ternatum Jacq. 84. 91.
— Tibbitsianum Swt. 91.
— Tom Pouce 95.
— tricolor Curt. 84.
— triste Ait. 82.
— Vandesiae Swt. 91.
— variifolium Swt. 87.
— verbenaefolium Swt. 84. 91.
— verecundum Swt. 93.
— vespertinum Swt. 83.
— volatiflorum Swt. 91.
— Wellsiauum Swt. 92.
— zonale Willd. 93—96.
Pentstemon angustifolius Lindl. 313.
— gentianoides G. Don 313.
— Hartwegi Benth. 313.

Pentstemon pulchellus Lindl. 313.
Persica 113.
Persico-Amygdalus 113.
Petasites albus Gaertn. 200.
— Kablikianus Tausch 200.
— niveus Baumg. 200.
— officinalis Moench 200.
Petunia Atkinsiana G. Don 294.
— nyctaginiflora Juss. 271. 293. 294.
— violacea Lindl. 271. 293. 294.
Phajus irroratus Rchb. f. 376.
— Tankervilliae R Br. 376.
Phalaenopsis amabilis Lindl. 375.
— casta Rchb. f. 375.
— equestris Lindl. 375.
— leucorrhoda Rchb. f. 375.
— Schilleriana Rchb. f. 375.
— Veitchiana Rchb. f. 375.
Phaseolus multiflorus Lam. 111. 112.
— nanus L. 111. 112.
— vulgaris L. 111. 112.
Phegopteris dryopteris Fée 422. 425.
— Robertiana A. Br. 425.
Philadelphus coronarius L. 151.
— grandiflorus ant. 151.
— inodorus L. 151.
— pubescens Bosc 151.
Philageria Veitchii Masters 402.
Philesia buxifolia Willd. 402.
Philodendron advena Schott 417.
— Augustinum C. Koch 417.
— bipinnatifidum Schott 417.
— curvilobum Schott 417.
— disparile Schott 417.
— gracile Schott 417.
— pedatum Knth. 417.
— pinnatifidum Schott 416.
— pterotum C. Koch 417.
— rubens Schott 417.
— Selloum C. Koch 416. 417.
— Simsii Knth. 416.
— speciosum Schott 417.
— tenue C. Koch 417.
— Vetterianum hort. 417.
— Wendlandii Schott 416. 417.
Phlox Carolina L. 258.
— Criterion 258.
— decussata hort. 258.
— depressa hort. 258.
— Drummondii Hook. 258.
— glaberrima L. 258.
— maculata L. 258.
— paniculata L. 258.
Phoenix dactylifera L. 517.
Phyllocactus Akermanni Lk. 184. 185.
— crenatus Walp. 185.
— phyllanthoides Lk. 183 185.
— phyllanthus Lk. 184.
Phyllodoce taxifolia Salisb. 228.
Phymatanthus elatus Swt. 84.
Physcomitrium piriforme Brid. 427.

Phyteuma adulterinum Wallr. 227.
— betonicaefolium Vill. 226.
— hemisphaericum L. 226.
— humile Schleich. 226.
— nigrum Schm. 227.
— spicatum L. 227.
Pinus abies Duroi 420.
— Brutia Ten. 420.
— Cephalonica Lk. 420.
— Halepensis Mill. 420.
— laricio Poir. 420.
— leucodermis Antoine 420.
— montana Duroi 419.
— Neilreichiana 420.
— nigricans Host 420.
— obliqua Saut. 419.
— pinsapo Boiss. 420.
— Pyrenaica Lap. 420.
— Rhaetica Bruegg. 419.
— silvestris L. 419. 420.
— uliginosa aut. 419.
Pirus achras Gaertn. 143.
— amygdaliformis Vill. 143.
— arbutifolia L. f. 145.
— aria Ehrh. 144. 145.
— aucuparia Gaertn. 145.
— auricularis Knoop 144.
— baccata L. 144.
— Bollwilleriana DC. 144.
— cerasifera Tausch 144.
— chamaemespilus Lindl. 145. 146.
— communis Lindl. 143. 144. 516.
— cordata Desv. 143.
— coronaria L. 144.
— crataegifolia Savi 145.
— dasyphylla Borkh. 144.
— domestica Sm. 145.
— elaeagnifolia Pall. 143.
— hybrida Moench, hort. 145.
— kaido hort. 144.
— malifolia Spach 145.
— malus L. 144. 145. 515. 516. 522. 523.
— nivalis Jacq. 143.
— pinnatifida Ehrh. 145.
— pollveria L. 144.
— prunifolia Willd. 144.
— ringo Siebd. 144.
— salicifolia L. 143.
— salviaefolia DC. 143.
— Scandica Babgt. 145.
— silvestris Mill. 144.
— Sinai Desf. 143.
— Sinensis Desf. 143.
— spectabilis Ait. 144.
— spuria DC. 145.
— Sudetica Tausch 145.
— Thuringiaca Ilse 145.
— toringo Siebd. 144.
— torminalis Ehrh. 145.
Pistacia Cappadocica Tourn. 103.
— hybrida Gasparr. 103.

Pistacia lentiscus L. 103.
— Narbonensis L. 103.
— Nemausensis Rcq. 103.
— terebinthus L. 103. 104.
— vera L. 103.
Pisum arvense L. 108—110. 513. 514.
— elatius M. Bieb. 109.
— sativum L. 108—110. 513. 514.
Pittosporum 518.
Platanthera Erdingeri A. Kern. 379.
— viridis Lindl. 379.
Plectopoma fimbriatum Rgl. 329.
— naegelioides Van Houtte 329.
Poa nemoralis L. 409.
— pratensis L. 409.
— trivialis L. 409.
Polygala alpestris Rchb. 50.
— amara L. 50.
— amarella Crntz. 50.
— comosa Schk. 50.
— depressa Wender. 50.
— major Jacq. 50.
Polygonum aviculare L. 348.
— bicolor Borb. 349.
— bistorta L. 348.
— Bitense F. Schultz 348.
— Braunianum F. Schultz 348.
— condensatum F. Schultz 348.
— dubium Stein 348.
— hydropiper L. 348. 349.
— lapathifolium L. 348. 349.
— minus Huds. 348.
— mite Schrnk. 348. 349.
  nodosum Pers. 348.
— persicaria L. 348. 349.
— tomentosum Schrnk. 348. 349.
— viviparum L. 348.
Polylophium involucratum Boiss. 186.
Polypodium Cambricum L. 422.
— serratum Willd. 422.
— vulgare L. 422.
Populus alba L. 368.
— balsamifera L. 368.
— Canadensis Moench 368.
— canescens Sm. 368.
— hybrida M. Bieb. 368.
— nigra L. 368.
— pyramidalis Rozier 368.
— tremula L. 368.
Portulaca Gilliesii Hook. 71.
— grandiflora Cambes. 71.
— Thellusoni Lindl. 71.
Potamogeton decipiens Nolte 419.
— Kochii F. Schultz 419.
— lucens L. 419.
— perfoliatus L. 419.
— polygonifolius Pourr. 419.
— praelongus L. 419.
— rufescens Schrad. 419.
— spathulatus Koch et Ziz 419.
Potentilla adscendens Gremli 131.

Potentilla alpestris Hall. f. 129. 131.
— ambigua Gaud. 131.
— argentea L. 129. 130.
-- argyrophylla Wall. 127. 128.
— atrosanguinea Lodd. 127. 128.
— aurea L. 131.
— aurulenta Grml. 129.
— australis Kras. 129.
— bicolor Lindl. 128.
— Buquoyana Knaf 131.
— canescens Hess. 130.
— cinerea Chaix 129.
-- collina Wib. 130.
— Fintelmanni Otto 128.
— fragariastrum Ebrh. 132.
— fraterna Wallr. 132.
— frigida Vill. 131.
— Gaudini Grml. 129.
— geranioides Schleich. 131.
— glandulosa Kras. 129.
— graudiflora L. 131.
— Guentheri Pohl 130.
— Halleriana Tratt. 131.
— heptaphylla Mill. 131.
— hirta L. 128.
-- Hopwoodiana Swt. 128.
— hybrida Wallr. 132.
- incana Fl. Wett. 129.
— inclinata Vill. 130.
— intermedia L., Nestl. 131.
— Kerneri Borb. 130.
— Leucopolitana P. J. Muell. 130.
— Mackayana Swt. 128.
— Macnabiana hort. 128.
— micrantha Ram. 132.
— minima Hall. f. 131.
— mixta Nolte 132.
— multifida L. 131.
-- nemoralis Nestl. 131.
— Nepalensis Hook. 128. 129.
— Nestleriana Tratt. 131.
— Neumanniana Rchb. 129.
— Norvegica L. 131.
— obscura Willd. 130.
— opaca L. 128—130.
— parviflora Gaud. 131.
— patula W. K. 130.
— pedata Willd. 128.
— Pensylvanica L. 128. 129.
-- pilosa Willd. 130.
— praecox F. Schultz 130.
— procumbens Sibth. 128. 131. 132.
— prostrata Grml. 129.
— puberula Kras. 129.
— Pyrenaica Ram. 131.
— recta L. 128. 130.
— reptans L. 131. 132.
— Russelliana hort. 128.
— Salisburgensis Haenk. 129. 131.
— Schultzii P. J. Muell. 130.
— Silesiaca Uechtr. 130.

Potentilla silvestris Neck. 131. 132.
— Smoothii hort. 128.
— sordida Fr. 130.
— splendens Ram. 132.
— spuria A. Kern. 132.
— subargentea Krock. 130.
— Thuringiaca Bernh. 131.
-- verna L. 129 -131.
— Wiemanniana Guenth. 130.
Primula acaulis Jacq. 246—249.
— alpina Schleich. 250. 251.
— Anglica hort. 248.
— arctotis A. Kern. 250.
— auricula L. 250. 251.
— Balbisii Lehm. 251.
— Berninae Christ 250
— biflora Huter 252.
— brevistyla DC. 248.
— calycantha hort. 247.
— Carniolica Jacq. 250.
— Clusiana Tausch 251.
— Columnae Ten. 246.
— Daonensis Leyb. 250.
— digenea A. Kern. 246.
— Dinyana Lagg. 251.
— discolor Leyb. 250.
— elatior aut. Angl. 248.
— elatior Jacq. 246—250.
— Facchinii Schott 251.
— flagellicaulis A. Kern. 248.
— Floerkeana Facch. 251.
— Floerkeana Schrad. 252.
— glutinosa Wulf. 252.
— Goebelii A. Kern. 250.
— grandiflora Lam. 246.
— graveolens Hegetschw. 250.
— Helvetica Schleich. 250. 251.
— hirsuta All. 250. 251.
— hortensis 248. 249.
— Huteri A. Kern. 252.
— integrifolia L. 251.
— intermedia Facch. 248.
— intermedia hort. 251.
— intermedia Portschl. 251.
— latifolia Koch 250.
— minima L. 251. 252.
— Muretiana Moritzi 251.
— nivalis hort. 250.
— obovata Huter 251.
— Oenensis Thom. 250. 251.
— officinalis Jacq. 246—250.
— „Polyanthus" 248.
— Portae Huter 250.
- pubescens Jacq. 250.
— pumila A. Kern. 251.
— Rhaetica Gaud. 250. 251.
-- Salisburgensis Floerk. 252.
-- spectabilis Tratt. 251.
— Sturii Schott 251.
— suaveolens Bertol. 246.
— Ternoviana A. Kern. 248.

Primula Tiroliensis Schott 251.
— Tommasinii Gren. et G. 246.
— unicolor Nolte 249.
— variabilis Goup. 248.
— venusta Host 250.
— Venzoi Huter 251.
— veris L. 246.
— villosa Jacq. 250. 251.
— villosa Koch 250.
— viscosa All. 250. 251.
— viscosa Vill. 250.
— vulgaris Huds. 246.
— Wulfeniana Schott 251.
Prunella alba L. 339.
— grandiflora L. 339.
— hybrida Knaf 339.
- intermedia Brot. 389.
— vulgaris L. 339.
Prunus acida Ehrh. 114.
— avium L. 114. 115. 521.
— cerasifera Ehrh. 114.
— cerasus L. 114 115.
— chamaecerasus Jacq. 521.
— divaricata Ledeb. 114.
— duracina DC. 114.
— Elton 115.
— fruticans Weih. 114.
— insititia L. 114.
— Italica Borkh. 114.
— Juliana DC. 114.
— nigra Mill. 114.
— oeconomica Borkh. 114.
— pendula Liegel 114.
— recta Liegel 114.
— spinosa L. 114.
— Syriaca Borkh. 114.
— vitrea C. Koch 114.
Psamma arenaria R. et S. 409.
— Baltica R. et S. 409.
Ptarmica hybrida Nym. 198.
Pteris aquilina L. 422.
Pterostylis curta R. Br. 370.
— pedunculata R. Br. 370.
Pulmonaria affinis Jord. 259.
- angustifolia L. 259.
— digenea A. Kern. 259.
— hybrida A. Kern. 259.
— longifolia L. 259.
— mollissima A. Kern. 259.
— montana Lej. 259.
— notha A. Kern. 259.
— oblongata Schrad. 259.
— obscura Du Mort 259.
— officinalis L. 259.
— ovalis Bast. 259.
— tuberosa Schrnk. 259.
Pulsatilla affinis Lasch 10.
— intermedia Lasch 10.
— mixta Halacsy 10.
— vulgaris Mill. 11.
cf. Anemone.

Queltia aurantiaca Haw. 398.
— concolor Haw. 398.
— incomparabilis Haw. 398.
— montana Haw. 399.
— odora Haw. 400.
— orientalis Haw. 399.
Quercus alba L. 356.
— ambigua Kit. 356.
— aquatica Walt. 356.
— Auzandri Gr. et Godr. 356.
— Catesbaei Mchx. 356.
— cerris L. 356.
— coccifera L. 356.
— coccinea Wangenh. 356.
— Fontanesii Guss. 356.
— glabrescens A. Kern. 356.
— heterophylla Mchx. 356.
— ilex L. 356.
— ilicifolia Wngnh. 356.
— imbricaria Mchx. 356. 357.
— laurifolia Mchx. 356.
— leana Nutt. 356.
— macrocarpa Mchx. 356.
— nigra L. 356.
— palustris Du Roi 356.
— pedunculata Ehrh. 355. 356.
— phellos L. 356. 357.
— prinos L. 356
— pseudo-suber Santi 356.
— sessiliflora Sm. 355. 356.
— sinuata Walt. 356.
— stellata Wangnh. 356.
— tridentata Engelm. 356.

Ranunculus acer L. 13.
— aconitifolius L. 12.
— aconitoides DC. 12.
— albicans Jord. 14.
— alpestris L. 12.
— amplexicaulis L. 13.
— angustifolius DC. 13.
— arvensis L. 14.
— bulbosus L. 13.
— Carinthiacus Hopp. 14.
— chaerophyllos L. 14.
— gelidus Hffmgg. 12.
— glacialis L. 12.
— Goldei Meinsh. 13.
— lacerus Bell. 13.
— lanuginosus L. 13.
— mixtus Jord. 14.
— Monspeliacus L. 14.
— montanus Willd. 14.
— nemorosus DC. 13.
— polyanthemos L. 13.
— Pyrenaicus L. 12. 13.
— Sardous Crntz. 14.
— sceleratus L. 14.
Raphanus caudatus L. 42.
— raphanistrum L. 41. 42.

Raphanus sativus L. 41. 42.
Rhamnus alaternus L. 98. 99.
— alpina L. 98. 99.
— Billiardii hort. 99.
— Californica Eschsch. 99.
— fallax Boiss. 99.
— frangula L. 99.
— Guicciardii Heldr. 99.
— hybrida L'Hér 98.
— oleifolia Hook. 99.
Sibthorpiana R. et Sch. 99.
Rhododendron alstroemeriaefolium hort. 237.
— Altaclerense hort. 236. 237.
— Aprilis Hrbt. 244.
— arboreum Wall. 234. 236—239. 242—244.
— argenteum Hook. f. 239.
— Aucklandii Hook. f. 237.
— aureum hort. 243.
— azaleoides Desf. 241. 242.
— azaleoides crispiflor. 244.
— bigener hort. 242.
— Breynii Planch. 243.
— Brookeanum Low 239.
— calendulaceum Torr. 240—242.
— campanulatum D. Don 238. 239.
— carneum hort. 243.
— Catawbiense Mchx. 234—238. 241. 242.
— Caucasicum Pall. 238. 243.
— chrysanthum Pall. 238.
— ciliatum Hook. f. 239. 242. 244. 245.
— cinnamomeum Hook. f. 238. 239.
— Countess of Derby 245.
— Cunninghamii hort. 236.
— Dalhousiae Hook. f. 239.
— Dauricum L. 244. 245.
— Duchess of Edinburgh 239.
— Early gem 244.
— Edgeworthii Hook. f. 239. 245.
— ferrugineum L. 235.
— flavum G. Don 240—243.
— floribundum hort. 245.
— formosum hort. 243.
— formosum Wall. 239.
— Fortunei Lindl. 239.
— fragrans hort. 242.
— fragrantissimum hort. 239.
— glaucum Hook. f. 239.
— Gowenianum G. Don 242.
— Haylocki Hrbt. 237.
— hirsutum L. 235.
— hybridum Lodd. 242.
— jasminiflorum Hook. f. 238. 239.
— Javanicum Benn. 238. 239.
— Impératrice 244.
— Indicum Swt. 243. 244.
— intermedium Tausch 235.
— John Waterer 237.
— Kaempferi Planch. 243.

Rhododendron ledifolium D. Don 243. 244.
— Lowii Hook. f. 239.
— maximum L. 234—237. 241—243.
— Mortieri Swt. 240.
— mucronulatum Turcz. 244.
multiflorum hort. 245.
— Neige et cerise 237.
— Nobleanum hort. 238.
— Norbitonense hort. 243.
— nudiflorum Torr. 240. 242.
— occidentale A. Gr. 241.
— ornatum Swt. 240.
— Ponticum L. 234—238. 241—243.
— praecox hort. 244.
— Princess Alexandra 239.
—   „   Alice 239.
—   „   Helena 239.
—   „   of Wales 239.
—   „   Royal 239.
— pulcherrimum Lindl. 238.
— pulchrum Swt. 244.
— puniceum Planch. 243.
— rhodora D. Don 241. 243.
— Rosalba hort. 238.
— Rovellii hort. 244.
— Russellianum Swt. 237.
— scintillans hort. 240.
— Sesterianum Veitch 239.
— Simsii Planch. 243.
— Sinense Swt. 241. 243.
— Smithii (Indic.) Swt. 244.
— Smithii Swt. 236.
— Smithii Verschff. 243.
— Stapletonianum hort. 240.
— stramineum hort. 238.
— sublanceolatum Miq. 244.
— Thomsoni Hook. f. 239.
— venustum D. Don 238.
— virgatum Hook. f. 245.
— viscosum Torr. 240—242.
— Wilhelma 237.
— Wilsoni hort. 239.
Rhodora 233. 241.
Rhodothamnus chamaecistus Rchb. 228.
Rhus glabra L. 104.
— typhina L. 104.
Ribes aureum Pursh 151.
— Beatoni hort 152.
— Billiardi Carrière 151.
— fasciculatum Sb. et Zucc. 151.
— flavum Berl. 151.
— floridum L'Hér. 151.
— Gordonianum Paxt. 152.
— intermedium hort. 151.
— nigrum L. 151.
— rubrum L. 151.
— sanguineum Pursh 151.
Robinia ambigua Poir. 107.
— amoena hort. 107.
— Decaisneana Carrière 107.
— dubia Foucault 107.

Register. 561

Robinia echinata Mill. 107.
— glutinosa hort. 107.
— hispida L. 106. 107.
— hybrida Audib. 107.
— intermedia hort. 107.
— pseud-acacia L. 106. 107.
— viscosa Vent. 106. 107.
Rochea coccinea DC. 152.
— media DC. 152.
— odoratissima DC. 152.
— versicolor DC. 152.
Rondeletia erythroneura Karst. 190.
— odorata Jacq. 190.
Roripa Borbasii Menyh. 36.
— Hungarica Borb. 36.
— Menyhartiana Borb. 36.
— Neogradiensis Borb. 36.
— prolifera Heuff. 36.
— subglobosa Borb. 35.
cf. Nasturtium.
Rosa acicularis Lindl. 142.
— alba L. 141.
— alpina L. 134. 136. 137. 141. 142.
— ambigens Gremli 135.
— anisopoda Christ 138.
— anoplantha Christ 136.
— arenivaga Desegl. 135.
— armatissima Desgl. et Rip. 137.
— arvensis Huds. 134—136. 141. 142.
— arvina Krock. 135.
— arvina Schwenkf. 141.
— Banksiae R. Br. 141. 522.
— berberifolia Pall. 133. 134. 143.
— blanda Ait. 142.
— Boraeana Béraud 135.
— Borbonica hort. 139.
— Boreykiana Bess. 136.
— canina L. 134—139. 141.
— Carolina L. 142.
— centifolia L. 139. 140. 522.
— Chaberti Desegl. 136.
— Chinensis Jacq. 139.
— cinnamomea L. 134. 136. 138. 142.
— clinophylla Thory 142. 143.
— collina Jacq. 136.
— conica Chab. 135.
— consanguinea Gren. 135.
— coriifolia Fr. 136—138.
— coronata Crép. 137.
— Damascena Mill. 139—141.
— depressa Gremli 136.
— Devoniensis hort. 522.
— dichroa Lerch 137.
— dryadea Rip. 136.
— dumetorum Thuill. 136. 141.
— Dupontii Desegl. 135.
— eglanteria L. 142.
— ferruginea Vill. 137.
— Fourraei Desegl. 135.
— Franzonii Christ 137.
— Gallica L. 134—136. 139—141.
Focke.

Rosa Gapensis Gren. 137.
— geminata Schleich. 135.
— Genevensis Desegl. 135.
— glandulosa Bell. 137.
— glauca Vill. 135. 137. 138.
— Hardii Cels 142. 143.
— Hibernica Sm. 137.
— hybrida Schleich. 135.
— incomparabilis Chab. 135.
— Indica L. 139—142. 197. 243. 528.
— involucrata Roxb. 142.
— iwara Sieb. 142.
— laxa Retz. 142.
— Lerchii Godet 137.
— Lereschii Rap. 137.
— leucochroa Desv. 136.
— longicruris Christ 136.
— lucida Ehrh 142.
— lutea Mill. 142.
— Lutetiana Lem. 137.
— Lyellii Lindl. 142.
— mirabilis Desegl. 136.
— mollis Sm. 135. 137. 138.
— mollissima Fr. 135.
— moschata Mill. 139—142. 528.
— multiflora Thbg. 141. 142.
— Mureti Rap. 137.
— neglecta Bruh. 142.
— Noisetteana hort. 140. 528.
— obtusifolia Desv. 136.
— Perrieri Song. 137.
— personata Gremli 138.
— pimpinellaefolia L. 134. 136. 137. 141. 142.
— Polliniana Spr. 135.
— pomifera Herrm. 135—138. 142.
— protea Rip. 136.
— psilophylla (Rau?) Gren. et Gdr. 136.
— Reuteri Godet 135. 138.
— rubella (Sm?) aut. 136.
— rubiginosa L. 134. 135. 137. 138. 142.
— rubrifolia Vill. 134. 137. 138.
— ruga hort. 142.
— rugosa Thbg. 142.
— Sabini Woods. 137.
— Salaevensis Rapin 137.
— scabriuscula Sm. 138.
— Scaphusiensis Christ 136.
— semperflorens Curt. 139.
— sempervirens L. 134. 136. 141. 142.
— Semproniana Favr. et Schmp. f. 138.
— sepium Thuill. 135. 137. 138.
— silvatica Tausch 135.
— spinosissima L. 137.
— stenosepala Christ 137.
— stylosa Desv. 136.
— systyla Bast. 136.
— Timeroyi Chab. 136.
— tomentosa Sm. 134—138.
— trachyphylla Rau 138.
— transmota Crép. 136.

36

Rosa Triomphe de Bollwiller 142.
— turbinata Ait. 141.
— venusta Scheutz 135. 137.
— vestita Godet 137.
— Waitziana Rcbb. 135.
Rosanovia conspicua Rgl. 332.
Rubus affinis Wh. et N. 121.
— articus L. 117. 512.
— Arduennensis Lib. 119.
— Areschougii A. Blytt 117.
— Arrhenii J. Lnge. 119.
— Baldensis A. Kern. 120.
— Bellardii Wh. et N. 119. 120.
— Bertricensis Wirtg. 120.
— bifrons Vest 119–121.
— brachyandrus Gremli 119.
— caesius L. 117–121.
— Canadensis L. 118.
— candicans Wh. 119.
— castoreus Laestad. 117.
— chamaemorus L. 512.
— Cupanianus Guss. 119.
— discolor aut. 119.
— egregius Focke 119.
— foliosus Wh. et N. 119. 121.
— fortis Focke 119.
— fruticosus L. 119.
— glandulosus Bell. 119.
— gratus Focke 119. 121.
— hedycarpus Focke 119.
— hirtus W. K. 119. 120.
— Idaeus L. 117. 118.
— Koehleri Wh. et N. 120.
— macrophyllus Wh. et N. 120.
— macrostemon Focke 119. 120.
— maximus Marss. 118.
— moestus Holuby 120.
— montanus Wirtg. 121.
— neglectus Peck 117.
— nobilis Rgl. 117.
— occidentalis L. 117.
— odoratus L. 117. 118.
— pallidus Wh. et N. 121.
— plicatus Wh. et N. 118. 119. 121.
— pruinosus Arrh. 118.
— pyramidalis Kaltenb. 119.
— radula Wh. 119.
— rhamnifolius Wh. et N. 119. 121.
— rigidus Sm. 118.
— rosaceus Wh. et N. 119.
— rudis Wh. et N. 120. 121.
— rusticanus E. Merc. 119.
— saxatilis L. 117.
— Schwarzeri Holuby 120.
— Sprengelii Wh. 119. 121.
— subcrectus Anders. 119.
— sulcatus Vest 119.
— thyrsiflorus Wh. et N. 119.
— thyrsoideus Wimm. 120. 121.
— tomentosus Borkh. 119–121.
— ulmifolius Schott 119–121.

Rubus vestitus Wh. et N. 119–121.
— villicaulis Koehl. 120. 121.
— villosus Ait. 118.
Rumex acutus L. 347.
— aquaticus L. 347.
— confertus Willd. 347.
— confusus Smkv. 347.
— conglomeratus Murr. 346.
— conspersus Hartm. 347.
— crispus L. 346. 347.
— cristatus Wallr. 347.
— domesticus Hartm. 347.
— heterophyllus Schultz Strg. 347.
— hydrolapathum Huds. 347.
— Knafii Celak. 346.
- lingulatus Schur 347.
— maritimus L. 346.
— maximus Schreb. 347.
— obtusifolius L. 346. 347.
— oxylapathum Wallr. 347.
— paluster Sm. 346.
— palustroides Wallr. 346.
— patientia L. 347.
— platyphyllus F. W. Aresch. 347.
— pratensis M. et K. 347.
— propinquus J. E. Aresch. 347.
— pulcher L. 346. 347.
— rupestris Le Gall 346.
— sanguineus L. 347.
— silvester Wallr. 346. 347.
— Steinii Becker 346.
— stenophylloides Smkv. 346.
— stenophyllus Ledeb. 346.
— Warrenii Trim. 346.

Sagina apetala L. 70.
— ciliata Fr. 70.
— procumbens L. 70.
Salix acuminata Koch 365.
— alba L. 357—359.
— alopecuroides Tausch 358.
— Amandae Anderss. 361.
— ambigua Ehrh. 362.
— arbuscula L. 361—363.
— attenuata A. Kern. 359.
— aurita L. 359—368.
— auritoides A. Kern. 363.
— aurora Anderss. 363.
— Ausserdorferi A. Kern. 365.
— Babylonica L. 358.
— bifida Wulf. 364.
— blanda Anderss. 358.
— buxifolia Willd. 366.
— caesia Vill. 363.
— calliantha J. Kern. 363. 364.
— candida Willd. 368.
— canescens Fr. 360.
— caprea L. 359. 360. 362—368. 521.
— capreola A. Kern. 359.
— chlorophana Anderss. 360.

Salix cinerea L. 359—363. 365—368.
— Clarkii Bebb 368.
— coerulescens Doell 361.
— commixta Anderss. 362.
— cordata Muehlnbg. 368.
— Cotteti Lagg. 366.
— cuspidata Schultz St. 358.
— daphnoides Vill. 359. 362—368.
— dasyclados Wimm. 366.
— decumbens Forb. 364.
— digenea J. Kern. 366.
— discolor Host 363.
— Doniana Sm. 364.
— dubia Anderss. 363.
— Ehrhartiana Sm. 358.
— elaeagnifolia Tausch 364.
— elaeagnoides Willd. 366.
— Erdingeri J. Kern. 362.
— excelsior Host 358.
— fallax Woloszczak 363.
— Fenzliana A. Kern. 366.
— Finmarchica Fr. 361.
— fissa Hoffm. 364.
— Forbyana Sm. 364.
— fragilis L. 357—359.
— Friesii A. Kern. 358.
— glabra Scop. 361. 366.
— glauca L. 361. 362. 367. 368.
— glaucoides Anderss 362.
— glaucops Anderss. 368.
— grandifolia Ser. 359. 360. 363. 365.
— Hartmanniana Anderss. 363.
— hastata L. 360. 361. 363. 366 367.
— helix aut. 364.
— herbacea L 366. 367.
— hexandra Ehrh. 358.
— hippophaëfolia Thuill. 358. 359.
— bircina J. Kern. 365.
— hirtula Anderss. 362.
— holosericea Koch 365.
— Hungarica A. Kern. 362.
— Huteri A. Kern. 361.
— incana Schrnk. 364. 365. 367. 368.
— intermedia Host 365.
— Kanderiana Ser. 365.
— Kochiana Hartig 363.
— Koernickei Anderss. 360.
— Kovatsii A. Kern. 358.
— Kraettliana Bruegg. 361.
— Krausei Anderss. 359.
— Laestadiana Hartm. 360.
— Laggeri Wimm. 361.
— lanata L. 363. 367.
— lanceolata DC. 365.
— lanceolata Sm. 358. 359.
— lancifolia Doell 365.
— Lapponum L. 360—362. 366—368.
— latifolia Forb. 360.
— laurina Sm 360.
— limnogena A. Kern. 359.
— livescens Doell 362.

Salix livida Whlnbg. 361—363. 366.
— longifolia Schleich. 365.
— lutescens A. Kern. 360.
— Mackenziana Barratt 368.
— macrophylla A. Kern. 359.
— macrorhyncha Anderss. 363.
— Mauternensis J. Kern. 363.
— Meyeriana Willd. 358.
— mollissima Ehrh. 358. 359.
— multiformis Doell 358.
— multinervis Doell 360.
— myricoides Muehlnbg. 368.
— myrsinites L. 361. 362. 366. 367.
— myrsinitiformis Fr. 361.
— myrtilloides L. 361. 362.
— myrtoides Doell 361.
— nigricans Sm. 359—363. 366
— Normanni Anderss. 361.
— oleifolia Host 363.
— oleifolia Vill. 365.
— onusta Hess. 361.
— ovata Ser. 367.
— palustris Host 358.
— parviflora Host 364
— parvifolia Anderss. 362.
— patula Ser. 365.
— Patzeana Anderss. 363.
— Patzei Wimm. et Kr. 361.
— pentandra L. 358.
— petiolaris Sm. 368.
— phylicaefolia L. 360—363. 365. 366.
— plicata Fr. 362.
— Pontederana Koch 363.
— proteifolia Schleich. 362.
— pruinosa Wendl. 367.
— puberula Doell 360.
— pubescens Schleich. 361.
— punctata Whlnbg. 361.
— purpurea L. 363. 364. 367. 368. 521.
— Pyrenaica Wimm. 367.
— Reichardtii A. Kern. 359.
— repens L. 362—368.
— reticulata L. 367.
— reticuloides Anderss. 367.
— retusa L. 366.
— retusoides J. Kern. 366.
— Reuteri Moritzi 365.
— Ritschelii Anderss. 363.
— rubella Bebb 368.
— rubens Schrnk. 358.
— rubra Huds. 364.
— rugulosa Anderss. 361.
— Russelliana Forb. 358.
— Sadleri ant. 367.
— salvifolia Lk. 365.
— Schleicheriana A. Kern. 366.
— Schraderiana Willd. 362.
— Schrenkiana Anderss. 361.
— sericea Marsh 368.
— Seringeana Gaud. 365.
— Siegerti Anderss. 363.

36*

Salix Silesiaca Willd. 360. 363. 367. 368.
— Smithiana Willd. 365.
— Sommerfelti Anderss. 367.
— sordida A. Kern. 363.
— speciosa Host 358.
— spissa Anderss. 361.
— spuria Schleich. 361.
— stenoclados Doell 362.
— stenostachya A. Kern. 361.
— subalpina A. Kern. 365
— subalpina Forb. 365.
— subglabra A. Kern. 361.
— subtriandra Neilr. 358.
— Tauschiana Sieber 360.
— tenuifolia Sm. 360.
— tetrapla Walk. 360.
— thymelaeoides Schleich. 362.
— tomentosa Tausch 360.
— Trevirani Spr. 358. 359.
— triandra L. 358. 359.
— uliginosa Schleich. 361.
— undulata Ehrh, 358. 359.
— vagans Anderss. 368.
— Vaudensis Forb. 360.
— versifolia Ser. 362.
— versifolia Whlnbg. 361.
— viminalis L. 358. 359. 364—368.
— viridis Fr. 358.
— viridula Anderss. 360.
— Wichurae Anderss. 361.
— Wimmeri A. Kern. 365.
— Wimmeriana Gren. et Godr. 363
Salvia Baumgartenii Heuff. 338.
— betonicaefolia Ettling. 338.
 elata Host 338.
— Fuchsii Timb.-Lagr. 338.
— horminoides Pourr. 338.
— horminum L. 338.
— hybrida Schur 338.
— Kanitziana Smkv. 338.
— nutans L. 338.
— pallidiflora St.-Am. 338.
— pendula Vahl 338.
— pratensis L. 338.
— Pyrenaica Lap. 338.
— silvestris L. 338.
— verticillata L. 338.
Saponaria diurna Fnzl. 66.
— noctiflora Fnzl. 66.
— vespertina Fnzl. 65
Sarracenia Chelsoni hort. 28.
— crispata hort. 28.
— Drummondii Croom 28.
— flava L. 28.
— formosa hort. 28.
— Moorei hort. 28.
— psittacina Mchx. 28
— purpurea L. 28.
— rubra Walt. 28.
— Stevensi hort. 28.
— variolaris Mchx. 28.

Sarracenia Williamsii hort. 28.
Saussurea alpina DC. 202.
— discolor DC. 202.
Saxifraga ajugaefolia L. 147.
— aizoides L. 149. 150.
— aizoon Jacq. 148. 149.
— ambigua DC. 150.
— Andrewsii Harvey 149.
— aphylla Sternb. 147.
— aquatica Lap. 147.
— aretioides Bluff et Fngrh. 150.
— aretioides Lap. 150.
— biflora All. 150.
— caesia L. 150.
— capitata Lap. 147.
— Churchillii Huter 148.
— cochlearia Rchb. 149.
— cochleariaefolia Schrad. 148.
— cotyledon L. 148.
— crustata Vest 148.
— cuneifolia L. 148. 149.
— decipiens Ehrh. 148.
— exarata Vill. 147. 148.
— Forsteri B. Stein 150.
— Gaudini Bruegger 148.
— geum L. 148. 149.
— Girtanneri Bruegger 149.
— glabella Bertol. 150.
— granulata L. 148.
— Groenlandica L. 147.
— Guthriceana hort. 149.
— Hausmanii A. Kern. 149.
— hirsuta Rchb. 149.
— Hostii Tausch 148.
 Huteri Ausserdrf. 150.
— hybrida A. Kern. 150.
— hybrida Vill. 148.
— inclinata A. Kern. 149.
— Iratiana Fr. Schultz 147.
— Kochii Hornung 150. 151.
— Lapeyrousii G. Don 150.
— lingulata Bell. 149.
— luteo-purpurea Lap. 150.
— macropetala A. Kern. 150. 151.
— media Gou. 150.
— mixta Lap. 147.
— moschata Wulf. 147. 148.
— Mureti Rambert 147.
— muscoides All. 147.
— mutata L. 149. 150.
— Norica A. Kern. 150.
— oppositifolia L. 150. 151.
— patens Gaud. 150.
— pectinata Schott 148.
— planifolia Lap. 147. 148.
 Regelii A. Kern. 149.
 rotundifolia L. 148.
— spuria A. Kern. 150.
— squarrosa Sieber 150.
— stenopetala Gaud. 147.
— Tiroliensis Kern. 150.

Register. 565

Saxifraga umbrosa L. 148. 149.
— Zimmeteri A. Kern. 149.
Scheeria Mexicana Rgl. 327.
— patens Rgl. 327.
Sciadocalyx Luciani hort. 330.
— Warscewiczii Rgl. 329.
Scirpus Duvalii Hopp. 407.
— lacustris L. 407.
— Pollichii Gren. et Godr. 407.
— radicans Schk. 407.
— silvaticus L. 407.
— Tabernaemontani Gm. 407.
Scleranthus annuus L. 71.
— perennis L. 71.
Scolopendrium bybridum Milde 425.
— vulgare Symonds 425.
Scutellaria galericulata L. 339.
— minor L. 339.
— pubescens Martr.-Don. 339.
Secale cereale L. 414.
Sempervivum arachnoideum L. 154. 155.
— Arvernense Lec. et Lmtt. 154.
— barbulatum Schott 155.
— Boutignyanum Bill. 154.
— fimbriatum Lehm. et Schuttsp. 155.
— Fontanae Bruegg. 155.
— frigidum Lamtt. 155.
— Funkii A. Br. 155.
— Huteri A. Kern. 155.
— Lantareticum Lamtt. 155.
— montanum L. 154. 155.
— monticola Lamtt. 155.
— piliferum Jord. 155.
— Pomelii Jord. 154.
— pseudo-arachnoideum Lamtt. 155.
— rubellum Timb.-Lagr. 154.
— tectorum L. 155.
— villosum Lamtt. 154.
— Wulfeni Hopp. 155.
Senecio adonidifolius Lois. 201.
— auritus Lowe 201.
— cordifolius Clairv. 200.
— cruentus DC. 201.
— erraticus Bertol. 200.
— erucifolius L. 200.
— Heritieri DC. 201.
— Jacobaea L. 200.
— incanus L. 201.
— intermedius Wiesb. 200.
— Laggeri Schultz Bip. 201.
— leucophyllus DC. 201.
— lyratifolius Rchb. 200.
— Maderensis DC. 201.
— oligocephalus Naegeli 201.
— populifolius DC. 201.
— pseudo-vernalis Zabel 200.
— Reissachii Grembl. 200.
— silvaticus L. 200.
— squalidus L. 200.
— tussilaginis Less. 201.
— uniflorus All. 201.

Senecio vernalis W. K. 200.
— viscidulus Scheele 200.
— viscosus L. 200.
— vulgaris L. 200.
— Webbii Schultz Bip. 201.
— Weylii Vatke 200.
Serapias cordigera L. 380.
— lingua L. 380.
— longipetala Poll. 380.
— Tommasinii A. Kern. 380.
— triloba Koch 380.
— triloba Lloyd 380.
— triloba Viv. 380.
Sericobonia ignea Lndn. et André 333.
Sericographis Ghiesbreghtii N. ab Esb. 333.
·· pauciflora N. ab Esb. 333.
Silene acaulis L. 65.
bryoidea Jord. 65.
— diurna Godr. 66.
— exscapa All. 65.
— infracta W. K. 65.
— maritima With. 64. 65.
— muscosa Lam. 65.
— noctiflora L. 66.
— nutans L. 65.
— pratensis Godr. 65.
— viscosa Pers. 66.
— vulgaris Grcke. 64. 65.
Sinapis arvensis L. 42.
Sinningia conspicua Benth. et Hook. 332.
-- discolor Benth. et Hook. 332.
— guttata Lindl. 332.
— Menziesiana Benth. et Hook. 332.
speciosa Benth. et Hook. 332.
Siphocampylus betulaefolius Cham. 222.
Solanum capsicastrum Lk. 261.
— dulcamara L. 524.
— esculentum Dun. 516.
— Hendersoni hort. 261.
— lycopersicum L. 516. 524.
-- pseudo-capsicum L. 261.
— tuberosum L. 260. 261. 523. 524.
— utile Klotzsch 260. 261.
— Weatherilli hort. 261.
Soldanella alpina L. 252.
— Ganderi Huter 252.
— hybrida A. Kern. 252.
— minima Hopp. 252.
-· pusilla Baumg. 252.
Sonchus asper All. 221.
— oleraceus L. 221.
Sonerila margaritacea Lindl. 156.
Sorbus alpina Willd. 145.
— ambigua Michal. 145.
— arioides Michal. 145.
— Arvernensis Gndgr. 146.
— Fennica Kalm 145.
— Hostii Jacq. 145.
— hybrida L. 145.
— intermedia Schult. 145.

Sorbus lanuginosa Kit. 145.
— latifolia Schult. 145.
— oblongifolia Rchb. 145.
— Reverchoni Gudgr. 146.
cf. Pirus.
Spathiphyllum blandum Schott 416.
— cochlearispathum Engl. 416.
— longirostre Schott 416.
Spiraea alba hort. 116.
— albiflora Miq. 116.
— bella Sims 116.
— Billiardii hort. 115.
— cana W. K. 115.
— canescens D. Don 116.
— Cantoniensis Lour. 115.
— chamaedryfolia L. 115.
— corymbosa Raf. 116.
— crenata L. 115.
— Douglasii Hook. 115. 116.
— eximia hort. 115.
— expansa Wall. 115. 116.
— Fontenaysii hort. 116.
Foxii hort. 116.
— Hookeri hort. 116.
— hypericifolia L. 115.
— indexa hort. 115.
— Kamaonensis hort. 116.
— Lenneana hort. 115.
— Nobleana hort. 115. 116.
— notha Zabel 116.
— oblongifolia W. K. 115.
— palmata Thbg. 116.
— Pikowiensis hort. 115.
— pulchella Kunze 116.
— Reewesiana hort. 116.
— Regeliana hort. 115. 116.
— salicifolia L. 116.
— Sanssouciana hort. 116.
— Savranica hort. 115.
— syringaeflora hort. 115.
triloba L. 115.
— Van Houttei hort. 115.
Sprekelia cinnabarina Hrbt. 393.
— cybister Hrbt. 393.
— formosissima Hrbt. 393.
Stachys alpina L. 339.
— ambigua Sm. 339.
— Germanica L. 339.
— intermedia Ait. 340.
— lanata Jacq. 339.
— palustris L 339.
— setifera C. A. Mey. 339.
— silvatica L. 339.
— Wirtgeni F. Schultz 339.
Stellaria glauca With. 71.
— graminea L. 71.
— longifolia Muehlnbg. 71.
— palustris Ehrh. 71.
uliginosa Murr. 71.
Streptocarpus Gardeni Hook. 332.
— Greeni hort. 332.

Streptocarpus hybridus hort. 332.
— Rexii Lindl. 332.
— Saundersi Hook. f. 332.
Symphytum cordatum W. K. 259.
— tuberosum L. 259.
Syringa Chinensis Willd. 254.
— correlata A. Br. 255.
— Josikaea Jacq. 254.
— Persica L. 254. 255.
— Rothomagensis Poit. et Turp. 254.255.
— vulgaris L. 254. 255.

Tacsonia Exoniensis hort. 169.
— insignis Masts. 169.
— mollissima H.B.K. 169.
— pinnatistipula Juss. 169.
— Van Volxemi Funk 169.
Tagetes patula L. 198.
Tamarix 71.
Taraxacum officinale Wigg. 221.
— palustre DC. 221.
Teucrium montanum L. 341.
Pyrenaicum L. 341.
Thalictrum angustifolium Gren. 9.
— angustifolium Jacq. 9.
— flavum L. 9.
— foetidum L. 9.
— galioides Nestl. 9.
— Jacquinianum Koch 9.
— laserpitiifolium Willd. 9.
lucidum Grn. et Gdr. 9.
— medium Jacq. 9.
— minus L. 9.
— odoratum Grn. et Gdr. 9.
— spurium Timer. 9.
Thlapsi alpinum Jacq. 40.
— cepeaefolium aut. 40.
— rotundifolium Gaud. 40.
— sylvium Gaud. 40.
Thymus serpyllum L. 336.
Tilia argentea Desf. 79.
— nigra Borkh. 79.
— platyphyllos Scop. 79.
— ulmifolia Scop. 79.
Tithymalus 352.
Torenia 324.
Tragopogon porrifolius L. 221. 222.
— pratensis L. 221. 222.
Trevirania Ambroise Verschaffelt 328.
— Baumanni Rgl. 327.
— Bodmeri Rgl. 326. 327.
— Boothii Rgl. 327.
— coelestina hort. 328.
— cyanea hort. 328.
— Dr. Hopf 328.
— Edm. Boissier 328.
— Escheri Rgl. 326.
— longiflora (DC.) Rgl. 328.
— Rendatleri Rgl 327.
— reticulata hort. 328.

Trevirania Rinzii Rgl. 327.
— Rinzii (altera) Rgl. 328.
— scheerioides Rgl. 327.
Trichosanthes anguina L. 170.
— cucumerina L. 170.
Triticum acutum DC. 411.
— durum Desf. 414.
— junceum L. 411.
— laxum Fr. 411.
— Polonicum L. 411.
— spelta L. 411. 414.
— strictum Dethard. 414.
— turgidum L. 411—414.
— vulgare Vill. 410—414.
Tropaeolum Carter's Tom Thumb 97.
— Cattle's dwarf crimson 97.
— Chaixianum hort. 97.
— crenatiflorum Hook. 97.
— Dunnett's dwarf spotted 97.
— Hockeanum hort. 97.
— hybridum L. 98.
— Lobbianum Hook. 97. 98.
— majus L. 97. 98.
— Massiliense hort. 97.
— minus L. 97.
— Moritzianum Hook. 97.
— Naudini Desponds 98.
— pinnatum Andr. 98.
— Smithii DC. 97.
— tricolor Swt. 97.
— Zanderi hort. 97.
— Zipseri hort. 97.
Tydaea amabilis Planch. et Lndn. 330.
— Caeciliae hort. 330
— Comte de Murat 330.
— Eckhautei hort. 330.
— gigantea Planch. 330.
— grandis hort. 330.
— Hansteinii Ortg. 331.
— Hillii hort. 330.
— Kewensis hort. 330.
— Lanskoi Rgl. 331.
— Lenneana Ortg. 330.
— Meyendorffii Rgl. 329.
— Meyerbeer 330.
— Ortgiesi Van Houtte 330.
— picta Dcne. 329.
— Princesse Troubetzkoy 330.
— pulchra Heer 330.
— Regeli Heer 330.
— Rossiana Ortg. 330.
— sanguinea hort. 330.
— Warscewiczii Rgl. 329.

Ulex Europaeus L. 105.
— Gallii Planch. 105.
— nanus Forst. 105.
Ulmaria 116.
Ulmus campestris L. 353.
— effusa Willd. 353.

Urtica dioica L. 353.
— oblongata Koch 353.
— pilulifera L. 353.
— urens L. 353.

Vaccinium intermedium Ruthe 227.
— myrtillus L. 227.
— vitis Idaea L. 227.
Valeriana elongata L. 192.
— montana L. 192.
— saxatilis L. 192.
— tripteris L. 192.
Vasconella cauliflora A. DC. 170.
Verbascum adulterinum Koch 302.
— auratum Franch. 303.
— australe Schrad. 298. 300. 301. 304. 307.
— Austriacum Schrad. 296—298. 300. 301. 302. 304.
— Bastardi R. et Sch. 299.
— blattaria L. 295—300. 304.
- blattarioides Lam. 300.
— Boerhavii L. 297. 304. 306.
— bracteatum Presl 301.
— Brauneanum Wirtg. 305.
— Chaixii Vill. 299—301.
— Claudopolitanum Smkv. 297.
— collinum Schrad. 303.
— commutatum A. Kern. 297.
— crenatum Borb. 301.
— cuspidatum Schrad. 298. 307.
— Danubiale Smkv. 301.
— denudatum Pfund 304.
— elongatum Willd. 307.
— euryale Franch. 304.
— flagriforme Pfund 299.
— Fluminense A. Kern. 301.
— Freynianum Borb. 301.
— geminatum Freyn 299.
— glabratum Friv. 296.
— Godroni Bor. 306.
— Grisebachianum Borb. 299.
— Hausmanni Celak. 301.
— Haynaldi Borb. 296.
— heterophlomos Franch. 305.
— Humnicki Franch. 307.
— hybridum Brot. 305.
— intermedium Ruprecht 299.
— Kochianum Wirtg. 302.
— Lamottei Franch. 306.
— Liburnicum Borb. 301.
— lychnitis L. 295. 297—306.
— macilentum Franch. 299.
— macranthum Lk. 298. 301. 307.
— Martini Franch. 300.
— mixtum Ram. 302.
— montanum Schrad. 301. 303.
— Mosellanum Wirtg. 306.
— Muehlenbeckii Godr. 299.
— Neilreichii Reichardt 306.

Verbascum Nellreichii Schur 301.
— nigrum L. 295—304. 306.
— nisus Franch. 304.
— nothum Koch 306.
— Nouelianum Franch. 306.
— pannosum Vis. et Panc. 302.
— phlomoides L. 298-302. 304. 306. 307.
— phoeniceum L. 295—298. 300. 302. 304. 307.
— pilosum Doell 299.
— pseudo-blattaria Schleich. 299.
— pseudo-lychnitis Schur 301.
— pseudo-phoeniceum Reichardt 296.
— psilobotryum Ledeb. 296.
— pterocaulon Franch. 299.
— pulverulentum Vill. 299. 301. 304. 306. 307. 529.
— pyramidatum M. Bieb. 302. 304. 306.
— ramigerum Lk. 305.
— ramosissimum DC. 299.
— Regelianum Wirtg. 304.
— repandum Willd. 300.
— rubiginosum aut. 297.
— rubiginosum W.K. 296.
— Schiedeanum Koch 302.
— Schmidtii A. Kern. 297.
— Schottianum Schrad. 302.
— semifloccosum Borb. 529.
— seminigrum Franch. 303.
— semispeciosum Borb. 529.
— sinuatum L. 295. 299—301. 305. 306.
— speciosum Schrad. 297. 301. 302. 304. 306. 529.
— spurium Koch 305.
— thapsiforme Schrader 298—302. 304—307.
— thapsoides Willd. 305.
— thapsus L. 298--301. 303—307.
— Thomaeanum Wirtg. 303.
— tomentosulum Freyn 301.
— ustulatum Celak. 297.
— versiflorum Schrad. 298.
— virgatum With. 300.
— Wirtgeni Franch. 302.
Verbena angustifolia Mchx. 335.
— auriculaeflora hort. 334.
— bracteosa Mchx. 335.
— chamaedrifolia Juss. 334.
— hastata L. 335.
— incisa Hook. 334.
— lanceolata Becker 335.
— Maonetta hort. 334.
— melindres Gill. 334.
— officinalis L. 335.
— phlogiflora Cham. 334.
— pulchella Spr. 334.
— spuria L. 335.
— stricta Vent. 335.
— tetrandra L. 335.
— teucrioides Gill. et Hook. 334.

Verbena urticaefolia Spr. 335.
Veronica anagallis L. 325.
— Andersonii Lindl. 325. 326.
— beccabunga L. 325.
— chamaedrys L. 325.
— elliptica Forst. 325.
— Froehlichiana Rchb. 325.
— fruticulosa L. 325.
— kermesina hort. 325.
— Lindleyana hort. 325.
— linearifolia hort. 325.
— longifolia L. 325.
— macrocarpa Vahl 325.
— microcoma Borb. 325.
— officinalis L. 325.
— prostata L. 325.
— salicifolia Forst. 325. 326.
— saxatilis Scop. 325.
— speciosa A. Cunn. 325. 326.
— spicata L. 325.
— teucrium L. 325.
— Tournefortii DC. 325.
— versicolor hort. 325.
Vicia faba L. 514. 515.
— sativa L. 513—515.
Victoria regia Lindl. 27.
Viola abortiva Jord. 47.
— adulterina Godr. 47.
— alba Bess. 46. 47.
— Altaica Pall. 48. 49.
— ambigua W. K. 46. 47.
— amoena Sym. 48.
— arenaria DC. 47. 48.
— Austriaca A. Kern. 47.
— Badensis Wiesb. 47.
— calcarata L. 48.
— canina L. 48.
— collina Bess. 46. 47.
— decliva Du Moul. 47.
— elatior Fr. 48.
— epipsila Ledeb. 46.
— grandiflora Huds. 48. 49.
— Haynaldi Wiesb. 47.
— hirta L. 46. 47.
— Kalksburgensis Wiesb. 47.
— lancifolia Thore 48.
— lutea Sm. 48. 49.
— mirabilis L. 47.
— montana L. 48.
— multicaulis Jord. 46.
— nemoralis Kuetz. 48.
— odorata L. 46. 47.
— palustris L. 46.
— permixta Jord. 47.
— praecox Heuff. 47.
— pumila Chx. 48.
— Riviniana Rchb. 47.
— scotophylla Jord. 46. 47.
— scotophylloides Wiesb. 46.
— sepincola Jord. 47.
— silvatica Fr. 47. 48.

Viola spuria Celak. 47.
— stagnina Kit. 48.
— Sudetica Willd. 48. 49.
— tricolor L. 48. 49.
— uliginosa Schrad. 46.
Vitis acstivalis Mchx. 101.
— Alvey 101.
— Creveling 101.
— Gutedel 100.
— labrusca L. 101.
— Muscat Alexandria 100.
— Muscat Trouvéren 100.
— riparia Engelm. 101.
— vinifera L. 100. 101. 513.
— vulpina L. 101.
Vriesea brachystachys Rgl. 530.
— Kienasti hort. 530.
— psittacina Lindl. 530.

Webbia Canariensis Webb 73.
— platysepala Spach 73.

Xanthium arenarium Lasch 195.
— Italicum Moretti 195.

Xanthium riparium Lasch 195.
— strumarium L. 195.
Xanthosoma Maximiliani Schott 418.
— robustum Schott 418.

Yucca aloëfolia L. 403.
— dracaenoides hort 403.
— filamentosa L. 403.
— gloriosa L. 403.
— laevigata hort. 403.
— pendula hort. 403.

Zea mays L. 407. 408. 517.
Zephyranthes carinata Hrbt. 389.
— sessilis Hrbt. 389.
— Spofforthiae Hrbt. 389.
— tubispatha Hrbt. 889.
Zinnia elegans Jacq. 195. 196.
— Ghiesbreghtii Verlot 196.
— Haageana Rgl. 196.
Zygopetalum Clayii Rchb. f. 374.
— crinitum Lodd. 374.
— maxillare Lodd. 374.

Druckfehler.

Seite 22 Zeile 12 von oben lies: *N. luteum Sm.* (statt *N. luteum L.*).
„ 22 „ 12 „ „ „ *N. pumilum Sm.* (statt *N. pumilum L.*).
„ 95 „ 3 „ unten „ *Mistress* (statt *Mistriss*).
„ 96 „ 5 „ oben „ *Mistress* (statt *Mistriss*).
„ 162 „ 12 „ „ „ *anagallidifolium* (statt *angallidiflorum*).
„ 175 „ 21 „ „ „ der (statt den).
„ 260 „ 7 „ „ „ Anscheinend (statt Anscheidend).
„ 334 „ 1 „ unten „ *teucrioides* (statt *eucrioides*).
„ 409 „ 8 „ „ „ *Hollei* (statt *Holtei*).

Karlsruhe. Druck der G. BRAUN'schen Hofbuchdruckerei.